Reimlexikon für Profis

Gunnar Kunz

SIEBEN VERLAG

Copyright © 2013 Sieben Verlag, 64354 Reinheim
Umschlaggestaltung: © Andrea Gunschera

ISBN-Taschenbuch: 9783864432644
ISBN-eBook-PDF: 9783864432651
ISBN-eBook-epub: 9783864432668

www.sieben-verlag.de

Vorwort

Ich arbeite nicht gern mit unzulänglichem Werkzeug. Na schön, ich habe mal versucht, mit einer Nagelfeile ein eingerostetes Fahrradschloss durchzusägen, aber das gehört nicht hierher. Als Liedertexter und Musicalautor jedenfalls möchte ich nicht auf Reimlexika angewiesen sein, die keinerlei professionellen Ansprüchen genügen. Deshalb habe ich irgendwann angefangen, mir ein eigenes Lexikon zusammenzustellen, das mir die Arbeit merklich erleichtert. Diese Erleichterung auch anderen Autoren zugute kommen zu lassen, ist das Ziel dieses Buches.

Sie fragen sich, weshalb ich mit den auf dem Markt befindlichen Reimlexika nichts anfangen kann? Ganz einfach:

- Ein professionelles Reimlexikon muss effizient und knapp sein, dem Nutzer ist nicht damit gedient, sich durch Berge von Wörtern zu kämpfen, die niemand kennt, geschweige denn benutzt. Wenn ungebräuchliche Wörter wie „abwägsam" oder „konvenabel" aufgelistet werden, während „einsam" fehlt, dann stimmen die Auswahlkriterien nicht. Auf komplizierte Konjunktivformen („aufschöbe", „erschüfe") kann verzichtet werden. Nur bei Stichwörtern mit wenig Einträgen empfiehlt es sich, auch ungewöhnliche Wörter aufzulisten. In jedem Fall sollten statt einer einseitigen Auswahl sowohl moderner Jargon für einen Rap-Text oder ein politisches Traktat zur Verfügung stehen als auch altertümliche Wörter für ein poetisches Gedicht oder ein Lied in einem historischen Roman.
- Aus unerfindlichen Gründen vernachlässigen die meisten Lexika Verbzusammensetzungen wie „gibt nach", „dreht um", „hält ein", die überaus ergiebige Reime bieten.
- Unsinnig ist auch, nicht nach betonten und unbetonten Silben zu unterscheiden, also etwa „Auftakt" (Betonung auf der ersten Silbe) neben „exakt" (Betonung auf der zweiten Silbe) zu stellen, was höchstens unmusikalische Gemüter für einen Reim halten.
- Das bei weitem größte Ärgernis liegt jedoch in den Sortierkriterien. Es ist für den ambitionierten Nutzer unzumutbar, wenn er sich den Reim für ein Wort aus zahllosen, über das ganze Buch verteilten Einträgen zusammensuchen muss, wenn er also gezwungen ist, einen Reim auf „Welt" unter – *älten*, – *ält*, – *älle*, – *ällen*, – *eld*, – *elden*, – *elle*, – *ellen*, – *ellt*, – *elten*, – *elt* nachzuschlagen. Entscheidend ist die Aussprache, nicht die Schreibweise, daher gehören sämtliche Reimwörter in einem Eintrag zusammengefasst,

und Verweise müssen so gestaltet sein, dass dem Nutzer nicht mehr als einmal Blättern abverlangt wird.

„Reimlexikon für Profis" erfüllt all diese Kriterien. Weshalb Sie hier – und nur hier – auf einen Blick die kulanten Mutanten, ungestüme Ungetüme und massenweise Tattergreise finden und unplugged auf abstrakt, Fleischer auf Geisha oder Oger auf Yoga reimen können. Nirgendwo anders lässt sich auch nur in Erwägung ziehen, dass Richard kichert. Und wo sonst prasst er, der Pastor?

Zur Anlage und Benutzung des Buches

Auf die schmerzhafte Tour – nämlich durch Irrtümer, die mich Monate an zusätzlicher Arbeit kosteten – habe ich herausfinden müssen, dass Sprache als etwas Gewachsenes und Lebendiges sich streng-formalen Kriterien widersetzt und die beste Sortiermethode innerhalb eines Stichworts daher aus einer individuellen Kombination von Prinzipien besteht, die Folgendes berücksichtigt:

- die Silbenanzahl;
- den Vokal, der die Hauptbetonung trägt; unterteilt je nachdem, ob diese Hauptbetonung lang oder kurz ausgesprochen wird (was landschaftlich verschieden und daher subjektiv sein kann);
- den Rhythmus („veränderbar", „unzerstörbar" und „elementar" haben jeweils vier Silben, ihr Metrum ist jedoch grundverschieden);
- die Melodie („manipulieren" steht unmittelbar neben „kapitulieren" (gleiche Vokale), nicht neben „analysieren" (gleicher Anfang: an-) oder „aquarellieren" (gleicher Schluss: -lieren), weil Vokale für die Wortmelodie entscheidender sind als Konsonanten).

Das nur, um meine unkonventionellen Sortiermethoden zu rechtfertigen. Anschließend können Sie diesen Punkt gleich wieder vergessen. Wie ich überhaupt auf detaillierte Erläuterungen verzichte, weil umständliche Erklärungen eher abschrecken und sich das Meiste beim Stöbern ohnehin von selbst erschließt.

Nicht vergessen sollten Sie allerdings Folgendes: Der weitgehend klangliche Aufbau des vorliegenden Werkes bringt gegenüber anderen Reimlexika einige Veränderungen in der Systematik mit sich. Deshalb, und auch, um Verweise auf ein Minimum zu beschränken, liegen diesem Buch einige wenige Regeln zugrunde, die auf den ersten Blick ungewöhnlich erscheinen, sich aber leicht einprägen lassen:

Bei der Stichwortsuche beachten Sie bitte:

- **ä-Reime** finden Sie unter **e**
- **ai-Reime** finden Sie unter **ei**
- **äu-Reime** finden Sie unter **eu**
- **y-Reime** finden Sie, je nach Aussprache, unter **ü** oder, seltener, unter **i** („Whisky").

- ß wird als geschlossener Block vor **ss** gelistet.
- das **Dehnungs-h** wird ignoriert (auch wenn sich so seltsame Einträge wie – *o-en* für „drohen" und „flohen" ergeben)
- das **Dehnungs-e in ie** wird ignoriert
- **dt** wird wie **t** behandelt

Außerdem gilt:

- **eu-Reime** sind zwischen die **ei-Reime** eingegliedert (Der **ei/eu-Block** bildet ein Extrakapitel zwischen **e** und **i**)
- **ö-Reime** sind zwischen die **e-Reime** eingegliedert
- **ü-Reime** sind zwischen die **i-Reime** eingegliedert

Dadurch wird es möglich, viele unreine Reime rasch zu erfassen („Flecke" als Reim auf „Röcke", „Freuden" als Reim auf „Leiden", „Miene" als Reim auf „Bühne").

Die Reimwörter werden nach betonten und unbetonten Endsilben aufgeteilt, unbetonte erhalten einen Extra-Eintrag, der durch ein ***** gekennzeichnet ist (also: – *ale/n (1)* enthält „Aale", „Lokale" und „mahle", – *ale/n* (2)* enthält „heimzahle", „Merkmale" und „Mühsale"). Grundsätzlich lohnt es sich, beide Einträge anzusehen, da einige Endsilben leicht von betonten in unbetonte verwandelt werden können und umgekehrt, z.B. durch Passivbildung: „ausheckt" = keine Betonung auf der letzten Silbe → „ausgeheckt" = Nebenbetonung auf der letzten Silbe.

Die Stichwörter sind höchstens zweisilbig. Sollten Sie ein Stichwort nicht finden, z. B. weil die Betonung auf der drittletzten Silbe liegt („Radium"), versuchen Sie es mit der unbetonten letzten oder vorletzten Silbe (also – *ium* oder – *um* statt – *adium*). Dieses System erspart Tausende von Querverweisen, die das Lexikon unnötig aufblähen würden (– *adium*, – *orium*, – *udium* etc.). Analog sind ggf. zweisilbige Reime unter der unbetonten letzten Silbe zu finden („Lagerung" und „Maserung" unter – *ung* statt unter – *agerung* und – *aserung*).

Um Doppelungen von Wortgruppen gering zu halten, werden manche Beugungsformen zusammengefasst: „Rebe/n" steht für „die Rebe" und „die Reben", „Biotope/n" für „die Biotope" und „den Biotopen", „biete/n" für „bieten" und „ich biete", „rauer/n" für „rauer" und „rauer'n" (etwa in: „die rauer(e)n Methoden").

Auf viele Erweiterungen wurde verzichtet; diese können unter den

Stammformen nachgeschlagen oder erschlossen werden („Wilderer" unter – *ilder/n*, „Holzes" unter – *olz*, „pfeifend" unter – *eife/n*, „Knöllchen" unter – *olle/n*).

Bei Verweisen auf die Stammform wird gelegentlich ein Hinweis gegeben, wie man zusätzliche Reime erhält: Ein ! mit nachfolgendem Beispiel steht für: Bedenke auch! Beispielsweise wird unter – *aler/n* auf → *al* verwiesen, darunter findet sich der Hinweis: „! befahl er", um daran zu erinnern, dass man auf diese Weise etliche Verben umbilden kann.

An unreinen Reimen scheiden sich die Geister. Komödiantische Texte bereichern sie immer, bei ernsten Texten ist Fingerspitzengefühl gefragt, doch auch hier können sie sinnvoll sein, vor allem, wenn sich ein inhaltlicher Zusammenhang geradezu aufdrängt („heut" als Reim auf „Zeit"). Ohnehin machen klassische Reimschemata mehr und mehr offenen Strukturen Platz. Aus diesem Grund finden Sie eine Vielzahl von Vorschlägen zu solchen Reimen in eckigen Klammern, z.B. wird unter – *ebe/n* auf *[→ ede/n]* und *[→ ege/n]* verwiesen, weil sich „geben" auf „jeden" und „Regen" reimen lässt.

Einige dieser Regeln sind für den Anfang sicher gewöhnungsbedürftig, doch schon nach kurzem Gebrauch werden Sie feststellen, dass die neue Systematik Ihnen die Suche nach einem treffenden Reim wesentlich erleichtert. Ich jedenfalls empfinde es nicht nur als zeitsparend, sondern als pure Freude, auf einem Blick zahllose zusätzliche Möglichkeiten eröffnet zu bekommen, die ich anderswo vergeblich suche.

A-Reime

- a (1)
[→ ar (1)]
[Panama →
    ammer/n (2),
    Paprika →
    icker/n (2)
    etc.]
ah!
bah!
da
ha!
ja
na?
nah' (Verb)
nah (Präp.)
  etwas geht jmd.
    nah
  etwas kommt dem
    nah
  etwas liegt nah
  jmd. steht jmd.
    nah
  jmd. tritt jmd. zu
    nah
Ra
Rah'
sah
Schah
tja

Blabla
aha!
haha!
na ja
Allah
Mama
na, na!
Papa
p. a.
heda!
BH
bejah'
Eklat
ersah
versah
besah
geschah
Etat
ZK
beinah'
eins a
i-ah!
oha!

oh ja!
hurra!

Kanada
Malaga
Pharmaka
Kaballa
trallala!
Panama
Bakkarat
Ankara
Cha-Cha-Cha
km/h
Algebra
Kamera
Paria
Adria
Afrika
Fatima
Patina
Vagina
Charisma
Mafia
Razzia
Paprika
Praktika
Arnika
Attika
Attila
AOK
Capua
Padua
Dracula
DAK
Schemata
FKK
LVA
NVA
PTA
TWA
„Edeka"
ebenda
lebensnah
dpa
DRK
MTA
Helena
Tempera
Gerbera
Kenia
Sepia
Lexika
Pergola

Genua
„C&A"
heureka!
weitersah
Inschallah!
IRA
übersah
wiedersah
Ibiza
Ischia
so lala
Großmama
Großpapa
Golgatha
Kommata
Prostata
Ottawa
JVA
Omega
Cholera
Opera
Doria
Gloria
Troika
Monika
Tonika
Boccia
Loggia
Borgia
Florida
Korsika
Domina
Tombola
Bogota
u. v. a.
USA
Julia
Tunika
Ultima
Rucola
Bourgeois
bourgeois

Malaria
Bavaria
Fantasia
Schlaraffia
Examina
Germania
Himalaja
et cetera
Ophelia
Angelika

Amerika
Kosmetika
Valencia
Malaysia
juchheirassa!
tatütata!
Namibia
Basilika
Philippika
comme çi, comme
    ça
Olympia
Justitia
Andromeda
„Astoria"
Ambrosia
Allotria
Harmonika
Narkotika
Kleopatra
Pretoria
Eroika
Veronika
Erotika
Exotika
Viktoria
Colonia
Konkordia
Utopia
Borussia

Gran Canaria
Alexandria
Psychopharmaka
Wikipedia
Multimedia
Philadelphia
in absentia
Anabolika
Alkoholika
Ziehharmonika
Mundharmonika
Laterna magica
Charakteristika
GmbH
Antibiotika

- a* (2)
[→ ar (2)]
[Saba → aber/n (1),
    Medea → e-
    er/n (1), Coda
    → oder/n

etc.]
[Dia → ir (1), Boa
    → or (1) etc.]
ā:
Saba
Ali Baba
nachsah
Lada
Armada
Lambada
Granada
Suada
Nevada
Saga
Maya
Papaya
Biscaya
Urania
Gala
Scala
Skala
Koala
Richterskala
Guatemala
Drama
Fama
Lama
Pyjama
Alabama
Dalai Lama
Panorama
Melodrama
Yokohama
Fujiyama
Ghana
mañana
Tatjana
Diana
Nirwana
Montana
Toskana
Botswana
Ikebana
Fata Morgana
Marihuana
Louisiana
Ara
Clara
Lara
Sarah
Tara
Sahara
Tamara

Mascara	Parka	eh da	Hertha	Tequila
Tiara	Pharma	heda!	Tessa	Klima
Niagara	Karma	Leda	Vanessa	Lima
Usambara	Parma	Bodega	Vespa	prima
klarsah	Charta	Thekla	Vesta	Intima
ASA	Martha	GEMA	Celesta	Arbeitsklima
Lhasa	Sparta	Schema	Fiesta	China
NASA	Jakarta	Thema	Siesta	Gina
Mombasa	schwarzsah	Jena	Lametta	Ina
Tabula rasa	Massa	Lena	Vendetta	Lina
Toccata	Passah	Arena	etwa	Mina
Persona non grata	tschingderassa!	Verena	extra	Nina
Java	Plasma	Magdalena	Grandezza	Tina
Lava	Asta	Philomena		Sabina
Costa Brava	basta	Lepra	e͜i:	Sabrina
	Pasta	Ära	Heia	Angina
a͜:	Rasta	Gera	auweia	Marina
Abba	Canasta	Hera	al-Qaida	Martina
absah	Asthma	Vera	Taiga	Medina
herabsah	Pascha	Riviera	Balalaika	Regina
Magma	Sascha	Aloe Vera	Leila	Melina
Diaphragma	Natascha	vorhersah	Rheuma	Retsina
sakra!	Regatta	„Tesa"	einsah	Bettina
ad acta	Piazza	Kreta	vorbeisah	Irina
Allah		Eva	heißa!	Christina
Walhalla			Geisha	Palatina
Balla-balla	a͜u:			Katharina
Halma	aua!	e͜:		Angelina
Balsa	aufsah	Edda	i͜:	Ballerina
Salsa	Aula	Mekka	Dia	Palästina
Gamma	Trauma	weg da!	Pia	Agrippina
Mama	Fauna	Phlegma	Via	Karolina
Samba	Sauna	wegsah	via	Messalina
Pampa	Aura	Bella	Hüa!	Berolina
Anna	causa	Stella	Maria	Indochina
Hanna	aussah	„Nutella"	Lucia	Signorina
Manna	voraussah	Tarantella	Tansania	Okarina
Havanna		a cappella	Schickeria	Konzertina
Johanna	e͜:	Stracciatella	Pizzeria	Lira
Susanna	Bea	Isabella	Nikosia	Lyra
Hosianna	Lea	Mortadella	Ave Maria	Mira
Panda	Rhea	Mozzarella	Cafeteria	Al Jazeera
Wanda	Thea	Elba	Hagia Sophia	Pisa
Amanda	Trachea	Pfirsich Melba	Ida	Visa
Veranda	Andrea	Delta	nie da	Luisa
Ruanda	Medea	Emma	Hydra	Mona Lisa
Uganda	„IKEA"	Dilemma	Giga-	Kita
Propaganda	Guinea	Henna	Liga	Rita
Kassandra	Korea	Agenda	Riga	Vita
Tanga	Galiläa	Hazienda	„Amiga"	Anita
Happa	Neuguinea	Mensa	Quadriga	Evita
Kappa	Eritrea	Influenza	Bundesliga	Nikita
Papa	Dorothea	Erna	Sigma	Chiquita
Zappa, Frank	Dulcinea	Interna	lila	Lolita
	Zebra	fernsah	Manila	

9

Margherita	Soja	rosa	ú:	achthab'
Señorita	Troja	Mater dolorosa	Buddha	anhab'
Dolce vita	Koka	Jota	Yucca	handhab'
Mitra	Judoka	rotsah	Ulla	satthab'
Diva	Bola	Nova	Mullah	aufhab'
viva!	„Cola"	Jehova	Abdullah	gernhab'
Aktiva	Lola	Casanova	ultra	freihab'
Passiva	Stola	Bossa Nova	nonplusultra	teilhab'
evviva	Angola	Supernova	Humba!	eingrab'
	Carola		Rumba	lieb hab'
í:	Viola	ó:	Lumumba, Patrice	vorhab'
Micha	Ariola	Wodka	Umbra	umgrab'
Stigma	Pianola	Mokka	umsah	voraushab'
Paradigma	Gorgonzola	Dogma	Tundra	klein beigab
Rikscha	Koma	holla!	Junta	Generalstab
Szylla	Oma	Olga	durchsah	
Tilla	Roma	Wolga	Puszta	- áb (3)
Villa	Paloma	Polka	Kalkutta	→ app (1)
Camilla	Aroma	Komma		
Chinchilla	Oklahoma	Donna	- ab (1)	- abbe/n
Gorilla	Mona	Madonna	[→ ag (1)]	[→ adde/n]
Ludmilla	Ramona	Belladonna	[→ at (1)]	[→ agge/n]
Guerilla	Arkona	Primadonna	gab	Krabbe/n
Sevilla	Ascona	Rhonda	Grab	
Tortilla	Patrona	La Gioconda	grab'	- abbel/n
Kamarilla	Verona	contra	Hab	[→ addel/n]
Minna	persona	hoppla!	hab'	babbel/n
hinsah	Iona	Andorra	Knab'	brabbel/n
dingsda	Ilona	Norma	lab'	grabbel/n
Krypta	Korona	pro forma	„Saab"	kabbel/n
zirka	Barcelona	Aorta	schab'	krabbel/n
Irma	Desdemona	Kanossa	schrap'	Sabbel
Firma	Arizona	Cosa Nostra	Stab	sabbel/n
Prisma	Opa	Terrakotta	Trab	schwabbel/n
Schisma	Europa		trab'	Trouble
Krishna	Mitropa	ū:	begab	wabbel/n
nix da!	Bora	Kuba	begrab'	
Nizza	Cora	Tuba	gehab'	- abber/n
Pizza	Dora	du da	ergab	(Abba)
	Flora	halleluja	vergrab'	knabber/n
ō:	Nora	Duma	umgab	labber/n
Boa	Thora	Puma	Zauberstab	Sabber
Goa	Agora	Curcuma	Bettelstab	sabber/n
Noah	Pandora	Montezuma	übergab	schlabber/n
Schoah	Angora	Luna	überhab'	
Stoa	Aurora	Fortuna	Krisenstab	- abe/n (1)
Samoa	Deborah	Jura	Lockenstab	[→ ade/n (1)]
Kobra	Señora	Matura	untergrab'	[→ age/n (1)]
Coda	Mandragora	Prokura	Massagestab	(Abend)
Oda	Rotte Korah	in natura		Gabe/n
Mofa	ora et labora	Camera obscura	- ab* (2)	gaben
Sofa	vorsah	zusah	[→ ag (2)]	Grabe/n
Toga	Prosa	Medusa	[→ at (2)]	grabe/n
Yoga	Rosa	Valuta	Maßstab	Habe

habe/n	Angabe/n	präsentabel/n	labst	begabt (Adj.)
Knabe/n	anhabe/n	veritabel/n	Papst	gehabt
labe/n	antrabe/n	reparabel/n	schabst	ergabt
Nabe/n	Handhabe	respektabel/n	schrapst	vergabt
Rabe/n	handhaben	miserabel/n	trabst	umgabt
Schabe/n	satthabe/n	formidabel/n	begabst	weitergabt
schabe/n	Aufgabe/n	profitabel/n	gehabst	übergabt
Schwabe/n	aufhabe/n	honorabel/n	ergabst	überhabt
trabe/n	Ausgabe/n	komfortabel/n	vergabst	wiedergabt
Wabe/n	gernhabe/n	irreparabel/n	umgabst	untergrabt
	freihabe/n	indiskutabel/n	weitergabst	
begaben	teilhabe/n	inoperabel/n	übergabst	**- abt* (2)**
begrabe/n	eingrabe/n		wiedergabst	[→ agd (2)]
Gehabe	Preisgabe	**- abel/n* (2)**		nachgabt
gehabe/n	lieb habe/n	abnabel/n	**- abst* (2)**	abgabt
ergaben	Rückgabe	aufgabel/n	[→ agst → age/n (2)]	achtgabt
vergrabe/n	Hingabe	Heugabel/n		achthabt
erhaben	(hochtrabend)	Grünschnabel	[→ atst → at (2)]	angabt
umgaben	(wohlhabend)	Stimmgabel/n	[→ arzt (2)]	anhabt
	(Vorabend)		nachgabst	antrabt
Hausaufgabe/n	Vorgabe/n	**- abend**	abgabst	handhabt
(Lebensabend)	Vorhaben	→ abe/n (1+2)	achtgabst	satthabt
Sehergabe	vorhabe/n		angabst	stattgabt
(Herrenabend)	Buchstabe/n	**- aber/n (1)**	antrabst	aufgabt
Waisenknabe/n	Zugabe/n	[→ aba → a (2)]	handhabst	aufhabt
(Feierabend)	Guthaben	[→ ader/n (1)]	stattgabst	ausgabt
(Heiligabend)		[→ ager/n (1)]	aufgabst	hergabt
Übergabe	Bekanntgabe	aber	ausgabst	weggabt
überhabe/n	verausgabe/n	laber/n	hergabst	gernhabt
Wiedergabe	voraushabe/n	Schaber/n	weggabst	freigabt
Liebesgabe/n		waber/n	freigabst	freihabt
Prügelknabe/n	**- abel/n (1)**	makaber/n	eingabst	teilhabt
Stimmabgabe/n	[→ adel/n]	Gelaber	preisgabst	eingabt
Küchenschabe/n	[→ agel/n]	Kandelaber/n	hingabst	eingrabt
(Sonntagabend)	Abel	Kunstliebhaber/n	vorgabst	preisgabt
Morgengabe/n	Babel	ohne Wenn und Aber	zugabst	lieb habt
(Polterabend)	Fabel/n		kundgabst	hingabt
Opfergabe/n	fabel/n		durchgabst	vorgabt
untergrabe/n	Gabel/n	**- aber/n* (2)**	bekannt gabst	vorhabt
Wunderknabe/n	gabel/n	[→ ader/n (2)]	herausgabst	zugabt
Musterknabe/n	Kabel/n	[→ ager/n (2)]	verausgabst	kundgabt
Unglücksrabe/n	Nabel/n	Araber/n	zurückgabst	durchgabt
Sozialabgaben	Schnabel	Machthaber/n	dazugabst	
Gepäckausgabe/n		Teilhaber/n		bekannt gabt
Orchestergraben	blamabel/n	Liebhaber/n	**- abt (1)**	herausgabt
Auffassungsgabe	Parabel/n	Inhaber/n	[→ agd (1)]	verausgabt
	passabel/n	Befehlshaber/n	gabt	voraushabt
- abe/n* (2)	spendabel/n		grabt	zurückgabt
[→ ade/n (2)]	rentabel/n	**- abst (1)**	habt	dazugabt
[→ age/n (2)]	verkabel/n	[→ agst → age/n (1)]	labt	
wahrhaben	Vokabel/n		schabt	**- abt (3)**
Maßgabe	akzeptabel/n	[→ atst → at (1)]	schrapt	→ apt (1)
Abgabe/n	variabel/n	[→ arzt (1)]	trabt	
achthabe/n	praktikabel/n	gabst	begabt (Verb)	**- ace**

11

[→ es (1)]
Cyberspace
Interface
Pokerface

- ach (1)
[→ af]
brach
nach
  etwas hängt jmd.
    nach
  etwas folgt nach
  etwas wirkt nach
  etwas bebt nach
  etwas schwingt /
    klingt nach
  etwas dunkelt
    nach
  etwas gibt nach
  etwas lässt nach
  etwas reift nach
  etwas wächst nach
  jmd. trauert jmd.
    nach
  jmd. trägt jmd.
    etwas nach
  jmd. sieht jmd.
    etwas nach
  jmd. sagt jmd.
    etwas nach
  jmd. weist jmd.
    etwas nach
  jmd. steht jmd. in
    Nichts nach
  jmd. blickt jmd.
    nach
  jmd. äfft / ahmt
    / eifert jmd.
    nach
  jmd. läuft / jagt
    jmd. nach
  jmd. geht / reist
    jmd. nach
  jmd. stellt / steigt
    / spioniert
    jmd. nach
  jmd. wirft jmd.
    etwas nach
  jmd. sendet jmd.
    etwas nach
  jmd. gibt nach
  jmd. hilft nach
  jmd. lässt nach
  jmd. fragt / bohrt
    / hakt /
    forscht nach
  jmd. prüft /
    kontrolliert
    / misst /
    rechnet / zählt
    nach
  jmd. schlägt /
    sieht nach
  jmd. kommt nach
  jmd. rückt nach
  jmd. rüstet nach
  jmd. sitzt nach
  jmd. tritt nach
  jmd. füllt nach
  jmd. lädt nach
  jmd. legt nach
  jmd. löst nach
  jmd. schenkt nach
  jmd. spült nach
  jmd. würzt nach
  jmd. trauert einer
    Sache nach
  jmd. holt etwas
    nach
  jmd. macht /
    spielt / spricht
    / erzählt etwas
    nach
  jmd. betet /
    plappert etwas
    nach
  jmd. vollzieht /
    fühlt etwas
    nach
  jmd. denkt /
    grübelt / sinnt
    über etwas
    nach
  jmd. geht / spürt
    / jagt einer
    Sache nach
  jmd. sucht um
    etwas nach
  jmd. bereitet
    etwas nach
  jmd. bessert etwas
    nach
  jmd. reicht etwas
    nach
  jmd. baut etwas
    nach
  jmd. kommt mit
    der Arbeit
    nicht nach
  jmd. kauft /
    bestellt etwas
    nach
  jmd. zieht ein
    Bein / eine
    Linie nach
Schmach
sprach
stach
danach
demnach
gebrach
Gemach
gemach
erbrach
zerbrach
versprach
erstach
besprach
bestach
Almanach
Ungemach
unterbrach
allem Anschein
  nach

- ach (2)
[→ aff (1)]
ach!
Bach
Dach
Fach
flach
Krach
lach'
mach'
nach
etwas hängt jmd.
  nach
etwas folgt nach
etwas wirkt nach
etwas bebt nach
etwas schwingt /
  klingt nach
etwas dunkelt
  nach
etwas gibt nach
etwas lässt nach
etwas reift nach
etwas wächst nach
jmd. trauert jmd.
  nach
jmd. trägt jmd.
  etwas nach
jmd. sieht jmd.
  etwas nach
jmd. sagt jmd.
  etwas nach
jmd. weist jmd.
  etwas nach
jmd. steht jmd. in
  Nichts nach
jmd. blickt jmd.
  nach
jmd. äfft / ahmt
  / eifert jmd.
  nach
jmd. läuft / jagt
  jmd. nach
jmd. geht / reist
  jmd. nach
jmd. stellt / steigt
  / spioniert
  jmd. nach
jmd. wirft jmd.
  etwas nach
jmd. sendet jmd.
  etwas nach
jmd. gibt nach
jmd. hilft nach
jmd. lässt nach
jmd. fragt / bohrt
  / hakt /
  forscht nach
jmd. prüft /
  kontrolliert
  / misst /
  rechnet / zählt
  nach
jmd. schlägt /
  sieht nach
jmd. kommt nach
jmd. rückt nach
jmd. rüstet nach
jmd. sitzt nach
jmd. tritt nach
jmd. füllt nach
jmd. lädt nach
jmd. legt nach
jmd. löst nach
jmd. schenkt nach
jmd. spült nach
jmd. würzt nach
jmd. trauert einer
  Sache nach
jmd. holt etwas
nach
jmd. macht /
  spielt / spricht
  / erzählt etwas
  nach
jmd. betet /
  plappert etwas
  nach
jmd. vollzieht /
  fühlt etwas
  nach
jmd. denkt /
  grübelt / sinnt
  über etwas
  nach
jmd. geht / spürt
  / jagt einer
  Sache nach
jmd. sucht um
  etwas nach
jmd. bereitet
  etwas nach
jmd. bessert etwas
  nach
jmd. reicht etwas
  nach
jmd. baut etwas
  nach
jmd. kommt mit
  der Arbeit
  nicht nach
jmd. kauft /
  bestellt etwas
  nach
jmd. zieht ein
  Bein / eine
  Linie nach
Schach
schwach
wach
danach
demnach
entfach'
verflach'
verkrach'
vermach'
erwach'
bewach'
durchwach'
Almanach
altersschwach
sauber mach'
selber mach'

fertig mach'	miesmach'	Bache/n	Auffassungssache	heranmache/n
Eisenach	frisch mach'	Dache	ausfindig mache/n	bekannt mache/n
weitermach'	mitmach'	Drache/n	selbstständig ma-	zurechtmache/n
geistesschwach	totlach'	flache/n	che/n	vereinfache/n
überdach'	Obdach	Krache		bereit mache/n
sichtbar mach'	vollmach'	krache/n	- ache/n* (4)	vervielfache/n
dünne mach'	vormach'	Lache/n	[→ affe/n (2)]	mobilmache/n
willensschwach	fortmach'	lache/n	nachmache/n	verursache/n
flüssig mach'	flott mach'	Mache	klarmache/n	kaputt mache/n
Offenbach	zumach'	mache/n	Tatsache/n	wiedergutmache/n
mit Ach und Krach	rummach'	Nachen	abmache/n	
heruntermach'	durchmach'	Rache/n	haltmache/n	- achel/n (1)
unter Dach und		Sache/n	anfache/n	[→ affel/n]
Fach	heranmach'	Schwache/n	anlache/n	Kachel/n
ausfindig mach'	bekannt mach'	schwache/n	anmache/n	kachel/n
selbstständig mach'	zurechtmach'	Wache/n	krankmache/n	Rachel
allem Anschein	vereinfach'	wache/n	schlappmache/n	Stachel/n
nach	bereit mach'		scharf mache/n	
	vervielfach'	Kasache/n	blau mache/n	- achel/n* (2)
- ach* (3)	mobilmach'	Fellache/n	aufmache/n	anstachel/n
[→ aff (2)]	verursach'	entfache/n	draufmache/n	
nachmach'	kaputt mach'	verflache/n	aufwache/n	- ächer/n (1)
Scharlach	wiedergutmach'	verkrache/n	auslache/n	→ ache/n (1)
klarmach'		vermache/n	ausmache/n	! sprach er
abmach'	- ache/n (1)	Erwachen	mehrfache/n	
Wallach	[→ afe/n (1)]	erwache/n	hermache/n	- acher/n (2)
haltmach'	Aachen	bewache/n	kehrtmache/n	[→ affer/n (1)]
anfach'	brachen	durchwache/n	wegmache/n	flacher/n
anlach'	Lache/n		fest mache/n	Macher/n
anmach'	Sprache/n	Almanache/n	wettmache/n	mach' er
krankmach'	sprachen	altersschwache/n	frei mache/n	Kracher/n
schlappmach'	stachen	Panikmache	gleichmache/n	Lacher/n
scharf mach'	erbrachen	Ansichtssache	einfache/n	schacher/n
blau mach'	zerbrachen	Frauensache	einmache/n	schwacher/n
aufmach'	versprachen	sauber mache/n	fein mache/n	wacher/n
draufmach'	erstachen	Nebensache	kleinmache/n	Bewacher/n
aufwach'	besprachen	Ehrensache	weismache/n	Regenmacher/n
auslach'	bestachen	Herzenssache	breit mache/n	Herzschritt-
ausmach'	Almanache/n	selber mache/n	Streitsache	macher/n
mehrfach	Zeichensprache/n	Männersache	schieflache/n	Liedermacher/n
hermach'	Umgangssprache/n	fertig mache/n	miesmache/n	Widersacher/n
kehrtmach'	unterbrachen	Reinemache/n	frisch mache/n	Muntermacher/n
wegmach'	Muttersprache/n	weitermache/n	mitmache/n	Geschäftemacher/n
fest mach'		geistesschwache/n	vormache/n	
wettmach'	- ache/n* (2)	Siebensachen	totlache/n	- acher/n* (3)
gleichmach'	[→ afe/n (2)]	überdache/n	vollmache/n	[→ affer/n (2)]
frei mach'	Absprache/n	sichtbar mache/n	fortmache/n	Spaßmacher/n
einfach	Ansprache/n	dünne mache/n	flott mache/n	Scharfmacher/n
einmach'	Aussprache/n	willensschwache/n	zumache/n	mehrfacher/n
fein mach'	Rücksprache	flüssig mache/n	Ursache/n	einfacher/n
kleinmach'	Fürsprache	Stimmungsmache	rummache/n	Miesmacher/n
weismach'		Totenwache	durchmache/n	Krawallmacher/n
breit mach'	- ache/n (3)	Vertrauenssache		
schieflach'	[→ affe/n (1)]	heruntermache/n	Geschmacksache	- achs (1)

→ ache/n (1-4)	erdacht	ungeschlacht	fein macht	schmachte/n
	Verdacht	durchgebracht	kleinmacht	Trachten
- achs (2)	verflacht		Eintracht	trachte/n
→ acks (1+2)	verkracht	herausgebracht	weismacht	wachte/n
	vermacht	althergebracht	breit macht	
- achse/n	erwacht	hervorgebracht	schieflacht	beachte/n
→ ackse/n	Betracht	herumgebracht	miesmacht	(geachtet)
	bewacht	heruntermacht	Zwietracht	bedachte/n
- achsel/n	vollbracht	Walpurgisnacht	frisch macht	gedachte/n
→ acksel/n	durchdacht	nahegebracht	mitmacht	(gemachter)
	durchwacht	ausfindig macht	Obacht	entfachte/n
- achst (1)		selbstständig macht	Ohnmacht	entmachte/n
→ ache/n (1-4)	dargebracht	weitergebracht	totlacht	erachte/n
	abgebracht	rübergebracht	vormacht	verachte/n
- achst (2)	angebracht	wiedergebracht	Vollmacht	erbrachte/n
→ ackst (1)	Anbetracht	vorwärtsgebracht	vollmacht	verbrachte/n
	Farbenpracht	unangebracht	fortmacht	erdachte/n
- ächt (1)	Narrentracht	untergebracht	flott macht	verflachte/n
→ ache/n (1)	aufgebracht	zusammengebracht	zumacht	verfrachte/n
	ausgebracht	zustande gebracht	rummacht	verkrachte/n
- acht (2)	ausgedacht	auseinandergebracht	durchmacht	vermachte/n
[→ aft (2)]	hausgemacht			verpachte/n
Acht	sauber macht	- acht* (3)	heranmacht	verschmachte/n
acht' (Verb)	Schneeballschlacht	[→ aft (3)]	bekannt macht	erwachte/n
acht (Zahl)	selbstgemacht	nachmacht	zurechtmacht	betrachte/n
bracht'	selber macht	klarmacht	vereinfacht	(Betrachter/n)
dacht'	fertig macht	abmacht	bereit macht	bewachte/n
Fracht	beigebracht	abschlacht'	vervielfacht	missachte/n
Gracht	eingebracht	haltmacht	mobilmacht	vollbrachte/n
Jacht	Reinemacht	Andacht	verursacht	(umnachtet)
kracht	weit gebracht	anfacht	kaputt macht	durchdachte/n
lacht	weitermacht	anlacht	wiedergutmacht	durchwachte/n
Macht	überbracht	anmacht		
macht	überdacht	krankmacht	- achte/n (1)	nahebrachte/n
Nacht	Übermacht	schlappmacht	[→ afte/n → aft (2)]	aufgebrachte/n
Pacht	Niedertracht	scharf macht		sauber machte/n
Pracht	sichtbar macht	Fastnacht	Achte/n	selber machte/n
sacht	dünne macht	blau macht	achte/n (Verb)	fertig machte/n
Schacht	Kissenschlacht	aufmacht	achte/n (Zahl)	Eingemachte
Schlacht	hinterbracht	draufmacht	(Achter/n)	Reinemachte/n
schlacht'	Mitternacht	aufwacht	(achtern)	weiterbrachte/n
Tracht	flüssig macht	auslacht	brachte/n	weitermachte/n
tracht'	hochgebracht	ausmacht	dachte/n	überbrachte/n
Wacht	wohlbedacht	ausschlacht'	Frachten	rüberbrachte/n
wacht	vorgebracht	Wehrmacht	(Frachter/n)	überdachte/n
	vorbedacht	hermacht	Grachten	übernachte/n
gebracht	losgebracht	kehrtmacht	Jachten	wiederbrachte/n
Bedacht	Lockenpracht	wegmacht	krachte/n	sichtbar machte/n
bedacht	Sommernacht	fest macht	lachte/n	dünne machte/n
gedacht	Hochzeitsnacht	wettmacht	machte/n	hinterbrachte/n
gemacht	zugebracht	gleichmacht	pachte/n	flüssig machte/n
entfacht	zugedacht	frei macht	sachte/n	wohlbedachte/n
erbracht	umgebracht	Weihnacht	schlachte/n	vorwärtsbrachte/n
verbracht	unbedacht	einmacht	(Schlachter/n)	zugedachte/n

14

unbedachte/n	frei machte/n	! macht er	Vorgeschmack	Nacken
ungeschlachte/n	einbrachte/n		Dudelsack	(nackend)
unterbrachte/n	einmachte/n	- achtet	huckepack	packe/n
	fein machte/n	→ achte/n (1+2)	Lumpenpack	placke/n
zusammenbrach-	kleinmachte/n		Kunstgeschmack	Sacke
te/n	weismachte/n	- ack (1)	Schnupftabak	sacke/n
zustande brachte/n	breit machte/n	[→ app (1)]		Schlacke/n
althergebrachte/n	schieflachte/n	[→ att (1)]	mit Sack und Pack	schnacke/n
heruntermachte/n	miesmachte/n	back'	zusammenpack'	Wracke
ausfindig machte/n	frisch machte/n	Flak	Knüppelausdem-	Zacke/n
selbstständig mach-	mitmachte/n	Frack	sack	zwacke/n
te/n	hochachte/n	hack'		
unangebrachte/n	hochbrachte/n	kack'	- ack* (2)	Schabracke/n
auseinanderbrach-	vorbrachte/n	Claque	[→ app (2)]	Kanake/n
te/n	vormachte/n	klack!	[→ att (2)]	Baracke/n
(dessen ungeachtet)	losbrachte/n	knack'	Tabak	Attacke/n
	totlachte/n	Lack	absack'	entschlacke/n
- achte/n* (2)	Vollmachten	Pack	abzwack'	verknacke/n
[→ afte/n → aft	vollmachte/n	pack'	Kajak	verpacke/n
(3)]	fortmachte/n	quack'	anpack'	versacke/n
nachmachte/n	flott machte/n	Sack	aufback'	Geschmacke
darbrachte/n	zubrachte/n	Jacques	auspack'	Polacke/n
klarmachte/n	zumachte/n	Schnack	Dämlack	Kosake/n
abbrachte/n	Gutachten	schnack'	Drecksack	Kulake/n
abmachte/n	(Gutachter/n)	Wrack	festback'	Herzattacke/n
abschlachte/n	umbrachte/n	Yak	einpack'	überbacke/n
haltmachte/n	rummachte/n	zack!	einsack'	frischgebacken
anbrachte/n	durchbrachte/n	zwack'	piesack'	zickezacke
Andachten	durchmachte/n		Biwak	zusammenpacke/n
anfachte/n		auf Zack	Flickflack	Kavallerieattacke/n
anlachte/n	heranmachte/n	Geschmack	Hickhack	
anmachte/n	bekannt machte/n	entschlack'	Schnickschnack	- acke/n* (2)
anschmachte/n	herausbrachte/n	verknack'	ticktack!	[→ appe/n (2)]
krankmachte/n	zurechtmachte/n	verpack'	zickzack	[→ atte/n (2)]
schlappmachte/n	vereinfachte/n	versack'	Cognac	abhacke/n
scharf machte/n	bereit machte/n	Polack	Dvořák, Antonín	absacke/n
aufbrachte/n	vervielfachte/n	opak	zupack'	abzwacke/n
aufmachte/n	mobilmachte/n	Kosak	Rucksack	altbacken
draufmachte/n	(Beobachter/n)	Kulak	Plumpsack	anpacke/n
aufwachte/n	beobachte/n			Zwangsjacke/n
blau machte/n	hervorbrachte/n	Nagellack	- acke/n (1)	aufbacke/n
ausbrachte/n	verursachte/n	Skagerrak	[→ appe/n (1)]	hausbacken
ausdachte/n	herumbrachte/n	Kakerlak	[→ atte/n (1)]	Pausbacke/n
auslachte/n	kaputt machte/n	Schabernack	Backe/n	auspacke/n
ausmachte/n	wiedergutmachte/n	Nachgeschmack	backe/n	festbacke/n
ausschachte/n		Salmiak	Hacke/n	einpacke/n
ausschlachte/n	- achtel/n	Ammoniak	hacke/n	einsacke/n
hermachte/n	Achtel/n	Anorak	Jacke/n	piesacke/n
kehrtmachte/n	Schachtel/n	Kautabak	Kacke	zupacke/n
wegmachte/n	Spachtel/n	Pfeffersack	kacke/n	zusammenpacke/n
fest machte/n	Wachtel/n	Tetra Pak	klacke/n	
wettmachte/n		Beigeschmack	knacke/n	- ackel/n
beibrachte/n	- achter/n	Siegellack	Lacke/n	[→ appel/n]
gleichmachte/n	→ achten (1+2)	überback'	Macke/n	[→ attel/n (1)]

15

Dackel/n
Fackel/n
fackel/n
quackel/n
schnackel/n
wackel/n
Krickelkrakel

- acker/n (1)
[→ apper/n (1)]
[→ atter/n]
Acker
acker/n
flacker/n
gacker/n
Hacker/n
klacker/n
Knacker/n
Macker/n
Packer/n
Racker/n
racker/n
schlacker/n
Tacker/n
tacker/n
wacker/n
Massaker/n
beacker/n
Totenacker
Gottesacker

- acker/n* (2)
[→ apper/n (2)]
abracker/n
aufflacker/n
Safeknacker/n
Holzhacker/n
durchacker/n
Nussknacker/n

- acks (1)
[→ aps (2)]
[→ atz (1)]
back's
Dachs
DAX
Fax
fax'
Flachs
flachs'
Fracks
hack's
Klacks
Knacks

knack's
Lachs
Lacks
lax
Max
pack's
Pax
Sacks
Sax
Schlacks
stracks
Wachs
wachs'
Wracks

entschlack's
verpack's
Geschmacks
Klettermax
überback's
Pipifax
Bohnerwachs
„Ohropax"

- acks* (2)
[→ aps (3)]
[→ atz (2)]
Frechdachs
Klimax

- ackse/n
[→ apse/n (1)]
[→ atze/n (1)]
Achse/n
back se
Dachse/n
Faxe/n
faxe/n
flachse/n
hack se
Haxe/n
Knackse
knackse/n
knack se
Kraxe/n
Lachse/n
laxe/n
Maxe
pack se
Sachse/n
Taxe/n
wachse/n

entschlack se

verpack se
erwachsen
verwachsen
bewachse/n
durchwachsen
nachgewachsen
Angelsachse/n
angewachsen
aufgewachsen
ausgewachsen
Klettermaxe/n
eingewachsen
kleingewachsen
überback se
Niedersachse/n
Prophylaxe/n
zugewachsen
zusammenwach-
  se/n
herangewachsen

- acksel/n
[→ apsel/n]
Achsel/n
Axel
kraxel/n

- ackst (1)
[→ apst → apse/n
  (1)]
[→ atzt → atze/n
  (1)]
Axt
backst
faxt
flachst
hackst
kackst
knackst
packst
schnackst
wachst
entschlackst
verknackst
verpackst
versackst
überbackst
zusammenpackst

- ackst* (2)
[→ atzt → atze/n
  (2)]
abhackst
absackst

abzwackst
anpackst
aufbackst
auspackst
festbackst
einpackst
einsackst
piesackst
zupackst

- ackt (1)
[→ apt (1)]
Akt
backt
Fakt
flaggt
hackt
kackt
klackt
knackt
nackt
packt
Pakt
schnackt
Takt
Trakt
zwackt

unplugged
abstrakt
(Charakter/n)
befrackt
beknackt
entschlackt
verknackt
verpackt
versackt
vertrackt
exakt
Extrakt
gezackt
intakt
kompakt
Kontakt
Kontrakt
Katarakt
abgeschmackt
abgewrackt
Racheakt
Artefakt
Hautkontakt
Teufelspakt
überbackt
Blickkontakt

Balanceakt
zusammenpackt
Dreivierteltakt
Autodidakt

- ackt* (2)
[→ apt (2)]
abhackt
absackt
abzwackt
anpackt
aufbackt
Auftakt
auspackt
festbackt
(Dreiakter/n)
einpackt
einsackt
(Viertakter/n)
piesackt
zupackt

- ackter/n
→ ackt (1+2)
! backt er
[→ aktor → or (2)]
(ad acta)

- ād (1)
→ at (1+2)

- ád (2)
→ att (1)

- adde/n
[→ abbe/n]
[→ agge/n]
Kladde/n

- addel/n
[→ abbel/n]
Paddel/n
paddel/n
Quaddel/n

- ade/n (1)
[→ abe/n (1)]
[→ age/n (1)]
bade/n
Faden
fade/n
Fladen
Gnade/n
Grade/n

(Hades)	Lebensfaden	Tadel	sahen	[→ arfe/n]
Jade	Längengrade/n	tadel/n	i-ahe/n	[→ ave/n]
Lade/n	kerzengrade/n	Musikantenstadl	bejahe/n	(After)
lade/n	Esplanade/n		geschahen	Grafe/n
Made/n	Eskapade/n	**- ader/n (1)**	beinahe	Hafen
Pfade/n	Remoulade/n	[→ ada → a (2)]		Schafe/n
Rade	(schweißgebadet)	[→ aber/n (1)]	**- af**	schlafe/n
Schaden	Reifegrade/n	[→ ager/n (1)]	[→ ach (1)]	Strafe/n
schade/n (Verb)	Zielgerade/n	Ader/n	[→ arf]	strafe/n
schade (Adj.)	überlade/n	Bader/n	brav	trafen
Schwaden	Hitparade/n	fader/n	Graf	
Wade/n	Limonade/n	Hader	Schaf	entschlafe/n
	Orangeade/n	hader/n	Schlaf	beschlafe/n
Najade/n	Promenade/n	Kader/n	schlafʻ	bestrafe/n
malade/n	Olympiade/n	Quader/n	strafʻ	betrafen
Parade/n	Schokolade/n	Lader/n	traf	Paragrafen
Scharade/n	Motorschaden	malader		Kalligrafen
Arkade/n	fluchbeladen	Salbader	alaaf	Kartografen
Ballade/n	wutgeladen	salbader/n	entschlafʻ	Telegrafen
Fassade/n	schuldbeladen	gerader/n	versklavʻ	Epigrafen
Kaskade/n		Geschwader/n	beschlafʻ	Epitaphe/n
(begnadet)	Verwandtschafts-	kerzengerader	bestrafʻ	Geografen
Dekade/n	grade/n	Zornesader/n	betraf	Stenografen
belade/n	problembeladen	Vorderlader/n	konkav	Ethnografen
geladen	nach Strich und		Oktav	Seismografen
entlade/n	Faden	**- ader/n* (2)**		übertrafen
Gerade/n	Scheherazade	[→ aber/n (2)]	Paragraf	Biografen
gerade/n	Robinsonade/n	[→ ager/n (2)]	Kalligraf	Typografen
Gestade/n	emotionsgeladen	Krampfader/n	Kartograf	Lithografen
Dryade/n		Tieflader/n	Telegraf	Todesstrafe/n
Triade/n	**- ade/n* (2)**	Pulsader/n	Epigraf	Chronografen
Brigade/n	[→ abe/n (2)]		Epitaph	Phonografen
Zikade/n	[→ age/n (2)]	**- ades**	Geograf	Sonografen
Tirade/n	ausbade/n	→ ade/n (1)	Stenograf	Fotografen
Nomade/n	auslade/n	! ladʻ es	Ethnograf	Topografen
Pomade/n	einlade/n		Seismograf	Pornografen
Rochade/n	Kinnlade/n	**- adet**	übertraf	Orthografen
Blockade/n	vorlade/n	→ ade/n (1+2)	Biograf	(ungestraft)
Roulade/n	Schublade/n		Typograf	Choreografen
	durchlade/n	**- adler/n**	Lithograf	Oszillografen
nachgerade	Geduldsfaden	Adler/n	Winterschlaf	Kinematografen
Marmelade/n	be- und entlade/n	Radler/n	Chronograf	
Marinade/n			Phonograf	**- afe/n* (2)**
Kavalkade/n	**- adel/n**	**- a-e/n**	Sonograf	[→ ache/n (2)]
Kameraden	[→ abel/n (1)]	nahe/n (Verb)	Fotograf	Vorstrafe/n
Maskerade/n	[→ agel/n]	nahe (Präp.)	Topograf	
Barrikade/n	Adel	etwas liegt nahe	Pornograf	**- afe (3)**
Raffinade/n	adel/n	jmd. steht jmd.	Orthograf	[→ ef (1)]
Palisade/n	Madel/n	nahe	Choreograf	Dave
Kanonade/n	Nadel/n	jmd. tritt jmd. zu	Oszillograf	Safe
Balustrade/n	nadel/n	nahe	Kinematograf	
Kaufmannsladen	Radel	jmd. geht etwas		**- afel/n**
Serenade/n	radel/n	nahe	**- afe/n (1)**	Havel
Nebelschwaden	Stadel	Rahe/n	[→ ache/n (1)]	schwafel/n

Tafel/n	Pfaffe/n	erschaffʼnen	Machenschaft	Geisteskraft
tafeln	raffe/n	bewaffne/n	lasterhaft	beispielhaft
Geschwafel	Schaffen		flatterhaft	rüpelhaft
Ahnentafel/n	schaffe/n	- **affne/n* (2)**	Wasserkraft	lügenhaft
	schlaffe/n	Rechtschaffʼne/n	Wanderschaft	hünenhaft
- **afer/n**	straffe/n	rechtschaffʼne/n	Schwangerschaft	Liegenschaft
[→ arfer/n]	toughe/n		Partnerschaft	fieberhaft
[→ aver/n]	Waffe/n	- **afft**	Gastfreundschaft	Brüderschaft
Hafer	Karaffe/n	→ aft (2+3)	Arbeitskraft	Dienerschaft
Strafer	begaffe/n		Landwirtschaft	schicksalhaft
traf er	vergaffe/n	- **äft (1)**	Marktwirtschaft	dünkelhaft
Xaver	erschaffe/n	→ afe/n (1)	grauenhaft	lückenhaft
übertraf er	verschaffe/n		launenhaft	Sippenhaft
	erschlaffe/n	- **aft (2)**	dauerhaft	Willenskraft
- **aff (1)**	beschaffe/n	[→ acht (2)]	zauberhaft	Wissenschaft
[→ ach (2)]	geschaffen	(After)	schauderhaft	stümperhaft
baff	Giraffe/n	blafft	Zauberkraft	Schirmherrschaft
blaffʼ	beiseiteschaffe/n	gafft	Bauernschaft	Mitgliedschaft
gaffʼ		Haft	Aushilfskraft	Misswirtschaft
Haff	- **affe/n* (2)**	haftʼ	Hauswirtschaft	Vorherrschaft
Kaff	[→ ache/n (4)]	klafft	auskundschaftʼ	vorteilhaft
paffʼ	abschaffe/n	(Klafter)	Pferdekraft	Vormundschaft
Pfaffʼ	abschlaffe/n	Kraft	nebelhaft	Volkswirtschaft
raffʼ	anblaffe/n	pafft	ekelhaft	tugendhaft
schaffʼ	anschaffe/n	rafft	rätselhaft	Hustensaft
schlaff	Maulaffen	Saft	frevelhaft	Bruderschaft
straff	aufraffe/n	schafft	schemenhaft	unglaubhaft
tough	rechtschaffen	Schaft	ehrenhaft	Muskelkraft
begaffʼ	dahinraffen	strafft	märchenhaft	jungenhaft
vergaffʼ			fehlerhaft	Burschenschaft
erschaffʼ	- **affel/n**	begafft	Gegnerschaft	musterhaft
verschaffʼ	[→ achel/n (1)]	(behaftet)	Lehrerschaft	stutzerhaft
erschlaffʼ	Shuffle	entsaftʼ	Hörerschaft	Jungfernschaft
beschaffʼ	Staffel/n	gerafft	Leserschaft	Mutterschaft
beiseiteschaffʼ	Waffel/n	vergafft	wechselhaft	Hundertschaft
	Falafel	verhaftʼ	tölpelhaft	
- **aff* (2)**		verkraftʼ	geckenhaft	Gefangenschaft
[→ ach (3)]	- **affer/n (1)**	erschafft	heldenhaft	Beamtenschaft
abschaffʼ	[→ acher/n (2)]	verschafft	memmenhaft	kometenhaft
abschlaffʼ	Gaffer/n	erschlafft	Rechenschaft	beiseiteschafft
anblaffʼ	Kaffer/n	beschafft	gönnerhaft	gewissenhaft
anschaffʼ	Schaffer/n	geschafft	Völkerschaft	Genossenschaft
aufraffʼ	schlaffer/n		Körperschaft	Errungenschaft
Seraph	straffer/n	fabelhaft	Elternschaft	Geisteswissenschaft
dahinraffʼ	tougher/n	sagenhaft	schmeichelhaft	oberlehrerhaft
	Metapher/n	Magensaft	zweifelhaft	Anhängerschaft
- **affe/n (1)**		Patenschaft	Einzelhaft	Arbeiterschaft
[→ ache/n (3)]	- **affer/n* (2)**	Planwirtschaft	laienhaft	Anziehungskraft
Affe/n	[→ acher/n (3)]	Wachmannschaft	Leidenschaft	Aussagekraft
blaffe/n	Zeitraffer/n	Nachbarschaft	Eigenschaft	Leibeigenschaft
gaffe/n		mangelhaft	schleierhaft	Mitleidenschaft
klaffen	- **affne/n (1)**	massenhaft	geisterhaft	Vorstellungskraft
Laffe/n	entwaffne/n	katzenhaft	meisterhaft	Zuhörerschaft
paffe/n	Erschaffʼne/n	Schaffenskraft	Meisterschaft	Naturwissenschaft

Hinterlassenschaft	Bekanntschaft	plag'	Freudentag	wahrsag'
Untersuchungshaft	Gesandtschaft	Prag	Feiertag	Rad schlag'
	Verwandtschaft	rag'	Flügelschlag	Ratschlag
- aft* (3)	Belegschaft	sag'	überrag'	abhak'
[→ acht (3)]	Gesellschaft	Schlag	Überschlag	absag'
habhaft	Gewerkschaft	schlag'	überschlag'	Abschlag
schadhaft	Gemeinschaft	stak	Übertrag	abschlag'
Grafschaft	Bereitschaft	Tag	übertrag'	Alltag
zaghaft	dahinrafft	trag'	Niederschlag	Samstag
namhaft	bewirtschaft'	wag'	niederschlag'	anklag'
schamhaft	Gefolgschaft	zag'	Mietvertrag	Anschlag
nahrhaft	Hilfsbereitschaft		Briefumschlag	anschlag'
Barschaft	Vetternwirtschaft	befrag'	Schicksalsschlag	Antrag
abschafft	Alarmbereitschaft	behag'	Brückenschlag	antrag'
abschlafft	Kameradschaft	Belag	Kirchentag	Handschlag
lachhaft	Seelenverwandt-	entsag'	hinterfrag'	Landtag
schmackhaft	schaft	verhak'	Ritterschlag	Markttag
schalkhaft	Medienlandschaft	verklag'	Todestag	aufhak'
anblafft	Reisegesellschaft	Verlag	Trommelschlag	aufsag'
anschafft		vermag	Glockenschlag	Aufschlag
Mannschaft	- äfte/n (1)	versag'	Wochentag	aufschlag'
Landschaft	→ afe/n (1)	Verschlag	Donnerstag	Auftrag
standhaft		zerschlag'	Donnerschlag	auftrag'
zwanghaft	- áfte/n (2)	erschrak	Sommertag	aussag'
krankhaft	→ aft (2+3)	Ertrag	Hochzeitstag	Ausschlag
schwankhaft		ertrag'	Urlaubstag	ausschlag'
zankhaft	- äfter/n (1)	Vertrag	guten Tag	austrag'
statthaft	→ afe/n (1)	vertrag'	Ruhetag	Lebtag
traumhaft	! straft er	verzag'	unterhak'	wehklag'
aufrafft		Beschlag	untersag'	Fehlschlag
lebhaft	- áfter/n (2)	beschlag'	unterschlag'	fehlschlag'
Schwerkraft	→ aft (2+3)	Betrag	Muttertag	Herzschlag
Knechtschaft	! schafft er	betrag'	Bundestag	Herbsttag
schreckhaft	(Kaftan)	Irak	Unglückstag	Werktag
ernsthaft		durchschlag'		Festtag
Herrschaft	- äftet (1)		zusammentrag'	einhak'
herzhaft	→ afe/n (1)	Strafantrag	Ferientag	Einschlag
scherzhaft		Zahnbelag	Bretterverschlag	einschlag'
schmerzhaft	- áftet (2)	Namenstag	Heiratsantrag	Eintrag
sesshaft	→ aft (2+3)	Sparvertrag	Mindestbetrag	eintrag'
Seilschaft		Jahrestag	Solidarbeitrag	Freitag
Feindschaft	- ag (1)	Nachmittag	Kostenvoranschlag	Beitrag
Freundschaft	[→ ab (1)]	Nackenschlag	St. Nimmerleinstag	beitrag'
Liebschaft	[→ arg (1)]	Fastentag		breitschlag'
Sippschaft	[→ at (1)]	Sarkophag	- ag* (2)	Dienstag
Wirtschaft	frag'	Taubenschlag	[→ ab (2)]	Rückschlag
wirtschaft'	Hag	Paukenschlag	[→ arg (2)]	Blitzschlag
wohnhaft	hak'	Trauertag	[→ at (2)]	Hitzschlag
boshaft	jag'	Kaufvertrag	nachhak'	hochschlag'
Botschaft	klag'	Lehrauftrag	nachsag'	Montag
Ortschaft	quak	Ehrentag	Nachschlag	vorsag'
schuldhaft	lag	Fehlbetrag	nachschlag'	Vorschlag
Kundschaft	mag	Bremsbelag	Nachtrag	vorschlag'
	nag'	Menschenschlag	Kahlschlag	Vortrag

19

vortrag'	verklagt	losschlagt	entsage/n	Wochentage/n
lossag'	versagt	totsagt	verklage/n	Sommertage/n
losschlag'	zerschlagt	vollschlagt	Verlage/n	Donnerstage/n
totsag'	erschrakt	zusagt	versage/n	Hochzeitstage/n
Totschlag	vertagt	zuschlagt	verschlagen	Urlaubstage/n
vollschlag'	ertragt	zutragt	zerschlage/n	Ruhetage/n
Sonntag	vertragt	umschlagt	vertage/n	Unterlage/n
zusag'	verzagt	durchschlagt	ertrage/n	untersage/n
Bußtag	besagt		vertrage/n	unterschlage/n
Zuschlag	beschlagt	beratschlagt	verzage/n	unter Tage
zuschlag'	betagt	veranschlagt	besagen	Muttertage/n
zutrag'	betragt	beantragt	beschlage/n	Unglückstage/n
Pulsschlag	überragt	herausragt	Betragen	
Umschlag	überschlagt	beauftragt	betrage/n	Alarmanlage/n
umschlag'	übertragt	voraussagt	infrage	zusammentrage/n
Durchschlag	niederschlagt	davontragt	zutage	Ferientage/n
durchschlag'	hinterfragt			niedergeschlagen
	totgesagt	- age/n (1)	Namenstage/n	
beratschlag'	unterhakt	[→ abe/n (1)]	Jahrestage/n	- age/n* (2)
veranschlag'	untersagt	[→ ade/n (1)]	Nachmittage/n	[→ abe/n (2)]
beantrag'	unterschlagt	[→ arge/n (1)]	Kampfansage/n	[→ ade/n (2)]
beauftrag'	zusammentragt	Frage/n	abgeschlagen	[→ arge/n (2)]
herausrag'		frage/n	angeschlagen	Nachfrage/n
voraussag'	- agd* (2)	Hagen	Fastentage/n	nachsage/n
davontrag'	[→ abt (2)]	jage/n	Sarkophage/n	nachschlage/n
Geburtstag	nachhakt	Klage/n	Auftragslage	(nachtragend)
Rosenmontag	nachschlagt	klage/n	Saufgelage	wahrsage/n
	nachsagt	Kragen	Trauertage/n	Rad schlage/n
- agd (1)	wahrsagt	Lage/n	Kläranlage/n	Ablage/n
[→ abt (1)]	Rad schlagt	lagen	Höhenlage/n	Absage/n
fragt	abhakt	Magen	Hörensagen	absage/n
hakt	absagt	nage/n	Lebenslage/n	abschlage/n
Jagd	abschlagt	Plage/n	Ehrentage/n	Sachlage
jagt	anklagt	plage/n	Geldanlage/n	Samstage/n
klagt	anschlagt	rage/n	Erbanlage/n	Anfrage/n
quakt	antragt	Sage/n	Freudentage/n	Anklage/n
lagt	aufhakt	sage/n	Feiertage/n	anklage/n
Magd	aufsagt	Schlage	heutzutage	Anlage/n
nagt	aufschlagt	schlage/n	überrage/n	Ansage/n
plagt	auftragt	Tage/n	überschlage/n	anschlage/n
ragt	aussagt	tage/n	übertrage/n	Zwangslage/n
sagt	ausschlagt	Trage/n	Niederlage/n	Landplage/n
schlagt	austragt	trage/n	niederschlage/n	Landtage/n
stakt	wehklagt	vage/n	Wirtschaftslage	antrage/n
tagt	einhakt	Waage/n	Zwischenfrage/n	Markttage/n
tragt	einschlagt	Wagen	Rückenlage	Auflage/n
wagt	eintragt	wage/n	Kirchentage/n	aufsage/n
zagt	beitragt	zage/n	hinterfrage/n	aufschlage/n
	breitschlagt		Kinderwagen	auftrage/n
befragt	hochschlagt	befrage/n	Totenklage/n	Auslage/n
behagt	vorsagt	Behage/n	Todestage/n	Aussage/n
beklagt	vorschlagt	behage/n	sozusagen	aussage/n
entsagt	vortragt	beklage/n	Kostenfrage	ausschlage/n
verhakt	lossagt	Gelage	Kopenhagen	austrage/n

wehklage/n	- age/n (3)	- agend	Aids	Kloake/n
fehlschlagen	[→ arge/n (3)]	→ age/n (1+2)	Gates, Bill	Slowake/n
Herbsttage/n	Gage/n		Rollerblades	Kakerlake/n
Werktage/n	Page/n	- ager/n (1)		Angelhaken
Festtage/n	Rage	[→ aber/n (1)]	- ail (1)	Enterhaken
Beilage/n		[→ ader/n (1)]	→ ei (1)	Kleiderhaken
Einlage/n	Staffage/n	[→ arger/n]		Widerhaken
einschlage/n	Bagage	Frager/n	- ail (2)	unterhake/n
eintrage/n	Blamage/n	hager/n	→ ale (3+4)	
Freitage/n	Bandage/n	Lager/n		- ake/n* (2)
beitrage/n	Plantage/n	lager/n	- aille/n	[→ arke/n (2)]
Streitfrage/n	Garage/n	mager/n	Taille/n	[→ ate/n (2)]
breitschlage/n	Massage/n	Nager/n	Kanaille/n	nachhake/n
Geizkragen	Passage/n	(Saga)	Medaille/n	abhake/n
(vielsagend)	Stellage/n	Schlager/n	Emaille/n	Salzlake/n
Dienstage/n	Dränage/n	Schwager	Journaille	aufhake/n
Rückfrage/n	Etage/n	vager/n		Bettlaken
Rücklage/n	Visage/n	belager/n	- ain	einhake/n
(nichtssagend)	Collage/n	verlager/n	Teint	Kinnhaken
hochschlage/n	Hommage/n	Versager/n	Alain	
Montage/n	Tonnage/n	Kassenschlager/n	Refrain	- áke/n (3)
Vorlage/n	Montage/n	wegelager/n	Terrain	→ acke/n (1)
vorsage/n	Korsage/n	Kugellager/n	Ragout fin	
vorschlage/n	Courage	Ersatzteillager/n	Souterrain	- ake/n (4)
vortrage/n	Courtage/n			[→ eg (1)]
lossage/n		- ager/n* (2)	- air	Cake
losschlage/n	Takelage/n	[→ aber/n (2)]	→ er (1)	Fake
Notlage/n	Sabotage/n	[→ ader/n (2)]		fake/n
totsage/n	Beletage/n	Wahrsager/n	- aise	Lake
vollschlage/n	Persiflage/n	Jasager/n	→ ese/n (1)	Shake
Sonntage/n	Equipage/n	ablager/n		Steak
Zulage/n	Vernissage/n	abmager/n	- äk (1)	Take
Zusage/n	Demontage	Ansager/n	→ ag (1+2)	Remake
zusage/n	Reportage/n	auslager/n		
Bußtage/n	Spionage	einlager/n	- ák (2)	- akel/n (1)
zuschlage/n	Kolportage/n		→ ack (1+2)	[→ apel/n (1)]
zutrage/n	Zivilcourage	- agge/n		krakel/n
Umfrage/n	Karambolage/n	[→ abbe/n]	- ake/n (1)	Makel/n
Umlage/n	Eremitage/n	[→ adde/n]	[→ ape/n]	makel/n
umschlage/n		Flagge/n	[→ arke/n (1)]	Takel
durchschlage/n	- age (4)	beflagge/n	[→ ate/n (1)]	Debakel/n
	New Age		[→ atem]	bekakel/n
beratschlage/n	Homepage	- agne/n	Bake/n	Gekrakel
veranschlage/n	on stage	Champagne	blake/n	Spektakel/n
beantrage/n		Kampagne/n	Haken	Tentakel/n
herausrage/n	- agel/n	Lasagne/n	hake/n	Mirakel/n
beauftrage/n	[→ abel/n (1)]	Bretagne	Krake/n	Orakel/n
Voraussage/n	[→ adel/n]	Allemagne	quake/n	orakel/n
voraussage/n	Hagel		Lake/n	Tabernakel/n
(hervorragend)	hagel/n	- agt	Sake	Fingerhakeln
davontrage/n	Nagel	→ agd (1+2)	Schnake/n	
Geburtstage/n	nagel/n		staken	- akel/n* (2)
Rosenmontage/n	Kugelhagel	- aids	verhake/n	[→ apel/n (2)]
Wettervorhersage/n		[→ ez]	erschraken	auftakel/n

- aker/n	Schakal	jovial	vertikal	katastrophal
[→ aper/n]	sakral	sozial	epochal	transzendental
[→ arker/n]	anal	frontal	Personal	Material
[→ ater/n (1)]	banal	formal	(Steuerzahler/n)	adverbial
Daker/n	Fanal	normal	Pitaval	phänomenal
lag er	Kanal	Portal	Ideal	emotional
mag er	Skandal	dual	ideal	sentimental
stak er	„Aral"	frugal	liberal	zentripetal
erschrak er	Quartal	zumal	Überzahl	zentrifugal
Fiaker/n	nasal	Ural	Piedestal	bilateral
	astral	brutal	Rübezahl	diametral
- ākt (1)	fatal	Journal	digital	diagonal
→ agd (1+2)	kausal		Ritual	irrational
	pauschal	Damenwahl	triumphal	imperial
- ákt (2)	real	Wahllokal	Tribunal	Differenzial
→ ackt (1+2)	Pedal	dazumal	Lineal	instrumental
	egal	Bacchanal	irreal	prozentual
- akter/n	legal	Femme fatale	illegal	Original
→ ackt (1+2)	Regal	Areal	Integral	original
! backt er	letal	allemal	Mineral	monumental
[→ aktor → or (2)]	befahl	Arsenal	infernal	ornamental
(ad acta)	bemal'	lateral	Zillertal	kontinental
	Gemahl	Material	trivial	konditional
- al (1)	empfahl	andermal	minimal	horizontal
Aal	genial	Jammertal	kriminal	proportional
aal'	dental	Karneval	Prinzipal	fundamental
Baal	mental	brachial	Initial	universal
fahl	zentral	axial	Kir Royal	Neandertal
Gral	verbal	Madrigal	fiktional	international
kahl	verschal'	radikal	lingual	territorial
Kral	bestrahl'	maximal	Potenzial	experimental
Qual	bezahl'	Kardinal	orchestral	eindimensional
Mahl	spezial	Admiral	nominal	Beweismaterial
mahl'	feudal	Kapital	orbital	
Mal	loyal	atonal	hormonal	- al* (2)
mal' (Verb)	royal	national	Korporal	Grabmal
mal (Adverb)	neutral	rational	postnatal	Labsal
PAL	final	Kampfmoral	kollegial	Mahnmal
Pfahl	vital	pastoral	kongenial	manchmal
prahl'	Spital	asozial	optimal	Drangsal
Saal	x-mal	gradual	Hospital	Merkmal
Schal	Signal	Manual	optional	heimzahl'
schal	global	allzumal	kolonial	Scheusal
schmal	Lokal	dezentral	postmortal	Trübsal
Stahl	lokal	jedes Mal	kolossal	Diebstahl
stahl	Pokal	medial	kommunal	Mühsal
Strahl	Vokal	klerikal	Urinal	diesmal
strahl'	tonal	dezimal	Futteral	Schicksal
Tal	Opal	genital	untermal'	Rinnsal
Wahl	oral	saisonal	Muttermal	Irrsal
Wal	Choral	regional	Wuppertal	Mistral
Zahl	Moral	Resopal	rustikal	
zahl'	total	Emmental	funktional	- ál (3)
	oval	General	guttural	→ all (1)

- **alb (1)**	→ alt (2+3)	reale/n	Journale/n	Prinzipale/n
[→ alk]		Pedale/n		digitale/n
[→ alt (2)]	- **alde/n**	Regale/n	Wahllokale/n	Initiale/n
Alb	[→ albe/n]	legale/n	Bacchanale/n	fiktionale/n
falb	[→ alge/n]	letale/n	Areale/n	linguale/n
halb	Halde/n	befahlen	Kathedrale/n	Provenzale/n
Kalb	Skalde/n	bemale/n	Arsenale/n	Potenziale/n
kalb'	(bewaldet)	Gemahle/n	laterale/n	postnatale/n
salb'		empfahlen	brachiale/n	kollegiale/n
Skalp	- **ale/n (1)**	Bengale/n	axiale/n	kongeniale/n
weshalb	Aale/n	geniale/n	Kannibale/n	orchestrale/n
außerhalb	aale/n	dentale/n	Madrigale/n	optimale/n
innerhalb	Ahle/n	mentale/n	Radikale/n	nominale/n
oberhalb	fahle/n	Zentrale/n	radikale/n	orbitale/n
unterhalb	kahle/n	zentrale/n	maximale/n	koloniale/n
	Krale/n	verbale/n	Admirale/n	optionale/n
- **alb* (2)**	Qualen	verschale/n	kapitale/n	hormonale/n
[→ alt (3)]	Mahle	Westfale/n	nationale/n	Korporale/n
deshalb	mahle/n	bestrahle/n	rationale/n	postmortale/n
	Male/n	bezahle/n	atonale/n	kolossale/n
- **albe/n**	male/n	feudale/n	Pastorale/n	kommunale/n
[→ alde/n]	Pfahle	loyale/n	pastorale/n	Urinale/n
[→ alge/n]	prahle/n	royale/n	Asoziale/n	Futterale/n
Albe/n	Saale	neutrale/n	asoziale/n	untermale/n
Falbe/n	Schale/n	Finale	Manuale/n	Muttermale/n
falbe/n	schale/n	finale/n	dezentrale/n	rustikale/n
halbe/n	schmale/n	Spirale/n	mediale/n	funktionale/n
kalbe/n	stahlen	vitale/n	klerikale/n	gutturale/n
Salbe/n	Strahle/n	Rivale/n	dezimale/n	
salbe/n	strahle/n	Signale/n	genitale/n	katastrophale/n
Schwalbe/n	Tale	Filiale/n	epochale/n	transzendentale/n
allenthalben	Wahlen	triviale/n	saisonale/n	adverbiale/n
meinethalben	Wale/n	x-male	regionale/n	Salto mortale
	Zahlen	globale/n	Generale/n	phänomenale/n
- **alber/n (1)**	zahle/n	joviale/n	Vertikale/n	emotionale/n
alber/n		Lokale/n	vertikale/n	sentimentale/n
halber	Kabale/n	lokale/n	Eierschale/n	zentripetale/n
veralber/n	Schakale/n	Pokale/n	Ideale/n	zentrifugale/n
spaßeshalber	sakrale/n	Vokale/n	ideale/n	territoriale/n
anstandshalber	Annalen	tonale/n	Biennale/n	Nordrhein-West-
ehrenhalber	anale/n	Opale/n	Liberale/n	falen
probehalber	banale/n	orale/n	liberale/n	bilaterale/n
vorsichtshalber	Fanale/n	Totale/n	Piedestale/n	diametrale/n
interessehalber	Randale	totale/n	Rituale/n	Diagonale/n
höflichkeitshalber	Sandale/n	ovale/n	triumphale/n	diagonale/n
einfachheitshalber	Skandale/n	frontale/n	Tribunale/n	Mitfahrzentrale/n
sicherheitshalber	Vandale/n	formale/n	Lineale/n	irrationale/n
umständehalber	Quartale/n	Normale/n	irreale/n	imperiale/n
	nasale/n	normale/n	illegale/n	Differenziale/n
- **alber/n* (2)**	astrale/n	Portale/n	Integrale/n	instrumentale/n
Quacksalber/n	fatale/n	soziale/n	Minerale	Ministeriale/n
quacksalber/n	Pauschale/n	duale/n	infernale/n	prozentuale/n
	pauschale/n	frugale/n	minimale/n	Orientale/n
- **ald**	kausale/n	brutale/n	kriminale/n	proportionale/n

monumentale/n	Ralf	lall'	Portugal	Halle/n
ornamentale/n		prall' (Verb)	Wutanfall	halle/n
kontinentale/n	- alg	prall (Adj.)	Ultraschall	Kalle
Originale/n	→ alk	Schall		knalle/n
originale/n		schall'	zusammenball'	Kralle/n
konditionale/n	- alge/n	schnall'	zusammenfall'	kralle/n
Horizontale/n	[→ albe/n]	Stall	Zusammenprall	Qualle/n
horizontale/n	[→ alde/n]	Schwall	auseinanderfall'	lalle/n
universale/n	Alge/n	Wall	Wiederholungsfall	pralle/n (Verb)
fundamentale/n	Balge/n	wall'		pralle/n (Adj.)
	balge/n		- all* (2)	schalle/n
Internationale/n	Galgen	Walhall	Abfall	Schnalle/n
internationale/n		Vasall	abfall'	schnalle/n
experimentale/n	- alk	Krawall	abknall'	schwalle/n
eindimensionale/n	[→ alb (1)]	Befall	Anfall	walle/n
	[→ alt (2)]	befall'	anfall'	
- ale/n* (2)	Alk	gefall'	Anprall	Sankt Gallen
Grabmale/n	Balg	entfall'	anschnall'	Vasalle/n
Labsale/n	balg'	Verfall	Marshall	Krawalle/n
Waagschale/n	Falk	verfall'	Marstall	befalle/n
Mahnmale/n	Hulk	Zerfall	auffall'	Gefallen
Drangsale/n	Kalk	zerfall'	Ausfall	gefalle/n
Merkmale/n	Schalk	verknall'	ausfall'	entfalle/n
heimzahle/n	Talg	erschall'	Erdball	verfalle/n
Scheusale/n	walk'	bestall'	wegfall'	zerfalle/n
Trübsale/n	entkalk'	Metall	Ernstfall	verknalle/n
Mühsale/n	Katafalk	missfall'	Beifall	erschalle/n
Schicksale/n	Blasebalg	Kristall	Einfall	bestalle/n
Rinnsale/n			Reinfall	Metalle/n
Irrsale/n	- alke/n	Schlaganfall	Rheinfall	metallen
Mistrale/n	[→ alpe/n]	Haarausfall	Kniefall	Missfallen
	[→ alte/n (2)]	Maskenball	Rückfall	missfalle/n
- ale (3)	Balken	Wasserfall	Vorfall	Kristalle/n
[→ el (1)]	Falke/n	Karneval	Notfall	kristallen
Ale	kalke/n	Nachtigall	fortfall'	Koralle/n
Mail	Schalke	Trauerfall	losschnall'	Karnevale/n
Rail	walke/n	Pflegefall	Zufall	Nachtigallen
Yale	entkalke/n	Senegal	Fußball	ausgefallen
Chippendale	Katafalke/n	Seneschall	Unfall	überfalle/n
Gingerale		Zweifelsfall	Durchfall	widerhalle/n
Abigail	- all (1)	Einzelfall	durchfall'	Intervalle/n
	All	überall		Wohlgefallen
- ale (4)	all	Überfall	hereinfall'	zusammenballe/n
[→ el (2)]	Ball	überfall'	zurückfall'	zusammenfalle/n
Bobtail	ball'	Widerhall	Präzedenzfall	auseinanderfalle/n
Cocktail	Drall	Sündenfall		
	drall	Zwischenfall	- alle/n (1)	- alle/n* (2)
- aler/n	Fall	Intervall	alle/n	abfalle/n
→ al (1)	fall'	Stromausfall	Ballen	abknalle/n
! befahl er	Hall	Hosenstall	balle/n	anfalle/n
[→ ala → a (2)]	hall'	Overall	dralle/n	anschnalle/n
	Knall	Sonderfall	Falle/n	auffalle/n
- alf	knall'	Opernball	falle/n	ausfalle/n
half	krall'	Todesfall	Galle/n	schwerfalle/n

wegfalle/n	[→ alte/n (2)]	Karnevals	ball' se	entgalt
einfalle/n	Alpen	Madrigals	Halse	enthalt'
vorfallen		Kardinals	knall' se	veralt'
losschnalle/n	- als (1)	Admirals	krall' se	verfallt'
fortfalle/n	Aals	Kapitals	prall' se	zerfallt'
durchfalle/n	Baals	Manuals	schnall' se	vergalt
hereinfalle/n	Charles	ehemals	befall' se	Erhalt
zurückfalle/n	Grals	Emmentals	bestall' se	erhalt'
	Krals	Generals	überfall' se	verhalt'
- aller/n (1)	Mahls	Personals		erkalt'
[→ alla → (2)]	mahl's	Pitavals	- alse/n* (2)	verknallt
aller	Mals	Ideals	aufhalse/n	erschallt
baller/n	mal's	Lineals		verwalt'
draller/n	Pfahls	Piedestals	- ält (1)	bestallt
Knaller/n	Saals	Rübezahls	→ ale/n (1+2)	Gestalt
praller/n	Schals	Rituals		gestalt'
schaller/n	Stahls	Tribunals	- alt (2)	Gewalt
Geballer	stahl's	Integrals	[→ alb (1)]	missfallt'
Metaller/n	Strahls	Minerals	[→ alk]	sobald
	Tals	Prinzipals	Alt	obwalt'
- aller/n* (2)	Wals	Initials	alt	
Fußballer/n	zahl's	Potenzials	bald	Staatsgewalt
		Hospitals	ballt	Sachverhalt
- alles	Schakals	Korporals	fallt	Amtsgewalt
→ all (1+2)	Fanals	Urinals	falt'	Archibald
! ball' es	Kanals	Futterals	galt	allzu bald
	Skandals	Muttermals	hallt	Aufenthalt
- alls	Quartals		Halt	sauber halt'
→ alz (1+2)	befahl's	Neandertals	halt'	Regenwald
	Regals	Differenzials	kalt	dergestalt
- allt	Gemahls	Originals	knallt	Theobald
→ alt (2+3)	bemal's	Beweismaterials	krallt	beibehalt'
	empfahl's	anno dunnemals	lallt	einbehalt'
- alm	verschal's		prallt	überfallt'
Alm	bestrahl's	- als* (2)	schallt	niederhalt'
Halm	bezahl's	Grabmals	schalt'	widerhallt
Qualm	Spitals	Labsals	schnallt	Wienerwald
qualm'	Signals	damals	Spalt	innehalt'
Psalm	Lokals	Mahnmals	spalt'	Sinngehalt
zermalm'	Pokals	Drangsals	schwallt	Hinterhalt
	Vokals	Merkmals	wallt	Schilderwald
- alme/n	Opals	Scheusals	Wald	Willibald
Almen	Chorals	Diebstahls	walt'	Vorbehalt
Halme/n	Portals	niemals		vorbehalt'
qualme/n	Urals	Schicksals	Basalt	vorenthalt'
Palme/n	Journals	Rinnsals	alsbald	offenhalt'
Psalme/n		Irrsals	Asphalt	Unterhalt
zermalme/n	abermals	Mistrals	geballt	unterhalt'
	Wahllokals	oftmals	befallt'	ungestalt
- alp	Bacchanals		gefallt'	
→ alb (1)	Areals	- áls (3)	behalt'	zusammenballt
	Arsenals	→ alz (1+2)	Gehalt	zusammenfallt
- alpen	Materials		entfallt'	Zusammenhalt
[→ alke/n]	Jammertals	- alse/n (1)	entfalt'	zusammenhalt'

gefangen halt'	vorhalt'	entgalten	anschnallte/n	schwallt er
dagegenhalt'	losschnallt	enthalte/n	Anstalten	Walter
entgegenhalt'	Sorgfalt	veralte/n	standhalte/n	wallt er
Ozongehalt	fortfallt'	vergalten	warmhalte/n	
Naturgewalt	zuhalt'	erhalte/n	aufhalte/n	geballter/n
auseinanderfallt	Urwald	Verhalten	draufhalte/n	entgalt er
auseinanderhalt'	durchfallt'	verhalten	aushalte/n	vergalt er
um eine Hand	durchhalt'	erkalte/n	Haushalte/n	Erhalter/n
anhalt'	kurzhalt'	verknallte/n	haushalte/n	verknallt er
aufrechterhalt'		erschallte/n	raushalte/n	erschallt er
Teutoburger Wald	veranstalt'	verwalte/n	ausschalte/n	Verwalter/n
	geheim halt'	gespalten	herhalte/n	bestallt er
- alt* (3)	hereinfallt'	bestallte/n	fernhalte/n	Gestalter/n
[→ alb (2)]	dafürhalt'	Gestalten	gleichschalte/n	
maßhalt'	zurückfallt'	gestalte/n	freihalte/n	Sklavenhalter/n
abfallt'	zurückhalt'	Gewalten	einhalte/n	Raumgestalter/n
abhalt'	verunstalt'	obwalte/n	dichthalte/n	Federhalter/n
abknallt			stillhalte/n	Menschenalter/n
abschalt'		Sachverhalte/n	Inhalte/n	Kerzenhalter/n
anfallt'	**- älte/n (1)**	Aufenthalte/n	hinhalte/n	Büstenhalter/n
ranhalt'	→ ale/n (1+2)	sauber halte/n	mithalte/n	Mittelalter
anschnallt	**- alte/n (2)**	beibehalte/n	hochhalte/n	Mindestalter
standhalt'	[→ alke/n]	einbehalte/n	Hof halte/n	Vorschulalter
Anstalt	[→ alpe/n]	widerhallte/n	vorhalte/n	Unterhalter/n
Anwalt	Alte/n	niederhalte/n	losschnallte/n	
Harald	alte/n	innehalte/n	zuhalte/n	**- alter/n* (2)**
warmhalt'	Balte/n	Sinngehalte/n	durchhalte/n	Stammhalter/n
auffallt'	ballte/n	Hinterhalte/n	kurzhalte/n	Anhalter/n
aufhalt'	Falte/n	wohlbehalten		Statthalter/n
draufhalt'	falte/n	Vorbehalte/n	veranstalte/n	Platzhalter/n
ausfallt'	galten	vorbehalte/n	geheim halte/n	Veranstalter/n
aushalt'	hallte/n	vorenthalte/n	dafürhalte/n	
Haushalt	Halte/n	offenhalte/n	zurückhalte/n	**- altes**
haushalt'	halte/n	ungehalten	verunstalte/n	→ alt (2+3)
raushalt'	kalte/n	Unterhalte/n		! falt' es
ausschalt'	knallte/n	unterhalte/n	**- alter/n (1)**	
herhalt'	krallte/n		Alter/n	**- alz (1)**
wegfallt'	lallte/n	zusammenballte/n	alter	Alls
fernhalt'	prallte/n	zusammenhalte/n	ballt er	als
gleichschalt'	schallte/n	gefangen halte/n	Falter/n	Balls
freihalt'	schalte/n	dagegenhalte/n	galt er	ballt's
Einfalt	schnallte/n	entgegenhalte/n	hallt er	Balz
einfallt'	Spalte/n	Ozongehalte/n	Halter/n	balz'
Einhalt	spalte/n	auseinanderhalte/n	kalter	Dralls
einhalt'	schwallte/n	um eine Hand	knallt er	Falls
Vielfalt	wallte/n	anhalte/n	krallt er	falls
dichthalt'	walte/n	aufrechterhalte/n	lallt er	falt's
Rückhalt			Malter	Falz
stillhalt'	Basalte/n	**- alte/n* (3)**	prallt er	falz'
Inhalt	Asphalte/n	maßhalte/n	Psalter	galt's
hinhalt'	geballte/n	abhalte/n	schallt er	Halls
mithalt'	behalte/n	abknallte/n	Schalter/n	hallt's
hochhalt'	Gehalte/n	abschalte/n	schalt er	Hals
Hof halt'	entfalte/n	ranhalte/n	schnallt er	halt's

Knalls	Einzelfalls	verunstalt's	gram	Leichnam
knallt's	Zweifelsfalls	Präzedenzfalls	kam	gleichsam
krallt's	keinesfalls		Kram	kleidsam
lallt's	Überfalls	- alze/n	kram'	schweigsam
Malz	überfallt's	ballt se	lahm	heilsam
Pfalz	Widerhalls	Balze/n	nahm	einsam
prallt's	Sündenfalls	balze/n	Rahm	zweisam
Salz	Zwischenfalls	falt se	rahm'	fügsam
salz'	schlimmstenfalls	Falze/n	Scham	mühsam
Schalls	Intervalls	falze/n	zahm	Griesgram
schallt's	Stromausfalls	galt se		(Krimskrams)
schalt's	Vorbehalts	hallt se	bekam	sittsam
Schmalz	Hosenstalls	halt se	benahm	folgsam
schnallt's	vorenthalt's	knallt se	entkam	duldsam
schnalz'	Overalls	krallt se	entrahm'	furchtsam
spalt's	Opernballs	lallt se	verkam	
Stalls	Todesfalls	Malze/n	vernahm	beschlagnahm'
Schwalls	Sonderfalls	Pfalzen	besam'	Gewahrsam
schwallt's	Wutanfalls	prallt se	infam	verlangsam'
Walls	Ultraschalls	Salze/n	Imam	enthaltsam
Walz	Unterhalts	salze/n	Islam	gewaltsam
walz'	unterhalt's	schallt se	Abraham	beredtsam
		schalt se	Amalgam	gemeinsam
Krawalls	Zusammenhalts	Schmalze/n	arbeitsam	vereinsam'
Befalls	Zusammenpralls	schnallt se	aufmerksam	bedeutsam
befallt's	Wiederholungsfalls	schnalze/n	Melodram	Fronleichnam
behalt's	äußerstenfalls	spalt se	einfühlsam	betriebsam
entgalt's	günstigstenfalls	schwallt se	übernahm	genügsam
Verfalls	gegebenenfalls	Walze/n	mitteilsam	empfindsam
Zerfalls		walze/n	lobesam	erholsam
vergalt's	- alz* (2)		polygam	gehorsam
versalz'	Abfalls	befallt se	monogam	geruhsam
erschallt's	Anfalls	behalt se	tugendsam	behutsam
verwalt's	Anpralls	entgalt se	unachtsam	unaufhaltsam
bestallt's	Marshalls	vergalt se	unwegsam	unterhaltsam
gestalt's	Marstalls	versalze/n	unternahm	
Metalls	Ausfalls	erschallt se	wundersam	- ám (3)
Kristalls	lauthals	verwalt se	unbeugsam	→ amm (1+2)
	Erdballs	bestallt se	unliebsam	
Schlaganfalls	Ernstfalls	gestalt se	unfügsam	- ame/n (1)
Haarausfalls	Beifalls	überfallt se	unwirksam	[→ ane/n (1)]
Maskenballs	Schreihals	unterhalt se		[→ arme/n]
allenfalls	Einfalls		- am* (2)	Amen
Flaschenhals	Reinfalls	- alzer/n	[→ an (2)]	Dame/n
andernfalls	Geizhals	[→ alsa → a (2)]	nachahm'	Dramen
Wasserfalls	Kniefalls	Falzer/n	sparsam	Flame/n
Karnevals	Rückfalls	Pfalzer/n	ratsam	kamen
Trauerfalls	Vorfalls	Schnalzer/n	wachsam	krame/n
Pflegefalls	Notfalls	Walzer/n	Balsam	lahme/n
ebenfalls	Zufalls		langsam	nahmen
jedenfalls	Fußballs	- am (1)	sattsam	Name/n
Wendehals	Unfalls	[→ an (1)]	strebsam	Rahmen
bestenfalls	Durchfalls	[→ arm]	Sesam	rahme/n
Seneschalls	veranstalt's	Gram	seltsam	Same/n

zahme/n	Festnahme/n	Lamm	Eidam	Eidame/n
	Leichname/n	lamm'		
bekamen	kleidsame/n	RAM	**- amme/n (1)**	**- ammel/n (1)**
Reklame/n	schweigsame/n	ramm'	[→ ange/n (1)]	[→ angel/n (1)]
benahmen	Teilnahme	Slum	[→ anne/n (1)]	Bammel
entkamen	heilsame/n	Schlamm	Amme/n	gammel/n
Entnahme/n	einsame/n	schramm'	Flamme/n	Hammel/n
entrahme/n	fügsame/n	Stamm	flamme/n	rammel/n
verkamen	mühsame/n	stamm'	Gramme/n	sammel/n
vernahmen	Griesgrame/n	stramm	Klamme/n	schrammel/n
besame/n	Hinnahme	Schwamm	klamme/n	stammel/n
Examen	sittsame/n	schwamm	lamme/n	Gebammel
infame/n	Brosame/n	Tram	Ramme/n	verrammel/n
Imame/n	folgsame/n		ramme/n	
	duldsame/n	Madam	Schlamme/n	**- ammel/n* (2)**
Anteilnahme	furchtsame/n	Tamtam	Schramme/n	[→ angel/n (2)]
arbeitsame/n		entflamm'	schramme/n	Leithammel/n
aufmerksame/n	Beschlagnahme/n	verdamm'	Stamme	Neidhammel/n
Kenntnisnahme	beschlagnahme/n	zerschramm'	stamme/n	Streithammel/n
Melodramen	enthaltsame/n	Imam	stramme/n	
Stellungnahme/n	gewaltsame/n	Programm	schwammen	**- ammer/n (1)**
Geiselnahme/n	verlangsame/n		Wamme/n	[→ amma → a (2)]
Einsichtnahme/n	beredtsame/n	Anagramm		[→ anger/n (1)]
einfühlsame/n	gemeinsame/n	Amsterdam	entflamme/n	[→ anner/n]
Übernahme/n	vereinsame/n	Autogramm	verdamme/n	Hammer
übernahmen	bedeutsame/n	Telegramm	zerschramme/n	Jammer
mitteilsame/n	betriebsame/n	Epigramm	beisammen	jammer/n
Rücksichtnahme	genügsame/n	Pentagramm	Imame/n	Kammer/n
polygame/n	empfindsame/n	Bräutigam	Programme/n	Klammer/n
monogame/n	erholsame/n	Diagramm	zusammen	klammer/n (Verb)
tugendsame/n	gehorsame/n	Vietnam	Anagramme/n	klammer/n (Adj.)
unachtsame/n	geruhsame/n	Psychogramm	Autogramme/n	strammer/n
unwegsame/n	behutsame/n	Kilogramm	Telegramme/n	schwamm er
unternahmen	unaufhaltsame/n	Piktogramm	Epigramme/n	Anwaltskammer/n
wundersame/n	unterhaltsame/n	Hologramm	Pentagramme/n	Handelskammer/n
unbeugsame/n		Monogramm	Bräutigame/n	Katzenjammer
unliebsame/n	**- amer/n**	Phonogramm	Diagramme/n	Amsterdamer/n
unfügsame/n	→ am (1+2)	Rotterdam	Psychogramme/n	Presslufthammer
unwirksame/n	! nahm er	Opferlamm	Kilogramme/n	Rotterdamer/n
Inanspruchnahme	[→ ama → a (2)]	Chewinggum	Piktogramme/n	Folterkammer/n
	[→ amor → or (2)]	Unschuldslamm	Hologramme/n	
- ame/n* (2)	[→ aner/n]		Monogramme/n	**- ammer/n* (2)**
[→ ane/n (2)]		Kardiogramm	Phonogramme/n	[→ anger/n (2)]
nachahme/n	**- amm (1)**	Oszillogramm	Kardiogramme/n	nachjammer/n
sparsame/n	[→ ang (1)]	Kurfürstendamm	Oszillogramme/n	ausklammer/n
Maßnahme/n	[→ ann (1)]	Parallelogramm	Parallelogramme/n	Edamer/n
Abnahme/n	am	Enzephalogramm	Enzephalogram-	
wachsame/n	Damm	in memoriam	me/n	**- ammler/n**
Annahme/n	flamm'			[→ angler/n]
langsame/n	Gramm	**- amm* (2)**	**- amme/n* (2)**	Gammler/n
Aufnahme/n	Kamm	[→ ang (2)]	[→ ange/n (2)]	Rammler/n
Ausnahme/n	Klamm	[→ ann (2)]	[→ anne/n (2)]	Sammler/n
strebsame/n	klamm	abstamm'	abstamme/n	Stammler/n
seltsame/n		Adam	Hebamme/n	

- ammst	**- amp**	mampfe/n	**- amster/n**	Taiwan	
→ amme/n (1+2)	[→ end (1)]	stampfe/n	[→ anzter/n]	i-ah'n	
[→ anzt (1+2)]	Camp	entkrampfe/n	Hamster/n	Milan	
	Tramp	verkrampfe/n	hamster/n	Iran	
- ammt (1)	Vamp		klammster	Titan	
[→ and (1)]		**- ampfe/n* (2)**	strammster	profan	
[→ ankt (1)]	**- ampe/n (1)**	abdampfe/n		Oman	
Amt	[→ ammte/n (1)]	einstampfe/n	**- an (1)**	Roman	
flammt	[→ anke/n (1)]		[→ am (1)]	Propan	
lammt	[→ ante/n (1)]	**- ampfer/n**	[→ arn]	Sopran	
rammt	Krampe/n	Dampfer/n	Ahn	spontan	
Samt	Lampe/n	Kampfer	ahn'	Organ	
samt	Pampe	Stampfer/n	Bahn	Orkan	
schrammt	Rampe/n	Sauerampfer	bahn'	Sudan	
stammt	Schlampe/n		Clan	Ulan	
schwammt	schlampe/n	**- ampft**	Gran	human	
entflammt	Wampe/n	→ ampfe/n (1+2)	Hahn	Uran	
verdammt		[→ anft]	Jan	Vulkan	
verschlammt	**- ampe/n (2)**		Kahn	Kumpan	
verschlampt	→ empe/n	**- āms (1)**	Khan	urban	
zerschrammt		→ am (1+2)	Kran		
gesamt	**- ampel/n**	! nahm's	Lahn	Kanaan	
mitsamt	[→ antel/n]		mahn'	Lageplan	
Standesamt	Ampel/n	**- ams (2)**	nah'n	Fabian	
allesamt	hampel/n	[→ anz (1)]	Pan	Adrian	
insgesamt	Pampel(-muse)	Damms	Plan	Pavian	
	strampel/n	flamm's	plan' (Verb)	Pakistan	
- ammt* (2)	Trampel/n	Gams	plan (Adj.)	Majoran	
[→ and (2)]	trampel/n	Gramms	Rah'n	Kasachstan	
[→ ankt (2)]		Kamms	sah'n	Ramadan	
abstammt	**- ampf (1)**	Lamms	Span	Scharlatan	
	[→ anf]	Pamps	Schwan	Caravan	
- ammte/n (1)	Dampf	ramm's	Tran	Kastellan	
[→ ampe/n (1)]	dampf'	Slums	Wahn	Achterbahn	
[→ anke/n (1)]	Kampf	Schlamms	Zahn	Wasserhahn	
[→ ante/n (1)]	Krampf	schramm's		Parmesan	
flammte/n	krampf'	Stamms	Galan	abgetan	
lammte/n	mampf'	Schwamms	Altan	angetan	
rammte/n	stampf'	schwamm's	Mangan	Baldrian	
samten	Hansdampf	Wams	Kaplan	Vatikan	
schrammte/n	entkrampf'	Tamtams	Waran	Marzipan	
stammte/n	verkrampf'	entflamm's	Fasan	Partisan	
Beamte/n	Klassenkampf	verdamm's	Dekan	Sakristan	
entflammte/n		zerschramm's	Elan	Haushaltsplan	
verdammte/n	**- ampf* (2)**	Imams	Ceran	Auerhahn	
verschlammte/n	abdampf'	Programms	Meran	Kegelbahn	
verschlampte/n	einstampf'	Bräutigams	Besan	Größenwahn	
zerschrammte/n	Kohldampf	Opferlamms	Methan	Löwenzahn	
gesamte/n	Volldampf	Chewinggums	bejah'n	Teheran	
		Unschuldslamms	Membran	Reeperbahn	
- ammte/n* (2)	**- ampfe/n (1)**		vertan	Lebertran	
[→ anke/n (2)]	dampfe/n	**- ams* (3)**	verzahn'	Blödian	
[→ ante/n (2)]	Klampfe/n	[→ anz (2)]	geschah'n	median	
abstammte/n	krampfe/n	Eidams	getan	Pelikan	

Leguan	absahn'	bannt	bekannt	instand
Veteran	Safran	Brand	gekannt	Diskant
Schlendrian	Kaftan	brand'	bemannt	riskant
Enzian	Balkan	brannt'	empfand	Proband
Persipan	anbahn'	fand	benannt	Krokant
Zellophan	Taiwan	(Ganter)	genannt	mokant
Speiseplan	Iwan	Hand	genant (frz.)	konstant
Geisterbahn	Diwan	kannt'	entband	kulant
Kilian	Wotan	Kant	entbrannt'	zuschand'
Thymian	Jordan	kant'	entsandt'	Mutant
Christian	Flugbahn	Quant	entstand	umrand'
Tizian	Bhutan	Land	entschwand	umwand
filigran	Sultan	land'	entwand	
simultan	Turban	nannt'	gerannt	nachempfand
Hindustan	Maximilian	(Panther)	Verband	Abendland
Cromargan		Pfand	verband	Waterkant
Jonathan	- án (3)	Rand	verbannt	Vaterland
Ozean	→ ann (1+2)	rannt'	verbrannt	Tatbestand
momentan		Sand	erfand	sprachgewandt
Florian	- an (4)	sandt'	erkannt	Nachbarland
Grobian	→ ant (3)	Schand'	verkannt	abgebrannt
Porzellan		Schmant	verkant'	angebrannt
Kostenplan	- ance/n	spannt	ernannt	stadtbekannt
Contergan	Chance/n	Spant	verrannt	Krankenstand
Kormoran	France	Stand	Versand	allerhand
zugetan	Trance/n	stand	versand'	aberkannt
Julian	Balance/n	Strand	versandt	anerkannt
Ku-Klux-Klan	Avance/n	strand'	Sergeant	Sachverstand
Umlaufbahn	Patience/n	schwand	verspannt	artverwandt
Stundenplan	Séance/n	Tand	erstand	abgesandt
lutheran	Air France	Wand	Verstand	abgespannt
Dummerjan	Nuance/n	wand	verstand	angespannt
Untertan	Provence		verschwand	Waldesrand
untertan	Usance/n	Brabant	verwand	Arrestant
umgetan	Belle-Alliance	Trabant	verwandt	Fabrikant
kundgetan	Mésalliance/n	Quadrant	gesandt	Praktikant
Kurdistan	Dépendance/n	Vagant	pressant	Asylant
subkutan	Renaissance/n	vakant	bespannt	Aspirant
	Résistance	galant	gespannt	amüsant
Afghanistan	Nonchalance	Mandant	Bestand	arrogant
Sebastian	Contenance	anhand	bestand	Laborant
Usbekistan	Conférence/n	frappant	gestand	ambulant
Turkmenistan	Tour de France	Garant	Gewand	Gratulant
Verfolgungswahn	par excellence	markant	gewandt	Adjutant
Aserbaidschan		charmant	Sextant	braun gebrannt
Kannitverstan	- anche/n	rasant	Hydrant	ausgebrannt
mediterran	Branche/n	Passant	Brigant	ausgekannt
Meridian	Revanche/n	Atlant	Gigant	Zauberhand
Radio Eriwan		Pedant	pikant	Sauerland
	- and (1)	Dechant	brisant	außerstand'
- an* (2)	[→ ammt (1)]	gebannt	Brillant	ausgespannt
[→ am (2)]	[→ ankt (1)]	gebrannt	brillant	Elefant
Japan	Band	befand	imstand'	Pegelstand
Satan	band	prägnant	Infant	Nebelwand

Märchenland	hirnverbrannt	zusammenfand	Neuland	Anden
Gegenstand	linker Hand	Sudetenland	heimfand	Bande/n
penetrant	Hinterhand	Begleitumstand	Einband	banden
Emigrant	Hinterland	Familienstand	einband	brande/n
Nekromant	Dilettant	Kapitulant	einbrannt'	fanden
Querulant	Intrigant	See-Elefant	einfand	Grande/n
Denunziant	süffisant	Wertgegenstand	dreinfand	Lande/n
eklatant	Ministrant	seelenverwandt	einrannt'	lande/n
elegant	militant	Deodorant	einsandt'	London
Gängelband	dissonant	extravagant	einspannt	Rande
Menschenhand	Ignorant	Repräsentant	Einwand	Sande
Tellerrand	Informant	exorbitant	einwandt'	Schande
relevant	imposant	wiedererkannt	Steinwand	Stande
Ferdinand	nonchalant	Sympathisant	Leinwand	standen
Debütant	sogenannt	interessant	Beistand	Strande
Helgoland	Oberhand	signifikant	Leutnant	strande/n
Demonstrant	Protestant	„Otto Versand"	Deutschland	schwanden
Spekulant	Foliant	unter der Hand	niemand	wanden
Sekundant	Proviant	Kilometerstand	Rückstand	
degoutant	dominant		Stillstand	abhanden
Zeitaufwand	provokant	- and* (2)	stillstand	befanden
eingebrannt	Kommandant	[→ ammt (2)]	hinfand	empfanden
Reiseland	Sonnenbrand	[→ ankt (2)]	Inland	entbanden
Geisterhand	Morgenland	nachrannt'	Missstand	entschwanden
Meisterhand	tolerant	nachsandt'	hochkant	entstanden
Feuerland	Sportverband	abband	Hochland	entwanden
eingesandt	konzertant	abbrannt'	Roland	verbanden
Feindeshand	Fortbestand	abfand	Wohlstand	erfanden
Feindesland	Komödiant	absandt'	vorfand	versande/n
eingespannt	konziliant	abspannt	Vorstand	verschwanden
Diamant	Konfirmand	Abstand	Vorwand	erstanden
Niemandsland	Hospitant	abwandt'	notland'	verstanden
Übelstand	Konsonant	Flachland	zuband	verwanden
Griechenland	Doktorand	anbrannt'	zustand'	bestanden
Blütenstand	Schockzustand	anrannt'	Zustand	gestanden
Lieferant	Duellant	anspannt	zustand	Gewande
blümerant	wutentbrannt	Anstand	zuwandt'	gewande/n
niederbrannt'	zuerkannt	anwandt'	umband	imstande
überhand	Ruhestand	Lappland	umrannt'	Girlande/n
übermannt	Musikant	Armband	Umstand	Probanden
überrannt	durchgebrannt	stattfand	umwandt'	vorhanden
übersandt	Bummelant	aufband	durchbrannt'	zuschanden
überspannt	umbenannt	Aufstand	durchfand	zustande
Widerstand	Druckverband	Aufwand		umrande/n
widerstand	unterband	aufwandt'	herausfand	umwanden
überstand	kurzerhand	auskannt'	herauswand	
überwand	Wunderland	ausspannt	Neuseeland	nachempfanden
Simulant	Unterpfand	Ausstand	zurechtfand	Abendlande
hierzuland'	Unterstand	jemand		Rasselbande/n
Hildebrand	Unverstand	Wegrand	- ande/n (1)	Waldesrande
Mittelstand	unverwandt	Eiland	ahnde/n	abgestanden
Intendant	fulminant	Freiland	fahnde/n	ausgestanden
zwischenland'		Heiland		außerstande
Witwenstand	Schlaraffenland	weiland	- ande/n (2)	Märchenlande/n

einverstanden	verbandel/n	unterwander/n	verzahne/n	Umlaufbahnen
überstanden	verhandel/n	nebeneinander	getane/n	Dummerjane/n
überwanden	verschandel/n	gegeneinander	Liane/n	Untertane/n
Niederlande/n	verwandel/n	übereinander	Christiane	kundgetane/n
widerstanden	misshandel/n	hintereinander	Schikane/n	Kurtisane/n
hierzulande	Sklavenhandel	untereinander	Titanen	subkutane/n
zwischenlande/n	Lebenswandel		profane/n	Rätoromane/n
stillgestanden	Einzelhandel	**- ander/n* (2)**	Romane/n	mediterrane/n
Morgenlande	Sinneswandel	abwander/n	Soprane/n	Meridiane/n
Konfirmanden	Drogenhandel	auswander/n	spontane/n	(Book on demand)
Doktoranden	(unbehandelt)		Organe/n	
zugestanden	unterhandel/n	**- anders**	Orkane/n	**- ane/n* (2)**
unterbanden	zuwiderhandel/n	→ ander/n (1)	Osmane/n	[→ ame/n (2)]
zusammenfanden			Ulane/n	absahne/n
	- andel/n* (2)	**- andler/n (1)**	Juliane	Kaftane/n
- ande/n* (3)	schlafwandel/n	[→ anda → a (2)]	humane/n	anbahne/n
abbanden	abhandel/n	Wandler/n	Soutane/n	Diwane/n
abfanden	anbandel/n	Verhandler/n	Vulkane/n	Flugbahnen
stattfanden	aushandel/n		Kumpane/n	Sultane/n
aufbanden	einhandel/n	**- andler/n* (2)**	urbane/n	Turbane/n
jemanden	umwandel/n	Schlafwandler/n		
heimfanden	lustwandel/n		Paviane/n	**- aner/n**
einbanden		**- ane/n (1)**	Katalane/n	[→ amer/n → am
einfanden	**- ander/n (1)**	[→ ame/n (1)]	Scharlatane/n	(1+2)]
dreinfanden	[→ anda → a (2)]	[→ arne/n]	Karawane/n	[→ ana → a (2)]
niemanden	ander'n	Ahne/n	Kastellane/n	Mahner/n
stillstanden	Flandern	ahne/n	Achterbahnen	Planer/n
hinfanden	wander/n	Bahnen	angetane/n	
Inlande/n	Zander/n	bahne/n	Ariane	Albaner/n
Hochlande/n		Fahne/n	Partisane/n	Japaner/n
vorfanden	Leander	Grane/n	Sakristane/n	Meraner/n
notlande/n	Mäander	mahne/n	Kegelbahnen	vertaner
zubanden	mäander/n	Plane/n	Lebertrane/n	getaner
zustanden	Expander/n	plane/n	Blödiane/n	Taiwaner/n
Blutsbande/n	einander	Sahne	mediane/n	Primaner/n
Blutschande	„Jil Sander"	schwanen	Pelikane/n	Iraner/n
umbanden	(woanders)	Trane/n	Leguane/n	profaner/n
durchfanden	Salamander/n	zahne/n	Veteranen	Trojaner/n
	Alexander		Schlendriane/n	Omaner/n
beanstande/n	nacheinander	Galane/n	Enziane/n	spontaner/n
herausfanden	aneinander	Brahmane/n	zellophanen	Kubaner/n
herauswanden	aufeinander	Schamane/n	Kleptomane/n	Sudaner/n
zurechtfanden	auseinander	Banane/n	Geisterbahnen	humaner/n
	beieinander	Warane/n	Pyromane/n	Bhutaner/n
- andel/n (1)	füreinander	Fasane/n	filigrane/n	urbaner/n
Bandel	ineinander	Platane/n	simultane/n	
Handel	miteinander	Afghane/n	Ozeane/n	angetaner
handel/n	Oleander	Altane/n	Grobiane/n	Afrikaner/n
Mandel/n	Koriander	Kaplane/n	Porzellane/n	Brasilianer/n
sandel/n	voneinander	Dekane/n	porzellanen	Franziskaner/n
Wandel	voreinander	gemahne/n	momentane/n	Pakistaner/n
wandel/n	zueinander	Membrane/n	Ottomane/n	Marokkaner/n
Machandel	umeinander	Germane/n	Kormorane/n	Städteplaner/n
behandel/n	durcheinander	vertane/n	zugetane/n	Teheraner/n

medianer	- ang (1)	umschlang	absprang	herbeisprang
Peruaner/n	[→ amm (1)]	durchdrang	halblang	Spaziergang
Persianer/n	[→ ann (1)]		Andrang	
Börsianer/n	bang	tagelang	Anfang	- ange/n (1)
Mexikaner/n	Drang	jahrelang	anfang'	[→ amme/n (1)]
zellophaner	drang	Staatsempfang	Anhang	[→ anne/n (1)]
Eisenbahner/n	Fang	Tatendrang	anklang	(Angst)
Freudianer etc.	fang'	Schaffensdrang	ansprang	Bange/n
Indianer	Gang	abverlang'	Rauchfang	bange/n
Sizilianer/n	Hang	Abgesang	Aufgang	Drange
filigraner/n	Klang	Schlachtgesang	aufsprang	drangen
Lipizzaner/n	klang	Werdegang	aufschwang	fange/n
Insulaner/n	lang' (Verb)	Herbstanfang	aufzwang	hangen
simultaner	lang (Adj.)	Geltungsdrang	Ausgang	Klange
Mohikaner/n	Rang	Neuanfang	Aushang	klangen
Koreaner/n	rang	seitenlang	Ausklang	lange/n (Verb)
porzellaner	sang	Schienenstrang	ausklang	lange/n (Adj.)
momentaner	schlang	Übergang	Wehrgang	prange/n
zugetaner	sprang	Überhang	Gleichklang	Range/n
Puritaner/n	Strang	Überschwang	Beiklang	rangen
Lutheraner/n	Schwang	übersprang	eindrang	sangen
kundgetaner	schwang	Niedergang	Eingang	Schlange/n
subkutaner	Tang	niederrang	Einklang	schlangen
	wrang	niederzwang	einsang	Spange/n
Aserbaidschaner/n	Zwang	Müßiggang	einsprang	sprangen
Aquarianer/n	zwang	Wissensdrang	beisprang	Stange/n
Amerikaner/n		Stimmenfang	Tiefgang	Schwange
Hannoveraner/n	Behang	mittenmang	Blickfang	schwangen
Venezianer/n	Belang	Rückwärtsgang	Wildfang	Wange/n
mediterraner/n	belang'	Minnesang	Windfang	wrangen
Venezolaner/n	gelang	Stimmumfang	Singsang	Zange/n
Prätorianer/n	Empfang	Yin und Yang	hinlang'	Zwange
Republikaner/n	empfang'	Notausgang	vordrang	zwangen
Liberianer/n	entlang	Schulanfang	Vorgang	
Nigerianer/n	entrang	Kundenfang	Vorhang	befangen
Liliputaner/n	entsprang	Bumerang	Vorrang	gefangen
Mohammedaner/n	erklang	Untergang	vorsang	begangen
Bolivianer/n	verklang		vorsprang	gegangen
Dominikaner/n	erlang'	Gedankengang	Wolfgang	behangen
Kolumbianer/n	verlang'	Zusammenhang	Fortgang	gehangen
Neapolitaner/n	errang	alle naselang	Zugang	Belange/n
Ecuadorianer/n	versang	Schwanengesang	zulang'	belange/n
Presbyterianer/n	verschlang	Sonnenuntergang	zusprang	gelange/n
Puertoricaner/n	zersprang		Umfang	empfange/n
	erzwang	- ang* (2)	Umgang	entgangen
- anf	Gesang	[→ amm (2)]	Umhang	entrangen
[→ ampf (1)]	besang	[→ ann (2)]	umsprang	entsprangen
Hanf	besprang	Nachklang	Rundgang	verfange/n
	bezwang	Jahrgang	durchdrang	ergangen
- anft	im Gang	abfang'	Durchgang	vergangen
[→ ampft → amp-	bislang	Abgang	durchrang	zergangen
fe/n (1)]	misslang	Abhang	Mustang	verhangen
sanft	solang'	abklang		erklangen
	umfang'	abrang	heraussprang	verklangen

33

Verlangen	anfange/n	banger/n	blank	[→ ammte/n (1)]
erlange/n	anklangen	drang er	Dank	[→ ampe/n (1)]
verlange/n	ansprangen	klang er	dank'	[→ ante/n (1)]
errangen	aufsprangen	langer	Funk	Anke
versangen	aufschwangen	Pranger/n	flank'	Banken
verschlangen	aufzwangen	rang er	Frank	blanke/n
zersprangen	ausklangen	sang er	frank	danke/n
erzwangen	Erlangen	schlang er	krank	Flanke/n
besangen	eindrangen	sprang er	Punk	flanke/n
besprangen	einsangen	schwanger/n	Planck, Max	Franke/n
bezwangen	einsprangen	schwang er	rank' (Verb)	Kranke/n
im Gange	beisprangen	Tanger	rank (Adj.)	kranke/n
misslangen	hinlange/n	wrang er	sank	Planke/n
solange	vordrangen	zwang er	schlank	Pranke/n
zugange	vorsangen		Schrank	Ranke/n
umfange/n	vorsprangen	entrang er	stank	ranke/n (Verb)
umschlangen	zulange/n	entsprang er	Schwank	ranke/n (Adj.)
durchdrangen	zusprangen	erklang er	schwank'	sanken
	umsprangen	verklang er	Tank	schlanke/n
tagelange/n	durchdrangen	errang er	tank'	Schranke/n
jahrelange/n	durchrangen	versang er	Trank	stanken
abgegangen	heraussprangen	verschlang er	trank	schwanke/n
abgehangen	herbeisprangen	zersprang er	wank'	tanke/n
abverlange/n		erzwang er	Zank	tranken
draufgegangen	- ange/n (3)	besang er	zank'	wanke/n
ausgegangen	Blanche	besprang er		zanke/n
eingegangen	Longe/n	bezwang er	verdank'	
seitenlange/n	Melange/n	umschlang er	erkrank'	bedanke/n
übergangen	Orange/n	umsprang er	versank	Gedanke/n
übersprangen	orange/n	durchdrang er	ertrank	verdanke/n
niederrangen		tagelanger	vertrank	erkranke/n
niederzwangen	- angel/n (1)	jahrelanger	Gestank	versanken
mitgegangen	[→ ammel/n (1)]	seitenlanger	betrank	ertranken
mitgehangen	Angel/n	übersprang er	Gezank	vertranken
hingelange/n	angel/n	unheilschwanger/n	umrank'	betranken
hintergangen	hangel/n		Samenbank	umranke/n
vorgegangen	Mangel/n	- anger/n* (2)	Datenbank	Samenbanken
zugegangen	mangel/n	[→ ammer/n (2)]	liebeskrank	Datenbanken
unbefangen	rangel/n	Handlanger/n	Notenbank	liebeskranke/n
umgegangen	Gerangel		zusammensank	Notenbanken
durchgegangen	ermangeln	- angler/n		zusammensanken
Unterfangen	Tingeltangel	[→ ammler/n]	- ank* (2)	Hintergedanke/n
vorangegangen		Angler/n	[→ ammt (2)]	
vorausgegangen	- angel/n* (2)		abdank'	- anke/n* (2)
untergegangen	[→ ammel/n (2)]	- angst	absank	[→ ammte/n (2)]
	Heißmangel/n	→ ange/n (1+2)	Schlachtbank	[→ ante/n (2)]
- ange/n* (2)	Triangel/n	[→ anzt (1+2)]	anstank	abdanke/n
[→ amme/n (2)]	Türangel/n		antrank	absanken
[→ anne/n (2)]		- angt	Sandbank	anstanken
abfange/n	- anger/n (1)	→ ankt (1+2)	Ausschank	antranken
abklangen	[→ ammer/n (1)]		einsank	einsanken
abrangen	[→ anna → a (2)]	- ank (1)	zutrank	zutranken
absprangen	[→ anner/n]	[→ ammt (1)]		
halblange/n	Anger/n	Bank	- anke/n (1)	- anker/n

34

[→ anter/n → and (1)]	gelangt	beisprangt	etwas steckt an das Meer	an jmd. feuert /
Anker/n	empfangt	hinlangt	schwemmt /	treibt jmd. an
blanker/n	entsprangt	vordrangt	spült etwas an	jmd. rechnet jmd.
franker	verdankt	vorsangt	etwas sammelt /	etwas hoch an
Janker	erklangt	zulangt	häuft / staut	jmd. feindet jmd.
Kranker	verklangt	zusprangt	sich an	an
kranker/n	erkrankt	zutrankt	die Temperatur	jmd. stinkt gegen
Punker/n	erlangt	umsprangt	steigt an	jmd. an
ranker/n	verlangt	durchdrangt	etwas schwillt an	jmd. prangert
sank er	errangt	durchrangt	eine Arznei	jmd. an
Schanker	versangt		schlägt an	jmd. klagt / zeigt
schlanker/n	versankt	- ann (1)	etwas setzt an	/ schwärzt /
stank er	verschlangt	[→ amm (1)]	(macht dick)	pinkelt jmd.
Tanker/n	zersprangt	[→ ang (1)]	etwas brennt /	an
trank er	ertrankt	an	backt an	jmd. legt sich mit
versank er	vertrankt	etwas ficht jmd.	etwas läuft /	jmd. an
ertrank er	erzwangt	an	rostet / staubt	jmd. brüllt /
vertrank er	besangt	etwas spornt /	/ trocknet an	faucht /
betrank er	beschrankt	treibt jmd. an	etwas fault an	schreit /
liebeskranker	besprangt	jmd. / etwas	etwas wächst an	herrscht
	betrankt	macht / törnt	etwas grenzt an	/ motzt /
	bezwangt	/ spricht /	etwas an	pflaumt /
- ankt (1)	umfangt	rührt jmd. an	ein Instrument	pöbelt /
[→ ammt (1)]	umrankt	etwas strengt jmd.	zeigt etwas an	schnauzt /
[→ and (1)]	umschlangt	an	ein Hund bellt /	zählt / zischt
bangt	umsprangt	jmd. / etwas ödet	knurrt jmd. an	jmd. an
dankt	durchdrangt	/ ekelt / kotzt	ein Schiff legt /	jmd. spuckt jmd.
drangt		/ widert jmd.	dockt an	an
fangt	abverlangt	an	ein Auto springt	jmd. droht jmd.
flankt	sakrosankt	etwas hängt /	an	etwas an
hangt	übersprangt	haftet jmd. an		jmd. tut jmd.
klangt	niederrangt	etwas geht jmd.		an
krankt	niederzwangt	an	jmd. betet /	etwas an
langt	zusammensankt	etwas fühlt sich	himmelt /	jmd. greift / fällt
prangt		gut / schlecht	schmachtet	/ schießt jmd.
rangt	- ankt* (2)	an	jmd. an	an
rankt	[→ ammt (2)]	etwas mutet jmd.	jmd. preist jmd.	jmd. fährt /
sangt	[→ and (2)]	seltsam an	an	rempelt /
Sankt	abdankt	ein Tag bricht an	jmd. spricht /	stößt jmd. an
sankt	abfangt	etwas steht / liegt	quatscht	jmd. bindet /
schlangt	abrangt	an	/ macht /	kettet / leint
sprangt	absankt	etwas bahnt sich	bändelt mit /	jmd. an
stankt	absprangt	an	baggert jmd.	jmd. lügt / führt /
schwangt	anfangt	etwas fängt an	an	schmiert jmd.
schwankt	ansprangt	etwas hält /	jmd. freundet sich	an
tankt	anstankt	dauert an	mit jmd. an	jmd. dreht jmd.
trankt	antrankt	etwas kommt gut	jmd. nimmt sich	etwas an
wankt	aufschwangt	/ schlecht an	jmd. an	jmd. pumpt jmd.
wrangt	aufsprangt	etwas lässt sich	jmd. dient sich	an
zankt	aufzwangt	gut / schlecht	jmd. an	jmd. hängt /
zwangt	eindrangt	an	jmd. vertraut sich	dichtet jmd.
	einsangt	etwas klingt an	jmd. an	an
bedankt	einsankt	etwas bietet sich	jmd. gehört einem	jmd. kreidet jmd.
belangt	einsprangt	an	Stamm / Volk	etwas an

jmd. stachelt / stiftet / spitzt jmd. an
jmd. trifft jmd. an
jmd. ruft / mailt / funkt / wählt jmd. an
jmd. peilt jmd. an
jmd. sieht / lächelt / strahlt / grinst jmd. an
jmd. starrt / glotzt jmd. an
jmd. schweigt jmd. an
jmd. fleht / bettelt jmd. an
jmd. hört jmd. an
jmd. fasst / rührt / tippt jmd. an
jmd. haucht / pustet jmd. an
jmd. wirbt / stellt / lernt / leitet jmd. an
jmd. steckt jmd. an
jmd. spielt jmd. an

jmd. schickt sich an
jmd. strengt sich an
jmd. trainiert sich etwas an
jmd. schleicht / pirscht sich an
jmd. kleidet sich an
jmd. meldet sich an
jmd. lehnt / schmiegt / klammert sich an
jmd. schnallt / seilt sich an
jmd. biedert sich an
jmd. maßt sich etwas an
jmd. tut sich etwas an

jmd. siedelt sich irgendwo an
jmd. sieht / hört sich etwas an
jmd. trinkt / säuselt sich einen an
jmd. reist / tritt / tanzt an
jmd. klingelt / klopft an
jmd. spannt / schirrt an
jmd. mustert / heuert an
jmd. beißt an
jmd. gibt an
jmd. eckt an
jmd. fragt an
jmd. schreibt an (gibt Kredit)
jmd. täuscht an
jmd. schafft an
jmd. baut an

jmd. nimmt sich einer Sache an
jmd. kämpft / rennt gegen etwas an
jmd. heizt eine Situation an
jmd. prangert etwas an
jmd. zweifelt etwas an
jmd. richtet Schaden an
jmd. strebt etwas an
jmd. kündigt etwas an
jmd. regt etwas an
jmd. mahnt etwas an
jmd. schneidet / spricht / merkt / führt / deutet / reißt etwas an
jmd. eignet sich etwas an
jmd. wendet etwas an

jmd. erkennt etwas an
jmd. preist etwas an
jmd. knüpft an etwas an
jmd. spielt auf etwas an
jmd. geht / fängt / leiert / packt / schiebt / zettelt / facht / kurbelt etwas an
jmd. ordnet / weist / sagt etwas an
jmd. gibt / meldet etwas an
jmd. fordert etwas an
jmd. bietet etwas an
jmd. kauft etwas an
jmd. liefert etwas an
jmd. führt eine Gruppe an
jmd. lockt ein Tier an
jmd. frisst sich etwas an
jmd. steht irgendwo an
jmd. mietet etwas an
jmd. spart etwas an
jmd. zahlt etwas an
jmd. visiert / peilt etwas an
jmd. macht einen Salat an
jmd. setzt / beraumt einen Termin an
jmd. moderiert etwas an
jmd. fährt / fliegt / steuert einen Ort an

jmd. wirft / lässt den Motor an
jmd. reichert etwas an
jmd. wärmt etwas an
jmd. sticht / zapft etwas an
jmd. fasst / tippt etwas an
jmd. bindet / kettet / leint / schließt etwas an
jmd. hat / zieht sich / behält / probiert etwas an
jmd. misst / passt etwas an
jmd. näht etwas an
jmd. pflanzt / sät etwas an
jmd. kocht / brät / dünstet etwas an
jmd. schneidet einen Kuchen an
jmd. nagt / knabbert etwas an
jmd. raut / schleift etwas an
jmd. montiert / schraubt / schweißt / bohrt / lötet etwas an
jmd. pinnt / klebt etwas an
jmd. malt / streicht / zeichnet etwas an
jmd. hängt ein Bild an
jmd. schleppt etwas an
jmd. fertigt etwas an
jmd. feuchtet etwas an

jmd. hebt etwas an
jmd. kreuzt etwas an
jmd. saugt / haucht / pustet etwas an
jmd. steckt sich eine Zigarette an
jmd. stimmt ein Lied an
jmd. schaltet / knipst / macht etwas an
jmd. klickt etwas an
jmd. spitzt etwas an
jmd. winkelt etwas an
jmd. zündet etwas an

Bann
bann'
Cannes
dann
dran
kann
Mann
man
ran
jmd. schmeißt sich an jmd. ran
jmd. lässt jmd. / etwas an sich ran
jmd. hält sich ran
jmd. geht ran (Telefon)
jmd. muss ran
jmd. klotzt ran
jmd. kommt an etwas ran
jmd. schafft etwas ran
rann
sann
Spann
spann
Tann
wann

daran	himmelan	Banne/n	Dienstmannen	Hanse
alsdann	Mittelsmann	banne/n	Vorspanne/n	kann se
begann	hintenan	Granne/n		Nansen, Fridtjof
bemann'	irgendwann	Hanne	**- anner/n**	Pansen
entmann'	Hintermann	Kanne/n	[→ anna → a (2)]	rann se
entrann	bringt voran	Manne/n	[→ ammer/n (1)]	sann se
entsann	obenan	Panne/n	[→ anger/n (1)]	spann se
entspann	Sohnemann	Pfanne/n	Banner/n	wann se
heran	Dobermann	rannen	kann er	begann se
gerann	vornean	sannen	rann er	bemann se
verbann'	Knochenmann	Spanne/n	sann er	entrann se
bergan	Vordermann	spanne/n	Spanner/n	entsann se
ermann'	kommt voran	Tanne/n	begann er	gerann se
verrann	Don Juan	Wanne/n	entrann er	verbann se
zerrann	Ombudsmann		entsann er	verfranze/n
ersann	Muselman	Savanne/n	gerann er	verrann se
besann	Supermann	begannen	verrann er	zerrann se
Gespann	Butzemann	bemanne/n	zerrann er	ersann se
bespann	Drum und Dran	entmanne/n	ersann er	besann se
gewann		entrannen	besann er	bespann se
Tyrann	Vertrauensmann	entsannen	gewann er	gewann se
hinan	Klabautermann	entspanne/n	woran er	Schimpanse/n
sodann	zurückgewann	gerannen		
wohlan	Verbindungsmann	verbanne/n	**- anns**	**- anse/n* (2)**
voran	Kameramann	ermanne/n	→ anz (1+2)	ausfranse/n
woran	Feuerwehrmann	verrannen		
fortan	Rührmichnichtan	zerrannen	**- annst**	**- änst (1)**
		ersannen	→ anzt (1+2)	→ ane/n (1+2)
Strahlemann	**- ann* (2)**	besannen		
Talisman	[→ amm (2)]	Gespanne/n	**- annt**	**- ánst (2)**
Hampelmann	[→ ang (2)]	bespanne/n	→ and (1+2)	→ anzt (1+2)
Ballermann	nachsann	gewannen		
Wassermann	daran	Tyrannen	**- annter/n**	**- anster/n**
Wandersmann	abkann	von dannen	→ and (1)	→ anzter/n
abgewann	Abspann	Normanne/n	! fand er	
macht voran	abspann'	Susanne	(Kantor)	**- änt (1)**
Saubermann	Fachmann	Alemanne/n		→ ane/n (1+2)
drauf und dran	Flachmann	Marianne	**- anntes**	
Edelmann	Wachmann	Talismane/n	→ and (1)	**- ánt (2)**
Lebemann	anspann'	abgewannen	! fand es	→ and (1+2)
Ehemann	Landsmann	übermanne/n		
nebenan	Kaufmann	lieb gewannen	**- ans**	**- ant (3)**
Nebenmann	Hauptmann	zurückgewannen	→ anz (1)	Grand
Ehrenmann	ausspann'			Cancan
jedermann	einspann'	**- anne/n* (2)**	**- ansche/n**	Volant
Jägersmann	Dienstmann	[→ amme/n (2)]	lunche/n	Pendant
geht voran	Strohmann	[→ ange/n (2)]	mansche/n	Enfant
„Bertelsmann"	Vorspann	nachsannen	pansche/n	Gourmand
Sensenmann	umhinkann	Abspanne/n	plansche/n	Paravent
„Neckermann"		abspanne/n	Komantsche/n	Restaurant
Weihnachtsmann	**- anne/n (1)**	anspanne/n		degoutant
übermann'	[→ amme/n (1)]	Landsmanne/n	**- anse/n (1)**	Croissant
Biedermann	[→ ange/n (1)]	ausspanne/n	bann se	en passant
lieb gewann	Anne	einspanne/n	Franse/n	en avant!

Bonvivant	verkannte/n	relevante/n	Kapitulanten	→ ansche/n
Abonnement	verkante/n	Emigranten	See-Elefanten	
Engagement	ernannte/n	Debütanten	Repräsentanten	- anz (1)
	verrannte/n	Nekromanten	seelenverwandte/n	[→ ams (2)]
- ante/n (1)	versandte/n	Demonstranten	Determinante/n	ans
[→ ammte/n (1)]	Sergeanten	Spekulanten	Deodorante/n	Bands
[→ ampe/n (1)]	verspannte/n	Resultante/n	extravagante/n	band's
[→ anke/n (1)]	Verwandte/n	Sekundanten	exorbitante/n	Banns
bannte/n	verwandte/n	Denunzianten	wiedererkannte/n	bann's
brannte/n	Gesandte/n	degoutante/n	Sympathisanten	bannt's
kannte/n	pressante/n	Diamanten	interessante/n	Brands
Kante/n	bespannte/n	diamanten	signifikante/n	brannt's
kante/n	gespannte/n	Lieferanten		fand's
Quanten	gewandte/n	blümerante/n	- ante/n* (2)	Franz
nannte/n	Sextanten	niederbrannte/n	[→ ammte/n (2)]	Gans
rannte/n	Hydranten	übermannte/n	[→ anke/n (2)]	ganz
sandte/n	Briganten	überrannte/n	nachrannte/n	Glanz
Spanten	Giganten	übersandte/n	nachsandten	Hans
spannte/n	pikante/n	überspannte/n	abbrannte/n	kann's
Tante/n	brisante/n	Intendanten	absandte/n	kannt's
Wanten	Brillanten	hirnverbrannte/n	abspannte/n	Kants
wandte/n	brillante/n	Dilettanten	abwandte/n	kant's
	Infanten	Intriganten	anbrannte/n	Kranz
Trabanten	Diskante/n	süffisante/n	anrannte/n	Quants
Quadranten	riskante/n	Ministranten	anspannte/n	Lands
Vaganten	mokante/n	militante/n	anwandte/n	land's
vakante/n	Konstante/n	Informanten	aufwandte/n	Manns
galante/n	konstante/n	dissonante/n	ausbrannte/n	man's
Andante	kulante/n	Ignoranten	auskannte/n	nannt's
Mandanten	Mutanten	imposante/n	ausspannte/n	Pfands
frappante/n		Simulanten	einbrannte/n	pflanz'
Garanten	sprachgewandte/n	nonchalante/n	einrannte/n	Rands
markante/n	Asylanten	sogenannte/n	einsandte/n	rann's
charmante/n	Gratulanten	tolerante/n	einspannte/n	rannt's
rasante/n	stadtbekannte/n	Protestanten	einwandte/n	Sands
Passanten	aberkannte/n	Folianten	Leutnante/n	sandt's
Atlanten	anerkannte/n	Proviante/n	zuwandte/n	sann's
Dechanten	Arrestanten	provokante/n	umrannte/n	schanz'
Sekante/n	artverwandte/n	Kommandanten	umwandte/n	Schmants
gebannte/n	Variante/n	konzertante/n	durchbrannte/n	Spanns
gebrannte/n	Fabrikanten	Komödianten		spann's
Pedanten	Praktikanten	konziliante/n	- antel/n	spannt's
prägnante/n	Aspiranten	dominante/n	[→ ampel/n]	Spants
Bekannte/n	amüsante/n	Hospitanten	Hantel/n	Stands
bekannte/n (Verb)	arrogante/n	Konsonanten	Mantel	stand's
bekannte/n (Adj.)	Laboranten	Duellanten	Tarantel/n	stanz'
bemannte/n	ambulante/n	wutentbrannte/n		Strands
benannte/n	Adjutanten	zuerkannte/n	- anter/n	schwand's
genante/n (frz.)	braun gebrannte/n	Musikanten	→ and (1)	Schwanz
entbrannte/n	Elefanten	fulminante/n	! fand er	Tands
entsandte/n	Querulanten	Bummelanten	[→ anker/n]	Tanns
verbannte/n	eklatante/n	umbenannte/n	(Kantor)	Tanz
verbrannte/n	elegante/n	Gouvernante/n		tanz'
erkannte/n	penetrante/n		- antsche/n	wand's

wann's	besann's	Eleganz	Vordermanns	Aufstands
	Gespanns	Gängelbands	Observanz	Aufwands
Brabants	bespann's	„Bertelsmanns"	Fortbestands	Hauptmanns
Vakanz	bespannt's	Sensenmanns	Konzilianz	Ausstands
Allianz	Bestands	„Neckermanns"	Ordonnanz	Wegrands
Rasanz	bestand's	Tellerrands	Konkordanz	Neulands
befand's	gestand's	Relevanz	Don Juans	Einbands
begann's	Gewands	Helgolands	Ombudsmanns	Einwands
Prägnanz	gewann's	Redundanz	Schockzustands	Beistands
bekannt's	Bilanz	Weihnachtsmanns	Muselmans	Leutnants
bemann's	Finanz	Zeitaufwands	Supermanns	Deutschlands
bemannt's	Tyranns	Reiselands	Ruhestands	Dienstmanns
empfand's	Brisanz	Freudentanz	Butzemanns	Rückstands
benannt's	Brillanz	Feindeslands	Mummenschanz	Stillstands
entband's	Instanz	Eiertanz	unterband's	Inlands
entbrannt's	Diskants	Schleiertanz	Druckverbands	Missstands
entmann's	Distanz	Feuerlands	Wunderlands	Hochlands
entmannt's	Krokants	Niemandslands	Unterpfands	Rolands
entrann's	Monstranz	Übelstands	Unterstands	Wohlstands
entschwand's	Kulanz	Blütenstands	Unverstands	Strohmanns
entspann's	Substanz	Griechenlands	Fulminanz	Popanz
entspannt's	umrand's	übermann's		Vorspanns
entstand's	umwand's	übermannt's	Schlaraffenlands	Vorstands
entwand's		überrannt's	Vertrauensmanns	Vorwands
gerann's	Strahlemanns	übersandt's	Klabautermanns	Konstanz
Verbands	Abendlands	überspann's	Sudetenlands	fortpflanz'
verband's	Vaterlands	überspannt's	Begleitumstands	zuschanz'
verbann's	Tatbestands	überstand's	Familienstands	Zustands
verbannt's	Talismans	überwand's	Verbindungsmanns	Umstands
verbrannt's	Nachbarlands	Biedermanns	Kilometerstands	Neuseelands
erfand's	Hampelmanns	Widerstands	Kameramanns	
verpflanz'	Rattenschwanz	Firlefanz	Deodorants	- anze/n (1)
verfranz'	Krankenstands	Mittelsmanns	Extravaganz	band se
erkannt's	Akzeptanz	Mittelstands	Wertgegenstands	bannt se
verkannt's	Ballermanns	Intendanz	Repräsentanz	brannt' se
verkant's	Wassermanns	Witwenstands	Feuerwehrmanns	fand se
ernannt's	Sachverstands	Diskrepanz	Signifikanz	Ganze/n
verrann's	Wandersmanns	Hinterlands	„Otto Versands"	ganze/n
zerrann's	Waldesrands	Hintermanns		Glanze
verrannt's	Arroganz	Süffisanz	- anz* (2)	kannt' se
entsandt's	Ambulanz	Militanz	[→ ams (3)]	Lanze/n
entsann's	Sauerlands	Dissonanz	Prahlhans	nannt' se
ersann's	Saubermanns	Ignoranz	Schmalhans	Panzen
Versands	Edelmanns	Stimulanz	Abspanns	Pflanze/n
versand's	Pegelstands	Sohnemanns	Abstands	pflanze/n
versandt's	Lebemanns	Rosenkranz	Lapplands	rannt' se
verschanz'	Ehemanns	Toleranz	Schlappschwanz	Ranzen
Sergeants	Märchenlands	Dobermanns	Flachlands	sandt se
erstand's	Ehrenmanns	Proviants	anranz'	Schanze/n
Verstands	Gegenstands	Dominanz	Anstands	Schranze/n
verstand's	jedermann's	Sonnenbrands	Landsmanns	spannt se
verschwand's	Jägersmanns	Morgenlands	Armbands	stand se
zertanz'	Penetranz	Knochenmanns	Kaufmanns	Stanze/n
verwand's	Resonanz	Sportverbands	aufpflanz'	stanze/n

schwand se	überrannt' se	rannst	umwandst	[→ ake/n (1)]
tanze/n	übersandt se	ranntst		[→ ate/n (1)]
wand se	überspannt se	sandtst	abgewannst	[→ atem]
Wanze/n	überstand se	sannst	lieb gewannst	Papen, Franz von
	überwand se	spannst	übermannst	schrape/n
Vakanzen	widerstand se	standst	überranntst	
Allianzen	Intendanzen	stanzt	übersandtst	- apel/n (1)
befand se	Diskrepanzen	schwandst	überstandst	[→ akel/n (1)]
bekannt' se	Dissonanzen	tanzt	überwandst	Stapel
bemannt se	Stimulanzen	Wanst	widerstandst	stapel/n
Emanze/n	Toleranzen	wandst	unterbandst	Neapel
empfand se	Dominanzen		zurückgewannst	
benannt' se	Pomeranze/n	befandst		- apel/n* (2)
entband se	Observanzen	begannst	- anzt* (2)	[→ akel/n (2)]
entbrannt' se	Ordonnanzen	bekanntst	[→ ammst →	hochstapel/n
entsandt se	Konkordanzen	bemannst	amme/n (2)]	
entstand se	unterband se	empfandst	[→ angst → ange/n	- aper/n
entschwand se	Extravaganzen	benanntst	(2)]	[→ aker/n]
entwand se	Repräsentanzen	entbandst	nachsannst	[→ arper/n]
verband se		entbranntst	abkannst	[→ ater/n (1)]
verbannt se	- anze/n* (2)	entmannst	abspannst	gab er
verbrannt' se	anranze/n	entrannst	anranzt	haper/n
erfand se	aufpflanze/n	entsandtst	anspannst	(Japan)
verpflanze/n	Popanze/n	entsannst	aufpflanzst	Kaper/n
verfranze/n	fortpflanze/n	entspannst	ausfranst	kaper/n
erkannt' se	zuschanze/n	entstandst	ausspannst	taper/n
verkannt' se		entschwandst	einspannst	
ernannt' se	- anzel/n	entwandst	umhinkannst	- apf (1)
verrannt' se	Kanzel/n	gerannst	fortpflanzst	Napf
versandt se	abkanzel/n	verbandst	zuschanzst	stapf'
verschanze/n		verbannst		Zapf
erstand se	- anzer/n (1)	verbranntst	- anzter/n	zapf'
verstand se	ganzer	erfandst	[→ amster/n]	verzapf'
verschwand se	Landser/n	verpflanzt	pflanzt er	
zertanze/n	Panzer/n	verfranzt	schanzt er (jmd. zu)	- apf* (2)
verwand se	panzer/n	erkanntst	stanzt er	anzapf'
bespannt se	Pflanzer/n	verkanntst	tanzt er	
bestand se		ermannst	verfranzt er	- apfe/n (1)
gestand se	- anzer/n* (2)	ernanntst	verpflanzt er	Krapfen
Bilanzen	Anranzer/n	verrannst	verranzter	Stapfe/n
Finanzen		zerrannst	verschanzt er	stapfe/n
Instanzen	- anzt (1)	versandtst	zertanzt er	Tapfe/n
Distanzen	[→ ammst →	ersannst	ausgefranster/n	Zapfe/n
Romanze/n	amme/n (1)]	verschanzt		zapfe/n
Konstanze	[→ angst → ange/n	erstandst	- ao	verzapfe/n
Monstranzen	(1)]	verstandst	→ au (1)	
Substanzen	bandst	verschwandst		- apfe/n* (2)
umwand se	bannst	zertanzt	- ăp (1)	anzapfe/n
	branntst	verwandst	→ ab (1)	
Ambulanzen	fandst	besannst		- apfer/n
Penetranzen	kannst	bespannst	- áp (2)	tapfer/n
Resonanzen	kanntst	bestandst	→ app (1)	Zapfer/n
Redundanzen	nanntst	gestandst		
übermannt se	pflanzt	gewannst	- ape/n	- aph

40

→ af
- apher
→ affer/n (1)
- app (1)
[→ ack (1)]
[→ att (1)]
ab
  etwas nötigt jmd.
    Respekt ab
  etwas stößt /
    törnt jmd. ab
  etwas geht jmd.
    ab
  etwas schnürt
    jmd. die Luft
    ab
  etwas fällt für
    jmd. ab
  etwas hängt von
    etwas ab
  etwas zielt auf
    etwas ab
  etwas wirft etwas
    ab
  etwas federt etwas
    ab
  etwas geht ab
    (wie Schmidts
    Katze)
  etwas heilt ab
  etwas härtet ab
  etwas stirbt ab
  etwas schreckt ab
  etwas flacht ab
  etwas ebbt / flaut
    / klingt /
    schwillt ab
  etwas steht ab
  etwas strahlt ab
  etwas spaltet sich
    ab
  etwas weicht von
    etwas ab
  etwas fällt gegen
    etwas ab
  etwas färbt ab
  etwas dreht /
    driftet / treibt
    ab
  etwas lagert sich
    ab
  etwas nutzt / reibt

sich ab
etwas blättert /
  bröckelt ab
etwas splittert /
  springt ab
etwas prallt / perlt
  ab
etwas rutscht /
  gleitet / sackt
  / stürzt /
  schmiert ab
etwas läuft / fließt
  / tropft ab
etwas kühlt / taut
  / schmilzt ab
etwas brennt ab
etwas sinkt /
  senkt sich ab
ein Schiff legt ab
ein Flugzeug hebt
  ab
etwas regnet sich
  ab
ein Tier frisst /
  nagt etwas ab
ein Tier weidet
  eine Wiese ab
jmd. fährt auf
  jmd. ab
jmd. schleppt jmd.
  ab
jmd. küsst /
  knutscht jmd.
  ab
jmd. hält / rät /
  bringt jmd.
  von etwas ab
jmd. schirmt jmd.
  ab
jmd. schlachtet /
  murkst / sticht
  / schießt /
  knallt jmd. ab
jmd. serviert jmd.
  ab
jmd. rechnet mit
  jmd. ab
jmd. straft jmd. ab
jmd. tastet jmd. ab
jmd. führt jmd. ab
jmd. zieht / zockt
  jmd. ab
jmd. nimmt / jagt

/ knöpft /
  luchst / ringt
  / schwatzt
jmd. etwas ab
jmd. trotzt jmd.
  etwas ab
jmd. gräbt jmd.
  das Wasser ab
jmd. fertigt /
  kanzelt jmd.
  ab
jmd. lehnt /
  wertet / urteilt
  jmd. ab
jmd. weist /
  wimmelt jmd.
  ab
jmd. schüttelt
  jmd. ab
jmd. lässt von
  jmd. ab
jmd. würgt jmd.
  ab
jmd. speist jmd.
  ab
jmd. schlägt jmd.
  ab
jmd. wälzt etwas
  auf jmd. ab
jmd. stempelt
  jmd. ab
jmd. schiebt jmd.
  ab
jmd. drängt jmd.
  ab
jmd. erkennt /
  spricht jmd.
  etwas ab
jmd. wählt jmd.
  ab
jmd. fängt / holt
  / passt /
  ab
jmd. stellt jmd. für
  etwas ab
jmd. beruft jmd.
  ab
jmd. löst jmd. ab
jmd. wirbt jmd. ab
jmd. verlangt jmd.
  etwas ab
jmd. spricht sich
  mit jmd. ab
jmd. macht etwas

mit jmd. ab
jmd. fragt / hört
  jmd. ab
jmd. horcht jmd.
  ab
jmd. stammt von
  jmd. ab
jmd. stattet jmd.
  einen Besuch
  ab
jmd. treibt ein
  Kind ab
jmd. stillt ein Baby
  ab
jmd. handelt /
  kauft jmd.
  etwas ab
jmd. guckt sich
  etwas ab
jmd. findet sich
  mit etwas ab
jmd. schminkt
  sich etwas ab
jmd. spart sich
  etwas vom
  Munde ab
jmd. trainiert /
  hungert sich
  Pfunde ab
jmd. friert sich
  etwas ab
jmd. kapselt
  / grenzt /
  schottet /
  sondert sich
  ab
jmd. nabelt sich
  ab
jmd. reagiert sich
  ab
jmd. regt sich ab
jmd. müht /
  plagt / quält
  / rackert /
  schindet /
  strampelt sich
  ab
jmd. hetzt sich ab
jmd. meldet sich
  ab
jmd. setzt / seilt
  sich ab
jmd. wendet sich

ab
jmd. rollt sich ab
jmd. seift /
  schminkt sich
  ab
jmd. füllt sich ab
jmd. wechselt sich
  mit jmd. ab
jmd. geht / haut
  / rauscht /
  schwirrt /
  zieht / zischt
  / schiebt /
  reist / rückt /
  wandert ab
jmd. biegt ab
jmd. bremst ab
jmd. blendet ab
jmd. mustert ab
jmd. dankt ab
jmd. springt ab
jmd. taucht ab
jmd. tritt ab
jmd. wartet ab
jmd. schlafft /
  baut / stumpft
  ab
jmd. kackt ab
jmd. schnallt ab
jmd. blitzt ab
jmd. kühlt ab
jmd. hebt ab
jmd. kratzt ab
jmd. wägt ab
jmd. schweift ab
jmd. lenkt ab
jmd. winkt ab
jmd. stimmt ab
jmd. rundet ab
jmd. zählt ab
jmd. sahnt /
  kassiert ab
jmd. drückt ab
jmd. rüstet ab
jmd. säuft ab
jmd. schmeckt ab
jmd. nimmt /
  speckt /
  magert ab
jmd. räumt ab
jmd. wäscht ab
  spült / trock-
  net ab

jmd. bekommt etwas ab
jmd. kann etwas ab
jmd. schneidet gut / schlecht ab
jmd. tut etwas als etwas ab
jmd. tötet etwas ab
jmd. streitet etwas ab
jmd. schwächt / mildert etwas ab
jmd. lehnt / wertet / urteilt / kanzelt etwas ab
jmd. schwört einer Sache ab
jmd. rückt / weicht / lässt von etwas ab
jmd. wehrt / wiegelt / biegt / blockt / schmettert etwas ab
jmd. würgt etwas ab
jmd. wandelt / ändert etwas ab
jmd. geht einer ab
jmd. segnet / nickt etwas ab
jmd. sucht / klappert etwas ab
jmd. checkt etwas ab
jmd. gleicht etwas ab
jmd. misst etwas ab
jmd. rechnet etwas ab
jmd. schätzt / wägt etwas ab
jmd. hilft einem Mangel ab
jmd. wickelt etwas ab

jmd. arbeitet etwas ab
jmd. bummelt etwas ab
jmd. bestellt etwas ab
jmd. zahlt / stottert etwas ab
jmd. bucht etwas ab
jmd. wiegt etwas ab
jmd. zweigt / schöpft / zwackt etwas ab
jmd. fasst / grast / greift / staubt etwas ab
jmd. kupfert etwas ab
jmd. schließt einen Vertrag ab
jmd. sieht von etwas ab
jmd. deckt etwas ab
jmd. gibt etwas ab
jmd. sagt / bläst etwas ab
jmd. schafft etwas ab
jmd. hakt etwas ab
jmd. leitet etwas ab
jmd. ruft eine Information ab
jmd. sichert etwas ab
jmd. speichert etwas ab
jmd. spult etwas ab
jmd. wohnt ein Guthaben ab
jmd. rutscht / sackt / stürzt / schmiert ab
jmd. reibt /

schrubbt / wischt / braust / fegt / bürstet etwas ab
jmd. trennt / teilt etwas ab
jmd. bricht / knickt etwas ab
jmd. holzt / hackt / sägt / feilt etwas ab
jmd. montiert / schraubt etwas ab
jmd. reißt / rasiert / schneidet etwas ab
jmd. beißt etwas ab
jmd. koppelt etwas ab
jmd. pflückt etwas ab
jmd. bindet / schnürt etwas ab
jmd. dichtet / isoliert / klemmt etwas ab
jmd. klebt etwas ab
jmd. liefert etwas ab
jmd. lädt etwas ab
jmd. trägt etwas ab
jmd. transportiert etwas ab
jmd. schickt / sendet etwas ab
jmd. steckt / schreitet etwas ab
jmd. schließt / riegelt / sperrt / zäunt etwas ab
jmd. schaltet etwas ab
jmd. gießt / pumpt / saugt

etwas ab
jmd. beizt etwas ab
jmd. brennt etwas ab
jmd. feuert einen Schuss ab
jmd. schrägt etwas ab
jmd. stützt etwas ab
jmd. füllt etwas ab
jmd. tönt etwas ab
jmd. heftet etwas ab
jmd. klopft etwas ab
jmd. kocht etwas ab
jmd. leckt etwas ab
jmd. liest etwas ab
jmd. spielt etwas ab
jmd. mischt etwas ab
jmd. spreizt etwas ab
jmd. streift etwas ab
jmd. tupft etwas ab
jmd. druckt etwas ab
jmd. schreibt / tippt etwas ab
jmd. zeichnet / bildet / lichtet / malt / paust etwas ab
jmd. kürzt einen Weg ab
jmd. fängt / holt / passt etwas ab
jmd. schüttelt etwas ab
jmd. schließt / wählt ein Schulfach ab
jmd. rasiert sich den Bart ab
jmd. treibt im Wasser ab
jmd. schirrt die

Pferde ab
jmd. steigt / sitzt vom Pferd ab
jmd. richtet ein Tier ab
jmd. schleppt ein Auto ab
jmd. steigt in einem Hotel ab
jmd. dunkelt einen Raum ab

Cup
japp'
Kap
kapp'
klapp'
knapp
Krapp
papp'
schlapp
schnapp'
schrapp'
schwapp'
tapp'
Trab
Trapp
trapp'
zapp'

landab
Make-up
Backup
treppab
berapp'
herab
bergab
verklapp'
verknapp'
ertapp'
weitab
Pick-up
Pin-up
klippklapp!
schnippschnapp
Warm-up
flussab
Äskulap
überlapp'
überschnapp'
zusammenklapp'
papperlapapp!

- app* (2)

[→ ack (2)]	aufschnappe/n	→ aps (2+3)	[→ atz (2)]	trappst
[→ att (2)]	wegschnappe/n		Kebabs	trapst
anpapp'	Scheuklappe/n	**- appst**	Kollaps	zappst
aufklapp'	einschnappe/n	→ apst (2+3)	Julklapps	berappst
aufschnapp'				verklappst
Kebab	**- appel/n**	**- appt**	**- apse/n (1)**	verknappst
wegschnapp'	[→ ackel/n]	→ apt (1+2)	[→ ackse/n]	ertappst
einschnapp'	[→ attel/n (1)]		[→ atze/n (1)]	überlappst
Julklapp	Pappel/n	**- āps (1)**	Flapse/n	überschnappst
	Rappel	→ ab (1+2)	Happse/n	zusammenklappst
- appe/n (1)	rappel/n		Japse/n	
[→ acke/n (1)]	trappel/n	**- aps (2)**	japse/n	**- apst* (3)**
[→ atte/n (1)]	zappel/n	[→ acks (1)]	kapp' se	anpappst
Flappe/n	berappel/n	[→ atz (1)]	Klapse/n	aufklappst
Happen		Babs	klapp' se	aufschnappst
jappe/n	**- apper/n (1)**	Cups	knapse/n	wegschnappst
Kappe/n	[→ appa → a (2)]	Flaps	papp' se	einschnappst
kappe/n	[→ acker/n (1)]	Happs	schnapp' se	
Klappe/n	[→ atter/n]	Japs	schnapse/n	**- apt (1)**
klappe/n	Klapper/n	japs'	Strapse/n	[→ ackt (1)]
Knappe/n	klapper/n	kapp's	schwapse/n	Abt
knappe/n	knapper/n	Kaps	Tapse/n	jappt
Lappen	plapper/n	Klaps	tapse/n	kappt
Mappe/n	schlapper	klapp's	trapse/n	klappt
Pappe/n	Schnapper/n	knaps'	berapp' se	pappt
pappe/n	Trapper/n	Krapps	verklapp' se	schnappt
Rappe/n	Geplapper	papp's	verknapp' se	schrappt
Schlappe/n	verplapper/n	Paps	ertapp' se	schwappt
schlappe/n	Zähneklappern	Raps	Synapse/n	tappt
schnappe/n		schnapp's	überlapp' se	trappt
schrappe/n	**- apper/n* (2)**	Schnaps		zappt
schwappe/n	[→ acker/n (2)]	Straps	**- apse/n* (2)**	berappt
tappe/n	nachplapper/n	Schwaps	[→ atze/n (2)]	verkappt
trappe/n	abklapper/n	schwaps'	Kollapse/n	verklappt
Wappen		Taps		verknappt
zappe/n	**- appes**	taps'	**- apsel/n**	ertappt
	[→ ackes → ack (1)]	Trabs	[→ acksel/n]	eingeschnappt
Attrappe/n		Trapps	Kapsel/n	überlappt
berappe/n	[→ attes → att (1)]	trapps'		überschnappt
verklappe/n	Kappes		**- āpst (1)**	zusammenklappt
verknappe/n	kapp' es	Make-ups	→ abst (1)	
ertappe/n	klapp' es	Backups		**- apt* (2)**
Etappe/n	knappes	berapp's	**- apst (2)**	[→ ackt (2)]
Jammerlappen	papp' es	verklapp's	japst	anpappt
überlappe/n	schlappes	verknapp's	kappst	aufklappt
überschnappe/n	schnapp' es	ertapp's	klappst	aufschnappt
zusammenklappe/n	schrapp' es	Pick-ups	knapst	wegschnappt
	berapp' es	Pin-ups	pappst	
- appe/n* (2)	verklapp' es	Warm-ups	schnappst	**- ar (1)**
[→ acke/n (2)]	verknapp' es	Äskulaps	schnapst	[→ a (1)]
[→ atte/n (2)]	ertapp' es	überlapp's	schrappst	Aar
anpappe/n	überlapp' es		schwappst	Bar
Tarnkappe/n		**- aps* (3)**	tappst	bar
aufklappe/n	**- apps**	[→ acks (2)]	tapst	dar

fahr'	Notar	aufführbar	umsetzbar	gangbar
(Fahrer/n)	obzwar	ausziehbar	unschätzbar	dankbar
gar (gar sein/sogar)	Korsar	ausführbar	unteilbar	schwarzfahr'
gar' (Verb)	Glossar	regelbar	unscheinbar	Kaspar
Haar	Husar	herstellbar	untilgbar	Rad fahr'
Jahr	umfahr'	Ehepaar	durchführbar	brauchbar
Kar		Februar	Justitiar	aufbahr'
klar	Adebar	säkular		aufklar'
(Lars)	darstellbar	feststellbar	unwandelbar	aufspar'
Maar	wahrnehmbar	Exemplar	zusammenfahr'	(Raumfahrer/n)
Mahr	nachweisbar	Referendar	herausnehmbar	ausspar'
(Mars)	Kaviar	Fernsehstar	voraussehbar	drehbar
Paar	nachprüfbar	Seminar	vorhersagbar	fehlbar
paar'	Adolar	einklagbar	vorhersehbar	dehnbar
rar	Jaguar	(Geisterfahrer/n)	verwechselbar	ehrbar
Saar	abzahlbar	einschätzbar	berechenbar	hörbar
Schar	Alkazar	linear	veränderbar	Cäsar
schar'	Balthasar	lieferbar	bezweifelbar	lesbar
spar'	Waldemar	überfahr'	recycelbar	knetbar
(Sparer/n)	absehbar	widerfahr'	beeinflussbar	Cheddar
Star	ansprechbar	bipolar	dazwischenfahr'	Neckar
wahr	anfechtbar	rückzahlbar	unverwechselbar	Hektar
war	annehmbar	mittelbar	Werbeexemplar	Nektar
Zar	abtrennbar	Inventar	Bibliothekar	pfändbar
zwar	abwendbar	immerdar	Accessoire	denkbar
	anwendbar	Millibar	partikular	lernbar
Radar	absetzbar	Pissoir	auswechselbar	essbar
Talar	angreifbar	Missionar	Repertoire	messbar
Altar	Sansibar	Singular	Reservoir	festfahr'
Barbar	lapidar	Fink und Star	Evangeliar	greifbar
Basar	(Taxifahrer/n)	Dromedar	elementar	heilbar
Katarrh	Antiquar	vorstellbar	interstellar	Weimar
Tatar	abschließbar	vorzeigbar	Vokabular	Hoimar
gebar	Janitschar	Potiphar	molekular	einspar'
befahr'	Archivar	Mobiliar		heizbar
Gefahr	atomar	koronar	- ar* (2)	reizbar
stellar	Samowar	offenbar	[→ a (2)]	fühlbar
enthaar'	Januar	Kommentar	[Nektar → eck-	dienstbar
erfahr'	Traualtar	sonderbar	ter/n, Dollar	Bierbar
verfahr'	aufklappbar	Kommissar	→ oller/n (1)	Isar
verwahr'	aufblasbar	Trottoir	etc.]	sichtbar
Pessar	ausklappbar	Ottokar	strafbar	kündbar
bewahr'	ausfahrbar	Honorar	abspar'	trinkbar
gewahr	auflösbar	Okular	machbar	Omar
Vikar	aufbewahr'	Formular	Nachbar	Vorfahr
binar	ausdehnbar	Boulevard	achtbar	Dollar
fürwahr	ausdenkbar	Jubilar	Nachtmahr	formbar
in bar	ausschwenkbar	Boudoir	haftbar	fortfahr'
Loire	Augenpaar	zumutbar	Nacktbar	kostbar
sogar	Grauer Star	unnahbar	faltbar	ruchbar
polar	ausgleichbar	nuklear	haltbar	Pflugschar
solar	ausweitbar	unwägbar	spaltbar	urbar
Scholar	aufschiebbar	untrennbar	mannbar	fruchtbar
Clochard	auffindbar	wunderbar	Hangar	Sugar

Ungar	unerreichbar	warben	Jahre/n	Bulgare/n
[→ umber/n]	unvereinbar	verdarben	Kare/n	umfahre/n
[→ under/n (2)]	unbestreitbar	vernarben	Klare/n	
nutzbar	akzeptierbar	erwarben	klare/n	darstellbare/n
	kalkulierbar	bewarben	Maare/n	wahrnehmbare/n
unnahbar	definierbar	umwarben	Mahre/n	nachweisbare/n
unsagbar	regulierbar	purpurfarben	Paare/n	nachprüfbare/n
unschlagbar	finanzierbar		paare/n	Jaguare/n
untragbar	integrierbar	- arch	rare/n	abzahlbare/n
bezahlbar	infizierbar	→ arche/n	Scharen	Alkazare/n
gestaltbar	programmierbar		schare/n	Balearen
unhaltbar	tolerierbar	- arche/n	spare/n	absehbare/n
unfassbar	konvertierbar	[→ arsche/n]	Stare/n	abgefahren
belastbar	konservierbar	Arche/n	wahre/n (Verb)	ansprechbare/n
unwägbar	korrigierbar	schnarche/n	wahre/n (Adj.)	anfechtbare/n
unzählbar	komprimierbar	Monarchen	Ware/n	annehmbare/n
erklärbar	kombinierbar	Patriarchen	waren	abtrennbare/n
verwertbar	kontrollierbar	Oligarchen	Zaren	abwendbare/n
unlösbar	kompostierbar			anwendbare/n
vertretbar	unpassierbar	- ard	Radare/n	absetzbare/n
vollstreckbar	undatierbar	→ art (1+2)	Talare/n	Mangelware/n
erkennbar	kultivierbar		Kanaren	angreifbare/n
untrennbar	konjugierbar	- arde/n (1)	Fanfare/n	Kaviare/n
versendbar	unabdingbar	[→ arbe/n]	Barbaren	lapidare/n
verwendbar	unbezwingbar	[→ arge/n (1)]	Basare/n	Antiquare/n
vollendbar	unbeirrbar	Barde/n	Tataren	abschließbare/n
unlenkbar	unausrottbar	Garde/n	Katarrhe/n	Janitscharen
bemerkbar		Harden, Maximilian	Cäsaren	Archivare/n
erlernbar	unübersehbar	Sarde/n	Gebaren	atomare/n
erpressbar	quantifizierbar	Mansarde/n	gebaren	Samoware/n
unrettbar	manipulierbar	Milliarde/n	befahre/n	Januare/n
verletzbar	realisierbar	Kokarde/n	Gefahren	aufklappbare/n
unschätzbar	verifizierbar	Lombarde/n	stellare/n	ausklappbare/n
unleugbar	differenzierbar	Avantgarde/n	entfahre/n	ausfahrbare/n
unteilbar	lokalisierbar	Hellebarde/n	enthaare/n	aufblasbare/n
vereinbar	modifizierbar	Leoparden	erfahre/n	ausdehnbare/n
beweisbar	undefinierbar	Kommunarde/n	Verfahren	ausdenkbare/n
passierbar	unregulierbar		verfahre/n	ausschwenkbare/n
datierbar	unkorrigierbar	- arde/n* (2)	zerfahren	auflösbare/n
dosierbar	unkontrollierbar	[→ arge/n (2)]	verwahre/n	Augenpaare/n
genießbar	identifizierbar	Bastarde/n	Pessare/n	aufbewahre/n
untilgbar		Bussarde/n	bewahre/n	ausgleichbare/n
unstillbar	- arb		gewahre/n	ausweitbare/n
dahinfahr'	→ arbe/n	- are/n (1)	Vikare/n	ausziehbare/n
unsinkbar		Aare/n	binare/n	aufschiebbare/n
bewohnbar	- arbe/n	Are/n	im Klaren	auffindbare/n
	[→ arde/n (1)]	Bahre/n	polare/n	aufführbare/n
übertragbar	[→ arge/n (1)]	Bare	Scholaren	ausführbare/n
unaufhaltbar	Barbe/n	bare/n	solare/n	regelbare/n
unantastbar	darbe/n	fahre/n	Notare/n	herstellbare/n
unbezähmbar	Farbe/n	gare/n	Korsaren	Ehepaare/n
unzerstörbar	Garbe/n	(Harem)	Glossare/n	Seminare/n
unaussprechbar	Narbe/n	Haare/n	Kurare	Februare/n
unverkennbar	starben	haare/n	Husaren	säkulare/n

45

feststellbare/n	bezweifelbare/n	heizbare/n	dahinfahre/n	**- arer/n**
Exemplare/n	recycelbare/n	reizbare/n	unsinkbare/n	→ ar (1+2)
Referendare/n	beeinflussbare/n	fühlbare/n	bewohnbare/n	! war er
einklagbare/n	dazwischenfahre/n	dienstbare/n		[→ ara → a (2)]
eingefahren	Werbeexemplare/n	sichtbare/n	übertragbare/n	
einschätzbare/n	Bibliothekare/n	kündbare/n	unantastbare/n	**- arf**
lineare/n	partikulare/n	trinkbare/n	unaufhaltbare/n	[→ af]
lieferbare/n	auswechselbare/n	(hochfahrend)	unbezähmbare/n	darf
überfahre/n	Evangeliare/n	Vorfahre/n	unzerstörbare/n	scharf
widerfahren	elementare/n	formbare/n	unaussprechbare/n	warf
bipolare/n	Reservoire/n	fortfahre/n	unverkennbare/n	Bedarf
rückzahlbare/n	interstellare/n	kostbare/n	unvereinbare/n	bedarf
mittelbare/n	Vokabulare/n	ruchbare/n	akzeptierbare/n	entlarv'
Inventare/n	molekulare/n	Pflugscharen	kalkulierbare/n	entwarf
Missionare/n	Frutti di Mare	urbare/n	definierbare/n	verwarf
Singulare/n	unverwechselbare/n	fruchtbare/n	regulierbare/n	(unbedarft)
Dromedare/n		nutzbare/n	finanzierbare/n	Nachholbedarf
Mobiliare/n	**- are/n* (2)**		integrierbare/n	
koronare/n	strafbare/n	unnahbare/n	infizierbare/n	**- arfe/n**
vorstellbare/n	abspare/n	unsagbare/n	programmierbare/n	[→ afe/n (1)]
offenbare/n	machbare/n	unschlagbare/n	tolerierbare/n	[→ arve/n (2)]
Kommentare/n	achtbare/n	untragbare/n	konvertierbare/n	Harfe/n
sonderbare/n	Nachtmahre/n	bezahlbare/n	konservierbare/n	Larve/n
vorzeigbare/n	haftbare/n	gestaltbare/n	korrigierbare/n	scharfe/n
Kommissare/n	faltbare/n	unhaltbare/n	komprimierbare/n	warfen
Honorare/n	haltbare/n	unfassbare/n	kombinierbare/n	entlarve/n
Okulare/n	spaltbare/n	belastbare/n	kontrollierbare/n	entwarfen
Formulare/n	mannbare/n	unwägbare/n	kompostierbare/n	verwarfen
Jubilare/n	gangbare/n	unzählbare/n	konjugierbare/n	
zumutbare/n	dankbare/n	erklärbare/n	unpassierbare/n	**- arfer/n**
unnahbare/n	schwarzfahre/n	verwertbare/n	undatierbare/n	[→ afer/n]
nukleare/n	Rad fahre/n	unlösbare/n	kultivierbare/n	[→ aver/n]
unwägbare/n	brauchbare/n	vollstreckbare/n	unbeirrbare/n	darf er
Schmuggelware/n	aufbahre/n	erkennbare/n	unabdingbare/n	(KFOR)
untrennbare/n	aufklare/n	untrennbare/n	unbezwingbare/n	scharfer
wunderbare/n	aufspare/n	versendbare/n	unausrottbare/n	warf er
unerfahren	ausspare/n	verwendbare/n		bedarf er
umsetzbare/n	drehbare/n	vollendbare/n	unübersehbare/n	entwarf er
unschätzbare/n	fehlbare/n	unlenkbare/n	quantifizierbare/n	verwarf er
unteilbare/n	dehnbare/n	bemerkbare/n	manipulierbare/n	
unscheinbare/n	ehrbare/n	erlernbare/n	realisierbare/n	**- arfes**
untilgbare/n	hörbare/n	unrettbare/n	verifizierbare/n	[→ afes → af]
durchführbare/n	lesbare/n	verletzbare/n	differenzierbare/n	darf es
Justitiare/n	knetbare/n	unschätzbare/n	lokalisierbare/n	scharfes
	Nektare/n	unleugbare/n	modifizierbare/n	warf es
unwandelbare/n	pfändbare/n	unteilbare/n	undefinierbare/n	Bedarfes
zusammenfahre/n	denkbare/n	vereinbare/n	unregulierbare/n	bedarf es
voraussehbare/n	lernbare/n	beweisbare/n	unkorrigierbare/n	entlarv' es
herausnehmbare/n	essbare/n	passierbare/n	unkontrollierbare/n	entwarf es
vorhersagbare/n	messbare/n	dosierbare/n	identifizierbare/n	verwarf es
vorhersehbare/n	festfahre/n	datierbare/n		Nachholbedarfes
verwechselbare/n	greifbare/n	genießbare/n	**- arem**	
berechenbare/n	heilbare/n	untilgbare/n	→ are/n (1+2)	**- arfst**
veränderbare/n	einspare/n	unstillbare/n		→ arf

- **arft**	[→ arde/n (2)]	- **ark**	Jugendschwarm	Arn
→ arf	einsarge/n	→ arg (1+2)	kalorienarm	Barr'n
	wortkarge/n			Darr'n
- **arg (1)**		- **arke/n (1)**	- **arme/n**	Farn
[→ ag (1)]	- **arge/n (3)**	[→ ake/n (1)]	[→ ame/n (1)]	Garn
[→ arb → arbe/n]	[→ age/n (3)]	Barke/n	[→ arne/n]	Harn
[→ art (1)]	Marge/n	Harke/n	Arme/n	harr'n
Arg	Charge/n	harke/n	arme/n	Karr'n
arg		Marke/n	Farmen	Knarr'n
barg	- **arger/n**	parke/n	Carmen	knarr'n
hark'	[→ ager/n (1)]	starke/n	warme/n	Narr'n
karg	arger	autarke/n	Alarme/n	narr'n
Quark	karger	beharke/n	Gendarmen	scharr'n
Mark		(vermarkte/n)	verarme/n	Schmarr'n
Park	- **argst (1)**	erstarke/n	Erbarmen	schnarr'n
park'	[→ agst → age/n	willensstarke/n	erbarme/n	Sparr'n
Sarg	(1)]		umarme/n	starr'n
stark	[→ arbst → arbe/n]	- **arke/n* (2)**	schadstoffarme/n	tarn'
Jeanne d'Arc	[→ arzt (1)]	[→ ake/n (2)]	Seitenarme/n	warn'
autark	bargst	brandmarke/n	kalorienarme/n	Kandar'n
behark'	harkst			Katarrh'n
verarg'	parkst	- **arker/n**	- **armer/n**	beharr'n
verbarg	beharkst	[→ aker/n]	[→ amer/n]	entwarn'
erstark'	verargst	barg er	[→ arma → a (2)]	verscharr'n
Fahrzeugpark	verbargst	Marker/n	[→ armor → or (2)]	erstarr'n
Dänemark	erstarkst	(Parka)	Armer	verwarn'
Deutsche Mark		Parker/n	armer	Zigarr'n
Steiermark	- **argst* (2)**	starker	Farmer/n	Gitarr'n
Freizeitpark	[→ arzt (2)]	autarker/n	warmer	bizarr'n
Rückenmark	brandmarkst	verbarg er	Erbarmer/n	umgarn'
willensstark	einsargst	willensstarker	schadstoffarmer	Seemannsgarn
			kalorienarmer	Büchernarr'n
- **arg* (2)**	- **argt (1)**	- **arkt**		zusammenscharr'n
[→ ag (2)]	[→ arbt → arbe/n]	→ argt (1+2)	- **armes**	
[→ art (2)]	[→ art (1)]		[→ ames → am (1)]	- **arne/n**
brandmark'	bargt	- **arm**	[→ arnes → arn]	[→ ane/n (1)]
einsarg'	harkt	[→ am (1)]	Armes	[→ arme/n]
wortkarg	Markt	[→ arn]	armes	Arne
	parkt	Arm	Darmes	Farne/n
- **arge/n (1)**	beharkt	arm	Harmes	Garne/n
[→ age/n (1)]	verargt	Darm	Charmes	tarne/n
[→ arbe/n]	verbargt	Farm	Schwarmes	warne/n
[→ arde/n (1)]	erstarkt	Harm	warmes	entwarne/n
Arge/n	Infarkt	Charme	Alarmes	verwarne/n
arge/n	Arbeitsmarkt	Schwarm	umarm' es	umgarne/n
bargen	Weihnachtsmarkt	warm	schadstoffarmes	Seemannsgarne/n
karge/n	Heiratsmarkt	Alarm	Seitenarmes	
Zarge/n	Supermarkt	Gendarm	Mückenschwarmes	- **arper/n**
verarge/n		verarm'	Jugendschwarmes	[→ aper/n]
verbargen	- **argt* (2)**	erbarm'	kalorienarmes	starb er
im Argen	[→ art (2)]	umarm'		warb er
	brandmarkt	schadstoffarm	- **arn**	verdarb er
- **arge/n* (2)**	einsargt	Seitenarm	[→ an (1)]	erwarb er
[→ age/n (2)]		Mückenschwarm	[→ arm]	bewarb er

47

umwarb er	wegkarre/n	bewahrst	[→ arg (1)]	aufbewahrt
		gewahrst	[→ at (1)]	Edelgard
- arr (1)	**- arrer/n**	bizarrst	Art	Gegenwart
harr'	Pfarrer/n	aufbewahrst	Bart	Lebensart
knarr'	starrer/n	zusammenscharrst	Fahrt	Redensart
Narr	bizarrer/n	elementarst	fahrt	Wesensart
narr'			gart	Eberhard
scharr'	**- ars**	**- arst* (2)**	haart	Leonhard
schnarr'	→ ar (1+2)	absparst	harrt	Leopard
starr	! war's	anstarrst	hart	Eduard
Katarrh	[→ as (1+2)]	aufbahrst	Card	Ekkehard
beharr'		aufsparst	knarrt	welcherart
verscharr'	**- arsch**	ausharrst	Quart	Eigenart
erstarr'	[→ arch → ar-	aussparst	narrt	überfahrt
bizarr	che/n]	wegkarrst	paart	Widerpart
Büchernarr	Arsch	einsparst	Part	Hildegard
zusammenscharr'	Barsch		smart	Himmelfahrt
	barsch	**- arste/n (1)**	scharrt	Bonaparte
- arr* (2)	Harsch	→ -bar-Wörter	schart	offenbart
anstarr'	harsch	unter: ar (1)	schnarrt	Scotland Yard
ausharr'	Marsch	[→ aste/n (1)]	spart	solcherart
wegkarr'	marsch!	barsten	starrt	Bodyguard
	verarsch'	Carsten	Start	Luitgard
- arre/n (1)		garste (= garst du)	start'	Jungfernfahrt
Barren	**- arsche/n**	Karste/n	wahrt	
Darre/n	[→ arche/n]	klarste/n	ward	zusammenfahrt
harre/n	Barsche/n	paarste (= paarst	Wart	zusammenscharrt
Karre/n	barsche/n	du)	wart	dazwischenfahrt
Knarre/n	harsche/n	rarste/n	wart'	Grundrechenart
knarre/n	Marschen	scharste (= scharst	Yard	Geistesgegenwart
Narren	verarsche/n	du)	zart	Commedia dell'Arte
narre/n		sparste (= sparst		
scharre/n	**- arst (1)**	du)	apart	**- art* (2)**
Schmarren	barst	wahrste/n	gebart	[→ arg (2)]
schnarre/n	garst	warste (= warst du)	befahrt	[→ at (2)]
Sparren	haarst	enthaarste (= ent-	behaart	[Bastard → astert,
Starre	harrst	haarst du)	beharrt	Richard →
starre/n	Karst	verkarsten	bejahrt	ichert etc.]
Kandare/n	knarrst	verwahrste (= ver-	entart'	Talfahrt
Katarrhe/n	narrst	wahrst du)	enthaart	Abart
beharre/n	paarst	bewahrste (= be-	erfahrt	Abfahrt
verscharre/n	scharst	wahrst du)	verfahrt	absparst
erstarre/n	scharrst	bizarrste/n	vernarrt	Rad fahrt
Zigarre/n	schnarrst	säkularste/n	verscharrt	Wallfahrt
Gitarre/n	sparst	linearste/n	erstarrt	Standard
bizarre/n	starrst	elementarste/n	verwahrt	Anfahrt
Büchernarren	wahrst		erwart'	anstarrt
Totenstarre	warst	**- arste/n* (2)**	bewahrt	Tankwart
zusammenschar-	gebarst	→ -bar-Wörter	gewahrt	schwarzfahrt
re/n	beharrst	unter: ar (2)	umfahrt	Bastard
	enthaarst	[→ aste/n (2)]		Blaubart
- arre/n* (2)	verscharrst		Mastercard	aufbahrt
anstarre/n	erstarrst	**- art (1)**	Avantgarde	aufklart
ausharre/n	verwahrst	[→ arb → arbe/n]	Stadtrundfahrt	aufspart

aufwart'	Schwarte/n	aufbahrte/n	vernarrter/n	wahrt's
Ausfahrt	wahrte/n	aufklarte/n	verscharrt er	ward's
ausharrt	Warte/n	aufsparte/n	erstarrt er	Warts
ausspart	warte/n	aufwarte/n	verwahrt er	wart's
Hauswart	zarte/n	ausarten	bewahrt er	Yards
Seefahrt		Ausfahrten	gewahrt er	
derart	aparte/n	ausharrte/n	offenbart er	befahrt's
wegkarrt	Standarte/n	aussparte/n		beharrt's
Denkart	behaarte/n	Hauswarte/n	- arter/n* (2)	enthaart's
festfahrt	beharrte/n	Seefahrten	[→ ater/n (2)]	erfahrt's
Wildcard	bejahrte/n	wegkarrte/n	benachbarter	verscharrt's
einspart	entarte/n	Denkarten		erstarrt's
Spielart	enthaarte/n	einsparte/n	- artet	verwahrt's
Richard	vernarrte/n	Spielarten	→ arte/n (1+2)	erwart's
Irrfahrt	verscharrte/n	Irrfahrten		bewahrt's
Blizzard	erstarrte/n	Tonarten	- arts	gewahrt's
Gokart	Erwarten	Torwarte/n	→ arz (1+2)	umfahrt's
Tonart	erwarte/n	Zufahrten		
Vorfahrt	verwahrte/n	Unarten	- arve/n (1)	Edelgards
Torwart	bewahrte/n	Mundarten	→ arfe/n	Eberhards
fortfahrt	gewahrte/n	benachbarte/n		Leonhards
Zufahrt			- arve/n (2)	Leopards
Unart	Hasenscharte/n	- arter/n (1)	[→ arfe/n]	Eduards
Mundart	(abgekartet)	[→ arta → a (2)]	[→ ave/n]	Ekkehards
Bussard	aufbewahrte/n	[→ ater/n (1)]	Algarve	überfahrt's
	Stadtrundfahrten	Charter/n		Widerparts
benachbart	Redensarten	charter/n	- arz (1)	Hildegards
dahinfahrt	Wesensarten	gart er	[→ ats → at (1)]	Bonapartes
	Wetterkarte/n	haart er	Barts	offenbart's
- arte/n (1)	Wetterwarte/n	harrt er	Darts	Scotland Yards
[→ ate/n (1)]	Eigenarten	harter	fahrt's	Bodyguards
„Arte"	Widerparte/n	knarrt er	gart's	Luitgards
Arten	Kindergarten	Marter/n	haart's	
Fahrten	Wintergarten	marter/n	harrt's	- arz* (2)
Garten	Bonaparte	narrt er	Hartz	[→ ats → at (2)]
garte/n	offenbarte/n	paart er	Harz	Standards
haarte/n	Jungfernfahrten	Parther/n	klart's	Tankwarts
harrte/n		smarter/n	knarrt's	Bastards
harte/n	zusammenscharr-	scharrt er	knarz'	Blaubarts
Karte/n	te/n	schart er	Quarts	Hauswarts
knarrte/n	(andersgeartet)	schnarrt er	Quarz	Richards
Quarte/n	Grundrechenarten	spart er	quarz'	Blizzards
narrte/n	Commedia dell'Arte	starrt er	narrt's	Gokarts
paarte/n		Starter/n	paart's	Torwarts
Parte/n	- arte/n* (2)	wahrt er	Parts	Bussards
smarte/n	[→ ate/n (2)]	zarter/n	Charts	
scharrte/n	Talfahrten		scharrt's	- arze/n
Scharte/n	Abarten	aparter/n	schart's	[→ aze/n]
scharte/n	Abfahrten	behaarter/n	schnarrt's	fahrt se
schnarrte/n	absparte/n	beharrt er	spart's	gart se
Sparte/n	Wallfahrten	Bejahrter/n	starrt's	haart se
sparte/n	Anfahrten	bejahrter/n	Starts	harrt se
starrte/n	anstarrte/n	enthaart er	start's	Harze/n
starte/n	Tankwarte/n	zermarter/n	schwarz	harze/n

49

klart se	**- arzt (2)**	geschah's	rasch	**- ase/n (1)**
knarrt se	[→ abst (2)]	Topas	wasch'	aase/n
knarze/n	[→ argst (2)]	Ebenmaß	erhasch'	Ase/n
Quarze/n	Notarzt	überfraß	vernasch'	Base/n
quarze/n		überlas	überrasch'	Blase/n
narrt se	**- arzte/n**	Übermaß		blase/n
paart se	harzte/n	übersah's	**- asch* (2)**	Phase/n
Parze/n	knarzte/n	Chrysopras	Abwasch	Phrase/n
scharrt se	quarzte/n	Mittelmaß	abwasch'	Gase/n
schart se	startst'n	Mindestmaß	Aufwasch	gase/n
schnarrt se	wartst'n	Stundenglas	wegwasch'	Gaze/n
spart se	verarzte/n	zusammenlas	reinwasch'	Glase
starrt se	verharzte/n	sancta simplicitas	Mischmasch	glase/n
start se	erwartst'n (= erwar-	Vergrößerungsglas	Gulasch	Grase
Schwarze/n	test ihn)	in vino veritas		grase/n
schwarze/n			**- asche/n (1)**	Hase/n
wahrt se	**- as (1)**	**- as* (2)**	Asche/n	lasen
ward se	→ Genitive/Plurale	→ Genitive/Plurale	Flasche/n	Nase/n
wart se	unter: a (1)	unter: a (2)	hasche/n	Rasen
Warze/n	[→ ars → ar (1)]	[→ ars → ar (2)]	kasche/n	rase/n
	Aas	nachlas	Lasche/n	sah se
befahrt se	aß	abblas'	lasche/n	Vase/n
beharrt se	blas'	abgras'	Masche/n	
enthaart se	Fraß	ablas	nasche/n	bejah' se
erfahrt se	fraß	abmaß	pasche/n	Ekstase/n
verscharrt se	Gas	anfraß	rasche/n	Emphase/n
erstarrt se	gas'	anlas	Tasche/n	genasen
verwahrt se	Glas	anmaß'	wasche/n	vergase/n
erwart se	glas'	auflas	Gamasche/n	verglase/n
bewahrt se	Gras	aufsaß	erhasche/n	verlasen
gewahrt se	gras'	ausfraß	vernasche/n	ersah se
umfahrt se	Klas	Ausmaß	verwaschen	versah se
überfahrt se	las	beimaß	Plaudertasche/n	besah se
offenbart se	Maß	einblas'	Westentasche/n	geschah se
	maß	einsaß	überrasche/n	Oase/n
- arzer/n	ras'	Vielfraß	mit allen Wassern	Topase/n
Harzer/n	sah's	vorlas	gewaschen	Paraphrase/n
Karzer/n	saß	zumaß		aufgeblasen
Schwarzer	Schahs	mutmaß'	**- asche/n* (2)**	Metastase/n
schwarzer	Spaß	durchfraß	abwasche/n	Seifenblase/n
(schwarzsah)	spaß'	hineinfraß	wegwasche/n	überlasen
		hineinlas	reinwasche/n	übersah se
- arzt (1)	bejah's		Gulasche/n	Chrysoprase/n
[→ abst (1)]	bemaß	**- ás (3)**		zusammenlasen
[→ argst (1)]	genas	→ ass (1+2)	**- aschel/n**	
Arzt	vergas'		raschel/n	**- ase/n* (2)**
harzt	vergaß	**- asch (1)**		nachlasen
knarzt	verglas'	Hasch	**- ascher/n**	abblase/n
quarzt	verlas	hasch'	[→ ascha → a (2)]	abgrase/n
startst	ermaß	kasch'	Ascher/n	ablasen
wardst	ersah's	lasch	lascher/n	anlasen
wartst	versah's	nasch'	Pascher/n	Klatschbase/n
verharzt	besah's	Pasch	rascher/n	auflasen
erwart'st	besaß	pasch'		einblase/n

Spürnase/n	bemaßen	prass'	Ablass	lasse/n
vorlasen	vergaßen	schass'	ablass'	lass' se
hineinlasen	ermaßen	was	abpass'	Masse/n
	vermaßen		Palas	nasse/n
- asel/n	besaßen	Parnass	anfass'	Passe/n
Basel	„Sesamstraße"	befass'	Anlass	passe/n
fasel/n	gleichermaßen	belass'	anlass'	pass' se
Hasel/n	überfraßen	Gelass	ranlass'	prasse/n
Gefasel	Mindestmaße/n	entlass'	anpass'	Rasse/n
	bekanntermaßen	erblass'	Barras	schasse/n
- aser/n	verdientermaßen	verblass'	Atlas	schass' se
[→ asa → a (2)]	gewissermaßen	erfass'	auffass'	Tasse/n
Faser/n	einigermaßen	verfass'	aufpass'	Trasse/n
Glaser/n	folgendermaßen	Erlass	auslass'	
las er	erwiesenermaßen	erlass'	weglass'	Barkasse/n
Maser/n	gezwungenermaßen	Verlass	Elsass	befasse/n
maser/n		verlass'	Engpass	belasse/n
Raser/n	**- aße/n* (2)**	verpass'	etwas	belass' se
genas er	abmaßen	verprass'	Texas	Gelasse/n
zerfaser/n	anfraßen	en masse	freilass'	gelassen
Vergaser/n	anmaße/n	zupass	Einlass	Melasse/n
verlas er	aufsaßen		einlass'	entlasse/n
überlas er	ausfraßen	Aderlass	Primas	entlass' se
	Ausmaße/n	alias	Kürass	Terrasse/n
- aske/n	dermaßen	„Adidas"	Thomas	erblasse/n
[→ aste/n (3)]	beimaßen	Gracias	vorlass'	verblasse/n
Baske/n	einsaßen	Barnabas	Kompass	erfasse/n
Maske/n	Vielfraße/n	Caracas	Judas	verfasse/n
	zumaßen	Ananas	Lukas	erfass' se
- asme/n	mutmaße/n	Pankreas	Ukas	verfass' se
Spasmen	durchfraßen	Caritas	zulass'	Erlasse/n
Sarkasmen	hineinfraßen	Augias	Durchlass	erlasse/n
Orgasmen		stehen lass'		verlasse/n
Pleonasmen	**- aßt**	„Wetten dass"	herablass'	zerlassen
	→ ast (1+2)	überlass'	veranlass'	erlass' se
- aspel/n		niederlass'	Messias	verlass' se
Haspel/n	**- ass (1)**	sitzen lass'	Tobias	verpasse/n
kraspel/n	As	irgendwas		verpass' se
Paspel/n	Bass	hinterlass'	**- asse/n (1)**	verprasse/n
Raspel/n	bass	Ischias	Asse/n	verprass' se
raspel/n	blass	Kontrabass	Basse/n	Grimasse/n
verhaspel/n	brass'	Montparnass	blasse/n	(umfassend)
	das	offenlass'	Brasse/n	
- aß	dass	lockerlass'	brasse/n	Madagasse/n
→ as (1+2)	Fass	Pulverfass	fasse/n	Kalebasse/n
	fass'	Unterlass	fass' se	Aliasse/n
- aße/n (1)	Hass	unterlass'	Gasse/n	Ananasse/n
aßen	hass'	zusammenfass'	hasse/n	Krankenkasse/n
fraßen	krass	mich gehen lass'	hass' se	Altersklasse/n
Maße/n	lass'		Kasse/n	ausgelassen
maße/n	Nass	**- ass* (2)**	Klasse/n	stehen lasse/n
saßen	nass	Nachlass	klasse/n	Steuerklasse/n
spaße/n	Pass	nachlass'	krasse/n	Güteklasse/n
Straße/n	pass'	abfass'	Lasse	überlasse/n

51

überlass' se	rassel/n	verlast	hineinlast	stehen lasst
niederlasse/n	schnassel/n	ermaßt	vorbeisahst	„Leukoplast"
Mittelklasse	Schlamassel	vermaßt		überhast'
sitzen lasse/n	vermassel/n	ersahst	**- ast (3)**	überlast'
hinterlasse/n		versahst	Ast	überlasst
hinterlass' se	**- asser/n (1)**	besahst	ast'	niederlasst
offenlasse/n	[→ assa → a (2)]	besaßt	Bast	Cineast
lockerlasse/n	blasser/n	i-ahst	brasst	sitzen lasst
Portokasse/n	dass er	weitersahst	fast	hinterlasst
unterlasse/n	krasser/n	überfraßt	fasst	Gymnasiast
unterlass' se	nasser/n	überlast	Gast	offenlasst
	Passer/n	übersahst	Hast	lockerlasst
zusammenfasse/n	Prasser/n	wiedersahst	hast	unterlasst
sich gehen lasse/n	Strasser, Gregor	zusammenlast	hast'	zusammenfasst
naturbelassen	Wasser/n		hasst	euch gehen lasst
	Verfasser/n	**- ast* (2)**	Knast	Enthusiast
- asse/n* (2)	Menschenhasser/n	nachlast	Quast	
Nachlasse/n	Feuerwasser	nachsahst	Last	**- ast* (4)**
nachlasse/n	Oberwasser	klarsahst	last'	nachlasst
abfasse/n		abblast	lasst	abfasst
ablasse/n	**- asser/n* (2)**	abgrast	Mast	ablasst
abpasse/n	Abwasser/n	ablast	passt	abpasst
anfasse/n	Anlasser/n	abmaßt	Plast	Ballast
anlasse/n	Aufpasser/n	absahst	prasst	anfasst
ranlasse/n	Erblasser/n	anfraßt	Rast	anlasst
anpasse/n	Hochwasser/n	anlast	rast'	ranlasst
Atlasse/n	notwasser/n	anmaßt	schasst	anlast'
auffasse/n	Veranlasser/n	schwarzsahst	tast'	anpasst
aufpasse/n		auflast		auffasst
auslasse/n	**- asst**	aufsahst	Ballast	aufpasst
weglasse/n	→ ast (3+4)	aufsaßt	Palast	auslasst
freilasse/n		ausfraßt	Damast	auslast'
Freisasse/n	**- ast (1)**	aussahst	Fantast	ausrast'
einlasse/n	aast	wegsahst	befasst	weglasst
Primasse/n	aßt	fernsahst	gefasst	freilasst
Kürasse/n	blast	beimaßt	belasst	einlasst
Insasse/n	fraßt	einblast	belast'	einrast'
vorlasse/n	gast	einsahst	entlasst	vorlasst
Kompasse/n	glast	einsaßt	entlast'	zulasst
Judasse/n	grast	hinsahst	erblasst	herablasst
Ukasse/n	last	vorlast	verblasst	veranlasst
zulasse/n	maßt	vorsahst	erfasst	
herablasse/n	nahst	rotsahst	verfasst	**- aste/n (1)**
veranlasse/n	rast	zumaßt	verhasst	[→ arste/n (1)]
Messiasse/n	sahst	zusahst	erlasst	aaste/n
	saßt	mutmaßt	verlasst	graste/n
	spaßt	umsahst	verpasst	nahste/n
- assel/n		durchfraßt	verprasst	raste/n
Assel/n	bejahst	durchsahst	Scholast	sahst'n (= sahst ihn)
Dassel, Rainald von	bemaßt		Morast	spaßte/n
Kassel	genast	herabsahst	Bombast	Vergaste/n
quassel/n	vergast	voraussahst	Kontrast	vergaste/n
Massel	vergaßt	vorhersahst		verglaste/n
prassel/n	verglast	hineinfraßt	„Hansaplast"	
Rassel/n				

- aste/n* (2)	überlaste/n	gefasster/n	Rad	Spinat
[→ arste/n (2)]	Cineasten	gehasster	Rat	Pirat
abgraste/n	zusammenfasste/n	erblasst er	rat'	Zitat
anmaßte/n	Enthusiasten	verblasst er	Saat	Nitrat
mutmaßte/n	Gymnasiasten	erfasst er	saht	privat
		verfasst er	Skat	Diktat
- aste/n (3)	- aste/n* (4)	verhasster/n	schad' (Verb)	Filtrat
[→ aske/n]	abfasste/n	verpasst er	schad' (Adj.)	probat
aste/n	abpasste/n	verprasster	Schrat	Brokat
Baste/n	anfasste/n	verprasst er	Spat	Soldat
brasste/n	anlaste/n	Desaster	Staat	Format
Fasten	anpasste/n	geschasster	Tat	Ornat
faste/n	auffasste/n	Piaster/n	tat	Phosphat
fasste/n	aufpasste/n	Alabaster	trat	Substrat
haste/n	auslaste/n	alabastern	wat'	Sulfat
hasste/n	ausraste/n			Muskat
Kaste/n	einraste/n	- aster/n* (3)	Achat	
Quaste/n	veranlasste/n	Ausraster/n	Quadrat	nachgerat'
Lasten		Dreimaster/n	Spagat	Wagenrad
laste/n	- aster/n (1)	Plakat	nahetrat
Maste/n	aast er	- astert	Magnat	Karbonat
passte/n	grast er	[→ art (2)]	Laktat	Transplantat
Paste/n	Master	pflastert	Traktat	Apparat
Plaste/n	nahster	rastert	malad'	Hanseat
prasste/n	rast er		Salat	Aggregat
Rasten	spaßt er	- ästes (1)	Banat	adäquat
raste/n	vergast er	→ ast (1)	Granat	Attentat
schasste/n	verglast er	! sahst es	Mandat	Kamerad
Taste/n	Desaster		Karat	Adressat
taste/n	Ghettoblaster/n	- ástes (2)	parat	Acetat
		→ ast (3+4)	Passat	rabiat
Ballaste/n	- aster/n (2)	! hast es	Kastrat	Plagiat
Damaste/n	[→ asta → a (2)]		Legat	Asiat
damasten	[→ astor → or (2)]	- at (1)	Prälat	Kandidat
Fantasten	Aster/n	[→ ab (1)]	Senat	Fabrikat
befasste/n	brasst er	[→ ag (1)]	begnad'	Magistrat
gefasste/n	fasst er	[→ art (1)]	bejaht	Akrobat
belaste/n	hasst er	Bad	entlad'	Advokat
entlaste/n	Custer, George	bad'	gerad'	Patronat
erblasste/n	Armstrong	bat	berat'	Pensionat
verblasste/n	Cluster	brat'	gerat'	Majorat
erfasste/n	Knaster	Draht	erbat	Granulat
verfasste/n	Laster/n	draht'	verbat	akkurat
verhasste/n	passt er	fad'	verbrat'	Autokrat
verpasste/n	Pflaster/n	Gnad'	Verrat	Automat
verprasste/n	pflaster/n	Grad	errat'	Dekanat
Scholasten	prasst er	grad'	verrat'	Delegat
Moraste/n	Raster/n	Grat	vertat	Dezernat
Kontraste/n	raster/n	Krad	vertrat	nähertrat
	schasst er	lad'	zertrat	Zölibat
„Hansaplaste/n"	Zaster	Maat	Testat	delikat
Leierkasten		Naht	betrat	Emirat
„Leukoplaste/n"	Kataster	naht	Hydrat	Derivat
überhaste/n	befasst er	Pfad	Primat	Theokrat

desolat	Kombinat	aneinandergerat'	hervortrat	Renate
separat	obstinat	Verdauungsapparat		Senate/n
Präparat	Doktorat		- át (3)	berate/n
Renegat	Konkordat	- at* (2)	→ att (1+2)	gerate/n
Cervelat	Konsulat	[→ ab (2)]		erbaten
Wechselbad	Postulat	[→ ag (2)]	- ate/n (1)	verbaten
Längengrad	Glutamat	[→ art (2)]	[→ ake/n (1)]	verbrate/n
kerzengrad'	Bundesrat	Zahnrad	[→ ape/n]	Fermate/n
Referat	Unikat	abrat'	[→ arte/n (1)]	errate/n
Reservat	Duplikat	abtrat	[→ atem]	verrate/n
Prädikat	Sublimat	anrat'	baten	vertaten
Destillat	Surrogat	antrat	Braten	vertraten
Demokrat		Strandbad	brate/n	zertraten
Exponat	Barbiturat	auftrat	Daten	Testate/n
Lektorat	Matriarchat	auslad'	drahte/n	betraten
Rektorat	Patriarchat	austrat	Grate/n	Hydrate/n
Thermostat	Falsifikat	fehltrat	Kate/n	Primate/n
Resultat	Aristokrat	wegtrat	Maate/n	Spinate/n
Deputat	Elaborat	festtrat	nahte/n	Piraten
Reifegrad	Ejakulat	Heimat	Pate/n	Zitate/n
Übeltat	Sheherazade	einlad'	Rate/n	Nitrate/n
Riesenrad	entgegentrat	eintrat	rate/n	private/n
überbrat'	Desiderat	Beirat	Saaten	Diktate/n
überlad'	Telefonat	Dreirad	Skate/n	Filtrate/n
übertrat	Wellensalat	Heirat	Schrate/n	missraten
niedertrat	Zertifikat	heirat'	Spaten	Kroate/n
Dirigat	Vikariat	Zweirad	Staate/n	probate/n
Silikat	Direktorat	beitrat	Taten	Brokate/n
Bürokrat	Triumvirat	breit trat	taten	Tomate/n
Psychopath	Stipendiat	Mühlrad	traten	Sonate/n
Minorat	Illuminat	Zierat	wate/n	Oblate/n
Implantat	dazwischentrat	Rückgrat		Soldaten
disparat	Notariat	Schwimmbad	Adlaten	Formate/n
Inserat	Kohlehydrat	Spinnrad	Salate/n	Ornate/n
Literat	Homöopath	Hofstaat	Granate/n	Phosphate/n
Internat	Protektorat	Wohltat	Karate	Dukate/n
Syndikat	Noviziat	vorlad'	parate/n	Substrate/n
Imitat	Pontifikat	Vorrat	Achate/n	Sulfate/n
Diplomat	Konglomerat	vortrat	Quadrate/n	Muskate/n
Zitronat	Konkubinat	zurat'	Spagate/n	
Bildungsgrad	Studienrat	Zutat	Plakate/n	Satansbraten
Wirkungsgrad	Gurkensalat	zutrat	Magnaten	nachgerate/n
Potentat		Unflat	Laktate/n	nahetraten
moderat	Verwandtschafts-	Unrat	Traktate/n	Majorate/n
Orangeat	grad	Schwungrad	Mandate/n	Transplantate/n
Opiat	zusammentrat	durchlad'	Kantate/n	Apparate/n
Moritat	Bekanntheitsgrad	durchtrat	Karpaten	Hanseate/n
Motorrad	gegenübertrat		Passate/n	Aggregate/n
Wortsalat	Antiquariat	herantrat	Kastraten	adäquate/n
Korrelat	Referendariat	Kanzleirat	Legaten	Attentate/n
Sonnenbad	Sekretariat	beheimat'	Prälaten	Adressaten
Kondensat	Proletariat	verheirat'	Beate	Acetate/n
Konzentrat	Ordinariat	zurücktrat	gebraten	rabiate/n
obligat	Kommissariat	bevorrat'	bejahte/n	Plagiate/n

Asiate/n	Syndikate/n	Sekretariate/n	delikatem	moderater/n
Kandidaten	Diplomaten	Proletariate/n	desolatem	obligater/n
Fabrikate/n	Orangeate/n	Ordinariate/n	separatem	obstinater/n
Magistrate/n	Potentaten	Kommissariate/n	disparatem	Schmusekater/n
Akrobaten	moderate/n	gegenübertraten	moderatem	Muskelkater/n
Advokaten	wohlgeraten	aneinandergerate/n	obligatem	Steuerberater/n
Karbonate/n	Opiate/n	Verdauungsappa-	obstinatem	Heiliger Vater
Pensionate/n	Moritaten	rate/n		
Patronate/n	Korrelate/n		- ater/n (1)	- ater/n* (2)
Granulate/n	Kondensate/n	- ate/n* (2)	[→ ata → a (2)]	[→ arter/n (2)]
Wachstumsrate/n	Konzentrate/n	[→ ake/n (2)]	[→ ator → or (2)]	Großvater
akkurate/n	obligate/n	[→ arte/n (2)]	[→ aker/n]	
Autokraten	Kombinate/n	abrate/n	[→ aper/n]	- atert
Automaten	obstinate/n	abtraten	[→ arter/n (1)]	(Tatort)
Dekanate/n	Doktorate/n	anrate/n	bat er	verkatert
Delegaten	Konkordate/n	antraten	Frater	
Dezernate/n	Konsulate/n	auftraten	Kater/n	- ation
nähertraten	Postulate/n	austraten	Krater/n	[→ eige/n (3)]
Reservate/n	Glutamate/n	fehltraten	Mater/n	Nation
delikate/n	Unikate/n	wegtraten	naht er	Station
Emirate/n	ungeraten	festtraten	Pater/n	Location
Derivate/n	Duplikate/n	Heimaten	Prater	Public Relation
Theokraten	Sublimate/n	eintraten	Rater/n	Standing Ovation
desolate/n	Surrogate/n	Heiraten	(Satan)	
Resultate/n		heirate/n	tat er	- ats
Deputate/n	zusammentraten	beitraten	trat er	→ at (1+2)
Präparate/n	entgegentraten	breit traten	Vater	[→ arz (1+2)]
separate/n	dazwischentraten	Zierate/n		
Renegaten	Matriarchate/n	Rückgrate/n	parater	- atsch (1)
Kemenate/n	Patriarchate/n	Wohltaten	Theater/n	Knatsch
Referate/n	Falsifikate/n	vortraten	bejaht er	latsch'
Prädikate/n	Aristokraten	zurate/n	Berater/n	ratsch'
Destillate/n	Barbiturate/n	Zutaten	erbat er	Tratsch
Demokraten	Elaborate/n	zutraten	verbat er	tratsch'
Exponate/n	Ejakulate/n	durchtraten	vertat er	watsch'
Lektorate/n	Telefonate/n	herantraten	vertrat er	
Rektorate/n	Desiderate/n	beheimate/n	zertrat er	- atsch* (2)
Thermostate/n	Zertifikate/n	verheirate/n	betrat er	Lulatsch
Übeltaten	Vikariate/n	zurücktraten	Psychiater/n	
überbrate/n	Stipendiate/n	bevorrate/n	privater/n	- atsch (3)
übertraten	Direktorate/n	hervortraten	probater/n	batsch!
niedertraten	Triumvirate/n			Klatsch
Dirigate/n	Illuminaten	- atem	Alma Mater/n	klatsch'
Bürokraten	Notariate/n	[→ ake/n (1)]	adäquater/n	Quatsch
Zitronate/n	Kohlehydrate/n	[→ ape/n]	Landesvater	quatsch'
Psychopathen	Homöopathen	[→ arte/n (1)]	rabiater/n	Matsch
Minorate/n	Protektorate/n	[→ ate/n (1)]	akkurater/n	matsch'
Implantate/n	Noviziate/n	Atem	Geriater/n	patsch'
disparate/n	Koordinate/n	paratem	delikater/n	platsch'
Inserate/n	Pontifikate/n	privatem	desolater/n	ratsch!
Literaten	Konglomerate/n	probatem	separater	tatsch'
Internate/n	Konkubinate/n	adäquatem	übertrat er	watsch'
Silikate/n	Antiquariate/n	rabiatem	Schwiegervater	zermatsch'
Imitate/n	Referendariate/n	akkuratem	disparater	betatsch'

55

ritsch-ratsch!	[→ app (1)]	- atte/n (1)	- attel/n* (2)	platz'
Kaffeeklatsch	Blatt	[→ acke/n (1)]	umsattel/n	Ratz
Kladderadatsch	Gatt	[→ appe/n (1)]		ratz'
	glatt	Blatte	- atter/n	Satz
- atsch* (4)	hat	Gatte/n	[→ acker/n (1)]	Schatz
Abklatsch	matt	glatte/n	[→ apper/n (1)]	Schmatz
abklatsch'	Patt	hatte/n	Blattern	schmatz'
anquatsch'	platt	Latte/n	Flatter	Spatz
Tollpatsch	Rad	Matte/n	flatter/n	Schwatz
Klumpatsch	satt	matte/n	Gatter/n	schwatz'
	Stadt	Patte/n	glatter/n	„TAZ"
- atsche/n (1)	statt	Platte/n	hat er	Tschads
Bratsche/n	Tschad	platte/n	knatter/n	Watts
Latsche/n	Watt	Ratte/n	matter/n	
latsche/n		satte/n	Natter/n	Rabatts
ratsche/n	Rabatt	Schatten	platter/n	Rabatz
tratsche/n	schachmatt	Watte/n	ratter/n	anstatt's
Watsche/n	anstatt		satter/n	begatt's
watsche/n	begatt'	Rabatte/n	schnatter/n	Entsatz
Getratsche	Zermatt	schachmatte/n	Tatter(-greis)	zerkratz'
	erstatt'	Krawatte/n	schachmatter	Zermatts
- atsche/n* (2)	beschatt'	Debatte/n	(Regatta)	verpatz'
Lulatsche/n	bestatt'	Fregatte/n	(verdattert)	Ersatz
	gestatt'	begatte/n	ergatter/n	Versatz
- atsche/n (3)	Hafenstadt	(ermattet)	vergatter/n	erstatt's
Datsche/n	Abendblatt	erstatte/n	Bestatter/n	Besatz
Klatsche/n	Lagerstatt	beschatte/n	Gevatter/n	beschatt's
klatsche/n	Hansestadt	bestatte/n	Nimmersatter	bestatt's
quatsche/n	Heimatstadt	gestatte/n	Berichterstatter/n	gestatt's
Matsche/n	Feigenblatt	vonstatten		beschwatz'
matsche/n	Innenstadt	Mulatte/n	- attler/n (1)	
Patsche/n	Zifferblatt	Kasematte/n	Butler/n	Abendblatts
patsche/n	Nimmersatt	Wasserratte/n	Sattler/n	Lagerplatz
platsche/n	Trinidad	Leseratte/n		Zahnersatz
tatsche/n	Goliath	Hängematte/n	- attler/n* (2)	Landeplatz
watsche/n	Lorbeerblatt	Nimmersatte/n	Schuhplattlern/n	Ankerplatz
zermatsche/n	Ruhestatt			Kaffeesatz
betatsche/n	Schulterblatt	- atte/n* (2)	- atts	Arbeitsplatz
	an Eides statt	[→ acke/n (2)]	→ atz (1+2)	Bauchansatz
- atsche/n* (4)	an Kindes statt	[→ appe/n (2)]		Ehrenplatz
abklatsche/n		Sabbate/n	- atz (1)	Gegensatz
anquatsche/n	- att* (2)	abplatte/n	[→ acks (1)]	Feigenblatts
Tollpatsche/n	[→ ack (2)]	abstatte/n	[→ aps (2)]	Kriegsschauplatz
	[→ app (2)]	ausstatte/n	Blatts	Trinidads
- atscher/n (1)	Sabbat	Festplatte/n	Fratz	Zifferblatts
Klatscher/n	abplatt'	Monate/n	Gatts	Nimmersatts
Quatscher/n	abstatt'		hat's	Hosenlatz
Platscher/n	ausstatt'	- attel/n (1)	Hatz	Hosenmatz
	Werkstatt	[→ ackel/n]	Katz'	Logenplatz
- atscher/n* (2)	Schildpatt	[→ appel/n]	kratz'	Bodensatz
Bauchklatscher/n	Hofstatt	Dattel/n	Latz	Notensatz
	Monat	Sattel	Patts	Lorbeerblatts
- att (1)	Nugat	sattel/n	patz'	Goliaths
[→ ack (1)]		Shuttle	Platz	Tummelplatz

56

Schulterblatts	zerkratze/n	schlau	ungenau	klaub'
(fahrbarer) Unter-	verpatze/n	Stau	Unterbau	Laub
satz	erstatt' se	stau'	runterhau'	Raub
zusammenkratz'	beschatt' se	Tau	Toilettenfrau	raub'
Schadenersatz	bestatt' se	tau'	Maschinenbau	schnaub'
Studienplatz	gestatt' se	trau'	unter aller Sau	schraub'
	beschwatze/n	wau!		Staub
- atz* (2)	zusammenkratze/n	wow!	**- au* (2)**	staub'
[→ acks (2)]			nachschau'	taub
[→ aps (3)]	**- atze/n* (2)**	Radau	Kalau	entlaub'
Sabbats	[→ apse/n (2)]	Kakao	abbau'	entstaub'
abplatz'	abplatze/n	Mau-Mau	abhau'	beraub'
Absatz	brandschatze/n	Chow-Chow	abkau'	erlaub'
Ansatz	aufschwatze/n	TV	Anbau	verschraub'
brandschatz'	herausplatze/n	bebau'	anbau'	ertaub'
Aufsatz	hineinplatze/n	helau!	anhau'	Espenlaub
aufschwatz'		genau	anschau'	Eichenlaub
Aussatz	**- atzer/n (1)**	verbau'	Nassau	Blütenstaub
Einsatz	Kratzer/n	verdau'	Aufbau	mit Verlaub
Schildpatts	Patzer/n	ergrau'	aufbau'	zusammenklaub'
Monats	Schmatzer/n	Verhau	aufrau'	
Vorsatz	Besatzer/n	verhau'	aufschau'	**- aub* (2)**
Fortsatz	Wolkenkratzer/n	zerkau'	Ausbau	[→ aug (2)]
Nugats		versau'	ausbau'	[→ aut (2)]
Zusatz	**- atzer/n* (2)**	verstau'	Wauwau	abstaub'
Umsatz	Anfratzer/n	vertrau'	einbau'	einstaub'
Grundsatz		Beschau	einsau'	hochschraub'
herausplatz'	**- au (1)**	betrau'	Rückschau	Urlaub
hineinplatz'	Au	miau!	hinschau'	beurlaub'
	au!	misstrau'	Donau	
- atze/n (1)	Bau	Know-how	Vorbau	**- aube/n (1)**
[→ ackse/n]	bau'	Kotau	vorbau'	[→ aude/n]
[→ apse/n (1)]	blau	durchschau'	vorkau'	[→ auge/n (1)]
Atze	brau'		zuhau'	Daube/n
Batzen	Dau	Tagebau	zuschau'	Gaube/n
Fratze/n	flau	Kabeljau	zutrau'	Glaube/n
Glatze/n	Frau	Nabelschau	umhau'	glaube/n
hat se	Gau	Abendschau	umschau'	Haube/n
Hatzen	GAU	Tagesschau	Jungfrau	klaube/n
Katze/n	grau	HIV	durchkau'	Laube/n
kratze/n	Hau	Rampensau		raube/n
Matze	hau'	Ackerbau	herabschau'	schnaube/n
patze/n	hugh!	anvertrau'	heraushau'	Schraube/n
platze/n	kau'	EDV	vorausschau'	schraube/n
Pratze/n	klau'	Meerjungfrau	vorbeischau'	staube/n
ratze/n	lau	Körperbau	zurückschau'	Taube/n
Schmatze/n	mau	Eigenbau	Wiederaufbau	taube/n
schmatze/n	Pfau	Leichenschau	wiederaufbau'	Traube/n
Spatzen	rau	Zeitungsfrau	Anstandswauwau	entlaube/n
schwatze/n	Sau	Überbau		entstaube/n
Tatze/n	sau'	überschau'	**- aub (1)**	beraube/n
anstatt' se	Schau	Modenschau	[→ aug (1)]	erlaube/n
Matratze/n	schau'	Wohnungsbau	[→ aut (1)]	verschraube/n
begatt' se	ciao	Wochenschau	glaub'	ertaube/n

Aberglaube/n	Oberhaupt	krauch'	**- auche/n* (2)**	(down)
aus dem Staube	zusammenklaubt	Lauch	[→ aufe/n (2)]	(Faun)
Daumenschraube/n		Rauch	aufbrauche/n	flaue/n
Kühlerhaube/n	**- aubt* (2)**	rauch'	auftauche/n	Frauen
Pickelhaube/n	[→ augt → aug (2)]	Schlauch	aushauche/n	Gaue/n
Turteltaube/n	abstaubt	schlauch'	einhauche/n	Grauen
zusammenklaube/n	einstaubt	Schmauch		graue/n (Verb)
(atemberaubend)	hochschraubt	schmauch'	**- aucher/n**	graue/n (Adj.)
	beurlaubt	stauch'	[→ aufer/n]	Haue/n
- aube/n* (2)		Strauch	(brauchbar)	haue/n
[→ auge/n (2)]	**- aubte/n (1)**	tauch'	brauch' er	kaue/n
abstaube/n	[→ augte/n → aug (1)]	Gebrauch	Raucher/n	Klaue/n
(zeitraubend)		gebrauch'	Staucher/n	klaue/n
einstaube/n	glaubte/n	Verbrauch	Taucher/n	(Clown)
hochschraube/n	Haupte	verbrauch'	Verbraucher/n	laue/n
Urlaube/n	klaubte/n	verstauch'	Otto Normalver-	maue/n
(wutschnaubend)	raubte/n	missbrauch'	braucher	Pfauen
beurlaube/n	schnaubte/n	Sprachgebrauch		Plauen
	schraubte/n	untertauch'	**- aucht**	raue/n
- auber/n (1)	staubte/n	zusammenstauch'	→ auchen (1+2)	(rauh')
[→ auder/n]	behaupte/n			Sauen
Glauber(-salz)	belaubte/n	**- auch* (2)**	**- auchze/n**	saue/n
sauber/n	enthaupte/n	[→ auf (2)]	jauchze/n	Schauen
tauber/n	entlaubte/n	aufbrauch'		schaue/n
Zauber/n	entstaubte/n	auftauch'	**- aud**	schlaue/n
zauber/n	beraubte/n	aushauch'	→ aut (1)	Staue/n
bezaubern	erlaubte/n	einhauch'		staue/n
	verschraubte/n	Missbrauch	**- aude/n**	(staun')
- auber/n* (2)	verstaubte/n		[→ aube/n (1)]	Taue/n
Wortklauber/n	ertaubte/n	**- auche/n (1)**	[→ auge/n (1)]	taue/n
Hubschrauber/n	geschraubte/n	[→ aufe/n (1)]	Baude/n	traue/n
Urlauber/n	Totgeglaubte/n	brauche/n	Bowden(-zug)	(Zaun)
	zusammenklaub-	fauche/n	Staude/n	
- aubt (1)	te/n	Gauche/n	Traude	(Alaun)
[→ augt → aug (1)]		Hauche/n	Gertraude	(Alraun)
glaubt	**- aubte/n* (2)**	hauche/n	summa cum laude	(Kapaun)
Haupt	[→ augte/n → aug (2)]	Jauche/n		bebaue/n
klaubt		krauche/n	**- auder/n**	genaue/n
raubt	abstaubte/n	Lauche/n	[→ auber/n (1)]	verbaue/n
schnaubt	einstaubte/n	rauche/n	plauder/n	verdaue/n
schraubt	hochschraubte/n	schlauche/n	Schauder/n	ergraue/n
staubt	beurlaubte/n	schmauche/n	schauder/n	Verhaue/n
behaupt'		stauche/n	zauder/n	verhaue/n
belaubt	**- auch (1)**	tauche/n		zerkaue/n
enthaupt'	[→ auf (1)]	gebrauche/n	**- aue/n (1)**	versaue/n
entlaubt	auch	verbrauche/n	[→ aum (1)]	verstaue/n
entstaubt	Bauch	(verraucht)	Auen	Vertrauen
beraubt	Brauch	verstauche/n	Baue/n	vertraue/n
erlaubt	brauch'	missbrauche/n	baue/n	(bestaun')
verschraubt	fauch'	(Durchlaucht)	blaue/n	betraue/n
verstaubt	Gauch	untertauche/n	Braue/n	miaue/n
ertaubt	Hauch	zusammenstau-	braue/n	ins Blaue
geschraubt	hauch'	che/n	(braun)	misstraue/n
überhaupt	Jauch, Günther		Dauen	durchschaue/n

Tagebaue/n	wiederaufbaue/n	auspower/n	schwillt auf	stöbert jmd.
Kabeljaue/n		einmauer/n	etwas prallt auf	auf
Abendschauen	**- auer/n (1)**	Bildhauer/n	ein Schiff läuft	jmd. lauert jmd.
anvertraue/n	(aua!)	Zuschauer/n	auf ein Riff	auf
Augenbraue/n	Bauer/n		auf	jmd. bürdet /
(ausposaun°)	blauer/n	**- auf (1)**	etwas ragt auf	erlegt / halst /
Meerjungfrauen	Brauer/n	[→ auch (1)]	etwas weicht /	lädt / brummt
Selbstvertrauen	Dauer	auf	taut auf	/ drängt /
Zeitungsfrauen	dauern	Hoffnung keimt	etwas brennt auf	drückt /
überschaue/n	(dauernd)	auf	etwas blinkt /	oktroyiert /
Modenschauen	flauer/n	etwas wiegt etwas	blitzt / fla-	schwatzt /
Morgengrauen	grauer/n	auf	ckert / glimmt	zwingt jmd.
Wochenschauen	Hauer/n	etwas wertet jmd.	/ glüht /	etwas auf
unbehauen	kauer/n	/ etwas auf	leuchtet / lo-	jmd. tischt jmd.
ungenaue/n	Lauer	etwas drängt sich	dert / scheint	etwas auf
runterhaue/n	lauer/n	jmd. auf	/ züngelt auf	jmd. bindet jmd.
Toilettenfrauen	Mauer/n	etwas geilt jmd.	etwas zuckt auf	einen Bären
	mauer/n (Verb)	auf	etwas blüht /	auf
- aue/n* (2)	mauer (Adj.)	etwas muntert /	sprießt auf	jmd. zieht jmd.
[→ aum (2)]	Power	heitert jmd.	ein Vogel pickt	auf
nachschaue/n	power/n	auf	Körner auf	jmd. stachelt
abbaue/n	rauer/n	etwas stößt /	Vögel fliegen auf	/ wiegelt /
abflauen	sauer/n	bringt / regt	es klart / lockert	putscht /
abhaue/n	Schauer/n	jmd. auf	auf	hetzt jmd. auf
abkaue/n	schauer/n	etwas weckt jmd.	Wind frischt /	jmd. mischt jmd.
anbaue/n	schlauer/n	auf	kommt auf	auf
anhaue/n	Tower	etwas wirbelt	Rauch steigt auf	jmd. schneidet
anschaue/n	Trauer	Staub auf	eine Tür / ein	/ schlitzt /
aufbaue/n	trauer/n	etwas tritt auf	Kuchen geht	spießt jmd.
aufraue/n		etwas geht auf	auf	auf
aufschaue/n	bedauer/n	(funktioniert)		jmd. hängt /
(Countdown)	belauer/n	etwas tut sich auf	jmd. hilft / fängt	knüpft jmd.
ausbaue/n	genauer/n	etwas fliegt auf	/ päppelt /	auf
einbaue/n	Erbauer/n	(wird ent-	richtet jmd.	jmd. bahrt jmd.
einsaue/n	versauer/n	deckt)	auf	auf
hinhauen	erschauer/n	etwas gliedert sich	jmd. liest / nimmt	jmd. weckt jmd.
hinschaue/n	Beschauer/n	auf	jmd. auf	auf
vorbaue/n	betrauer/n	etwas heizt sich	jmd. muntert /	jmd. schreibt jmd.
vorkaue/n	Klagemauer/n	auf	heitert jmd.	auf
zuhaue/n	Gassenhauer/n	etwas löst sich auf	auf	jmd. spielt jmd.
(zuraun°)	Flower-Power	etwas hört auf	jmd. reißt jmd.	auf
zuschaue/n	Geigenbauer/n	etwas staut / baut	auf (Dating)	
Zutrauen	Vogelbauer/n	/ türmt sich	jmd. rüttelt jmd.	jmd. geilt sich an
zutraue/n	ungenauer/n	auf	auf	etwas auf
umhauen	untermauer/n	etwas spaltet sich	jmd. fordert jmd.	jmd. regt sich auf
umschaue/n	Maschinenbauer/n	auf	zum Tanz / zu	jmd. spielt /
Jungfrauen		etwas klafft /	einer Tat auf	plustert /
durchkaue/n	**- auer/n* (2)**	platzt / klappt	jmd. stellt jmd.	bläht sich auf
	nachtrauer/n	/ springt auf	auf	jmd. führt sich
herabschaue/n	Kalauer/n	etwas quillt /	jmd. drängt sich	schlimm auf
heraushaue/n	kalauer/n	schäumt	jmd. auf	jmd. reibt sich auf
vorausschaue/n	Nassauer/n	/ treibt /	jmd. sucht jmd.	jmd. lehnt sich
vorbeischaue/n	nassauer/n	bläht sich /	auf	gegen etwas
zurückschaue/n	Ausdauer	schwemmt /	jmd. spürt /	auf

jmd. opfert sich auf
jmd. rafft / rappelt sich auf
jmd. richtet / setzt / stützt sich auf
jmd. bäumt sich auf
jmd. brezelt / takelt sich auf
jmd. wärmt sich auf
jmd. bürdet / erlegt / halst / lädt sich etwas auf
jmd. schürft / schlägt sich etwas auf
jmd. spart sich etwas auf
jmd. lebt auf
jmd. taut auf
jmd. dreht auf
jmd. trumpft auf
jmd. trägt dick auf
jmd. steigt auf
jmd. holt / rückt auf
jmd. fällt auf
jmd. gibt / steckt auf
jmd. hört mit etwas auf
jmd. begehrt / muckt / braust / fährt auf
jmd. stampft auf
jmd. schreit / brüllt / heult / jault / kreischt / schluchzt auf
jmd. seufzt / stöhnt auf
jmd. lacht / jauchzt auf
jmd. atmet auf
jmd. passt / merkt auf
jmd. sieht / blickt

/ schaut / horcht auf
jmd. wacht auf
jmd. bleibt auf
jmd. steht / springt auf
jmd. bricht auf
jmd. taucht / kreuzt auf
jmd. tritt auf
jmd. sitzt auf
jmd. rüstet / marschiert auf
jmd. forstet auf
jmd. rundet auf
jmd. tankt auf
jmd. räumt auf
jmd. wäscht / wischt auf
jmd. heizt eine Stimmung auf
jmd. lockert eine Stimmung auf
jmd. löst / dröselt / klärt / rollt / deckt etwas auf
jmd. schlüsselt etwas auf
jmd. schnappt etwas auf
jmd. greift etwas auf
jmd. fasst etwas auf eine bestimmte Weise auf
jmd. bauscht / bläst etwas auf
jmd. wühlt / rührt etwas auf
jmd. wirft eine Frage auf
jmd. wirbelt Staub auf
jmd. bewahrt etwas auf
jmd. bietet / wendet etwas auf
jmd. wartet mit etwas auf

jmd. zeigt etwas auf
jmd. wertet etwas auf
jmd. rechnet etwas auf
jmd. listet etwas auf
jmd. braucht etwas auf
jmd. schiebt etwas auf
jmd. sagt etwas auf
jmd. zählt etwas auf
jmd. spürt / stöbert etwas auf
jmd. schreckt / scheucht / stört etwas auf
jmd. zieht eine Sache / eine Uhr auf
jmd. baut sich etwas auf
jmd. tut eine Gelegenheit auf
jmd. arbeitet / bereitet / bessert etwas auf
jmd. bringt eine Geldsumme auf
jmd. kauft etwas auf
jmd. stockt etwas auf
jmd. kündigt etwas auf
jmd. kommt für etwas auf
jmd. teilt etwas auf
jmd. setzt ein Schreiben / Testament auf
jmd. zäumt das Pferd von hinten auf
jmd. führt ein

Theaterstück auf
jmd. wächst an einem Ort auf
jmd. zwirbelt einen Bart auf
jmd. behält / hat eine Kopfbedeckung auf
jmd. legt Rouge / eine Schallplatte auf
jmd. spannt einen Schirm auf
jmd. fängt eine Information / etwas Zugeworfenes auf
jmd. lässt eine Tür auf
jmd. macht / bekommt / schließt / sperrt etwas auf
jmd. bricht / knackt / reißt etwas auf
jmd. schlägt / bohrt / gräbt / hackt / meißelt / sprengt / stemmt etwas auf
jmd. hakt / schraubt etwas auf
jmd. schnürt / knöpft etwas auf
jmd. schneidet / schlitzt / spießt / sticht / trennt etwas auf
jmd. scheuert / raut etwas auf
jmd. blättert / fächert etwas auf
jmd. hebt / sammelt / liest /

nimmt etwas auf
jmd. häuft / schüttet / stapelt / schichtet / stellt / baut etwas auf
jmd. bockt etwas auf
jmd. füllt / gießt etwas auf
jmd. saugt etwas auf
jmd. wickelt / fädelt etwas auf
jmd. hängt ein Bild / Kleidung auf
jmd. bügelt etwas auf
jmd. schüttelt ein Kissen auf
jmd. peppt / möbelt / motzt / poliert etwas auf
jmd. schreibt / zeichnet / malt etwas auf
jmd. druckt etwas auf
jmd. sprüht etwas auf
jmd. klebt etwas auf
jmd. kocht / backt / brüht / brät etwas auf
jmd. fährt Essen auf
jmd. isst / frisst / leckt etwas drauf
Hauff, Wilhelm
Kauf
kauf'
Knauf
Lauf
lauf'
rauf' (Verb)

rauf (Präp.)	Wettlauf	ablaufen	[→ aube/n (2)]	**- aule/n (1)**
sauf'	freikauf'	anlaufe/n	absauge/n	faule/n
schnauf'	einkauf'	warmlaufe/n	ansauge/n	foule/n
tauf'	einlauf'	aufkaufe/n	auslauge/n	graule/n
	Eis lauf'	auflaufe/n	aussauge/n	jaule/n
landauf	heiß lauf'	auslaufen		kraule/n
darauf	mitlauf'	weglaufe/n	**- auk**	maule/n
entlauf'	vollauf	freikaufe/n	→ aug (1)	Paule
treppauf	fortlauf'	(freilaufend)		verfaule/n
bergauf	Gefahr lauf'	einkaufe/n	**- auke/n**	vergraule/n
erkauf'	vorbeilauf'	einlaufe/n	[→ aupe/n]	
verkauf'	An- und Verkauf	Eis laufe/n	[→ aute/n (1)]	**- aule/n* (2)**
Verlauf		heiß laufe/n	Frauke	abfaulen
verlauf'	**- aufe/n (1)**	Misthaufen	Hauke	
zerlauf'	[→ auche/n (1)]	mitlaufe/n	Mauke/n	**- aum (1)**
ersauf'	Haufe/n	volllaufen	Pauke/n	[→ aun → aue/n
versauf'	kaufe/n	fortlaufe/n	pauke/n	(1)]
verschnauf'	laufe/n	zulaufe/n	Rauke/n	Baum
besauf'	raufe/n	Gefahr laufe/n	Rabauke/n	Flaum
Glückauf	saufe/n	vorbeilaufe/n		kaum
hinauf	Schlaufe/n		**- aukel/n (1)**	Raum
wohlauf	schnaufe/n	**- aufer/n**	[→ aupel/n]	Saum
worauf	Taufe/n	[→ aucher/n]	gaukel/n	Schaum
zuhauf	taufe/n	Staufer	schaukel/n	Traum
	Traufe/n	worauf er	verschaukel/n	Zaum
Stapellauf				Nadelbaum
Ausverkauf	belaufen	**- aug (1)**	**- aukel/n* (2)**	anberaum'
Dauerlauf	gelaufen	[→ aub (1)]	hochschaukel/n	Warteraum
Lebenslauf	entlaufe/n	[→ aut (1)]	vorgaukel/n	Lagerraum
Eierlauf	erkaufe/n	pauk'		Lebensraum
überlauf'	verkaufe/n	saug'	**- auker/n**	Schellenbaum
Spielverlauf	verlaufe/n	taug'	[→ auter/n → aut	Weihnachtsbaum
Hinterlauf	zerlaufe/n	Klamauk	(1)]	Liebestraum
Probelauf	ersaufe/n	Aug' in Aug'	Pauker/n	Kofferraum
obenauf	versaufe/n			Purzelbaum
Oberlauf	verschnaufe/n	**- aug* (2)**	**- aul**	
Stromkreislauf	besaufe/n	[→ aub (2)]	faul	**- aum* (2)**
Rollschuh lauf'	(ausverkauft)	[→ aut (2)]	Foul	[→ aun → aue/n
Blutkreislauf	Scherbenhaufen	absaug'	Gaul	(2)]
Schlussverkauf	Eierlaufen	ansaug'	graul'	Schlagbaum
unterlauf'	Feuertaufe/n	auslaug'	jaul'	Abraum
Marathonlauf	Scheiterhaufen	aussaug'	kraul'	Abschaum
	überlaufe/n		Maul	Alptraum
- auf* (2)	Trümmerhaufen	**- auge/n (1)**	maul'	Stammbaum
[→ auch (2)]	Rollschuh laufe/n	[→ aube/n (1)]	Paul	anpflaum'
nachlauf'	unterlaufe/n	[→ aude/n]	Raoul	Mastbaum
Ablauf	zusammenlaufen	Auge/n	Saul	Zeitraum
ablauf'	zusammenraufen	Lauge/n	Joule	Hohlraum
anlauf'	dahergelaufen	sauge/n	verfaul'	
warmlauf'	blutunterlaufen	tauge/n	vergraul'	**- aume/n (1)**
aufkauf'		Pfauenauge/n	Plappermaul	[→ aune/n (1)]
auflauf'	**- aufe/n* (2)**	Röntgenauge/n	Leckermaul	Baume
auslauf'	[→ auche/n (2)]		Lästermaul	Daumen
weglauf'	nachlaufe/n	**- auge/n* (2)**	Lügenmaul	Gaumen

61

Pflaume/n	bestaunt	etwas wirkt sich	ein Gerät wirft	aus
Raume	Discount	aus	etwas aus	jmd. trägt etwas
Saume	Underground	etwas löst etwas		mit jmd. aus
Traume	ausposaunt	aus	jmd. sucht / guckt	jmd. wischt jmd.
geraume/n		etwas zahlt sich	sich / schaut	eins aus
anberaume/n	- aunt* (2)	aus	nach / wählt	jmd. bootet /
	[→ aumt → au-	etwas sagt etwas	jmd. aus	manövriert /
- aume/n* (2)	me/n (2)]	(über jmd.)	jmd. führt jmd.	trickst jmd.
[→ aune/n (2)]	zuraunt	aus	zum Essen aus	aus
anpflaume/n		etwas macht jmd.	jmd. hilft jmd. aus	jmd. bremst jmd.
	- aunze/n (1)	etwas aus	jmd. leiht jmd.	aus
- aumel/n	maunze/n	etwas zeichnet	etwas aus	jmd. lacht / pfeift
baumel/n		jmd. aus	jmd. zeichnet jmd.	/ buht jmd.
taumel/n	- aunze/n* (2)	etwas liegt aus	aus	aus
	anraunze/n	etwas heilt aus	jmd. kommt mit	jmd. schimpft /
- aun		etwas schwingt /	jmd. aus	schilt / zankt
→ aue/n (1+2)	- aupe/n	pendelt aus	jmd. söhnt sich	jmd. aus
	[→ auke/n]	etwas schert /	mit jmd. aus	jmd. sticht jmd.
- aune/n (1)	[→ aute/n (1)]	schwenkt aus	jmd. spannt jmd.	aus
[→ aume/n (1)]	Graupe/n	etwas rollt aus	jmd. aus	jmd. fragt /
braune/n	Raupe/n	etwas härtet aus	jmd. weicht jmd.	horcht / späht
Daune/n	Staupe/n	etwas breitet /	aus	/ forscht /
Faune/n		dehnt sich aus	jmd. radiert /	kundschaftet
Laune/n	- aupel/n	etwas beult sich	bombt /	/ schnüffelt /
raune/n	[→ aukel/n (1)]	aus	räuchert /	spioniert jmd.
staune/n	Graupel/n	etwas reift / keimt	löscht / merzt	aus
Alaune/n		aus	jmd. aus	jmd. zählt jmd.
Kaldaune/n	- aupt	eine Pflanze treibt	jmd. peitscht jmd.	aus
Alraune/n	→ aubt (1)	eine Knospe	aus	jmd. bildet jmd.
Kapaune/n		aus	jmd. hungert jmd.	aus
Erstaunen	- aupte/n	etwas bildet etwas	aus	jmd. stattet jmd.
bestaune/n	→ aubte/n (1)	aus	jmd. knockt jmd.	mit etwas aus
Posaune/n		ein Vogel brütet	aus	jmd. tauscht sich
ausposaune/n	- aurer/n	ein Ei aus	jmd. raubt /	mit jmd. aus
	(Aura)	ein Küken	plündert jmd.	jmd. richtet jmd.
- aune/n* (2)	Maurer/n	schlüpft aus	aus	etwas aus
[→ aume/n (2)]	saurer/n	etwas zehrt /	jmd. liefert jmd.	jmd. redet jmd.
zuraune/n		laugt jmd. aus	aus	etwas aus
	- aus (1)	etwas klingt aus	jmd. bürgert /	jmd. schickt jmd.
- auner/n	Aus	etwas kühlt aus	siedelt / weist	aus
[→ auna → a (2)]	aus	ein Licht / Feuer	/ quartiert	jmd. zahlt jmd.
Brauner	es ist aus	geht aus	jmd. aus	aus
brauner/n	etwas sieht gut /	etwas bleicht /	jmd. stößt /	jmd. händigt jmd.
Gauner/n	schlecht aus	trocknet /	grenzt jmd.	etwas aus
	etwas steht /	blüht / dörrt	aus	jmd. rüstet jmd.
- aunt (1)	bleibt aus	aus	jmd. schließt jmd.	aus
[→ aumt → au-	etwas setzt aus	etwas läuft / fließt	aus	jmd. segnet jmd.
me/n (1)]	etwas reicht aus	/ strömt aus	jmd. lädt jmd. aus	aus
Count	(genügt)	etwas leiert /	jmd. sperrt jmd.	
raunt	etwas artet / ufert	franst / dünnt	aus	jmd. agiert /
Sound	aus	aus	jmd. beutet /	powert / tobt
staunt	etwas weitet /	etwas scheidet	quetscht /	sich aus
gelaunt	wächst sich	etwas aus	saugt / nimmt	jmd. weint / heult
erstaunt	aus	etwas flockt aus	/ nutzt jmd.	/ kotzt sich

aus
jmd. märt sich aus
jmd. ruht / streckt sich aus
jmd. kuriert sich aus
jmd. schweigt sich aus
jmd. denkt sich etwas aus
jmd. drückt sich gut / schlecht aus
jmd. bittet / bedingt sich etwas aus
jmd. beißt sich die Zähne aus
jmd. kennt sich mit etwas aus
jmd. weist sich aus
jmd. loggt sich aus
jmd. renkt / kugelt sich etwas aus
jmd. zieht sich aus
jmd. leiht / borgt sich etwas aus

jmd. holt aus
jmd. fällt aus
jmd. steigt / schert aus
jmd. packt / sagt aus
jmd. flippt / klinkt / rastet aus
jmd. keilt aus
jmd. reißt / bricht / büxt aus
jmd. checkt aus
jmd. reist / wandert aus
jmd. geht / reitet aus
jmd. rückt / schwärmt aus
jmd. bleibt aus
jmd. tritt aus
jmd. rutscht aus
jmd. hält / harrt aus

jmd. schläft aus
jmd. blutet aus
jmd. atmet aus
jmd. schnaubt / hustet aus
jmd. nüchtert aus
jmd. fegt aus
jmd. schenkt aus
jmd. sieht gut / schlecht aus
jmd. stirbt aus
jmd. lernt (nie) aus
jmd. lebt etwas aus
jmd. strahlt / sendet etwas aus
jmd. löst etwas aus
jmd. kommt mit etwas aus
jmd. hält etwas aus
jmd. steht / badet / löffelt etwas aus
jmd. sitzt etwas aus
jmd. weicht einer Sache aus
jmd. kämpft etwas aus
jmd. übt Druck / einen Beruf aus
jmd. reizt etwas aus
jmd. führt ein Vorhaben / einen Hund aus
jmd. nutzt / schlachtet / schöpft / kostet etwas aus
jmd. arbeitet / brütet / baldowert / knobelt / kocht / tüftelt etwas aus

jmd. sucht / guckt sich / schaut nach / wählt etwas aus
jmd. späht / forscht / kundschaftet / schnüffelt / spioniert / lotet etwas aus
jmd. probiert / testet etwas aus
jmd. heckt etwas aus
jmd. rechnet / misst / tariert etwas aus
jmd. wertet etwas aus
jmd. blendet etwas aus
jmd. diskutiert etwas aus
jmd. formuliert etwas aus
jmd. führt etwas näher aus
jmd. spricht etwas aus
jmd. ruft etwas aus
jmd. plaudert / posaunt etwas aus
jmd. stößt einen Laut aus
jmd. streckt eine Hand aus
jmd. schmückt etwas aus
jmd. streut ein Gerücht aus
jmd. lässt / klammert / spart etwas aus
jmd. schließt etwas aus
jmd. schlägt etwas aus
jmd. schreibt / lobt etwas aus
jmd. lost etwas aus

jmd. füllt ein Formular / einen Platz aus
jmd. gleicht / balanciert etwas aus
jmd. frisst etwas aus
jmd. spuckt / kotzt etwas aus
jmd. schwitzt etwas aus
jmd. kuriert eine Krankheit aus
jmd. drückt einen Pickel aus
jmd. haucht sein Leben aus
jmd. hebt ein Grab aus
jmd. weidet einen Kadaver aus
jmd. rottet / tilgt / ixt / radiert / rupft / zupft / reißt etwas aus
jmd. filtert / siebt etwas aus
jmd. sortiert / mustert / mistet / sondert / rangiert / liest etwas aus
jmd. gliedert / koppelt etwas aus
jmd. tauscht / wechselt etwas aus
jmd. räumt einen Verdacht / ein Lager aus
jmd. gräbt etwas aus
jmd. spielt / teilt etwas aus
jmd. treibt den Teufel aus
jmd. wetzt einen Fehler aus
jmd. lastet etwas aus

jmd. baut etwas aus
jmd. bessert etwas aus
jmd. stattet etwas mit etwas aus
jmd. breitet / walzt etwas aus
jmd. legt / stellt etwas aus
jmd. fertigt etwas aus
jmd. handelt etwas aus
jmd. wiegt etwas aus
jmd. zählt etwas aus
jmd. preist / schildert / zeichnet Ware aus
jmd. packt / wickelt / kramt etwas aus
jmd. lagert etwas aus
jmd. fährt / liefert etwas aus
jmd. trägt Zeitungen aus
jmd. bringt einen Toast aus
jmd. gibt einen aus
jmd. trinkt / säuft etwas aus
jmd. leckt / lutscht etwas aus
jmd. hebelt / kuppelt etwas aus
jmd. leert / kippt / schüttet / gießt / schüttelt etwas aus
jmd. kratzt / sägt / schabt / schachtet / schält / höhlt etwas aus
jmd. schneidet /

stanzt etwas aus	Gaus	Kakaos	Treppenhaus	plausch'
jmd. quetscht / presst / saugt etwas aus	GAUs	landaus	Hexenhaus	Rausch
	Gauß	Applaus	Körperbaus	rausch'
	Graus	Saufaus	Elternhaus	Tausch
	Haus	Chow-Chows	Eigenbaus	tausch'
jmd. kämmt / bürstet etwas aus	haus'	Kehraus	Freudenhaus	belausch'
	hau's	TVs	Waisenhaus	berausch'
	kau's	bebau's	Leichenschmaus	vertausch'
jmd. wäscht / spült / wringt / bügelt / kocht etwas aus	Klaus	entlaus'	freiheraus	Schlagabtausch
	klau's	heraus	Ei der Daus!	Partnertausch
	kraus	verbau's	Weißes Haus	Höhenrausch
	Laus	verdau's	ein und aus	Liebesrausch
	laus'	Verhaus	überaus	Siegesrausch
jmd. jätet etwas aus	Maus	verhau's	Überbaus	Rollentausch
	maus'	zerkau's	überschau's	Alkoholrausch
jmd. pustet etwas aus	paus'	versau's	Irrenhaus	
	Pfaus	verstau's	Kirchenmaus	**- ausch* (2)**
jmd. macht / schaltet etwas aus	raus	vertrau's	Nikolaus	abrausch'
	etwas kristallisiert sich raus	zerzaus'	Ohrenschmaus	aufbausch'
		betrau's	Opernhaus	Austausch
jmd. hängt etwas aus	jmd. ekelt / wirft jmd. raus	Reißaus	Gotteshaus	austausch'
		weitaus	Wohnungsbaus	
jmd. pflanzt / sät etwas aus	jmd. lässt jmd. / etwas raus	hinaus	Sturmgebraus	**- ausche/n (1)**
		Know-hows	Unterbaus	Bausche/n
jmd. mahlt etwas aus	jmd. nimmt / holt jmd. / etwas raus	voraus	rundheraus	bausche/n
		jmd. hat jmd. etwas voraus		Flausche/n
jmd. füttert / polstert / staffiert / stopft etwas aus			geradeaus	lausche/n
	jmd. hält sich raus	jmd. eilt voraus	in Saus und Braus	Plausche/n
	jmd. redet sich raus	jmd. schickt etwas voraus	tagein, tagaus	plausche/n
			Maschinenbaus	rausche/n
jmd. steift etwas aus	jmd. nimmt sich etwas raus	jmd. setzt etwas voraus	geradeheraus	Tausche/n
			auf Teufel komm raus	tausche/n
jmd. schäumt etwas aus	jmd. fliegt raus	jmd. sieht etwas voraus		belausche/n
	jmd. kommt groß raus			berausche/n
jmd. schwemmt / schlämmt etwas aus		woraus	**- aus* (2)**	vertausche/n
	jmd. kriegt etwas raus	Kotaus	Rathaus	
		zuhaus	Anbau	**- ausche/n* (2)**
jmd. leuchtet etwas aus	sau's	durchaus	Aufbaus	abrausche/n
	saus'	durchschau's	aufbraus'	aufbausche/n
jmd. malt etwas aus	schau's		Ausbaus	austausche/n
	Schmaus	Tagebaus	Wauwaus	
jmd. steuert etwas aus	schmaus'	Kabeljaus	Treibhaus	**- ause/n (1)**
	Staus	Warenhaus	Wirtshaus	bau' se
jmd. klappt etwas aus	stau's	Vaterhaus	Vorbaus	Brause/n
	Strauß	Stanislaus	Zuchthaus	brau' se
jmd. setzt eine Runde aus	Taus	Santa Claus	Anstandswauwaus	brause/n
	tau's	Armenhaus	Wiederaufbaus	Flause/n
	trau's	Krankenhaus		Grausen
Baus	zaus'	Kartenhaus	**- ausch (1)**	grausen
bau's		Ackerbaus	Bausch	Hause
Braus	daraus	Frauenhaus	bausch'	hause/n
brau's	Garaus	Augenschmaus	Flausch	hau' se
braus'	jahraus	Fledermaus	lausch'	Jause/n
draus	Radaus	Schneckenhaus	Plausch	kau' se

Klause/n	Hauser, Kaspar	anvertraust	sauste/n	zaust er
klau' se	Knauser/n	überschaust	schauste (= schaust	genau'ster
Krause	knauser/n	ungenau'st	du)	entlaust er
krause/n	krauser/n	runterhaust	schlau'ste	verlauster/n
lause/n	Lauser/n		schmauste/n	zerzaust er
mause/n	Mauser	**- aust* (2)**	stauste (= staust du)	
Pause/n	mauser/n	nachschaust	tauste (= taust du)	**- aut (1)**
pause/n	Sauser/n	abbaust	trauste (= traust du)	[→ aub (1)]
Sause/n		abflaust	zauste/n	[→ aug (1)]
sause/n	**- auß**	abhaust		baut
sau' se	→ aus (1)	abkaust	bebauste (= bebaust	Braut
schau' se		anbaust	du)	braut
Schmause	**- auße/n**	anhaust	genau'ste/n	graut
schmause/n	außen	anschaust	entlauste/n	Haut
stau' se	draußen	aufbaust	verbauste (= ver-	haut
(tausend)	Strauße/n	aufraust	baust du)	kaut
tau' se		aufschaust	verdauste (= ver-	klaut
zause/n	**- aust (1)**	ausbaust	daust du)	Kraut
	baust	einbaust	verhauste (= ver-	Laut
(Jahrtausend)	braust	einsaust	haust du)	laut
Schaffhausen	Faust	hinschaust	zerkauste (= zer-	Maut
Banause/n	graust	vorbaust	kaust du)	out
bebau' se	haust	vorkaust	verlauste/n	raut
entlause/n	kaust	zuhaust	versauste (= ver-	saut
verbau' se	klaust	zuschaust	saust du)	Scout
verdau' se	kraust	zutraust	verstauste (= ver-	schaut
verhau' se	laust	umhaust	staust du)	staut
zerkau' se	maust	umschaust	vertrauste (= ver-	taut
versau' se	paust	durchkaust	traust du)	traut
verstau' se	saust	herabschaust	zerzauste/n	
zerzause/n	schaust	heraushaust	betrauste (= be-	(Klabauter/n)
betrau' se	schmaust	vorausschaust	trauste du)	Layout
Mühlhausen	staust	vorbeischaust	miauste (= miauste	bebaut
Münchhausen	taust	zurückschaust	du)	gebaut
(potztausend)	traust	wiederaufbaust	misstrauste (= miss-	Blackout
Zuhause	zaust		traust du)	erbaut
zuhause		**- auste/n**	durchschauste (=	verbaut
durchschau' se	bebaust	bauste (= baust du)	durchschaust	verdaut
Atempause/n	genau'st	blau'ste/n	du)	ergraut
Sendepause/n	entlaust	brauste/n	überschauste (=	verhaut
Elternhause	verbaust	Fauste	überschaust	zerkaut
Feuerpause/n	verdaust	flau'ste	du)	versaut
überschau' se	ergraust	grau'ste (Adj.)	ungenau'ste/n	verstaut
Ohrensausen	verhaust	grauste/n (Verb)		vertraut
Oberhausen	zerkaust	hauste/n	**- auster/n**	betraut
Sommerpause/n	verlaust	hauste (= haust du)	Auster/n	miaut
Sturmgebrause	versaust	kauste (= kaust du)	braust er	misstraut
Muffensausen	verstaust	klauste (= klaust du)	haust er	Knockout
	vertraust	krauste/n	laust er	durchschaut
- ause/n* (2)	zerzaust	lau'ste	maust er	
aufbrause/n	betraust	lauste/n	paust er	Klagelaut
	miaust	mauste/n	saust er	angetraut
- auser/n	misstraust	pauste/n	Schlauster	anvertraut
[→ ausa → a (2)]	durchschaust	rau'ste	schmaust er	Argonaut

Astronaut	[→ auke/n]	abhaute/n	- autste/n* (2)	Bautzen
Sauerkraut	[→ aupe/n]	abkaute/n	kleinlaut'ste/n	braut se
Edeltraud	Baute/n	anbaute/n	vorlaut'ste/n	graut se
Bärenhaut	baute/n	anhaute/n		haut se
Aeronaut	braute/n	anschaute/n	- auz (1)	kaut se
Gänsehaut	Flaute/n	aufbaute/n	bauz!	klaut se
Heidekraut	graute/n	aufraute/n	baut's	Plauze/n
überschaut	haute/n	aufschaute/n	braut's	plauze/n
Kosmonaut	kaute/n	ausbaute/n	graut's	raut se
runterhaut	klaute/n	einbaute/n	haut's	saut se
	Laute/n	kleinlaute/n	kaut's	schaut se
- aut* (2)	laute/n	einsaute/n	Kauz	Schnauze/n
[→ aub (2)]	Mauten	hinhaute/n	klaut's	staut se
[→ aug (2)]	oute/n	hinschaute/n	Krauts	taut se
nachschaut	Raute/n	vorbaute/n	Lauts	traut se
abbaut	raute/n	vorkaute/n	plauz'	bebaut se
abflaut	saute/n	vorlaute/n	raut's	erbaut se
abhaut	schaute/n	zuhaute/n	saut's	verbaut se
abkaut	staute/n	zuschaute/n	Scouts	verdaut se
anbaut	taute/n	zutraute/n	schaut's	ergraut se
anhaut	Traute/n	umhaute/n	schnauz'	verhaut se
anschaut	traute/n	umschaute/n	staut's	zerkaut se
aufbaut		durchkaute/n	taut's	versaut se
aufraut	bebaute/n		traut's	verstaut se
aufschaut	erbaute/n	herabschaute/n		betraut se
ausbaut	verbaute/n	heraushaute/n	pardauz!	miaut se
Burnout	verdaute/n	vorausschaute/n	Layouts	misstraut se
einbaut	ergraute/n	vorbeischaute/n	bebaut's	durchschaut se
kleinlaut	verhaute/n	zurückschaute/n	Blackouts	überschaut se
einsaut	zerkaute/n	wiederaufbaute/n	erbaut's	
hinhaut	verlauten		verbaut's	- auze/n* (2)
hinschaut	versaute/n	- auter/n	verdaut's	anschnauze/n
Windsbraut	verstaute/n	→ aut (1+2)	verhaut's	
Fallout	Vertraute/n	! baut er	zerkaut's	- auzte/n
vorbaut	vertraute/n	[→ auker/n]	versaut's	→ autste/n (1)
Vorhaut	betraute/n	(Autor)	verstaut's	
vorkaut	miaute/n		vertraut's	- av
vorlaut	misstraute/n	- auts	betraut's	→ af
zuhaut	durchschaute/n	→ auz (1)	Fallouts	
zuschaut	Klagelaute/n		Knockouts	- ave/n
zutraut	Angetraute/n	- autsch	durchschaut's	[→ afe/n (1)]
umhaut	angetraute/n	autsch!	Klagelauts	[→ arve/n (2)]
umschaut	anvertraute/n	Couch	Argonauts	Ave!
Unkraut	Argonauten	knautsch'	Astronauts	Brave/n
durchkaut	Astronauten		Edeltrauds	brave/n
	Aeronauten	- autsche/n	Aeronauts	Jahwe
herabschaut	überschaute/n	Couchen	überschaut's	Sklave/n
heraushaut	Kosmonauten	knautsche/n	Kosmonauts	Slawe/n
vorausschaut	runterhaute/n			Agave/n
vorbeischaut		- autste/n (1)	- auz* (2)	Enklave/n
zurückschaut	- aute/n* (2)	laut'ste/n	anschnauz'	Exklave/n
wiederaufbaut	nachschaute/n	schnauzte/n		versklave/n
	abbaute/n	traut'ste/n	- auze/n (1)	Soave
- aute/n (1)	abflaute/n		baut se	Oktave/n

konkave/n

- aver/n
[→ ava → a (2)]
[→ afer/n]
[→ arfer/n]
braver/n
Xaver
Kadaver/n
Palaver
konkaver/n

- ax
→ acks (1+2)

- axe/n
→ ackse/n

- axel/n
→ acksel/n

- axt
→ ackst (1)

- ay
[→ e (1)]
Bay
Day
ej!
gay
hey!
Clay, Cassius
Clay, Lucius
pay
Play
Ray
Spray
Fair Play
Display
okay

- ayer/n
[→ e-er/n (1)]
Player/n
Sprayer/n

- aze/n
[→ arze/n]
Strapaze/n
Kamikaze

E-/Ö-Reime

- e (1)	Parfait	Bidet	Saint-Tropez	Exposé
[→ ay]	Armee	Filet	Santa Fe	Heilsarmee
äh	Cartier	Diner	Azalee	eingesteh'
bläh'	passé	Signet	Makramee	weiterseh'
Dreh	Glacé	Budget	Kanapee	Privatier
dreh'	Dragee	Sujet	Cabaret	ICE
eh	Haschee	Buffet	Gardasee	übergeh'
Fee	auweh!	in spe	Attaché	Übersee
fleh'	„VW"	Püree	Atelier	überseh'
geh'	DB	Plissee	Praliné	übersteh'
he!	EC	Bustier	Matinee	niedermäh'
jäh	PC	Klischee	Charité	wiederseh'
je	WC	Livree	Garderobier	widersteh'
Klee	CD	oje!	San José	Brigadier
kräh'	EG	Foyer	ausserseh'	Finanzier
Lee	WG	okay	aufersteh'	Frikassee
mäh'	„BP"	olé!	EKD	sichergeh'
näh'	Fair Play	Entree	EKG	hintergeh'
nee	FC	OP	DKP	missversteh'
Re	begeh'	Collier	THW	Büffettier
Reh	Gelee	Sorbet	PKW	Chicorée
sä'	Relais	Portier	PVC	Moiré
säh'	LP	Porträt	DVD	Soiree
See	MC	Rosé	„BVG"	Bodensee
seh'	MG	rosé	BGB	hohes C
Che	Premier	Chaussee	DGB	Mobile
Schmäh	René	Dossier	TBC	Beaujolais
schmäh'	entgeh'	Moschee	EEG	jwd
Schnee	Rentier	juchhe!	EWG	Hotelier
späh'	entsteh'	Soufflé	DDT	offensteh'
Spree	verdreh'	Bouquet	BND	Protegé
steh'	ergeh'	umgeh'	TNT	Orchidee
Tee	vergeh'	Coupé	„BMW"	Odyssee
Weh	zergeh'	Souper	BRD	Komitee
weh' (Verb)	herrje!	Toupet	BSE	Hautevolee
weh (Adj.)	erseh'	Croupier	bzw	Montgolfier
zäh	per se	Couplet	Plädoyer	Portemonnaie
Zeh	verseh'	Courbet	MAD	Chansonier
	verschmäh'	Gourmet	Chevalier	Romancier
	ersteh'	Tournee	Separee	UKW
„HB"	versteh'		LKW	zugesteh'
AG	verweh'	AKW	SED	usw
KG	beseh'	KKW	NPD	untergeh'
„HP"	Baiser	KGB	SPD	untersteh'
Abbé	geschäh'	Abc	LPG	Routinier
ade	gescheh'	KPD	FDP	
Café	besteh'	ARD	LSD	Faksimile
Kaffee	gesteh'	„AEG"	Genfer See	ojemine!
Palais	Metier	schlafen geh'	Defilee	Penelope
Allee	3-D	geradesteh'	Resümee	ex tempore
allez!	Kneipier	nahesteh'	Negligé	verloren geh'
Chalet	IC	„KaDeWe"	Chevrolet	zugrunde geh'
Bankier	Idee	Salome	Renommee	„ADAC"
Karree				

KSZE	aufsteh'	hä?	achtgeb'	Schwebe
Variété	ausgeh'	'ne?	angeb'	schwebe/n
Café au Lait	ausseh'		stattgeb'	Stäbe/n
Cabriolet	aussteh'	- earl	aufgeb'	Strebe/n
DLRG	fehlgeh'	→ örl	aufheb'	strebe/n
BUND	leer steh'		aufleb'	webe/n
Dekolleté	wegseh'	- eau	ausgeb'	
FCKW	hellseh'	→ o (1)	ausheb'	daneben
Vitamin B	fremdgeh'		ausleb'	begebe/n
OECD	fernseh'	- eb (1)	hergeb'	gegeben
OSZE	Fernweh	[→ eg (1)]	weggeb'	behebe/n
Conférencier	feststeh'	[→ et (1)]	beigeb'	belebe/n
Communiqué	beidreh'	beb'	freigeb'	enthebe/n
Couturier	beisteh'	gäb'	eingeb'	entschwebe/n
Zentralkomitee	freisteh'	geb'	einleb'	erbebe/n
et cetera pp.	Heimweh	heb'	preisgeb'	ergebe/n
gegenübersteh'	eindreh'	Cape	hingeb'	vergebe/n
	eingeh'	kleb'	hochleb'	(vergebens)
- ö	einseh'	(Krebs)	vorgeb'	erhebe/n
Bö	einsteh'	(krebse/n)	vorleb'	(erhebend)
bleu	stillsteh'	leb'	zugeb'	verhebe/n
flöh'	mitgeh'	schweb'	kundgeb'	verklebe/n
Kö	hochgeh'	streb'	durchgeb'	erlebe/n
Queue	vorgeh'	Tape	(Brustkrebs)	verlebe/n
tschö!	vorseh'	web'		erstrebe/n
adieu	vorsteh'		bekannt geb'	Bestreben
parbleu!	rotseh'	begeb'	herausgeb'	Gewebe/n
entflöh'	Rommé	beheb'	zurückgeb'	(zeitlebens)
erhöh'	kopfsteh'	bekleb'	hervorheb'	soeben
Milieu	Frotté	entheb'	dazugeb'	umgebe/n
Monsieur	zuseh'	entschweb'	(herumkrebs')	durchlebe/n
peu à peu	umdreh'	erbeb'		
Diarrhö	umgeh'	ergeb'	- ebb	(ausschlaggebend)
überhöh'	umseh'	vergeb'	→ epp (1)	weitergebe/n
	durchdreh'	erheb'		übergebe/n
- e* (2)	durchseh'	verheb'	- ebbe/n	überlebe/n
nachgeh'	durchsteh'	erleb'	[→ egge/n]	(Überlebende)
nachseh'		verleb'	verebbe/n	wiedergebe/n
klarseh'	herabseh'	erstreb'		widerstreben
dasteh'	vorangeh'	umgeb'	- ebe/n (1)	Liebesleben
abdreh'	vorausgeh'	durchleb'	[→ ede/n (1)]	Innenleben
abgeh'	vorausseh'	weitergeb'	[→ ege/n (1)]	miterlebe/n
abseh'	einhergeh'	übergeb'	Beben	(tonangebend)
Kaffee	vorhersen'	überleb'	bebe/n	Doppelleben
strammsteh'	vorbeiseh'	wiedergeb'	eben	Hundeleben
andreh'	bereitsteh'	miterleb'	gäbe/n	untergeben
André	zurückdreh'	wiederbeleb'	gebe/n	Lügengewebe/n
rangeh'	bevorsteh'		Gräben	wiederbelebe/n
anseh'	drauflosgeh'	- eb* (2)	hebe/n	schicksalsergeben
ansteh'	kaputtgeh'	[→ eg (2)]	klebe/n	auseinanderstreben
schwarzseh'		[→ et (2)]	Leben	
aufdreh'	- é (3)	nachgeb'	lebe/n	- öbe/n (1)
draufgeh'	äh!	abgeb'	neben	[→ öde/n (1)]
aufseh'	bäh!	abheb'	Rebe/n	[→ öge/n (1)]

höbe/n	- ebel/n (1)	- eber/n (1)	→ ebene/n	besprech'
Amöbe/n	[→ edel/n (1)]	[→ eder/n (1)]	[→ egne/n]	bestech'
zerstöbe/n	[→ egel/n (1)]	[→ eger/n (1)]		durchbrech'
auseinanderstöben	Bebel, August	(drehbar)	- ebs	durchstech'
	Faible	Eber/n	→ eb (1)	radebrech'
- ebe/n* (2)	Gable, Clark	Geber/n	! geb's	ehebrech'
[→ ede/n (2)]	Hebel/n	Gräber/n	[→ egs (1)]	heiligsprech'
[→ ege/n (2)]	Knebel/n	Heber/n	[→ ez]	widersprech'
nachgebe/n	knebel/n	Kleber/n		unterbrech'
(maßgebend)	Label	Leber/n	- ēbse/n (1)	zusammenbrech'
abgebe/n	label/n	Streber/n	→ eb (1+2)	herunterbrech'
abhebe/n	Mabel	Treber/n	! heb' se	
Ableben	Nebel/n	Weber/n		- ech* (3)
achtgebe/n	Säbel/n	Wagenheber/n	- ébse/n (2)	[→ esch (2)]
angebe/n	säbel/n	Alleskleber/n	→ epse/n (1)	nachsprech'
stattgebe/n	Schnäbel/n	Arbeitgeber/n		abbrech'
aufgebe/n	schnäbel/n	Auftraggeber/n	- ebt	absprech'
aufhebe/n	schwäbel/n	Totengräber/n	→ ebe/n (1+2)	abstech'
(Aufhebens)	(benebelt)		[→ egt (1+2)]	abschwäch'
auflebe/n	vernebel/n	- öber/n (1)		anbrech'
aufstrebe/n		[→ öder/n]	- ech (1)	ansprech'
ausgebe/n	- öbel/n (1)	[→ öger/n]	bräch'	anstech'
aushebe/n	[→ ödel/n]	gröber'n	spräch'	aufbrech'
auslebe/n	[→ ögel/n]	stöber/n	stäch'	ausbrech'
hergebe/n	göbel/n	vergröber/n	Gespräch	aussprech'
weggebe/n	Möbel/n	durchstöber/n	Stadtgespräch	ausstech'
freigebe/n	Pöbel	Schneegestöber/n	Selbstgespräch	einbrech'
eingebe/n	pöbel/n		R-Gespräch	freisprech'
einlebe/n	vermöbel/n	- eber/n* (2)	Ferngespräch	fürsprech'
preisgebe/n		[→ eder/n (2)]	Ortsgespräch	vorsprech'
Stillleben	- ebel/n* (2)	[→ eger/n (2)]		losbrech'
hingebe/n	[→ edel/n (2)]	Ratgeber/n	- ech (2)	zusprech'
Spinnwebe/n	[→ egel/n (2)]	Angeber/n	[→ esch (1)]	umbrech'
hochlebe/n	Round Table	Gastgeber/n	Blech	durchsprech'
vorgebe/n	aushebel/n	Schatzgräber/n	blech'	hervorbrech'
vorlebe/n	Feldwebel/n	Urheber/n	brech'	hervorstech'
vorschweben	einnebel/n		frech'	
zugebe/n		- öber/n* (2)	Pech	- eche/n (1)
uneben	- öbel/n* (2)	aufstöber/n	räch'	bräche/n
kundgebe/n	aufmöbel/n		rech'	spräche/n
durchgebe/n		- ebert	sprech'	stäche/n
	- ebene/n	[→ edert]	stech'	zerbräche/n
bekannt gebe/n	Ebene/n	[→ egert]	schwäch'	verspräche/n
herausgebe/n	gegebene/n	Ebert, Friedrich	Tschech'	Gespräche/n
zurückgebe/n	ergebene/n	(Seebad)	zech'	Stadtgespräche/n
hervorhebe/n	vergebene/n	(Kleeblatt)		Selbstgespräche/n
dazugebe/n	umgebene/n		entsprech'	R-Gespräche/n
wiederauflebe/n	übergebene/n	- ebes	erbrech'	Ferngespräche/n
	Untergebene/n	→ eb (1)	verbrech'	Ortsgespräche/n
- öbe/n (2)	untergebene/n	! gäb' es	zerbrech'	
[→ öde/n (2)]	schicksalergebene/n	[→ edes]	erfrech'	- eche/n* (2)
[→ öge/n (2)]		[→ eges (1)]	versprech'	nachspräche/n
abhöbe/n	- ebens		erstech'	abbräche/n
	→ ebe/n (1+2)	- ebne/n	zerstech'	abspräche/n

anbräche/n	Altersschwäche	herumsprechen	- öcher/n	ächt'
anspräche/n	Angriffsfläche/n		[→ öscher/n]	blecht
aufbräche/n	ehebreche/n	- echel/n (1)	Köcher/n	brächt'
ausbräche/n	(zweckentspre-	fächel/n	knöchern	Brecht, Bertolt
ausspräche/n	chend)	hechel/n	kröch' er	brecht
einbräche/n	Seitenstechen	Lächeln	Löcher/n	dächt'
freispräche/n	heiligspreche/n	lächel/n	löcher/n	echt
fürspräche/n	widerspreche/n	schwächel/n	röch' er	fecht'
vorspräche/n	(vielversprechend)		(verknöchert)	flecht'
losbräche/n	Willensschwäche	- öchel/n	durchlöcher/n	Hecht
zuspräche/n	Oberfläche/n	köchel/n	noch und nöcher	hecht'
umbräche/n	Kopfzerbrechen	Knöchel/n		Knecht
durchspräche/n	unterbreche/n	röchel/n	- echer/n* (3)	knecht'
hervorbräche/n	zusammenbreche/n		[→ escher/n (2)]	rächt
	Gedächtnisschwä-	- echel/n* (2)	Abstecher/n	Recht
- eche/n (3)	che	durchhechel/n	auffächer/n	recht
[→ esche/n (1)]	(Erfolg verspre-		Ausbrecher/n	schächt'
Bäche/n	chend)	- echer/n (1)	Lautsprecher/n	schlecht
Bleche/n	herunterbreche/n	bräch er	Fernsprecher/n	Specht
bleche/n	Eheversprechen	spräch er	Streikbrecher/n	sprecht
breche/n	Biegen und Brechen	Gemächer/n	Einbrecher/n	stecht
Fläche/n			Eisbrecher/n	schwächt
freche/n	- öche/n	- echer/n (2)	Fürsprecher/n	zecht
Kräche/n	[→ ösche/n (1)]	[→ escher/n (1)]	Vorsprecher/n	
Peche/n	Köche/n	Becher/n		Gefecht
räche/n	kröche/n	becher/n	- echs	Geflecht
Rechen	röche/n	blechern	→ ecks (1)	Gemächt
reche/n		Brecher/n		entflecht'
spreche/n	- eche/n* (4)	Dächer/n	- echse/n	entrecht'
steche/n	[→ esche/n (2)]	Fächer/n	→ eckse/n (1+2)	entsprecht
Schwäche/n	nachspreche/n	frecher/n		gerecht
schwäche/n	abbreche/n	Rächer/n	- echsel/n	erbrecht
Tscheche/n	abspreche/n	Sprecher/n	→ ecksel/n (1+2)	verbrecht
zeche/n	absteche/n	Stecher/n		zerbrecht
	abschwäche/n	schwächer/n	- echsler/n	verfecht'
Gebrechen	anbreche/n	Zecher/n	→ ecksler/n	verflecht'
gebrechen	anspreche/n	Verbrecher/n		erfrecht
entspreche/n	(ansprechend)	Versprecher/n	- echst (1)	versprecht
(entsprechend)	ansteche/n	Aschenbecher/n	[→ egst → eg (1)]	bestecht
erbreche/n	aufbreche/n	Klassensprecher/n	brächst	erstecht
Verbrechen	ausbreche/n	Ehebrecher/n	nächst	zerstecht
verbreche/n	ausspreche/n	Wellenbrecher/n	sprächst	Geschlecht
zerbreche/n	aussteche/n	Märzenbecher/n	demnächst	besprecht
erfreche/n	einbreche/n	Herzensbrecher/n	zunächst	geschwächt
Versprechen	freispreche/n	Messerstecher/n		vollbrächt'
versprecht/n	Grünfläche/n	Pressesprecher/n	- echst (2)	zurecht
ersteche/n	fürspreche/n	Eierbecher/n	→ eckst (1+2)	durchbrecht
zersteche/n	vorspreche/n	Schierlingsbecher/n		durchstecht
bespreche/n	losbreche/n	Würfelbecher/n	- ĕcht (1)	
besteche/n	zuspreche/n	Knobelbecher/n	→ eche/n (1+2)	radebrecht
durchbreche/n	umbreche/n	Schulabbrecher/n		waagerecht
durchsteche/n	durchspreche/n	Zungenbrecher/n	- echt (2)	artgerecht
	hervorbreche/n	Unterbrecher/n	[→ escht →	fachgerecht
radebreche/n	hervorsteche/n	Kupferstecher/n	esche/n (1)]	ehebrecht

regelrecht	umbrecht	kindgerechte/n	verschlechter/n	rechts
Weberknecht	durchfecht'	Wortgefechte/n	Geschlechter/n	schächt's
selbstgerecht	durchsprecht	Sorgerechte/n	geschwächter/n	schlecht's
heiligsprecht		Folterknechte/n	Bezechter	Spechts
widersprecht	hervorbrecht	ungerechte/n	radebrecht er	sprecht's
kindgerecht	hervorstecht	mundgerechte/n	waagerechter	stecht's
Wortgefecht		kunstgerechte/n	artgerechter/n	schwächt's
Sorgerecht	- **echte/n (1)**	termingerechte/n	fachgerechter	
Folterknecht	ächte/n	maßstabsgerechte/n	regelrechter	radebrecht's
ungerecht	echte/n	Adelsgeschlechte/n	selbstgerechter/n	waagerecht's
mundgerecht	blechte/n		Spiegelfechter/n	artgerecht's
kunstgerecht	brächte/n	- **öchte/n**	kindgerechter/n	maßstabsgerecht's
unterbrecht	dächte/n	möchte/n	Kostverächter/n	Adelsgeschlechts
zusammenbrecht	fechte/n		ungerechter/n	fachgerecht's
termingerecht	Flechte/n	- **echte/n* (2)**	mundgerechter/n	
herunterbrecht	flechte/n	abschwächte/n	kunstgerechter	Gefechts
maßstabsgerecht	Hechte/n	anfechte/n	termingerechter/n	Geflechts
Adelsgeschlecht	hechte/n	Anrechte/n	maßstabsgerech-	Gemächts
	Knechte/n	Landsknechte/n	ter/n	entflecht's
- **echt* (3)**	knechte/n	aufrechte/n	Adelsgeschlech-	entrecht's
[→ escht →	Mächte/n	ausfechte/n	ter/n	gerecht's
esche/n (2)]	Nächte/n	Schneewechte/n		erbrecht's
nachsprecht	(nächtens)	senkrechte/n	- **öchter/n**	zerbrecht's
abbrecht	rächte/n	einflechte/n	möcht' er	verfecht's
absprecht	Rechte/n	Stimmrechte/n	Töchter/n	verflecht's
abstecht	rechte/n	lotrechte/n		erfrecht's
abschwächt	(rechtens)	durchfechte/n	- **echter/n* (2)**	verspricht's
anbrecht	Schächte/n		Nachtwächter/n	erstecht's
anfecht'	schächte/n	- **echtens**	Aufrechter	zerstecht's
Anrecht	schlechte/n	→ echte/n (1)	aufrechter/n	Geschlechts
ansprecht	Spechte/n		senkrechter	bespricht's
anstecht	schwächte/n	- **echter/n (1)**	lotrechter	bestecht's
Landrecht	zechte/n	blecht er		geschwächt's
Pfandrecht		echter	- **echts**	durchbrecht's
Standrecht	Gefechte/n	Fechter/n	→ echz (1+2)	durchstecht's
Landsknecht	Geflechte/n	Flechter/n		
aufbrecht	Gemächte/n	Pächter/n	- **echz (1)**	regelrecht's
aufrecht	entflechte/n	rächt er	ächt's	Weberknechts
ausbrecht	entrechte/n	Rechter	ächz'	selbstgerecht's
ausfecht'	Gerechte/n	rechter	echt's	kindgerecht's
aussprecht	gerechte/n	recht er	blecht's	Wortgefechts
ausstecht	verfechte/n	Schlächter/n	brächt's	Sorgerechts
Faustrecht	verflechte/n	schlechter/n	brecht's	Folterknechts
senkrecht	erfrechte/n	schwächt er	Brechts, Bertolt	ungerecht's
einbrecht	Geschlechte/n	Wächter/n	dächt's	mundgerecht's
einflecht'	geschwächte/n	zecht er	fecht's	kunstgerecht's
freisprecht	vollbrächte/n		flecht's	unterbrecht's
fürsprecht		Gelächter	Hechts	termingerecht's
Stimmrecht	waagerechte/n	gerächter	Knechts	
vorsprecht	artgerechte/n	Gerechter	knecht's	- **öchz**
losbrecht	fachgerechte/n	gerechter/n	krächz'	möcht's
lotrecht	regelrechte/n	Verächter/n	lechz'	
Ruprecht	Weberknechte/n	Verfechter/n	rächt's	- **echz* (2)**
zusprecht	selbstgerechte/n	erfrecht er	Rechts	Anrechts

Standrechts	Mac	etwas weg	putzt / spült	Kummerspeck	
Landsknechts	neck'	jmd. schleicht sich	etwas weg	Kassettendeck	
Faustrechts	Rack	weg	jmd. schneidet /		
Stimmrechts	Reck	jmd. setzt sich	kratzt / radiert	- öck	
Ruprechts	reck'	weg	etwas weg	Nöck	
	Snack	jmd. ist hin und	jmd. schließt /		
- echze/n	Scheck	weg	sperrt etwas	- eck* (2)	
ächt' se	Check	jmd. muss / bleibt	weg	[→ epp (2)]	
ächze/n	check'	/ will weg	jmd. klickt / zappt	[→ ett (2)]	
blecht se	Jack	jmd. fährt / fliegt	etwas weg	abdeck'	
brächt se	schleck'	/ geht / läuft	jmd. zaubert	abcheck'	
brecht se	schmeck'	weg	etwas weg	abschmeck'	
dächt' se	Schreck	jmd. zieht weg	Zeck	abschreck'	
krächze/n	schreck'	jmd. tritt weg	Zweck	abspeck'	
lechze/n	Speck	jmd. guckt / sieht		absteck'	
rächt se	steck'	/ hört weg	Comeback	aneck'	
recht se	streck'	jmd. stirbt weg	Playback	ansteck'	
schächt se	Track	jmd. diskutiert	Gebäck	glattweg	
sprecht se	Treck	/ drückt /	Gedeck	aufdeck'	
stecht se	treck'	rationalisiert	bedeck'	aufschreck'	
schwächt se	weck'	etwas weg	befleck'	ausheck'	
erbrecht se	weg	jmd. ist über	Blackjack	auscheck'	
zerbrecht se	etwas rutscht jmd.	etwas hinweg	meck-meck!	aussteck'	
erfrecht se	weg	jmd. steckt etwas	entdeck'	wegsteck'	
versprecht se	etwas führt von	weg	Gepäck	eindeck'	
erstecht se	etwas weg	jmd. hat die Ruhe	Verdeck	eincheck'	
zerstecht se	ein Schmerz geht	weg	verdeck'	schlichtweg	
besprecht se	weg	jmd. kommt gut /	verdreck'	hochschreck'	
bestecht se	etwas kommt weg	schlecht dabei	erkeck'	vorstreck'	
durchbrecht se	(verschwindet)	weg	verreck'	zusteck'	
durchstecht se	etwas bricht / fällt	jmd. holt sich	erschreck'	rundweg	
radebrecht se	weg	etwas weg	Versteck	durchcheck'	
unterbrecht se	etwas reißt etwas	jmd. schafft etwas	versteck'	zurückschreck'	
	weg	weg	erweck'	zurücksteck'	
- eck (1)	etwas rollt /	jmd. lässt etwas	Besteck		
[→ epp (1)]	rutscht weg	weg	bezweck'	- ecke/n (1)	
[→ ett (1)]	jmd. lockt jmd.	jmd. macht / be-	Feedback	[→ eppe/n (1)]	
back	weg	kommt etwas	hinweg	[→ ette/n (1)]	
bleck'	jmd. scheucht /	weg	frischweg	Becken	
Deck	jagt / schickt	jmd. bringt / gibt	vollstreck'	blecke/n	
deck'	/ stößt jmd.	/ trägt etwas	durchweg	Decke/n	
Dreck	weg	weg		decke/n	
Eck	jmd. schnappt /	jmd. nimmt / holt	Handgepäck	Drecke/n	
Fleck	fischt jmd.	etwas weg	Marschgepäck	Ecke/n	
Gag	etwas weg	jmd. legt / hängt	Achterdeck	Flecke/n	
Geck	jmd. isst / frisst	/ packt /	Babyspeck	Fräcke/n	
hack'	/ trinkt jmd.	räumt / stellt	Cadillac	Gecke/n	
Heck	etwas weg	/ tut etwas	übereck	hacke/n	
jeck	jmd. schließt /	weg	überdeck'	Hecke/n	
keck	sperrt jmd.	jmd. wirft /	niederstreck'	kecke/n	
Crack	weg	schüttet etwas	Kinderschreck	Knäcke	
Leck	jmd. setzt jmd.	weg	hin und weg	cracke/n	
leck' (Verb)	weg	jmd. wischt /	vorneweg	lecke/n (Verb)	
leck (Adj.)	jmd. denkt sich	fegt / kehrt /	Bodycheck	lecke/n (Adj.)	

necke/n	Röcke/n	(Mekka)	Macs	Komplex
Recke/n	Stöcke/n	mecker/n	neck's	komplex
recke/n		(Neckar)	Racks	Konnex
Säcke/n	- ecke/n* (2)	Checker/n	Recks	konvex
Schecke/n	[→ eppe/n (2)]	Schlecker/n	reck's	
checke/n	[→ ette/n (2)]	schlecker/n	Rex	Handgepäcks
schlecke/n	abdecke/n	Stecker/n	Sechs	Marschgepäcks
schmecke/n	abchecke/n	Trecker/n	sechs	Achterdecks
Schnecke/n	abschmecke/n	Wecker/n	Sex	Babyspecks
Schrecke/n	abschrecke/n	Entdecker/n	Snacks	Cadillacs
schrecke/n	abspecke/n	Erwecker/n	Schecks	überdeck's
Specke/n	abstecke/n	Vollstrecker/n	Checks	Kinderschrecks
Stecken	anecke/n	Zwangsvollstre-	check's	Zirkumflex
stecke/n	anstecke/n	cker/n	Jacks	Pontifex
Strecke/n	aufdecke/n	Speichellecker/n	schleck's	Bodychecks
strecke/n	aufschrecke/n	Doppeldecker/n	schmeck's	Kummerspecks
trecke/n	aushecke/n	Testamentsvollstre-	Schrecks	Schuldkomplex
Wecken	auschecke/n	cker/n	schreck's	Kassettendecks
wecke/n	ausstecke/n		Specks	Fragenkomplex
Zecke/n	wegstecke/n	- öcker/n	steck's	Gebäudekomplex
Zwecke/n	eindecke/n	[→ öpper/n]	streck's	Ödipuskomplex
	einchecke/n	[→ ötter/n (1)]	Tracks	Tyrannosaurus Rex
Gebäcke/n	hochschrecke/n	Höcker/n	Trecks	Minderwertigkeits-
Gedecke/n	(wohlschmeckend)		treck's	komplex
bedecke/n	vorstrecke/n	- ecker/n* (2)	weck's	
beflecke/n	zustecke/n	[→ epper/n (2)]	Zecks	- ecks* (2)
entdecke/n	durchchecke/n	[→ etter/n (2)]	Zwecks	[→ epps → epp (2)]
Verdecke/n	zurückschrecke/n	Abdecker/n	zwecks	[→ etz (2)]
verdecke/n	zurückstecke/n	Dachdecker/n		Index
verdrecke/n		Feinschmecker/n	Comebacks	Kodex
erkecke/n	- eckel/n		Playbacks	Podex
verrecke/n	[→ eppel/n (1)]	- ecks (1)	Gebäcks	
erschrecke/n	[→ ettel/n (1)]	[→ epps → epp (1)]	bedeck's	- eckse/n (1)
Verstecke/n	Deckel/n	[→ etz (1)]	Gedecks	[→ epse/n (1)]
verstecke/n	deckel/n	Decks	beflecks's	[→ etze/n (1)]
erstrecke/n	Säckel/n	deck's	Reflex	deck se
erwecke/n	Teckel/n	Drecks	behex'	Echse/n
Bestecke/n		Ecks	Blackjacks	Fexe/n
bezwecke/n	- öckel/n	Ex	entdeck's	hack se
vollstrecke/n	bröckel/n	ex	Gepäcks	Hexe/n
überdecke/n	stöckel/n	Fex	Verdecks	hexe/n
niederstrecke/n		Flecks	verdeck's	Kleckse/n
Kinderschrecke/n	- ecker/n (1)	Gags	verdreck's	kleckse/n
Honigschlecken	[→ epper/n (1)]	Gecks	verhex'	crack se
(kostendeckend)	[→ etter/n (1)]	hack's	perplex	leck se
Zuckerschlecken	Äcker/n	Hecks	erschreck's	neck se
Geheimratsecke/n	Bäcker/n	hex'	Verstecks	reck se
(vertrauenerwe-	Hacker/n	Klecks	versteck's	Sechse/n
ckend)	kecker/n	klecks'	erweck's	sechse/n
	klecker/n	Cracks	Bestecks	check se
- öcke/n	jecker/n	crack's	Gewächs	schleck se
Böcke/n	Cracker/n	Lecks	bezweck's	schmeck se
Blöcke/n	lecker/n (Verb)	leck's	Feedbacks	schreck se
Pflöcke/n	lecker/n (Adj.)	Lex	vollstreck's	steck se

74

streck se	sel/n	behext	heranwächst	Projekt
weck se		entdeckst	zurückschreckst	vollstreckt
	- ecksel/n* (2)	verdeckst	zurücksteckst	Konfekt
bedeck se	abwechsel/n	verdreckst		Prospekt
entdeck se	auswechsel/n	verhext	- eckt (1)	korrekt
verdeck se	einwechsel/n	erkeckst	[→ ept (1)]	Subjekt
verdreck se	Briefwechsel/n	verreckst	Act	suspekt
Reflexe/n	Wildwechsel/n	erschreckst	bäckt	
befleck se	Stoffwechsel/n	versteckst	bleckt	Architekt
behexe/n	Wortwechsel/n	erstreckst	deckt	aufgeweckt
verhexe/n	Kurswechsel/n	erweckst	Fact	Endeffekt
perplexe/n		verwächst	hackt	Dialekt
erschreck se	- eckser/n	bewächst	crackt	überdeckt
versteck se	[→ etzer/n (1)]	bezweckst	leckt	niederstreckt
erweck se	Hexer/n	relaxt	neckt	Intellekt
Gewächse/n	Kleckser/n	vollstreckst	reckt	Imperfekt
vollstreck se	Sechser/n	zu sechst	Sekt	unbefleckt
Komplexe/n	perplexer	überdeckst	checkt	unbeleckt
komplexe/n	komplexer/n	niederstreckst	schleckt	Lustobjekt
Konnexe/n	konvexer/n	Hypertext	schmeckt	Versuchsobjekt
konvexe/n		Bildschirmtext	schreckt	Nebeneffekt
überdeck se	- ecksler/n	zusammenwächst	steckt	Plusquamperfekt
Zirkumflexe/n	Drechsler/n		streckt	
Pontifexe/n	Häcksler/n	- eckst* (2)	treckt	- eckt* (2)
Schuldkomplexe/n	Wechsler/n	[→ epst → ept (2)]	weckt	[→ ept (2)]
Fragenkomplexe/n	(wegsah)	[→ etzt → etze/n		abdeckt
Gebäudekom-		(2)]	Affekt	abcheckt
plexe/n	- eckst (1)	nachwächst	Aspekt	abschmeckt
Ödipuskomplexe/n	[→ epst → ept (1)]	abdeckst	bedeckt	abschreckt
Minderwertigkeits-	[→ etzt → etze/n	abcheckst	Defekt	abspeckt
komplexe/n	(1)]	abschmeckst	defekt	absteckt
	(Äxte/n)	abschreckst	Präfekt	aneckt
- eckse/n* (2)	bäckst	abspeckst	Effekt	ansteckt
[→ epse/n (2)]	bleckst	absteckst	befleckt	aufdeckt
[→ etze/n (2)]	deckst	aneckst	gefleckt	aufschreckt
Eidechse/n	hackst	ansteckst	entdeckt	ausheckt
Indexe/n	hext	anwächst	verdeckt	auscheckt
Kodexe/n	kleckst	aufdeckst	verdreckt	aussteckt
Podexe/n	crackst	aufschreckst	Perfekt	wegsteckt
	leckst	aufwächst	perfekt	eindeckt
- ecksel/n (1)	neckst	ausheckst	erkeckt	eincheckt
[→ etzel/n]	reckst	auscheckst	verreckt	hochschreckt
Excel	checkst	aussteckst	erschreckt	vorstreckt
drechsel/n	schleckst	auswächst	versteckt	zusteckt
Häcksel	schmeckst	wegsteckst	erstreckt	durchcheckt
häcksel/n	schreckst	eindeckst	erweckt	zurückschreckt
sächsel/n	steckst	eincheckst	Respekt	zurücksteckt
Wechsel/n	streckst	einwächst	gescheckt	
wechsel/n	Text	hochschreckst	besteckt	- eckte/n (1)
verwechsel/n	wächst	vorstreckst	bezweckt	[→ epte/n (1)]
Jahreswechsel/n	weckst	zusteckst	direkt	bleckte/n
überwechsel/n		zuwächst	Infekt	deckte/n
Richtungswechsel/n	bedeckst	durchcheckst	Insekt	hackte/n
Regierungswech-	befleckst		Objekt	crackte/n

75

leckte/n	Intellekte/n	fledder/n	schönrede/n	Feder/n
neckte/n	Imperfekte/n	(Cheddar)	(selbstredend)	feder/n
reckte/n	unbefleckte/n	schredder/n	einrede/n	jeder
Sekte/n	unbeleckte/n	verhedder/n	reinrede/n	Leder
checkte/n	Lustobjekte/n		mitrede/n	leder/n
schleckte/n	Versuchsobjekte/n	- ede/n (1)	Rollläden	Räder/n
schmeckte/n	Nebeneffekte/n	[→ ebe/n (1)]	zurede/n	räder/n
schreckte/n	Plusquamper-	[→ ege/n (1)]	verabrede/n	Reeder/n
steckte/n	fekte/n	Ede	daherrede/n	weder
streckte/n		Eden	herbeirede/n	Zeder/n
treckte/n	- eckte/n* (2)	Fäden	vorbeirede/n	Katheder/n
weckte/n	[→ epte/n (2)]	Fehde/n	herumrede/n	Tetraeder/n
	abdeckte/n	jede/n		
Affekte/n	abcheckte/n	Läden	- öde/n* (2)	- öder/n
Aspekte/n	abschmeckte/n	Rede/n	[→ öbe/n (2)]	[→ öber/n (1)]
bedeckte/n	abschreckte/n	rede/n	[→ öge/n (2)]	[→ öger/n]
Defekte/n	abspeckte/n	Schäden	anöde/n	öder/n
defekte/n	absteckte/n	Schwede/n	Einöde/n	blöder/n
Präfekte/n	aneckte/n	Stampede/n		Köder/n
Effekte/n	ansteckte/n	befehde/n	- edel/n (1)	köder/n
befleckte/n	aufdeckte/n	berede/n	[→ ebel/n (1)]	schnöder/n
gefleckte/n	aufschreckte/n	Gerede	[→ egel/n (1)]	spröder/n
entdeckte/n	ausheckte/n	zerrede/n	edel/n	Schröder, Gerhard
verdeckte/n	auscheckte/n	stante pede	Mädel/n	
verdreckte/n	aussteckte/n	überrede/n	rädel/n	- eder/n* (2)
Perfekte/n	wegsteckte/n	Widerrede	Schädel/n	[→ eber/n (2)]
perfekte/n	eindeckte/n	Logopäde/n	Städel/n	[→ eger/n (2)]
erkeckte/n	eincheckte/n	Orthopäde/n	Wedel/n	abfeder/n
verreckte/n	hochschreckte/n	unterreden	wedel/n	ableder/n
erschreckte/n	vorstreckte/n	dazwischenrede/n	veredel/n	jedweder
versteckte/n	zusteckte/n			entweder
erstreckte/n	durchcheckte/n	- öde/n (1)	- ödel/n	Triebfeder/n
erweckte/n	zurückschreckte/n	[→ öbe/n (1)]	[→ öbel/n (1)]	
gescheckte/n	zurücksteckte/n	[→ öge/n (1)]	[→ ögel/n]	- edert
besteckte/n		Öde/n	blödel/n	[→ ebert]
bezweckte/n	- eckter/n	öde/n	Gödel, Kurt	[→ egert]
direkte/n	→ eckte/n (1)	Böden	Knödel/n	federt
Infekte/n	! schmeckt er	blöde/n	knödel/n	ledert
Insekten	[→ ektar → ar (2)]	schnöde/n	Trödel	geädert
Objekte/n	[→ ektor → or (2)]	spröde/n	trödel/n	gefedert
Projekte/n	[→ epter/n (1)]	Tragöde/n	vertrödel/n	gerädert
Kollekte/n	(weg da)	entblöde/n	Aschenbrödel/n	
vollstreckte/n		veröde/n		- edes
Konfekte/n	- ed	verblöde/n	- edel/n* (2)	[→ ebes → eb (1)]
korrekte/n	→ et (1+2)		[→ ebel/n (2)]	[→ eges (1)]
Prospekte/n		- ede/n* (2)	[→ egel/n (2)]	jedes
Subjekte/n	- öd	[→ ebe/n (2)]	Palmwedel/n	redˈ es
suspekte/n	→ öt (1+2)	[→ ege/n (2)]	einfädel/n	jedwedes
		Abrede		befehdˈ es
Architekten	- edchen	Anrede/n	- eder/n (1)	Geredes
aufgeweckte/n	→ etchen	anrede/n	[→ eda → a (2)]	beredˈ es
Dialekte/n		Ausrede/n	[→ eber/n (1)]	per pedes
überdeckte/n	- edder/n	rausrede/n	[→ eger/n (1)]	zerredˈ es
niederstreckte/n	(Edda)	jedwede/n	Bäder/n	Mercedes

76

Archimedes	entgehe/n	(tiefergehend)	draufgehe/n	(alleinstehend)	
überred' es	entstehe/n	Pyrenäen	Aufsehen	vorbeisehe/n	
	verdrehe/n	sichergehe/n	aufsehe/n	bereitstehe/n	
- ödes	ergehe/n	hintergehe/n	aufstehe/n	zurückdrehe/n	
[→ öges → öge/n (1)]	Vergehen	missverstehe/n	Ausgehen	bevorstehen	
	vergehe/n	(richtiggehend)	ausgehe/n	drauflosgehe/n	
ödes	zergehe/n	Knoblauchzehe/n	Aussehen	kaputtgehe/n	
blödes	ersehe/n	Wohlergehen	aussehe/n		
schnödes	Versehen	vorgesehen	ausstehe/n	- ö-e/n* (2)	
sprödes	versehe/n	offenstehe/n	fehlgehe/n	Anhöhe/n	
verblöd' es	verschmähe/n	Orchidee/n	leer stehe/n		
	erstehe/n	Koryphäe/n	wegsehe/n	- eed	
- edler/n	Verstehen	Odysseen	hellsehe/n	→ it (1)	
[→ egler/n]	verstehe/n	zugestehe/n	Fremdgehen		
Edler/n	verwehe/n	untergehe/n	fremdgehe/n	- eele/n	
edler/n	besehe/n	unbesehen	Fernsehen	→ ele/n (1)	
	gesehen	unterstehe/n	fernsehe/n		
- edst	geschähe/n		feststehe/n	- eeler/n	
→ ez	Geschehen	danebengehe/n	eindrehe/n	→ eler/n (1)	
	geschehe/n	(vorübergehend)	eingehe/n		
- e-e/n (1)	Bestehen	verloren gehe/n	Einsehen	- een	
Ehe/n	bestehe/n	zugrunde gehe/n	einsehe/n	→ in (1)	
ehe	gestehe/n	gegenüberstehe/n	einstehe/n		
blähe/n	Pygmäe/n		beidrehe/n	- eep	
drehe/n	Trophäe/n	- ö-e/n (1)	beistehe/n	→ ib (1)	
Feen	Chausseen	Böe/n	freistehe/n		
flehe/n	Museen	Flöhe/n	schiefgehe/n	- eer	
gehe/n	umgehe/n	flöhe/n	stillstehe/n	→ er (1)	
jähe/n	umstehen	Höhe/n	mitgehe/n		
Krähe/n	Tourneen	entflöhe/n	hochgehe/n	- e-er/n (1)	
krähe/n		erhöhe/n	Vorgehen	[→ ayer/n]	
Lehen	schlafen gehe/n	Augenhöhe	vorgehe/n	[→ ea → a (2)]	
mähe/n	nahegehe/n	überhöhe/n	vorsehe/n	[→ er (1)]	
Nähe	nahestehe/n		vorstehe/n	[→ erer/n (1)]	
nähe/n	Azaleen	- e-e/n* (2)	rotsehe/n	eher/n	
Rehe/n	abgesehen	nachgehe/n	kopfstehe/n	eh' er	
säe/n	angesehen	Nachsehen	zugehe/n	Dreher/n	
sähe/n	Handumdrehen	nachsehe/n	zusehe/n	jäher	
Seen	geradestehe/n	klarsehe/n	(zusehends)	näher/n	
sehe/n	(außenstehend)	dastehe/n	umdrehe/n	Säer/n	
Schlehe/n	ausersehen	abdrehe/n	umgehe/n	Seher/n	
schmähe/n	auferstehe/n	abgehe/n	umsehe/n	Späher/n	
spähe/n	flöten gehe/n	absehe/n	rundgehe/n	Steher/n	
stehe/n	(weitergehend)	abstehe/n	durchdrehe/n	zäher/n	
Wehe/n	weitersehe/n	strammstehe/n	durchgehe/n	Hebräer/n	
wehe/n	eingestehe/n	andrehe/n	durchsehe/n	Rasenmäher/n	
wehe!	übergehe/n	angehe/n	durchstehe/n	Pharisäer/n	
zähe/n	übersehe/n	rangehe/n		Rechtsverdreher/n	
Zehe/n	überstehe/n	Ansehe/n	herabsehe/n	Eichelhäher/n	
	niedergehe/n	ansehe/n	vorangehe/n	Geisterseher/n	
Kaktee/n	niedermähe/n	anstehe/n	vorausgehe/n	Europäer/n	
Alleen	Wiedersehen	schwarzsehe/n	voraussehe/n	Frühaufsteher/n	
Armeen	wiedersehe/n	aufdrehe/n	einhergehe/n	Pillendreher/n	
begehe/n	widerstehe/n	aufgehe/n	vorhersehe/n	Stationsvorsteher/n	

77

Frauenversteher/n	Schäfer/n	Gesöffe/n	antrefft		umheg'
	Schläfer/n		eintrefft		
- ö-er/n	träf er	- effe/n* (2)			naheleg'
[→ ör (1)]	Siebenschläfer/n	nachäffe/n		- efte/n (1)	Atemweg
[→ örer/n (1)]		antreffe/n		Hefte/n	Karten leg'
höher'n	- efer/n* (2)	eintreffe/n		hefte/n	Sakrileg
	einschläfer/n	zutreffen		kläffte/n	Kartothek
- e-er/n* (2)				Kräfte/n	auferleg'
[→ er (2)]	- eff (1)	- effel/n		reffte/n	Eier leg'
[→ erer/n (2)]	kläff'	scheffel/n		Säfte/n	überleg'
Schwarzseher/n	reff'			Schäfte/n	niederleg'
Aufseher/n	Chef	- öffel/n (1)		entkräfte/n	widerleg'
Hellseher/n	Treff	Löffel/n		Geschäfte/n	hinterleg'
Fernseher/n	treff'	löffel/n		Messerhefte/n	Privileg
Türsteher/n	Relief	Töffel/n		Notenhefte/n	Hypothek
Vorsteher/n	Betreff				Diskothek
	Schema F	- öffel/n* (2)	- öfte/n		vorverleg'
- eere/n	WWF	auslöffel/n	bluffte/n		Fotothek
→ ere/n (1)	ZDF		Gehöfte/n		offenleg'
	übertreff'	- effer/n (1)			trockenleg'
- eerer/n	ORF	Kläffer/n	- efte/n* (2)		fortbeweg'
→ erer/n (1)	UNICEF	Pfeffer	nachäffte/n		unterleg'
	zusammentreff'	Treffer/n	Schreibkräfte/n		zusammenleg'
- eet	aus dem Effeff				Kinemathek
→ et (1)	BASF	- effer/n* (2)	- eg (1)		Pinakothek
		Nachäffer/n	[→ ake/n (4)]		Videothek
- ef (1)	- öff		[→ eb (1)]		Bibliothek
[→ afe (3)]	Bluff	- efft	[→ et (1)]		
träf'	Gesöff	→ eft (1+2)	feg'		- ög
beträf'	Töfftöff		heg'		[→ öt (1)]
		- efst	läg'		blök'
- éf (2)	- eff* (2)	schläfst	leg'		flög'
→ eff (1)	nachäff'	entschläfst	pfleg'		mög'
	antreff'	beschläfst	präg'		zög'
- efe/n	Joseph		reg'		
Häfen		- eft (1)	säg'		- eg* (2)
Hefe/n	- effe/n (1)	Heft	schräg		[→ eb (2)]
Schläfe/n	kläffe/n	heft'	Steak		[→ et (2)]
träfe/n	Neffe/n	kläfft	Steg		brachleg'
beträfe/n	reffe/n	refft	träg'		nachleg'
	Steffen	trefft	wäg'		lahmleg'
- öfe/n	Treffen	entkräft'	Weg		darleg'
Öfen	treffe/n	Geschäft			klarleg'
Höfe/n	betreffen	Messerheft	Beleg		ableg'
	Klassentreffen	übertrefft	beleg'		abreg'
- efel/n	übertreffe/n	Notenheft	erleg'		abschräg'
Frevel/n	Hintertreffen	zusammentrefft	verleg'		abwäg'
frevel/n	Zusammentreffen		zerleg'		anleg'
Schwefel	zusammentreffe/n	- öft	verpfleg'		anreg'
täfel/n		blufft	erreg'		aufleg'
	- öffe/n	Gehöft	erwäg'		draufleg'
- efer/n (1)	bluffe/n		beweg'		aufreg'
(Eva)	söffe/n	- eft* (2)	Kolleg		Laufsteg
Käfer/n	Schöffe/n	nachäfft	zuweg'		ausleg'

Ausweg	wegen	hinterlege/n	überzöge/n	zurechtlege/n
querleg'		Privilege/n	Bilderbögen	hinwegfege/n
festleg'	dagegen	vorverlege/n	Flitzebögen	bereitlege/n
beileg'	Stratege/n	offenlege/n	Unvermögen	zurücklege/n
freileg'	Gehege/n	trockenlege/n	unterzöge/n	
einleg'	Belege/n	fortbewege/n	zusammenzöge/n	- öge/n* (2)
reinleg'	belege/n	ungelegen	Fassungsvermögen	[→ öbe/n (2)]
einpräg'	Gelege/n	unterlege/n (Verb)	Urteilsvermögen	[→ öde/n (2)]
Rückweg	gelegen	unterlegen (Adj.)	Wahrnehmungsver-	abböge/n
stillleg'	entgegen		mögen	abflöge/n
vorleg'	entlegen	zusammenlege/n	Einfühlungsver-	abwöge/n
losleg'	Gepräge	(aufsehenerregend)	mögen	abzöge/n
bloß leg'	erlege/n	(grauenerregend)		anflöge/n
zuleg'	verlege/n	(ekelerregend)	- ege/n* (2)	anzöge/n
umleg'	zerlege/n	(schwindelerregend)	[→ ebe/n (2)]	aufwöge/n
Umweg	verpflege/n	(mitleiderregend)	[→ ede/n (2)]	aufzöge/n
	errege/n	(besorgniserregend)	brachlege/n	ausflöge/n
hinwegfeg'	Verträge/n	(appetitanregend)	nachlege/n	auszöge/n
zurechtleg'	erwäge/n		lahmlege/n	einböge/n
bereitleg'	verwegen	- öge/n (1)	darlege/n	einflöge/n
zurückleg'	weswegen	[→ öbe/n (1)]	klarlege/n	einsöge/n
	Beschläge/n	[→ öde/n (1)]	ablege/n	einzöge/n
- eg (3)	bewege/n	Bögen	abrege/n	hinzöge/n
→ eck (1+2)	hingegen	böge/n	abschräge/n	zuflöge/n
	wogegen	dröge/n	abwäge/n	zuzöge/n
- ege/n (1)	Kollege/n	flöge/n	anlege/n	umzöge/n
[→ ebe/n (1)]	von wegen!	löge/n	anrege/n	zurückzöge/n
[→ ede/n (1)]	zugegen	möge/n	Anträge/n	
Bregen	zuwege	pflöge/n	Haudegen	- egel/n (1)
Degen	umhege/n	söge/n	auflege/n	[→ ebel/n (1)]
fege/n		Tröge/n	drauflege/n	[→ edel/n (1)]
gegen	Atemwege/n	tröge/n	aufrege/n	Egel/n
(Gegend)	(Magengegend)	wöge/n	Laufstege/n	Flegel/n
Hege	abgelegen	zöge/n	auslege/n	flegel/n
hege/n	nahelege/n		Auswege/n	Hegel, Georg Wil-
läge/n	Kartenlegen	belöge/n	querlege/n	helm Friedrich
lege/n	allerwege/n	entflöge/n	festlege/n	Kegel/n
Mägen	Sakrilege/n	entzöge/n	deswegen	kegel/n
Pflege	auferlege/n	verböge/n	beilege/n	Nägel/n
pflege/n	(krebserregend)	verflöge/n	freilege/n	Pegel/n
präge/n	nächstgelegen	Vermögen	einlege/n	Regel/n
Regen	derentwegen	vermöge/n	reinlege/n	regel/n
rege/n (Verb)	Schönheitspflege	erwöge/n	einpräge/n	Segel/n
rege/n (Adj.)	(weltbewegend)	erzöge/n	Beiträge/n	segel/n
Säge/n	Nervensäge/n	verzöge/n	Rückwege/n	Schlägel/n
säge/n	dessentwegen	betröge/n	stilllege/n	Schlegel
Segen	Eier legen	bezöge/n	vorlege/n	Tegel
Schläge/n	deinetwegen	vollzöge/n	loslege/n	
Schräge/n	Säuglingspflege	Fragebögen	bloß lege/n	- ögel/n
schräge/n	überlege/n (Verb)	Regenbögen	zulege/n	[→ öbel/n (1)]
Stege/n	überlegen (Adj.)	Stehvermögen	umlege/n	[→ ödel/n]
träge/n	niederlege/n	Ellenbögen	Umwege/n	Vögel/n
wäge/n	widerlege/n	Geigenbögen	(grundlegend)	vögel/n
Wege/n	Niederschläge/n	überflöge/n		

- egel/n* (2)	Schornsteinfeger/n	beleg' es	verweg'ne/n	- egs* (2)
[→ ebel/n (2)]	Flugzeugträger/n	Geleges	abgeleg'ne/n	halbwegs
[→ edel/n (2)]		Gepräges	nächstgeleg'ne/n	Laufstegs
maßregel/n	- öger/n	erleg' es	überleg'ne/n	Auswegs
Dreschflegel/n	[→ öber/n (1)]	verleg' es	unterleg'ne/n	Rückwegs
einpegel/n	[→ öder/n]	zerleg' es		Umwegs
	dröger/n	verpfleg' es	- egner/n	
- egend	mög er	erreg' es	Gegner/n	- egt (1)
→ ege/n (1+2)	trög er	erwäg' es	geleg'ner	[→ ebt → ebe/n
	zöger/n	beweg' es	entleg'ner	(1)]
- ögend	zög er	umheg' es	verleg'ner	fegt
→ öge/n (1)		Atemweges	verweg'ner/n	frägt
	- eger/n* (2)	Sakrileges	abgeleg'ner	hegt
- eger/n (1)	[→ eber/n (2)]	überleg' es	nächstgeleg'ner	lägt
[→ eber/n (1)]	[→ eder/n (2)]	widerleg' es	überleg'ner	legt
[→ eder/n (1)]	Ableger/n	hinterleg' es	unterleg'ner	pflegt
Feger/n	Ankläger/n	Privileges		prägt
(Gregor)	Anleger/n	unterleg' es	- egs (1)	regt
Heger/n	Lastträger/n		[→ ebs → eb (1)]	sägt
Jäger/n	Schaumschläger/n	- öges	[→ ez]	schlägt
Kläger/n	Querschläger/n	→ öge/n (1)	feg's	trägt
läg er	Einleger/n	[→ ödes]	heg's	wägt
Neger/n	Preisträger/n		Keks	
Pfleger/n	Tonträger/n	- eges* (2)	läg's	belegt
reger/n	Totschläger/n	Laufsteges	leg's	gepflegt
Schläger/n	Gepäckträger/n	Ausweges	pfleg's	erlegt
schräger/n		Rückweges	präg's	verlegt
Schwäger/n	- egert	Umweges	säg's	zerlegt
Träger/n	[→ ebert]		Steaks	verpflegt
träger/n	[→ edert]	- egge/n	Stegs	erregt
	verschwägert	[→ ebbe/n]	wäg's	verschlägt
Verleger/n		Egge/n	Wegs	zerschlägt
Erreger/n	- ögert	egge/n		erträgt
integer/n	zögert	Reagan, Ronald	Belegs	verträgt
(Bodega)			beleg's	erwägt
Straßenfeger/n	- eges (1)	- egler/n	erleg's	beschlägt
Fahnenträger/n	[→ ebes → eb (1)]	[→ edler/n]	verleg's	beträgt
Datenträger/n	[→ edes]	(eh klar)	zerleg's	bewegt
Fackelträger/n	feg' es	Kegler/n	verpfleg's	umhegt
Kartenleger/n	heg' es	Regler/n	erreg's	
Kammerjäger/n	läg es	Segler/n	erwäg's	nahelegt
Fallschirmjäger/n	leg' es	Teg'ler	beweg's	Karten legt
Bettvorleger/n	pfleg' es	(Thekla)	Kollegs	angeregt
Eisenträger/n	präg' es	Mauersegler/n	umheg's	aufgelegt
Leistungsträger/n	reges		Atemwegs	aufgeregt
Düsenjäger/n	säg' es	- egne/n	geradewegs	auferlegt
Fliesenleger/n	schräges	[→ ebne/n]	Sakrilegs	ausgeprägt
Überträger/n	Steges	regne/n	keineswegs	Eier legt
Schürzenjäger/n	träges	segne/n	überleg's	überlegt
Brillenträger/n	wäg' es	begegne/n	widerleg's	überschlägt
Würdenträger/n	Weges	geleg'ne/n	hinterleg's	überträgt
Mitgiftjäger/n		entgegne/n	Privilegs	niederlegt
Sonntagsjäger/n	Geheges	entleg'ne/n	unterleg's	widerlegt
Hosenträger/n	Beleges	verleg'ne/n	unterwegs	niederschlägt

80

hinterlegt	vorlegt	rekel/n	vermähl'	dasselbe	
vorverlegt	vorschlägt	Schekel	erwähl'	denselben etc.	
offenlegt	vorträgt	Menetekel/n	verwähl'		
trockenlegt	loslegt		erzähl'	- elber/n	
fortbewegt	bloß legt	- eker/n	verzähl'	[→ elba → a (2)]	
unentwegt	losschlägt	[→ eter/n (1)]	beseel'	[→ elder/n]	
unterlegt	vollschlägt	Quäker/n	beschäl'	gelber/n	
unterschlägt	zulegt	schäker/n	fidel	Kälber/n	
zusammenlegt	zuschlägt		Myzel	selber	
zusammenträgt	zuträgt	- öker/n	Juwel		
wohlüberlegt	umlegt	[→ öter/n]	Gabriel	- elch	
	umschlägt	Höker/n	Samuel	Elch	
- egt* (2)	durchschlägt	Schmöker/n	Manuel	Kelch	
[→ ebt → ebe/n		schmöker/n	Raffael	selch'	
(2)]	hinwegfegt	verhöker/n	parallel	welch	
brachlegt	zurechtlegt		Archipel		
nachlegt	bereitlegt	- eks	Sägemehl	- elche/n	
nachschlägt	zurücklegt	→ egs (1)	Epithel	→ elch	
nachträgt	davonträgt		Michael	[→ elsche/n]	
lahmlegt		- ekt	Israel		
darlegt	- ek	→ eckt (1)	Klientel	- eld	
klarlegt	→ eg (1)		Kuratel	→ elt (3+4)	
ablegt		- ekte/n	Oberbefehl		
abregt	- ök	→ eckte/n (1)		- elde/n (1)	
abschlägt	→ ög		- öl (1)	[→ elbe/n]	
abschrägt		- el (1)	[→ örl]	[→ elge/n]	
abwägt	- eke/n	[→ ale (3)]	Öl	Helden	
Rad schlägt	[→ ake/n (4)]	Fehl	öl'	melde/n	
anlegt	[→ epe/n]	fehl'	gröl'	Schelde	
anregt	[→ ete/n (1)]	Gel	nöl'	in Bälde	
anschlägt	Theke/n	Hehl	unterhöhl'	Frauenhelden	
anträgt	Scharteke/n	hehl'		Springinsfelde/n	
auflegt	Azteke/n	Hel	- el* (2)	Pantoffelhelden	
drauflegt	Kopeke/n	quäl'	[→ ale (4)]	Revolverhelden	
aufregt	Usbeke/n	Mehl	fortstehl'		
aufschlägt	Apotheke/n	pfähl'		- elde/n* (2)	
aufträgt	Kartotheken	schäl'	- öl* (2)	krankmelde/n	
auslegt	Hypotheken	scheel	aushöhl'	ummelde/n	
ausschlägt	Diskotheken	schmäl'	einöl'		
austrägt	Fototheken	schwel'		- elder/n	
fehlschlägt	Pinakotheken	stähl'	- el (3)	[→ elber/n]	
querlegt	Videotheken	stehl'	→ ell (1)	Felder/n	
festlegt	Bibliotheken	wähl'		Gelder/n	
beilegt	Kinematheken	zähl'	- elb	Melder/n	
freilegt			[→ elk]	Wälder/n	
einlegt	- öke/n	krakeel'	[→ elt (3)]	Arbeitsfelder/n	
reinlegt	[→ öte/n (1)]	Kamel	gelb	Feuermelder/n	
einprägt	blöke/n	Paneel	help!	Bielefelder/n	
einschlägt		Befehl		Minenfelder/n	
einträgt	- ekel/n	befehl'	- elbe/n	Mittelfelder/n	
beiträgt	Ekel/n	bemehl'	[→ elde/n (1)]		
breitschlägt	ekel/n	empfehl'	[→ elge/n]	- elds	
stilllegt	häkel/n	verfehl'	Elbe/n	→ elz (1+2)	
hochschlägt	mäkel/n	verhehl'	gelbe/n		

81

- ele/n (1)	Kardinäle/n	paralleler/n	melk'	Kastell
(Elend)	Archipele/n	Hospitäler/n	schwelg'	Pastell
(elend)	Admiräle/n		welk	reell
fehle/n	Krämerseele/n	**- öler/n**	Gebälk	Rebell
Gele/n	Generäle/n	Gröler/n		Pedell
hehle/n	Epithele/n	Köhler/n	**- ölk**	entstell'
Kehle/n	Klientelen		bölk'	vergäll'
quäle/n	Korporäle/n	**- eler/n* (2)**	bewölk'	erhell'
[maile/n]	Kuratelen	Tierquäler/n	Gewölk	verprell'
Mehle/n	Ukulele/n		umwölk'	zerschell'
Nele		**- elf (1)**		erstell'
pfähle/n	**- öle/n (1)**	Elf	**- elke/n**	verstell'
Säle/n	Öle/n	elf	Elke	Gesell
Seele/n	öle/n	helf'	melke/n	gesell'
schäle/n	gröle/n	Schelf	Nelke/n	bestell'
scheele/n	Höhle/n	Behelf	welke/n	Gestell
schmäle/n	nöle/n	do it yourself	Gebälke/n	speziell
stähle/n	Töle/n	„4711"		Miguel
stehle/n	Achselhöhle/n		**- ölke/n**	Modell
Stele/n	Lasterhöhle/n	**- elf* (2)**	bölke/n	Hotel
schwele/n	Räuberhöhle/n	nachhelf'	Thoelke, Wim	Motel
wähle/n	unterhöhle/n		bewölke/n	Rondell
zähle/n		**- elfe/n (1)**	umwölke/n	Bordell
	- ele/n* (2)	Elfe/n		formell
Adele	abschäle/n	helfe/n	**- ell (1)**	Duell
krakeele/n	Diebstähle/n	Schelfe/n	(Elster/n)	umstell'
Makrele/n	Kniekehle/n	Welfe/n	bell'	
Kamele/n	fortstehle/n	Behelfe/n	fäll'	Fahrgestell
Kanäle/n	herausschäle/n	verhelfe/n	Fell	„AOL"
Paneele/n			gell!	Manuel
Garnele/n	**- öle/n* (2)**	**- ölfe/n**	gell'	Karamell
Befehle/n	aushöhle/n	Wölfe/n	grell	Aquarell
befehle/n	einöle/n	zwölfe/n	hell	Mademoiselle
bemehle/n			Quell	Appenzell
empfehle/n	**- elend**	**- elfe/n* (2)**	quell'	maschinell
Querele/n	→ elen (1+2)	nachhelfe/n	pell'	Kapitell
verfehle/n		abhelfe/n	prell'	rationell
verhehle/n	**- eler/n (1)**	aushelfe/n	schell'	graduell
vermähle/n	Fehler/n		„Shell"	manuell
erwähle/n	Hehler/n	**- elfer/n**	schnell	aktuell
verwähle/n	Quäler/n	Helfer/n	stell'	Naturell
erzähle/n	Schäler/n		schwell'	Karussell
verzähle/n	scheeler/n	**- elge/n**	Tell, Wilhelm	DHL
beseele/n	schmäler/n	[→ elbe/n]	well'	seriell
beschäle/n	stählern	[→ elde/n (1)]		Dezibel
fidele/n	Täler/n	Bälge/n	Skalpell	„RTL"
Myzele/n	Wähler/n	Felge/n	Mamsell	sequentiell
Choräle/n	Zähler/n	Helge	„Chanel"	tendenziell
Juwele/n	Krakeeler/n	schwelge/n	Flanell	essentiell
	Pennäler/n	Blasebälge/n	Schrapnell	generell
Parallele/n	Erzähler/n		Appell	Becquerel
parallele/n	Beschäler/n	**- elk**	Marcel	fertigstell'
Allerseelen	fideler/n	[→ elb]	Kartell	Denkmodell
Gabriele	Spitäler/n	[→ elt (3)]	partiell	personell

sexuell	gegenüberstell'	Schelle/n	Rondelle/n	rituelle/n
Isabel	experimentell	schelle/n	Bordelle/n	finanzielle/n
ideell	intellektuell	Schnelle/n	formelle/n	Mittelwelle
Bibernell	ministeriell	schnelle/n	Duelle/n	Zwischenfälle/n
überstell'	individuell	Ställe/n	umstelle/n	sicherstelle/n
visuell	homosexuell	Stelle/n		Hitzewelle/n
rituell	oppositionell	stelle/n	Schlaganfälle/n	richtigstelle/n
finanziell		Schwelle/n	Aquarelle/n	Kriminelle/n
sicherstell'	- öll	schwelle/n	Bagatelle/n	kriminelle/n
richtigstell'	Böll, Heinrich	Wälle/n	Haarausfälle/n	prinzipielle/n
kriminell	schwöll	Welle/n	Samenzelle/n	virtuelle/n
prinzipiell	Geröll	welle/n	Fahrgestelle/n	Stromausfälle/n
virtuell		Zelle/n	graduelle/n	Hosenställe/n
potentiell	- ell* (2)	Celle	manuelle/n	Bodenwelle/n
nominell	nachstell'		Karamelle/n	potentielle/n
provinziell	darstell'	Tabelle/n	Karavelle/n	Opernbälle/n
Trommelfell	klarstell'	Skalpelle/n	Maskenbälle/n	Todesfälle/n
kommerziell	abstell'	Kamelle/n	Wasserfälle/n	nominelle/n
offiziell	kaltstell'	Lamelle/n	Haltestelle/n	provinzielle/n
Colonel	anstell'	Mamsellen	maschinelle/n	Trommelfelle/n
hormonell	aufhell'	Flanelle/n	Kapitelle/n	Nockenwelle/n
ruhig stell'	aufstell'	flanellen	Salmonellen	Sonderfälle/n
substantiell	ausfäll'	Schrapnelle/n	rationelle/n	kommerzielle/n
unterstell'	ausstell'	Appelle/n	aktuelle/n	offizielle/n
funktionell	herstell'	Kapelle/n	Naturelle/n	hormonelle/n
punktuell	feststell'	Sardelle/n	Karusselle/n	Wutanfälle/n
strukturell	gleichstell'	Kartelle/n	Außenstelle/n	ruhig stelle/n
kulturell	einstell'	Parzelle/n	Trauerfälle/n	substantielle/n
	freistell'	partielle/n	Dauerwelle/n	unterstelle/n
bakteriell	vorstell'	Kastelle/n	serielle/n	Junggeselle/n
arteriell	bloßstell'	Pastelle/n	Pflegefälle/n	Unglücksstelle/n
materiell	totstell'	pastellen	Nebenstelle/n	Gummizelle/n
artifiziell	zustell'	Gazelle/n	Fehlerquelle/n	funktionelle/n
traditionell	bereitstell'	reelle/n	generelle/n	punktuelle/n
redaktionell	zurückstell'	Pedelle/n	Meldestelle/n	strukturelle/n
sensationell		Rebellen	sequentielle/n	kulturelle/n
existentiell	- elle/n (1)	Gefälle/n	tendenzielle/n	
Zeremoniell	Bälle/n	entstelle/n	essentielle/n	Annahmestelle/n
eventuell	belle/n	vergälle/n	fertigstelle/n	Anlegestelle/n
Brillengestell	Delle/n	erhelle/n	Denkmodelle/n	bakterielle/n
spirituell	Elle/n	verprelle/n	personelle/n	materielle/n
industriell	Fälle/n	zerschelle/n	sexuelle/n	arterielle/n
notariell	fälle/n	erstelle/n	Einzelfälle/n	Schattenmorelle/n
professionell	Felle/n	verstelle/n	Zweifelsfälle/n	Tagliatelle/n
originell	gelle/n	Geselle/n	Mirabelle/n	artifizielle/n
Fotomodell	grelle/n	geselle/n	Frikadelle/n	traditionelle/n
konventionell	Helle/n	bestelle/n	Zitadelle/n	eventuelle/n
konzeptionell	helle/n	Gestelle/n	ideelle/n	redaktionelle/n
konfessionell	Kelle/n	spezielle/n	Überfälle/n	sensationelle/n
konjunkturell	Quelle/n	Seychellen	überstelle/n	Zeremonielle/n
universell	quelle/n	Libelle/n	Bibernelle/n	existentielle/n
	Pelle/n	Modelle/n	Spießgeselle/n	Einnahmequelle/n
zusammenstell'	pelle/n	Forelle/n	Mikrowelle/n	spirituelle/n
zufriedenstell'	prelle/n	Novelle/n	visuelle/n	ministerielle/n

83

Brillengestelle/n	Ernstfälle/n	genereller/n	oppositioneller/n	verfällst
Industrielle/n	feststelle/n	serieller/n		zerfällst
industrielle/n	gleichstelle/n	personeller	- öller/n	vergällst
notarielle/n	freistelle/n	sexueller/n	Böller/n	erhältst
professionelle/n	Einfälle/n	Weichensteller/n	Söller/n	verhältst
originelle/n	Reinfälle/n	ideeller/n	„Schöller"	erhellst
Fotomodelle/n	einstelle/n	ritueller/n	schwöll er	erkält'st
konventionelle/n	Kniefälle/n	visueller/n		verprellst
konzeptionelle/n	Rückfälle/n	finanzieller/n	- eller/n* (2)	zerschellst
konfessionelle/n	Stromschnelle/n	Krimineller	Darsteller/n	erstellst
konjunkturelle/n	Vorfälle/n	krimineller/n	Aufheller/n	verstellst
universelle/n	vorstelle/n	prinzipieller/n	Aufsteller/n	gesellst
	bloßstelle/n	virtueller/n	Aussteller/n	bestellst
zusammenstelle/n	Notfälle/n	potentieller/n	Schausteller/n	gestelzt
Musikkapelle/n	totstelle/n	nomineller	schausteller/n	missfällst
zufriedenstelle/n	Zufälle/n	provinzieller/n	Hersteller/n	umstellst
experimentelle/n	zustelle/n	kommerzieller/n	Zechpreller/n	
Intellektuelle/n	Fußbälle/n	offizieller/n	Bestseller/n	sauber hältst
intellektuelle/n	Unfälle/n	hormoneller/n	Feststeller/n	fertigstellst
individuelle/n	Durchfälle/n	substantieller/n	einkeller/n	beibehältst
homosexuelle/n		Muskateller/n	Schriftsteller/n	einbehältst
oppositionelle/n	herausstelle/n	unterkeller/n	schriftsteller/n	überfällst
gegenüberstelle/n	bereitstelle/n	funktioneller/n	Bittsteller/n	überstellst
Wiederholungs-	zurückstelle/n	punktueller	Holzfäller/n	innehältst
fälle/n	Präzedenzfälle/n	struktureller/n	Zusteller/n	niederhältst
		kultureller/n		sicherstellst
- ölle/n	- eller/n (1)		- ells	richtigstellst
Hölle/n	[→ ella → a (2)]	bakterieller	→ elz (1)	vorbehältst
schwölle/n	Beller/n	arterieller		vorenthältst
Völle/n	greller/n	materieller/n	- ellst (1)	offenhältst
Zölle/n	Heller/n	artifizieller/n	bellst	ruhig stellst
Gerölle/n	heller/n	traditioneller/n	fällst	unterhältst
	Keller/n	redaktioneller/n	gellst	unterstellst
- elle/n* (2)	schneller/n	sensationeller/n	hältst	
nachstelle/n	Steller/n	eventueller	quellst	zusammenfällst
Marschälle/n	Teller/n	existentieller/n	pellst	zusammenhältst
Marställe/n	träller/n	spiritueller/n	prellst	zusammenstellst
darstelle/n		Industrieller	schellst	gefangen hältst
klarstelle/n	partieller	industrieller/n	schmelzt	dagegenhältst
Abfälle/n	reeller/n	notarieller	schnellst	entgegenhältst
abstelle/n	Besteller/n	professioneller/n	spelzt	zufriedenstellst
kaltstelle/n	spezieller/n	konventioneller/n	stellst	auseinanderfällst
Anfälle/n	Propeller/n	konzeptioneller/n	stelzt	auseinanderhältst
anstelle/n	formeller/n	konfessioneller/n	schwellst	gegenüberstellst
Handschelle/n		origineller/n	wälzt	aufrechterhältst
Tankstelle/n	Antragsteller/n	konjunktureller/n	wellst	um eine Hand
aufhelle/n	maschineller/n	universeller/n	zelt'st	anhältst
aufstelle/n	rationeller/n			
Maulschelle/n	gradueller/n	experimenteller/n	befällst	- ellst* (2)
Ausfälle/n	aktueller/n	Intellektueller	gefällst	nachstellst
ausfälle/n	manueller/n	intellektueller/n	behältst	darstellst
Baustelle/n	sequentieller	ministerieller	entfällst	klarstellst
ausstelle/n	tendenzieller/n	individueller/n	enthältst	maßhältst
herstelle/n	essentieller/n	homosexueller	entstellst	abfällst

abhältst	zurückhältst	- elt (1)	meld'	Bielefeld
abstellst	zurückstellst	fehlt	pellt	Minenfeld
abwälzt		hehlt	prellt	überstellt
kaltstellst	- ellt	quält	schellt	niederhält
anfällst	→ elt (3+4)	[mailt]	schelt'	innehält
ranhältst		pfählt	schnellt	Mittelfeld
anstellst	- elm	schält	stellt	Himmelszelt
standhältst	Elm	schmält	schwellt	Kindergeld
warmhältst	Helm	stählt	wellt	sicherstellt
auffällst	Schelm	schwelt	Welt	Dritte Welt
aufhältst		wählt	Zelt	richtigstellt
aufhellst	- ēls (1)	zählt	zelt'	Springinsfeld
draufhältst	→ ele/n (1)	krakeelt		vorbehält
aufstellst		befehlt	befällt	vorenthält
ausfällst	- éls (2)	bemehlt	gefällt	hochgestellt
aushältst	→ elz (1)	empfehlt	behält	Modewelt
haushältst		verfehlt	entfällt	offenhält
raushältst	- elsche/n	verhehlt	Entgelt	stolzgeschwellt
ausstellst	[→ elche/n → elch]	vermählt	entgelt'	ruhig stellt
herhältst	fälsche/n	erwählt	enthält	unterhält
herstellst	welsche/n	verwählt	entstellt	unterstellt
wegfällst		erzählt	verfällt	Unterwelt
fernhältst	- else/n	verzählt	vergällt	
feststellst	Else	beseelt	vergelt'	zusammenhält
freihältst	bell se	beschält	erhält	zusammenstellt
freistellst	fäll se	auserwählt	verhält	gefangen hält
gleichstellst	Felsen		erhellt	dagegenhält
einfällst	gell se	- ölt (1)	erkält'	entgegenhält
einhältst	Hälse/n	ölt	verprellt	zufriedenstellt
einstellst	pell se	grölt	zerschellt	dahingestellt
dichthältst	prell se	nölt	erstellt	Pantoffelheld
stillhältst	schell se	unterhöhlt	verstellt	Revolverheld
hinhältst	stell se		gesellt	auseinanderhält
mithältst	schwell se	- elt* (2)	bestellt	gegenüberstellt
hochhältst	well se	abschält	„Die Welt"	um eine Hand
Hof hältst	Welse/n	herausschält	missfällt	anhält
vorhältst	entstell se		umstellt	aufrechterhält
vorstellst	vergäll se	- ölt* (2)		
bloßstellst	erhell se	aushöhlt	Taschengeld	- elt* (4)
totstellst	verprell se	einölt	Damenwelt	nachstellt
fortfällst	zerschell se		Lagerfeld, Karl	Nachwelt
zuhältst	erstell se	- elt (3)	angestellt	darstellt
zustellst	verstell se	[→ elb]	Arbeitsfeld	klarstellt
umwälzt	bestell se	[→ elk]	Frauenheld	maßhält
durchfällst	umstell se	bellt	sauber hält	abhält
durchhältst	Flaschenhälse/n	Belt	Märchenwelt	abstellt
kurzhältst	Wendehälse/n	fällt	Wechselgeld	Halbwelt
	Bergen-Belsen	Feld	Fersengeld	kaltstellt
herausstellst	überstell se	Geld	Sternenzelt	ranhält
geheim hältst	unterstell se	gellt	Schmerzensgeld	anstellt
hereinfällst		gelt'	fertigstellt	standhält
bereitstellst	- elster/n	hält	beibehält	krankmeld'
dafürhältst	→ ell (1)	Held	einbehält	warmhält
zurückfällst		quellt	Geisterwelt	aufhält

85

aufhellt	wählte/n	verstellte/n	kelter/n	- elz (1)
draufhält	zählte/n	gesellte/n	quellt er	bell's
aufstellt	krakeelte/n	bestellte/n	pellt er	bellt's
ausfällt	bemehlte/n	umstellte/n	prellt er	Belts
aushält	Entseelte/n	Angestellte/n	schellt er	fäll's
haushält	verfehlte/n	angestellte/n	schnellt er	fällt's
raushält	verhehlte/n	fertigstellte/n	stellt er	Felds
ausstellt	vermählte/n	überstellte/n	schwellt er	Fells
herhält	erwählte/n	sicherstellte/n	wellt er	Fels
herstellt	verwählte/n	richtigstellte/n	Zelter/n	Gelds
fernhält	erzählte/n	hochgestellte/n		gell's
feststellt	verzählte/n	stolzgeschwellte/n	befällt er	gellt's
freihält	beseelte/n	ruhig stellte/n	gefällt er	hält's
freistellt	beschälte/n	unterstellte/n	Behälter/n	Helds
gleichstellt	Auserwählte/n	zusammenstellte/n	Gehälter/n	Quells
eindellt	auserwählte/n	zufriedenstellte/n	behält er	quellt's
einhält		dahingestellte/n	entfällt er	meld's
einstellt	- elte/n* (2)	gegenüberstellte/n	enthält er	pell's
dichthält	abschälte/n		entstellter	pellt's
Blickfeld	herausschälte/n	- elte/n* (4)	geprellter	Pelz
stillhält		nachstellte/n	verfällt er	prell's
hinhält	- elte/n (3)	darstellte/n	vergällt er	prellt's
mithält	bellte/n	klarstellte/n	erhält er	schellt's
hochhält	Belte/n	abstellte/n	verhält er	schelt's
Hof hält	fällte/n	kaltstellte/n	erhellt er	Schmelz
Vorfeld	gellte/n	anstellte/n	verprellt er	schmelz'
vorhält	gelte/n	aufhellte/n	zerschellt er	schnellt's
vorstellt	Kälte	aufstellte/n	erstellter	Spelz
bloßstellt	Kelte/n	ausfällte/n	erstellt er	stell's
totstellt	quellte/n	ausstellte/n	verstellter	stellt's
zuhält	pellte/n	herstellte/n	verstellt er	stelz'
zustellt	prellte/n	feststellte/n	gesellt er	schwell's
ummeld'	selten	freistellte/n	bestellter	schwellt's
Umwelt	schellte/n	gleichstellte/n	bestellt er	Tells, Wilhelm
durchhält	Schelte/n	eindellte/n	missfällt er	wälz'
kurzhält	schelte/n	einstellte/n	umstellter	well's
	schnellte/n	vorstellte/n	umstellt er	wellt's
herausstellt	stellte/n	bloßstellte/n		Wels
geheim hält	schwellte/n	totstellte/n	Angestellter	Zelts
bereitstellt	wellte/n	zustellte/n	angestellter	
dafürhält	Welten	herausstellte/n	überstellter	Skalpells
zurückhält	Zelte/n	bereitstellte/n	überstellt er	Flanells
zurückstellt	zelte/n	zurückstellte/n	hochgestellter/n	Appells
			stolzgeschwellter	Schrapnells
- elte/n (1)	Entgelte/n	- elter/n (1)	unterhält er	Marcels
fehlte/n	entgelte/n	älter/n	unterstellter	Kartells
hehlte/n	entstellte/n	Eltern	unterstellt er	Kastells
quälte/n	vergällte/n	bellt er		Pastells
[mailte/n]	vergelte/n	(Delta)	- elter/n* (2)	Rebells
pfählte/n	erhellte/n	fällt er	Zuhälter/n	Pedells
schälte/n	erkälte/n	gellt er		befällt's
schmälte/n	verprellte/n	hält er	- elts	gefällt's
stählte/n	zerschellte/n	kälter/n	→ elz (1)	behält's
schwelte/n	erstellte/n	Kelter		entfällt's

Entgelts	überstell's	entgelt se	benehm'	leichtnehm'
entgelt's	überstellt's	enthält se	genehm	teilnehm'
enthält's	Mittelfelds	entstellt se	entkäm'	eincrem'
entstell's	Himmelszelts	verfällt se	entnehm'	einnehm'
entstellt's	Kindergelds	vergällt se	verbräm'	hinnehm'
verfällt's	Springinsfelds	vergelt se	verfem'	hochnehm'
vergäll's	Trommelfells	erhält se	(Verfemter)	vornehm' (Verb)
vergällt's	Colonels	erhellt se	vergräm'	vornehm (Adj.)
vergelt's	unterhält's	verprellt se	vernehm'	hoppnehm'
erhält's	unterstell's	zerschellt se	beschäm'	zunehm'
erhellt's	unterstellt's	erstellt se	seitdem	krummnehm'
verprell's	Revolverhelds	verstellt se	indem	durchnehm'
verprellt's	Pantoffelhelds	gesellt se	System	vorwegnehm'
zerschellt's	Zeremoniells	bestellt se	Poem	zurücknehm'
erstell's	Brillengestells	missfällt se	Problem	
verstell's	Fotomodells	umstellt se	Bohème	- em (3)
erstellt's		überstellt se	vordem	→ emm (1+2)
verstellt's	- ölz	unterhält se	trotzdem	
gesellt's	schmölz'	unterstellt se	zudem	- emd
bestell's	Bad Tölz			→ emmt (1+2)
bestellt's	Gehölz	- ölze/n	alledem	
Gestells		schmölze/n	angenehm	- emde/n
Miguels	- elz* (2)	Gehölze/n	außerdem	[→ ende/n (1)]
missfällt's	abwälz'		ehedem	Emden
Modells	Faulpelz	- elze/n* (2)	Theorem	Fremde/n
Rondells	Blickfelds	abwälze/n	Diadem	Hemden
Bordells	Vorfelds	Bachstelze/n	übel nehm'	Befremden
Hotels	umwälz'	Faulpelze/n	übernehm'	entfremde/n
Motels		umwälze/n	vorliebnehm'	verfremde/n
Duells	- elze/n (1)		Polyphem	zweckentfremde/n
umstell's	bellt se	- em (1)	unternehm'	
umstellt's	fällt se	[→ en (1)]	zusammennehm'	- eme/n (1)
	gellt se	dem	gefangen nehm'	[→ ene/n (1)]
Karamells	hält se	gräm'	Immunsystem	Bremen
Lagerfelds, Karl	meld' se	käm'	Dezimalsystem	Feme/n
Fahrgestells	pellt se	Creme	auseinandernehm'	gräme/n
Manuels	Pelze/n	lähm'	Schneeballsystem	Häme
Aquarells	prellt se	Lehm	Ökosystem	Jemen
Taschengelds	schelt se	nähm'	Wirtschaftssystem	käme/n
Frauenhelds	Schmelze/n	nehm'	Sonnensystem	Creme/n
Arbeitsfelds	schmelze/n	schäm'	Koordinatensystem	lähme/n
Kapitells	schnellt se	wem		nähme/n
Naturells	Spelze/n	zähm'	- em* (2)	nehme/n
Karussells	stellt se		[→ en (2)]	schäme/n
Dezibels	Stelze/n	nachdem	malnehm'	Schemen
Wechselgelds	stelze/n	Ödem	wahrnehm'	Themen
Fersengelds	schwellt se	bekäm'	Maß nehm'	zähme/n
Sternenzelts	wälze/n	bequem' (Verb)	abnehm'	
Schmerzensgelds	wellt se	bequem (Adj.)	annehm'	Tantieme/n
Becquerels		Extrem	aufnehm'	Ödeme/n
Denkmodells	befällt se	extrem	ausnehm'	bekäme/n
Isabels	gefällt se	Ekzem	schwernehm'	bequeme/n (Verb)
Bielefelds	behält se	(Gelähmter)	wegnehm'	bequeme/n (Adj.)
Minenfelds	entfällt se	Emblem	festnehm'	Extreme/n

extreme/n	[→ ene/n (2)]	Geiselnehmer/n	marodem	Klemmer/n
Ekzeme/n	malnehme/n	Umstandskrämer/n	kommodem	Lämmer/n
Embleme/n	wahrnehme/n	Unternehmer/n		Schlemmer/n
Benehmen	Maß nehme/n		**- emme/n (1)**	schlemmer/n
benehme/n	abnehme/n	**- emer/n* (2)**	[→ enge/n (1)]	(belämmert)
entkäme/n	annehme/n	Abnehmer/n	[→ enne/n (1)]	Bethlehemer/n
entnehme/n	aufnehme/n	Teilnehmer/n	Bemme/n	Birminghamer/n
verbräme/n	ausnehme/n	vornehmer/n	Dämme/n	
verfeme/n	schwernehme/n		dämme/n	**- emms**
vergräme/n	wegnehme/n	**- emm (1)**	hemme/n	→ ems
Vernehmen	festnehme/n	[→ eng → enge/n	Kämme/n	
vernehme/n	leichtnehme/n	(1)]	kämme/n	**- emmt (1)**
(verschämt)	teilnehme/n	[→ enn (1)]	Klemme/n	[→ end (1)]
beschäme/n	eincreme/n	dämm'	klemme/n	[→ engt → engst
Systeme/n	einnehme/n	hemm'	Memme/n	(1)]
Poeme/n	hinnehme/n	kämm'	schlämme/n	dämmt
Probleme/n	hochnehme/n	klemm'	schlemme/n	fremd
	Vornehme/n	schlämm'	Stämme/n	Hemd
Theoreme/n	vornehme/n (Verb)	schlemm'	stemme/n	hemmt
Einvernehmen	vornehme/n (Adj.)	stemm'	Schwämme/n	kämmt
Diademe/n	hoppnehme/n	DM	Schwemme/n	klemmt
Chrysantheme/n	zunehme/n	WM	Kaschemme/n	schlämmt
übel nehme/n	krummnehme/n	plemplem	(beklemmend)	schlemmt
übernehme/n	durchnehme/n	PanAm	verklemme/n	stemmt
vorliebnehme/n	vorwegnehme/n	verklemm'	überschwemme/n	gehemmt
Polypheme/n	zurücknehme/n	Bohème	entgegenstemme/n	entfremd'
Unternehmen		ABM		verfremd'
unternehme/n	**- öme/n* (2)**	Uncle Sam	**- emme/n* (2)**	verklemmt
(unverschämt)	[→ öne/n (2)]	Bethlehem	[→ enge/n (2)]	zweckentfremd'
zusammennehme/n	ausströme/n	Requiem	[→ enne/n (2)]	eingeklemmt
gefangen nehme/n		IBM	abdämme/n	überschwemmt
Immunsysteme/n	**- emel/n**	überschwemm'	abklemme/n	Totenhemd
Schneeballsyste-	[→ enel/n]	Birmingham	anklemme/n	entgegenstemmt
me/n	Dämel/n	entgegenstemm'	anschwemmen	
Ökosysteme/n	Memel	Methusalem	aufschwemme/n	**- emmt* (2)**
überhandnehmen	Schemel/n	CVJM	aufstemme/n	[→ end (2)]
Wirtschaftssyste-			ausschwemme/n	[→ engt → engst
me/n	**- emer/n (1)**	**- emm* (2)**	festklemme/n	(2)]
Sonnensysteme/n	[→ ema → a (2)]	[→ eng → enge/n	eindämme/n	abdämmt
auseinanderneh-	[→ ener/n]	(2)]	einklemme/n	abklemmt
me/n	Bremer/n	[→ enn (2)]		anklemmt
Koordinatensyste-	dem er	abdämm'	**- emmel/n**	anschwemmt
me/n	käm er	abklemm'	[→ engel/n (1)]	aufschwemmt
	Krämer/n	anklemm'	„Camel"	aufstemmt
- öme/n (1)	nähm er	aufschwemm'	Semmel/n	ausschwemmt
[→ öne/n (1)]	(Tremor)	aufstemm'	versemmel/n	weltfremd
Böhme/n	wem er	ausschwemm'		festklemmt
Ströme/n	bekäm er	festklemm'	**- emmer/n**	eindämmt
ströme/n	bequemer/n	eindämm'	[→ emma → a (2)]	einklemmt
verströme/n	extremer/n	einklemm'	[→ enger/n (1)]	
durchströme/n	genehmer/n	Odem	[→ enner/n (1)]	**- emmter/n**
überströme/n	entkäm er	Brodem	dämmer/n	[→ emper/n]
	angenehmer/n	Modem	Hämmer/n	[→ enker/n]
- eme/n* (2)	Arbeitnehmer/n	Moslem	hämmer/n	[→ enter/n → end

(1)]	- empf	[→ em (1)]	Verseh'n	Wiederseh'n
Ämter/n	[→ enf]	Eh'n	verseh'n	wiederseh'n
dämmt er	dämpf'	bläh'n	ersteh'n	widersteh'n
hemmt er	kämpf'	dehn'	Versteh'n	Pyrenäen
kämmt er	bekämpf'	den	versteh'n	irgendwen
klemmt er		dreh'n	erwähn'	sichergeh'n
schlämmt er	- empfe/n	Feen	verweh'n	hintergeh'n
schlemmt er	Dämpfe/n	fleh'n	beseh'n	missversteh'n
stemmt er	dämpfe/n	gähn'	geseh'n	schizophren
schwemmt er	Kämpfe/n	geh'n	geschäh'n	Knoblauchzeh'n
gehemmter/n	kämpfe/n	Gen	Gescheh'n	Wohlergeh'n
gekämmter	Krämpfe/n	jäh'n	gescheh'n	vorgeseh'n
verklemmter/n	bekämpfe/n	Kräh'n	verschmäh'n	Koryphäen
eingedämmter		kräh'n	Besteh'n	Odysseen
eingeklemmter	- empfer/n	Kren	besteh'n	homogen
überschwemmt er	Dämpfer/n	Leh'n	gesteh'n	fotogen
	Kämpfer/n	lehn'	Mäzen	Kollagen
- empe/n		mäh'n	Ideen	offensteh'n
[→ enke/n (1)]	- ems	näh'n	Pygmäen	Orchideen
[→ ente/n → end	[→ enz (1)]	Reh'n	Trophäen	zugesteh'n
(1)]	Ems	sä'n	mondän	Souverän
campe/n	brems'	säh'n	Chausseen	souverän
Kämpe/n	dämms'	Seen	Museen	untergeh'n
Krempe/n	hemm's	sehn'	umgeh'n	untersteh'n
trampe/n	kämm's	sch'n	umsteh'n	unbeseh'n
	klemm's	Schleh'n	Tourneen	
- empel/n (1)	schlemm's	schmäh'n		danebengeh'n
[→ enkel/n (1)]	stemm's	späh'n	nahegeh'n	verloren geh'n
Krempel/n	verklemm's	steh'n	schlafen geh'n	zugrunde geh'n
krempel/n	überschwemm's	trän'	nahesteh'n	heterogen
rempel/n		wähn'	Azaleen	gegenübersteh'n
Stempel/n	- emse/n	Weh'n	abgeseh'n	
stempel/n	[→ ense/n]	weh'n	angeseh'n	- ön (1)
Tempel/n	Bremse/n	wen	geradesteh'n	Bö'n
Gerempel	bremse/n	zäh'n	Kapitän	dröhn'
Exempel/n	dämm' se	Zeh'n	Halogen	Föhn
(bei Hempels (un-	Gemse/n	zehn	Handumdreh'n	föhn'
term Sofa))	hemm' se		auserseh'n	Flöh'n
	kämm' se	Kakteen	aufersteh'n	flöh'n
- empel/n* (2)	klemm' se	Alleen	autogen	frön'
[→ enkel/n (2)]	schlemm' se	Armeen	telegen	Höh'n
abstempel/n	stemm' se	Arsen	flöten geh'n	höhn'
umkrempel/n	Themse	Athen	erogen	klön'
	verklemm' se	begeh'n	Östrogen	krön'
- emper/n	überschwemm' se	Selen	Phänomen	löhn'
[→ emmter/n]		entgeh'n	endogen	Rhön
[→ enker/n]	- ēmter/n (1)	entlehn'	exogen	schön
[→ enter/n → end	→ em (1+2)	entsteh'n	eingesteh'n	stöhn'
(1)]	! zähmt er	verdreh'n	weiterseh'n	tön'
Camper/n		ergeh'n	übergeh'n	
Semper(-oper)	- émter/n (2)	Vergeh'n	überseh'n	(Gedöns)
Tramper/n	→ emmter/n	vergeh'n	übersteh'n	entflöh'n
verplemper/n		zergeh'n	niedergeh'n	entlöhn'
	- en (1)	erseh'n	niedermäh'n	entwöhn'

erhöh'n	Hellseh'n	- ence/n	Patient	Prozent
verhöhn'	hellseh'n	→ ance/n	beend'	Quotient
versöhn'	Fremdgeh'n		befänd'	vollend'
ertön'	fremdgeh'n	- önchen	Regent	solvent
verwöhn'	Fernseh'n	[→ one/n (1)]	behänd'	Konvent
gewöhn'	fernseh'n		bekennt	horrend
obszön	feststeh'n	- end (1)	Segment	Student
Dankeschön	beidreh'n	[→ amp]	Zement	umwänd'
abgewöhn'	beisteh'n	[→ emmt (1)]	empfänd'	
angewöhn'	freisteh'n	[→ engt → engst	benennt	nachempfänd'
Tausendschön	eindreh'n	(1)]	entbänd'	Parlament
eingewöhn'	eingeh'n	End'	entbrennt	Sakrament
überhöh'n	Einseh'n	end'	entrannt	Transparent
übertön'	einseh'n	(Ente/n)	entständ'	transparent
Bitteschön	einsteh'n	(Enter)	entschwänd'	transzendent
umgewöhn'	schiefgeh'n	(enter/n)	entwänd'	Aszendent
	stillsteh'n	Band	entwend'	aberkennt
- en* (2)	hochgeh'n	bänd'	verend'	anerkennt
[→ em (2)]	Vorgeh'n	blend'	verbänd'	sapperment!
nachgeh'n	vorgeh'n	brennt	verblend'	One-Night-Stand
Nachseh'n	vorseh'n	fänd'	verbrennt	(Alimente/n)
nachseh'n	vorsteh'n	flennt	erfänd'	abstinent
klarseh'n	rotseh'n	Gent	erkennt	Assistent
dasteh'n	kopfsteh'n	kennt	verkennt	Abonnent
abdreh'n	zugeh'n	(kenter/n)	Ferment	Absolvent
abgeh'n	zuseh'n	Quent	ernennt	Argument
ablehn'	umdreh'n	nennt	verpennt	dekadent
abseh'n	umseh'n	pennt	verpfänd'	vehement
absteh'n	rundgeh'n	pfänd'	verrennt	Rezensent
strammsteh'n	durchdreh'n	rennt	zerrännt	Dezernent
andreh'n	durchgeh'n	(Rente/n)	versend'	Sediment
angeh'n	durchseh'n	Cent	erständ'	Regiment
rangeh'n	durchsteh'n	(Center/n)	verständ'	eminent
anlehn'		send'	verschwänd'	renitent
Anseh'n	herabseh'n	scannt	verschwend'	Pergament
anseh'n	voraussseh'n	schänd'	zertrennt	Testament
ansteh'n	einhergeh'n	spend'	verwänd'	permanent
schwarzseh'n	vorherseh'n	ständ'	verwend'	Deszendent
aufdreh'n	vorbeiseh'n	schwänd'	Präsent	Expedient
aufgeh'n	bereitsteh'n	Trend	beständ'	exzellent
draufgeh'n	zurückdreh'n	trennt	geständ'	Element
auflehn'	drauflosgeh'n	wänd'	gewännt	Exkrement
Aufseh'n	bevorstehen	wend'	dezent	secondhand
aufseh'n	kaputtgeh'n		rezent	Referent
aufsteh'n		Agent	Klient	Reverend
ausdehn'	- ön* (2)	Fragment	Skribent	Management
Ausgeh'n	abtön'	Akzent	Piment	Happy End
ausgeh'n	Anhöh'n	Talent	Event	evident
Ausseh'n	argwöhn'	(Ambiente)	Pigment	Präsident
ausseh'n	aussöhn'	(Tangente/n)	stringent	Resident
aussteh'n		latent	(Polente)	Delinquent
fehlgeh'n	- én (3)	Patent	Moment	resistent
leer steh'n	→ enn (1)	patent	potent	existent
wegseh'n		Advent	Dozent	effizient

eloquent	korpulent	absend'	Blende/n	umwände/n
Exponent	Dokument	abtrennt	blende/n	
(Zeitungsente/n)	Monument	abwend'	(blendend)	nachempfände/n
überblend'	Konsument	anbrennt	Brände/n	Tatbestände/n
überrennt	Konkurrent	anrennt	fände/n	Krankenstände/n
übersend'	zuerkennt	anwend'	Hände/n	Außenstände/n
überwänd'	Rudiment	stattfänd'	Lende/n	Pegelstände/n
niederbrennt	Fundament	aufbänd'	pfände/n	Nebelwände/n
widerständ'	justament	aufblend'	sende/n	Gegenstände/n
virulent	Supplement	auftrennt	schände/n	(lebenspendend)
Firmament	umbenennt	aufwend'	Spende/n	(segenspendend)
immanent	unterbänd'	ausblend'	spende/n	Remittende/n
Disneyland	Subskribent	auskennt	Stände/n	Blütenstände/n
different	suffizient	ausständ'	stände/n	überblende/n
inhärent	turbulent	Elend	Strände/n	übersende/n
Inserent		elend	schwände/n	überwände/n
divergent	ambivalent	heimfänd'	Wände/n	Widerstände/n
Dissident	Abiturient	einbänd'	wände/n	widerstände/n
Dirigent	Äquivalent	einblend'	Wende/n	Dividende/n
Dixieland	äquivalent	einbrennt	wende/n	Bildlegende/n
imminent	Temperament	einfänd'		Wochenende/n
Inspizient	Experiment	dreinfänd'	beende/n	Sonnenblende/n
indolent	Medikament	einrennt	befände/n	Sonnenbrände/n
insolvent	wiedererkennt	einsend'	Legende/n	Sonnenwende/n
Disponent	Interessent	einwend'	behände	Sportverbände/n
impotent	intelligent	Weekend	Gelände/n	(formvollendet)
indulgent	impertinent	rückblend'	empfände/n	Schockzustände/n
Instrument	(Fisimatenten)	hinfänd'	entbände/n	Druckverbände/n
Insurgent	indifferent	Instant	entsende/n	unterbände/n
kohärent	insuffizient	hinwend'	entstände/n	Unterstände/n
Orient	Koeffizient	vorfänd'	entschwände/n	zusammenfände/n
Produzent	(dolce far niente)	zubänd'	entwände/n	Begleitumstände/n
Kontrahent	Korrespondent	zuständ'	entwende/n	Kilometerstände/n
Ornament	Mordinstrument	zuwend'	verende/n	Wertgegenstände/n
Postament	Establishment	umbänd'	Verbände/n	
konsequent	Old Shatterhand	umrennt	verbände/n	- ende/n* (2)
Komplement	Rekonvaleszent	durchbrennt	verblende/n	nachsende/n
Wochenend		durchfänd'	(verblendet)	abbände/n
konvergent	- önd (1)		erfände/n	abblende/n
kompetent	gönnt	herausfänd'	verpfände/n	abfände/n
Okzident	könnt	herauswänd'	versende/n	absende/n
Konfident	vergönnt	verelend'	erstände/n	Abstände/n
Kompliment	missgönnt	zurechtfänd'	verstände/n	abwende/n
Sortiment			verschwände/n	anwende/n
(Prominente/n)	- end* (2)	- önd* (2)	verschwende/n	stattfände/n
prominent	[→ emmt (2)]	abkönnt	verwände/n	aufbände/n
Kontinent	[→ engt → engst	umhinkönnt	verwende/n	aufblende/n
Kontingent	(2)]		Bestände/n	Aufstände/n
konsistent	nachrennt	- ende/n (1)	bestände/n	aufwende/n
(Komponente/n)	nachsend'	[→ emde/n]	gestände/n	ausblende/n
Opponent	abbänd'	Ende/n	bewenden	Ausstände/n
kongruent	abblend'	ende/n	vollende/n	ausstände/n
konkludent	abbrennt	Bände/n	horrende/n	Elende/n
opulent	abfänd'	bände/n	zu Händen	elende/n

heimfände/n	Bänder/n	Einsender/n	Marlene	- öne/n (1)
Einbände/n	Blender/n	Bihänder/n	(Jahrzehnt)	[→ öme/n (1)]
einbände/n	fand er	Neuseeländer/n	Athene	dröhne/n
einblende/n	Länder/n		Mäzene/n	Föhne/n
einfände/n	Pfänder/n	- endler/n	Helene	föhne/n
dreinfände/n	Ränder/n	Händler/n	Hellene/n	fröne/n
einsende/n	ränder/n	Ländler/n	Selene	höhne/n
Einwände/n	render/n	Pendler/n	entlehne/n	klöne/n
einwende/n	Sender/n	Tändler/n	verseh'ne/n	kröne/n
Leinwände/n	Schänder/n	Straßenhändler/n	erwähne/n	Löhne/n
Beistände/n	schlender/n	Sklavenhändler/n	geseh'ne/n	löhne/n
Rückblende/n	Spender/n	Waffenhändler/n	gescheh'ne/n	Schöne/n
rückblende/n	Ständer/n	Mädchenhändler/n	Hyäne/n	schöne/n (Verb)
Rückstände/n	ständ er	Einzelhändler/n	Hygiene	schöne/n (Adj.)
stillstände/n	Tender/n	Mittelständler/n	Migräne/n	Söhne/n
hinfände/n		Drogenhändler/n	Chilene/n	stöhne/n
hinwende/n	Kalender/n	Ruheständler/n	Irene	Töne/n
Missstände/n	befänd er	Lumpenhändler/n	Sirene/n	töne/n
vorfände/n	behänder/n	Unterhändler/n	Domäne/n	
Vorstände/n	Geländer/n		Moräne/n	entlöhne/n
Vorwände/n	empfänd er	- ends	Slowene/n	entwöhne/n
zubände/n	entständ er	→ enz (1+2)	mondäne/n	verhöhne/n
Zustände/n	erfänd er		Fontäne/n	(verpönt)
zustände	erständ er	- ene/n (1)	Rumäne/n	versöhne/n
zuwende/n	verständ er	[→ eme/n (1)]	Muräne/n	verschöne/n
umbände/n	Verschwender/n	bene	(zu zehnt)	ertöne/n
Umstände/n	bestand er	Däne/n	Turkmene/n	verwöhne/n
durchfände/n	geständ er	dehne/n		gewöhne/n
	Gewänder/n	denen	Magdalene	obszöne/n
herausfände/n	Vollender/n	gähne/n	Quarantäne/n	abgewöhne/n
herauswände/n	horrender/n	Gene/n	angeseh'ne/n	angewöhne/n
verelende/n	Bratenwender/n	Hähne/n	Kapitäne/n	Tausendschöne/n
zurechtfände/n	Nachbarländer/n	jene/n	Halogene/n	Flötentöne/n
	Waldesränder/n	Kähne/n	autogene/n	(preisgekrönt)
- endel/n (1)	Marketender/n	Kräne/n	telegene/n	eingewöhne/n
Bändel/n	Sauerländer/n	Lehne/n	erogene/n	übertöne/n
Händel/n	Tellerränder/n	lehne/n	Östrogene/n	Zwischentöne/n
Händel, Georg	Helgoländer/n	Mähne/n	Phänomene/n	umgewöhne/n
Friedrich	Reiseländer/n	Pläne/n	Ökumene	
händel/n	Niederländer/n	Sehne/n	endogene/n	- ene/n* (2)
Grendel	widerständ er	sehne/n	exogene/n	[→ eme/n (2)]
mendel/n	Hinterländer/n	Szene/n	überseh'ne/n	ablehne/n
Pendel/n	Kinderschänder/n	Späne/n	Liebesszene/n	anlehne/n
pendel/n	Morgenländer/n	Strähne/n	Schizophrene/n	auflehne/n
tändel/n		Schwäne/n	schizophrene/n	ausdehne/n
Lavendel	- ender/n* (2)	Träne/n	notabene	
vertändel/n	Absender/n	tränen	vorgeseh'ne/n	- öne/n* (2)
	Flachländer/n	Vene/n	homogene/n	[→ öme/n (2)]
- endel/n* (2)	Armbänder/n	wähne/n	fotogene/n	abtöne/n
anbändel/n	Elender	Zähne/n	Kollagene/n	argwöhne/n
	elender/n	Zehne	Drogenszene/n	aussöhne/n
- ender/n (1)	Sechsender/n	(Zehnt)	souveräne/n	
[→ enda → a (2)]	Rechtshänder/n		heterogene/n	- enel/n
änder/n	Highlander/n	Alkmene		[→ emel/n]

92

ähnel/n	Enge/n	verhänge/n	nachhänge/n	rumhänge/n
	enge/n	erklänge/n	Jahrgänge/n	umspränge/n
- ener/n	dränge/n	verklänge/n	abdränge/n	Rundgänge/n
[→ ena → a (2)]	Fänge/n	vermenge/n	abfänge/n	durchdränge/n
[→ emer/n (1)]	fänge/n	erränge/n	Abgänge/n	Durchgänge/n
jener	(Gang)	versänge/n	Abhänge/n	durchhänge/n
Trainer/n	Gänge/n	versenge/n	abhänge/n	durchränge/n
Zehner/n	Hänge/n	verschlänge/n	abklänge/n	
Athener/n	hänge/n	zerspränge/n	abspränge/n	heraushänge/n
verseh'ner	Klänge/n	zersprenge/n	Anfänge/n	herausspränge/n
geseh'ner	klänge/n	erzwänge/n	anfänge/n	Spaziergänge/n
gescheh'ner	Länge/n	Gesänge/n	Anhänge/n	
mondäner/n	Menge/n	besänge/n	anhänge/n	**- engel/n (1)**
Container/n	menge/n	bespränge/n	Anklänge/n	[→ emmel/n]
Nazarener/n	(peng!)	Gestänge/n	anklänge/n	Engel/n
angeseh'ner/n	pränge/n	bezwänge/n	anspränge/n	Bengel/n
autogener	Ränge/n	misslänge/n	anstrenge/n	Dengel/n
telegener/n	ränge/n	umfänge/n	Rauchfänge/n	dengel/n
Entertainer/n	sänge/n	umschlänge/n	aufdränge/n	drängel/n
endogener	senge/n	durchdränge/n	Aufgänge/n	gängel/n
erogener/n	(Slang)		aufhänge/n	quengel/n
exogener	schlänge/n	Staatsempfänge/n	aufspränge/n	Mängel/n
Italiener/n	spränge/n	Nasenlänge/n	aufschwänge/n	schlängel/n
überseh'ner	sprenge/n	Handgemenge	aufzwänge/n	Sprengel/n
vorgeseh'ner	Stränge/n	Abgesänge/n	Ausgänge/n	Stängel/n
homogener/n	Strenge	Schlachtgesänge/n	Aushänge/n	Schwengel/n
fotogener/n	strenge/n	Herbstanfänge/n	aushänge/n	Gedrängel
souveräner/n	schwänge/n	Wellenlänge/n	ausklänge/n	bemängel/n
Schizophrener	wränge/n	Neuanfänge/n	Meerenge/n	Unschuldsengel/n
schizophrener/n	Zwänge/n	Schienenstränge/n	Wehrgänge/n	
heterogener/n	zwänge/n	Übergänge/n	beimenge/n	**- engel/n* (2)**
		übergänge/n	beispränge/n	Glimmstängel/n
- öner/n	(Lamäng)	Überhänge/n	einenge/n	vordrängel/n
Döner/n	beenge/n	Überlänge/n	eindränge/n	
schöner/n	Gedränge	überspränge/n	Eingänge/n	**- enger/n (1)**
Stöhner/n	bedränge/n	niederränge/n	einhänge/n	[→ emmer/n]
tönern	begänge/n	niederzwänge/n	reinhänge/n	[→ enner/n (1)]
verschöner/n	Behänge/n	hingelänge/n	einsänge/n	enger/n
obszöner/n	behänge/n	hintergänge/n	einspränge/n	bänger/n
Tagelöhner/n	Gehänge/n	Stimmumfänge/n	einschwänge/n	Fänger/n
	gelänge/n	Notausgänge/n	Blickfänge/n	Hänger/n
- enf	Gemenge	Schulanfänge/n	Wildfänge/n	länger/n
[→ empf]	Empfänge/n	Untergänge/n	Windfänge/n	Sänger/n
Genf	empfänge/n	Gedankengänge/n	vordränge/n	säng' er
Senf	entgänge/n	Zusammenhänge/n	Vorgänge/n	spräng' er
	entränge/n	zusammenhängen	vorgänge	Sprenger/n
- eng	entspränge/n	Schwanengesän-	Vorhänge/n	strenger/n
→ enge/n (1+2)	Gepränge	ge/n	vorsänge/n	schwänger/n
[→ emm (1+2)]	verenge/n	Sonnenuntergän-	Zugänge/n	wräng' er
[→ enn (1+2)]	verdränge/n	ge/n	zuhänge/n	zwäng' er
	verfänge/n		zuspränge/n	
- enge/n (1)	ergänge/n	**- enge/n* (2)**	Umfänge/n	geläng' er
[→ emme/n (1)]	vergänge/n	[→ emme/n (2)]	Umhänge/n	Empfänger/n
[→ enne/n (1)]	zergänge/n	[→ enne/n (2)]	umhänge/n	entspräng' er

erkläng' er
verkläng' er
verlänger/n
erräng' er
zerspräng' er
erzwäng' er
besäng' er
bespräng' er
bezwäng' er
missläng' er
Rattenfänger/n
Rasensprenger/n
Bauernfänger/n
Einzelgänger/n
Widergänger/n
überspräng' er
Müßiggänger/n
Minnesänger/n
Volksempfänger/n
Doppelgänger/n
Schulanfänger/n
Schulabgänger/n
Befehlsempfänger/n

- enger/n* (2)
[→ enner/n (2)]
Abgänger/n
Anfänger/n
Anhänger/n
Draufgänger/n
Einsänger/n
Kirchgänger/n
Vorgänger/n
Vorsänger/n
Kostgänger/n
Fußgänger/n
Spaziergänger/n

- engs
→ enkes (1)
[→ enz (1)]

- engsel/n*
Anhängsel/n
Einsprengsel/n

- engst (1)
[→ enzt (1)]
engst
denkst
drängst
fängst
hängst

Hengst
henkst
klängst
kränkst
längst
lenkst
mengst
prängst
rängst
renkst
sängst
sänkst
sengst
senkst
schenkst
schlängst
sprängst
sprengst
schwängst
schwenkst
tränkst
wrängst
zwängst

beengst
bedenkst
gedenkst
bedrängst
behängst
empfängst
enträngst
entsprängst
verengst
verdenkst
verdrängst
verfängst
verhängst
vermengst
errängst
verrenkst
versängst
versänkst
versengst
versenkst
verschlängst
zersprängst
zersprengst
verschränkst
ertränkst
vertränkst
erzwängst
besängst
besprängst
beschränkst

beträngst
bezwängst
umfängst
umschlängst
durchdenkst
durchdrängst

überdenkst
übersprängst
niederrängst
niederzwängst
(unumschränkt)

- engst* (2)
[→ enzt (2)]
nachhängst
nachschenkst
abdrängst
abfängst
abhängst
ablenkst
absänkst
absprängst
anfängst
anhängst
ansprängst
anstrengst
aufdrängst
aufsprängst
aufschwängst
aufzwängst
ausdenkst
aushängst
ausklängst
ausrenkst
ausschenkst
wegdenkst
beimengst
beisprängst
einengst
einhängst
reinhängst
einlenkst
einrenkst
einsängst
einsänkst
einschenkst
einschränkst
einsprängst
einschwängst
einschwenkst
vordrängst
vorsängst
zuhängst

zusprängst
umdenkst
umhängst
rumhängst
umlenkst
unlängst
umschwenkst
umsprängst
durchdrängst
durchhängst
durchrängst

heraushängst
zurückdenkst

- engste/n
Ängste/n
engste/n
denkste (= denkst du)
drängste (= drängst du)
fängste (= fängst du)
hängste (= hängst du)
Hengste/n
henkste (= henkst du)
klängste (= klängst du)
kränkste/n
längste/n
lenkste (= lenkst du)
mengste (= mengst du)
prängste (= prängst du)
rängste (= rängst du)
renkste (= renkst du)
sängste (= sängst du)
sänkste (= sänkst du)
sengste (= sengst du)
senkste (= senkst du)
schenkste (= schenkst du)
schlängste (=

schlängst du)
sprängste (= sprängst du)
sprengste (= sprengst du)
strengste/n
schwängste (= schwängst du)
schwenkste (= schwenkst du)
tränkste (= tränkst du)
wrängste (= wrängst du)
zwängste (= zwängst du)
beengste (= beengst du)
bedenkste (= bedenkst du)
gedenkste (= gedenkst du)
bedrängste (= bedrängst du)
behängste (= behängst du)
empfängste (= empfängst du)
entsprängste (= entsprängst du)
verengste (= verengst du)
verdrängste (= verdrängst du)
verfängste (= verfängst du)
verhängste (= verhängst du)
vermengste (= vermengst du)
errängste (= errängst du)
verrenkste (= verrenkst du)
versängste (= versängst du)
versänkste (= versänkst du)
versengste (= versengst du)
versenkste (= versenkst du)
verschlängste (=

verschlängst du)	strengster	zurückdenk'	absenke/n		Schwenker/n
zersprängste (= zersprängst du)	- **engt**	- **enke/n (1)**	Schlachtbänke/n		tränk' er
	→ engst (1+2)	[→ empe/n]	Andenken		versänk' er
zersprengste (= zerspengst du)	[→ emmt (1+2)]	[→ ente/n → end (1)]	Sandbänke/n		erränk' er
	[→ end (1+2)]		ausdenke/n		verränk' er
verschränkste (= verschränkst du)		Bänke/n	ausrenke/n		beträngk' er
	- **enk (1)**	denke/n	ausschenke/n		Cognacschwenker/n
ertränkste (= erränkst du)	denk'	henke/n	wegdenke/n		ungelenker/n
	henk'	kränke/n	einlenke/n		
	kränk'	lenke/n	einrenke/n		- **enkes (1)**
vertränkste (= verränkst du)	lenk'	Ränke/n	einsänke/n		denk' es
	renk'	renke/n	einschenke/n		henk' es
erzwängste (= erzwängst du)	sänk'	sänke/n	einschränke/n		kränk' es
	senk'	Senke/n	einschwenke/n		(längs)
besängste (= besängst du)	schenk'	senke/n	umdenke/n		lenk' es
	schwenk'	Schenke/n	umlenke/n		sänk' es
besprängste (= besprängst du)	tränk'	schenke/n	umschwenke/n		schenk' es
	bedenk'	Schränke/n	Mundschenke/n		senk' es
beschränkste (= beschränkst du)	gedenk'	Schwänke/n	zurückdenke/n		schwenk' es
	Gelenk	schwenke/n	- **enkel/n (1)**		tränk' es
bezwängste (= bezwängst du)	verdenk'	Tränke/n	[→ empel/n (1)]		bedenk' es
	verrenk'	tränke/n	Enkel/n		Gelenkes
beträngste (= beträngst du)	versänk'		Bänkel(-sang)		(empfäng's)
	versenk'	Bedenken	Henkel/n		verdenk' es
umfängste (= umfängst du)	verschränk'	bedenke/n	kränkel/n		verrenk' es
	erränk'	Gedenken	plänkel/n		versänk' es
umschlängste (= umschlängst du)	verränk'	gedenke/n	Senkel/n		versenk' es
	Geschenk	Gelenke/n	Schenkel/n		verschränk' es
	beschränk'	verdenke/n	Sprenkel/n		erränk' es
umsprängste (= umsprängst du)	Getränk	verrenke/n	sprenkel/n		verränk' es
	beträngk'	versänke/n	Geplänkel		Geschenkes
	Gezänk	versenke/n	besprenkel/n		beschränk' es
durchdenkste (= durchdenkst du)	durchdenk'	verschränke/n	(gesprenkelt)		Getränkes
	eingedenk	erränke/n			Gezänkes
	überdenk'	verränke/n	- **enkel/n* (2)**		durchdenk' es
durchdrängste (= durchdrängst du)	ungelenk	Geschenke/n	[→ empel/n (2)]		überdenk' es
		beschränke/n	Schnürsenkel/n		ungelenkes
	- **enk* (2)**	beträngke/n			
	nachschenk'	Getränke/n	- **enker/n**		- **enkes* (2)**
überdenkste (= überdenkst du)	ablenk'	Gezänke	[→ emmter/n]		Mundschenkes
	ausdenk'	durchdenke/n	[→ emper/n]		
	ausrenk'	Angedenken	[→ enter/n → end (1)]		- **enks**
übersprängste (= übersprängst du)	ausschenk'	(andersdenkend)	Bänker/n		→ enkes (1+2)
	wegdenk'	überdenke/n	Denker/n		[→ enz (1+2)]
	einlenk'	ungelenke/n	Henker/n		
ungelenk'ste/n	einrenk'	(blutdrucksenkend)	kränker/n		- **enkst**
	einschenk'		Lenker/n		→ engst (1+2)
- **engster/n**	einschränk'	- **enke/n* (2)**	sänk' er		
[→ enster/n]	einschwenk'	[→ ente/n → end (2)]	Schlenker/n		- **enkt**
engster	umdenk'	nachschenke/n	schlenker/n		→ engst (1+2)
Gangster/n	umlenk'	ablenke/n	Stänker		- **enn (1)**
kränkster	umschwenk'	absänke/n	stänker/n		[→ emm (1)]
längster	Mundschenk				

[→ eng → enge/n (1)]	gönn'	gewänne/n	enttänn' er	Gänse/n
	missgönn'	aberkenne/n	zerränn' er	kenn' se
Ben		anerkenne/n	ersänn' er	nenn' se
brenn'	**- enn* (2)**	überrenne/n	gewänn' er	sänn' se
denn	[→ emm (2)]	niederbrenne/n	Dauerbrenner/n	Sense/n
Fan	[→ eng → enge/n (2)]	zuerkenne/n	Menschenkenner/n	sense!
flenn'		umbenenne/n		scann' se
kenn'	nachrenn'	wiedererkenne/n	**- önner/n (1)**	trenn' se
nenn'	abbrenn'		Gönner/n	Trense/n
PEN	abtrenn'	**- önne/n (1)**	Könner/n	bekenn' se
penn'	anbrenn'	gönne/n	spönn' er	benenn' se
renn'	anrenn'	könne/n	entrönn' er	entränn' se
sänn'	auftrenn'	spönne/n	Alleskönner/n	verbrenn' se
Scan	auskenn'	entrönne/n		erkenn' se
scann'	einbrenn'	vergönne/n	**- enner/n* (2)**	verkenn' se
Sven	einrenn'	missgönne/n	[→ enger/n (2)]	ernenn' se
trenn'	Slogan		Einspänner/n	verpenn' se
Twen	umrenn'	**- enne/n* (2)**		zerränn' se
wenn	durchbrenn'	[→ emme/n (2)]	**- önner/n* (2)**	ersänn' se
Yen		[→ enge/n (2)]	Nichtskönner/n	zertrenn' se
Zen	**- enne/n (1)**	nachrenne/n		gewänn' se
	[→ emme/n (1)]	abbrenne/n	**- enns**	immense/n
bekenn'	[→ enge/n (1)]	abtrenne/n	→ enz (1)	Dispense/n
benenn'	brenne/n	anbrenne/n		Dissense/n
entbrenn'	flenne/n	anrenne/n	**- önns**	Konsense/n
entränn'	Henne/n	auftrenne/n	→ önz	überrenn' se
verbrenn'	kenne/n	auskenne/n		
erkenn'	Männe	einbrenne/n	**- ennst**	**- enst**
verkenn'	nenne/n	einrenne/n	→ enzt (1+2)	→ enzt (1)
ernenn'	Penne/n	umrenne/n		
verpenn'	penne/n	durchbrenne/n	**- önnst**	**- enster/n**
verrenn'	Rennen		→ önzt (1+2)	[→ engster/n]
zerränn'	renne/n	**- önne/n* (2)**		Fenster/n
ersänn'	sänne/n	abkönne/n	**- ennt**	glänzt er
zertrenn'	Senne/n	umhinkönne/n	→ end (1+2)	grenzt er
gewänn'	scanne/n			kränzt er
Big Ben	Tenne/n	**- enner/n (1)**	**- önnt**	schwänzt er
UN	trenne/n	[→ emmer/n]	→ önd (1+2)	kredenzt er
AFN		[→ enger/n (1)]		begrenzt er
aberkenn'	Ardennen	Brenner/n	**- ennts**	ergänzt er
anerkenn'	Antenne/n	denn er	→ enz (1)	Gespenster/n
Cardigan	bekenne/n	(Henna)		umgrenzt er
Selfmademan	benenne/n	Henner	**- önnts**	umkränzt er
Gentleman	entbrenne/n	Jänner	→ önz	
überrenn'	entränne/n	Kenner/n		**- ĕnt (1)**
niederbrenn'	verbrenne/n	Männer/n	**- ēns**	→ ene/n (1+2)
zuerkenn'	erkenne/n	Nenner/n	→ en (1)	
Superman	verkenne/n	Penner/n		**- ént (2)**
Hooligan	ernenne/n	Renner/n	**- éns**	→ end (1+2)
umbenenn'	verpenne/n	sänn' er	→ enz (1)	
ISBN	verrenne/n	Senner/n		**- ent (3)**
wiedererkenn'	zerrenne/n	Scanner/n	**- ense/n**	[→ o (1)]
	ersänne/n	wenn er	[→ emse/n]	Saint Laurent, Yves
- önn	zertrenne/n	Bekenner/n	brenn' se	Engagement

Arrangement	nennt's	verbänd's	Parlaments	Instruments
Appartement	Pence	verblend's	Sakraments	Provenienz
Paravent	pfänd's	verbrenn's	Transparents	Orients
Departement	rennt's	verbrennt's	Transparenz	Dokuments
Reglement	Cents	erfänd's	Transzendenz	Opulenz
Bombardement	sänn's	verpfänd's	One-Night-Stands	Ornaments
Gouvernement	send's	ergänz'	Abstinenz	Postaments
Raffinement	scann's	erkenn's	Assistenz	Konsequenz
Amüsement	scannt's	verkenn's	Arguments	Komplements
Abonnement	schänd's	erkennt's	Audienz	Wochenends
Ressentiment	schlenz'	verkennt's	Dekadenz	Konvenienz
Etablissement	spend's	Ferments	Reagenz	Konferenz
	ständ's	ernenn's	Vehemenz	Konvergenz
- ente/n	schwänd's	ernennt's	Sediments	Kompetenz
→ end (1+2)	schwänz'	verpenn's	Pergaments	Okzidents
[→ empe/n]	Trends	verpennt's	Testaments	Kompliments
[→ enke/n (1+2)]	trenn's	zerränn's	Permanenz	Sortiments
	trennt's	verrennt's	Exzellenz	Prominenz
- enter/n	wänd's	ersänn's	Elements	Kontinents
→ end (1)	wend's	versend's	Exkrements	Kontingents
! trennt er		erständ's	Referenz	Konsistenz
[→ emmter/n]	Kadenz	verständ's	Präferenz	Kondolenz
[→ emper/n]	Agens	verschwänd's	Reverends	Kongruenz
[→ enker/n]	Fragments	verschwend's	Reverenz	Korpulenz
	Akzents	zertrenn's	Managements	Monuments
- entner/n	Talents	zertrennt's	Happy Ends	Konkurrenz
Rentner/n	Karenz	verwänd's	Residenz	Rudiments
Zentner/n	Latenz	verwend's	Evidenz	Fundaments
pergament'ner	Patents	Präsenz	Pestilenz	Supplements
	Advents	Präsents	Regiments	unterbänd's
- enz (1)	beend's	Essenz	Eminenz	Turbulenz
[→ ems]	Kredenz	beständ's	Existenz	
[→ enks → enkes (1)]	kredenz'	geständ's	Renitenz	Ambivalenz
	befänd's	gewänn's	Effizienz	Adoleszenz
End's	Segments	gewännt's	Eloquenz	Temperaments
end's	begrenz'	Piments	überblend's	Experiments
Bands	bekenn's	Events	überrenn's	Äquivalenz
bänd's	bekennt's	Lizenz	überrennt's	Äquivalents
„Benz"	bekränz'	Pigments	übersend's	Medikaments
blend's	Frequenz	immens	überwänd's	Reminiszenz
brenn's	Sequenz	Stringenz	widerständ's	Interferenz
brennt's	Zements	Dissens	Virulenz	Ingredienz
fänd's	empfänd's	Dispens	Firmaments	Intelligenz
flennt's	benenn's	vollend's	Immanenz	Impertinenz
Gents	benennt's	Solvenz	Disneylands	Inkompetenz
glänz'	Tendenz	Moments	Differenz	Koexistenz
grenz'	Sentenz	Konsens	Inhärenz	Konvaleszenz
Jens	entbänd's	Konvents	Divergenz	Korrespondenz
kenn's	entbrennt's	Florenz	Quintessenz	Mordinstruments
kennt's	entränn's	Potenz	Dixielands	Lumineszenz
kränz'	entständ's	Prozents	Indolenz	Jurisprudenz
Quents	entschwänd's	umgrenz'	Insolvenz	Fluoreszenz
Lenz	entwänd's	umkränz'	Impotenz	Establishments
nenn's	entwend's	umwänd's	Innozenz	Old Shatterhands

Rekonvaleszenz	Kadenzen	Assistenzen	angrenze/n	beendst
	Karenzen	Audienzen	faulenze/n	kredenzt
- önz	beend' se	Exzellenzen	ausgrenze/n	befändst
gönn's	Kredenzen	Referenzen	eingrenze/n	begrenzt
gönnt's	kredenze/n	Präferenzen		bekennst
könnt's	befänd' se	Reverenzen	- enzel/n	bekränzt
vergönn's	begrenze/n	Residenzen	cancel/n	empfändst
vergönnt's	bekennt' se	Pestilenzen	Ränzel/n	benennst
missgönn's	bekränze/n	Eminenzen	schwänzel/n	entbändst
missgönnt's	Frequenzen	Existenzen	tänzel/n	entbrennst
	Sequenzen	Effizienzen	Wenzel	entrännst
- enz* (2)	empfänd' se	Differenzen	scharwenzel/n	entständst
[→ enks → enkes	benennt' se	Divergenzen		entschwändst
(2)]	Tendenzen	überblend' se	- enzer/n (1)	entwändst
abgrenz'	Sentenzen	überrennt' se	Grenzer/n	entwendst
angrenz'	entbänd' se	übersend' se	(Mensa)	verbändst
faulenz'	entbrennt' se	überwänd' se	Schlenzer/n	verblendst
ausgrenz'	entständ' se	widerständ' se	Tänzer/n	verbrennst
Elends	entschwänd' se	Quintessenzen	(Influenza)	erfändst
eingrenz'	entwänd' se	Ingredienzen		ergänzt
Weekends	entwend' se	Impotenzen	- enzer/n* (2)	erkennst
	verbänd' se	Insolvenzen	Faulenzer/n	verkennst
- enze/n (1)	verblend' se	Provenienzen	Schulschwänzer/n	ernennst
end' se	verbrennt' se	Konsequenzen		verpennst
bänd' se	erfänd' se	Konvenienzen	- enzt (1)	verpfändst
blend' se	verpfänd' se	Konferenzen	[→ ems]	verrennst
brennt' se	ergänze/n	Konvergenzen	[→ engst (1)]	zerrännst
fänd' se	erkennt' se	Kompetenzen	endst	ersännst
flennt' se	verkennt' se	Kondolenzen	bändst	versendst
Gänze	ernennt' se	Kongruenzen	blendst	erständst
glänze/n	verpennt' se	Konkurrenzen	brennst	verständst
Grenze/n	verrennt' se	unterbänd' se	fändst	verschwändst
grenze/n	versend' se	Turbulenzen	flennst	verschwendst
kennt' se	erständ' se		glänzt	zertrennst
Kränze/n	verständ' se	Ambivalenzen	grenzt	verwändst
kränze/n	verschwänd' se	Äquivalenzen	kennst	verwendst
Lenze/n	verschwend' se	Reminiszenzen	kränzt	Gespenst
nennt' se	zertrennt' se	Interferenzen	nennst	beständst
pfänd' se	verwänd' se	Intelligenzen	pennst	geständst
rennt' se	verwend' se	Impertinenzen	pfändst	gewänntst
send' se	Präsenzen	Indifferenzen	rennst	vollendst
scannt' se	Essenzen	Inkompetenzen	sännst	umgrenzt
schänd' se	beständ' se	Konvaleszenzen	sendst	umkränzt
schlenze/n	geständ' se	Korrespondenzen	scannst	umwändst
spend' se	gewännt' se	Lumineszenzen	schändst	
ständ' se	Lizenzen	Rekonvaleszenzen	schlenzt	aberkennst
schwänd' se	Potenzen		spendst	anerkennst
Schwänze/n	vollend' se	- önze/n	ständst	überblendst
schwänze/n	Solvenzen	gönnt se	schwändst	überrennst
Tänze/n	umgrenze/n	könnt se	schwänzt	übersendst
trennt' se	umkränze/n	missgönnt se	trennst	überwändst
wänd' se	umwänd' se		wändst	niederbrennst
wend' se		- enze/n* (2)	wendst	widerständst
	Altersgrenze/n	abgrenze/n		zuerkennst

98

umbenennst	vorknöpf'	Rap	[→ ettel/n (1)]	Klöpse/n
unterbändst		rapp'	Seppel	Möpse/n
wiedererkennst	- epfe/n	Sepp	veräppel/n	Schöpse/n
	Näpfe/n	schlepp'		
- önzt (1)	Schnepfe/n	Stepp	- öppel/n	- epse/n* (2)
gönnst		stepp'	Klöppel/n	[→ eckse/n (2)]
könnt'st	- öpfe/n (1)	Web	klöppel/n	[→ etze/n (2)]
gewönnst	Köpfe/n	zapp'		kidnapp' se
missgönnst	köpfe/n	verebb'	- eppel/n* (2)	
	Knöpfe/n	verschlepp'	[→ ettel/n (2)]	- epst
- enzt* (2)	knöpfe/n	Handicap	aufpäppel/n	→ ept (1+2)
[→ engst (2)]	Kröpfe/n			[→ eckst (1+2)]
nachrennst	kröpfe/n	- epp* (2)	- epper/n (1)	[→ etzt → etze/n
abbrennst	Schöpfe/n	[→ eck (2)]	[→ ecker/n (1)]	(1+2)]
abgrenzt	schöpfe/n	[→ ett (2)]	[→ etter/n (1)]	
abtrennst	schröpfe/n	abschlepp'	Klepper/n	- ept (1)
anbrennst	Töpfe/n	anschlepp'	läppern	[→ eckt (1)]
angrenzt	Tröpfe/n	aufpepp'	Nepper/n	neppt
anrennst	Zöpfe/n	einschlepp'	Rapper/n	rappt
auftrennst	(erschöpft)	kidnapp'	schepper/n	schleppt
faulenzt	Geschöpfe/n	Quickstepp	Schlepper/n	steppt
ausgrenzt	(handgeschöpft)	hinschlepp'	Schnäpper/n	zappt
auskennst	(zugeknöpft)	durchschlepp'	schnäpper/n	Adept
einbrennst			Stepper/n	verebbt
eingrenzt	- öpfe/n* (2)	- eppe/n (1)	Zapper/n	verschleppt
einrennst	abknöpfe/n	[→ ecke/n (1)]	(bedeppert)	Rezept
umrennst	abschöpfe/n	[→ ette/n (1)]	zerdepper/n	Konzept
durchbrennst	ausschöpfe/n	Deppen		gehandicapt
	vorknöpfe/n	Kreppe/n	- öpper/n	
- önzt* (2)		Meppen	[→ öcker/n]	- ept* (2)
abkönnt'st	- epfel/n	neppe/n	[→ ötter/n (1)]	[→ eckt (2)]
umhinkönnt'st	Äpfel/n	rappe/n	Köpper/n	abschleppt
		Schleppe/n		anschleppt
- ep	- öpfel/n	schleppe/n	- epper/n* (2)	aufpeppt
→ epp (1)	tröpfel/n	Steppe/n	[→ ecker/n (2)]	einschleppt
		steppe/n	[→ etter/n (2)]	kidnappt
- epe/n	- öpfer/n	Treppe/n	Kidnapper/n	hinschleppt
[→ eke/n]	Schöpfer/n	zappe/n		durchschleppt
[→ ete/n (1)]	Schröpfer/n	verschleppe/n	- epps	
Epen	Töpfer/n	Giuseppe	→ epp (1+2)	- epte/n (1)
Pepe	Modeschöpfer/n		[→ ecks (1+2)]	[→ eckte/n (1)]
		- eppe/n* (2)	[→ etz (1+2)]	Äbte/n
- öpf (1)	- epp (1)	[→ ecke/n (2)]		Käpt'n
köpf'	[→ eck (1)]	[→ ette/n (2)]	- epse/n (1)	Clapton, Eric
knöpf'	[→ ett (1)]	abschleppe/n	[→ eckse/n (1)]	neppte/n
kröpf'	Depp	anschleppe/n	[→ etze/n (1)]	rappte/n
schöpf'	Depp, Johnny	aufpeppe/n	„Epson"	schleppte/n
schröpf'	hepp!	einschleppe/n	Kebse/n	steppte/n
Geschöpf	Crêpe	kidnappe/n	nepp' se	zappte/n
	Krepp	hinschleppe/n	rapp' se	Adepte/n
- öpf* (2)	Lap(-top)	durchschleppe/n	schlepp' se	verschleppte/n
abknöpf'	Nepp		verschlepp' se	Rezepte/n
abschöpf'	nepp'	- eppel/n (1)		Konzepte/n
ausschöpf'	Pep	[→ eckel/n]	- öpse/n	gehandicapte/n

99

- epte/n* (2)	jmd. fällt über	Speer	weither	nimmermehr
[→ eckte/n (2)]	jmd. her	Ster	vielmehr	Lichtermeer
abschleppte/n	jmd. bittet /	schwer	primär	Militär
anschleppte/n	beordert jmd.	Teer	binär	Millionär
aufpeppte/n	her	teer'	hierher	singulär
einschleppte/n	jmd. schickt /	währ'	bisher	zirkulär
kidnappte/n	bringt / holt /	wär'	Mohair	ringsumher
hinschleppte/n	führt jmd. her	Wehr	woher	Open Air
durchschleppte/n	jmd. macht sich	wehr'	sosehr	monetär
	über etwas her	wer	konträr	Polymer
- epter/n (1)	jmd. bemüht sich	zehr'	vorher	Solitär
[→ eckter/n →	her		jmd. sagt vorher	Volontär
eckte/n (1)]	jmd. geht her	nachher	nunmehr	folgenschwer
neppt er	(und ...)	daher	Kuvert	doktrinär
peppt er	jmd. sieht / hört	Salär	vulgär	ordinär
rappt er	her	Ampere	umher	populär
schleppt er	jmd. gehört hier	Transfer	durchquer'	pubertär
steppt er	her	beehr'		ungefähr
zappt er	jmd. muss her	gebär'	Aktionär	Flugverkehr
Zepter/n	jmd. findet her	Begehr	Pensionär	Funkverkehr
verschleppt er	jmd. kommt her	begehr'	stationär	Bundeswehr
gehandicapter	jmd. macht etwas	bekehr'	familiär	Funktionär
	her	prekär	sanitär	muskulär
- epter/n* (2)	jmd. schiebt etwas	Eclair	Camembert	
kidnappt er	vor sich her	belehr'	Savoir-faire	Parlamentär
	jmd. leitet etwas	entehr'	aufbegehr'	parasitär
- er (1)	her	entbehr'	ebender	anderswoher
[→ ea → a (2)]	jmd. schickt /	verehr'	nebenher	partikulär
[→ e-er/n (1)]	bringt / holt	verheer'	Gegenwehr	autoritär
Ehr'	etwas her	verjähr'	Gehtnichtmehr	Reaktionär
ehr'	jmd. gibt etwas	Verkehr	peripher'	reaktionär
er	her	verkehr'	elitär	Gegenverkehr
Bär	jmd. richtet etwas	erklär'	Laisser-faire	defizitär
der	her	verklär'	legendär	spektakulär
fair	jmd. stellt etwas	verquer	Gegenwehr	Fremdenverkehr
Flair	her	Vermeer, Jan	Grenzverkehr	Veterinär
gär'	jmd. zeigt etwas	vermehr'	zentnerschwer	imaginär
Ger	her	ernähr'	Necessaire	inflationär
Heer	kehr'	erschwer'	Sekretär	überallher
hehr	Claire	erwehr'	Legionär	irgendwoher
her	klär'	verwehr'	temporär	nirgendwoher
wo kommt etwas	quer	Verzehr	regulär	disziplinär
her	leer	verzehr'	sekundär	Milizionär
etwas macht etwas	lehr'	Tertiär	pekuniär	totalitär
her	Mär	Dessert	Feuerwehr	komplementär
von alters her	mär'	bescher'	Wiederkehr	originär
etwas rührt /	Meer	leger	wiederkehr'	humanitär
stammt von	mehr	beschwer'	überquer'	rudimentär
etwas her	nähr'	bewähr'	Visionär	
etwas gehört hier	Pair	Gewähr	visionär	von alters her
her	Peer	gewähr'	irgendwer	Geschlechtsverkehr
etwas muss her	sehr	Gewehr	hinterher	millionenschwer
jmd. zieht über	scher'	einher	Schriftverkehr	Revolutionär
jmd. her	Schmer	seither	Linksverkehr	revolutionär

intramuskulär	Hasardeur	- er* (2)	verderb'	- erbe/n* (2)
universitär	Amateur	[→ e-er/n (2)]	verfärb'	[→ erde/n (2)]
nebeneinanderher	angehör'	Abkehr	Erwerb	[→ erge/n (2)]
	Sacre Coeur	abkehr'	erwerb'	absterbe/n
- ör (1)	Marodeur	abklär'	bewerb'	abwerbe/n
[→ ö-er/n]	Schwadroneur	Abwehr	superb	anwerbe/n
Öhr	Transporteur	abwehr'	umwerb'	aussterbe/n
Föhr	Saboteur	Landwehr	Wettbewerb	schönfärbe/n
Fleur	Bankrotteur	aufklär'	Broterwerb	einkerbe/n
Gör	hergehör'	ausscher'		
hör'	Redakteur	auszehr'	- erb* (2)	- erbel/n
Coeur	Rechercheur	Heimkehr	[→ erk (2)]	[→ ergelt]
röhr'	Deserteur	heimkehr'	[→ ert (4)]	Bärbel
Stör	Regisseur	Einkehr	absterb'	Kerbel
stör'	Spediteur	einkehr'	abwerb'	verscherbel/n
schwör'	Exporteur	einscher'	anwerb'	Hyperbel/n
	Retuscheur	Rückkehr	aussterb'	
Claqueur	Kreuzverhör	Notwehr	schönfärb'	- erber/n (1)
Akteur	Ziseleur	fortkehr'	einkerb'	[→ örder/n]
Malheur	überhör'	fortscher'		[→ erger/n (1)]
Flaneur	hingehör'	Umkehr	- erbe/n (1)	Berber/n
Charmeur	Inspekteur	umkehr'	[→ erde/n (1)]	derber/n
Masseur	Ingenieur	hervorkehr'	[→ erge/n (1)]	Färber/n
Graveur	Importeur		Erbe/n	Gerber/n
Gehör	Instrukteur	- ör* (2)	erbe/n	herber/n
gehör'	Coiffeur	abhör'	derbe/n	Sperber/n
empör'	Monseigneur	abschwör'	färbe/n	Werber/n
Seigneur	Kommandeur	anhör'	gerbe/n	Verderber/n
entstör'	Voltigeur	aufhör'	herbe/n	Erwerber/n
erhör'	Konfiseur	herhör'	(Herbst)	Bewerber/n
Verhör	Kontrolleur	weghör'	Kerbe/n	superber
verhör'	Kolporteur	einschwör'	Serbe/n	Spielverderber/n
verlör'	Kondukteur	hinhör'	Scherbe/n	
verstör'	Konstrukteur	mithör'	sterbe/n	- erber/n* (2)
zerstör'	Zubehör	zuhör'	Verben	[→ erger/n (2)]
verschwör'	Stuckateur	umhör'	werbe/n	Abwerber/n
beschwör'	Gouverneur	heraushör'	beerbe/n	Schönfärber/n
betör'			enterbe/n	
Likör	Animateur	- erb (1)	vererbe/n	- erbs
Friseur	Akquisiteur	[→ erk (1)]	Verderben	→ erb (1)
Odeur	Dekorateur	[→ ert (3)]	verderbe/n	[→ erks → erk (1)]
Voyeur	Exterieur	erb'	verfärbe/n	[→ erz (1)]
Chauffeur	Requisiteur	(Erbse)	erwerbe/n	
Dompteur	Installateur	derb	bewerbe/n	- erbse/n
Honneur	Interieur	färb'	Gewerbe/n	→ erb (1)
Jongleur	Hypnotiseur	gerb'	superbe/n	! färb' se
Monteur	Provokateur	herb	umwerbe/n	[→ erkse/n → erk
Souffleur	Operateur	sterb'	Wettbewerbe/n	(1)]
Couleur	Zuckercouleur	Verb		[→ erze/n (1)]
	Ambassadeur	werb'	- örbe/n	
Nadelöhr	heraufbeschwör'	Adverb	[→ örde/n]	- erbst
Grandseigneur	dazugehör'	beerb'	Bourbon	→ erbe/n (1+2)
Kaskadeur	Kollaborateur	enterb'	Durban	
Arrangeur		vererb'	Körbe/n	- erbt

→ erbe/n (1+2)	[→ erber/n (1)]	wehre/n	vulgäre/n	Carabiniere
[→ erkt (1+2)]	[→ erger/n (1)]	zehre/n	durchquere/n	parasitäre/n
	förder/n			partikuläre/n
- erche/n	Mörder/n	Affäre/n	Stratosphäre/n	autoritäre/n
[→ errche/n]	beförder/n	Barriere/n	Farbenlehre	Reaktionäre/n
Bärchen		Karriere/n	familiäre/n	reaktionäre/n
Härchen	- ere/n (1)	Galeere/n	sanitäre/n	defizitäre/n
Jährchen	Ähre/n	Saläre/n	Garderobiere/n	spektakuläre/n
Klärchen	Ehre/n	beehre/n	Pensionäre/n	Veterinäre/n
Märchen	ehre/n	gebäre/n	stationäre/n	imaginäre/n
Pärchen	(erst)	(befährst)	Aktionäre/n	inflationäre/n
	(Erste/n)	Begehren	Atmosphäre/n	disziplinäre/n
- erd	Bären	begehre/n	aufbegehre/n	Milizionäre/n
→ ert (1+2)	Beere/n	Megäre/n	legendäre/n	totalitäre/n
	deren	bekehre/n	periphere/n	originäre/n
- erde/n (1)	Fähre/n	prekäre/n	reguläre/n	komplementäre/n
[→ erbe/n (1)]	(fährst)	belehre/n	Legionäre/n	humanitäre/n
[→ erge/n (1)]	faire/n	Premiere/n	Mengenlehre	rudimentäre/n
Erde/n	gäre/n	entehre/n	zentnerschwere/n	(zuallererst)
erde/n	Gere/n	entbehre/n	Sekretäre/n	(zusammenfährst)
Herde/n	hären	verehre/n	Hemisphäre/n	millionenschwere/n
Pferde/n	Heere/n	(erfährst)	elitäre/n	(dazwischenfährst)
Werden	hehre/n	(verfährst)	temporäre/n	Revolutionäre/n
werde/n	jähre/n	verheere/n	sekundäre/n	revolutionäre/n
Gebärde/n	kehre/n	verjähre/n	pekuniäre/n	intramuskuläre/n
gebärde/n	kläre/n	Verkehre/n	Feuerwehren	universitäre/n
gefährde/n	Quere	verkehre/n	(überfährst)	
Beschwerde/n	quere/n	erkläre/n	überquere/n	- öre/n (1)
Magenbeschwerden	Leere	verkläre/n	wiederkehre/n	Öhre/n
wahnsinnig wer-	leere/n (Verb)	verquere/n	Visionäre/n	Öre
de/n	leere/n (Adj.)	vermehre/n	visionäre/n	Föhre/n
Unruheherde/n	Lehre/n	ernähre/n	Millionäre/n	fröre/n
Honigkuchen-	lehre/n	erschwere/n	singuläre/n	Göre/n
pferde/n	Mähre/n	erwehre/n	zirkuläre/n	höre/n
klar werde/n	Märe/n	verwehre/n	monetäre/n	Chöre/n
bekannt werde/n	märe/n	verzehre/n	Konifere/n	Möhre/n
Krankheitsherde/n	Meere/n	legere/n	Polymere/n	Röhre/n
Schaukelpferde/n	mehre/n	beschere/n	Solitäre/n	röhre/n
Steckenpferde/n	nähre/n	beschwere/n	Volksbegehren	Störe/n
Krisenherde/n	Sphäre/n	Hetäre/n	folgenschwere/n	störe/n
	Schäre/n	bewähre/n	Kordilleren	schwöre/n
- örde/n	Schere/n	gewähre/n	doktrinäre/n	
[→ örbe/n]	schere/n	Gewehre/n	ordinäre/n	Claqueure/n
Börde/n	Speere/n	primäre/n	Gondoliere	Akteure/n
Förde/n	Stere/n	Schimäre/n	Montgolfiere/n	Malheure/n
Behörde/n	schwäre/n	binäre/n	Bonbonniere/n	Flaneure/n
	Schwere	Misere/n	Volontäre/n	Charmeure/n
- erde/n* (2)	schwere/n	Voliere/n	populäre/n	Masseure/n
[→ erbe/n (2)]	Teere/n	konträre/n	pubertäre/n	Graveure/n
[→ erge/n (2)]	teere/n	(fortwährend)	ungefähre/n	gehöre/n
loswerde/n	währe/n	Sauciere/n	Funktionäre/n	empöre/n
Zugpferde/n	(während)	(zuerst)	muskuläre/n	Tenöre/n
	wäre/n	Kuverte/n		entstöre/n
- örder/n	Wehre/n	(umfährst)	Parlamentäre/n	erhöre/n

Verhöre/n	Kondukteure/n	umhöre/n	millionenschwerer	verwerfe/n
verhöre/n	Konstrukteure/n	heraushöre/n	parasitärer/n	bewerfe/n
verlöre/n	Zubehöre/n		partikulärer	überwerfe/n
verstöre/n	Stuckateure/n	**- erer/n (1)**	autoritärer/n	unterwerfe/n
zerstöre/n	Gouverneure/n	[→ e-er/n (1)]	reaktionärer/n	in Schale werfe/n
verschwöre/n		[→ era → a (2)]	defizitärer	
beschwöre/n	Animateure/n	derer	spektakulärer/n	**- örfe/n**
betöre/n	Akquisiteure/n	fairer/n	imaginärer/n	surfe/n
Liköre/n	Exterieure/n	hehrer/n	inflationärer/n	
Friseure/n	Requisiteure/n	leerer/n	disziplinärer	**- erfe/n* (2)**
Odeure/n	Dekorateure/n	Lehrer/n	originärer/n	nachwerfe/n
Chauffeure/n	Installateure/n	Mehrer/n	totalitärer/n	abwerfe/n
Voyeure/n	Interieure/n	schwerer/n	komplementärer	aufwerfe/n
Dompteure/n	Hypnotiseure/n	wär' er	humanitärer/n	auswerfe/n
Jongleure/n	Operateure/n		rudimentärer/n	einwerfe/n
Monteure/n	Provokateure/n	Bekehrer/n	revolutionärer/n	hinwerfe/n
Souffleure/n	zusammengehöre/n	prekärer/n	intramuskulärer	vorwerfe/n
	Kollaborateure/n	Verehrer/n	universitärer	fortwerfe/n
Nadelöhre/n	Ambassadeure/n	verquerer		zuwerfe/n
Kaskadeure/n	heraufbeschwöre/n	Ernährer/n	**- örer/n (1)**	(umwerfend)
Arrangeure/n	auf Wiederhören	Verzehrer/n	[→ ö-er/n]	hinauswerfe/n
Hasardeure/n	dazugehöre/n	legerer/n	frör er	zurückwerfe/n
Amateure/n		Iberer/n	Hörer/n	herumwerfe/n
angehöre/n	**- ere/n* (2)**	primärer/n	Störer/n	
Marodeure/n	abkehre/n	binärer	Empörer/n	**- erfer/n (1)**
Schwadroneure/n	abkläre/n	konträrer/n	Verschwörer/n	schärfer/n
Transporteure/n	abwehre/n	Sumerer/n	Zerstörer/n	Werfer/n
Saboteure/n	(Rad fährst)	vulgärer/n	Beschwörer/n	Wasserwerfer/n
Bankrotteure/n	(schwarzfährst)		Betörer/n	Minenwerfer/n
hergehöre/n	aufkläre/n	Straßenkehrer/n	Ruhestörer/n	
Neonröhre/n	ausschere/n	familiärer	Geisterbeschwö-	**- örfer/n**
Redakteure/n	auszehre/n	sanitärer	rer/n	Dörfer/n
Rechercheure/n	(festfährst)	stationärer/n		Surfer/n
Deserteure/n	heimkehre/n	peripherer/n	**- erer/n* (2)**	
Regisseure/n	einkehre/n	elitärer/n	[→ e-er/n (2)]	**- erfer/n* (2)**
Spediteure/n	einschere/n	legendärer/n	Aufklärer/n	Scheinwerfer/n
Exporteure/n	(vorerst)	zentnerschwerer	Heimkehrer/n	Bildwerfer/n
Retuscheure/n	(fortfährst)	temporärer/n		
Speiseröhre/n	fortkehre/n	regulärer/n	**- örer/n* (2)**	**- erft**
Kreuzverhöre/n	fortschere/n	sekundärer	Mithörer/n	nervt
Ziseleure/n	umkehre/n	pekuniärer/n	Zuhörer/n	schärft
überhöre/n	hervorkehre/n	Briefbeschwerer/n		Werft
hingehöre/n		visionärer/n	**- erf**	entnervt
Inspekteure/n	**- öre/n* (2)**	singulärer	→ erfe/n (1+2)	entschärft
Ingenieure/n	abhöre/n	zirkulärer		verschärft
Importeure/n	abschwöre/n	monetärer	**- erfe/n (1)**	
Instrukteure/n	anhöre/n	folgenschwerer	Nerven	**- erg**
Coiffeure/n	aufhöre/n	ordinärer	nerve/n	→ erk (1)
Ofenröhre/n	herhöre/n	doktrinärer	Schärfe/n	
Kommandeure/n	weghöre/n	populärer/n	schärfe/n	**- erge/n (1)**
Voltigeure/n	einschwöre/n	pubertärer/n	werfe/n	[→ erbe/n (1)]
Konfiseure/n	hinhöre/n	ungefähr er	entschärfe/n	[→ erde/n (1)]
Kontrolleure/n	mithöre/n	muskulärer	entwerfe/n	Berge/n
Kolporteure/n	zuhöre/n		verschärfe/n	berge/n

103

Särge/n	Gewerk	verstärke/n	- erks	[→ öl (1)]
Scherge/n	Tagewerk	bestärke/n	→ erk (1+2)	Earl
Zwerge/n	Augenmerk	Gewerke/n	[→ erbs → erb	
Latwerge/n	Lebenswerk	Lebenswerke/n	(1+2)]	- erle/n
verberge/n	Räderwerk	Pferdestärke/n	[→ erz (1+2)]	Erle/n
Wellenberge/n	Wellenberg	Feuerwerke/n		Kerle/n
Schuldenberge/n	Menschenwerk	feuerwerke/n	- erkt (1)	Merle
	Heidelberg	Meisterwerke/n	[→ erbt → erbe/n	Perle/n
- erge/n* (2)	Teufelswerk	Bühnenwerke/n	(1)]	perle/n
[→ erbe/n (2)]	Feuerwerk	Jugendwerke/n	bergt	
[→ erde/n (2)]	feuerwerk'	Charakterstärke	merkt	- erm (1)
Herberge/n	Meisterwerk	Kartoffelstärke	stärkt	[→ ern (1)]
beherberge/n	Bühnenwerk	herumfuhrwerke/n	bemerkt	Germ
Spitzbergen	Voralberg		verbergt	Lärm
	Jugendwerk	- erke/n* (2)	vermerkt	lärm'
- ergelt	Wurzelwerk	[→ erte/n (3)]	verstärkt	Perm
[→ erbel/n]	Schuldenberg	Kraftwerke/n	bestärkt	schwärm'
ausgemergelt	„Underberg"	anmerke/n	feuerwerkt	Term
	Wunderwerk	Bauwerke/n	wohlgemerkt	wärm'
- erger/n (1)	herumfuhrwerk'	aufmerke/n	unbemerkt	Gedärm
[→ erber/n (1)]	Baden-Württem-	Stellwerke/n	herumfuhrwerkt	erwärm'
[→ örder/n]	berg	Bergwerke/n		umschwärm'
Ärger		vormerke/n	- erkt* (2)	
ärger/n (Verb)	- erk* (2)	Stockwerke/n	[→ erbt → erbe/n	- erm* (2)
ärger (Adj.)	[→ erb (2)]	Bollwerke/n	(2)]	[→ ern (2)]
kärger/n	[→ ert (4)]	Mundwerke/n	anmerkt	aufwärm'
Heidelberger/n	Dachwerk	Kunstwerke/n	aufmerkt	vorschwärm'
Drückeberger/n	Fachwerk		vormerkt	
Württemberger/n	Machwerk	- erkel/n	beherbergt	- erme/n (1)
Vorarlberger/n	Kraftwerk	[→ erpel/n]		[→ erne/n (1)]
	anmerk'	[→ ertel/n]	- erkte/n (1)	Därme/n
- erger/n* (2)	Handwerk	Ferkel/n	[→ erbte/n →	lärme/n
[→ erber/n (2)]	Bauwerk	Merkel, Angela	erbe/n (1)]	Spermen
Schlauberger/n	aufmerk'	werkel/n	Märkte/n	Schwärme/n
	Stellwerk	Tuberkel/n	merkte/n	schwärme/n
- ergt	Blendwerk		stärkte/n	Terme/n
→ erkt (1+2)	Bergwerk	- erker/n (1)	bemerkte/n	Therme/n
	Beiwerk	[→ erter/n → ert	vermerkte/n	Wärme
- erk (1)	Flickwerk	(3)]	verstärkte/n	wärme/n
[→ erb (1)]	vormerk'	Erker/n	bestärkte/n	Gedärme/n
[→ ert (3)]	Stockwerk	Kerker/n	feuerwerkte/n	(verhärmt)
Berg	Bollwerk	stärker/n	herumfuhrwerkte/n	erwärme/n
merk'	Mundwerk	Verstärker/n		umschwärme/n
stärk'	Kunstwerk	Steiermärker/n	- erkte/n* (2)	(abgehärmt)
Werg		Feuerwerker/n	[→ erbte/n →	
Werk	- erke/n (1)		erbe/n (2)]	- erme/n* (2)
Zwerg	[→ erte/n (2)]	- erker/n* (2)	anmerkte/n	[→ erne/n (2)]
	merke/n	[→ erter/n → ert	aufmerkte/n	aufwärme/n
bemerk'	Stärke/n	(4)]	vormerkte/n	ausschwärmen
verberg'	stärke/n	Handwerker/n		vorschwärme/n
Vermerk	Werke/n	Berserker/n	- erl	
vermerk'	bemerke/n	einkerker/n	→ erle/n	- ermer/n
verstärk'	Vermerke/n	Blitzmerker/n		[→ erner/n]
bestärk'	vermerke/n		- örl	ärmer/n

Lärmer/n	Morgenstern,	hörne/n	internes	anlernte/n
Schwärmer/n	Christian	körne/n	modernes	umlernte/n
wärmer/n	subaltern	(gehörnt)	sofern es	dazulernte/n
		(gekörnt)	so gern es	
- ermes	- örn		Konzernes	- erpel/n
[→ ernes]	burn	- erne/n* (2)	Abendsternes	[→ erkel/n]
Hermes	Björn	[→ erme/n (2)]	Davidsternes	[→ ertel/n]
Lärmes	dörr'n	anlerne/n	praxisfernes	Erpel/n
wärm' es	hörn'	umlerne/n	Augensternes	
Gedärmes	körn'	dazulerne/n	Holofernes	- err (1)
erwärm' es	Törn		subalternes	[→ in (4)]
umschwärm' es	Turn	- erner/n		Herr
		[→ ermer/n]	- ernst (1)	plärr'
- ermst	- ern* (2)	[→ erna → (2)]	[→ ermst →	sperr'
→ erme/n (1+2)	[→ erm (2)]	Berner/n	erme/n (1)]	zerr'
[→ ernst (1+2)]	absperr'n	ferner	Ernst	Parterre
	anlern'	Herner/n	ernst	entzerr'
- ermte/n	aufsperr'n	Kerner, Johannes B.	fernst	versperr'
→ erme/n (1+2)	aussperr'n	Lerner/n	lernst	verzerr'
[→ ernte/n (1+2)]	wegzerr'n	Werner	entfernst	
	einsperr'n	Falerner/n	entkernst	- err* (2)
- ern (1)	Schirmherrn	externer	verlernst	absperr'
[→ erm (1)]	umlern'	interner	modernst	aufsperr'
Bern	dazulern'	moderner/n	kennenlernst	aussperr'
fern		sofern er		wegzerr'
gern	- erne/n (1)	so gern er	- örnst	einsperr'
Herrn	[→ erme/n (1)]	Luzerner/n	burnst	Schirmherr
Kern	Ferne/n	praxisferner/n	hörnst	
lern'	ferne/n	Fleckenentferner/n	körnst	- errchen
plärr'n	gerne	subalterner		[→ erchen]
sperr'n	Herne		- ernst* (2)	Herrchen
Stern	Kerne/n	- örner/n	[→ ermst →	Lärche/n
„Stern"	lerne/n	Hörner/n	erme/n (2)]	Lerche/n
zerr'n	Sterne/n	Körner/n	anlernst	Pferche/n
entfern'	Kaserne/n	Turner, Tina	umlernst	pferche/n
entkern'	Laterne/n	Turner, William	dazulernst	
entzerr'n	Taverne/n	Wörner, Manfred		- erre/n (1)
verlern'	entferne/n		- ernte/n (1)	Herren
versperr'n	entkerne/n	- ernes	[→ ermte/n →	plärre/n
verzerr'n	verlerne/n	[→ ermes]	erme/n (1)]	Sperre/n
extern	externe/n	fernes	Ernte/n	sperre/n
intern	interne/n	Hernes	ernte/n	zerre/n
modern	Zisterne/n	Kernes	Kärnten	Parterre
sofern	Moderne	lern' es	lernte/n	entzerre/n
Konzern	moderne/n	sperr'n es	entfernte/n	versperre/n
Luzern	Konzerne/n	Sternes	entkernte/n	verzerre/n
Abendstern	Davidsterne/n	zerr'n es	verlernte/n	Ausgangssperre/n
Davidstern	praxisferne/n	entfern' es	besternte/n	
praxisfern	Augensterne/n	entkern' es	kennenlernte/n	- örre/n (1)
Augenstern	Möchtegerne/n	entzerr'n es		dörre/n
Möchtegern	kennenlerne/n	verlern' es	- ernte/n* (2)	Plörre/n
kennenlern'	subalterne/n	versperr'n es	[→ ermte/n →	
inwiefern		verzerr'n es	erme/n (2)]	- erre/n* (2)
insofern	- örne/n	externes	abernte/n	absperre/n

105

aufsperre/n	Reverse/n	Schwert	abgeklärt	nachahmenswert
aussperre/n	inverse/n	teert	dankenswert	wahnsinnig werd'
wegzerre/n	diverse/n	währt	(Allerwerteste/n)	seitenverkehrt
einsperre/n	Kontroverse/n	wärt	abgezehrt	überbewert'
Schirmherren	kontroverse/n	wehrt	Krankheitsherd	spiegelverkehrt
	Achillesferse/n	werd'	aufbegehrt	in sich gekehrt
- örre/n* (2)		Wert	aufgeklärt	unterernährt
ausdörre/n	- ērst (1)	wert	Schaukelpferd	unterbewert'
	→ ere/n (1+2)	zehrt	staunenswert	Unruheherd
- errs			Gegenwert	anerkennenswert
→ ers (2)	- érst (2)	beehrt	ehrenwert	Honigkuchenpferd
	→ erste/n (2)	geehrt	lebenswert	
- errst		gebärd'	sehenswert	- ört (1)
→ erste/n (2)	- ērste/n (1)	gebärt	hörenswert	hört
	→ ere/n (1)	befährt	lesenswert	Nerd
- errt	! kehrste (= kehrst	gefährd'	Steckenpferd	röhrt
→ ert (3+4)	du)	Gefährt	Stellenwert	stört
		(Gefährte/n)	nennenswert	schwört
- örrt	- erste/n (2)	begehrt	schätzenswert	gehört
→ ört (3)	berste/n	bekehrt	Krisenherd	empört
	Gerste/n	gekehrt	liebenswert	entstört
- errts	plärrste (= plärrst	geklärt	rühmenswert	erhört
→ erz (2)	du)	belehrt	überfährt	verhört
	sperrste (= sperrst	gelehrt	überquert	verlört
- ērs (1)	du)	entehrt	widerfährt	verstört
→ er (1)	zerrste (= zerrst du)	entbehrt	wiederkehrt	zerstört
	entzerrste (= ent-	entfährt	kriegsversehrt	verschwört
- ers (2)	zerrst du)	entwert'	Mittelwert	gestört
sperr's	versperrste (= ver-	verehrt	wünschenswert	beschwört
Vers	sperrst du)	erfährt	wissenswert	betört
zerr's	verzerrste (= ver-	verfährt	wohlgenährt	sprachgestört
travers	zerrst du)	verheert	lobenswert	angehört
Geplärrs		verjährt	lohnenswert	hergehört
entzerr's	- ert (1)	verkehrt (Verb)	umgekehrt	überhört
versperr's	ehrt	verkehrt (Adj.)	ungeklärt	hingehört
pervers	erd'	erklärt	unversehrt	unerhört
verzerr's	Bert	verklärt	unbeschwert	ungehört
Revers	(Fährte/n)	vermehrt		ungestört
invers	fährt	ernährt	beklagenswert	heraufbeschwört
divers	gärt	versehrt	zusammenfährt	dazugehört
kontrovers	Gerd	erschwert	beachtenswert	zusammengehört
	Herd	erwehrt	verachtenswert	geistesgestört
- erse/n	jährt	verwehrt	erhaltenswert	
Ferse/n	kehrt	verwert'	bedauernswert	- ert* (2)
sperr' se	klärt	verzehrt	erstrebenswert	klar werd'
Verse/n	leert	beschert	empfehlenswert	abkehrt
zerr' se	lehrt	beschwert	erzählenswert	abklärt
Traverse/n	märt	bewährt	erwähnenswert	abwehrt
traverse/n	mehrt	gewährt	begehrenswert	abwert'
entzerr' se	nährt	bewert'	verehrenswert	aufklärt
versperr' se	Pferd	Kuvert	bemerkenswert	aufwert'
Perverse/n	schert	umfährt	beneidenswert	ausschert
perverse/n	Stert	durchquert	dazwischenfährt	auswert'
verzerr' se	schwärt		bewundernswert	auszehrt

heimkehrt	- ört (3)	Experte/n	- erve/n (1)	- erz* (2)
einkehrt	dörrt	inerte/n	Verve	[→ erks → erk (2)]
einschert	Flirt	Offerte/n	Reserve/n	abwärts
preiswert	flirt'	Konzerte/n	Konserve/n	Alberts
loswerd'	Nerd	(abgehärtet)	Blutkonserve/n	Gallerts
fortkehrt	Shirt	schmerzverzerrte/n		anschwärz'
fortschert		Pfeifkonzerte/n	- erve/n (2)	ausmerz'
Zugpferd	- ert* (4)	Hupkonzerte/n	→ erfen (1)	auswärts
umkehrt	[→ erb (2)]	Wunschkonzerte/n		Herberts
bekannt werd'	[→ erk (2)]		- erz (1)	heimwärts
hervorkehrt	absperrt	- örte/n (2)	[→ erbs → erb (1)]	rückwärts
	Albert	dörrte/n	[→ erks → erk (1)]	Gilberts
- ört* (2)	Gallert	flirte/n	Erz	Roberts
abhört	(Anwärter/n)		Berts	Vormärz
abschwört	aufsperrt	- erte/n* (3)	härt's	vorwärts
anhört	aussperrt	[→ erke/n (2)]	Hertz	Norberts
aufhört	wegzerrt	absperrte/n	Herz	Huberts
herhört	Herbert	Gallerte/n	herz'	Ruperts
weghört	einsperrt	aufsperrte/n	März	
einschwört	Gilbert	aussperrte/n	Nerz	- erze/n (1)
hinhört	Robert	wegzerrte/n	plärrt's	[→ erbse/n → erb
mithört	Norbert	einsperrte/n	Scherz	(1)]
zuhört	Hubert		scherz'	[→ erkse/n → erk
umhört	Rupert	- ertel/n	Schmerz	(1)]
heraushört		[→ erkel/n]	sperrt's	Erze/n
	- örtchen	[→ erpel/n]	Sterz	härt' se
- ert (3)	Törtchen	Ertl, Josef	schwärz'	Herzen
[→ erb (1)]	Wörtchen	verzärtel/n	Terz	herze/n
[→ erk (1)]	Sterbenswörtchen		zerrt's	Kerze/n
Bert	stilles Örtchen	- ērter/n (1)		Märze/n
härt'		→ ert (1+2)	entzerrt's	Nerze/n
(härter/n)	- ērte/n (1)	! begehrt er	erhärt's	plärrt se
plärrt	→ ert (1+2)		verhärt's	Scherze/n
sperrt		- örter/n (1)	verscherz'	scherze/n
(Wärter/n)	- örte/n (1)	→ ört (1)	verschmerz'	Schmerzen
zerrt	→ ört (1+2)	! hört er	versperrt's	sperrt se
alert			verzerrt's	Sterze/n
entzerrt	- erte/n (2)	- érter/n (2)	Kommerz	Schwärze/n
erhärt'	[→ erke/n (1)]	→ ert (3+4)	Konzerts	schwärze/n
verhärt'	Bärte/n	! verzerrt er	Adalberts	Terzen
versperrt	Gärten	[→ erker/n (1+2)]	Dagoberts	zerrt se
verzerrt	Gerte/n	(Hertha)	Engelberts	(beherzt)
gesperrt	Härte/n		Pfeifkonzerts	entzerrt se
inert	härte/n	- örter/n (2)	himmelwärts	erhärt' se
(Konverter/n)	plärrte/n	dörrt er	Kuniberts	verhärt' se
Konzert	sperrte/n	Wörter/n	Hupkonzerts	verscherze/n
Adalbert	zerrte/n	erörter/n	Wunschkonzerts	verschmerze/n
Dagobert	alerte/n			versperrt se
Engelbert	entzerrte/n	- ērts (1)	- örz (1)	verzerrt se
schmerzverzerrt	erhärte/n	→ ert (1+2)	dörrt's	
Pfeifkonzert	verhärte/n	! lehrt's	Flirts	- erze/n* (2)
Kunibert	versperrte/n		Nerds	anschwärze/n
Hupkonzert	verzerrte/n	- érts (2)	Shirts	ausmerze/n
Wunschkonzert	gesperrte/n	→ erz (1+2)		

- es (1)	gemäß	Courbets	Privatiers	leprös
[→ ace]	MCs	Gourmets	pflichtgemäß	Gekrös'
äs'	MGs		sinngemäß	entblöß'
bläh's	Premiers	AKWs	fristgemäß	erhöh's
Drehs	genäs'	KKWs	hintergeh's	Erlös
dreh's	genes'	KGBs	Büffettiers	erlös'
Fes	Renés	ABCs	Chicorées	(Erlöser/n)
fräs'	Rentiers	Salomes	Romanciers	nervös
käs'	Thérèse	Makramees	Moirés	preziös
Klees	verdreh's	Kanapees	Hoteliers	fibrös
kräh's	verles'	Cabarets	hohen Cs	Milieus
les'	erseh's	Gardasees	Bodensees	porös
mäh's	verseh's	Attachés	Protegés	pompös
näh's	geschäh's	Marseillaise	Mobiles	monströs
pes'	gescheh's	Ateliers	Montgolfiers	
Rehs	verschmäh's	fachgemäß	Chansoniers	kariös
sä's	erspäh's	sachgemäß	Komitees	bravourös
säh's	gesteh's	artgemäß	Portemonnaies	skandalös
Sees	versteh's	Pralinés	Blutgefäß	strapaziös
seh's	verweh's	Garderobiers	Bouillabaisse	maliziös
Ches	verwes'	EKGs	Routiniers	kapriziös
Schmähs	beseh's	PKWs		amourös
schmäh's	Gesäß	DVDs	wahrheitsgemäß	glamourös
Schnees	Metiers	PVCs	Variétés	prätentiös
Tees	Kneipiers	BGBs	Cabriolets	seriös
Wehs	ICs	EEGs	satzungsgemäß	religiös
weh's	Bidets	demgemäß	auftragsgemäß	deliziös
Zehs	Budgets	DDTs	BUNDs	melodiös
	Sujets	„BMW"s	Sauce hollandaise	nebulös
AGs	Buffets	BNDs	ordnungsgemäß	(Selbstauslöser/n)
KGs	Signets	Defilees	Conférenciers	tendenziös
Parfaits	Filets	Resümees	Communiqués	generös
Abbés	Diners	Negligés	Couturiers	schikanös
Cafés	Pürees	Plädoyers	Zentralkomitees	überhöh's
Kaffees	Plissees	Dekolletés	erfahrungsgemäß	infektiös
Chalets	Bustiers	MADs	erwartungsgemäß	ingeniös
Palais	Klischees	Chevaliers	vertragsgemäß	philiströs
Bankiers	Foyers	Separees	Faksimiles	minuziös
Karrees	OPs	LKWs	programmgemäß	komatös
Glacés	Rosés	LPGs	zusammenles'	ominös
Dragees	Entrees	Genfer Sees	Penelopes	ruinös
Haschees	Kolliers	LSDs	naturgemäß	skrupulös
„VW"s	Sorbets	Chevrolets	in medias res	muskulös
ECs	Portiers	Renommees	vereinbarungs-	
PCs	Porträts	Exposés	gemäß	elefantös
WCs	Dossiers	zeitgemäß		intravenös
CDs	Bouquets	ICEs	- ös (1)	mysteriös
WGs	Coupés	übergeh's	bös'	inzestuös
Fair Plays	Soupers	überles'	dös'	bituminös
Baisers	Toupets	überseh's	Queues	voluminös
Gefäß	Croupiers	übersteh's	lös'	tuberkulös
begeh's	Couplets	Brigadiers	tös'	luxuriös
Gelees	Soufflés	Finanziers		medikamentös
LPs	umgeh's	Frikassees	graziös	

- es* (2)	dresche/n	kräh' se	auserlesen	Dompteuse/n
nachles'	fesche/n	Lese/n	Nepalese/n	monströse/n
ables'	cashe/n	lese/n	(Federlesens)	Souffleuse/n
Kaffees	kesche/n	mäh' se	Lebewesen	
Andrés	presche/n	Neese/n	Pekinese/n	kariöse/n
anles'	Wäsche/n	näh' se	Veronese/n	skandalöse/n
aufles'	Kalesche/n	pese/n	Genuese/n	strapaziöse/n
Fernwehs	Depesche/n	sä' se	Rechnungswesen	Balletteuse/n
Heimwehs	verdresche/n	säh' se	Siamese/n	maliziöse/n
vorles'	Katzenwäsche	seh' se	Libanese/n	kapriziöse/n
Rommés		schmäh' se	Milanese/n	amouröse/n
Frottés	- ösche/n (1)	Spesen	übergeh' se	glamouröse/n
hineinles'	[→ öche/n]	These/n	überlese/n	bravouröse/n
	drösche/n	Tresen	überseh' se	prätentiöse/n
- ös* (2)	Frösche/n	Wesen	übersteh' se	seriöse/n
nachlös'	lösche/n	weh' se	Diözese/n	religiöse/n
ablös'	verdrösche/n		Irokese/n	deliziöse/n
auflös'	erlösche/n	Malaise/n	Singhalese/n	nebulöse/n
auslös'		„Langnese"	hintergeh' se	tendenziöse/n
eindös'	- esche/n* (2)	Marchese/n	Hypothese/n	generöse/n
einlös'	[→ eche/n (4)]	Askese	Bolognese/n	melodiöse/n
	vorpresche/n	Gebläse/n	Polonaise/n	schikanöse/n
- es (3)		begeh' se	Sudanese/n	infektiöse/n
→ ess (1)	- ösche/n* (2)	belesen		ingeniöse/n
	auslösche/n	genäse/n	zusammenlese/n	philiströse/n
- esch (1)		genese/n	Gedankenlesen	minuziöse/n
[→ ech (2)]	- escher/n (1)	Therese	Telekinese	komatöse/n
dresch'	[→ echer/n (2)]	verdreh' se	Vietnamese/n	ominöse/n
Flash	fescher/n	erlesen	Sauce hollandaise	ruinöse/n
fesch	Häscher/n	verlese/n		skrupulöse/n
Cash	Kescher/n	zerlesen	- öse/n (1)	muskulöse/n
Crash	Wäscher/n	verseh' se	Öse/n	
presch'	Scheunendre-	verschmäh' se	Böse/n	elefantöse/n
resch	scher/n	erspäh' se	böse/n	bituminöse/n
Crème fraiche		versteh' se	döse/n	intravenöse/n
verdresch'	- öscher/n	verwese/n	löse/n	mysteriöse/n
Gewäsch	[→ öcher/n]	verweh' se	Möse/n	inzestuöse/n
Bangladesch	Feuerlöscher/n	beseh' se	töse/n	voluminöse/n
		gesteh' se		tuberkulöse/n
- ösch (1)	- escher/n* (2)	Gewese	Masseuse/n	luxuriöse/n
lösch'	[→ echer/n (3)]	gewesen	graziöse/n	medikamentöse/n
	Mähdrescher/n	Chinese/n	Gekröse	
- esch* (2)	einäscher/n	Synthese/n	lepröse/n	- ese/n* (2)
[→ ech (3)]		Vogesen	Erlöse/n	Nachlese/n
vorpresch'	- ese/n (1)	Prothese/n	erlöse/n	nachlese/n
	äse/n	umgeh' se	nervöse/n	ablese/n
- ösch* (2)	Besen		Getöse	(abwesend)
auslösch'	bläh' se	Fabelwesen	preziöse/n	anlese/n
	dreh' se	Anamnese/n	fibröse/n	Anwesen
- esche/n (1)	Fese/n	Marseillaise	Friseuse/n	(anwesend)
[→ eche/n (3)]	Fräse/n	handverlesen	Diseuse/n	auflese/n
Esche/n	fräse/n	Balinese/n	Fritteuse/n	Auslese/n
Bresche/n	Käse	Antithese/n	poröse/n	Leidwesen
Dresche	käse/n	Mayonnaise	pompöse/n	Weinlese/n

109

vorlese/n	**- eses**	**- öß**	zerstöße/n	Abszess
Unwesen	fräs' es	→ ös (1)	durchstöße/n	PS
hineinlese/n	Käses		Seelengröße	Regress
	Gebläses	**- eße/n (1)**	Lebensgröße	bemess'
- öse/n* (2)	Thereses	äße/n	Körpergröße/n	MS
nachlöse/n	Geweses	Baisse/n	Übergröße/n	NS
ablöse/n		fräße/n	niederstöße/n	vergess'
auflöse/n	**- öses**	mäße/n	Zusammenstöße/n	ermess'
auslöse/n	→ ös (1)	säße/n		erpress'
eindöse/n	! lös' es	Späße/n	**- eße/n* (2)**	express
einlöse/n			anfräße/n	Exzess
	- esk	Gefäße/n	aufsäße/n	Duchesse
- esel/n	→ eske/n	bemäße/n	ausfräße/n	indes
Esel/n	[→ est (3)]	gemäße/n	beimäße/n	Prinzess
näsel/n		vergäße/n	einsäße/n	Tristesse
Wesel	**- eske/n**	ermäße/n	zumäße/n	Noblesse
	[→ espe/n]	Gesäße/n	durchfräße/n	Profess
- ösel/n (1)	[→ esste/n (1)]	besäße/n	hineinfräße/n	Progress
Ösel	Freske/n	artgemäße/n		Loch Ness
Brösel/n	clowneske/n	fachgemäße/n	**- öße/n* (2)**	Komtess
brösel/n	Groteske/n	sachgemäße/n	nachstöße/n	Kongress
Schnösel/n	groteske/n	zeitgemäße/n	abstöße	Hostess
	Burleske/n	überfräße/n	aufstöße	Prozess
- ösel/n* (2)	burleske/n	sinngemäße/n	ausstöße/n	
aufdrösel/n	Arabeske/n	pflichtgemäße/n	einflöße/n	ABS
	balladeske/n	fristgemäße/n	Vorstöße/n	ADS
- eser/n (1)	chevalereske/n	Blutgefäße/n	vorstöße/n	Baroness
Bläser/n	pittoreske/n	vertragsgemäße/n	zustöße	VHS
Blazer/n	Humoreske/n	programmgemä-	umstöße/n	VPS
Gläser/n		ße/n	hervorstöße/n	CBS
gläsern	**- esker/n**	naturgemäße/n	gesundstöße/n	PDS
Gräser/n	→ eske/n	wahrheitsgemäße/n		BGS
Leser/n	[→ esper/n]	satzungsgemäße/n	**- ößer/n**	DNS
Präser/n	[→ ester/n (2)]	auftragsgemäße/n	Flößer/n	Cleverness
(„Tesa")		ordnungsgemäße/n	größer/n	Yellow Press
Weser	**- espe/n**	erfahrungsgemä-	Stößer/n	SOS
(Cäsar)	[→ eske/n]	ße/n	vergrößer/n	Denkprozess
Malteser/n	[→ esste/n (1)]	erwartungsgemä-		Lernprozess
Verweser/n	Espe/n	ße/n	**- ess (1)**	Herkules
Kalabreser/n	Lesbe/n	vereinbarungs-	es	überfress'
Veroneser/n	Wespe/n	gemäße/n	ess'	GPS
Genueser/n			des	Business
Gedankenleser/n	**- esper/n**	**- öße/n (1)**	Dress	Stewardess
	[→ esker/n →	Blöße/n	fress'	UPS
- öser/n (1)	eske/n]	Flöße/n	kess	unterdes
→ ös (1)	[→ essbar → ar (2)]	flöße/n	mess'	Arbeitsprozess
	[→ ester/n (2)]	Größe/n	näss'	Scheidungsprozess
- eser/n* (2)	(Vespa)	Klöße/n	press'	Heilungsprozess
Ableser/n	Vesper/n	Schöße/n	Jazz	Regionalexpress
Vorleser/n	vesper/n	Stöße/n	Stress	„American Ex-
		stöße/n	stress'	press"
- öser/n* (2)	**- eß**	entblöße/n	Tess	
Auslöser/n	→ es (1)	Verstöße/n	wes	**- öss**
		verstöße/n		Löss

- ess* (2)	gesessen	Truchsesse/n	Mitesser/n	Paläste/n
abmess'	Mätresse/n	durchfresse/n	Durchmesser/n	Arreste/n
anfress'	Exzesse/n	hineinfresse/n		Asbeste/n
ausfress'	Duchessen		- essner/n	Atteste/n
beimess'	Zypresse/n	- essel/n (1)	Ess'ner/n	benässte/n
freipress'	Finesse/n	Fessel/n	Messner/n	benässte (= benässt du)
einnäss'	indessen	fessel/n	gegess'ner	
zumess'	Tristessen	Kessel/n	bemess'ner	entlässte (= entlässt du)
Truchsess	Noblesse/n	kessel/n	gemess'ner	
durchfress'	Professe/n	Nessel/n	verfress'ner	gepresste/n
hineinfress'	Progresse/n	Sessel/n	zerfress'ner	erlässte (= erlässt du)
	Prozesse/n	Wessel, Horst	vergess'ner	
- esse/n (1)	Kompresse/n	entfessel/n	ermess'ner	verlässte (= verlässt du)
Esse/n	Komtesse/n		vermess'ner	
esse/n	Kongresse/n	- essel/n* (2)	versess'ner	verpeste/n
Bässe/n	Hostesse/n	einkessel/n	Besess'ner	erpresste/n
Blässe			angefress'ner	erpresste (= erpresst du)
Blesse/n	angemessen	- esser/n (1)	abgemess'ner	
dessen	Raffinesse	[→ essa → a (2)]	angemess'ner	gestresste/n
Dresse/n	Baronesse/n	[→ essor → or (2)]	selbstvergess'ner	betresste/n
Fresse/n	aufgesessen	Esser/n	pflichtvergess'ner	Podeste/n
fresse/n	währenddessen	besser/n (Verb)	vollgefress'ner	Proteste/n
Hesse/n	selbstvergessen	besser/n (Adj.)	zugemess'ner	durchnässte/n
kesse/n	Denkprozesse/n	blässer/n	unvergess'ner	
Kresse/n	Lernprozesse/n	Fässer/n	alteingesess'ner	sattelfeste/n
Messe/n	eingesessen	Fresser/n		kaltgepresste/n
messe/n	überfresse/n	kesser/n	- esst	wasserfeste/n
Nässe	Interesse/n	Messer/n	→ est (3+4)	Manifeste/n
nässe/n	pflichtvergessen	nässer/n		Hausarreste/n
Päsbe/n	Politesse/n	Jazzer/n	- esste/n (1)	felsenfeste/n
Presse/n	Stewardessen	wässer/n	[→ eske/n]	wetterfeste/n
presse/n	unterdessen	entwässer/n	[→ espe/n]	Freudenfeste/n
Stresse/n	unvergessen	verbesser/n	Äste/n	feuerfeste/n
stresse/n	Akkuratesse	Vermesser/n	Beste/n	bibelfeste/n
Tresse/n	Arbeitsprozesse/n	Erpresser/n	beste/n	Wiegenfeste/n
wessen	Delikatesse/n	verwässer/n	Feste/n	krisenfeste/n
	Scheidungsprozesse/n	bewässer/n	feste/n	Schützenfeste/n
Abszesse/n		Gewässer/n	Gäste/n	Überreste/n
Adresse/n	Heilungsprozesse/n	Pflanzenfresser/n	Kästen	winterfeste/n
stattdessen	alteingesessen	Menschenfresser/n	lässte (= lässt du)	Wilder Westen
gegessen	Zitronenpresse/n	Höhenmesser/n	mäste/n	niet- und nagelfeste/n
Regresse/n	infolgedessen	Pfefferfresser/n	nässte/n	
bemesse/n	Regenbogenpresse	Körnerfresser/n	nässte (= nässt du)	- össte/n
gemessen		Winkelmesser/n	presste/n	Fröste/n
verfressen	- esse/n* (2)	Küchenmesser/n	presste (= presst du)	röste/n
zerfressen	Ablässe/n	Kolbenfresser/n	Reste/n	
vergesse/n	abmesse/n	Kilometerfresser/n	stresste/n	- esste/n* (2)
Erlässe/n	anfresse/n		stresste (= stresst du)	einnässte/n
Ermessen	Anlässe/n	- esser/n* (2)		freipresste/n
ermesse/n	ausfresse/n	nachbesser/n	Teste/n	Strickweste/n
vermessen	beimesse/n	Gradmesser/n	teste/n	
erpresse/n	freipresse/n	aufbesser/n	Weste/n	- est (1)
versessen	einnässe/n	ausbesser/n		äst
besessen	zumesse/n	Einnässer/n		

111

äßt	untergehst	durchstehst	jmd. klopft /	sattelfest
blähst	unterstehst		macht etwas	kaltgepresst
bläst	verloren gehst	bereitstehst	fest	wasserfest
drehst	zugrunde gehst	zurückdrehst	jmd. legt /	Manifest
flehst	gegenüberstehst	drauflosgehst	schreibt /	Hausarrest
fräst		kaputtgehst	setzt etwas	felsenfest
Geest	**- öst (1)**		fest	wetterfest
gehst	döst	**- öst* (2)**	jmd. dreht /	Härtetest
käst	flößt	nachlöst	schraubt /	Freudenfest
krähst	löst	nachstößt	zieht / nagelt	feuerfest
läst	stößt	ablöst	etwas fest	Räubernest
mähst	tröst'	abstößt	jmd. klebt etwas	bibelfest
nähst	gelöst	auflöst	fest	Wiegenfest
pest	entblößt	aufstößt	jmd. näht etwas	krisenfest
sähst	erlöst	auslöst	fest	überfresst
säst	verstößt	ausstößt	jmd. tritt etwas	Überrest
säßt	zerstößt	eindöst	fest	Liebesnest
schmähst	verträst'	einflößt	fresst	Schützenfest
spähst	durchstößt	einlöst	lässt	winterfest
stehst	niederstößt	vorstößt	mäst'	Budapest
wehst		zustößt	messt	Bukarest
	- est* (2)	umstößt	nässt	Mount Everest
begehst	nachgehst	hervorstößt	Nest	niet- und nagelfest
genest	dastehst	gesundstößt	Pest	Stiftung Warentest
entgehst	abdrehst		presst	
verdrehst	abgehst	**- est (3)**	Rest	**- öst (3)**
ergehst	strammstehst	[→ esk → eske/n]	stresst	röst'
vergehst	andrehst	esst	Test	Bifröst
zergehst	angehst	Fest	test'	
vergäßt	rangehst	fest	West	**- est* (4)**
verschmähst	anstehst	etwas steht fest		abmesst
erspähst	aufdrehst	etwas liegt fest	Arrest	anfresst
erstehst	aufgehst	etwas fährt sich	Asbest	ausfresst
verstehst	draufgehst	fest	Attest	beimesst
verwehst	aufstehst	etwas saugt sich	Geäst	einnässt
verwest	ausgehst	fest	bemesst	freipresst
besäßt	ausstehst	jmd. nagelt jmd.	benässt	dingfest
bestehst	fehlgehst	fest	entlässt	zumesst
gestehst	fremdgehst	jmd. nimmt jmd.	gepresst	durchfresst
umgehst	beidrehst	fest	vergesst	hineinfresst
	beistehst	jmd. hält jmd. fest	erlässt	
schlafen gehst	freistehst	jmd. bindet /	verlässt	**- este/n (1)**
nahestehst	eindrehst	schnürt jmd. /	ermesst	äste/n
geradestehst	eingehst	etwas fest	vermesst	äste (= äst du)
auferstehst	einstehst	jmd. beißt sich	verpest'	blähste (= blähst du)
eingestehst	stillstehst	fest	erpresst	drehste (= drehst du)
übergehst	hochgehst	jmd. klammert /	gestresst	Dresden
überstehst	vorgehst	krallt sich fest	betresst	fräste/n
niedermähst	vorstehst	jmd. bleibt fest	Triest	fräste (= fräst du)
widerstehst	kopfstehst	jmd. / etwas sitzt	Wildwest	gehste (= gehst du)
sichergehst	zugehst	/ hängt /	Podest	käste/n
hintergehst	umdrehst	steckt fest	Protest	käste (= käst du)
missverstehst	durchdrehst	jmd. hält etwas	durchnässt	
zugestehst	durchgehst	fest		

krähste (= krähst du)	entblößte (= entblößt du)	verästel/n	Tester/n	fleht
mähste (= mähst du)	erlöste/n	- östel/n	Trester/n	geht
	erlöste (= erlöst du)	fröstel/n	Western	jät'
nähste (= nähst du)	verstößte (= verstößt du)		Semester/n	knet'
peste/n		- estel/n* (2)	benässt er	kräht
peste (= pest du)	zerstößte (= zerstößt du)	einkästel/n	entlässt er	lädt
säste (= säst du)			gepresster	mäht
sähste (= sähst du)	vertröste/n	- ester/n (1)	erlässt er	Met
schmähste (= schmähst du)	nervöste/n	äst er	verlässt er	näht
	poröste/n	bläst er	erpresster	Plaid
spähste (= spähst du)	pompöste/n	fräst er	erpresst er	rät
	monströste/n	käst er	gestresster/n	red'
stehste (= stehst du)	durchstößte (= durchstößt du)	pest er	betresster	Reet
wehste (= wehst du)		verwest er	Triester/n	säht
			Südwester/n	sät
begehste (= begehst du)	skandalöste/n	- öster/n (1)	Trimester/n	seht
	strapaziöste/n	döst er	Silvester	schmäht
verdrehste (= verdrehst du)	maliziöste/n	flößt er	Polyester/n	späht
	kapriziöste/n	größter	Orchester/n	spät
verschmähste (= verschmähst du)	glamouröste/n	Klöster/n	durchnässter	steht
	prätentiöste/n	löst er	durchnässt er	tät
	seriöste/n	stößt er		trät
erspähste (= erspähst du)	nebulöste/n	Tröster/n	sattelfester/n	tret'
	tendenziöste/n	gelöster/n	Krankenschwester/n	weht
verstehste (= verstehst du)	religiöste/n	entblößter		Paket
	melodiöste/n	entblößt er	kaltgepresster	Magnet
verweste/n	schikanöste/n	erlöster	wasserfester	Pamphlet
verwehste (= verwehst du)	mysteriöste/n	erlöst er	felsenfester	Planet
	ominöste/n	verstößter	wetterfester	Tapet
gestehste (= gestehst du)	ruinöste/n	zerstößt er	feuerfester	Asket
	skrupulöste/n	durchstößt er	Räubernester/n	Athlet
umgehste (= umgehst du)	muskulöste/n	Seelentröster/n	bibelfester	querbeet
	voluminöste/n		krisenfester/n	Gebet
übergehste (= übergehst du)	luxuriöste/n	- ester/n (2)	Liebesnester/n	befehd'
		[→ esta → a (2)]	winterfester	begeht
überstehste (= überstehst du)	- öste/n* (2)	[→ esker/n → eske/n]	Budapester/n	Dekret
	nachlöste/n		Bukarester/n	Sekret
hintergehste (= hintergehst du)	ablöste/n	[→ esper/n]	Luftverpester/n	entgeht
	auflöste/n	Ester/n		entsteht
	auslöste/n	Esther	- öster/n (2)	berät
- öste/n (1)	eindöste/n	Bester	Röster/n	bered'
döste/n	einflößte/n	bester	Kaffeeröster/n	beredt
döste (= döst du)	einlöste/n	fester/n		Gerät
flößte/n		gestern	- et (1)	gerät
flößte (= flößt du)	- éste/n (2)	lässt er	[→ eb (1)]	verdreht
größte/n	→ esste/n (1+2)	läster/n	[→ eg (1)]	ergeht
löste/n		Mäster/n	bät'	vergeht
löste (= löst du)	- öste/n (3)	nässt er	Beet	zergeht
stößte (= stößt du)	→ össte/n	Nester/n	bet'	verrät
tröste/n		presst er	bläht	zerred'
	- estel/n (1)	Chester	Brät	erseht
graziöste/n	kästel/n	stresst er	dreht	verseht
entblößte/n	nestel/n	Schwester/n	Fleet	verschmäht

113

verspät'	niedergeht	Servilität	Anonymität	Professionalität
ersteht	niedermäht	Festivität	Aktualität	Originalität
versteht	niedertret'	Nervosität	Authentizität	Proportionalität
vertret'	wiederseht	Neutralität	Plausibilität	Konvertibilität
zertret'	widersteht	Vitalität	Kreativität	Monumentalität
verweht	Pietät	Rivalität	Elastizität	Universalität
beseht	sichergeht	Identität	Depressivität	Radioaktivität
Ästhet	hintergeht	Frigidität	Legitimität	Individualität
besteht	Interpret	Frivolität	Rentabilität	Homosexualität
gesteht	missversteht	Minorität	Relativität	
Diät	Bonität	Priorität	Generalität	zusammentret'
diskret	Novität	Integrität	Effektivität	danebengeht
Poet	offensteht	Intensität	Elektrizität	entgegentret'
Prolet	(Nofretetes)	Liquidität	Generosität	dazwischenred'
Komet	zugenäht	Intimität	Sensibilität	dazwischentret'
Prophet	Pubertät	Simplizität	Flexibilität	verloren geht
trompet'	zugesteht	Immunität	Religiosität	zugrunde geht
konkret	Nudität	Trivialität	Personalität	gegenübersteht
umgeht	Schwulität	Modalität	Explosivität	gegenübertret'
umsteht	untergeht	Lokalität	Sexualität	
	untersteht	Loyalität	Exklusivität	- öt (1)
geradesteht		Jovialität	Destruktivität	[→ ög]
schlafen geht	Fraternität	Tonalität	Liberalität	öd'
nahegeht	Analphabet	Moralität	Invalidität	böt
nahesteht	Banalität	Totalität	Infantilität	blöd
nahetret'	Kalamität	Polarität	Illegalität	flöht
Parität	Kapazität	Modernität	Kriminalität	flöt'
Rarität	Kassenmagnet	Sozietät	Primitivität	löt'
Alphabet	Aktienpaket	Mobilität	Impulsivität	schnöd'
Lunchpaket	Antiquität	Formalität	Virtuosität	spröd'
Annegret	Fragilität	Normalität	Homogenität	töt'
wassertret'	Labilität	Spontaneität	Probabilität	tröt'
Majestät	Stabilität	Obszönität	Kompatibilität	entblöd'
Qualität	Affinität	Prosperität	Morsealphabet	entflöht
Quantität	Aktivität	Komplexität	Kollegialität	verblöd'
Gravität	Massivität	Morbidität	Kongenialität	erhöht
Fakultät	Passivität	Toxizität	Objektivität	erröt'
aufgedreht	Laszivität	Konformität	Solidarität	Smörrebröd
aufersteht	Plastizität	Monstrosität	Kontinuität	überhöht
Carepaket	Majorität	Brutalität	Opportunität	
Wertpaket	Abnormität	Humanität	Popularität	- et* (2)
flöten geht	Absurdität	Urbanität	Produktivität	[→ eb (2)]
Hörgerät	Kausalität	Stupidität	Souveränität	[→ eg (2)]
nähertret'	Autorität	Subtilität	Musikalität	nachbet'
tete-a-tete	Realität	Duplizität	Subjektivität	nachgeht
Messgerät	Legalität	Publizität	Universität	nachseht
eingesteht	Genialität		Uniformität	klarseht
(Diabetes)	Bestialität	Parallelität	Kuriosität	dasteht
überdreht	Spezialität	Attraktivität	Burschikosität	abdreht
übergeht	Mentalität	Aggressivität		abgeht
überred'	Perversität	Admiralität	Variabilität	abseht
überseht	Perfidität	Animosität	Emotionalität	absteht
übersteht	Sterilität	Nationalität	Eventualität	abtret'
übertret'	Fertilität	Rationalität	Sentimentalität	strammsteht

anbet'	rotseht	Städtchen	„Alete"	Hörgeräte/n
andreht	tottret'	Freudenmädchen	Pamphlete/n	nähertrete/n
angeht	kopfsteht	Zimmermädchen	Planeten	Messgeräte/n
rangeht	zugeht	Kindermädchen	Tapete/n	(stellvertretend)
anred'	zured'		Asketen	weggetreten
anseht	zuseht	- ötchen	Pastete/n	überdrehte/n
ansteht	zutret'	Bötchen	Kathete/n	übertrete/n
antret'	umdreht	Brötchen	Athleten	niedermähte/n
schwarzseht	umseht	Knötchen	Pesete/n	niedertrete/n
aufbläht	rundgeht	Pfötchen	Ästheten	Interpreten
aufdreht	unstet	Kommödchen	Gebete/n	Rote Bete
aufgeht	durchdreht	Episödchen	gebeten	Nofretete
draufgeht	durchgeht		Dekrete/n	ungebeten
aufseht	durchseht	- ete/n (1)	Sekrete/n	
aufsteht	durchsteht	→ -ität-Wörter	beräte/n	zusammentrete/n
auftret'	durchtret'	unter: et (1)	Geräte/n	entgegentrete/n
ausgeht		[→ eke/n]	geräte/n	dazwischentrete/n
rausred'	verabred'	[→ epe/n]	beredte/n	gegenübertrete/n
ausseht	herantret'	bäte/n	erbeten	Analphabeten
aussteht	herabseht	Beete/n	verbeten	Aktienpakete/n
austret'	vorausseht	bete/n	verdrehte/n	Kassenmagnete/n
fehlgeht	einhergeht	blähte/n	verräte/n	Realitäten
fehltret'	daherred'	Drähte/n	verschmähte/n	etepetete
schönred'	vorherseht	drehte/n	verspäte/n	Extremitäten
herbet'	herbeired'	Fete/n	vertrete/n	Morsealphabete/n
leer steht	vorbeired'	Fleete/n	zertrete/n	
wegseht	vorbeiseht	flehte/n	verwehte/n	- öte/n (1)
wegtret'	bereitsteht	Gräte/n	betrete/n (Verb)	[→ öke/n]
hellseht	zurückdreht	Grete	betreten (Adj.)	böte/n
fremdgeht	zurücktret'	jäte/n	Diäten	flöhte/n
fernseht	drauflosgeht	Käthe	diskrete/n	Föten
feststeht	bevorsteht	Knete	Poeten	Flöte/n
festtret'	hervortret'	knete/n	Propheten	flöte/n
beidreht	gesundbet'	krähte/n	Proleten	Klöten
beisteht	kaputtgeht	Lethe	Kometen	Kröte/n
beitret'	herumred'	mähte/n	Moneten	löte/n
freisteht		Nähte/n	Trompete/n	Nöte/n
eindreht	- öt* (2)	nähte/n	trompete/n	Röte
eingeht	anöd'	Räte/n	konkrete/n	(sich) röte/n
einred'	abtöt'	räte/n	Sudeten	töte/n
reinred'		säte/n	Muskete/n	Tröte/n
einseht	- et (3)	schmähte/n		tröte/n
einsteht	→ ett (1+2)	spähte/n	nahetrete/n	erhöhte/n
eintret'		späte/n	Alphabete/n	erröte/n
breittret'	- etchen	Städte/n	Lunchpakete/n	vonnöten
schiefgeht	[→ ekchen →	täte/n	Margarete	Abendröte
stillsteht	ake/n (1)]	träte/n	Wassertrete/n	überhöhte/n
mitred'	[→ etsche/n (1)]	trete/n	Majestäten	Zornesröte
hochgeht	Drähtchen	wehte/n	Qualitäten	
vorbet'	Fädchen		Raritäten	- ete/n* (2)
vorgeht	Gretchen	Machete/n	Fakultäten	nachbete/n
vorseht	Lädchen	Pakete/n	aufgedrehte/n	abdrehte/n
vorsteht	Mädchen	Rakete/n	Carepakete/n	abtrete/n
vortret'	Rädchen	Magnete/n	Wertpakete/n	anbete/n

115

andrehte/n	rät er	Geometer/n	- etsch (1)	[→ epp (1)]
antrete/n	sät er	Stellvertreter/n	fletsch'	Bett
aufblähte/n	schmäht er	Zentimeter/n	Hedge(-fonds)	bett'
aufdrehte/n	späht er	Ergometer/n	catch'	Brett
auftrete/n	später	Thermometer/n	quetsch'	Fett
austrete/n	Städter/n	Einkaräter/n	Match	fett
fehltrete/n	steht er	Leisetreter/n	Patch(-work)	glätt'
herbete/n	steter	Übeltäter/n	Stretch	hätt'
wegtrete/n	Täter/n	Ziegenpeter/n	zerquetsch'	kett'
festtrete/n	tät er	Miesepeter/n		Mett
beidrehte/n	trät er	überdrehter/n	- etsch* (2)	nett
beitrete/n	Treter/n	übergeht er	ausquetsch'	plätt'
eindrehte/n	weht er	übersteht er	dolmetsch'	rett'
eintrete/n	Zeter	widersteht er		Set
breittrete/n	zeter/n	Kilometer/n	- etsche/n (1)	Jet
vorbete/n		hintergeht er	[→ etchen]	jett'
vortrete/n	Salpeter	missversteht er	(ätsch!)	wett'
tottrete/n	Katheter/n	Millimeter/n	Grätsche/n	Z
zutrete/n	begeht er	Chronometer/n	grätsche/n	
umdrehte/n	Elfmeter/n	Fußabtreter/n	Kardätsche/n	KZ
unstete/n	entgeht er	Struwwelpeter/n		Babette
durchdrehte/n	entsteht er		- etsche/n (2)	Tablett
durchtrete/n	berät er	- öter/n	fletsche/n	Kadett
	beredter	[→ öker/n]	catche/n	adrett
herantrete/n	gerät er	böt er	Quetsche/n	Baguette
zurückdrehte/n	verdreht er	flöht er	quetsche/n	Jackett
zurücktrete/n	verdrehter/n	Köter/n	Zwetsche/n	Ballett
hervortrete/n	vergeht er	röter/n	zerquetsche/n	Falsett
gesundbete/n	zergeht er	Töter/n		Jeanette
	Verräter/n	erhöhter/n	- etsche/n* (3)	Nannette
- öte/n* (2)	verrät er	Schwerenöter/n	ausquetsche/n	Bankett
Schamröte	verschmäht er	überhöhter	dolmetsche/n	Barett
abtöte/n	ersteht er	Liebestöter/n		Parkett
(geisttötend)	versteht er		- etschel/n	Quartett
Schildkröte/n	Vertreter/n	- eter/n* (2)	hätschel/n	„BZ"
	verweht er	Nachbeter/n	tätschel/n	Skelett
- eter/n (1)	besteht er	Wohltäter/n	verhätschel/n	entfett'
[→ eker/n]	gesteht er	Vorbeter/n		verfett'
Äther	diskreter/n	unsteter	- etscher/n (1)	verkett'
bät er	Trompeter/n	Parameter	Gletscher/n	verplätt'
Beter/n	konkreter/n	Pentameter	Catcher/n	Terzett
bläht er	umgeht er	Hexameter	Quetscher/n	ß (Esszett)
brät er		Gesundbeter/n	Ledger, Heath	Büfett
dreht er	Taxameter/n		plätscher/n	Brikett
Väter/n	Wackelpeter	- etes	Thatcher, Margaret	Stilett
fleht er	Attentäter/n	→ et (1+2)		Spinett
geht er	Hackepeter/n	! versteht es	- etscher/n* (2)	brünett
(Kreta)	Schwarzer Peter		Dolmetscher/n	Yvette
kräht er	Sanitäter/n	- ēts (1)		Billett
lädt er	Tachometer/n	→ ez	- etst	Quintett
mäht er	Manometer/n		→ ez	kokett
Meter/n	Barometer/n	- éts (2)		Croquette
näht er	aufgedrehter/n	→ etz (1+2)	- ett (1)	Florett
Peter	Dezimeter/n		[→ eck (1)]	Klosett

Omelett	Kismet	Limette/n	Lichterkette/n	- etter/n (1)	
komplett	loskett'	Spinette/n	Silhouette/n	[→ etta → a (2)]	
honett	Kotelett	Brünette/n	Operette/n	[→ ecker/n (1)]	
Sonett	umbett'	brünette/n	Chansonette/n	[→ epper/n (1)]	
Kornett	Sprungbrett	Pipette/n	Tortelette/n	Blätter/n	
Korsett		Vignette/n	Ruhestätte/n	blätter/n	
Georgette	- ette/n (1)	Quintette/n	Suffragette/n	Bretter/n	
Duett	[→ ecke/n (1)]	Pinzette/n	Schmuckkassette/n	bretter/n	
Bukett	[→ eppe/n (1)]	Diskette/n		fetter/n	
Roulett	Betten	Kokette/n	Musikkassette/n	hätt' er	
	bette/n	kokette/n	Marionette/n	kletter/n	
KFZ	Fette/n	Krokette/n	Schattenkabinette/n	Letter/n	
Kabarett	fette/n	Toilette/n	ultraviolette/n	netter/n	
Lazarett	Glätte	Rosette/n	Wachsfiguren-	Retter/n	
Wasserbett	glätte/n	Motette/n	kabinette/n	Setter/n	
Kabinett	hätte/n	Omelette/n		schmetter/n	
Flageolett	Kette/n	komplette/n	- ette/n* (2)	Vetter/n	
Bajonett	kette/n	honette/n	[→ ecke/n (2)]	Wetter	
Antoinette	Klette/n	Sonette/n	[→ eppe/n (2)]	wetter/n	
Amulett	Lette/n	Schmonzette/n	Grabstätte/n		
GEZ	Mette/n	Kornette/n	ankette/n	adretter/n	
Chemisette	nette/n	Lorgnette/n	Gaststätte/n	entblätter/n	
Maisonette	plätte/n	Korvette/n	Schneekette/n	zerschmetter/n	
„FAZ"	rette/n	Duette/n	einbette/n	brünetter	
Sterbebett	jette/n	Dublette/n	einfette/n	koketter	
Crêpe Suzette	Stätte/n	Soubrette/n	Inlette/n	kompletter/n	
Etikett	Wette/n	Bulette/n	loskette/n	honetter/n	
Menuett	wette/n		umbette/n	Namensvetter/n	
Bügelbrett		Schlaftablette/n		Bügelbretter/n	
violett	Tablette/n	Sandalette/n	- ettel/n (1)	überblätter/n	
Minarett	Kadetten	Kastagnette/n	[→ eckel/n]	niederschmetter/n	
Vinaigrette	adrette/n	Lazarette/n	[→ eppel/n (1)]	violetter	
Internet	Lafette/n	Wasserbetten	Bettel	Donnerwetter	
Noisette	Stafette/n	Arbeitsstätte/n	bettel/n	herunterkletter/n	
Tortelett	Plakette/n	Kabinette/n	Brettel/n	Armaturenbretter/n	
Wochenbett	Palette/n	Klarinette/n	Kettel/n	ultravioletter	
	Paillette/n	Flageolette/n	kettel/n		
von A bis Z	Annette	Bajonette/n	Sättel/n	- ötter/n (1)	
Eau de Toilette	Bankette/n	Amorette	Vettel/n	[→ öcker/n]	
Schattenkabinett	Manschette/n	Majorette/n	Zettel/n	[→ öpper/n]	
Armaturenbrett	Parkette/n	Statuette/n	verzettel/n	Götter/n	
ultraviolett	Quartette/n	Chemisette/n	Heavy Metal	Spötter/n	
Wachsfiguren-	Facette/n	Sterbebette	Speisezettel/n	vergötter/n	
kabinett	Kassette/n	Henriette			
	Gazette/n	Serviette/n	- öttel/n	- etter/n* (2)	
- ett* (2)	Skelette/n	Etikette/n	Köttel	[→ ecker/n (2)]	
[→ eck (2)]	Renette/n	Epaulette/n	spöttel/n	[→ epper/n (2)]	
[→ epp (2)]	entfette/n	Menuette/n		abblättern	
Schachbrett	verfette/n	Zigarette/n	- ettel/n* (2)	abschmetter/n	
Raclette	verkette/n	Stiefelette/n	[→ eppel/n (2)]	Schachbretter/n	
ankett'	verplätte/n	violette/n	abbettel/n	aufblätter/n	
einbett'	Terzette/n	Pirouette/n	anzettel/n	hinblätter/n	
einfett'	Krevette/n	Minarette/n	Denkzettel/n	Sprungbretter/n	
Inlett	Stilette/n	Vinaigrette/n		Unwetter	

117

hineinkletter/n	zerfetz'	übersetz'	Koteletts	Schätze/n
	vergrätz'	widersetz'	zusetz'	schätze/n
- ötter/n* (2)	verhetz'	Minaretts	umsetz'	schätz' se
Abgötter/n	verkett's	Spinnennetz	Sprungbretts	schwätze/n
	verletz'	Fischernetz	durchsetz'	wetze/n
- etts	vernetz'	Internets	durchwetz'	wetz' se
→ etz (1+2)	verpetz'	Noisettes		
	verplätt's	Torteletts	herabsetz'	benetze/n
- etz (1)	ersetz'	Wochenbetts	daransetz'	benetz' se
[→ ecks (1)]	versetz'	umbesetz'	hintansetz'	entfett' se
[→ epps → epp (1)]	zersetz'	unterschätz'	heraufsetz'	Entsetzen
ätz'	verschätz'		voraussetz'	entsetze/n
Betts	Terzetts	zusammensetz'	hinwegsetz'	entsetz' se
bett's	besetz'	gefangen setz'	zurechtsetz'	verätze/n
Bretts	Gesetz	dagegensetz'	zurücksetz'	zerfetze/n
Fetts	Geschwätz	entgegensetz'	gering schätz'	zerfetz' se
fett's	Büfetts	hineinversetz'		vergrätze/n
fetz'	Briketts	zurückversetz'	- etzchen	vergrätz' se
glätt's	Stiletts	Versorgungsnetz	Kätzchen	verhetze/n
hätt's	Spinetts	Spionagenetz	Lätzchen	verhetz' se
hetz'	Yvettes	auseinandersetz'	Mätzchen	verkett' se
kett's	Billetts	in Bewegung setz'	Plätzchen	verletze/n
Metts	Quintetts	Armaturenbretts	Schätzchen	verletz' se
Netz	Klosetts	Schattenkabinetts	Schwätzchen	vernetze/n
netz'	Omeletts	Wachsfiguren-		vernetz' se
petz'	Sonetts	kabinetts	- etze/n (1)	verpetze/n
pfetz'	Kornetts		[→ eckse/n (1)]	verpetz' se
plätt's	Floretts	- etz* (2)	[→ epse/n (1)]	ersetze/n
rett's	Korsetts	[→ ecks (2)]	ätze/n	ersetz' se
Sets	Georgettes	[→ epps → epp (2)]	bett' se	versetze/n
setz'	Duetts	nachsetz'	fett' se	versetz' se
Jets	Buketts	abhetz'	Fetzen	zersetze/n
schätz'	Rouletts	absetz'	fetze/n	verschätze/n
schwätz'		abschätz'	glätt' se	verwett' se
wett's	strafversetz'	Schachbretts	hätt' se	besetze/n
wetz'	Kabaretts	Raclettes	Hetze	besetz' se
	Lazaretts	ansetz'	hetze/n	Gesetze/n
Babettes	Wasserbetts	aufhetz'	hetz' se	(gesetzt)
Tabletts	Kabinetts	aufsetz'	(jetzt)	(zuletzt)
Baguettes	Flageoletts	aussetz'	kett' se	
Jacketts	Bajonetts	auswetz'	Krätze/n	strafversetze/n
Balletts	Antoinettes	wertschätz'	(letzter)	(allerletzt)
Falsetts	Amuletts	wegsetz'	Metze/n	fehlbesetze/n
Jeanettes	fehlbesetz'	festsetz'	Netze/n	Fernsprechnetze/n
Nannettes	Sterbebetts	Steinmetz	netze/n	Einkaufsnetze/n
Banketts	Fernsprechnetz	beisetz'	netz' se	(zeitversetzt)
Parketts	Etiketts	freisetz'	Petze/n	Schienennetze/n
Baretts	Maisonetts	gleichsetz'	petze/n	übersetze/n
Quartetts	Menuetts	einsetz'	pfetze/n	übersetz' se
Skeletts	Einkaufsnetz	einschätz'	Plätze/n	überschätze/n
benetz'	Meister Petz	Inletts	rett' se	überschätz' se
entfett's	Bügelbretts	Kismets	Sätze/n	widersetze/n
entsetz'	Schienennetz	vorsetz'	setze/n	Spinnennetze/n
verätz'	überschätz'	fortsetz'	setz' se	Fischernetze/n

Bodenschätze/n	durchsetze/n	Eleve/n	dreht's	vertret's
(vorgesetzt)	durchwetze/n		Fez	zertret's
(fortgesetzt)	herabsetze/n	- evel/n	fläz'	verweht's
umbesetze/n	daransetze/n	→ efel/n	Fleets	beseht's
(untersetzt)	hintansetze/n		fleht's	besteht's
unterschätze/n	heraufsetze/n	- öwe/n (1)	geht's	gesteht's
unterschätz' se	voraussetze/n	Löwe/n	jät's	betret's
	zurechtsetze/n	Möwe/n	knet's	umgeht's
zusammensetze/n	hinwegsetze/n	Partylöwe/n	kräht's	
gefangen setze/n	gering schätze/n		lädt's	Alphabets
dagegensetze/n	zurücksetze/n	- öwe/n* (2)	mäht's	Lunchpakets
entgegensetze/n		Salonlöwe/n	Mets	Annegrets
hineinversetze/n	- etzel/n		näht's	Hörgeräts
zurückversetze/n	[→ ecksel/n (1)]	- ex	Plaids	Carepakets
Versorgungsnetze/n	Etzel	→ ecks (1+2)	rät's	Wertpakets
Spionagenetze/n	metzel/n		red's	Messgeräts
auseinandersetze/n	schnetzel/n	- exe/n	Reets	übergeht's
in Bewegung		→ eckse/n (1+2)	säht's	überred's
setze/n	- etzer/n (1)		sät's	überseht's
(perlenbesetzt)	[→ eckser/n]	- exer/n	seht's	übersteht's
(unausgesetzt)	Hetzer/n	→ eckser/n	schmäht's	übertret's
(unterbesetzt)	Ketzer/n		späht's	hintergeht's
(entgegengesetzt)	Petzer/n	- ext	steht's	missversteht's
	Setzer/n	→ eckst (1)	stets	Aktienpakets
- ötze/n	Schätzer/n		tät's	Morsealphabets
Götze/n	Schwätzer/n	- exte/n	trät's	
Klötze/n	(Grandezza)	→ eckst (1)	tret's	- eze/n
ergötze/n	Hausbesetzer/n	! neckste (= neckst	weht's	→ ez
	Übersetzer/n	du)		! geht se
- etze/n* (2)	Ofensetzer/n		ab geht's!	
[→ eckse/n (2)]	Volksverhetzer/n	- exter/n	Pakets	
[→ epse/n (2)]	Untersetzer/n	[→ etzter/n →	Magnets	
nachsetze/n		etze/n (1)]	Pamphlets	
abhetze/n	- etzer/n* (2)	(extra)	Trapez	
absetze/n	Aufsetzer/n	hext er	auf geht's!	
abschätze/n	Aussetzer/n	kleckst er	Gebets	
ansetze/n		Texter/n	befehd's	
aufhetze/n	- etzt	wächst er	begeht's	
aufsetze/n	→ etze/n (1+2)	behext er	Dekrets	
aussetze/n	[→ eckst (1+2)]	relaxt er	Sekrets	
auswetze/n	[→ eppst → ept	verhext er	entgeht's	
wertschätze/n	(1+2)]	verwächst er	entsteht's	
wegsetze/n		Schlagertexter/n	berät's	
festsetze/n	- eu		bered's	
beisetze/n	→ ö	- ez	Geräts	
freisetze/n		[→ aids]	gerät's	
gleichsetze/n	- eur	[→ ebs → eb (1)]	verdreht's	
Steinmetze/n	→ ör (1)	[→ egs (1)]	ergeht's	
einsetze/n		bät's	verrät's	
einschätze/n	- euse/n	Beets	zerred's	
vorsetze/n	→ öse/n (1)	bet's	verseht's	
fortsetze/n		bläht's	verschmäht's	
zusetze/n	- eve/n	Bräts	ersteht's	
umsetze/n	Steven	Dez	versteht's	

119

Ei-/Eu-Reime

- ei (1)	seih'	juchhei!	Hauerei	Rechnerei
Ei	Schlei	goodbye	Sauerei	Bäckerei
ei!	schnei'		Zauberei	Kleckerei
Bai	Schrei	nahebei	Raucherei	Leckerei
Bei	schrei'	Schwafelei	Zauderei	Neckerei
bei	spei'	Faselei	Plauderei	Kleckserei
etwas liegt bei	Thai	Fragerei	Lauferei	Hexerei
jmd. bringt jmd.	weih'	Malerei	Rauferei	Völlerei
etwas/eine	zeih'	Prahlerei	Sauferei	Schwelgerei
Wunde bei	zwei	Fahrerei	Paukerei	Schlemmerei
jmd. kommt jmd.		Raserei	Gaunerei	Brennerei
bei	Abtei	Tratscherei	Knauserei	Stänkerei
jmd. pflichtet jmd.	dabei	Sklaverei	Tauscherei	Töpferei
bei	Lakai	Walachei	Pöbelei	Färberei
jmd. steht /	Schalmei	Papagei	Trödelei	Schwärmerei
springt jmd.	anbei	Barbarei	Flegelei	Gärtnerei
bei	Schanghai	abgasfrei	Mäkelei	Drescherei
jmd. wohnt jmd.	schanghai'	Nackedei	Eselei	Wäscherei
bei	Kanzlei	Kabbelei	nebenbei	Rösterei
jmd. dreht bei	Kartei	Krabbelei	Rederei	Kletterei
jmd. gibt klein bei	Partei	Staffelei	Reederei	Hetzerei
jmd. misst jmd.	Arznei	Akelei	Schäferei	Ketzerei
/ einer Sache	Massai	Rangelei	Schlägerei	Schwätzerei
etwas bei	Bastei	Quasselei	Dreherei	Metzgerei
jmd. tritt einer	kastei'	Bastelei	Näherei	welcherlei
Organisation	Datei	Kraxelei	Schäkerei	Detektei
bei	dawai!	Schlachterei	Grölerei	einwandfrei
jmd. behält etwas	Hawaii	Plackerei	Hehlerei	Heuchelei
bei	auwei	Alberei	Quälerei	Schmeichelei
jmd. mengt /	Gedeih	Balgerei	Schererei	Teufelei
mischt etwas	gedeih'	Falknerei	Leserei	Deutelei
bei	befrei'	Schlamperei	Spezerei	zweifelsfrei
jmd. trägt /	beleih'	Hamsterei	fehlerfrei	Schreiberei
steuert etwas	entleih'	Zankerei	jederlei	Räucherei
zu etwas bei	entweih'	Manscherei	mehrerlei	Schneiderei
jmd. fügt / heftet	entzwei' (Verb)	Panscherei	CO_2	Keiferei
/ legt etwas	entzwei (Adj.)	Tanzerei	Drechselei	Heulerei
bei	Serail	Plapperei	Frömmelei	Keilerei
bye	herbei	Warterei	Tölpelei	Reimerei
Blei	verblei'	Nascherei	Rempelei	Träumerei
Brei	Verleih	Prasserei	Klöppelei	Schweinerei
drei	verleih'	Sattlerei	Tändelei	Fleischerei
frei' (Verb)	verzeih'	Patzerei	Drängelei	Meuterei
frei (Adj.)	beschrei'	allerlei	Gängelei	Reiterei
Hai	Geschrei	mancherlei	Quengelei	Streiterei
hei!	Detail	Narretei	Plänkelei	steuerfrei
Kai	Geweih	Sakristei	Hänselei	dreierlei
Lei	bye bye	Kantorei	Nörgelei	beiderlei
leih'	hierbei	Samurai	Ferkelei	einerlei
Mai	Türkei	Mandschurei	Schnörkelei	keinerlei
Reih'	wobei	Gaukelei	Bettelei	Tyrannei
reih'	Propstei	Mauschelei	Spöttelei	Litanei
sei	vorbei	Brauerei	Metzelei	Grübelei

Liebelei	Loreley	Fantasterei	Zuhälterei	verbläu'	
Fiedelei	Frotzelei	Anpöbelei	Buchbinderei	erfreu'	
Prügelei	vogelfrei	Angeberei	Juristerei	zerstreu'	
Ziegelei	vorwurfsfrei	Schwarzseherei	Kurpfuscherei	vertäu'	
Rüpelei	Lombardei	Krakeelerei		Gestreu	
Titelei	sorgenfrei	Schnapsbrennerei	Effekthascherei	betreu'	
bügelfrei	kostenfrei	Kraftmeierei	Vereinsmeierei	getreu	
Wüstenei	Kocherei	Landstreicherei	Geheimpolizei	Konvoi	
Dieberei	Tollerei	Fachsimpelei	Gefühlsduselei	nagelneu	
Bücherei	Molkerei	Falschmünzerei	Phrasendrescherei	wasserscheu	
Kriecherei	Fopperei	Lackiererei	Karawanserei	arbeitsscheu	
Küferei	Hopserei	Schmarotzerei	Altertümelei	Männertreu	
Fliegerei	Schlosserei	tausenderlei	Bauernfängerei	toi-toi-toi	
Spielerei	Konterfei	Faulenzerei	Augenwischerei	wiederkäu'	
Wühlerei	konterfei'	Aufschneiderei	Messerstecherei	linientreu	
Schmiererei	solcherlei	Ausbeuterei	Besserwisserei	Sonnyboy	
fieberfrei	prophezei'	Traumdeuterei	Pfennigfuchserei	maßstabsgetreu	
vielerlei	Polizei	Lausbüberei	Eigenbrötlerei	wahrheitsgetreu	
niederschrei'	portofrei	Aufwiegelei	Eifersüchtelei	gesetzestreu	
hitzefrei	Mongolei	Schauspielerei	Eulenspiegelei	detailgetreu	
Stichelei	Dudelei	Gegenpartei	Heimlichtuerei	prinzipientreu	
Büffelei	Hudelei	Schönfärberei	Spiegelfechterei	naturgetreu	
Schnüffelei	jugendfrei	Quertreiberei	Wichtigtuerei		
Tüftelei	Schluderei	Schöntuerei	Geschäftemacherei	- ei* (2)	
Bimmelei	Buhlerei	Rechthaberei	Geheimniskrämerei	Hahnrei	
Lümmelei	Huperei	Hellseherei	aneinanderreih'	anschrei'	
Bündelei	Hurerei	Sektkellerei	Leipziger Allerlei	anspei'	
Schwindelei	Schmuserei	Zechprellerei		aufreih'	
Klingelei	Husterei	Beckmesserei	- eu (1)	Aufschrei	
Klüngelei	Schusterei	Erbschleicherei	Boy	aufschrei'	
Schnippelei	Knutscherei	gebührenfrei	bläu'	ausleih'	
Krittelei	unfallfrei	Betrügerei	Bräu	derlei	
Kritzelei	Kumpanei	Sektiererei	freu'	keimfrei	
schwindelfrei	Buddelei	Gleichmacherei	Heu	einreih'	
Kicherei	Schmuggelei	Preistreiberei	heu'	einschnei'	
Flickerei	Humpelei	Freibeuterei	käu'	einweih'	
Stickerei	Kungelei	Einsiedelei	Leu	zollfrei	
Trickserei	Kuppelei	Miesmacherei	neu	durchseih'	
Wilderei	Wurstelei	Liebhaberei	Pneu	hereinschnei'	
Zimmerei	schuldenfrei	niederschlagsfrei	reu'		
Imkerei	Schufterei	Tierquälerei	Roy	- eu* (2)	
Klimperei	Schurkerei	Vielweiberei	Scheu	Abscheu	
Stümperei	Pfuscherei	Bildhauerei	scheu' (Verb)	Cowboy	
Schimpferei	Rutscherei	Schriftstellerei	scheu (Adj.)	ausstreu'	
Kinderei	Putzerei	Spitzbüberei	Spreu	Efeu	
Schinderei	Kuckuckseí	Giftmischerei	Streu	Gameboy	
Trinkerei		Hochstapelei	streu'	einbläu'	
Spinnerei	Wahrsagerei	Sophisterei	treu	lichtscheu	
Kürschnerei	Glasmalerei	Lobhudelei		verabscheu'	
Tischlerei	Haarspalterei	Großtuerei	ahoi	veruntreu'	
Schnitzerei	Glasbläserei	vorurteilsfrei	Hanoi		
knitterfrei	tandaradei	Wortklauberei	Gebräu	- eib (1)	
Slowakei	Schwarzmalerei	Konditorei	bereu'	[→ eig (1)]	
Mogelei	Quacksalberei	Topfguckerei	gereu'	[→ eit (1)]	

bleib'	ausschreib'	einverleibe/n	vorschreibe/n	**- eich (1)**
Kneipp	austreib'	Zeitvertreibe	vortreibe/n	[→ eisch]
Laib	fernbleib'	liegen bleibe/n	fortbleibe/n	eich'
Leib	festschreib'	überschreibe/n	zuschreibe/n	bleich' (Verb)
reib'	einreib'	übertreibe/n	zutreibe/n	bleich (Adj.)
schreib'	einschreib'	übrig bleibe/n	gutschreibe/n	Deich
treib'	eintreib'	sitzen bleibe/n	umtreiben	gleich
Weib	vorschreib'	hintertreibe/n	vorantreibe/n	Laich
	vortreib'	offenbleiben	herumtreibe/n	laich'
entleib'	fortbleib'	unterbleiben	gesundschreibe/n	Reich
Verbleib	zuschreib'	unterschreibe/n		reich' (Verb)
verbleib'	gutschreib'	untertreibe/n	**- eube/n* (2)**	reich (Adj.)
zerreib'	herumtreib'	zusammentreibe/n	[→ euge/n (2)]	Scheich
verschreib'	gesundschreib'	(gewerbetreibend)	(haarsträubend)	schleich'
vertreib'				Streich
beschreib'	**- eibe/n (1)**	**- eube/n (1)**		streich'
betreib'	[→ eide/n (1)]	[→ eude/n]	**- eiber/n (1)**	Teich
umschreib'	[→ eige/n (1)]	[→ euge/n (1)]	[→ eider/n (1)]	weich' (Verb)
Klageweib	Eibe/n	(Häupter/n)	[→ eiger/n (1)]	weich (Adj.)
stehen bleib'	Bleibe	stäube/n	Kleiber/n	
hängen bleib'	bleibe/n	sträube/n	Leiber/n	begleich'
einverleib'	Laibe/n	zerstäube/n	Schreiber/n	wenngleich
Zeitvertreib	Leibe	bestäube/n	Treiber/n	entweich'
liegen bleib'	Reibe/n	(gestäupter/n)	Weiber/n	Bereich
überschreib'	reibe/n	betäube/n	Betreiber/n	gereich'
übertreib'	Scheibe/n	(ohrenbetäubend)	Klageweiber/n	erbleich'
übrig bleib'	Schreiben		Eseltreiber/n	Vergleich
sitzen bleib'	schreibe/n	**- eibe/n* (2)**	Geldeintreiber/n	vergleich'
hintertreib'	Treiben	[→ eide/n (2)]	Sitzenbleiber/n	erreich'
Unterleib	treibe/n	[→ eige/n (2)]	Kugelschreiber/n	erschleich'
Mutterleib	Weibe	abreibe/n		erweich'
unterschreib'		abschreibe/n	**- euber/n (1)**	bestreich'
untertreib'	(beleibt)	abtreibe/n	[→ euder/n]	sogleich
zusammentreib'	entleibe/n	dranbleibe/n	[→ euger/n]	obgleich
	verbleibe/n	anschreibe/n	Räuber/n	zugleich
- eub	verreibe/n	antreibe/n	säuber/n	
→ eube/n (1)	zerreibe/n	krankschreibe/n	Stoiber, Edmund	Fabelreich
[→ eug (1)]	verschreibe/n	aufbleibe/n	Zerstäuber/n	Pflanzenreich
[→ eut (1)]	vertreibe/n	aufreibe/n		artenreich
	beschreibe/n	aufschreibe/n	**- eiber/n* (2)**	Backenstreich
- eib* (2)	Betreiben	auftreibe/n	[→ eider/n (2)]	Zapfenstreich
[→ eig (2)]	betreibe/n	ausbleibe/n	[→ eiger/n (2)]	Machtbereich
[→ eit (2)]	(beweibt)	Ausschreiben	Stadtschreiber/n	aussichtsreich
abschreib'	beileibe	ausschreibe/n	Antreiber/n	aufschlussreich
abtreib'	umschreibe/n	austreibe/n	Herumtreiber/n	tränenreich
dranbleib'		fernbleibe/n		Österreich
anschreib'	Klageweibe	festschreibe/n	**- euber/n* (2)**	Königreich
antreib'	stehen bleibe/n	(freibleibend)	ausräuber/n	engelsgleich
krankschreib'	Käsescheibe/n	gleichbleiben		göttergleich
aufbleib'	Kesseltreiben	einreibe/n	**- eibsel**	deckungsgleich
aufreib'	hängen bleibe/n	Einschreiben	[→ eichsel/n]	einfallsreich
aufschreib'	(händereibend)	einschreibe/n	Geschreibsel	kreidebleich
auftreib'	Fensterscheibe/n	eintreibe/n	Überbleibsel	Geisterreich
ausbleib'	Preisausschreiben	mitschreibe/n		einflussreich

überreich'
überstreich'
Himmelreich
kinderreich
windelweich
Totenreich
umfangreich
kurvenreich
unterstreich'
Husarenstreich
zusammenstreich'
entbehrungsreich
ideenreich
ereignisreich
abwechslungsreich
Lausbubenstreich
Geltungsbereich
Schildbürgerstreich
kalorienreich

- **euch (1)**
[→ eusch]
euch
keuch'
kreuch'
scheuch'
entfleuch'
verseuch'
verscheuch'
Gesträuch

- **eich* (2)**
nachreich'
zahlreich
darreich'
abgleich'
abstreich'
abweich'
angleich'
Handstreich
aufweich'
Ausgleich
ausgleich'
ausreich'
ausweich'
lehrreich
Erdreich
Weltreich
einreich'
einschleich'
einstreich'
einweich'
geistreich

siegreich
glorreich
wortreich
trostreich
durchstreich'

verabreich'
heranreich'
herausstreich'
zurückweich'
erfolgreich
verlustreich

- **euch* (2)**
aufscheuch'

- **eiche/n (1)**
[→ eische/n]
Eiche/n
eiche/n
Bleiche/n
bleiche/n (Verb)
bleiche/n (Adj.)
Deiche/n
gleiche/n
Laiche/n
laiche/n
Leiche/n
Reiche/n
reiche/n (Verb)
reiche/n (Adj.)
Scheiche/n
schleiche/n
Speiche/n
Streiche/n
streiche/n
Teiche/n
Weiche/n
weiche/n (Verb)
weiche/n (Adj.)
Zeichen

begleiche/n
entweiche/n
Bereiche/n
gereiche/n
erbleiche/n
dergleichen
Vergleiche/n
vergleiche/n
erreiche/n
erschleiche/n
verstreiche/n
erweiche/n

desgleichen
bestreiche/n

Fragezeichen
artenreiche/n
Backenstreiche/n
Zapfenstreiche/n
Aktenzeichen
Markenzeichen
Machtbereiche/n
Wasserzeichen
aufschlussreiche/n
aussichtsreiche/n
tränenreiche/n
Lebenszeichen
Lesezeichen
Königreiche/n
engelsgleiche/n
göttergleiche/n
(herzerweichend)
deckungsgleiche/n
einfallsreiche/n
kreidebleiche/n
deinesgleichen
einflussreiche/n
überreiche/n
überstreiche/n
Tierkreiszeichen
windelweiche/n
Klingelzeichen
kinderreiche/n
ohnegleichen
sondergleichen
Postwertzeichen
Morsezeichen
umfangreiche/n
kurvenreiche/n
unterstreiche/n
(unzureichend)

Husarenstreiche/n
zusammenstrei-
   che/n
entbehrungs-
   reiche/n
ideenreiche/n
Erkennungszeichen
ereignisreiche/n
zum Steinerweichen
abwechslungs-
   reiche/n
Lausbubenstrei-
   che/n
Geltungsbereiche/n

Schildbürgerstrei-
   che/n
kalorienreiche/n

- **euche/n (1)**
[→ eusche/n]
Bäuche/n
Bräuche/n
keuche/n
kreuche/n
Seuche/n
scheuche/n
Schläuche/n
entfleuche/n
verseuche/n
verscheuche/n
Vogelscheuche/n

- **eiche/n* (2)**
nachreiche/n
zahlreiche/n
darreiche/n
Wahrzeichen
abgleiche/n
abstreiche/n
abweiche/n
Abzeichen
angleiche/n
Anzeichen
Handstreiche/n
aufweiche/n
Ausgleiche/n
ausgleiche/n
ausreiche/n
ausweiche/n
lehrreiche/n
Weltreiche/n
einreiche/n
einschleiche/n
einstreiche/n
einweiche/n
geistreiche/n
siegreiche/n
(hinreichend)
glorreiche/n
Vorzeichen
trostreiche/n
wortreiche/n
durchstreiche/n

verabreiche/n
heranreiche/n
herausstreiche/n
zurückreichen

zurückweiche/n
erfolgreiche/n
verlustreiche/n

- **euche/n* (2)**
aufscheuche/n
Bäuche/n

- **eichel/n (1)**
Eichel/n
schmeichel/n
Speichel
speichel/n
streichel/n

- **euchel/n**
heuchel/n
meuchel/n

- **eichel/n* (2)**
einschmeichel/n

- **eicher/n (1)**
[→ eischer/n]
bleicher/n
gleicher
Reicher/n
reicher/n
Schleicher/n
Speicher/n
speicher/n
Streicher/n
weicher/n
bereicher/n
artenreicher/n
aussichtsreicher/n
aufschlussreicher/n
tränenreicher/n
Österreicher/n
engelsgleicher/n
göttergleicher/n
deckungsgleicher/n
einfallsreicher/n
kreidebleicher
einflussreicher/n
windelweicher
kinderreicher/n
umfangreicher/n
kurvenreicher/n
entbehrungs-
   reicher/n
ideenreicher/n
ereignisreicher/n
abwechslungs-
   reicher/n

kalorienreicher/n	entweicht	zurückweicht	verseucht er	durchleide/n	
- eucher/n (1)	gereicht		verscheucht er		
[→ euscher/n]	erbleicht	**- eucht* (2)**	aufgescheuchter	Magenleiden	
räucher/n	vergleicht	anfeucht'	Luftbefeuchter/n	(magenleidend)	
Sträucher/n	erreicht	aufscheucht		Wasserscheide/n	
	erschleicht	ausleucht'	**- euchter/n* (2)**	Augenweide/n	
- eicher/n* (2)	verstreicht	heimleucht'	Armleuchter/n	Trauerweide/n	
zahlreicher/n	erweicht			Sehnenscheide/n	
anreicher/n	bestreicht	**- eichte/n**	**- eid**	Federkleide	
Anstreicher/n	vielleicht	→ eicht (1+2)	→ eit (1+2)	Messerschneide/n	
Landstreicher/n	pflegeleicht			Eingeweide/n	
lehrreicher/n	überreicht	**- euchte/n (1)**	**- eud**	überschneiden	
Erbschleicher/n	überstreicht	[→ euschte/n →	→ eut (1)	Losentscheide/n	
einspeicher/n	unerreicht	eusche/n]		Volksentscheide/n	
geistreicher/n	unterstreicht	deuchte/n	**- eide/n (1)**	unterscheide/n	
siegreicher/n	zusammenstreicht	Feuchte	[→ eibe/n (1)]	Steuerbescheide/n	
glorreicher/n		feuchte/n	[→ eige/n (1)]		
trostreicher/n	**- eucht (1)**	keuchte/n	Eide/n	**- eude/n**	
wortreicher/n	[→ euscht →	kreuchte/n	beide/n	[→ eube/n (1)]	
erfolgreicher/n	eusche/n]	Leuchte/n	Heide/n	[→ euge/n (1)]	
verlustreicher/n	deucht	leuchte/n	Kleide	Freude/n	
	feucht	scheuchte/n	kleide/n	Räude/n	
- eucher/n* (2)	fleucht	befeuchte/n	Kreide/n	Gebäude/n	
ausräucher/n	keucht	beleuchte/n	Leide/n	vergeude/n	
beweihräucher/n	kreucht	entfleuchte/n	leide/n		
	leucht'	(erleuchtet)	Maiden	**- eide/n* (2)**	
- eichler/n	scheucht	verseuchte/n	meide/n	[→ eibe/n (2)]	
Schmeichler/n	befeucht'	verscheuchte/n	neide/n	[→ eige/n (2)]	
	beleucht'	durchleuchte/n	Seide/n	abschneide/n	
- euchler/n	entfleucht	Wetterleuchten	seiden	abweide/n	
Heuchler/n	verseucht		Scheide/n	halbseiden	
Meuchler/n	verscheucht	**- euchte/n* (2)**	scheide/n	ankreide/n	
	durchleucht'	anfeuchte/n	Schneide/n	ankleide/n	
- eichsel/n		aufscheuchte/n	schneide/n	anschneide/n	
[→ eibsel/n]	**- eicht* (2)**	ausleuchte/n	Waide/n	aufschneide/n	
Deichsel/n	nachreicht	heimleuchte/n	Weide/n	auskleide/n	
Weichsel/n	darreicht	einleuchten	weide/n	ausscheide/n	
	abgleicht			ausschneide/n	
	abstreicht	**- eichter/n**	beeide/n	ausweide/n	
- eicht (1)	abweicht	→ eicht (1)	bekleide/n	wegschneide/n	
[→ eischt →	angleicht	! bleicht er	beneide/n	Meineide/n	
eische/n]	aufweicht		entkleide/n	einkleide/n	
eicht	ausgleicht	**- euchter/n (1)**	Entscheide/n	(einschneidend)	
beicht'	ausreicht	[→ euschter/n →	entscheide/n	hinschneide/n	
bleicht	ausweicht	eusche/n]	verkleide/n	mitschneide/n	
gleicht	einreicht	deucht er	verleide/n	(Not leidend)	
laicht	einschleicht	feuchter/n	vermeide/n	zuschneide/n	
leicht	einstreicht	fleucht er	verscheide/n	umkleide/n	
reicht	einweicht	keucht er	Bescheide/n	bemitleide/n	
seicht	durchstreicht	kreucht er	bescheide/n		
schleicht	verabreicht	Leuchter/n	Geschmeide/n	**- eider/n (1)**	
streicht	heranreicht	scheucht er	beschneide/n	[→ eiber/n (1)]	
weicht	herausstreicht	Beleuchter/n	Getreide/n	[→ eiger/n (1)]	
begleicht	zurückreicht	entfleucht er	zuleide	beider	

124

Kleider/n	zwei/n	vorwurfsfreie/n	Gesetzestreue	Reiher/n
leider		sorgenfreie/n	gesetzestreue/n	reiher/n
Neider/n	Abtei/en	kostenfreie/n	detailgetreue/n	sei er
Schneider/n	Lakai/en	konterfeie/n	prinzipientreue/n	Seiher/n
schneider/n	Malai/en	prophezeie/n	naturgetreue/n	Schleier/n
(al-Qaida)	Schalmei/en	Polizei/en	maßstabsgetreue/n	Speyer
Halsabschneider/n	schanghai/en	portofreie/n	wahrheitsgetreue/n	Schreier/n
Federkleider/n	Kanzlei/en	unfallfreie/n		Weiher/n
Beutelschneider/n	Kartei/en	Kumpanei/en	- ei-e/n* (2)	Zweier/n
Hungerleider/n	Partei/en	jugendfreie/n	Hahnreie/n	
	Arznei/en	schuldenfreie/n	Anleihe/n	(au weia!)
- euder/n	Bastei/en		anspeie/n	Befreier/n
[→ euber/n (1)]	kastei/en	gebührenfreie/n	anschreie/n	Entleiher/n
[→ euger/n]	Datei/en	Gegenpartei/en	Pfandleihe/n	entschleier/n
Schleuder/n	gedeihe/n	niederschlagsfreie/n	aufreihe/n	Verleiher/n
schleuder/n	befreie/n	vorurteilsfreie/n	aufschreie/n	verschleier/n
Vergeuder/n	beleihe/n	Konditorei/en	Ausleihe/n	Geseier
Wäscheschleuder/n	entleihe/n	Geheimpolizei/en	ausleihe/n	wobei er
	entweihe/n	aneinanderreihe/n	keimfreie/n	Tokajer/n
- eider/n* (2)	entzwei/en		einreihe/n	
[→ eiber/n (2)]	verbleie/n	- eu-e/n (1)	einschneie/n	abgasfreier
[→ eiger/n (2)]	Verleihe/n	bläue/n	einweihe/n	Wasserspeier/n
Aufschneider/n	verleihe/n	freue/n	zollfreie/n	Trauerfeier/n
	verzeihe/n	heue/n	durchseihe/n	Nebelschleier/n
- ei-e/n (1)	beschreie/n	käue/n	hereinschneie/n	fehlerfreier
→ -elei-/-erei-	Geweihe/n	Leu/en		einwandfreier
Wörter unter:	Propstei/en	Neue/n	- eu-e/n* (2)	zweifelsfreier
ei (1)		neue/n	ausstreue/n	steuerfreier
Bai/en	Ahnenreihe/n	Reue	einbläue/n	bügelfreier
Beie/n	Papagei/en	reu/en	lichtscheue/n	fieberfreier
Bleie/n	abgasfreie/n	Säue/n	verabscheue/n	Biedermeier
Breie/n	Nackedei/en	Scheue/n	veruntreue/n	hitzefreier
drei/en	angedeihen	scheue/n (Verb)		schwindelfreier
Freie/n	Narretei/en	scheue/n (Adj.)	- euel/n	knitterfreier
freie/n (Verb)	Sakristei/en	Schläue	Gräuel/n	vogelfreier
freie/n (Adj.)	Kantorei/en	Streuen	Knäuel/n	vorwurfsfreier
Haie/n	fehlerfreie/n	streue/n	Pleuel/n	sorgenfreier
Kleie/n	Detektei/en	Treue		kostenfreier
Laie/n	einwandfreie/n	treue/n	- eier/n (1)	portofreier
Leihe/n	zweifelsfreie/n		Eier/n	jugendfreier
leihe/n	steuerfreie/n	bereue/n	eier/n	unfallfreier
Maie/n	(Feuer speiend)	gereuen	Bayer/n	schuldenfreier
Reihe/n	Litanei/en	verbläue/n	bleiern	Kuckuckseier/n
reihe/n	Tyrannei/en	erfreue/n	Dreier/n	gebührenfreier
sei/en	bügelfreie/n	zerstreue/n	Feier/n	herunterleier/n
seihe/n	Wüstenei/en	vertäue/n	feier/n	niederschlagsfreier
Schleie/n	fieberfreie/n	betreue/n	Freier/n	vorurteilsfreier
schneien	niederschreie/n	Getreue/n	freier	
speie/n	hitzefreie/n	getreue/n	Geier/n	- euer/n (1)
Schreie/n	schwindelfreie/n	nagelneue/n	geier/n	[→ eurer/n]
schreie/n	Ringelreihen	wasserscheue/n	(Heia)	euer/n
Weihe/n	(himmelschreiend)	arbeitsscheue/n	Leier/n	Feuer/n
weihe/n	knitterfreie/n	wiederkäue/n	leier/n	feuer/n
zeihe/n	vogelfreie/n	linientreue/n	Meier	Heuer/n

heuer/n (Verb)	anleier/n	bühnenreif	schweife/n	(ausschweifend)
heuer (= heute)	Pfandleiher/n	überstreif'	steife/n	eingreife/n
Neuer	krankfeier/n	urlaubsreif	Streife/n	einseife/n
neuer/n	Schlaumeier/n	danebengreif'	streife/n	einschleifen
säuer/n	ausleier/n	museumsreif		(tief greifend)
Scheuer/n	keimfreier	olympiareif	begreife/n	frühreife/n
scheuer/n (Verb)	zollfreier		bereife/n	mitschleife/n
scheuer/n (Adj.)	(gelackmeiert)	**- euf (1)**	ergreife/n	vorgreife/n
Steuer/n		häuf'	(ergreifend)	zugreife/n
steuer/n	**- euer/n* (2)**	ersäuf'	vergreife/n	zukneife/n
Streuer/n	nachfeuer/n	überhäuf'	verkneife/n	durchgreife/n
teuer/n	abfeuer/n		verpfeife/n	umherschweife/n
treuer/n	anfeuer/n	**- eif* (2)**	versteife/n	umherstreife/n
	anheuer/n	abgreif'	(gestreift)	zurückgreife/n
befeuer/n	ansteuer/n	abkneif'	durchstreife/n	zurückpfeife/n
geheuer	Lauffeuer	abschweif'	Nadelstreifen	Polizeistreife/n
Gemäuer/n	aufscheuer/n	abstreif'	Wasserpfeife/n	
verfeuer/n	Aussteuer	angreif'	Autoreifen	**- eufe/n* (2)**
erneuer/n	aussteuer/n	anpfeif'	Zebrastreifen	Abläufe/n
versteuer/n	beisteuer/n	aufgreif'	Nebelstreifen	anhäufe/n
verteuer/n	lichtscheuer/n	Raureif	Klebestreifen	Aufläufe/n
(bescheuert)	wundscheuer/n	auskneif'	bühnenreife/n	Einkäufe/n
besteuer/n	durchscheuer/n	auspfeif'	überstreife/n	Einläufe/n
beteuer/n	Gewehrfeuer	Stegreif	Trillerpfeife/n	Zuläufe/n
Betreuer/n	Veruntreuer/n	eingreif'	Hochschulreife	
Getreuer/n		einseif'	Orgelpfeife/n	**- eifel/n**
getreuer/n	**- eif (1)**	frühreif	urlaubsreife/n	Eifel
	Drive	mitschleif'	um sich greifen	Eiffel
nagelneuer	Greif	vorgreif'	danebengreife/n	Zweifel/n
Abenteuer/n	greif'	zugreif'	museumsreife/n	zweifel/n
(angesäuert)	keif'	zukneif'	olympiareife/n	
wasserscheuer/n	kneif'	durchgreif'	ineinandergreifen	**- eufel/n**
arbeitsscheuer/n	live	umherschweif'		Teufel/n
Fegefeuer/n	pfeif'	umherstreif'	**- eufe/n (1)**	träufel/n
(ferngesteuert)	Reif	zurückgreif'	häufe/n	Druckfehler-
Freudenfeuer/n	reif	zurückpfeif'	Käufe/n	teufel/n
Wiederkäuer/n	seif'		Knäufe/n	
übersäuer/n	Jive	**- euf* (2)**	Läufe/n	**- eifer/n (1)**
übersteuer/n	schleif'	anhäuf'	Verkäufe/n	Eifer
überteuer/n	Schweif	ersäufe/n	eifer/n
linientreuer/n	schweif'	**- eife/n (1)**	überhäufe/n	Geifer/n
Kirchensteuer/n	steif	Greife/n	Hinterläufe/n	geifer/n
Trommelfeuer	Streif	greife/n		Greifer/n
Ungeheuer/n	streif'	keife/n	**- eife/n* (2)**	Kneifer/n
ungeheuer/n		kneife/n	abgreife/n	Pfeifer/n
Ungetreuer/n	begreif'	Pfeife/n	abkneife/n	reifer/n
gesetzestreuer/n	bereif'	pfeife/n	abschweife/n	Schleifer/n
detailgetreuer/n	ergreif'	Reife/n	abstreife/n	Steifer
prinzipientreuer/n	vergreif'	reife/n	Backpfeife/n	steifer/n
naturgetreuer/n	verkneif'	Seife/n	angreife/n	ereifer/n
maßstabsgetreuer/n	verpfeif'	seife/n	anpfeife/n	Regenpfeifer/n
wahrheitsgetreuer/n	versteif'	Schleife/n	aufgreife/n	Scherenschleifer/n
	durchstreif'	schleife/n	auskneife/n	bühnenreifer
- eier/n* (2)	Nebelstreif	Schweife/n	auspfeife/n	Übereifer

Ohrenkneifer/n	verneig'	- eug* (2)	- euge/n (1)	Spielzeuge/n
Fußabstreifer/n	ersteig'	[→ eut (2)]	[→ eube/n (1)]	vorbeuge/n
urlaubsreifer	versteig'	Schlagzeug	[→ eude/n]	Flugzeuge/n
museumsreifer	verschweig'	Fahrzeug	äuge/n	herabbeuge/n
olympiareifer	verzweig'	Spielzeug	Eugen	
	besteig'	vorbeug'	beuge/n	- eige/n (3)
- eufer/n (1)	bezeig'	Kroppzeug	säuge/n	[→ ation]
Käufer/n	ladylike	Flugzeug	Zeuge/n	beige/n
Läufer/n	Bürgersteig	herabbeug'	zeuge/n	
Säufer/n	Fingerzeig		beäuge/n	- eiger/n (1)
Täufer/n		- eige/n (1)	verbeuge/n	[→ eiber/n (1)]
Verkäufer/n	- eug (1)	[→ eibe/n (1)]	erzeuge/n	[→ eider/n (1)]
Amokläufer/n	[→ eub → eube/n	[→ eide/n (1)]	bezeuge/n	Eiger
Überläufer/n	(1)]	Eigen	(gramgebeugt)	feiger/n
Marathonläufer/n	[→ eut (1)]	eigen	Augenzeuge/n	Geiger/n
Seelenverkäufer/n	äug'	Feige/n	Feuerzeuge/n	Steiger/n
	beug'	feige/n	überzeuge/n	steiger/n
- eifer/n* (2)	säug'	Geige/n	(ungebeugt)	Schweiger
nacheifer/n	Zeug	geige/n	herüberbeuge/n	(Taiga)
Angreifer/n	zeug'	Neige/n		weiger/n
wetteifer/n	beäug'	neige/n	- eige/n* (2)	Zeiger/n
Frühreifer	verbeug'	Reigen	[→ eibe/n (2)]	ersteiger/n
frühreifer	erzeug'	Schweigen	[→ eide/n (2)]	versteiger/n
	bezeug'	schweige/n	nachsteige/n	verweiger/n
- eufer/n* (2)	Badezeug	Steige/n	Bahnsteige/n	Stadtanzeiger/n
Einkäufer/n	Sattelzeug	steige/n	Absteige/n	übersteiger/n
Vorläufer/n	Handwerkszeug	(streikt)	absteige/n	
	Teufelszeug	Teige/n	abzweige/n	- euger/n
- eifes	Feuerzeug	zeige/n	anschweige/n	[→ euber/n (1)]
→ eif (1+2)	überzeug'	Zweige/n	ansteigen	[→ euder/n]
! greif es	Unterzeug		Anzeige/n	Beuger/n
	herüberbeug'	(geneigt)	anzeige/n	Säuger/n
- eufes		entsteige/n	aufsteige/n	Erzeuger/n
ersäuf' es	- eig* (2)	vergeige/n	aufzeige/n	
überhäuf' es	[→ eib (2)]	verneige/n	aussteige/n	- eiger/n* (2)
	[→ eit (2)]	ersteige/n	leibeigen	[→ eiber/n (2)]
- eig (1)	nachsteig'	versteige/n	einsteige/n	[→ eider/n (2)]
[→ eib (1)]	Bahnsteig	verschweige/n	Stillschweigen	Absteiger/n
[→ eit (1)]	absteig'	verzweige/n	(stillschweigend)	Anzeiger/n
feig	abzweig'	besteige/n	Ohrfeige/n	Aufsteiger/n
geig'	anschweig'	geschweige	ohrfeige/n	Aussteiger/n
neig'	anzeig'	bezeige/n	vorzeige/n	Bergsteiger/n
Scheik	aufsteig'	Strafanzeige/n	totschweige/n	Einsteiger/n
(Spikes)	aufzeig'	(abgeneigt)	zuneige/n	hineinsteiger/n
Steig	aussteig'	Drachensteigen	umsteige/n	
steig'	einsteig'	Fehlanzeige	durchsteige/n	- eigne/n (1)
Streik	ohrfeig'	Treppensteigen	herabsteige/n	eigne/n
streik'	vorzeig'	körpereigen		enteigne/n
schweig'	totschweig'	übersteigen	- euge/n* (2)	ereignen
Teig	zuneig'	Bürgersteige/n	[→ eube/n (2)]	übereigne/n
zeig'	umsteig'	Fingerzeige/n	Schlagzeuge/n	
Zweig	durchsteig'	Kontaktanzeige/n	Fahrzeuge/n	- eugne/n
entsteig'	herabsteig'	Verlustanzeige/n	Trauzeuge/n	leugne/n
vergeig'			Kniebeuge/n	

- eigne/n* (2)
aneigne/n

- eik
→ eig (1)

- eike/n
[→ eipe/n]
[→ eite/n (1)]
bike/n
(hitch-)hike/n
Meike
streike/n
ladylike/n

- eikel/n
[→ eitel/n]
heikel/n
Michael (engl.)

- eikt
→ eige/n (1+2)

- eil (1)
eil'
Beil
feil'
  jmd. bietet etwas feil
geil
Heil
heil'
Keil
keil'
peil'
Pfeil
Seil
steil
Teil
teil'
(teils)
weil' (Verb)
weil (Konj.)

Abteil
beeil'
enteil'
verkeil'
erteil'
verteil'
derweil
verweil'
dieweil
Altenteil

(andernteils)
Landesteil
alleweil
aburteil'
Gegenteil
Seelenheil
(größtenteils)
Petri Heil
Elternteil
Körperteil
Waidmannsheil
Einzelteil
(meistenteils)
(einesteils)
übereil'
Hinterteil
mittlerweil
wird zuteil
Oberteil
Vorderteil
Vorurteil
umverteil'
unterteil'

- eul (1)
beul'
heul'
verbeul'

- eil* (2)
nacheil'
Nachteil
abseil'
abteil'
Fallbeil
anpeil'
anseil'
Anteil
langweil'
aufgeil'
aufteil'
auskeil'
austeil'
(jeweils)
Erbteil
einteil'
mitteil'
Vorteil
Großteil
zuteil'
Bruchteil
Urteil
urteil'
Kurzweil

Bestandteil
beurteil'
verurteil'
Gottesurteil
übervorteil'

- eul* (2)
anheul'
ausbeul'
vorheul'

- eile/n (1)
Eile
eile/n
Beile/n
Feile/n
feile/n
geile/n
heile/n
Keile
keile/n
Meile/n
peile/n
Pfeile/n
Seile/n
steile/n
Teile/n
teile/n
Weile
weile/n
Zeile/n

Abteile/n
beeile/n
enteile/n
ereilen
verheilen
verkeile/n
erteile/n
verteile/n
verweile/n
einsweilen
bisweilen
zuweilen

Klassenkeile
Landesteile/n
Langeweile
aburteile/n
Körperteile/n
(eingekeilt)
Einzelteile/n
Häuserzeile/n
übereile/n

Hinterteile/n
mittlerweile
Windeseile
Oberteile/n
Vorderteile/n
Vorurteile/n
umverteile/n
unterteile/n
(ungeteilt)
Gottesurteile/n

- eule/n (1)
Eule/n
Beule/n
beule/n
Fäule
Gäule/n
heule/n
Keule/n
Säule/n
verbeule/n
Gänsekeule/n
Chemokeule/n
Eiterbeule/n
Siegessäule/n
Litfasssäule/n
Wirbelsäule/n

- eile/n* (2)
nacheile/n
Nachteile/n
abseile/n
abteile/n
Fallbeile/n
Bannmeile/n
anpeile/n
anseile/n
Anteile/n
langweile/n
aufgeile/n
aufteile/n
auskeile/n
austeile/n
Erbteile/n
Weichteile/n
einteile/n
mitteile/n
Vorteile/n
zuteile/n
Bruchteile/n
Urteile/n
urteile/n
Bestandteile/n
beurteile/n

verurteile/n
übervorteile/n

- eule/n* (2)
Nachteule/n
anheule/n
ausbeule/n
vorheule/n

- eiler/n (1)
geiler/n
Heiler/n
Keiler/n
(Leila)
Meiler/n
Pfeiler/n
Seiler/n
steiler/n
Teiler/n
Weiler/n
Verteiler/n

- euler/n
Boiler/n
Broiler/n
Heuler/n
Mäuler/n
Spoiler/n

- eiler/n* (2)
Langweiler/n
wohlfeiler

- eils
→ eil (1+2)
! teil's

- eim (1)
[→ ein (1)]
beim
Heim
heim
  jmd. zahlt es jmd. heim
Keim
keim'
Leim
leim'
Reim
reim'
Schleim
schleim'
time (engl.)
daheim

geheim	bäume/n	- eums	ein	ein
Haferschleim	Räume/n	→ eumz	etwas schüchtert	es regnet sich ein
stellt anheim	räume/n		jmd. ein	etwas läutet das
insgeheim	Säume/n	- eimz (1)	etwas bringt /	Ende einer
zusammenreim'	säume/n	[→ einz (1)]	trägt jmd.	Sache ein
Wolkenkuckucks-	Schäume/n	Heims	etwas ein	
heim	schäume/n	Keims	etwas spielt Geld	jmd. lässt sich auf
	Träume/n	keimt's	ein	jmd. ein
- eum (1)	träume/n	Leims	etwas trifft /	jmd. fühlt sich in
[→ eun (1)]	zäume/n	leim's	trudelt / tritt	jmd. ein
bäum'	versäume/n	leimt's	ein	jmd. bezieht /
räum'	erträume/n	Reims	etwas stürmt /	bindet jmd.
säum'	verträume/n	reim's	prasselt auf	ein
schäum'	(gesäumt)	reimt's	jmd. ein	jmd. setzt sich für
träum'	überschäume/n	Schleims	etwas wirkt auf	jmd. ein
zäum'		schleimt's	jmd. / etwas	jmd. weiht jmd.
versäum'	- eime/n* (2)	Haferschleims	ein	ein
erträum'	[→ eine/n (2)]	Wolkenkuckucks-	ein Gedanke fließt	jmd. hilft / sagt
verträum'	(einheimst)	heims	in etwas ein	jmd. ein
überschäum'	Oheime/n		etwas schleift /	jmd. weist / winkt
		- eumz	schleicht /	jmd. ein
- eim* (2)	- eume/n* (2)	[→ eunz (1)]	bürgert sich	jmd. wirkt auf
[→ ein (2)]	[→ eune/n (2)]	bäumt's	ein	jmd. ein
Oheim	aufbäume/n	räum's	etwas reißt ein	jmd. lässt jmd. ein
	aufräume/n	räumt's	etwas renkt sich	jmd. bürgert jmd.
- eum* (2)	aufzäume/n	säum's	ein	ein
[→ eun (2)]	ausräume/n	säumt's	etwas leuchtet	jmd. liefert / weist
aufbäum'	einräume/n	schäum's	ein	jmd. ein
aufräum'		schäumt's	etwas fällt jmd.	jmd. schätzt /
aufzäum'	- eimer/n	träum's	ein	stuft jmd. ein
ausräum'	[→ einer/n (1)]	träumt's	etwas bohrt /	jmd. lädt jmd. ein
einräum'	Eimer/n	zäum's	drückt / frisst	jmd. stellt / teilt
	Reimer/n	zäumt's	/ kerbt /	jmd. ein
- eime/n (1)	Schleimer/n	versäum's	brennt sich ein	jmd. wechselt
[→ eine/n (1)]	Timer/n	versäumt's	ein Zehennagel	jmd. ein
Heime/n	(Weimar)	erträum's	wächst ein	jmd. schleust jmd.
Keime/n	geheimer/n	erträumt's	etwas rostet /	ein
keime/n	Pappenheimer/n	verträum's	staubt / trock-	jmd. spannt jmd.
Leime/n		verträumt's	net / trübt ein	ein
leime/n	- eumer/n (1)		etwas läuft /	jmd. schult ein
Reime/n	[→ euner/n]	- eimz* (2)	dampft /	Kind ein
reime/n	(Hoimar)	[→ einz (2)]	schrumpft ein	jmd. segnet jmd.
Simon (engl.)	(Rheuma)	Oheims	etwas stürzt ein	ein
Schleime/n	Räumer/n		etwas sickert /	jmd. brockt jmd.
schleime/n	Säumer/n	- ein (1)	strömt ein	etwas ein
time/n	Träumer/n	→ -elei-/-erei-	etwas pegelt /	jmd. schärft
geheime/n		Wörter unter:	pendelt /	/ bläut /
(abgefeimt)	- eumer/n* (2)	ei (1)	schwingt sich	hämmert /
(ungereimt)	[→ einer/n (2)]	[→ eim (1)]	ein	trichtert /
zusammenreime/n	Abräumer/n	ein' (Verb)	etwas rastet ein	impft jmd.
		ein (Artikel)	etwas schaltet sich	etwas ein
- eume/n (1)	- eims	etwas schnürt	ein	jmd. redet /
[→ eune/n (1)]	→ eimz (1+2)	/ engt /	ein Tier / eine	flüstert / bläst
Bäume/n		schränkt jmd.	Pflanze geht	jmd. etwas ein

129

jmd. wickelt / lullt / seift jmd. ein
jmd. jagt jmd. einen Schreck ein
jmd. schüchtert jmd. ein
jmd. schießt sich auf jmd. ein
jmd. heizt jmd. ein
jmd. dringt auf jmd. ein
jmd. kreist / kesselt / pfercht jmd. ein
jmd. schnürt / engt / schränkt jmd. ein
jmd. mauert jmd. ein
jmd. fängt jmd. ein
jmd. sperrt / buchtet / kerkert / locht / schließt jmd. ein
jmd. schlägt / drischt / peitscht / prügelt / sticht auf jmd. ein
jmd. schläfert jmd. ein
jmd. äschert / balsamiert jmd. ein
jmd. flößt jmd. Vertrauen / Medizin ein
jmd. nebelt jmd. ein
jmd. trägt / schreibt jmd. ein
jmd. stimmt sich auf etwas ein
jmd. lässt sich auf etwas ein

jmd. setzt sich für etwas ein
jmd. bringt / klinkt / mischt / schaltet sich ein
jmd. schmeichelt / schleimt sich ein
jmd. schränkt sich ein
jmd. arbeitet / fuchst sich ein
jmd. prägt / paukt / verleibt sich etwas ein
jmd. hört sich in etwas ein
jmd. redet sich etwas ein
jmd. bildet sich etwas ein
jmd. igelt sich ein
jmd. kriegt sich wieder ein
jmd. lebt / gewöhnt sich ein
jmd. nistet / quartiert / mietet sich ein
jmd. richtet sich ein
jmd. findet sich ein
jmd. schleicht sich ein
jmd. reiht sich ein
jmd. schifft sich ein
jmd. dreht sich ein
jmd. deckt sich mit etwas ein
jmd. singt sich ein
jmd. loggt / wählt sich ein
jmd. kleidet sich ein
jmd. wickelt / mummelt sich ein
jmd. ölt / cremt / pudert / reibt sich ein
jmd. schmiert /

saut sich ein
jmd. klemmt sich etwas ein
jmd. greift / schreitet ein
jmd. hakt ein
jmd. knickt ein
jmd. lenkt ein
jmd. willigt / schlägt ein
jmd. schnappt ein
jmd. fällt / marschiert / rückt ein
jmd. bricht / dringt ein
jmd. sitzt ein
jmd. biegt ein
jmd. parkt ein
jmd. trifft / trudelt / tritt / fliegt ein
jmd. kehrt ein (Gaststätte)
jmd. checkt ein (Hotel)
jmd. reist / wandert ein
jmd. zieht ein
jmd. schneit ein
jmd. hängt ein (Telefon)
jmd. hütet ein
jmd. nässt ein
jmd. schenkt / gießt ein
jmd. schläft / döst / nickt / pennt ein
jmd. kauft ein
jmd. sinkt ein
jmd. schleppt eine Seuche ein
jmd. hält ein Versprechen / einen Termin ein
jmd. löst etwas ein
jmd. steht für etwas ein
jmd. sieht etwas ein

jmd. fordert / klagt etwas ein
jmd. schießt sich auf etwas ein
jmd. schwenkt auf eine Linie ein
jmd. wendet etwas ein
jmd. wirft / flicht etwas ein
jmd. führt etwas ein
jmd. fügt / bettet / baut etwas in etwas ein
jmd. blendet etwas ein
jmd. leitet etwas ein
jmd. läutet etwas ein
jmd. beruft ein Treffen ein
jmd. steigt in ein Haus / bei einem Vorhaben ein
jmd. rennt jmd. die Bude ein
jmd. haucht einer Sache Leben ein
jmd. fädelt einen Deal ein
jmd. ordnet / sortiert / gliedert etwas ein
jmd. passt etwas ein
jmd. plant / rechnet / kalkuliert etwas ein
jmd. schätzt / stuft etwas ein
jmd. reicht / schickt / liefert etwas ein
jmd. schleust etwas ein
jmd. tauscht / wechselt etwas

ein
jmd. teilt etwas ein
jmd. spart etwas ein
jmd. zahlt etwas ein
jmd. treibt Schulden ein
jmd. fährt einen Gewinn ein
jmd. nimmt / kassiert / streicht / heimst / sackt / steckt / behält etwas ein
jmd. studiert / übt etwas ein
jmd. grenzt / friedet / säumt / zäunt etwas ein
jmd. baut eine Küche ein
jmd. betoniert / mauert / zementiert etwas ein
jmd. füllt etwas ein
jmd. gräbt / buddelt etwas ein
jmd. rammt etwas ein
jmd. ebnet / stampft etwas ein
jmd. beult / drückt etwas ein
jmd. rollt etwas ein
jmd. gipst / schäumt etwas ein
jmd. schmilzt etwas ein
jmd. schweißt etwas ein
jmd. klebt etwas ein
jmd. spritzt /

sprüht / pinselt etwas ein	tunkt etwas ein	Freien	jmd. schaut / hört rein	schanghaien
jmd. weicht etwas ein	jmd. ölt / cremt / pudert / reibt / schmiert etwas ein	freien (Verb)		Kanzleien
		freien (Adj.)	jmd. feiert rein	Karteien
jmd. näht / spinnt / webt etwas ein		grein'	jmd. fällt auf etwas rein	Parteien
		Haien		Arzneien
		Hain	jmd. kriegt eine rein	Basteien
jmd. ritzt / meißelt / schneidet etwas ein	jmd. massiert etwas ein	Hein		kasteien
		Kain	jmd. steckt / buttert etwas rein	astrein
	jmd. atmet etwas ein	kein		Dateien
jmd. kleidet etwas ein		Kleien		Latein
	jmd. klemmt etwas ein	klein	jmd. bringt / holt / schmuggelt etwas rein	Gebein
jmd. fasst etwas ein		Laien		gedeihen
	jmd. dämmt / schränkt etwas ein	Leihen		befreien
jmd. graviert / stanzt etwas ein		leihen	jmd. schreibt etwas rein	beleihen
		Lein		gemein
	jmd. klammert etwas ein	Main	jmd. klickt in etwas rein	entleihen
jmd. druckt etwas ein		mein' (Verb)		entstein'
	jmd. deutscht etwas ein	mein (Adj.)	jmd. hält / wäscht etwas rein	entweihen
jmd. färbt / schwärzt etwas ein		nein		entzweien
	jmd. holt eine Schnur ein	Pein	Rhein	Verein
		Reihen	seien	verein'
jmd. richtet etwas ein	jmd. pflanzt / sät etwas ein	reihen	Sein	verbleien
		rein	sein	Verleihen
jmd. programmiert / gibt / pflegt / scannt / speist / tippt / liest etwas ein	jmd. rahmt ein Bild ein	etwas haut rein	müde sein	verleihen
		etwas spielt rein	zusammen sein	vermein'
	jmd. räumt einen Fehler / ein Regal ein	etwas passt rein	es hat nicht sollen sein	vernein'
		es regnet rein		herein
		jmd. legt / reißt / reitet jmd. rein	seihen	etwas bricht herein
jmd. spricht etwas ein	jmd. renkt einen Konflikt / ein Gelenk ein		Schein	
		jmd. würgt jmd. eine rein	schein'	erschein'
			Schleien	verzeihen
jmd. schaltet etwas ein	jmd. saugt etwas ein	jmd. redet jmd. in etwas rein	schneien	beschreien
			Schreien	Gestein
jmd. stöpselt etwas ein	jmd. taucht ins Wasser ein	jmd. bringt / holt / lässt / schmuggelt speien	schreien	Geweihen
			Schrein	piekfein
jmd. lagert / kellert / mottet etwas ein	jmd. schreibt / trägt / zeichnet etwas ein			Design
		jmd. rein	Stein	hinein
	jmd. heftet etwas in einen Ordner ein	jmd. hängt / kniet sich rein	Schwein	Propstein
jmd. friert Lebensmittel ein			Weihen	
		jmd. zieht / würgt sich etwas rein	weihen	Nasenbein
			Wein	Ahnenreihen
jmd. sammelt / packt / tütet etwas ein	jmd. puttet einen Golfball ein	jmd. schleicht / drängt / schmuggelt / wagt sich rein	wein'	abgasfreien
			zeihen	Papageien
	Bein		zweien	angedeihen
jmd. rührt / dickt etwas ein	dein			Nackedeien
	dreien			Angelschein
jmd. legt / weckt / pökelt etwas ein	drein	jmd. macht rein (sauber)	tagein	allgemein
			jahrein	
	jmd. findet sich drein	jmd. kommt / geht / platzt / schneit / spaziert / strömt / stürmt / will rein	Bahrain	Waffenschein
jmd. salzt / zuckert etwas ein			Abteien	Gallenstein
	jmd. schlägt drein		Lakaien	rasserein
	jmd. blickt freundlich / böse drein		Malaien	Anderssein
jmd. fettet etwas ein			allein	Pflasterstein
			Schalmeien	Narreteien
jmd. stippt /	fein		landein	„Calvin Klein"

Sakristeien	vornherein	erfreuen	gut mein'	nachweint
Kantoreien	Opferstein	zerstreuen	Gutschein	anfeind'
Mark und Bein	Stolperstein	vertäuen	Schuldschein	anleint
Raucherbein	prophezeien	betreuen	durchseihen	ernst meint
Augenschein	Polizeien	Getreuen	durchschein'	gut meint
querfeldein	portofreien	getreuen		durchscheint
fehlerfreien	Lottoschein	nagelneuen	dabei sein	
Gänseklein	jugendfreien	wasserscheuen	hereinschneien	- eund* (2)
Gänsewein	stubenrein	arbeitsscheuen	verliebt sein	[→ eumt → eu-me/n (2)]
Detekteien	lupenrein	wiederkäuen	Bewusstsein	
Elfenbein	Urgestein	linientreuen	Selbstbewusstsein	anfreund'
Stelldichein	unfallfreien	gesetzestreuen	Schuldbewusstsein	einzäunt
einwandfreien	Kumpaneien	detailgetreuen		
zweifelsfreien	ungemein	prinzipientreuen	- eun* (2)	- einde/n (1)
Meilenstein	schuldenfreien	naturgetreuen	[→ eum (2)]	Feinde/n
steuerfreien	Unwohlsein	maßstabsgetreuen	ausstreuen	verfeinde/n
Schneiderlein		wahrheitsgetreuen	einbläuen	Gemeinde/n
Feuerschein	Etappenschwein		einzäun'	eingemeinde/n
Tyranneien	Beisammensein	- ein* (2)	lichtscheuen	
Litaneien	Vorhandensein	[→ eim (2)]	verabscheuen	- eunde/n (1)
Grübeleien	gebührenfreien	Hahnreien	veruntreuen	Freunde/n
bügelfreien	aneinanderreihen	wahr sein		
Wüsteneien	Anglerlatein	Dasein	- eind (1)	- einde/n* (2)
Nierenstein	Gegenparteien	nachwein'	[→ eimt → eime/n (1)]	anfeinde/n
überein	Heiligenschein	Anleihen		
Überbein	niederschlagsfreien	anlein'	eint	- eunde/n (2)
fieberfreien	Tierschutzverein	Anschein	Feind	anfreunde/n
Widerschein	Küchenlatein	anspeien	feind	
Führerschein	vorurteilsfreien	anschreien	greint	- eine/n (1)
Lieferschein	Konditoreien	Pfandleihen	meint	[→ eime/n (1)]
niederschreien	Geheimpolizeien	Raubein	scheint	Eine/n
hitzefreien		aufreihen	weint	eine/n (Verb)
Schlüsselbein	- eun (1)	aufschreien	gemeint	eine/n (Artikel)
schwindelfreien	[→ eum (1)]	Ausleihen	entsteint	(einst (Adverb))
Ringelreihen	bläuen	ausleihen	vereint	Beine/n
Hinkelstein	bräun'	aus sein	verfeind'	deine/n
mittendrein	freuen	recht sein	vermeint	feine/n
Liechtenstein	heuen	Scherflein	verneint	greine/n
irgendein	käuen	ernst mein'	erscheint	Haine/n
hinterdrein	Neuen	Schleifstein	verweint	keine/n
knitterfreien	neuen	keimfreien	designt	Kleine/n
Zipperlein	neun	einreihen	Menschenfeind	kleine/n
Irresein	reuen	einschneien	eingemeind'	Leine/n
Glücklichsein	Säuen	einweihen		meine/n (Verb)
vogelfreien	Scheuen	Pipeline	- eund (1)	meine/n (Pron.)
Hosenbein	scheuen (Verb)	Prüfstein	[→ eumt → eu-me/n (1)]	Peine
obendrein	scheuen (Adj.)	Mühlstein		Reine/n
Totenschein	streuen	hin sein	bräunt	reine/n
vorwurfsfreien	streun'	Rinnstein	Freund	Rheine
kostenfreien	treuen	Vorschein	streunt	seine/n
sorgenfreien		zollfreien	zu neunt	Scheine/n
glockenrein	bereuen	Tropfstein	umzäunt	scheine/n
Sonnenschein	gereuen	Schornstein		Schreine/n
konterfeien	verbläuen	zu sein	- eind* (2)	Steine/n

Schweine/n	[→ eume/n (1)]	verkleiner/n	speien es	Opfersteines
Weine/n	Bräune	zerkleiner/n	Steines	Stolpersteines
weine/n	bräune/n	versteiner/n	Schweines	prophezeien es
	Scheune/n	piekfeiner	weihen es	Lottoscheines
alleine	streune/n	Designer/n	Weines	stubenreines
(anscheinend)	Zäune/n	Ukrainer/n	zeihen es	lupenreines
astreine/n	alle Neune	allgemeiner/n		Urgesteines
Gebeine/n		rassereiner	schanghaien es	
Gemeine/n	- eine/n* (2)	elfenbeinern	kasteien es	Etappenschweines
gemeine/n	[→ eime/n (2)]	Liechtensteiner/n	astreines	Heiligenscheines
den Seinen	nachweine/n	irgendeiner	befreien es	Tierschutzvereines
entsteine/n	anleine/n	glockenreiner	beleihen es	
Vereine/n	Raubeine/n	stubenreiner	gemeines	- eunes (1)
vereine/n	ernst meine/n	lupenreiner	entleihen es	[→ eumes → eum
vermeine/n	Schleifsteine/n	unsereiner	entstein' es	(1)]
verneine/n	Prüfsteine/n	verallgemeiner/n	entweihen es	bläuen es
erscheine/n	Mühlsteine/n		entzweien es	bräun' es
Gesteine/n	Rinnsteine/n	- euner/n	Vereines	heuen es
piekfeine/n	(wohlmeinend)	[→ eumer/n (1)]	verein' es	scheuen es
designe/n	Tropfsteine/n	Neuner/n	verbleien es	streuen es
zieht Leine	Schornsteine/n	Streuner/n	verleihen es	bereuen es
im Reinen	gut meine/n	Zigeuner/n	vernein' es	verbläuen es
	Gutscheine/n		vermein' es	erfreuen es
Nasenbeine/n	Schuldscheine/n	- einer/n* (2)	verzeihen es	zerstreuen es
Angelscheine/n	durchscheine/n	[→ eumer/n (2)]	beschreien es	vertäuen es
allgemeine/n		Anrainer/n	Gesteines	betreuen es
Waffenscheine/n	- eune/n* (2)	Vierbeiner/n	bewein' es	
Gallensteine/n	[→ eume/n (2)]	piekfeines	- eines* (2)
rassereine/n	einzäune/n	- eines (1)	design' es	[→ eimes → eim
Pflastersteine/n		[→ eimes → eim		(2)]
Raucherbeine/n	- einer/n (1)	(1)]	Nasenbeines	Anscheines
Elfenbeine/n	[→ eimer/n]	eines	allgemeines	Raubeines
Gänseweine/n	einer	ein' es	Angelscheines	Schleifsteines
Meilensteine/n	beinern	Beines	Waffenscheines	Prüfsteines
Nierensteine/n	deiner	deines	Gallensteines	Mühlsteines
Lieferscheine/n	feiner/n	feines	rassereines	Rinnsteines
Führerscheine/n	Heiner	freien es	Pflastersteines	Tropfsteines
Schlüsselbeine/n	keiner	Haines	Augenscheines	Schornsteines
Hinkelsteine/n	Kleiner	keines	Raucherbeines	Gutscheines
irgendeine/n	kleiner/n	Kleines	Elfenbeines	Schuldscheines
Hosenbeine/n	meiner	kleines	Gänseweines	
Totenscheine/n	Rainer	leihen es	Meilensteines	- eunes* (2)
glockenreine/n	reiner/n	Leines	Feuerscheines	veruntreuen es
Opferscheine/n	seiner	Maines	Nierensteines	
Stolpersteine/n	Schreiner/n	meines	Widerscheines	- eins
Lottoscheine/n	schreiner/n	mein' es	Lieferscheines	→ einz (1+2)
stubenreine/n	Steiner, Rudolf	reihen es	Führerscheines	
lupenreine/n	steinern	reines	Schlüsselbeines	- euns
Urgesteine/n		Rheines	Hinkelsteines	→ eunz (1+2)
Etappenschweine/n	Bahrainer/n	seien es	irgendeines	
Heiligenscheine/n	astreiner	seihen es	Hosenbeines	- einz (1)
Tierschutzvereine/n	Lateiner/n	Scheines	Totenscheines	[→ eimz (1)]
	gemeiner/n	schreien es	glockenreines	eins
- eune/n (1)	verfeiner/n	Schreines	Sonnenscheines	ein's

133

eint's	Gänseweins	wiederkäuen's	feu're	Gleis
Beins	Stelldicheins		neu're/n	gleiß'
deins	Einmaleins	- einz* (2)	Säure/n	Gneis
greint's	Meilensteins	[→ eimz (2)]	säu're	Greis
Hains	Schneiderleins	Daseins	scheu're	Hais
Heins	Feuerscheins	Anscheins	steu're	heiß' (Verb)
Heinz	Nierensteins	Raubeins	teure/n	heiß (Adj.)
Kains	Überbeins	Scherfleins	befeu're	Kais
keins	Widerscheins	Schleifsteins	verfeu're	Kreis
Leins	Lieferscheins	Prüfsteins	erneu're	kreis'
Mains	Führerscheins	Mühlsteins	verscheu're	leih's
Mainz	Schlüsselbeins	Rinnsteins	versteu're	leis'
meins	Hinkelsteins	Tropfsteins	verteu're	Mais
mein's	irgendeins	Schornsteins	besteu're	Preis
meint's	Liechtensteins	Gutscheins	beteu're	preis'
Rheins	Zipperleins	Schuldscheins	übersäu're	reih's
Seins	Irreseins	uneins	übersteu're	Reis
seins	Glücklichseins	Bewusstseins	ungeheure/n	reis'
Scheins	Hosenbeins	Selbstbewusstseins		reiß'
scheint's	Totenscheins	Schuldbewusstseins	- eire/n* (2)	seih's
Schreins	Formel 1		anlei're	sei's
Steins	Sonnenscheins	- eunz* (2)	krankfei're	Scheiß
Schweins	Opfersteins	verabscheuen's	auslei're	scheiß'
Weins	Stolpersteins	veruntreuen's		Schleis
weint's	Lottoscheins		- eure/n* (2)	schmeiß'
	Urgesteins	- eipp	nachfeu're	Schreis
Bahrains	Nummer Eins	→ eib (1)	abfeu're	schrei's
Lateins	unsereins		anfeu're	Speis'
Gebeins	Unwohlseins	- eipe/n	anheu're	speis'
entstein's		[→ eike/n]	ansteu're	spei's
entsteint's	Beisammenseins	[→ eite/n (1)]	aufscheu're	Spleiß
Vereins	Vorhandenseins	hype/n	aussteu're	spleiß'
verein's	Etappenschweins	Kneipe/n	beisteu're	Steiß
vereint's	Anglerlateins		wundscheu're	Schweiß
vermein's	Heiligenscheins	- eupter/n	durchscheu're	schweiß'
vermeint's	Tierschutzvereins	[→ eube/n (1)]		Thais
vernein's	Küchenlateins	! betäubt er	- eurer/n	weih's
verneint's			[→ euer/n (1)]	weis'
erscheint's	- eunz (1)	- eur	eurer	Weiß
Gesteins	[→ eumz]	→ ör (1)	Neu'rer/n	weiß (Verb)
Designs	bläuen's		neu'rer	weiß (Adj.)
design's	bräun's	- eire/n (1)	teurer/n	zeih's
designt's	bräunt's	ei're	Erneu'rer/n	
	heuen's	fei're	Abenteurer/n	Schanghais
Nasenbeins	käuen's	gei're	ungeheurer	schanghai's
Angelscheins	scheuen's	lei're		befrei's
Waffenscheins	streuen's	reih're	- eis (1)	Geheiß
Gallensteins	streunt's	entschlei're	Eis	beleih's
Anderssseins	bereuen's	verschlei're	Beis	enteis'
Pflastersteins	verbläuen's	Gesei're	beiß'	entgleis'
Augenscheins	erfreuen's	herunterlei're	Bleis	entleih's
Raucherbeins	zerstreuen's		Breis	entreiß'
Elfenbeins	vertäuen's	- eure/n (1)	Fleiß	entweih's
Gänsekleins	betreuen's	eure/n	Geiß	entzwei's

Serails	Kuckuckseis	ranschmeiß'	- eisch	reise/n
vereis'		anweis'	[→ eich (1)]	seih' se
verbeiß'	zusammenbeiß'	aufreiß'	Fleisch	sei' se
verblei's	zusammenreiß'	Aufschreis	kreisch'	Schneise/n
vergreis'	zusammenscheiß'	aufweis'	Gekreisch	schrei' se
verheiß'	zusammenschweiß'	ausreis'	zerfleisch'	Speise/n
Verleihs	Vanilleeis	ausreiß'	erheisch'	speise/n
verleih's	Personenkreis	rausschmeiß'		spei' se
verreis'	Liebesbeweis	Ausweis	- eusch	Waise/n
verreiß'	Vertrauensbeweis	ausweis'	[→ euch (1)]	weih' se
zerreiß'	Leipziger Allerlei	Erdkreis	keusch	Weise/n
Verschleiß		wegschmeiß'	täusch'	weise/n (Verb)
verschleiß'	- eus (1)	festbeiß'	enttäusch'	weise/n (Adj.)
verspeis'	Beuys, Joseph	einkreis'	Geräusch	zeih' se
verschweiß'	Boys	einreis'		
erweis'	bläu's	einreiß'	- eische/n	schanghai' se
verwais'	Bräus	reinreiß'	[→ eiche/n (1)]	befrei' se
Verweis	Heus	einspeis'	kreische/n	beleih' se
verweis'	heu's	einschweiß'	zerfleische/n	enteise/n
verzeih's	käu's	einweis'	erheische/n	entgleise/n
bescheiß'	Leus	hinschmeiß'	(eingefleischt)	entleih' se
Geschmeiß	Pneus	Hinweis		entweih' se
Geschreis	scheu's	hinweis'	- eusche/n	entzwei' se
beschrei's	schleus'	mitreiß'	[→ euche/n (1)]	vereise/n
Details	Spreus	lobpreis'	keusche/n	verblei' se
Beweis	Streus	loseis'	täusche/n	vergreise/n
beweis'	streu's	losreiß'	enttäusche/n	verleih' se
Geweihs	Zeus	vorweis'	Geräusche/n	verreise/n
gibt preis	Hanois	fortweis'		verspeise/n
umkreis'	Gebräus	Schultheiß	- eischer/n	verwaise/n
	verbläu's	gutheiß'	[→ eicher/n (1)]	erweise/n
Ladenpreis	erfreu's	zuweis'	Fleischer/n	Verweise/n
Naseweis	bereu's	Umkreis	(Geisha)	verweise/n
Nackedeis	zerstreu's	Dunstkreis		Beweise/n
Abstellgleis	vertäu's	durchbeiß'	- euscher/n	beweise/n
Tattergreis	Gestreus		[→ eucher/n (1)]	umkreise/n
Samurais	betreu's	zurechtweis'	keuscher/n	
Zauberkreis	Konvois	zurückweis'	Täuscher/n	Ladenpreise/n
Edelweiß	Sonnyboys	herumreiß'		Naseweise/n
Nebengleis			- eise/n (1)	absatzweise
Wendekreis	- eis* (2)	- eus* (2)	Eise/n	ansatzweise
Nettopreis	nachschmeiß'	Abscheus	Gleise/n	Abstellgleise/n
Teufelskreis	Nachweis	Cowboys	Gneise/n	massenweise
weiterreis'	nachweis'	Efeus	Greise/n	Tattergreise/n
Freundeskreis	Hahnreis	Gameboys	Kreise/n	Arbeitsweise/n
Friedenspreis	abreis'	einschleus'	kreise/n	abschnittsweise
überweis'	abreiß'	Proteus	leih' se	Art und Weise
Himmelskreis	abspeis'	Morpheus	leise/n	ausnahmsweise
Possen reiß'	abweis'	Orpheus	Maise/n	haufenweise
Konterfeis	anbeiß'	durchschleus'	Meise/n	Zauberkreise/n
konterfei's	anpreis'	Prometheus	Preise/n	aushilfsweise
prophezei's	anreis'	Odysseus	preise/n	auszugsweise
Wucherpreis	anreiß'	veruntreu's	reih' se	Ausdrucksweise/n
unterweis'	anscheiß'		Reise/n	Nebengleise/n

meterweise	seltsamerweise	vertäu' se	Kreisel/n	heiß se
Wendekreise/n	fälschlicherweise	betreu' se	kreisel/n	kreiße/n
löffelweise	freundlicherweise		Meysel, Inge	Meißen
wechselweise	Liebesbeweise/n	- eise/n* (2)		Neiße
streckenweise	glücklicherweise	Nachweise/n	- eusel/n (1)	preis' se
stellenweise	sinnigerweise	nachweise/n	kräusel/n	Reißen
Götterspeise/n	logischerweise	Ameise/n	säusel/n	reiße/n
bergeweise	komischerweise	paarweise	Streusel/n	reiß' se
Nettopreise/n	folgenderweise	Abreise/n	bestreusel/n	Scheiße
schätzungsweise	Vertrauensbewei-	abreise/n		scheiße/n
Teufelskreise/n	se/n	abspeise/n	- eusel/n* (2)	scheiß' se
scheibchenweise	verständlicherweise	abweise/n	ansäusel/n	schmeiße/n
reihenweise	berechtigterweise	anpreise/n		schmeiß' se
weiterreise/n	bezeichnenderweise	Anreise/n	- eiser/n (1)	speis' se
gleicherweise	begreiflicherweise	anreise/n	eisern	Spleiße/n
eimerweise	erfreulicherweise	anweise/n	greiser/n	spleiße/n
Freundeskreise/n	betrüblicherweise	aufweise/n	heiser/n	spleiß' se
beispielsweise	vernünftigerweise	Ausreise/n	Kaiser/n	Steiße/n
Einflugschneise/n	verbotenerweise	ausreise/n	leiser/n	Schweiße
Bügeleisen	dankenswerterweise	Ausweise/n	reiser/n	schweiße/n
Friedenspreise/n	anständigerweise	ausweise/n	Weiser	schweiß' se
überweise/n	merkwürdigerweise	Bauweise/n	weiser/n	Weiße/n
literweise	interessanterweise	Denkweise/n	naseweiser	weiße/n
bündelweise	irrtümlicherweise	teilweise	Platzanweiser/n	weiß se
büschelweise	notwendigerweise	einkreise/n	Energizer/n	
kistenweise	zufälligerweise	einreise/n	Appetizer/n	enteis' se
Wirkungsweise/n	unbekannterweise	einspeise/n	Tranquilizer/n	entreiße/n
(richtungsweisend)	unverdienterweise	einweise/n	Equalizer/n	entreiß' se
probeweise	unnötigerweise	zeitweise	Synthesizer/n	vereis' se
vorzugsweise	unglücklicherweise	Hinweise/n	Organizer/n	verbeiße/n
konterfei' se	unsinnigerweise	hinweise/n		verbeiß' se
prophezei' se	überraschender-	schrittweise	- euser/n (1)	verheiße/n
Hochzeitsreise/n	weise	lobpreise/n	Häuser/n	verreiße/n
stufenweise	bedauerlicherweise	Vorspeise/n	Schleuser/n	verreiß' se
Wucherpreise/n	überflüssigerweise	vorweise/n	Kartäuser/n	zerreiße/n
klugerweise	unbegreiflicherweise	loseise/n		zerreiß' se
stundenweise		Volksweise/n	- eiser/n* (2)	Verschleiße/n
dutzendweise	- euse/n (1)	fortweise/n	Wegweiser/n	verschleiße/n
dummerweise	bläu' se	Hufeisen	Einweiser/n	verschleiß' se
unterweise/n	Geuse/n	zuweise/n		verspeis' se
	heu' se		- euser/n* (2)	verschweiße/n
normalerweise	käu' se	zurechtweise/n	Duckmäuser/n	verschweiß' se
Verhaltensweise/n	Läuse/n	vergleichsweise		verweis' se
bekannterweise	Mäuse/n	zurückweise/n	- eiß	bescheiße/n
pikanterweise	Reuse/n	versuchsweise	→ eis (1+2)	bescheiß' se
vertretungsweise	scheu' se			beweis' se
verdienterweise	Schleuse/n	- euse/n* (2)	- eiße/n (1)	umkreis' se
beziehungsweise	schleuse/n	einschleuse/n	eis' se	
gerüchteweise	streu' se	durchschleuse/n	beiße/n	Edelweiße/n
Personenkreise/n	Gehäuse/n	veruntreu' se	beiß' se	(herzzerreißend)
	bereu' se		Geißen	überweis' se
andeutungsweise	verbläu' se	- eisel/n	gleiße/n	(Glück verheißend)
möglicherweise	erfreu' se	Beisel/n	heiße/n (Verb)	Possen reiße/n
ehrlicherweise	zerstreu' se	Geisel/n	heiße/n (Adj.)	unterweis' se

zusammenbeiße/n	Schweißer/n	überweis' es	vereist	zerstreust
zusammenreiße/n	Weißer	unterweis' es	verbeißt	vertäust
zusammenschei-	weißer/n		verbleist	betreust
ße/n	(vorbeisah)	**- eißes* (2)**	erdreist'	wiederkäust
zusammenschwei-	Federweißer	lobpreis' es	vergreist	
ße/n	Hosenscheißer/n		verheißt	**- eist* (2)**
	Possenreißer/n	**- eißt**	verleihst	nachschmeißt
- euße/n	Bullenbeißer/n	→ eist (1+2)	verreist	nachweist
Preuße/n			verreißt	ableist'
Reuße/n	**- eißer/n* (2)**	**- eist (1)**	zerreißt	abreist
	Anreißer/n	eist	verschleißt	abreißt
- eiße/n* (2)	Aufreißer/n	beißt	verspeist	abspeist
nachschmeiße/n	Ausreißer/n	dreist	verschweißt	abweist
abreiße/n	Rausschmeißer/n	feist	erweist	anbeißt
anbeiße/n		freist	verweist	anpreist
anreiße/n	**- eißes (1)**	Geist	verwaist	anreist
anscheiße/n	beiß' es	gleißt	verzeihst	anreißt
ranschmeiße/n	Fleißes	heißt	bescheißt	anscheißt
aufreiße/n	heißes	Kleist, Heinrich von	beschreist	ranschmeißt
ausreiße/n	heiß' es	kreist	beweist	anspeist
rausschmeiße/n	kreis' es	kreißt	zumeist	anschreist
wegschmeiße/n	preis' es	leihst	umkreist	anweist
festbeiße/n	reiß' es	leist'		aufreihst
einreiße/n	scheiß' es	(Leiste/n)	weit gereist	aufreißt
reinreiße/n	schmeiß' es	meist	weiterreist	aufschreist
einschweiße/n	speis' es	preist	überweist	aufweist
hinreißen	Spleißes	reihst	niederschreist	ausleihst
hinschmeiße/n	spleiß' es	reist	Hilfe leist'	ausreist
mitreiße/n	Steißes	reißt	Himbeergeist	ausreißt
lobpreis' se	Schweißes	seist	Possen reißt	rausschmeißt
losreiße/n	schweiß' es	seihst	konterfeist	ausweist
gutheiße/n	weis' es	scheißt	prophezeist	wegschmeißt
durchbeiße/n	Weißes	schmeißt	zugereist	festbeißt
herumreiße/n	weißes	schneist	unterweist	einkreist
	weiß es	schreist	zusammenbeißt	einreihst
- eißel/n		speist	zusammenreißt	einreist
Beißel/n	Geheißes	spleißt	zusammenscheißt	einreißt
Geißel/n	enteis' es	schweißt	zusammenschweißt	reinreißt
geißel/n	entreiß' es	weihst	aneinanderreihst	einschneist
Meißel/n	vereis' es	weist	Unternehmungs-	einspeist
meißel/n	verbeiß' es	weißt	geist	einschweißt
Preißel-	verheiß' es	zeihst	Heiliger Geist	einweihst
Spreißel/n	verreiß' es			einweist
weißel/n	zerreiß' es	schanghaist	**- eust (1)**	Zeitgeist
	Verschleißes	kasteist	bläust	hinschmeißt
- eußel/n	verschleiß' es	gedeihst	freust	hinweist
Streusel	verspeis' es	befreist	heust	mitreißt
	verschweiß' es	beleihst	käust	lobpreist
- eißer/n (1)	verweis' es	enteist	scheust	vorweist
Beißer/n	bescheiß' es	entgleist	schleust	loseist
(heißa)	Geschmeißes	entleihst	streust	losreißt
heißer/n	beweis' es	entreißt	bereust	fortweist
Reißer/n	umkreis' es	entweihst	verbläust	gutheißt
Scheißer/n	Edelweißes	entzweist	erfreust	zuweist

durchbeißt	entgleist er	kleid'	verkleid'	Handlichkeit
durchseihst	entgleister	Leid	verleid'	Bangigkeit
	entreißt er	leid'	verleiht	Farbigkeit
gewährleist'	vereist er	leiht	verleit'	Garstigkeit
zurechtweist	vereister	leit'	vermeid'	Artigkeit
hereinschneist	verbeißt er	Maid	verscheid'	Hastigkeit
zurückweist	vergreist er	meid'	verschneit	Gastlichkeit
herumreißt	vergreister	Neid	verzeiht	Mattigkeit
	verheißt er	neid'	Bescheid	Stattlichkeit
- eust* (2)	(verkleistert)	reiht	bescheid'	Patzigkeit
ausstreust	verreist er	reit'	gescheit	Ausfallzeit
einbläust	verreißt er	seid	beschneid'	Grausamkeit
einschleust	zerreißt er	seiht	beschreit	aufarbeit'
durchschleust	verschleißt er	seit	bestreit'	ausarbeit'
verabscheust	verspeist er	scheid'	„Die Zeit"	Hausarbeit
veruntreust	verschweißt er	Scheit	all right!	aufbereit'
	verschweißter	Schneid	soweit	Sauberkeit
- eiste/n	erweist er	schneid'	zuleid'	Lauterkeit
→ eist (1+2)	verweist er	schneit	durchleid'	Tauglichkeit
! weißte (= weißt	verwaist er	schreit		Schaurigkeit
du)	verwaister	speit	Sparsamkeit	Traurigkeit
	bescheißt er	Streit	Adelheid	Knausrigkeit
- euste/n	beweist er	streit'	Fahrenheit	Dehnbarkeit
→ eust (1+2)	geweißter	Waid	nachbereit'	Ehrbarkeit
! freuste (= freust	umkreist er	weid'	fahrbereit	Lesbarkeit
du)		weiht	Tageszeit	Seltenheit
	Bademeister/n	weit' (Verb)	Jahreszeit	Regenzeit
- eister/n (1)	Lebensgeister/n	weit (Adj.)	Spaßigkeit	Lebenszeit
eist er	„Jägermeister"	zeiht	Staatlichkeit	Federkleid
beißt er	weit gereister	Zeit	Nachkriegszeit	jederzeit
dreister/n	überweist er	zweit	Paarungszeit	Ehestreit
feister/n	Bürgermeister/n		Wachsamkeit	Schäbigkeit
Geister/n	Possen reißt er	schanghait	Achtsamkeit	Löblichkeit
geister/n	Zugereister	kasteit	Langsamkeit	Klebrigkeit
gleißt er	zugereister	beeid'	Handarbeit	Redlichkeit
heißt er	unterweist er	gedeiht	Zwangsarbeit	Schädlichkeit
Kleister/n		gefeit	Machbarkeit	Höflichkeit
kreist er	- eister/n* (2)	befreit	Achtbarkeit	Schläfrigkeit
kreißt er	Wachtmeister/n	begleit'	Haltbarkeit	Möglichkeit
Meister/n	lobpreist er	bekleid'	Dankbarkeit	Fähigkeit
meister/n	zukleister/n	beleiht	Abfahrtszeit	Zähigkeit
preist er	schulmeister/n	Geleit	Fastenzeit	Fröhlichkeit
reist er	herumgeister/n	geleit'	kampfbereit	Schmählichkeit
reißt er		beneid'	marschbereit	Seligkeit
scheißt er	- eit (1)	entgleit'	startbereit	Wenigkeit
schmeißt er	[→ eib (1)]	entkleid'	Albernheit	Ähnlichkeit
speist er	[→ eig (1)]	entleiht	Tapferkeit	Hörigkeit
spleißt er	Eid	Entscheid	Halbwertszeit	Ehrlichkeit
schweißt er	Byte	entscheid'	landesweit	Wertigkeit
weist er	breit	entweiht	allezeit	Zärtlichkeit
	Veit	entzweit	Wartezeit	Löslichkeit
begeister/n	freit	bereit	Affigkeit	Stetigkeit
enteist er	gleit'	verbleit	Zackigkeit	Tätigkeit
(entgeistert)	Kleid	verbreit'	Schwammigkeit	Tätlichkeit

Ewigkeit	Einigkeit	Künstlichkeit	unterscheid'	Bekömmlichkeit
Trefflichkeit	Kleinigkeit	Winzigkeit	unterschreit'	Behändigkeit
Fälligkeit	Feindlichkeit	Schlüpfrigkeit	bundesweit	Gelenkigkeit
Helligkeit	Freundlichkeit	Üppigkeit	Schuldigkeit	Erkenntlichkeit
Schnelligkeit	Dreistigkeit	Würdigkeit	Rundlichkeit	Verwerflichkeit
Weltlichkeit	Streitigkeit	Dürftigkeit	Muffigkeit	Barmherzigkeit
Frömmigkeit	Geistlichkeit	Wirklichkeit	Luftigkeit	Gehässigkeit
Emsigkeit	Deutlichkeit	Fürstlichkeit	Wurschtigkeit	Vergesslichkeit
Endlichkeit	Übelkeit	Flüssigkeit	Hurtigkeit	Geschwätzigkeit
Schändlichkeit	Biederkeit	Misslichkeit	Lustigkeit	Gemeinsamkeit
Gängigkeit	überleit'	Rüstigkeit		Bedeutsamkeit
Ängstlichkeit	überschreit'	Christlichkeit	vermaledeit	Vereinbarkeit
Männlichkeit	niederschreit	Gütigkeit	Erhabenheit	Beweisbarkeit
Menschlichkeit	widerstreit'	Nützlichkeit	Verschlagenheit	Bescheidenheit
Sterblichkeit	Lieferzeit	inwieweit	Enthaltsamkeit	Abscheulichkeit
Förmlichkeit	Blütezeit	Losentscheid	Belastbarkeit	Gebräuchlichkeit
Kernigkeit	Müdigkeit	vorbereit'	Beschaffenheit	Betriebsamkeit
Herrlichkeit	Lieblichkeit	todgeweiht	Gelassenheit	Genügsamkeit
Fertigkeit	Friedlichkeit	Obrigkeit	alarmbereit	Verfügbarkeit
Örtlichkeit	Rührigkeit	Wohligkeit	Wahrhaftigkeit	Durchtriebenheit
Herzlichkeit	Schwierigkeit	Wohnlichkeit	Dreifaltigkeit	Zufriedenheit
Lässigkeit	Spießigkeit	Folgsamkeit	Beharrlichkeit	Entschiedenheit
Festlichkeit	Süßigkeit	Sorgsamkeit	Genauigkeit	Gediegenheit
Köstlichkeit	Mittagszeit	Kostbarkeit	Beschaulichkeit	Obliegenheit
Göttlichkeit	Wirksamkeit	Offenheit	Vertraulichkeit	Verschwiegenheit
Öffnungszeit	Sittsamkeit	Trockenheit	Beredsamkeit	Ergiebigkeit
Einfachheit	Mitarbeit	Volksentscheid	Gelehrsamkeit	Gefügigkeit
Zweisamkeit	mitarbeit'	konterfeit	Begehbarkeit	Natürlichkeit
Kleidsamkeit	Sichtbarkeit	Lockerheit	Erregbarkeit	Ausschließlichkeit
Schweigsamkeit	irreleit'	Sommerzeit	Unfehlbarkeit	Gemütlichkeit
Einsamkeit	himmelweit	gottgeweiht	gebenedeit	Empfindsamkeit
einarbeit'	Christenheit	prophezeit	Begebenheit	Gerichtsbarkeit
Beinarbeit	Zwischenzeit	Bronzezeit	Ergebenheit	Ergriffenheit
Reizbarkeit	griffbereit	Drolligkeit	Gegebenheit	Geschicklichkeit
Einzelheit	hilfsbereit	Sportlichkeit	Gelegenheit	Geschwindigkeit
Eitelkeit	fingerbreit	Frostigkeit	Verlegenheit	Besinnlichkeit
Eigenheit	Sicherheit	Tollkühnheit	Behäbigkeit	Bedürftigkeit
meilenweit	Minderheit	zuarbeit'	Gesprächigkeit	Belichtungszeit
weiterleit'	Bitterkeit	Jugendzeit	Gemächlichkeit	Büroarbeit
Heiserkeit	Schüchternheit	zubereit'	Verträglichkeit	Diplomarbeit
Heiterkeit	Lüsternheit	Schulweisheit	Beweglichkeit	emporarbeit'
seinerzeit	Brüchigkeit	Schludrigkeit	Unmöglichkeit	Verschrobenheit
Reifezeit	Nichtigkeit	Duldsamkeit	Bequemlichkeit	Gepflogenheit
Reisezeit	Richtigkeit	Furchtsamkeit	Persönlichkeit	Verlogenheit
Neuigkeit	Tüchtigkeit	umarbeit'	Begehrlichkeit	Gehorsamkeit
Gläubigkeit	Wichtigkeit	Fruchtbarkeit	Beschwerlichkeit	Betroffenheit
Weiblichkeit	Schicklichkeit	Lustbarkeit	Vergessenheit	Besonnenheit
Feuchtigkeit	Schwülstigkeit	Nutzbarkeit	Bestechlichkeit	Geborgenheit
Leichtigkeit	Gültigkeit	Dunkelheit	Gebrechlichkeit	Entschlossenheit
Freudigkeit	Schimpflichkeit	sprungbereit	Gerechtigkeit	Besonderheit
Käuflichkeit	Findigkeit	schussbereit	Vortrefflichkeit	Behutsamkeit
Heiligkeit	Gründlichkeit	unterbreit'	Geschäftigkeit	Benutzbarkeit
Heimlichkeit	Pünktlichkeit	Munterkeit	Gefälligkeit	Verbundenheit
Räumlichkeit	Sinnlichkeit	Futterneid	Geselligkeit	Betrunkenheit

139

entschlussbereit	Einkaufsmöglich-	Unannehmlichkeit	Unvernünftigkeit	Anständigkeit
	keit	Unansehnlichkeit	Undurchdringlich-	Abhängigkeit
aneinanderreiht	Einvernehmlichkeit	Unerheblichkeit	keit	Anhänglichkeit
Fahrgelegenheit	Eigenständigkeit	Unbeweglichkeit	Unterwürfigkeit	Ansehnlichkeit
Makellosigkeit	Eigenwilligkeit	Ungehörigkeit	Schutzbedürftigkeit	Starrköpfigkeit
Abgeschlagenheit	Eigentümlichkeit	Ungelehrigkeit	Unerschrockenheit	Hartherzigkeit
Lasterhaftigkeit	Eigensinnigkeit	Ungefährlichkeit	Unbeholfenheit	Anstößigkeit
Angelegenheit	Eigennützigkeit	Ungleichwertigkeit	Unbescholtenheit	Handgreiflichkeit
Abgeschiedenheit	Einfallslosigkeit	Ungleichmäßigkeit	Unvollkommenheit	Langweiligkeit
Altertümlichkeit	Übellaunigkeit	Untertänigkeit	Unbesonnenheit	Gastfreundlichkeit
Appetitlichkeit	Niederträchtigkeit	Unerträglichkeit	Unverfrorenheit	Abseitigkeit
Abgeschlossenheit	Überlegenheit	Unbotmäßigkeit	Unentschlossenheit	Kaltschnäuzigkeit
Arbeitslosigkeit	Überschwänglich-	Unumstößlichkeit	Ungebundenheit	Anschmiegsamkeit
Ahnungslosigkeit	keit	Unabkömmlichkeit	Sauregurkenzeit	angriffsbereit
Anspruchslosigkeit	Widerspenstigkeit	Unabhängigkeit		Anrüchigkeit
Aufgeblasenheit	Widerwärtigkeit	Unbarmherzigkeit	Schadhaftigkeit	Absichtlichkeit
Ausgelassenheit	Frühjahrsmüdigkeit	Ungerechtigkeit	Zaghaftigkeit	Anzüglichkeit
aufnahmebereit	Übersichtlichkeit	Unbeständigkeit	Schamhaftigkeit	Abtrünnigkeit
Auswahlmöglichkeit	Übersinnlichkeit	Unselbstständigkeit	Waghalsigkeit	Langwierigkeit
Ausweichmöglich-	Liebenswürdigkeit	Unbedenklichkeit	Nachhaltigkeit	Kratzbürstigkeit
keit	Überdrüssigkeit	Unerschöpflichkeit	Habseligkeit	Kaltblütigkeit
Aufstiegsmöglich-	Zügellosigkeit	Ungleichförmigkeit	Straffälligkeit	Langmütigkeit
keit	Wissenschaftlichkeit	Unermesslichkeit	Nachdenklichkeit	Kraftlosigkeit
Ausgeglichenheit	Hinterhältigkeit	Unersättlichkeit	Schlagfertigkeit	Taktlosigkeit
Ausgewogenheit	Minderjährigkeit	Ungesetzlichkeit	Nachlässigkeit	Arglosigkeit
Aufgeschlossenheit	Minderwertigkeit	Unvereinbarkeit	Fahrlässigkeit	Harmlosigkeit
Ausweglosigkeit	Fingerfertigkeit	Unbestreitbarkeit	Nachgiebigkeit	Rastlosigkeit
Aussichtslosigkeit	Mittelmäßigkeit	Unbescheidenheit	Gradlinigkeit	abrufbereit
Fehlerhaftigkeit	Pflichtvergessenheit	Unbeschreiblichkeit	Sprachschwierigkeit	Glaubhaftigkeit
Nebensächlichkeit	Sittenwidrigkeit	Unausweichlichkeit	Strafwürdigkeit	Austauschbarkeit
Gegenwärtigkeit	Hintergründigkeit	Ungebräuchlichkeit	Schlafmützigkeit	Aufmerksamkeit
Ebenmäßigkeit	Hilfsbedürftigkeit	Unwahrscheinlich-	Sprachlosigkeit	Saumseligkeit
Regelmäßigkeit	Ichbezogenheit	keit	Schlaflosigkeit	Baufälligkeit
Nebentätigkeit	Mittellosigkeit	Unbesiegbarkeit	Schamlosigkeit	Auffälligkeit
Gegensätzlichkeit	Kinderlosigkeit	Unbekümmertheit	Planlosigkeit	Ausfälligkeit
Regelwidrigkeit	Rücksichtslosigkeit	Unzufriedenheit	Maßlosigkeit	Schauerlichkeit
Ehrenrührigkeit	kompromissbereit	Unnachgiebigkeit	Ratlosigkeit	Aufsässigkeit
Sehenswürdigkeit	Oberflächlichkeit	Unnatürlichkeit	Lachhaftigkeit	Blauäugigkeit
Ebenbürtigkeit	Bodenfeuchtigkeit	Unergiebigkeit	Standhaftigkeit	Aufführbarkeit
Ehrerbietigkeit	Schonungslosigkeit	Unermüdlichkeit	Krankhaftigkeit	Ausführbarkeit
Ehezwistigkeit	Kochgelegenheit	Ungemütlichkeit	Naschhaftigkeit	Ausgiebigkeit
Ehelosigkeit	Offenherzigkeit	Unterschiedlichkeit	Halsstarrigkeit	Aufrichtigkeit
Fehlerlosigkeit	Konvertierbarkeit	Unverwüstlichkeit	Abartigkeit	Aufdringlichkeit
Schwerelosigkeit	Obdachlosigkeit	Unnachsichtigkeit	Anschaulichkeit	Aufmüpfigkeit
Regungslosigkeit	Hoffnungslosigkeit	Unglaubwürdigkeit	Anfechtbarkeit	Glaubwürdigkeit
Geldverlegenheit	Tugendhaftigkeit	Unverbrüchlichkeit	Anwendbarkeit	Ausführlichkeit
Selbstgerechtigkeit	Zugehörigkeit	Unvorsichtigkeit	Abwesenheit	Lautlosigkeit
Menschenfeindlich-	Zuverlässigkeit	Uneinsichtigkeit	Anwesenheit	Lebhaftigkeit
keit	Ruhelosigkeit	Unerquicklichkeit	Langlebigkeit	Bösartigkeit
Regulierbarkeit	Skrupellosigkeit	Ungeschicklichkeit	Abwegigkeit	Schweratmigkeit
Fleckenlosigkeit	Unerfahrenheit	Mustergültigkeit	Hartnäckigkeit	Ehrengeleit
Grenzenlosigkeit	Ungleichartigkeit	Unempfindlichkeit	Anfälligkeit	Schwerfälligkeit
Hemmungslosigkeit	Ungenauigkeit	Unergründlichkeit	Abkömmlichkeit	Schwerhörigkeit
Leidenschaftlichkeit	Unverdaulichkeit	Unverbindlichkeit	Annehmlichkeit	Redseligkeit

Leserlichkeit	Beiläufigkeit	Ritterlichkeit	Kurzatmigkeit	Berechenbarkeit
Lehrtätigkeit	Weitläufigkeit	Mildtätigkeit	Untauglichkeit	Veränderlichkeit
Wehleidigkeit	Weitschweifigkeit	Mitteilsamkeit	Untrennbarkeit	Gesetzmäßigkeit
Bärbeißigkeit	Scheinheiligkeit	Dickleibigkeit	Unwägbarkeit	Geschäftstätigkeit
Böswilligkeit	Gleichzeitigkeit	Spitzfindigkeit	Unebenheit	Erwerbstätigkeit
Leblosigkeit	Zweideutigkeit	Nichtswürdigkeit	Unhöflichkeit	Respektlosigkeit
Schreckhaftigkeit	Eindeutigkeit	Willkürlichkeit	Unfähigkeit	Gesetzlosigkeit
Ernsthaftigkeit	Einseitigkeit	Hilflosigkeit	Unähnlichkeit	Bereitwilligkeit
Fremdartigkeit	Einheitlichkeit	Sinnlosigkeit	Unbändigkeit	Geringfügigkeit
Selbstständigkeit	Einsichtigkeit	Totengeleit	Umständlichkeit	Instinktlosigkeit
Quengeligkeit	Weitsichtigkeit	Notwendigkeit	Unkenntlichkeit	Bürotätigkeit
Öffentlichkeit	Feingliedrigkeit	Großherzigkeit	Unmenschlichkeit	Humorlosigkeit
Lächerlichkeit	Freizügigkeit	Hochnäsigkeit	Wunderlichkeit	Erfolglosigkeit
Jämmerlichkeit	Kleinwüchsigkeit	Wohltätigkeit	Unförmigkeit	Bewusstlosigkeit
Körperlichkeit	Feinfühligkeit	Großzügigkeit	Durchlässigkeit	
Selbstherrlichkeit	Freiwilligkeit	Großwüchsigkeit	Unpässlichkeit	Unerschütterlichkeit
Rechtmäßigkeit	Einsilbigkeit	Vorbildlichkeit	Unflätigkeit	Ungeheuerlichkeit
Zweckmäßigkeit	Gleichgültigkeit	Kopflastigkeit	Unstetigkeit	
Rechtgläubigkeit	Einstimmigkeit	opferbereit	Untätigkeit	Spießbürgerlichkeit
Strenggläubigkeit	Leichtsinnigkeit	Grobschlächtigkeit	Unredlichkeit	
Fettleibigkeit	Eindringlichkeit	Vollzähligkeit	Unschädlichkeit	Kameradschaftlich-
Grenzstreitigkeit	Leichtfüßigkeit	Sorgfältigkeit	Unscheinbarkeit	keit
Selbstsicherheit	Freimütigkeit	Vollständigkeit	Luftfeuchtigkeit	Pietätlosigkeit
Endgültigkeit	Einmütigkeit	Ordentlichkeit	Jungfräulichkeit	Allgemeingültigkeit
Zweckdienlichkeit	Kleinmütigkeit	Volljährigkeit	Unfreundlichkeit	Perspektivlosigkeit
Denkwürdigkeit	Übergangszeit	Vollleibigkeit	Undeutlichkeit	Disziplinlosigkeit
Merkwürdigkeit	Zielstrebigkeit	Kostspieligkeit	Unliebsamkeit	Konzeptionslosig-
Engstirnigkeit	Zwiespältigkeit	Volkstümlichkeit	Unsichtbarkeit	keit
Bremsflüssigkeit	Brüderlichkeit	Vollblütigkeit	Durchführbarkeit	
Endlosigkeit	Friedfertigkeit	Fortschrittlichkeit	Unwissenheit	Realisierbarkeit
Zwecklosigkeit	Vieldeutigkeit	Kopflosigkeit	Umsichtigkeit	Kontinuierlichkeit
Einmaligkeit	Vielseitigkeit	Sorglosigkeit	Durchsichtigkeit	Unappetitlichkeit
Reichhaltigkeit	Zwielichtigkeit	Formlosigkeit	Kurzsichtigkeit	Unwiderstehlichkeit
Gleichnamigkeit	Vielschichtigkeit	Gottlosigkeit	Untrüglichkeit	
Gleichartigkeit	Tiefgründigkeit	Zutraulichkeit	Ungültigkeit	Entfaltungsmög-
einsatzbereit	Zielsicherheit	Zufälligkeit	Unstimmigkeit	lichkeit
Steuerbescheid	Lieblosigkeit	Zuständigkeit	Unrühmlichkeit	Vermögenslosigkeit
Freigebigkeit	Ziellosigkeit	Jugendlichkeit	Unziemlichkeit	Verehrungswürdig-
Feindseligkeit	Fürsorglichkeit	Gutherzigkeit	Unsinnigkeit	keit
Einhelligkeit	Sündhaftigkeit	Zulässigkeit	Unmündigkeit	Verhältnismäßigkeit
Einfältigkeit	Wirtschaftlichkeit	Gutgläubigkeit	Unpünktlichkeit	Bedenkenlosigkeit
Eintönigkeit	Glückseligkeit	Urwüchsigkeit	Unwirklichkeit	Bedeutungslosigkeit
Feierlichkeit	Dickfelligkeit	Urtümlichkeit	Unwirtlichkeit	Verschiedenartigkeit
Weinerlichkeit	Hinfälligkeit	Zudringlichkeit	Unschlüssigkeit	Gewissenhaftigkeit
Äußerlichkeit	Rückständigkeit	Ursprünglichkeit	Unsportlichkeit	Gewissenlosigkeit
Gleichförmigkeit	Inständigkeit	Blutrünstigkeit	Furchtlosigkeit	Zurückgezogenheit
Einförmigkeit	Mitmenschlichkeit	Blutdürstigkeit	Unfruchtbarkeit	Entwicklungs-
Leichtfertigkeit	Dickköpfigkeit	Gutmütigkeit		möglichkeit
Gleichwertigkeit	Willfährigkeit	Unachtsamkeit	Gewalttätigkeit	
Treuherzigkeit	Kümmerlichkeit	Undankbarkeit	Geschmacklosigkeit	- eut (1)
Gleichmäßigkeit	Zimperlichkeit	Unnahbarkeit	Belanglosigkeit	[→ eub → eube/n
Leichtgläubigkeit	Innerlichkeit	Unsachlichkeit	Verantwortlichkeit	(1)]
Kleingläubigkeit	Bürgerlichkeit	Unhandlichkeit	Verkehrssicherheit	[→ eug (1)]
Zweischneidigkeit	Mütterlichkeit	Ungastlichkeit	Gehörlosigkeit	beut'

141

bläut	Krankheit	Mitleid	ausbeut'	beizeiten
Deut	Schlankheit	mitschneid'	ausstreut	zuzeiten
deut'	Ganzheit	Hoheit	einbläut	
Freud'	Arbeit	Roheit	einläut'	Kragenweite/n
Freud, Sigmund	arbeit'	Schonzeit	hineindeut'	nachbereite/n
freut	Mattheit	Torheit	veruntreut	fahrbereite/n
häut'	Plattheit	Bosheit		Haaresbreite
heut'	Sattheit	Hochzeit	**- eite/n (1)**	Tageszeiten
käut	Rauheit	Klugheit	→ -heit-/-keit-	Jahreszeiten
läut'	Faulheit	Sturheit	Wörter unter:	Nachkriegszeiten
Leut'	aufreiht	Uhrzeit	eit (1)	Paarungszeiten
reut	aufschneid'	Urzeit	[→ eike/n]	schanghaite/n
scheut	aufschreit	zuschneid'	[→ eipe/n]	kasteite/n
streut	ausbreit'	Dummheit	Breite/n	Handarbeiten
	auskleid'	umkleid'	breite/n	Abfahrtszeiten
bedeut'	ausleiht	umleit'	freite/n	Schattenseite/n
Geläut	ausscheid'	Plumpheit	gleite/n	Fastenzeiten
bereut	ausschneid'	durchseiht	leite/n	kampfbereite/n
gereut	ausschreit'		Pleite/n	marschbereite/n
erbeut'	ausweid'	Vertracktheit	reihte/n	startbereite/n
verbläut	ausweit'	Bekanntheit	reite/n	(zart besaitet)
erfreut	Schönheit	Gespanntheit	Saite/n	landesweite/n
vergeud'	herleit'	Gewandtheit	seihte/n	Wartezeiten
erneut	derzeit	bearbeit'	Seite/n	aufarbeite/n
zerstreut	Frechheit	Beschränktheit	Scheite/n	aufbereite/n
vertäut	Echtheit	Bedenkzeit	schneite/n	Ausfallzeiten
betreut	Website	Gemeinheit	schreite/n	ausarbeite/n
missdeut'	wegschneid'	hereinschneit	Streite/n	Hausarbeiten
Pharmazeut	weltweit	Zerstreutheit	streite/n	Regenzeiten
Therapeut	Menschheit	Blasiertheit	weihte/n	Lebenszeiten
Zelluloid	Gleichheit	Beliebtheit	Weite/n	Wellenreiten
wiederkäut	Steifheit	Verliebtheit	weite/n (Verb)	Wetterseite
Polaroid	Feigheit	Verrücktheit	weite/n (Adj.)	Öffnungszeiten
	Freiheit	Berühmtheit	Zeiten	einarbeite/n
- eit* (2)	Beileid	Gewissheit	zweite/n	meilenweite/n
[→ eib (2)]	Geilheit	bemitleid'		(weitverbreitet)
[→ eig (2)]	Meineid	Gewohnheit	gefeite/n	weiterleite/n
Fadheit	Einheit	Gesundheit	befreite/n	Reifezeiten
Geradheit	Feinheit	Abgeschmacktheit	Gefreite/n	Reisezeiten
Mahlzeit	Reinheit	Abgespanntheit	begleite/n	überleite/n
Klarheit	einkleid'	Überspanntheit	geleite/n	überschreite/n
Wahrheit	einleit'	Abgeklärtheit	entgleite/n	widerstreite/n
ableit'	einreiht	Allgemeinheit	entweihte/n	Lieferzeiten
abschneid'	reinreit'	Streicheleinheit	entzweite/n	Mittagszeiten
abweid'	einschneit	Ungereimtheit	bereite/n	mitarbeite/n
Nacktheit	einschreit'	Ungewissheit	verbleite/n	irreleite/n
Halbzeit	einweiht	Angewohnheit	verbreite/n	himmelweite/n
Falschheit	Weisheit	Befangenheit	verleite/n	griffbereite/n
ankleid'	Keuschheit	Vergangenheit	verschneite/n	hilfsbereite/n
ankreid'	Freizeit		gescheite/n	fingerbreite/n
anleit'	Kühnheit	**- eut* (2)**	bestreite/n	vorbereite/n
anschneid'	Blindheit	[→ eug (2)]	(geweitet)	Oberweite/n
anspeit	Kindheit	andeut'	Gezeiten	Todgeweihte/n
anschreit	hinscheid'	verabscheut	beiseite	todgeweihte/n

konterfeite/n	erbeute/n	verabscheute/n	Begleiter/n	vermaledeiter
Vorderseite	verbläute/n	hineindeute/n	beleiht er	alarmbereiter/n
gottgeweihte/n	erfreute/n	veruntreute/n	entleiht er	gebenedeiter
prophezeite/n	erneute/n		entweihter	Karriereleiter/n
zuarbeite/n	zerstreute/n	- eitel/n	entweiht er	Abteilungsleiter/n
zubereite/n	vertäute/n	[→ eikel/n]	entzweit er	Prinzipienreiter/n
umarbeite/n	betreute/n	eitel/n	bereiter	entschlussbereiter/n
sprungbereite/n	missdeute/n	Beitel/n	vereiter/n	Paragraphenreiter/n
schussbereite/n	Pharmazeuten	Scheitel/n	verbleiter/n	kompromissberei-
unterbreite/n	Therapeuten	scheitel/n	verbleit er	ter/n
unterschreite/n	Eheleute/n	vereitel/n	verbreiter/n	angriffsbereiter/n
bundesweite/n	Edelleute/n		erheiter/n	abrufbereiter
	(gleichbedeutend)	- eutel/n (1)	verleiht er	Aufnahmeleiter/n
vermaledeite/n	wiederkäute/n	Beutel/n	verschneiter/n	einsatzbereiter/n
alarmbereite/n	Glockenläuten	beutel/n	erweiter/n	opferbereiter/n
gebenedeite/n	(unbedeutend)	deutel/n	verzeiht er	Warmwasserberei-
Belichtungszeiten		Klammerbeutel/n	gescheiter/n	ter/n
Büroarbeiten	- eite/n* (2)	Klingelbeutel/n	beschreit er	aufnahmebereiter/n
Diplomarbeiten	→ -heit-Wörter		soweit er	
emporarbeite/n	unter: eit (2)	- eutel/n* (2)		- euter/n (1)
entschlussbereite/n	Tragweite	herumdeutel/n	fahrbereiter	Euter/n
angriffsbereite/n	Mahlzeiten		Zwangsarbeiter/n	bläut er
abrufbereite/n	ableite/n	- eiter/n (1)	Gastarbeiter/n	Deuter/n
einsatzbereite/n	anleite/n	Eiter	(angeheitert)	freut er
Übergangszeiten	Arbeiten	eiter/n	kampfbereiter/n	käut er
opferbereite/n	arbeite/n	breiter/n	marschbereiter	Kräuter/n
(unvorbereitet)	aufreihte/n	freit er	startbereiter/n	meuter/n
aneinanderreihte/n	ausbreite/n	Gleiter/n	landesweiter	reut er
kompromissberei-	ausschreiten	heiter/n	Bauarbeiter/n	scheut er
te/n	ausweite/n	leiht er	Außenseiter/n	streut er
Sauregurkenzeiten	herleite/n	Leiter/n	Aufbereiter/n	bereut er
aufnahmebereite/n	Kehrseite/n	reiht er	Wegbereiter/n	verbläuter
	weltweite/n	Reiter/n	Wärmeleiter/n	verbläut er
- eute/n (1)	Reichweite	seiht er	Wellenreiter/n	erfreuter/n
Beute/n	einleite/n	seit er	Reiseleiter/n	erfreut er
beute/n	einreihte/n	scheiter/n	meilenweiter	erläuter/n
bläute/n	reinreite/n	schneit er	Feuerleiter/n	erneuter/n
Bräute/n	einschneite/n	schreit er	Eingeweihter	zerstreuter/n
deute/n	einschreite/n	speit er	Blitzableiter/n	zerstreut er
freute/n	Breitseite/n	Streiter/n	Mitarbeiter/n	vertäuter
Häute/n	Sichtweite	weiht er	himmelweiter	vertäut er
häute/n	Hochzeiten	weiter	Spitzenreiter/n	betreuter
heute	Uhrzeiten	zeiht er	griffbereiter	betreut er
käute/n	umleite/n	zweiter	hilfsbereiter/n	
läute/n	bearbeite/n		fingerbreiter	- eiter/n* (2)
Leute/n	hereinschneite/n	schanghaiter	inwieweit er	Arbeiter/n
Meute/n		schanghait er	Todgeweihter	aufheiter/n
reute/n	- eute/n* (2)	kasteiter	todgeweihter	weltweiter
scheute/n	andeute/n	kasteit er	konterfeit er	Eileiter/n
streute/n	ausbeute/n	gedeiht er	gottgeweihter	Tonleiter/n
	ausstreute/n	gefeiter	prophezeit er	Bearbeiter/n
bedeute/n	einbläute/n	befreiter	sprungbereiter	
bereute/n	einläute/n	befreit er	schussbereiter	- euter/n* (2)
gereute	hindeute/n	Gefreiter	bundesweiter	Ausbeuter/n

143

Sterndeuter/n	beneid' es	alarmbereites	verabscheutes	schanghait's
Freibeuter/n	entkleid' es	gebenedeites	verabscheut es	beeid's
verabscheuter	entleiht es	entschlussbereites	veruntreutes	gedeiht's
verabscheut er	entscheid' es	angriffsbereites	veruntreut es	befreit's
veruntreuter	entweihtes	abrufbereites		begleit's
veruntreut er	entweiht es	Ehrengeleites	- eits	bekleid's
	entzweites	einsatzbereites	→ eiz (1+2)	beleiht's
- eites (1)	entzweit es	Totengeleites		Geleits
[→ eibes → eib (1)]	bereites	opferbereites	- euts	geleit's
[→ eiges → eig (1)]	bereit' es	aufnahmebereites	→ euz (1+2)	beneid's
breites	verbleites	kompromissbereites		entkleid's
breit' es	verbleit es		- eiz (1)	entleiht's
freit es	verbreit' es	- eutes (1)	[→ eibs → eib (1)]	Entscheids
kleid' es	verkleid' es	[→ eubes →	[→ eigs → eig (1)]	entscheid's
leid' es	verleid' es	eube/n (1)]	Eids	entweiht's
leiht es	verleiht es	[→ euges → eug	beiz'	entzweit's
leit' es	verleit' es	(1)]	Bytes	bereits
meid' es	vermeid' es	bläut es	Veits	bereit's
neid' es	verschneites	deut' es	freit's	verbleit's
reiht es	verzeiht es	freut es	Geiz	verbreit's
reit' es	bescheid' es	häut' es	geiz'	verheiz'
seid es	gescheites	käut es	heiz'	verkleid's
seiht es	beschneid' es	läut' es	Kleids	verleid's
seit es	beschreit es	reut es	kleid's	verleiht's
scheid' es	bestreit' es	scheut es	Leids	verleit's
Scheites	soweit es	streut es	leid's	vermeid's
schneid' es	durchleid' es	bedeut' es	leiht's	verzeiht's
schneit es		Geläutes	leit's	Bescheids
schreit es	fahrbereites	bereutes	meid's	bescheid's
speit es	kampfbereites	bereut es	Neids	beschneid's
Streites	marschbereites	gereut es	neid's	beschreit's
streit' es	startbereites	erbeut' es	reiht's	bestreit's
weid' es	landesweites	verbläutes	reit's	soweit's
weiht es	Ehestreites	verbläut es	Reiz	durchleid's
weites	meilenweites	erfreutes	reiz'	
weit' es	überschreit' es	erfreut es	seid's	allerseits
zeiht es	himmelweites	vergeud' es	seiht's	Federkleids
zweites	griffbereites	erneutes	scheid's	Ehestreits
	hilfsbereites	zerstreutes	Scheits	beiderseits
schanghaites	fingerbreites	zerstreut es	Schneids	einerseits
schanghait es	inwieweit es	vertäutes	schneid's	meinerseits
kasteites	todgeweihtes	vertäut es	schneit's	seinerseits
kasteit es	konterfeit es	betreutes	schreit's	überschreit's
beeid' es	gottgeweihtes	betreut es	speit's	inwieweit's
gedeiht es	prophezeites	missdeut' es	spreiz'	Losentscheids
gefeites	prophezeit es		Streits	Volksentscheids
befreites	sprungbereites	- eites* (2)	streit's	konterfeit's
befreit es	schussbereites	[→ eibes → eib (2)]	Schweiz	prophezeit's
begleit' es	unterbreit' es	[→ eiges → eig (2)]	Waids	Hustenreiz
bekleid' es	unterscheid' es	bearbeit' es	weid's	unterbreit's
beleiht es	unterschreit' es		weiht's	Futterneids
Geleites	bundesweites	- eutes* (2)	weit's	unterscheid's
geleit' es		[→ euges → eug	zeiht's	unterschreit's
weltweites	vermaledeites	(2)]		andererseits

Ehrengeleits	jenseits	schanghait se	läut' se
Steuerbescheids	längsseits	beeid' se	reut se
Totengeleits	Beileids	gedeiht se	scheut se
väterlicherseits	Meineids	befreit se	schnäuze/n
mütterlicherseits	einheiz'	begleit' se	schnäuz' se
	Liebreiz	bekleid' se	streut se
- euz (1)	Mitleids	beleiht se	
[→ eubs → eube/n	bearbeit's	geleit' se	bereut se
(1)]	bemitleid's	beneid' se	gereut se
[→ eugs → eug (1)]		entkleid' se	erbeut' se
bläut's	- euz* (2)	entleiht se	verbläut se
deut's	[→ eugs → eug (2)]	entscheid' se	erfreut se
Freuds	ankreuz'	entweiht se	vergeud' se
freut's	aufkreuz'	entzweit se	zerstreut se
häut's	verabscheut's	bereit' se	vertäut se
käut's	veruntreut's	verbleit se	betreut se
Kreuz		verbreit' se	missdeut' se
kreuz'	- eize/n (1)	verheize/n	durchkreuze/n
läut's	[→ eibse/n → eib	verheiz' se	durchkreuz' se
reut's	(1)]	verkleid' se	Fadenkreuze/n
scheut's	[→ eigse/n → eig	verleid' se	Hakenkreuze/n
schnäuz'	(1)]	verleiht se	Achsenkreuze/n
streut's	beize/n	verleit' se	Fensterkreuze/n
	beiz' se	vermeid' se	überkreuzen
Geläuts	freit se	verzeiht se	
bereut's	Geize/n	beschneid' se	- eize/n* (2)
gereut's	geize/n	beschreit se	[→ eigse/n → eig
erbeut's	heize/n	bestreit' se	(2)]
verbläut's	heiz' se	soweit se	anheize/n
erfreut's	kleid' se	durchleid' se	Anreize/n
vergeud's	leid' se		aufheize/n
zerstreut's	leiht se	überschreit' se	ausreize/n
vertäut's	leit' se	inwieweit se	einheize/n
betreut's	meid' se	konterfeit se	bearbeit' se
missdeut's	neid' se	prophezeit se	bemitleid' se
durchkreuz'	reiht se	Hustenreize/n	
Fadenkreuz	reit' se	unterbreit' se	- euze/n* (2)
Hakenkreuz	Reize/n	unterscheid' se	ankreuze/n
Achsenkreuz	reize/n	unterschreit' se	aufkreuze/n
Fensterkreuz	reiz' se		verabscheut se
Zelluloids	seid se	- euze/n (1)	veruntreut se
über Kreuz	seiht se	[→ eubse/n →	
Polaroids	seit se	eube/n (1)]	- eizer/n
Rotes Kreuz	scheid' se	[→ eugse/n → eug	Beizer/n
	schneid' se	(1)]	Heizer/n
- eiz* (2)	schreit se	bläut se	Schweizer/n
[→ eigs → eig (2)]	speit se	deut' se	
Abseits	spreize/n	freut se	- euzer/n
abseits	spreiz' se	häut' se	Kreuzer/n
anheiz'	weid' se	käut se	Schnäuzer/n
Anreiz	weiht se	Käuze/n	
aufheiz'	weit' se	Kreuze/n	
ausreiz'	Weizen	kreuze/n	
Jenseits	zeiht se	kreuz' se	

I-/Ü-Reime

- i (1)	Finis	Lethargie	Synergie	Kategorie
Brie	Phobie	Elegie	hinterzieh'	Kalligrafie
die	Sophie	Szenerie	Symmetrie	Antipathie
flieh'	Kopie	Federvieh	Rififi	Artillerie
hie	Logis	Häresie	Mimikry	Parfümerie
Knie	sowie	Pay-TV	Rimini	Raffinerie
knie'	vollzieh'	Dämonie	Minipli	Maschinerie
lieh	Orly	Deponie	Sinfonie	Tapisserie
nie		Theorie	Dystonie	Patisserie
Pli	Havarie	Bergpartie	Hickory	Statisterie
PSI	Draperie	c'est la vie	Stimuli	Asymmetrie
si (ital.)	Alibi	Dernier Cri	Liturgie	Mammografie
sie	nachvollzieh'	Germany	Industrie	Kartografie
sieh	Napoli	Sellerie	Onanie	Anomalie
Ski	Agonie	Energie	Monarchie	Allopathie
spie	Halali	Leckerli	Drogerie	Karosserie
schrie	Garantie	„Amnesty"	Poesie	Apoplexie
Vieh	Anarchie	Perfidie	Prophetie	Anglophilie
wie	Schachpartie	Helsinki	Kolibri	Anglophobie
zieh'	Landpartie	Termini	Prosodie	Andrologie
	Angstpartie	NBC	Brokkoli	Anthologie
Chablis	Fantasie	Melodie	Sodomie	Apologie
Magie	Apathie	Embolie	Sanssouci	Grafologie
Manie	Galaxie	Ektomie	Nostalgie	Knastologie
Marie	Pharmazie	„Memory"	Kompanie	Astrologie
Marquis	Strategie	Despotie	Normandie	Pathologie
Partie	Amelie	Neuralgie	Lotterie	Gastronomie
Glacis	Alchemie	Leukämie	Stromboli	Astronomie
Chassis	Anämie	weiterzieh'	Kolonie	Quadrofonie
hatschi!	Blasphemie	einbezieh'	Potpourri	Kakofonie
gedieh	Galerie	Pneumonie	Bulimie	Gastroskopie
beknie'	Valerie	Euphorie	Utopie	Autografie
belieh	Flammeri	Bigamie	Bourgeoisie	Autokratie
Chemie	Batterie	Hierarchie	Lustpartie	Klaustrophobie
Remis	Allergie	Psychiatrie	Rutschpartie	Autonomie
remis	anderswie	vis-a-vis	umerzieh'	Legasthenie
MP	Amnesie	Prüderie	unterzieh'	Pedanterie
Genie	Amnestie	niederknie'	Kumuli	Demagogie
entlieh	Travestie	überzieh'		Melancholie
entzieh'	Après-Ski	VIP	Athanasie	Fait accompli
Chérie	Akribie	Tirili	Akademie	Telegrafie
Prärie	Rhapsodie	BBC	Kavallerie	Päderastie
verlieh	Parodie	Trilogie	Gendarmerie	Telepathie
merci	Harmonie	Ironie	Galanterie	Hegemonie
erzieh'	Atonie	Dioptrie	Analogie	Zeremonie
verzieh'	Kalorie	Chirurgie	Anatomie	Geriatrie
Esprit	Jalousie	Infamie	Paradoxie	Pädiatrie
Regie	Autarkie	Sympathie	Dramaturgie	Epidemie
Etui	Clownerie	Dynastie	Annemarie	Epilepsie
bezieh'	Autopsie	„Tiffany"	Papeterie	Peripherie
gleichwie	Kaugummi	irgendwie	Anästhesie	Peripetie
TV (engl.)	Schaumgummi	Diphtherie	Vasektomie	Geografie
hihi!	Therapie	Hysterie	Allegorie	Stenografie

146

Xerografie	Idiotie	Ahnengalerie	Meteorologie		Nagasaki
Nekromantie	Nymphomanie	Phraseologie	Kinematografie		Kawasaki
Demokratie	Diplomatie	Radiologie	Ozeanografie		Ali
Geometrie	Schizophrenie	Scharlatanerie	Relativitätstheorie		Bali
Theosophie	Philosophie	Phantasmagorie	Begrüßungszere-		Kali
Geologie	Philologie	Lapislazuli	monie		Mali
Ökologie	Histologie	Aristokratie			Alkali
Theologie	Orangerie	Klassenlotterie	- ü (1)		Bengali
Ökonomie	Rosemarie	Archäologie	blüh'		Somali
Demoskopie	Hotellerie	Allergologie	brüh'		Zyankali
Menagerie	Koketterie	Laubenkolonie	Früh'		pari
Tetralogie	Polyfonie	Pharmakologie	früh		Sari
Hängepartie	Holografie	Anthropologie	glüh'		Safari
Kletterpartie	Monografie	Anthroposophie	hü		„Campari"
Kernenergie	Sonografie	Legebatterie	Müh'		Kanari
Ethnografie	Fotografie	Genealogie	müh'		Atari
Kleptomanie	Monogamie	Stereofonie	Rue		Ferrari
Technologie	Monomanie	Stereoskopie	sprüh'		Kalahari
Ethnologie	Logopädie	Etymologie			Larifari
Ergonomie	Chronologie	Gerontologie	salü		Charivari
Endoskopie	Zoologie	Chemotherapie	atü		Stradivari
Euthanasie	Soziologie	Dermatologie	Parvenu		Hasi
Neurologie	Kronkolonie	Enzyklopädie	Avenue		quasi
Seismologie	Monotonie	Terminologie	Aperçu		sah sie
Pikanterie	Fotokopie	Lexikografie			Stasi
Piraterie	Komparserie	Scientology	Déjà-vu		Swasi
Diakonie	Polygamie	High Fidelity	herbemüh'		bejah' sie
Hypertonie	Oligarchie	Kriegsmaschinerie	Debüt		Heda, Sie!
Hypertrophie	Confiserie	Gigantomanie	Bellevue		ersah sie
Physiatrie	Tomografie	Klimatologie	bemüh'		versah sie
Biografie	Topografie	Ideologie	Menü		besah sie
Typografie	Pornografie	Gynäkologie	erblüh'		geschah sie
Lithografie	Orthografie	Physiologie	verblüh'		übersah sie
Pyromanie	Orthopädie	Physiognomie	verbrüh'		Vati
Chiromantie	Onkologie	Kilokalorie	perdu		Frascati
Psychopathie	Ontologie	Psychotherapie	erglüh'		nachzieh'
Bürokratie	Morphologie	Ikonografie	verglüh'		
Biochemie	Kosmologie	Trigonometrie	versprüh'		á:
Bigotterie	Kosmogonie	Mineralogie	Revue		Rabbi
Psychologie	Orthodoxie	Bibliografie			abzieh'
Sinologie	Plutokratie	Kriminologie	Liebesmüh'		herabzieh'
Biologie	Urologie	Immunologie	rien ne va plus		back' sie
Mythologie		Choreografie			hack' sie
Hypotonie	Ägyptologie	Homöopathie	Fondue		knack' sie
Hypochondrie	Atomenergie	Politologie	hottehü		Maxi
Mikroskopie		Ornithologie	Impromptu		pack' sie
Bijouterie	Krambambuli	Toxikologie			Taxi
Philatelie	Metallurgie	Anno Domini	- i* (2)		zwack' sie
Infanterie	zusammenzieh'		ā:		entschlack' sie
Philharmonie	Cevapcici	Reality-TV	Kadi		verknack' sie
Philanthropie	Publicity	Aromatherapie	Radi		verpack' sie
Schlittenpartie	„Monopoly"	Bakteriologie	Khaki		überback' sie
Zitterpartie	herunterzieh'	Paläontologie	Raki		dalli!
Kikeriki	Homunkuli	Phänomenologie	Sirtaki		Phalli

Talmi	„Olivetti"	Modi	hui	stehen blieb
Mami		Hallodri	pfui	verblieb
anti	ei:	Soli	Grufti	vergib
Shanty	Heidi	Paroli	Mufti	verlieb'
avanti!	gleichzieh'	Ravioli	Uli	verrieb
Chianti	heimzieh'	Toni	Brummi	zerrieb
in flagranti	einzieh'	Maroni	Gummi	versieb'
anzieh'	vorbeizieh'	Mahagoni	Uni	verschieb
heranzieh'		Makkaroni	Bussi	verschrieb
Papi	**ī:**	Cannelloni	muss sie	vertrieb
Harry	Bambini	Peperoni	Tussi	beschrieb
garni	Martini	Maori	Frutti	Betrieb
Wischiwaschi	Bikini	a priori	Tuttifrutti	betrieb
	Zucchini	a posteriori	umzieh'	Vertrieb
au:	Lamborghini	hochzieh'	durchzieh'	hängen blieb
Audi	Tortellini	vorzieh'		Selbsterhaltungs-
Gaudi	Jury	loszieh'	**- ü* (2)**	trieb
Rowdy	Papyri	großzieh'	nachglüh'	
Saudi	Harakiri	hervorzieh'	abbrüh'	Seitenhieb
auslieh'	Vichy	Studiosi	abmüh'	
aufzieh'	veni, vidi, vici		aufblüh'	liegen blieb
auszieh'	Hiwi	**ó:**	aufbrüh'	überschrieb
heraufzieh'	Kiwi	Bobby		übertrieb
hinauszieh'	Zivi	Hobby	**- ib (1)**	übrig blieb
		Lobby	[→ ig (1)]	Prinzip
ē:	**í:**	Olli	[→ it (1)]	sitzen blieb
Baby	Quickie	Collie	blieb	kinderlieb
Lady	Micky	Lolli	Dieb	hintertrieb
Kreti	Nicky	Rolli	fiep'	
Plethi	tricky	Scholli	gib	offenblieb
Spezi	Vicky	Pony	(Griebs)	
herzieh'	Billy	urbi et orbi	Hieb	zulieb'
umherzieh'	Brilli (=Brillant)	sonst wie	hieb	umschrieb
	Chili	fortzieh'	Lieb'	unterblieb
é:	Lilli		lieb	unterschied
Tempi	Milli	**ū:**	Peep	unterschrieb
Penny	Tilly	„TUI"	Piep	untertrieb
Andy	Willi	Feng Shui	piep'	
Brandy	Stimmvieh	Bubi	rieb	**- üb (1)**
Candy	Hippie	Azubi	Sieb	[→ üg (1)]
Dandy	Pipi	Rudi	sieb'	[→ üt (1)]
Handy	Mississippi	Juli	schieb	üb'
Mandy	Whisky	Kuli	Jeep	Typ
Effendi	City	Muli	schnieb'	trüb
Yankee	Graffiti	Juni	Schrieb	Archetyp
Henry	Tahiti	du sie	schrieb	verüb'
Dementi	Haiti	Susi	Trieb	betrüb'
Käppi	Wapiti	tu' sie	trieb	stereotyp
Derby	hinzieh'	beschuh' sie	ziep'	Polyp
Betty	mitzieh'	wozu sie		Prototyp
Spaghetti	dahinzieh'	zuzieh'	Tagedieb	
paletti	zurückzieh'	hinzuzieh'	Partizip	**- ib* (2)**
Libretti			zusammentrieb	[→ ig (2)]
Konfetti	**ō:**	**ú:**		[→ it (2)]

Sahib	herumtrieb	beliebe/n	Rübe/n	zuschiebe/n
nachschieb'	gesundschrieb	gerieben	Schübe/n	zuschriebe/n
Abrieb		verbliebe/n	schübe/n	zutriebe/n
abrieb	**- üb* (2)**	verliebe/n	trübe/n	gutschriebe/n
abschieb'	[→ üg (2)]	verriebe/n	herüben	umtriebe/n
abschrieb	[→ üt (2)]	zerriebe/n	verübe/n	herumtriebe/n
Abtrieb	ausüb'	versiebe/n	betrübe/n	gesundschriebe/n
abtrieb		verschiebe/n		
dranblieb	**- ibbel/n**	verschriebe/n	**- ibe/n* (2)**	**- übe/n* (2)**
Anhieb	dribbel/n	Vertriebe/n	[→ ide/n (2)]	[→ üge/n (2)]
anschieb'	knibbel/n	vertriebe/n	[→ ige/n (2)]	ausübe/n
anschrieb	kribbel/n	beschriebe/n	nachschiebe/n	
Antrieb	nibbel/n	geschrieben	Abriebe/n	**- ibel/n**
antrieb	ribbel/n	Betriebe/n	abriebe/n	[→ idel/n (1)]
krankschrieb	skribbel/n	betriebe/n	abschiebe/n	[→ igel/n (1)]
vorantrieb		Getriebe/n	abschriebe/n	Bibel/n
aufblieb	**- übchen**	getrieben	Abtriebe/n	Fibel/n
aufrieb	Bübchen	hängen bliebe/n	abtriebe/n	Giebel/n
aufschieb'	Grübchen		dranbliebe/n	liebel/n
aufschrieb	Rübchen	Seitenhiebe/n	anschiebe/n	Zwiebel/n
Auftrieb	Stübchen	(Daheimgebliebe-	anschriebe/n	zwiebel/n
auftrieb	Hinterstübchen	ne/n)	Antriebe/n	plausibel/n
ausblieb	Oberstübchen		antriebe/n	penibel/n
aussieb'		liegen bliebe/n	krankschriebe/n	sensibel/n
ausschrieb	**- ibe/n (1)**	überschriebe/n	vorantriebe/n	flexibel/n
austrieb	[→ ide/n (1)]	übertriebe/n	aufbliebe/n	disponibel
hinausschieb'	[→ ige/n (1)]	übrig bliebe/n	aufriebe/n	irreversibel/n
	bliebe/n	Missbelieben	aufschiebe/n	enfant terrible
fernblieb	Diebe/n	sitzen bliebe/n	aufschriebe/n	kompatibel/n
festschrieb	Grieben	(Hinterbliebene/n)	aufstieben	
	Hiebe/n	(kinderliebend)	auftriebe/n	**- übel/n**
gleichblieb	hiebe/n	hintertriebe/n	ausbliebe/n	[→ ügel/n (1)]
einrieb	Liebe/n	zurückgeblieben	aussiebe/n	Übel/n
einschrieb	liebe/n		ausschriebe/n	übel/n
eintrieb	riebe/n	atomgetrieben	austriebe/n	Dübel/n
	Siebe/n	offenbliebe/n	hinausschiebe/n	dübel/n
hinschieb'	siebe/n			grübel/n
mitschrieb	schiebe/n	zuliebe	fernbliebe/n	Kübel/n
	schniebe/n	umschriebe/n	festschriebe/n	kübel/n
Vorlieb	Schriebe/n	durchtrieben		verübel/n
vorlieb	schriebe/n	unterbliebe/n	gleichbliebe/n	
vorschieb'	stiebe/n	unterschiebe/n	einriebe/n	**- iber/n**
vorschrieb	Triebe/n	unterschriebe/n	einschriebe/n	[→ ider/n (1)]
Vortrieb	triebe/n	untertriebe/n	eintriebe/n	[→ iger/n (1)]
vortrieb		unbeschrieben		Biber/n
fortblieb	Tagediebe/n	ungeschrieben	(friedliebend)	Fiber/n
Gottlieb	handgeschrieben		hinschiebe/n	Fieber
	angstgetrieben	**- übe/n (1)**	mitschriebe/n	Lieber
zuschieb'	zusammentriebe/n	[→ üde/n]		lieber
zuschrieb	auseinander stieben	[→ üge/n (1)]	Vorliebe/n	Schieber/n
zutrieb		übe/n	vorschiebe/n	Tiber
gutschrieb	Kegelschieben	drüben	vorschriebe/n	Kaliber/n
umtrieb	stehen bliebe/n	grübe/n	vortriebe/n	Kassiber/n
unlieb	Belieben	hüben	fortbliebe/n	Lampenfieber

149

Waffenschieber/n	demgegenüber	(geliebt)	abgibst	zugibst
Jelängerjelieber	hinüber	verbliebst	abriebst	zuschiebst
Rechenschieber/n	hintenüber	ergibst	abschiebst	zuschriebst
Nervenfieber	holüber	vergibst	abschriebst	zutriebst
Reisefieber	vorüber	verliebst	abtriebst	gutschriebst
Kulissenschieber/n	worüber	verriebst	achtgibst	umtriebst
	kopfüber	zerriebst	dranbliebst	kundgibst
- über/n (1)	vornüber	versiebst	angibst	durchgibst
[→ üder/n]		verschiebst	anschiebst	dazugibst
[→ üger/n]	**- über/n* (2)**	verschriebst	anschriebst	herumtriebst
über	tagsüber	vertriebst	antriebst	gesundschriebst
etwas bleibt über		beschriebst	krankschriebst	
etwas fließt über	**- übler/n**	betriebst	stattgibst	**- übst* (2)**
etwas kocht über	[→ ügler/n (1)]	hängen bliebst	bekannt gibst	[→ ügst → üge/n
etwas läuft / quillt	übler/n		vorantriebst	(2)]
/ schäumt /	Grübler/n	weitergibst	aufbliebst	ausübst
schwappt /			aufgibst	
sprudelt über	**- ibs**	liegen bliebst	aufriebst	**- ibt**
etwas springt über	→ ib (1+2)	übergibst	aufschiebst	→ ibst (1+2)
jmd. brät / bügelt	! lieb's	überschriebst	aufschriebst	
/ zieht jmd.	[→ iz (1+2)]	übertriebst	aufstiebst	**- übt**
eins über		wiedergibst	auftriebst	→ übst (1+2)
jmd. stülpt jmd.	**- übs**	übrig bliebst	ausbliebst	
etwas über	→ üb (1)	sitzen bliebst	ausgibst	**- ic**
jmd. wirft / hängt	! üb's	hintertriebst	aussiebst	→ ick (1)
/ zieht sich	[→ üz]		ausschriebst	
etwas über		offenbliebst	austriebst	**- ice (1)**
jmd. schnappt	**- ibst (1)**	herausgibst	→ is (1)
über	[→ idst → ide/n	umgibst	hinausschiebst	
jmd. holt / setzt	(1)]	umschriebst		**- ice/n (2)**
über	[→ igst → ige/n	unterschiebst	hergibst	→ iße/n (1)
jmd. tritt / wech-	(1)]	unterschriebst	weggibst	
selt über	bliebst	untertriebst	fernbliebst	**- ich (1)**
jmd. siedelt über	fiepst		festschriebst	[→ ige (3)]
jmd. hat / be-	gibst	**- übst (1)**		kriech'
kommt etwas	hiebst	[→ üdst → üde/n]	gleichbliebst	riech'
über	liebst	[→ ügst → üge/n	freigibst	siech
jmd. gehen die	piepst	(1)]	eingibst	Viech
Augen über	riebst	übst	einriebst	verkriech'
jmd. leitet zu	siebst	grübst	einschriebst	unterkriech'
etwas über	schiebst	schübst	eintriebst	
jmd. streicht etwas	schniebst	trübst	preisgibst	**- ich / - ig (2)**
über	schriebst	verübst		[→ isch (1)]
drüber	stiebst	betrübst	hingibst	ich
rüber	triebst	(getrübt)	hinschiebst	blich
Stüber/n	ziepst	(ungeübt)	mitschriebst	brich
trüber/n			zurückgibst	dich
darüber	allerliebst	**- ibst* (2)**		glich
Nasenstüber/n	zusammentriebst	[→ idst → ide/n	vorgibst	(kicher/n)
herüber	auseinander stiebst	(2)]	vorschiebst	mich
gegenüber		[→ igst → ige/n	vorschriebst	sich
jmd. stellt (sich)	stehen bliebst	(2)]	vortriebst	(sicher/n)
jmd. gegen-	begibst	nachgibst	fortbliebst	schlich
über	(beliebt)	nachschiebst		(Schliche/n)

150

sprich	standrechtlich	saumäßig	hellhörig	säuberlich
Stich	abschlägig	aufsässig	dämmerig	weinerlich
Strich	abträglich	aufnötig'	Gänserich	Eierstich
strich	hartnäckig	aussätzig	Enterich	gleichwertig
wich	armselig	raubeinig	lächerlich	leichtfertig
	anstellig	aufrichtig	ärgerlich	gleichmäßig
beglich	abkömmlich	ausfindig	selbstherrlich	(dreigestrichen)
(entsicher/n)	ansehnlich	aufkündig'	jämmerlich	(eingestrichen)
entwich	anständig	aufdringlich	körperlich	meineidig
verblich	abhängig	glaubwürdig	lästerlich	zweischneidig
zerbrich	anhängig	Autostrich	schwesterlich	beiläufig
verglich	anfänglich		rechtfertig'	weitläufig
(versicher/n)	anhänglich	mehrmalig	rechtmäßig	weitschweifig
erschlich	(narrensicher)	erstmalig	zweckmäßig	einäugig
verstrich	abspenstig	erstrangig	hellsichtig	scheinheilig
beschlich	Tatterich	derartig	selbstsüchtig	eingleisig
besprich	handwerklich	bösartig	herrschsüchtig	gleichzeitig
bestrich	hartherzig	erstklassig	steckbrieflich	zweideutig
	ansässig	ehelich	zweckdienlich	einseitig
nachhaltig	anlässlich	redselig	fernmündlich	freiheitlich
fahrtauglich	abnötig'	herkömmlich	denkwürdig	einheitlich
maßgeblich	abschätzig	elendig	merkwürdig	steinzeitlich
maßstäblich	handgreiflich	flehentlich	herzoglich	neuzeitlich
strafrechtlich	langweilig	wesentlich		einsichtig
nachträglich	anteilig	freventlich	weihnachtlich	freizügig
adelig	gastfreundlich	Wegerich	feindschaftlich	eindrücklich
nadelig	abseitig	Knöterich	freundschaftlich	feinfühlig
Nadelstich	ganzheitlich	zögerlich	reichhaltig	einwillig'
abendlich	anrüchig	leserlich	zweiflammig	freiwillig
nachdenklich	ansichtig	väterlich	einarmig	einstimmig
Spatenstich	absichtlich	wehleidig	neuartig	leichtsinnig
namentlich	zartgliedrig	jeweilig	heimatlich	eindringlich
planmäßig	handschriftlich	bärbeißig	freigebig	neugierig
nachlässig	abzüglich	jenseitig	einträchtig	leichtfüßig
fahrlässig	anzüglich	derzeitig	einschlägig	freimütig
nachteilig	abgründig	mehrheitlich	einträglich	reumütig
nachweislich	ankündig'	ehrgeizig	feindselig	gleichmütig
nachgiebig	langwierig	sehnsüchtig	einhellig	einmütig
habsüchtig	abschüssig	lediglich	eintönig	kleinmütig
nachsichtig	arglistig	königlich	einspännig	heißblütig
nachdrücklich	kaltblütig	ewiglich	freihändig	heilkundig
gradlinig	sanftmütig	böswillig	gleichschenklig	einspurig
habgierig	langmütig	mehrsilbig	eigentlich	
fragwürdig	anschuldig'	blödsinnig	Mäuserich	zielstrebig
barfüßig	anmutig	ehrwürdig	Täuberich	trübselig
schmalbrüstig	hauptsächlich	demütig	Weiderich	vielfältig
scharfzackig	(ausgeglichen)	schwermütig	feierlich	zwiespältig
landschaftlich	pausbäckig	jähzornig	bäuerlich	griesgrämig
mannschaftlich	saumselig	herrschaftlich	kaiserlich	Bienenstich
knappschaftlich	auskömmlich	fremdartig	äußerlich	Wüterich
nachbarlich	aufwendig	selbstständig	meisterlich	brüderlich
abartig	auswendig	Wespenstich	neuerlich	liederlich
anschaulich	schauerlich	wöchentlich	säuerlich	widerlich
andächtig	auswärtig	öffentlich	steuerlich	friedfertig

(siegessicher)	dickflüssig	kostspielig	grundsätzlich	geringfügig
vierschrötig	rückschrittlich	volkstümlich	unleidlich	begriffsstutzig
vielseitig	missmutig	wollüstig	jungfräulich	allmonatlich
frühzeitig	nichtsnutzig	tollwütig	kurzweilig	funktionstüchtig
tiefsinnig		fortschrittlich	unheimlich	vervollständig'
tiefgründig	hochgradig	vollmundig	umsichtig	allmorgendlich
fürsorglich	rotbackig	ortskundig	durchsichtig	absonderlich
wirtschaftlich	hohlwangig	volkskundlich	kurzsichtig	erforderlich
inhaltlich	hochkantig		umschichtig	verwunderlich
bischöflich	großartig	mutmaßlich	unziemlich	gesundheitlich
mittäglich	monatlich	zutraulich	ungünstig	
dickfellig	vorgeblich	buchstäblich	unwirtlich	kameradschaftlich
rückständig	ohnmächtig	ursächlich	unschlüssig	mittelalterlich
linkshändig	vorweltlich	zuträglich	unsittlich	außerehelich
inständig	vornehmlich	kugelig	durchschnittlich	angelegentlich
inwendig	notwendig	duselig		unabänderlich
rückgängig	Bogenstrich	gruselig	untadelig	unverbesserlich
hinlänglich	hoffärtig	wuselig	allabendlich	abenteuerlich
mitmenschlich	hochwertig	(kugelsicher)	benachteilig'	ungeheuerlich
Mückenstich	großherzig	urweltlich	benachrichtig'	biedermeierlich
Küstenstrich	hochnäsig	zuständig	Gedankenstrich	unveräußerlich
willentlich	wohltätig	jugendlich	charakterlich	unerschütterlich
wissentlich	vorrätig	zugänglich	gewalttätig	außerordentlich
dickköpfig	vorsätzlich	zulänglich	beabsichtig'	vorehelich
sicherlich	voreilig	zusätzlich	verantwortlich	kleinbürgerlich
richterlich	großmäulig	urzeitlich	bedauerlich	spießbürgerlich
kümmerlich	vorzeitlich	zuzüglich	beaufsichtig'	stiefmütterlich
zimperlich	tobsüchtig	zubillig'	voraussichtlich	elendiglich
hinderlich	mondsüchtig	gutwillig	gelegentlich	an und für sich
innerlich	vorsichtig	mutwillig	versehentlich	
winterlich	notzüchtig'	urtümlich	altväterlich	- ich / -ig* (3)
fürchterlich	großzügig	zudringlich	gesellschaftlich	kauzig → traut sich,
bürgerlich	vorbildlich	ursprünglich	gewerkschaftlich	ruhig → tu'
bitterlich	vordringlich	blutrünstig	allwöchentlich	ich etc.
mütterlich	hochmütig	gutmütig	veröffentlich'	[→ isch (2)]
ritterlich	großmütig	urkundlich	veränderlich	
(rückversicher/n)	vorwitzig	kundschaft' ich	gewerbsmäßig	ā:
(kindersicher)	vorsorglich	unhandlich	erwerbstätig	sprachlich
sprichwörtlich	großkotzig	ruckartig	geschäftstüchtig	madig
Bindestrich	großspurig	mundartlich	gesetzwidrig	pomadig
mildtätig	hochtourig	untauglich	gemeinschaftlich	adrig
mitleidig	kopflastig	kurzlebig	beweiskräftig	fraglich
rückläufig	grobschlächtig	unbändig	unweigerlich	behaglich
missliebig	sorgfältig	umständlich	veräußerlich'	vertraglich
schiffbrüchig	vollständig	umfänglich	vereinheitlich'	strahlig
schwindsüchtig	morgendlich	umgänglich	bereitwillig	spiralig
hinsichtlich	hoffentlich	unkenntlich	verschiedentlich	einmalig
inniglich	ordentlich	wunderlich	geflissentlich	abermalig
sinnbildlich	Sonnenstich	Kupferstich	erinnerlich	ehemalig
irrtümlich	holperig	unmäßig	verinnerlich'	Kranich
irrsinnig	sommerlich	durchlässig	altjüngferlich	sahnig
spitzfindig	sonderlich	unpässlich	geschwisterlich	tranig
missgünstig	wortbrüchig	(durchgestrichen)	geringschätzig	fahrig
willkürlich	wonniglich	unflätig	berücksichtig'	haarig

paarig	anglich	traulich	möglich	gehörig
war ich	klanglich	erbaulich	pfleglich	gelehrig
dunkelhaarig	gesanglich	verdaulich	täglich	willfährig
aasig	gedanklich	beschaulich	tagtäglich	bisherig
glasig	Anstrich	vertraulich	alltäglich	einjährig etc.
adlig	grantig	flaumig	nächstmöglich	angehörig
staatlich	kantig	schaumig	erträglich	minderjährig
	bekanntlich	launig	verträglich	ungehörig
á:	Danzig	erstaunlich	beweglich	dazugehörig
(absicher/n)	ranzig	schaurig	unmöglich	zusammengehörig
Abstrich	zwanzig	traurig	unsäglich	jährlich
abstrich	happig	grausig	unerträglich	ehrlich
abwich	pappig	lausig	unverträglich	schwerlich
fachlich	klapprig	mausig	umweltverträglich	spärlich
sachlich	schlapprig	ausblich	kehlig	entbehrlich
stachlig	flapsig	ausglich	mehlig	gefährlich
beachtlich	tapsig	auswich	schmählich	begehrlich
achtzig	farbig	bauschig	selig	erklärlich
affig	narbig	flauschig	ölig	beschwerlich
saftig	garstig	lauschig	nölig	unaufhörlich
wahrhaftig	artig		allmählich	käsig
leibhaftig	schartig	ē:	glückselig	mäßig
leidenschaftlich	affenartig	böig	unausstehlich	gefräßig
brackig	andersartig	fähig	überzählig	ermäßig'
knackig	eigenartig	ausbaufähig	unwiderstehlich	fahrplanmäßig
nackig	einzigartig	schäbig	vertrauensselig	anteilsmäßig
schlackig	harzig	behäbig	sämig	ebenmäßig
zackig	knarzig	neblig	dämlich	regelmäßig
baldig	quarzig	gröblich	grämlich	übermäßig
waldig	warzig	löblich	nämlich	mittelmäßig
gallig	massig	angeblich	vernehmlich	vorschriftsmäßig
Hallig	rassig	vergeblich	einvernehmlich	serienmäßig
knallig	unfasslich	erheblich	mähnig	verhältnismäßig
metallig	hastig	buchstäblich	sehnig	gewohnheitsmäßig
faltig	morastig	überheblich	wenig	routinemäßig
gewaltig	gastlich	unerheblich	König	löslich
mannigfaltig	stattlich	gesprächig	arsenig	tröstlich
vergewaltig'	matschig	gemächlich	beschönig'	grätig
eisenhaltig etc.	kratzig	gnädig	untertänig	stetig
vielgestaltig	patzig	ledig	Schützenkönig	tätig
stimmgewaltig		predig'	(nichtsdestoweni-	krötig
falzig	au:	schädig'	ger)	nötig' (Verb)
salzig	staubig	entledig'	ähnlich	nötig (Adj.)
schmalzig	beglaubig'	erledig'	sehnlich	erbötig
schlammig	unglaublich	Venedig	persönlich	benötig'
schwammig	bauchig	Käfig	versöhnlich	bestätig'
pampig	jauchig	gräflich	gewöhnlich	betätig'
schlampig	rauchig	schweflig	ungewöhnlich	einkarätig
dampfig	schlauchig	sträflich	unversöhnlich	hochkarätig
krampfig	Aufstrich	höflich	außergewöhnlich	redlich
amtlich	baulich	vierzehntägig	päpstlich	schädlich
bannig	faulig	eklig	Erich	tätlich
brandig	fraulich	jeglich	teerig	rötlich
sandig	maulig	kläglich	hörig	tötlich

153

Hedwig	scheckig	vergänglich	gallertig	jetzig
ewig	speckig	lebenslänglich	gewärtig	krätzig
	Tischleindeckdich	überschwänglich	gegenwärtig	geschwätzig
é:	erklecklich	unverfänglich	widerwärtig	plötzlich
sächlich	schrecklich	unumgänglich	minderwertig	verletzlich
schwächlich	fällig	unzugänglich	reisefertig	entsetzlich
tatsächlich	wellig	unzulänglich	zungenfertig	gesetzlich
hauptsächlich	gefällig	ängstig'	vergegenwärtig'	ergötzlich
gebrechlich	behellig'	ängstlich	geistesgegenwärtig	grundsätzlich
zerbrechlich	gesellig	gelenkig	zärtlich	gegensätzlich
bestechlich	selbstgefällig	kränklich	örtlich	widersetzlich
nebensächlich	überfällig	bedenklich	nördlich	unverletzlich
oberflächlich	wohlgefällig	erdenklich	wörtlich	unersetzlich
unaussprechlich	unauffällig	unbedenklich	herzig	letztlich
knöchrig	unterschwellig	männlich	barmherzig	
löchrig	felsig	unzertrennlich	beherzig'	ei:
mächtig	fälschlich	endlich	offenherzig	reuig
nächtig'	bewältig'	kenntlich	herzlich	gläubig
prächtig	hinterhältig	ländlich	schmerzlich	begläubig'
schmächtig	überwältig'	schändlich	schwärzlich	leiblich
trächtig	ältlich	erkenntlich	ärztlich	weiblich
allmächtig	weltlich	verständlich	Essig	unausbleiblich
bedächtig	erhältlich	gegenständlich	lässig	unbeschreiblich
verdächtig	unentgeltlich	selbstverständlich	stressig	reichlich
bemächtig'	pelzig	missverständlich	gehässig	weichlich
ermächtig'	unabkömmlich	menschlich	unablässig	gebräuchlich
eigenmächtig	emsig	brenzlig	zuverlässig	verweichlich'
übermächtig	sämtlich	gänzlich	unzulässig	missbräuchlich
übernächtig'	Pfennig	peppig	blässlich	unvergleichlich
mittelprächtig	endig'	Teppich	grässlich	unausweichlich
niederträchtig	bändig'	unerschöpflich	hässlich	kreidig
olympiaverdächtig	ständig	erblich	lässlich	leidig
nächtlich	wendig	sterblich	nässlich	seidig
rechtlich	lebendig	werblich	vergesslich	schneidig
verächtlich	beständig	verderblich	verlässlich	freudig
geschlechtlich	geständig	gewerblich	unvergesslich	räudig
beträchtlich	verständig	kunstgewerblich	unerlässlich	beeidig'
völkerrechtlich	notwendig	herbstlich	unermesslich	vereidig'
widerrechtlich	unbändig	erdig	festig'	beleidig'
sechzig	sachverständig	beerdig'	lästig	geschmeidig
trefflich	wertbeständig	ebenerdig	befestig'	verteidig'
vortrefflich	eigenhändig	nervig	belästig'	opferfreudig
deftig	eigenständig	verwerflich	festlich	seifig
heftig	überständig	bergig	restlich	streifig
kräftig	lichtbeständig	kärglich	westlich	häufig
bekräftig'	bodenständig	unmerklich	östlich	läufig
beschäftig'	wetterbeständig	ärmlich	köstlich	geläufig
geschäftig	gängig	förmlich	Estrich	gegenläufig
zahlungskräftig	geländegängig	erbärmlich	gestrig	käuflich
aussagekräftig	bänglich	ernstlich	fettig	reiflich
geschäftlich	länglich	herrlich	Rettich	begreiflich
eckig	quenglig	verherrlich'	(etliche/n)	unbegreiflich
dreckig	empfänglich	bärtig	unersättlich	unverkäuflich
fleckig	verfänglich	fertig	fetzig	eilig

154

freilich	heurig	gütlich	übernatürlich	geltungssüchtig
heilig	eisig	gemütlich	widernatürlich	steuerpflichtig
beulig	Reisig	minütlich	kontinuierlich	eifersüchtig
bläulich	Zeisig	unermüdlich	gebürtig	kostenpflichtig
gräulich	dreißig	unterschiedlich	ebenbürtig	folgerichtig
neulich	fleißig	Dietrich	diesig	drogensüchtig
treulich	schweißig	Friedrich	hiesig	zuschlagpflichtig
abscheulich	befleißig'	niedrig	kiesig	undurchsichtig
parteilich	preislich	widrig	riesig	tablettensüchtig
erfreulich	häuslich	erniedrig'	spießig	gebührenpflichtig
beteilig'	scheußlich	sittenwidrig	müßig	apothekenpflichtig
getreulich	wohlweislich	zügig	hasenfüßig	übergewichtig
einstweilig	unzerreißlich	gefügig	süßlich	sichtlich
scheinheilig	geistig	füglich	schließlich	absichtlich
gegenteilig	geistlich	vergnüglich	ausschließlich	gerichtlich
(Allerheiligen)	heutig	bezüglich	verdrießlich	ersichtlich
polizeilich	streitig	vorzüglich	ersprießlich	geschichtlich
unverzeihlich	zeitig	untrüglich	einschließlich	übersichtlich
leimig	beseitig'	diesbezüglich	unverwüstlich	frühgeschichtlich
schleimig	anderweitig	unverzüglich	gütig	offensichtlich
säumig	gegenseitig	schwielig	wütig	zuversichtlich
geräumig	wechselseitig	stielig	begütig'	außergerichtlich
heimlich	beiderseitig	wetterfühlig	wankelmütig	kulturgeschichtlich
räumlich	doppeldeutig	ziemlich	ehrerbietig	griffig
verheimlich'	doppelseitig	krümlig	edelmütig	pfiffig
einig	dunkelhäutig	rühmlich	übermütig	knifflig
(deinige)	leidlich	unrühmlich		begrifflich
(meinige)	seitlich	altertümlich	ï:	giftig
peinig'	weidlich	eigentümlich	brüchig	triftig
reinig'	zeitlich	spleenig	widersprüchlich	schriftlich
(seinige)	deutlich	dienlich	unverbrüchlich	schlickig
steinig' (Verb)	jahreszeitlich	dienstlich	gichtig	stickig
steinig (Adj.)	zwischenzeitlich	gierig	nichtig	zickig
alleinig	unvermeidlich	schlierig	richtig	dicklich
vereinig'	geizig	schmierig	wichtig	picklig
bereinig'	kreuzig'	schwierig	flüchtig	schicklich
bescheinig'	bekreuzig'	stierig	süchtig	glücklich
fadenscheinig		rührig	tüchtig	erquicklich
handelseinig	ï:	begierig	züchtig' (Verb)	ausdrücklich
säbelbeinig	kiebig	geschwürig	züchtig (Adj.)	augenblicklich
reinlich	ausgiebig	ehrenrührig	berichtig'	fickrig
kleinlich	ergiebig	wissbegierig	besichtig'	knickrig
peinlich	beliebig	zierlich	beschwichtig'	mickrig
wahrscheinlich	x-beliebig	manierlich	gewichtig	billig' (Verb)
augenscheinlich	lieblich	natürlich	bezichtig'	billig (Adj.)
Heinrich	üblich	ausführlich	verflüchtig'	Drillich
einschlich	betrieblich	figürlich	berüchtig'	füllig
einstrich	betrüblich	willkürlich	ertüchtig'	willig
feindlich	ortsüblich	possierlich	fahnenflüchtig	will ich
freundlich	handelsüblich	kreatürlich	landesflüchtig	Zwillich
vermeintlich	siebzig	despektierlich	fahruntüchtig	verbillig'
einzig	friedlich	unnatürlich	meldepflichtig	bewillig'
eurig	niedlich	ungebührlich	lebenswichtig	freiwillig
feurig	südlich	unwillkürlich	lebenstüchtig	missbillig'

155

arbeitswillig	kringlig	Fittich	pockig	blumig
eigenwillig	pinglig	Sittich	stockig	krumig
widerwillig	ringlig	mittig	drollig	tunlich
milchig	erschwinglich	schnittig	knollig	urig
bildlich	unabdinglich	strittig	mollig	(zusicher/n)
behilflich	undurchdringlich	sittlich	wollig	rußig
filzig	unwiederbringlich	unerbittlich	achtzehnzollig etc.	blutig
pilzig	stinkig	knittrig	doldig	mutig
sülzig	pünktlich	splittrig	goldig	entmutig'
grimmig	sinnlich	zittrig	molkig	ermutig'
stimmig	besinnlich	gewittrig	wolkig	todesmutig
glimpflich	übersinnlich	glitschig	folglich	vermutlich
schimpflich	brünstig	kitschig	holzig	vorsintflutlich
innig	günstig	hitzig	sonnig	
sinnig	begünstig'	schwitzig	wonnig	ú:
eigensinnig	vergünstig'	spritzig	poppig	knubbelig
widersinnig	künstlich	spitzig	knorrig	strubbelig
doppelsinnig	flippig	witzig	morgig	buchtig
findig	lippig	aberwitzig	dornig	fruchtig
grindig	rippig	eigennützig	hornig	fuchtig
rindig	gipflig	kitzlig	zornig	wuchtig
windig	zipflig	nützlich	borstig	knuddelig
bündig	hibblig		widerborstig	schmuddelig
fündig	kipplig	ō:	dortig	knuffig
kündig'	irrig	klobig	sofortig	muffig
mündig	würdig' (Verb)	obig	sportlich	duftig
sündig	würdig (Adj.)	belobig'	fortschlich	kluftig
sündig	liebenswürdig	wohlig	eingeschossig etc.	luftig
geh' in dich	erbarmungswürdig	bedrohlich	sommersprossig	schuftig
verkündig'	unterwürfig	Honig	ostig	buckelig
entmündig'	bedürftig	wohnlich	frostig	schnuckelig
versündig'	wirklich	chlorig	rostig	fuchsig
hintergründig	verwirklich'	porig	Mostrich	bullig
vordergründig	Pfirsich	sporig	Bottich	schrullig
untergründig	fürstlich	vorig	zottig	huldig'
kindlich	kürzlich	honorig	klotzig	schuldig
gründlich	bissig	humorig	motzig	beschuldig'
schwindlig	rissig	einmotorig	protzig	entschuldig'
mündlich	schmissig	moosig	rotzig	geduldig
stündlich	flüssig	rosig	trotzig	Ulrich
verbindlich	schlüssig	knotig	hinterfotzig	wulstig
befindlich	verflüssig'	kotig		schnulzig
empfindlich	überdrüssig	zotig	ū:	bummelig
sekündlich	überflüssig		ruhig	pummelig
entzündlich	überschüssig	ó:	hudelig	krumpelig
unerfindlich	misslich	koddrig	nudelig	rumpelig
unergründlich	gewisslich	moddrig	sprudelig	schrumpelig
brünftig	listig	schnoddrig	strudelig	schummerig
künftig	mistig	stofflich	sudelig	schwummerig
zünftig	rüstig	bockig	pluderig	klumpig
vernünftig	mittelfristig	blockig	puderig	lumpig
unvernünftig	hinterlistig	flockig	schluderig	dumpfig
dinglich	christlich	glockig	beruflich	schlumpfig
dringlich	fischig	lockig	unwiderruflich	schrumpfig

sumpfig	- üche/n (1)	Umbrüche/n	(Dichte/n)	Verzicht
kundig	[→ üsche/n (1)]	Durchbrüche/n	ficht	verzicht'
pfundig	Flüche/n		(Fichte/n)	Gesicht
schrundig	Psyche	- ichel/n	(fichten (Adj.))	beschicht'
erkundig'	Gerüche/n	[→ ischel/n]	flicht	(Geschichte/n)
aktenkundig	hanebüchen	Michel	Gicht	beschlicht
offenkundig		pichel/n	glicht	bespricht
puppig	- iche/n (2)	Sichel/n	Licht	besticht
ruppig	→ ich / ig (2+3)	sichel/n	licht	bestricht
schuppig	[→ ische/n → isch	Stichel/n	(Nichts)	Gewicht
struppig	(1+2)]	stichel/n	nicht	gewicht'
knurrig		strichel/n	(Nichte/n)	(mitnichten)
schnurrig	- üche/n (2)		Pflicht	(zunichte)
durchstrich	[→ üsche/n (2)]	- icher/n (1)	Plicht	durchbricht
durstig	Brüche/n	Kriecher/n	richt'	durchsticht
wurstig	Küche/n	Riecher	Sicht	
wissensdurstig	Sprüche/n	siecher	sicht'	(Habenichts)
hurtig	Gerüche/n	Viecher/n	Schicht	Rampenlicht
kurvig	Bankeinbrüche/n		schicht'	Amtsgericht
dusselig	Zaubersprüche/n	- ücher/n	schlicht' (Verb)	wasserdicht
fusselig	Ehebrüche/n	Bücher/n	schlicht (Adj.)	abfertigt
pusselig	Hexenküche/n	Blücher, Gebhard	spricht	Angesicht
schusselig	Schweißausbrü-	Leberecht	sticht	(angesichts)
knusprig	che/n	Tücher/n	stricht	abnötigt
frustig	Teufels Küche		Wicht	ankündigt
krustig	Bibelsprüche/n	- icher/n (2)		anschuldigt
lustig	Widersprüche/n	→ ich / ig (2+3)	gebricht	(Taugenichts)
belustig'	Knochenbrüche/n	! glich er	Gedicht	aushändigt
verlustig	Wolkenbrüche/n	(Micha)	beglicht	aufnötigt
angriffslustig	Frosteinbrüche/n		belicht'	aufkündigt
lebenslustig	Wutausbrüche/n	- ichert	entricht'	ehebricht
Schlussstrich	Urteilssprüche/n	→ ich / ig (2+3)	entspricht	ehelicht
buschig	Vulkanausbrüche/n	(Richard)	entwicht	Gegenlicht
huschig	Zusammenbrü-		Bericht	Lebenslicht
pfuschig	che/n	- ichse/n	bericht'	Ehepflicht
wuschig	Vertrauensbrüche/n	→ ickse/n (1)	Gericht	Schwergewicht
kuschelig			(gerichtet)	Bösewicht
wuschelig	- üche/n* (3)	- üchse/n	verblicht	demütigt
rutschig	Wahlsprüche/n	→ ückse/n (1+2)	erbricht	Meldepflicht
putzig	Abbrüche/n		verbricht	Dämmerlicht
schmutzig	Anbrüche/n	- ichser/n	zerbricht	(Weltgeschichte/n)
stutzig	Ansprüche/n	→ ickser/n	erdicht'	Schweigepflicht
trutzig	Aufbrüche/n		verdicht'	Fleischgericht
	Ausbrüche/n	- ichst (1)	verficht	Bleichgesicht
- iche/n (1)	Aussprüche/n	→ icht (1+2)	verglicht	Gleichgewicht
[→ ische/n (1)]	Beinbrüche/n		vernicht'	Leichtgewicht
Grieche/n	Einbrüche/n	- ichst (2)	erpicht	einwilligt
krieche/n	Einsprüche/n	→ icke/n (1)	verpflicht'	heiligspricht
rieche/n	Freisprüche/n		erricht'	Kriegsgericht
sieche/n	Schiedssprüche/n	- icht (1)	verricht'	Übersicht
verkrieche/n	Schiffbrüche/n	blicht	erschlicht	(Frühgeschichte)
(übel riechend)	Trinksprüche/n	bricht	verspricht	widerspricht
unterkrieche/n	Wortbrüche/n	dicht' (Verb)	ersticht	Milchgesicht
	Zusprüche/n	dicht (Adj.)	zersticht	(Vorgeschichte)

notzüchtigt	geschichte/n)	herricht'	erledigt	belobigt
Wolkenschicht	(Familiengeschich-	tätigt	beschönigt	hervorbricht
Morgenschicht	te/n)	nötigt	beerdigt	hervorsticht
Zuversicht	„Mensch-ärgere-	nächtigt	ermäßigt	entmutigt
zubilligt	dich-nicht"	endigt	benötigt	ermutigt
unterbricht		bändigt	bestätigt	beschuldigt
Mutterpflicht	**- ücht**	fertigt	betätigt	entschuldigt
Unterricht	flücht'	festigt	bemächtigt	herumspricht
unterricht'	zücht'	heiligt	berechtigt	erkundigt
(unverrichtet)	Gerücht	einigt	verdächtigt	belustigt
Unterschicht	überzücht'	peinigt	ermächtigt	
(Kunstgeschichte)		reinigt	bekräftigt	vergewaltigt
(Kurzgeschichte/n)	**- icht* (2)**	steinigt	beschäftigt	gleichberechtigt
	Habicht	einbricht	(gefälligst)	übernächtigt
gerade richt'	Nachricht	einricht'	behelligt	stimmberechtigt
benachteiligt	Nachsicht	Einsicht	bewältigt	überwältigt
benachrichtigt	nachspricht	einschlicht	verständigt	empfangsberechtigt
zusammenbricht	Schlaglicht	einstricht	verherrlicht	bezugsberechtigt
beabsichtigt	abbricht	beipflicht'	beherzigt	erziehungsberech-
beaufsichtigt	abdicht'	freispricht	befestigt	tigt
veröffentlicht	ablicht'	zeitigt	belästigt	unterhaltsberechtigt
bewerkstelligt	abricht'	(Schiedsrichter/n)	verweichlicht	vergegenwärtigt
beeinträchtigt	Absicht	Zwielicht	beeidigt	
veräußerlicht	abspricht	fürspricht	vereidigt	**- ichte/n**
vereinheitlicht	absticht	züchtigt	beleidigt	→ icht (1+2)
vervielfältigt	abstricht	Dickicht	verteidigt	
verinnerlicht	abwicht'	Rücksicht	beteiligt	**- üchte/n (1)**
Vergissmeinnicht	anbricht	billigt	verheimlicht	flüchte/n
berücksichtigt	andicht'	kündigt	bereinigt	Früchte/n
Erfolgsaussicht	anglicht	sündigt	vereinigt	Süchte/n
vervollständigt	(Anrichte/n)	hinricht'	bescheinigt	züchte/n
herunterbricht	anricht'	Hinsicht	zu dreißigt	Gerüchte/n
	Ansicht	würdigt	befleißigt	überzüchte/n
Lagebericht	anspricht	vorspricht	beseitigt	Hülsenfrüchte/n
(Krankengeschich-	ansticht	losbricht	bemüßigt	
te/n)	(Scharfrichter/n)	fortschlicht	begütigt	**- üchte/n* (2)**
Gegengewicht	aufbricht	zuricht'	berichtigt	Ausflüchte/n
(Lebensgeschich-	aufricht'	zuspricht	besichtigt	Sehnsüchte/n
te/n)	Aufsicht	huldigt	beschwichtigt	
sternhageldicht	aufschicht'	umbricht	bezichtigt	**- ichter/n (1)**
Wetterbericht	ausbricht	umdicht'	verflüchtigt	[→ ischter/n →
(Weibergeschich-	ausglicht	Umsicht	berüchtigt	isch (1)]
te/n)	ausricht'	umschicht'	ertüchtigt	bricht er
(Leidensgeschich-	Aussicht	undicht'	erniedrigt	Dichter/n
te/n)	ausspricht	Durchsicht	missbilligt	dichter
Fliegengewicht	ausstricht	durchspricht	verbilligt	Lichter/n
Jüngstes Gericht	auswicht	durchstricht	bewilligt	lichter/n
Mittelgewicht	Predigt		verkündigt	Richter/n
(wohl unterrichtet)	predigt	begnadigt	entmündigt	Schlichter/n
Unterhaltspflicht	schädigt	begradigt	versündigt	schlichter/n
(unterbelichtet)	Kehricht	zu zwanzigt	begünstigt	spricht er
(Bevölkerungs-	Röhricht	beglaubigt	vergünstigt	sticht er
dichte)	töricht	befähigt	verwirklicht	Trichter/n
(Gespenster-	Wehrpflicht	entledigt	verflüssigt	

158

Gelichter	blick'	Pillenknick	Keramik	Pathetik
entspricht er	Brigg	Limerick	Dynamik	Genetik
erbricht er	dick	Überblick	Aerodynamik	Ästhetik
verbricht er	Fick	überblick'	Panik	Kinetik
zerbricht er	fick'	Silberblick	Mechanik	Synthetik
Vernichter/n	Flic	Missgeschick	Botanik	Poetik
verspricht er	flick'	zusammenflick'	Romanik	Phonetik
ersticht er	Gig	Karriereknick	Batik	Kosmetik
zersticht er	hick!		batik'	Arithmetik
Gesichter/n	Kick	- **ück (1)**	Statik	Diätetik
bespricht er	kick'	[→ ütt (1)]	Dramatik	Energetik
besticht er	Klick	bück'	Pragmatik	Leichtathletik
durchbricht er	klick'	drück'	Thematik	Kybernetik
durchsticht er	Knick	Glück	Pneumatik	Apologetik
wasserdichter	knick'	pflück'	Chromatik	Technik
ehelicht er	quick	rück'	Dogmatik	wegblick'
Lebenslichter/n	nick'	schmück'	Akrobatik	wegschick'
Bösewichter/n	pick'	Stück	Automatik	Hektik
Bleichgesichter/n	sic!	zück'	Kinematik	Dialektik
widerspricht er	Slick		Systematik	Elektrik
Milchgesichter/n	chic	beglück'	Informatik	Exzentrik
Bombentrichter/n	Schick	entrück'	Programmatik	
unterbricht er	schick' (Verb)	entzück'	Problematik	dreinblick'
veröffentlicht er	schick (Adj.)	berück'	Numismatik	einknick'
bewerkstelligt er	Schlick	erdrück'	Idiomatik	einnick'
veräußerlicht er	spick'	verdrück'	Gehirnakrobatik	einschick'
vereinheitlicht er	stick'	zerdrück'	abknick'	dareinschick'
verinnerlicht er	Strick	zerpflück'	abschick'	Pharmazeutik
vervollständigt er	strick'	verrück'	herabblick'	Therapeutik
sternhageldichter	Tic	bestück'	Praktik	Hermeneutik
	Tick	zurück	Taktik	Propädeutik
- **üchter/n (1)**	tick'	Hans im Glück	Didaktik	Weitblick
nüchtern	Trick	Gegenstück	Heraldik	
schüchtern	zwick'	Schelmenstück	Fallstrick	Pazifik
Züchter/n		Einzelstück	andick'	Tiefblick
ernüchtern	Genick	Meisterstück	anklick'	Mimik
(verschüchtert)	entschlick'	Kleidungsstück	anschick'	Klinik
	erblick'	Bühnenstück	Atlantik	Mystik
- **ichter/n* (2)**	verdick'	überbrück'	Semantik	Lichtblick
→ icht (2)	zerknick'	niederdrück'	Romantik	Rückblick
! begnadigt er	erquick'	Mittelstück	Scharfblick	zurückblick'
	verquick'	Bubenstück	Plastik	zurückschick'
- **üchter/n* (2)**	verschick'	unterdrück'	Spastik	Picknick
ausnüchtern	erschrick'	Theaterstück	Fantastik	Hinblick
einschüchtern	erstick'	zusammendrück'	Elastik	Ballistik
	verstrick'	zusammenrück'	Gymnastik	Anglistik
- **ichts**	beschick'	Museumsstück	Scholastik	Artistik
→ icht (1+2)	Geschick	Erinnerungsstück	Nautik	Statistik
	bestick'		herauspick'	Slawistik
- **ick (1)**	bestrick'	- **ick* (2)**	vorausschick'	Stilistik
[→ ipp (1)]	Galgenstrick	[→ ipp (2)]		Sophistik
[→ itt (1)]	Augenblick	[→ itt (2)]	Polemik	Logistik
big	Kennerblick	Tragik	Ethik	Touristik
Blick	knüppeldick	Theatralik	Athletik	Aquaristik

Alpinistik	aufrück'	sticke/n	Kalmücke/n	(austrickst)
Klassizistik	ausdrück'	Stricke/n	(bedrückt)	Techniken
Kasuistik	ausrück'	stricke/n	beglücke/n	wegblicke/n
Germanistik	ausschmück'	ticke/n	entrücke/n	(wegixt)
Belletristik	wegdrück'	(Ticket)	Entzücken	wegklicke/n
Linguistik	Geldstück	(trickst)	entzücke/n	wegschicke/n
Romanistik	eindrück'	(wichst)	berücke/n	dreinblicke/n
Folkloristik	einrück'	Wicke/n	Perücke/n	einknicke/n
Journalistik	Frühstück	Zicke/n	erdrücke/n	einnicke/n
Publizistik	frühstück'	zicke/n	verdrücke/n	einschicke/n
Charakteristik	Schriftstück	zwicke/n	zerdrücke/n	Kliniken
Äquilibristik	Miststück		zerpflücke/n	Lichtblicke/n
Kriminalistik	vorrück'	Genicke/n	verrücke/n	Rückblicke/n
Rhythmik	zudrück'	entschlicke/n	(verzückt)	(rückblickend)
	Schmuckstück	erblicke/n	bestücke/n	Chroniken
Melodik	Unglück	verdicke/n	missglücke/n	vorschicke/n
Logik	Fundstück	(verflixt!)		fortschicke/n
Demagogik	Grundstück	zerknicke/n	Magendrücken	zunicke/n
Pädagogik	Mundstück	erquicke/n	Eselsbrücke/n	umblicke/n
Kolik	Kunststück	verquicke/n	Gegenstücke/n	umknicke/n
Symbolik	durchdrück'	verschicke/n	Hängebrücke/n	durchblicke/n
Komik	herausrück'	ersticke/n	Schelmenstücke/n	
Physiognomik	zurechtrück'	verstricke/n	Einzelstücke/n	Keramiken
Chronik	Musikstück	beschicke/n	Meisterstücke/n	herabblicke/n
Harmonik	herumdrück'	Geschicke/n	Kleidungsstücke/n	herauspicke/n
Tektonik	verunglück'	besticke/n	Bühnenstücke/n	vorausschicke/n
Elektronik		bestricke/n	überbrücke/n	Polemiken
Diatonik	- icke/n (1)	Galgenstricke/n	niederdrücke/n	dareinschicke/n
Architektonik	[→ ippe/n (1)]	Augenblicke/n	Mittelstücke/n	Statistiken
Rhetorik	[→ itte/n (1)]	Kennerblicke/n	Bildungslücke/n	zurückblicke/n
Historik	Blicke/n	überblicke/n	Bubenstücke/n	zurückschicke/n
Motorik	blicke/n	Silberblicke/n	unterdrücke/n	herumzicke/n
Metaphorik	Dicke/n	knüppeldicke/n	Theaterstücke/n	Problematiken
vorschick'	dicke/n	Missgeschicke/n	zusammendrücke/n	Charakteristiken
Gotik	ficke/n	zusammenflicke/n	zusammenrücke/n	
Erotik	(fixt)		Kommandobrü-	- ücke/n* (2)
Exotik	Flicken	- ücke/n (1)	cke/n	[→ ütte/n (2)]
Optik	flicke/n	[→ ütte/n (1)]	Museumsstücke/n	nachrücke/n
fortschick'	(gickst)	bücke/n	Erinnerungslücke/n	abdrücke/n
	(hickst)	Brücke/n	Erinnerungs-	abrücke/n
zunick'	kicke/n	drücke/n	stücke/n	Alpdrücken
umblick'	Clique/n	glücke/n		anrücke/n
umknick'	klicke/n	Krücke/n	- icke/n* (2)	aufrücke/n
herumzick'	Knicke/n	Lücke/n	[→ ippe/n (2)]	(ausbüxt)
Durchblick	knicke/n	Mücke/n	[→ itte/n (2)]	Ausdrücke/n
durchblick'	(Kricket)	pflücke/n	batike/n	ausdrücke/n
Akustik	(mixt)	Rücken	abknicke/n	ausrücke/n
	nicke/n	rücke/n	abschicke/n	ausschmücke/n
- ück* (2)	picke/n	schmücke/n	Fallstricke/n	wegdrücke/n
[→ ütt (2)]	Ricke/n	Stücke/n	andicke/n	Geldstücke/n
nachrück'	schicke/n (Verb)	Tücke/n	(anfixt)	Heimtücke
abdrück'	schicke/n (Adj.)	zücke/n	anklicke/n	Eindrücke/n
abrück'	Schlicke/n		anschicke/n	eindrücke/n
anrück'	spicke/n	Saarbrücken	Plastiken	einrücke/n

160

frühstücke/n	dicker/n	Dogmatiker/n	Optiker/n	Genicks
Schriftstücke/n	Ficker/n	Mathematiker/n	Rhetoriker/n	entschlick's
vorrücke/n	Flicker/n	Systematiker/n	Historiker/n	erblick's
zudrücke/n	Kicker/n	Informatiker/n	Neurotiker/n	verdick's
Schmuckstücke/n	kicker/n	Programmatiker/n		zerknick's
Unglücke/n	Klicker/n	Numismatiker/n	durchsicker/n	verquick's
Fundstücke/n	klicker/n	Nautiker/n	Musiker/n	verschick's
Grundstücke/n	Knicker/n		Akustiker/n	erstick's
Mundstücke/n	knicker/n	Techniker/n		verstrick's
Kunststücke/n	Nicker/n	Hektiker/n	- icket	beschick's
durchdrücke/n	picker/n	Elektriker/n	→ icke/n (1+2)	Geschicks
	sicker/n	Epileptiker/n	! erblicket	bestick's
herausrücke/n	schicker/n	Dialektiker/n		bestrick's
zurechtrücke/n	Spicker/n	Chemiker/n	- icks (1)	Galgenstricks
Musikstücke/n	Sticker/n	Polemiker/n	[→ ips (1)]	Asterix
herumdrücke/n	Stricker/n	Akademiker/n	[→ itz (1)]	Augenblicks
verunglücke/n	Ticker/n	Exzentriker/n	Blicks	Btx
	Zwicker/n	Skeptiker/n	blick's	Kennerblicks
- ickel/n (1)	verklicker/n	Kleriker/n	Ficks	Überblicks
[→ ippel/n (1)]	versicker/n	Hysteriker/n	fick's	überblick's
[→ ittel/n (1)]	Edelzwicker/n	Choleriker/n	fix' (Verb)	Pillenknicks
frickel/n	knüppeldicker	Esoteriker/n	fix (Adj.)	Limericks
kricklel/n	Kesselflicker/n	Athletiker/n	Flics	Silberblicks
Nickel/n	Knochenflicker/n	Genetiker/n	flick's	Missgeschicks
Pickel/n		Ästhetiker/n	gicks'	Kruzifix
prickeln	- ücker/n	Kosmetiker/n	Gigs	Karriereknicks
Wickel/n	[→ ütter/n (1)]	Phonetiker/n	Hicks	
wickel/n	Drücker/n	Arithmetiker/n	hicks'	- ücks (1)
Zwickel/n	Pflücker/n	Theoretiker/n	Kicks	[→ ütz (1)]
Karnickel/n	Saarbrücker/n	Diabetiker/n	kick's	drück's
entwickel/n	Beglücker/n	Kybernetiker/n	Klicks	Glücks
vernickel/n	Unterdrücker/n		klick's	pflück's
verwickel/n		einsicker/n	Knicks	rück's
Lockenwickel/n	- icker/n* (2)		knick's	Styx
Pumpernickel/n	[→ ika → a (1)]	Zyniker/n	Mix	schmück's
weiterentwickel/n	[→ itter/n (2)]	Lyriker/n	mix'	Stücks
Versuchskarni-	Grafiker/n	Satiriker/n	nix	zück's
ckel/n	Praktiker/n	Physiker/n	pick's	
	Taktiker/n	Mystiker/n	Slicks	beglück's
- ückel/n	Didaktiker/n	Ballistiker/n	Chics	entrück's
[→ üppel/n]	Mechaniker/n	Statistiker/n	schick's	entzück's
[→ üttel/n (1)]	Botaniker/n	Logistiker/n	Schlicks	berück's
stückel/n	Romantiker/n	Kritiker/n	spick's	erdrück's
	Klassiker/n	Politiker/n	stick's	verdrück's
- ickel/n* (2)	Plastiker/n	Rhythmiker/n	Stricks	zerdrück's
[→ ippel/n (2)]	Spastiker/n		strick's	zerpflück's
[→ ittel/n (2)]	Scholastiker/n	Stoiker/n	Tics	verrück's
abwickel/n	Statiker/n	Logiker/n	Ticks	bestück's
einwickel/n	Dramatiker/n	Alkoholiker/n	Tricks	Gegenstücks
	Pragmatiker/n	Melancholiker/n	tricks'	Schelmenstücks
- icker/n (1)	Asthmatiker/n	Komiker/n	Wichs	Einzelstücks
[→ ipper/n]	Fanatiker/n	Sinfoniker/n	wichs'	Meisterstücks
[→ itter/n (1)]	Phlegmatiker/n	Elektroniker/n	zwick's	Kleidungsstücks
Dicker	Rheumatiker/n	Philharmoniker/n		Bühnenstücks

161

überbrück's
hinterrücks
Mittelstücks
Bubenstücks
unterdrück's
Theaterstücks
Museumsstücks
Erinnerungsstücks

- icks* (2)
[→ ips (2)]
[→ itz (2)]
batik's
Fallstricks
anfix'
Scharfblicks
austricks'
Phönix
wegix'
Weitblicks
Tiefblicks
Lichtblicks
Rückblicks
Picknicks
Hofknicks
Durchblicks
Atlantiks
Pazifiks

- ücks* (2)
[→ ütz (2)]
ausbüx'
Geldstücks
Frühstücks
Schriftstücks
Miststücks
Onyx
Schmuckstücks
Unglücks
Fundstücks
Grundstücks
Mundstücks
Kunststücks
Musikstücks

- ickse/n (1)
[→ ipse/n (1)]
[→ itze/n (1)]
blick' se
fick' se
fixe/n (Verb)
fixe/n (Adj.)
flick' se
gickse/n

Hickse/n
hickse/n
kick' se
klick' se
Knickse/n
knickse/n
knick' se
Mixe/n
mixe/n
Nixe/n
pick' se
Schickse/n
schick' se
spick' se
stick' se
strick' se
trickse/n
Wichse/n
wichse/n
zwick' se

entschlick' se
erblick' se
zerknick' se
erquick' se
verquick' se
verschick' se
erstick' se
verstrick' se
beschick' se
bestick' se
bestrick' se
überblick' se
Kruzifixe/n

- ückse/n (1)
[→ ütze/n (1)]
Büchse/n
drück' se
Füchse/n
pflück' se
rück' se
schmück' se
zück' se
beglück' se
entrück' se
entzück' se
berück' se
erdrück' se
verdrück' se
zerdrück' se
zerpflück' se
verrück' se
bestück' se

Bangebüxe/n
überbrück' se
Donnerbüchse/n
unterdrück' se
Konservenbüchse/n

- ickse/n* (2)
[→ ipse/n (2)]
[→ itze/n (2)]
batik' se
anfixe/n
austrickse/n
Phönixe/n
wegixe/n

- ückse/n* (2)
[→ ütze/n (2)]
Sparbüchse/n
ausbüxe/n
Onyxe/n

- ickser/n
[→ itzer/n (1)]
Fixer/n
fixer/n
Hickser/n
Mixer/n
Trickser/n
Wichser/n

- ickst
→ icke/n (1+2)

- ückst
→ücke/n (1+2)

- ickt (1)
[→ ipt (2)]
blickt
dickt
fickt
flickt
kickt
klickt
knickt
nickt
pickt
schickt
spickt
stickt
strickt
strikt
tickt

zickt
zwickt

Edikt
Delikt
Relikt
entschlickt
erblickt
Verdikt
verdickt
zerknickt
erquickt
verquickt
verschickt
erschrickt
erstickt
verstrickt
verzwickt
beschickt
geschickt (= schicken)
geschickt (= gewandt))
bestickt
bestrickt
Distrikt
Konflikt
Benedikt
überblickt
zusammenflickt
tränenerstickt
Gewissenskonflikt
Kavaliersdelikt

- ückt (1)
→ ücke/n (1)

- ickt* (2)
→ icke/n (2)

- ückt* (2)
→ ücke/n (2)

- id
→ it (1+2)

- üd
→ üt (1)

- ide/n (1)
[→ ibe/n (1)]
[→ ige/n (1)]
Iden
Friede/n

Gliede
Liede
miede/n
Riede/n
siede/n
schiede/n
Schmiede
schmiede/n
Tide/n
rapide/n
Karbide/n
Hebriden
Ägide/n
befriede/n
Elfriede
splendide/n
Tenside/n
entschiede/n
perfide/n
vermiede/n
verschiede/n (= tot)
verschieden (= unterschiedlich)
beschiede/n
geschieden
Hybride/n
frigide/n
rigide/n
liquide/n
hienieden
Sylphide/n
solide/n
morbide/n
Oxide/n
Druide/n
zufrieden
umfriede/n
stupide/n

abgeschieden
Androide/n
Störenfriede/n
negroide/n
Ränkeschmiede/n
Herbizide/n
Pestizide/n
Pyramide/n
Invalide/n
invalide/n
Lipoide/n
schizoide/n
bona fide

Kolloide/n	besiedel/n	- üder/n	erziehe/n	Psychiatrien
Rhomboide/n	übersiedel/n	[→ über/n (1)]	verziehe/n	niederknie/n
Suizide/n		[→ üger/n]	beziehe/n	überziehe/n
unentschieden	- idel/n* (2)	Brüder/n	Phobien	Trilogien
Unterschiede/n	[→ igel/n (2)]	müder/n	vollziehe/n	Ironien
unterschiede/n	ansiedel/n	prüder/n	Kopien	Dioptrien
Fungizide/n	aussiedel/n	verbrüder/n		Chirurgien
paranoide/n	umsiedel/n	lebensmüder/n	Draperien	Liturgien
Asteroiden			nachvollziehe/n	Infamien
Hämorrhoide/n	- ider/n (1)	- ider/n* (2)	Agonien	Dynastien
Zeitunterschiede/n	[→ ida → a (2)]	[→ iger/n (2)]	Garantien	Sympathien
Polyamide/n	[→ iber/n]	anbieder/n	Havarien	Diphtherien
Mongoloide/n	[→ iger/n (1)]	anglieder/n	Anarchien	Hysterien
mongoloide/n	bieder/n	anwider/n	Fantasien	Synergien
Standesunterschie-	Flieder/n	aufglieder/n	Apathien	hinterziehe/n
de/n	Frieder	ausglieder/n	Galaxien	Symmetrien
Kohlendioxide/n	Glieder/n	einglieder/n	Strategien	Sinfonien
	glieder/n		Anämien	Dystonien
- üde/n	Lieder/n	- idler/n (1)	Blasphemien	Industrien
[→ übe/n (1)]	Lider/n	[→ igler/n (1)]	Galerien	Drogerien
[→ üge/n (1)]	Mieder/n	Fiedler/n	Batterien	Poesien
lüde/n	nieder/n	Siedler/n	Allergien	Prosodien
müde/n	Sieder/n		Amnesien	Sodomien
prüde/n	wider	- idler/n* (2)	Amnestien	Nostalgien
Rüde/n	wieder	[→ igler/n (2)]	Travestien	Kompanien
rüde/n		Aussiedler/n	Rhapsodien	Monarchien
Süden	rapider/n	Einsiedler/n	Parodien	Lotterien
Etüde/n	darnieder		Harmonien	Prophetien
entlüde/n	befieder/n	- īds (1)	Atonien	Kolonien
verlüde/n	Gefieder/n	→ iz (1+2)	Kalorien	Utopien
ermüde/n	(gefiedert)		Jalousien	Wurzelziehen
Attitüde/n	splendider/n	- íds (2)	Autarkien	umerziehe/n
Plattitüde/n	perfider/n	→ itz (1)	Clownerien	unterziehe/n
lebensmüde/n	zerglieder/n		Autopsien	
(übermüdet)	hernieder	- i-e/n (1)	Therapien	Paradoxien
	erwider/n	Ian	Elegien	Vasektomien
- ide/n* (2)	frigider/n	fliehe/n	Szenerien	Asymmetrien
[→ ibe/n (2)]	rigider/n	Knie/n	Häresien	Akademien
[→ ige/n (2)]	liquider/n	knie/n	Dämonien	Galanterien
Abschiede/n	hinwieder	liehe/n	Deponien	Kavallerien
ausschiede/n	solider/n	siehe	Theorien	Gendarmerien
Bergfrieden	morbider/n	schrie/n	Energien	Analogien
einfriede/n	stupider/n	spie/n	Perfidien	Anatomien
hinschiede/n	zuwider	ziehe/n	Melodien	Dramaturgien
verabschiede/n	Klagelieder/n		Embolien	Papeterien
	negroider	Manien	Ektomien	Anästhesien
- idel/n (1)	Seifensieder/n	Partien	Despotien	Allegorien
[→ ibel/n]	Invalider	gediehe/n	Neuralgien	Kategorien
[→ igel/n (1)]	invalider/n	beknie/n	Leukämien	Antipathien
Fiedel/n	Bindeglieder/n	beliehe/n	einbeziehe/n	Artillerien
fiedel/n	schizoider/n	entliehe/n	weiterziehe/n	Parfümerien
Friedel	unterglieder/n	entziehe/n	Pneumonien	Raffinerien
Liedel/n	paranoider/n	Prärien	Bigamien	Maschinerien
siedel/n	mongoloider	verliehe/n	Hierarchien	Tapisserien

Patisserien	Philologien	mühe/n	Planetarien	Utensilien
Statisterien	Orangerien	sprühe/n	Ordinarien	Vegetabilien
Mammografien	Oligarchien	bemühe/n	Vokabularien	Imponderabilie/n
Anomalien	Holografien	erblühe/n	Grazie/n	Linie/n
Karosserien	Monografien	verblühe/n	Akazie/n	Pinie/n
Apoplexien	Sonografien	verbrühe/n	Pistazie/n	Sardinien
Anthologien	Fotografien	(verfrüht)	Aktie/n	Glyzinie/n
Apologien	Kronkolonien	erglühe/n	abziehe/n	Gloxinie/n
Pathologien	Monotonien	verglühe/n	anziehe/n	Argentinien
Kakofonien	Fotokopien	versprühe/n	herabziehe/n	Abessinien
Autografien	Komparserien	Revuen	heranziehe/n	Schlangenlinie/n
Autokratien	Koketterien	Alpenglühen	ausliehe/n	Wellenlinie/n
Klaustrophobien	Confiserien	herbemühe/n	Tauziehen	Lebenslinie/n
Autonomien	Topografien	Liebesmühe	aufziehe/n	Seitenlinie/n
Legasthenien	Orthografien	Funken sprühen	ausziehe/n	Gürtellinie
Pedanterien	Kosmologien		heraufziehe/n	Verbindungslinie/n
Demagogien	Kosmogonien	- i-e/n* (2)	hinausziehe/n	Verteidigungs-
Melancholien	Bourgeoisien	nachziehe/n		linie/n
Hegemonien	Plutokratien	Radien	Komödie/n	hinziehe/n
Peripherien		Dahlie/n	Tragödie/n	dahinziehe/n
Peripetien	zusammenziehe/n	Lappalie/n	Prämie/n	mitziehe/n
Stenografien	herunterziehe/n	Australien	Genien	zurückziehe/n
Xerografien	Phantasmagorien	Fäkalien	Ferien	Galizien
Demokratien	Ahnengalerien	Fressalien	Serie/n	Phönizien
Theologien	Phraseologien	Thessalien	Algerien	Forsythie/n
Ökonomien	Scharlatanerien	Italien	Bakterie/n	Uffizie/n
Demoskopien	Aristokratien	Formalie/n	Arterie/n	
Menagerien	Klassenlotterien	Materialien	Materie/n	Folie/n
Tetralogien	Laubenkolonien	Marginalie/n	Imperien	Magnolie/n
Zeremonien	Legebatterien	Naturalien	Mysterien	Glorie/n
Epidemien	Genealogien	Cerealie/n	Kriterien	Zichorie/n
Epilepsien	Etymologien	Repressalie/n	Presbyterien	Triforien
Ethnografien	Enzyklopädien	Chemikalie/n	Ministerien	Historie/n
Technologien	Terminologien	Genitalie/n	herziehe/n	Sanatorien
Ethnologien	Kriegsmaschinerien	Personalie/n	umherziehe/n	Auditorien
Endoskopien	Kilokalorien	Mineralien		Krematorien
Pikanterien	Psychotherapien	Musikalien	gleichziehe/n	Territorien
Piraterien	Ikonografien	Spanien	heimziehe/n	Responsorien
Hypertrophien	Ideologien	Albanien	einziehe/n	Direktorien
Hypertonien	Physiognomien	Tasmanien	vorbeiziehe/n	Moratorien
Idiotien	Bibliografien	Kastanie/n		Oratorien
Biografien	Choreografien	Geranie/n	Lilie/n	Konsistorien
Typografien	Begrüßungszeremo-	Germanien	Familie/n	Dormitorien
Bürokratien	nien	Oranien	Brasilien	Provisorien
Bigotterien		Jordanien	Kastilien	Kuratorien
Mythologien	- ü-e/n (1)	Transsylvanien	Cäcilie	Suspensorien
Hypotonien	blühe/n	Mauretanien	Reptilien	Laboratorien
Hypochondrien	Brühe/n	Ozeanien	Textilie/n	Observatorien
Bijouterien	brühe/n	Arie/n	Vigilie/n	Konservatorien
Infanterien	Frühe	Aquarien	Sizilien	Repetitorien
Philharmonien	frühe/n	Szenarien	Fossilien	Suppositorien
Lithografien	glühe/n	Herbarien	Ottilie	hochziehe/n
Schizophrenien	Kühe/n	Terrarien	Petersilie/n	vorziehe/n
Philosophien	Mühe/n	Bulgarien	Immobilie/n	hervorziehe/n

fortziehe/n	- ü-er/n	oliv	instruktiv	legislativ
losziehe/n	[→ ürer/n (1)]	sportiv	impulsiv	Rezitativ
großziehe/n	früher/n	Motiv	Stimmungstief	Prärogativ
Hostie/n	(Hüa!)	kursiv	inklusiv	evokativ
	Winterblüher/n		porentief	retrospektiv
Studie/n		plakativ	progressiv	Regulativ
Mumie/n	- i-er/n (2)	attraktiv	Positiv	föderativ
Furie/n	[→ ir (2)]	Ablativ	positiv	definitiv
Kurie/n	Arier/n	Adjektiv	produktiv	dekorativ
Asturien	Vegetarier/n	affektiv	Vokativ	demonstrativ
Ligurien	Proletarier/n	aggressiv	normativ	spekulativ
Injurie/n	Parlamentarier/n	additiv	Corned Beef	Diminutiv
Verbalinjurie/n	[→ aria → a (2)]	transitiv	Objektiv	Imperativ
zuziehe/n	Drahtzieher/n	reaktiv	objektiv	interaktiv
hinzuziehe/n	Rückzieher	kreativ	Kollektiv	Indikativ
umziehe/n	Galizier/n	Sedativ	kollektiv	initiativ
Nuntien	Patrizier/n	Negativ	Korrektiv	informativ
durchziehe/n	Phönizier/n	negativ	offensiv	innovativ
		relativ	korrosiv	illustrativ
- ü-e/n* (2)	- iere/n	selektiv	konstruktiv	intransitiv
nachglühe/n	→ ere/n (1)	defensiv	Rollschuh lief	Infinitiv
abbrühe/n		regressiv	Konjunktiv	dispositiv
abmühe/n	- if (1)	depressiv	Substantiv	intuitiv
aufblühe/n	Brief	repressiv	lukrativ	distributiv
aufbrühe/n	brief'	reflexiv	subjektiv	Nominativ
	lief	Genitiv	unterlief	provokativ
- ier	Mief	deduktiv	subversiv	Komparativ
→ e (1)	rief	Gerundiv	suggestiv	korrelativ
	Chief	eruptiv	sukzessiv	kontemplativ
- i-er/n (1)	schief	expansiv		ostentativ
[→ ia → a (2)]	schlief	effektiv	zusammenlief	operativ
[→ ir (1)]	schnief'	respektiv	Gebirgsmassiv	konservativ
[→ irer/n]	Tief	Detektiv	radioaktiv	konspirativ
lieh er	tief	extensiv	assoziativ	konstitutiv
(Prior)	trief'	präventiv	approximativ	korporativ
schrie er		expressiv	argumentativ	Superlativ
spie er	naiv	exzessiv	repräsentativ	ultimativ
wieher/n	aktiv	rezessiv	Diapositiv	kumulativ
Zieher/n	Kalif	restriktiv	kooperativ	
gedieh er	Tarif	deskriptiv	kontraproduktiv	- üf (1)
belieh er	Archiv	sensitiv	kostenintensiv	prüf'
entlieh er	massiv	explosiv	kommunikativ	überprüf'
verlieh er	lasziv	destruktiv		
Erzieher/n	Stativ	exklusiv	Appellativ	- if* (2)
verzieh er	belief	Meisterbrief	alternativ	nachlief
Bezieher/n	entlief	Leitmotiv	Aperitif	ablief
Fallrückzieher/n	verlief	überlief	qualitativ	anlief
Schraubenzieher/n	zerlief	überschlief	quantitativ	warmlief
Überzieher/n	berief	Liebesbrief	karitativ	passiv
Korkenzieher/n	entschlief	Fixativ	fakultativ	Dativ
Gerichtsvoll-	verschlief	intensiv	atmungsaktiv	auflief
zieher/n	vertief'	instinktiv	Akkusativ	auslief
Steuerhinterzie-	Quivive	primitiv	vegetativ	weglief
her/n	fiktiv	induktiv	Präservativ	Freibrief

einlief	Hieroglyphe/n	Küfer/n	anpfiff	ineinandergriffe/n
Eis lief		Prüfer/n	Handgriff	
heiß lief	- ife/n* (2)		aufgriff	- üffe/n
mitlief	nachliefe/n	- ifer/n* (2)	auskniff	Knüffe/n
fortlief	abliefe/n	abliefer/n	auspfiff	knüffe/n
zulief	anliefe/n	ausliefer/n	ausschiff'	Püffe/n
Gefahr lief	warmliefe/n	einliefer/n	Eingriff	püffe/n
vorbeilief	aufliefe/n		eingriff	verblüffe/n
	ausliefe/n	- iff (1)	einschiff'	verpüffe/n
- üf* (2)	wegliefe/n	Griff	einschliff	
nachprüf'	Freibriefe/n	griff	Missgriff	- iffe/n* (2)
	einliefe/n	kiff'	mitschliff	abgriffe/n
- ife/n (1)	Eis liefe/n	Kliff	vorgriff	abkniffe/n
Briefe/n	heiß liefe/n	Kniff	Zugriff	Angriffe/n
briefe/n	mitliefe/n	kniff	zugriff	angriffe/n
Griefe/n	fortliefe/n	Pfiff	zukniff	Anpfiffe/n
liefe/n	zuliefe/n	pfiff	durchgriff	anpfiffe/n
miefe/n	Gefahr liefe/n	Riff	zurückgriff	Handgriffe/n
Riefe/n	vorbeiliefe/n	Siff	zurückpfiff	aufgriffe/n
riefe/n		Skiff		auskniffe/n
Schiefe/n	- üfe/n* (2)	sniff'	- iffe/n (1)	auspfiffe/n
schiefe/n	nachprüfe/n	Schiff	Griffe/n	ausschiffe/n
schliefe/n		schiff'	griffe/n	Eingriffe/n
schniefe/n	- ifel/n	Schliff	kiffe/n	eingriffe/n
Tiefe/n	Stiefel/n	schliff	Kniffe/n	einschiffe/n
tiefe/n	stiefel/n		kniffe/n	einschliffe/n
triefe/n	7-Meilen-Stiefel/n	Begriff	Pfiffe/n	Missgriffe/n
		begriff	pfiffe/n	mitschliffe/n
Kalife/n	- ifer/n (1)	ergriff	Riffe/n	vorgriffe/n
Tarife/n	Kiefer/n	vergriff	Skiffe/n	Zugriffe/n
beliefe/n	liefer/n	verkniff	sniffe/n	zugriffe/n
entliefe/n	lief er	verpfiff	Schiffe/n	zukniffe/n
entschliefe/n	rief er	verschiff'	schiffe/n	durchgriffe/n
beriefe/n	Schiefer/n	versiff'	Schliffe/n	zurückgriffe/n
(verbrieft)	schiefer/n	Lauschangriff	schliffe/n	zurückpfiffe/n
verliefe/n	schlief er	Übergriff		
zerliefe/n	tiefer/n	Inbegriff	Begriffe/n	- iffel/n
verschliefe/n	belief er	Mittelschiff	begriffe/n	Griffel/n
vertiefe/n	entlief er	Kirchenschiff	ergriffe/n	„Kniffel"
(gewieft)	entschlief er	Grundbegriff	vergriffe/n	riffel/n
(zutiefst)	berief er	um sich griff	verkniffe/n	
Meisterbriefe/n	verlief er	danebengriff	verpfiffe/n	- üffel/n (1)
überliefe/n	zerlief er	ineinandergriff	versiffe/n	Büffel/n
überschliefe/n	verschlief er		verschiffe/n	büffel/n
Liebesbriefe/n	beschlief er	- üff	geschliffen	müffel/n
porentiefe/n	überliefer/n	TÜV	abgegriffen	Rüffel/n
Rollschuh liefe/n	widerrief er	verblüff'	Lauschangriffe/n	rüffel/n
unterliefe/n	überschlief er		Übergriffe/n	süffel/n
zusammenliefe/n	Krüppelkiefer/n	- iff* (2)	inbegriffen	schnüffel/n
Aperitife/n	porentiefer	abgriff	Mittelschiffe/n	Trüffel/n
	Oberkiefer/n	abkniff	Kirchenschiffe/n	beschnüffel/n
- üfe/n (1)	Ungeziefer	Angriff	Grundbegriffe/n	
prüfe/n		angriff	um sich griffe/n	- üffel/n* (2)
überprüfe/n	- üfer/n	Anpfiff	danebengriffe/n	herumschnüffel/n

- iffer/n	verpfifft	- ifte/n (1)	- ifter/n (1)	bestieg
griff er	versifft	Driften	kifft er	Physik
Kiffer/n	verschifft	drifte/n	snifft er	Kritik
kniff er	beschrift'	Gifte/n	schifft er	Kolik
pfiff er	betrifft	kiffte/n	Stifter/n	obsieg'
Schiffer/n	Zeichenstift	Lifte/n	trifft er	publik
schliff er	Überschrift	lifte/n	Vergifter/n	Rubrik
Ziffer/n	Niederschrift	sniffte/n	versiffter/n	Musik
begriff er	übertrifft	schiffte/n	versifft er	Boutique
entziffer/n	Blindenschrift	Schriften	verschifft er	
ergriff er	Lippenstift	Stifte/n	Friedensstifter/n	magnifik
vergriff er	blondes Gift	stifte/n	übertrifft er	Katholik
verkniff er	danebengrifft	Triften	Volksvergifter/n	Republik
verpfiff er	Maschinenschrift	geht stiften	Unruhestifter/n	überstieg
beziffer/n	ineinandergrifft	entgifte/n		Mosaik
Dunkelziffer/n		vergifte/n	- üfter/n	Domestik
	- üft (2)	versiffte/n	Lüfter/n	Bolschewik
- ifft	düft'	verschiffte/n	verblüfft er	Politik
→ ift (2+3)	lüft'	beschrifte/n		unterkrieg'
	verblüfft	Zeichenstifte/n	- ifter/n* (2)	unterlieg'
- üfft		Überschriften	Anstifter/n	Jungfernstieg
→ üft	- ift* (3)	Niederschriften		geradebieg'
	abdrift'	Blindenschriften	- ig (1)	danebenlieg'
- ift (1)	abgrifft	Lippenstifte/n	[→ ib (1)]	darniederlieg'
→ ife/n (1+2)	abknifft	Maschinenschriften	[→ it (1)]	Temperaturanstieg
	Abschrift		bieg'	
- üft (1)	angift'	- üfte/n	flieg'	- üg (1)
→ üfe/n (1+2)	angrifft	Düfte/n	kiek'	[→ üb (1)]
	anpfifft	düfte/n	Krieg	[→ üt (1)]
- ift (2)	Anschrift	Grüfte/n	krieg'	füg'
Drift	anstift'	Hüfte/n	quiek'	lüg'
drift'	Handschrift	Klüfte/n	lieg'	pflüg'
Gift	aufgrifft	Lüfte/n	piek'	rüg'
grifft	Aufschrift	lüfte/n	Pik	schlüg'
kifft	ausknifft	verblüffte/n	Sieg	trüg'
knifft	auspfifft	verdüfte/n	sieg'	begnüg'
Lift	ausschifft'	(zerklüftet)	schmieg'	genüg'
lift'	eingrifft		Stieg	verfüg'
pfifft	einschifft	- ifte/n* (2)	stieg	vergnüg'
snifft	einschlifft	abdrifte/n	schwieg	ertrüg'
schifft	Inschrift	Abschriften	wieg'	betrüg'
schlifft	Mitgift	angifte/n		unterpflüg'
Schrift	mitschlifft	Anschriften	Fabrik	zusammenfüg'
Stift	vorgrifft	anstifte/n	antik	
stift'	Vorschrift	Handschriften	bekrieg'	- ig* (2)
Trift	zugrifft	Aufschriften	entstieg	[→ ib (2)]
trifft	zuknifft	ausschiffte/n	Replik	[→ it (2)]
	Zuschrift	einschifften	verbieg'	nachstieg
entgift'	durchgrifft	Inschriften	erlieg'	abbieg'
vergift'	Durchschrift	Mitgiften	versieg'	abflieg'
begrifft		Vorschriften	erstieg	abkrieg'
ergrifft	Geheimschrift	Zuschriften	verstieg	Abstieg
vergrifft	zurückgrifft	Durchschriften	verschwieg	abstieg
verknifft	zurückpfifft	Geheimschriften	besieg'	abwieg'

anflieg'	- ig (3)	nicht totzukriegen	Klingelzüge/n	einkriege/n
drankrieg'	→ ick (1)	gegenüberliegen	Winkelzüge/n	Kleinkriege/n
rankrieg'		Temperaturanstie-	Missvergnügen	kleinkriege/n
anschmieg'	- íg (4)	ge/n	Sonderzüge/n	reinkriege/n
anschwieg	→ ich / ig (2+3)		Bummelzüge/n	Einstiege/n
anstieg		- üge/n (1)	Funkenflüge/n	einstiege/n
aufflieg'	- ige/n (1)	[→ übe/n (1)]	Lungenzüge/n	schieflliege/n
aufkrieg'	[→ ibe/n (1)]	[→ üde/n]	zur Genüge	stillliege/n
Aufstieg	[→ ide/n (1)]	füge/n	unterpflüge/n	hinbiege/n
aufstieg	Biege/n	Flüge/n	Gummizüge/n	hinkriege/n
aufwieg'	biege/n	flüge/n		mitkriege/n
ausflieg'	Fliege/n	Krüge/n	zusammenfüge/n	spitzkriege/n
rauskrieg'	fliege/n	Lüge/n	Gedankenflüge/n	hochkriege/n
Ausstieg	Kriege/n	lüge/n	Charakterzüge/n	vorliegen
ausstieg	kriege/n	Pflüge/n	Freiheitsentzüge/n	(vorwiegend)
herkrieg'	Liege/n	pflüge/n	Kissenbezüge/n	totschwiege/n
beibieg'	liege/n	Rüge/n	Drogenentzüge/n	zufliege/n
beilieg'	Riege/n	rüge/n		rumkriege/n
einbieg'	Siege/n	schlüge/n	- ige/n* (2)	(umliegend)
einkrieg'	siege/n	Splügen	→ ich / ig (2+3)	umstiege/n
Kleinkrieg	schmiege/n	trüge/n	[→ ibe/n (2)]	wund liege/n
kleinkrieg'	Stiege/n	Züge/n	[→ ide/n (2)]	durchliege/n
reinkrieg'	stiege/n		brachliegen	durchstiege/n
Einstieg	schwiege/n	Gefüge/n	nachstiege/n	
einstieg	Wiege/n	begnüge/n	abbiege/n	herabstiege/n
schieflieg'	wiege/n	genüge/n	abfliege/n	zurechtbiege/n
stilllieg'	Ziege/n	Entzüge/n	abkriege/n	bereitliegen
hinbieg'		verfüge/n	Abstiege/n	
hinkrieg'	gediegen	verflüge/n	abstiege/n	- üge/n* (2)
mitkrieg'	bekriege/n	Vergnügen	abwiege/n	[→ übe/n (2)]
spitzkrieg'	entstiege/n	vergnüge/n	anfliege/n	abflüge/n
hochkrieg'	verbiege/n	ertrüge/n	rankriege/n	Abzüge/n
totschwieg	verfliegen	betrüge/n	drankriege/n	Schachzüge/n
zuflieg'	erliege/n	Bezüge/n	Anliegen	anfüge/n
rumkrieg'	versiege/n	Vollzüge/n	anliegen	anflüge/n
umstieg	verschwiege/n		anschmiege/n	anlüge/n
wund lieg'	erstiege/n	Schlafanzüge/n	anschwiege/n	Anzüge/n
durchlieg'	verstiege/n	Atemzüge/n	Anstiege/n	Raubzüge/n
durchstieg	besiege/n	Straßenzüge/n	anstiege/n	aufflüge/n
	bestiege/n	Namenszüge/n	auffliege/n	Aufzüge/n
herabstieg	gestiegen	Strafvollzüge/n	aufkriege/n	Ausflüge/n
zurechtbieg'	Intrige/n	Satzgefüge/n	Aufstiege/n	Auszüge/n
	obsiege/n	Flaschenzüge/n	aufstiege/n	beifüge/n
- üg* (2)	naheliegen	Tanzvergnügen	aufwiege/n	Streifzüge/n
[→ üb (2)]	geradebiege/n	Faschingszüge/n	ausfliege/n	einfüge/n
[→ üt (2)]	Segelfliegen	Trauerzüge/n	rauskriege/n	Einzüge/n
anfüg'	Eintagsfliege/n	Höhenflüge/n	ausliegen	Kreuzzüge/n
anlüg'	überstiege/n	Höhenzüge/n	Ausstiege/n	Rückzüge/n
beifüg'	(überwiegend)	Wesenszüge/n	ausstiege/n	Vorzüge/n
einfüg'	Kinderkriegen	Beutezüge/n	herkriege/n	zufüge/n
zufüg'	unterkriege/n	Linienflüge/n	(schwerwiegend)	zuflüge/n
umpflüg'	unterliege/n	Überzüge/n	beibiege/n	umpflüge/n
hinzufüg'	danebenliege/n	Güterzüge/n	beiliege/n	Umzüge/n
	darniederliege/n	Siegeszüge/n	einbiege/n	hinzufüge/n

168

Triumphzüge/n	überflügel/n	[→ idler/n (2)]	- üke/n	fiel
	Lungenflügel/n	Aufwiegler/n	[→ üpe/n]	viel
- ige (3)	Idiotenhügel/n		[→ üte/n (1)]	Kiel
[→ ich (1)]		- ügler/n* (2)	Küken	kiel'
Prestige	- igel/n* (2)	Nachzügler/n		Nil
noblesse oblige	[→ idel/n (2)]	Ausflügler/n	- ikel/n	Priel
	abriegel/n	Appetitzügler/n	[→ ipel/n]	Siel
- igel/n (1)	abwiegel/n		[→ itel/n]	siel'
[→ ibel/n]	Wandspiegel/n	- igs	Artikel/n	schiel'
[→ idel/n (1)]	aufwiegel/n	→ ig (1+2)	Partikel/n	Spiel
Igel/n	einigel/n	[→ iz (1+2)]	Matrikel/n	spiel'
Beagle	vorspiegel/n		Vehikel/n	stiehl
Riegel/n	schuriegel/n	- ügs	Ventrikel/n	Stiel
riegel/n		→ üg (1)	Testikel/n	Stil
Siegel/n	- ügel/n* (2)	[→ üz]	Follikel/n	triel'
siegel/n	ausbügel/n		Perpendikel/n	Ziel
schniegel/n	Schießprügel/n	- igt		ziel'
Spiegel/n		→ icht (1+2)	- iker/n (1)	
„Der Spiegel"	- iger/n (1)		[→ iper/n]	labil
spiegel/n	[→ iber/n]	- īk (1)	[→ iter/n (1)]	stabil
Striegel/n	[→ ider/n (1)]	→ ig (1)	Kieker/n	agil
striegel/n	[→ iga → a (2)]		Pieker/n	fragil
Tiegel/n	(Igor)	- ik (2)	schnieker/n	Brasil
Ziegel/n	Flieger/n	→ ick (2)	Spieker/n	grazil
entriegel/n	Krieger/n		stieg er	debil
entspiegel/n	Sieger/n	- ike/n	schwieg er	Schlemihl
verriegel/n	Schwieger-	[→ ipe/n]	antiker/n	senil
versiegel/n	Tiger/n	[→ ite/n (1)]	entstieg er	steril
besiegel/n	Segelflieger/n	kieke/n	verschwieg er	befiel
(geschniegelt)	Überflieger/n	quieke/n	erstieg er	gefiel
bespiegel/n	Linksabbieger/n	pieke/n	verstieg er	empfiehl
Meeresspiegel		Pike/n	bestieg er	entfiel
Eulenspiegel, Till	- üger/n	schnieke/n	publiker	entstiel'
widerspiegel/n	[→ über/n (1)]	Fabriken	magnifiker/n	gentil
	[→ üder/n]	Antike	Spökenkieker/n	Ventil
- ügel/n (1)	klüger/n	antike/n	überstieg er	Reptil
[→ übel/n]	Krüger/n	Repliken		verfiel
Bügel/n	Pflüger/n	Kritiken	- iker/n (2)	zerfiel
bügel/n	Betrüger/n	Koliken	→ icker/n (2)	„Persil"
Flügel/n		publike/n		verspiel'
Hügel/n	- iger/n* (2)	Rubriken	- īkt (1)	servil
Krügel/n	[→ ider/n (2)]	Budike/n	→ ig (1+2)	erziel'
Prügel/n	Anlieger/n	Musike/n		bespiel'
prügel/n		Boutiquen	- ikt (2)	bestiehl
Zügel/n	- igler/n (1)	Ulrike	→ ickt (1)	Exil
zügel/n	[→ idler/n (1)]	magnifike/n		textil
beflügel/n	Siegler/n	Katholiken	- īkt* (3)	gleichviel
Geflügel	Ziegler/n	Repliken	→ ickt → icke/n	wie viel
verprügel/n		Friederike	(2)	viril
Nasenflügel/n	- ügler/n (1)	Mosaike/n		Zivil
(ausgeklügelt)	[→ übler/n]	Domestiken	- il (1)	zivil
Gänseflügel/n	Bügler/n	Bolschewiken	Biel	missfiel
Fensterflügel/n		Olympionike/n	Deal	Mobil
Seitenflügel/n	- igler/n* (2)		deal'	mobil

Profil	Gesellschaftsspiel	Hungergefühl	vorfühl'	einbilde/n
soviel	herunterspiel'			fortbilde/n
Konzil	auseinanderfiel	- il* (2)	- ilbe/n	umbilde/n
Fossil	Automobil	Nachspiel	[→ ilde/n (1)]	Schutzschilde/n
fossil	ebenso viel	nachspiel'	[→ ilge/n]	heranbilde/n
zu viel	Täterprofil	abfiel	Milbe/n	herausbilde/n
subtil	Räuberzivil	abspiel'	Silbe/n	zurückbilde/n
umspiel'	Reifenprofil	abziel'	vergilben	
skurril	bibliophil	anfiel		- ilder/n (1)
	soundso viel	anspiel'	- ilber/n	[→ ilber/n]
Farbenspiel		Gastspiel	[→ ilder/n (1)]	[→ ilger/n]
Kartenspiel	- ül (1)	auffiel	[→ ilger/n]	Bilder/n
Pappenstiel	fühl'	aufspiel'	Silber	milder/n
Klassenziel	kühl' (Verb)	ausfiel	silbern	Schilder/n
Kammerspiel	kühl (Adj.)	ausspiel'	versilber/n	schilder/n
Arbeitsstil	spül'	Schauspiel		Wilder/n
anglophil etc.	schwül	schwerfiel	- ilch	wilder/n (Verb)
allzu viel	wühl'	wegfiel	Drilch	wilder/n (Adj.)
Trauerspiel		einfiel	Knilch	bebilder/n
„Clearasil"	Acryl	einspiel'	Milch	verwilder/n
Besenstiel	Kalkül	Beispiel		Straßenbilder/n
Lebensstil	Asyl	Freispiel	- ild	Wappenschilder/n
Federkiel	befühl'	freispiel'	→ ilt (3+4)	Krankheitsbilder/n
„Playmobil"	Gefühl	Freistil		Abziehbilder/n
pädophil	erfühl'	Lichtspiel	- ilde/n (1)	Ebenbilder/n
merkantil	verkühl'	Glücksspiel	[→ ilbe/n]	Röntgenbilder/n
Sex Appeal	zerwühl'	mitspiel'	[→ ilge/n]	Sternenbilder/n
Länderspiel	Gestühl	hochspiel'	bilde/n	Spiegelbilder/n
Mienenspiel	Gewühl	vorfiel	Gilde/n	Titelbilder/n
Blütenstiel	umspül'	Vorspiel	Hilde	Bühnenbilder/n
überfiel	durchwühl'	vorspiel'	Milde	Stimmungsbilder/n
überspiel'		fortfiel	milde/n	Bodybuilder/n
Liebesspiel	Schamgefühl	Wortspiel	Schilde/n	Gruppenbilder/n
infantil	Fahrgefühl	zufiel	Wilde/n	Nummernschil-
Krippenspiel	Zartgefühl	zuspiel'	wilde/n	der/n
Zwischenspiel	Machtgefühl	umfiel	Mathilde	Erscheinungs-
Kinderspiel	Taktgefühl	durchfiel	Gebilde/n	bilder/n
imbezil	Kampfgewühl	durchspiel'	(gebildet)	Familienbilder/n
diffizil	Ehrgefühl		Gefilde/n	Aushängeschilder/n
Projektil	Vestibül	hereinfiel	(verbildet)	Heiligenbilder/n
Domizil	Feingefühl	zurückfiel	Klothilde	
Wohnmobil	Zeitgefühl		Brunhilde	- ilder/n* (2)
homophil	Pflichtgefühl	- ül* (2)	Wappenschilde/n	Abbilder/n
Doppelspiel	Glücksgefühl	nachfühl'	weiterbilde/n	abmilder/n
Glockenspiel	Mitgefühl	abkühl'	(missgebildet)	Mannsbilder/n
Krokodil	ridikül	abspül'	bodybuilde/n	Farbbilder/n
Fußballspiel	Hochgefühl	anfühl'		Schaubilder/n
Utensil	Vorgefühl	anspül'	- ülde/n	Ausbilder/n
Jugendstil	Molekül	aufwühl'	gülden	ausschilder/n
Puppenspiel	Schuldgefühl	auskühl'		auswilder/n
	unterkühl'	ausspül'	- ilde/n* (2)	Weibsbilder/n
zusammenfiel	unterspül'	einfühl'	nachbilde/n	Weichbilder/n
Zusammenspiel	unterwühl'	tiefkühl'	abbilde/n	Feindbilder/n
Gedankenspiel	Frühlingsgefühl	mitfühl'	ausbilde/n	Sinnbilder/n

Vorbilder/n	Profile/n	Reifenprofile/n	schwerfiele/n	agiler/n
Trugbilder/n	so viele/n	bibliophile/n	wegfiele/n	fragiler/n
	Konzile/n	soundso viele/n	einfiele/n	graziler/n
- ile/n (1)	fossile/n		einspiele/n	debiler/n
deale/n	zu viele/n	- üle/n (1)	Beispiele/n	seniler/n
Diele/n	subtile/n	fühle/n	Freispiele/n	steriler/n
fielen	umspiele/n	Kühle	freispiele/n	befiel er
viele/n	skurrile/n	kühle/n (Verb)	Lichtspiele/n	gefiel er
Kiele/n		kühle/n (Adj.)	Glücksspiele/n	gentiler/n
kiele/n	Farbenspiele/n	Mühle/n	mitspiele/n	entfiel er
Priele/n	Kartenspiele/n	Schwüle	hochspiele/n	verfiel er
Siele/n	Klassenziele/n	schwüle/n	vorfiele/n	zerfiel er
siele/n	Kammerspiele/n	Spüle/n	Vorspiele/n	serviler/n
schiele/n	Arbeitsstile/n	spüle/n	vorspiele/n	textiler
Schwiele/n	anglophile/n etc.	Stühle/n	fortfiele/n	wie vieler
Spiele/n	allzu viele/n	wühle/n	Wortspiele/n	viriler
spiele/n	Trauerspiele/n		zufiele/n	ziviler
Stiele/n	Besenstiele/n	Kalküle/n	zuspiele/n	missfiel er
Stile/n	Lebensstile/n	Kanüle/n	umfiele/n	mobiler/n
triele/n	Federkiele/n	Asyle/n	durchfiele/n	so vieler
Ziele/n	pädophile/n	befühle/n	durchspiele/n	fossiler
ziele/n	merkantile/n	Gefühle/n		zu vieler
	Länderspiele/n	erfühle/n	hereinfiele/n	subtiler/n
labile/n	Mienenspiele/n	verkühle/n	zurückfiele/n	skurriler/n
stabile/n	Blütenstiele/n	zerwühle/n		
agile/n	überfiele/n	Gewühle	- üle/n* (2)	Kartenspieler/n
fragile/n	überspiele/n	umspüle/n	nachfühle/n	Taschenspieler/n
grazile/n	Liebesspiele/n	durchwühle/n	abkühle/n	Plattenspieler/n
debile/n	infantile/n	Kaffeemühle/n	abspüle/n	anglophiler etc.
Schlemihle/n	Krippenspiele/n	Sägemühle/n	Daktylen	allzu vieler
senile/n	Zwischenspiele/n	Vestibüle/n	anfühle/n	Gegenspieler/n
sterile/n	Kinderspiele/n	Moleküle/n	anspüle/n	pädophiler
befiele/n	imbezile/n	Knochenmühle/n	aufwühle/n	merkantiler
gefiele/n	diffizile/n	Schuldgefühle/n	auskühle/n	überfiel er
entfiele/n	Projektile/n	unterkühle/n	ausspüle/n	infantiler/n
entstiele/n	Domizile/n	unterspüle/n	Tretmühle/n	imbeziler
gentile/n	Wohnmobile/n	unterwühle/n	einfühle/n	diffiziler/n
Ventile/n	Krokodile/n	Frühlingsgefühle/n	tiefkühle/n	homophiler
Reptile/n	homophile/n	Hungergefühle/n	Zwickmühle/n	Fußballspieler/n
verfiele/n	Doppelspiele/n		mitfühle/n	Puppenspieler/n
zerfiele/n	Glockenspiele/n	- ile/n* (2)	vorfühle/n	Gitarrenspieler/n
verspiele/n	Fußballspiele/n	Nachspiele/n	durchwühle/n	ebenso vieler
servile/n	Puppenspiele/n	nachspiele/n		bibliophiler
erziele/n		abfiele/n	- iler/n (1)	
bespiele/n	zusammenfiele/n	abspiele/n	[→ ila → a (2)]	- üler/n (1)
Gespiele/n	Zusammenspiele/n	abziele/n	Dealer/n	Fühler/n
Exile/n	Gedankenspiele/n	anfiele/n	fiel er	Kühler/n
textile/n	Gesellschafts-	anspiele/n	vieler	kühler/n
wie viele/n	spiele/n	Gastspiele/n	Kieler/n	Schüler/n
virile/n	herunterspiele/n	Schauspiele/n	Spieler/n	Spüler/n
zivile/n	auseinanderfiele/n	auffiele/n	Trieler/n	schwüler/n
missfiele/n	Automobile/n	aufspiele/n		Wühler/n
Mobile/n	ebenso viele/n	ausfiele/n	labiler/n	Tellerspüler/n
mobile/n	Täterprofile/n	ausspiele/n	stabiler/n	

171

- iler/n* (2)
Falschspieler/n
Schauspieler/n
schauspieler/n
Glücksspieler/n
Mitspieler/n

- üler/n* (2)
Geschirrspüler/n

- ilf
hilf
Schilf
verhilf

- ilfe/n (1)
Hilfe/n
Sylphe/n
Schilfe/n
Gehilfe/n
Erste Hilfe
Schützenhilfe
Entwicklungshilfe
Arbeitslosenhilfe

- ilfe/n* (2)
Nachhilfe
Abhilfe
Aushilfe/n
Gehhilfe/n
Beihilfe

- ilge/n
[→ ilbe/n]
[→ ilde/n (1)]
Bilge/n
tilge/n
vertilge/n

- ilger/n
[→ ilber/n]
[→ ilder/n (1)]
Pilger/n
pilger/n
Vertilger/n

- ill (1)
Bill
Dill
Drill
drill'
Grill
grill'
kill'
Krill
quill'
rill'
schrill
Spill
still' (Verb)
still (Adj.)
Till
Twill
will
Achill
Mandrill
April
Pasquill
Overkill
Dr. phil.

- üll (1)
brüll'
füll'
hüll'
knüll'
Müll
Tüll
Acryl
Gebrüll
enthüll'
erfüll'
verhüll'
Beryll
zerknüll'
Idyll
umhüll'
Chlorophyll

- ill* (2)
austill'
Unbill

- üll* (2)
nachfüll'
abfüll'
anbrüll'
ausfüll'
einfüll'
einhüll'
zumüll'

- ille/n (1)
Brille/n
Dille/n
Drille/n
drille/n
Grille/n
grille/n
kille/n
knille
quille/n
Mille
Pille/n
Rille/n
rille/n
(schmilzt)
schrille/n
Spille/n
Stille
stille/n (Verb)
stille/n (Adj.)
Twille/n
Villen
Wille/n
Zille, Heinrich
Zwille/n

Kamille/n
Vanille
Mandrille/n
Antillen
Papille/n
Marille/n
Pasquille/n
Pastille/n
Bazille/n
Destille/n
Sybille
Fibrille/n
Promille/n
Postille/n
Flottille/n
Pupille/n
Lebenswille/n
derentwillen
dessentwillen
deinetwillen
Widerwille/n
killekille
um Himmels Willen

- ülle/n (1)
brülle/n
Fülle/n
fülle/n
Gülle
Hülle/n
hülle/n
knülle/n
Tülle/n
enthülle/n

Berylle/n
erfülle/n
verhülle/n
zerknülle/n
Idylle/n
umhülle/n
(überfüllt)

- ille/n* (2)
austille/n
(schmerzstillend)
Windstille

- ülle/n* (2)
nachfülle/n
abfülle/n
anbrülle/n
ausfülle/n
einfülle/n
einhülle/n
zumülle/n

- ille/n (3)
Quadrille
Vanille
Mantille
Flottille/n

- iller/n
[→ illa → a (2)]
Griller/n
Killer/n
Piller/n
Schiller, Friedrich
schiller/n
schriller/n
stiller/n
Thriller/n
Triller/n

- üller/n
Brüller/n
Füller/n
Knüller/n
Müller/n
Enthüller/n
Pausenfüller/n
Lückenfüller/n

- ills
→ ilz (1+2)

- ülls
→ ülz (1)

- illt
→ ilt (3+4)

- ülps
rülps'
stülp's

- ilse/n
Ilse
drill' se
grill' se
kill' se
rill' se
still' se
will se

- ülse/n
brüll' se
füll' se
hüll' se
Hülse/n
knüll' se
müll' se (zu)
enthüll' se
erfüll' se
verhüll' se
zerknüll' se
umhüll' se

- ilt (1)
dealt
fielt
hielt
kielt
sielt
schielt
spielt
stiehlt
trielt
zielt
befielt
gefielt
behielt
empfiehlt
entfielt
enthielt
entstielt
verfielt
zerfielt
erhielt
verhielt
verspielt
erzielt

bespielt	aufhielt	Bild	zerknüllt	schrillte/n
gezielt	draufhielt	„Bild"	umhüllt	stillte/n
missfielt	aufspielt	bild'	angsterfüllt	bebrillte/n
umspielt	ausfielt	drillt	hasserfüllt	gewillte/n
	aushielt	gilt	schmerzerfüllt	
sauber hielt	ausspielt	grillt	überfüllt	- ülte/n (2)
beibehielt	haushielt	killt	zornerfüllt	brüllte/n
einbehielt	raushielt	Kilt	unerfüllt	füllte/n
überfielt	herhielt	quillt	unverhüllt	hüllte/n
überspielt	fernhielt	mild		knüllte/n
niederhielt	freihielt	rillt	- ilt* (4)	enthüllte/n
innehielt	freispielt	Schild	nachbild'	erfüllte/n
vorbehielt	einfielt	schilt	Abbild	verhüllte/n
vorenthielt	einhielt	schrillt	abbild'	zerknüllte/n
offenhielt	einspielt	stillt	Mannsbild	umhüllte/n
unterhielt	dichthielt	schwillt	Farbbild	angsterfüllte/n
zusammenfielt	stillhielt	Wild	Schaubild	hasserfüllte/n
zusammenhielt	hinhielt	wild	ausbild'	schmerzerfüllte/n
gefangen hielt	mithielt		austillt	überfüllte/n
dagegenhielt	mitspielt	bebrillt	Freiwild	zornerfüllte/n
entgegenhielt	hochhielt	entgilt	Weibsbild	unerfüllte/n
herunterspielt	hochspielt	vergilt	Weichbild	unverhüllte/n
auseinanderhielt	Hof hielt	gewillt	einbild'	
um eine Hand	vorhielt	Brunhild	Feindbild	- ilte/n* (3)
anhielt	vorspielt	Straßenbild	Sinnbild	austillte/n
aufrechterhielt	fortstiehlt	Wappenschild	Vorbild	
	zufielt	Jammerbild	fortbild'	- ülte/n* (3)
- ült (1)	zuhielt	Krankheitsbild	Trugbild	nachfüllte/n
fühlt	zuspielt	Abziehbild	umbild'	abfüllte/n
kühlt	umfielt	Ebenbild	Schutzschild	anbrüllte/n
spült	durchhielt	Röntgenbild	heranbild'	ausfüllte/n
wühlt	durchspielt	Sternenbild	herausbild'	einfüllte/n
befühlt	kurzhielt	weiterbild'	zurückbild'	einhüllte/n
erfühlt		Spiegelbild		zumüllte/n
verkühlt	geheim hielt	Titelbild	- ült* (4)	
zerwühlt	dafürhielt	Bühnenbild	nachfüllt	- īlter/n (1)
umspült	zurückhielt	Stimmungsbild	abfüllt	→ ilt (1)
durchwühlt		bodybuild'	anbrüllt	! befiehlt er
unterkühlt	- ült* (2)	Gruppenbild	ausfüllt	
unterspült	nachfühlt	Nummernschild	einfüllt	- ālter/n (1)
unterwühlt	abkühlt	Erscheinungsbild	einhüllt	→ ült (1)
	abspült	Familienbild	zumüllt	! fühlt er
- ilt* (2)	anfühlt	Aushängeschild		
nachspielt	anspült	Heiligenbild	- īlte/n (1)	- ilter/n (2)
maßhielt	aufwühlt		→ ilt (1+2)	drillt er
abfielt	auskühlt	- ült (3)		Filter/n
abhielt	ausspült	brüllt	- ülte/n (1)	gilt er
abspielt	einfühlt	füllt	→ ült (1+2)	grillt er
abzielt	tiefkühlt	hüllt		killt er
anfielt	mitfühlt	knüllt	- ilte/n (2)	quillt er
anspielt	vorfühlt	Sylt	drillte/n	rillt er
ranhielt	durchwühlt	enthüllt	grillte/n	schilt er
standhielt		erfüllt	killte/n	schrillt er
warmhielt	- ilt (3)	verhüllt	rillte/n	stillt er

schwillt er	schmilz'	enthüllt's	füllt se	Narrenkostüm
tillt er (aus)	schrillt's	Berylls	hüllt se	Nervenkostüm
bebrillter	Spills	erfüll's	knüllt se	
gedrillter/n	still's	erfüllt's	müllt se (zu)	- ím (2)
entgilt er	stillt's	verhüll's	Sülze/n	→ imm (1)
vergilt er	schwillt's	verhüllt's	sülze/n	
	Tills	zerknüll's	enthüllt se	- ime/n
- ülter/n (2)	Twills	zerknüllt's	erfüllt se	[→ ine/n (1)]
brüllt er	Wilds	Idylls	verhüllt se	beame/n
füllt er	will's	umhüll's	zerknüllt se	Kieme/n
hüllt er		umhüllt's	umhüllt se	Mime/n
knüllt er	Achills	Chlorophylls		mime/n
müllt er (zu)	Mandrills		- ilze/n* (2)	Pfrieme/n
Sylter/n	Aprils	- ilz* (2)	Glückspilze/n	Prieme/n
enthüllt er	Pasquills	Glückspilz		prieme/n
erfüllter/n	entgilt's	Unbills	- ülze/n* (2)	Primen
erfüllt er	verfilz'		herumsülze/n	Riemen
verhüllt er	vergilt's	- ülz* (2)		Strieme/n
zerknüllt er	Brunhilds	Abbilds	- im	ziemen
umhüllt er	Straßenbilds	Mannsbilds	[→ in (1)]	Maxime/n
angsterfüllter/n	Wappenschilds	Farbbilds	ihm	Regime/n
hasserfüllter/n	Jammerbilds	Schaubilds	beam'	Septime/n
schmerzerfüllter/n	Krankheitsbilds	Freiwilds	mim'	intime/n
überfüllter/n	Abziehbilds	Weibsbilds	Cream	sublime/n
zornerfüllter/n	Ebenbilds	Weichbilds	Pfriem	Muslime/n
unerfüllter/n	Röntgenbilds	Feindbilds	Priem	maritime/n
unverhüllter	Sternenbilds	Sinnbilds	priem'	Pantomime/n
	Spiegelbilds	Vorbilds	Prim	legitime/n
- ilz (1)	Titelbilds	Trugbilds	Team	
Bilds	Bühnenbilds	Schutzschilds	Regime	- üme/n
bild's	Stimmungsbilds		intim	[→ üne/n (1)]
Bills	Overkills	- ilze/n (1)	Centime	Hymen
Dills	Gruppenbilds	bild' se	sublim	rühme/n
Drills	Nummernschilds	drillt se	Muslim	Parfüme/n
drill's	Erscheinungsbilds	Filze/n	maritim	(geblümt)
drillt's	Familienbilds	filze/n	Seraphim	Enzyme/n
Filz	Aushängeschilds	gilt se	Cherubim	(berühmt)
filz'	Heiligenbilds	grillt se	legitim	Kostüme/n
gilt's		killt se		anonyme/n
Grills	- ülz (1)	quillt se	- üm	Pseudonyme/n
grill's	brüll's	Milzen	[→ ün (1)]	pseudonyme/n
grillt's	brüllt's	Pilze/n	rühm'	Synonyme/n
kill's	füll's	rillt se	Parfüm	synonyme/n
killt's	füllt's	schilt se	Enzym	homonyme/n
Kilts	hüll's	schmilze/n	Kostüm	(unverblümt)
Krills	hüllt's	schrillt se	anonym	ungestüme/n
quillt's	knüll's	stillt se	Pseudonym	Ungetüme/n
Milz	knüllt's	schwillt se	pseudonym	
Pils	Mülls	tillt se (aus)	Synonym	- imel/n
Pilz	Sylts	verfilze/n	synonym	friemel/n
rill's	Tülls	vergilt se	homonym	Priemel/n
rillt's	Acryls		ungestüm	pfriemel/n
Schilds	Gebrülls	- ülze/n (1)	Ungetüm	
schilt's	enthüll's	brüllt se	Adamskostüm	- ümel/n (1)

174

Krümel/n	Tim	Gegenstimme/n	Dimmer/n	vernimmt
krümel/n	trimm'	Pressestimme/n	Flimmer/n	verschwimmt
verkrümel/n		überstimme/n	flimmer/n	verstimmt
zerkrümel/n	Benimm	mitbestimme/n	Glimmer/n	vertrimmt
	benimm		glimmer/n	bestimmt (Verb)
- ümel/n* (2)	verglimm'	- ümme/n	grimmer	bestimmt (= ver-
altertümel/n	ergrimm'	[→ ünge/n (1)]	nimmer	mutlich)
	erklimm'	[→ ünne/n]	Schimmer/n	zweckbestimmt
- imer/n	vernimm	krümme/n	schimmer/n	übel nimmt
[→ ima → a (2)]	verschwimm'		schlimmer/n	übernimmt
[→ iner/n]	vertrimm'	- imme/n* (2)	Schwimmer/n	überstimmt
Beamer/n	bestimm'	[→ inge/n (2)]	Trimmer/n	missgestimmt
Steamer/n	Klimbim	[→ inne/n → inn	wimmer/n	mitbestimmt
intimer/n	Isegrim	(2)]	Zimmer/n	vorliebnimmt
sublimer	überstimm'	abstimme/n	zimmer/n	unbestimmt
maritimer	Interim	anstimme/n	verschlimmer/n	unternimmt
legitimer/n	mitbestimm'	einstimme/n	Krankenzimmer/n	zusammennimmt
Ochsenziemer/n	Simsalabim	freischwimme/n	Klassenzimmer/n	gefangen nimmt
		zustimme/n	Wartezimmer/n	entgegennimmt
- ümer/n (1)	- ümm	umstimme/n	Frauenzimmer/n	vorherbestimmt
[→ üner/n (1)]	[→ üng]	übereinstimme/n	Kohlentrimmer/n	auseinandernimmt
Altertümer/n	[→ ünn]		Hoffnungsschim-	überhandnimmt
anonymer	krümm'	- immel/n (1)	mer/n	
Eigentümer/n		[→ ingel/n]		- ümmt
Heiligtümer/n	- imm* (2)	Bimmel/n	- ümmer/n	[→ ünd (1)]
pseudonymer	[→ ing (2)]	bimmel/n	[→ ünger/n]	[→ ünkt]
Fürstentümer/n	[→ inn (2)]	Fimmel/n	[→ ünner/n]	krümmt
synonymer	abstimm'	Himmel/n	dümmer/n	
homonymer	anstimm'	Pimmel/n	kümmer/n	- immt* (2)
ungestümer/n	einstimm'	Schimmel/n	Trümmer/n	[→ ind (2)]
	freischwimm'	wimmel/n	bekümmer/n	[→ inkt (2)]
- ümer/n* (2)	zustimm'	verschimmel/n	verkümmer/n	malnimmt
[→ üner/n (2)]	umstimm'		zertrümmer/n	wahrnimmt
Reichtümer/n	übereinstimm'	- ümmel/n (1)		Maß nimmt
Irrtümer/n		[→ üngel/n]	- immer/n* (2)	abnimmt
	- imme/n (1)	Kümmel/n	[→ inger/n (2)]	abstimmt
- imm (1)	[→ inge/n (1)]	Lümmel/n	Freischwimmer/n	annimmt
[→ ing (1)]	[→ inne/n → inn	mümmel/n	zurechtzimmer/n	anstimmt
[→ inn (1)]	(1)]	verstümmel/n	Klavierstimmer/n	aufnimmt
im	Imme/n	Getümmel/n		ausnimmt
bim!	dimme/n	Kampfgetümmel/n	- immt (1)	schwernimmt
(bims')	glimme/n		[→ ind (1)]	wegnimmt
dimm'	Kimme/n	- immel/n* (2)	[→ inkt (1)]	festnimmt
glimm'	schlimme/n	abwimmel/n	dimmt	freischwimmt
Grimm	Stimme/n	Amtsschimmel/n	glimmt	leichtnimmt
Kim	stimme/n	anhimmel/n	nimmt	teilnimmt
Krim	schwimme/n		stimmt	einnimmt
nimm	trimme/n	- ümmel/n* (2)	schwimmt	einstimmt
(Sims)	verglimme/n	herumlümmel/n	trimmt	hinnimmt
(sims')	ergrimme/n		Zimt	hochnimmt
Jim	erklimme/n	- immer/n (1)	benimmt	vornimmt
schlimm	verschwimme/n	[→ inger/n (1)]	verglimmt	hoppnimmt
stimm'	vertrimme/n	[→ inner/n]	ergrimmt	zunimmt
schwimm'	bestimme/n	immer	erklimmt	zustimmt

krummnimmt	Lymphe/n	Partien	Paraffin	feminin
umstimmt	Nymphe/n	Jasmin	Sachalin	Heroin
durchnimmt	rümpfe/n	Prärien	Naphthalin	Dämonien
vorwegnimmt	Sümpfe/n	Schwerin	transalpin	Deponien
zurücknimmt	Schlümpfe/n	Stearin	Garantien	Theorien
übereinstimmt	Stümpfe/n	bedien'	Saccharin	Kerosin
	Strümpfe/n	gediehen	Mandarin	Engadin
- impel/n (1)	Trümpfe/n	beknien	Anarchien	Geraldine
[→ inkel/n (1)]	Naserümpfen	Pektin	Gabardine	Benjamin
Gimpel/n		beliehen	Fantasien	Zeppelin
pimpel/n	- ümpfte/n	Delfin	Apathien	Hermelin
Simpel/n	→ ümpfe/n	entliehen	Galaxien	Terpentin
simpel/n	[→ ünfte/n (1)]	entziehen	Magazin	Energien
Wimpel/n		Benzin	Strategien	Evergreen
verpimpel/n		Pepsin	Harlekin	Perfidien
	- ims	verdien'	Vaselin	Lecithin
- ümpel/n	→ imm (1)	Berlin	Anämien	Medizin
[→ ünkel/n]	[→ inks (1)]	verliehen	Blasphemien	Melodien
dümpel/n	[→ inz (1)]	Termin	Apennin	Embolien
Pümpel/n		vermin'	Valentin	Gwendolin
Tümpel/n	- īmt (1)	erschien	Galerien	Ektomien
entrümpel/n	→ ime/n	verschrien	Batterien	Despotien
Gerümpel		erziehen	Aberdeen	Neuralgien
	- īmt (2)	verziehen	Allergien	Leukämien
- impel/n* (2)	→ immt (1)	beschien	Amnesien	einbeziehen
[→ inkel/n (2)]		Tessin	Karmesin	weiterziehen
fachsimpel/n	- in (1)	Stettin	Amnestien	Pneumonien
	[→ im]	ihn	Anilin	Bigamien
- imper/n	dien'	Eutin	Vanillin	Vitamin
[→ inker/n]	DIN	Fibrin	Plastilin	Hierarchien
[→ inter/n]	fliehen	Chinin	Aspirin	Psychiatrien
klimper/n	grien'	Cuisine	Palmitin	niederknien
pimper/n	Kien	Strychnin	Alboin	überziehen
Wimper/n	Knien	Chitin	Rhapsodien	Fridolin
	knien	Phobien	Parodien	Ironien
- ümper/n	Queen	Kopien	Trampolin	Dioptrien
[→ ünter/n]	liehen	Doktrin	Lanolin	Dioxin
Stümper/n	Screen	vollziehen	Harmonien	Chirurgien
stümper/n	screen'	Toxin	Kalorien	Liturgien
	Spleen	Ruin	Karotin	kristallin
- impf	schien	Turin	Balduin	Infamien
→ impfe/n	schien'	Urin	maskulin	Histamin
	schrien	Rubin	Tamburin	Dynastien
- ümpf	spien		Jalousien	Sympathien
→ ümpfe/n	Teen	Havarien	Autarkien	Diphtherien
	Wien	Draperien	Tauentzien	Hysterien
- impfe/n	ziehen	Travestien	Clownerien	Glyzerin
impfe/n		nachvollziehen	Autopsien	Synergien
Pimpfe/n	Jacqueline	Agonien	Augustin	hinterziehen
schimpfe/n	alpin	Atonien	Therapien	Symmetrien
verunglimpfe/n	Kamin	Atropin	Keratin	Disziplin
	Kanin	Baldachin	Elegien	Trilogien
- ümpfe/n	Manien	Aladin	Szenerien	Sinfonien
[→ ünche/n]	Karmin	Paladin	Häresien	Dystonien

Nikotin	Anatomien	Idiotien	Bibliografien	Odin	
Pinguin	Dramaturgien	Biografien	Choreografien	vorziehen	
Insulin	Adrenalin	Typografien	Begrüßungszeremo-	losziehen	
Industrien	Amphetamin	Lithografien	nien	großziehen	
Kokain	Papeterien	Bürokratien		fortziehen	
Moralin	Anästhesien	Bigotterien	- ün (1)	zuziehen	
Rosmarin	Allegorien	Mythologien	[→ üm]	umziehen	
Monarchien	Kategorien	Hypotonien	blühen	durchziehen	
Kodein	Antipathien	Hypochondrien	brühen		
Protein	Artillerien	Bijouterien	frühen	herabziehen	
Popeline	Parfümerien	Infanterien	glühen	heranziehen	
Lohengrin	Raffinerien	Philharmonien	grün	heraufziehen	
Drogerien	Maschinerien	Schizophrenien	Kühen	hinausziehen	
Poesien	Tapisserien	Philosophien	kühn	umherziehen	
Prosodien	Patisserien	Philologien	Mühen	Muezzin	
Sodomien	Statisterien	Orangerien	mühen	vorbeiziehen	
Konradin	Asymmetrien	Oligarchien	sühn'	zurückziehen	
Formalin	Mammografien	Holografien	sprühen	dahinziehen	
Nostalgien	Karosserien	Monografien	begrün'	hervorziehen	
„Mondamin"	Anthologien	Sonografien	bemühen	hinzuziehen	
Kompanien	Pathologien	Fotografien	erblühen		
Konstantin	Kakofonien	Kronkolonien	verblühen	- ün* (2)	
Mokassin	Autografien	Monotonien	verbrühen	nachglühen	
Koffein	Autokratien	Fotokopien	erglühen	abbrühen	
Lotterien	Klaustrophobien	Komparserien	verglühen	abmühen	
Prophetien	Autonomien	Koketterien	erkühn'	aufblühen	
Offizin	Legasthenien	Confiserien	versprühen	aufbrühen	
Gospodin	Pedanterien	Topografien	Revuen	tollkühn	
Kolonien	Melancholien	Orthografien	Fortune		
Utopien	Hegemonien	Kosmologien	Alpenglühen	- in (3)	
Turmalin	Zeremonien	Kosmogonien	herbemühen	→ inn (1+2)	
submarin	Epidemien	Bourgeoisien	Immergrün		
Musselin	Epilepsien	Plutokratien	Funken sprühen	- in (4)	
Wurzelziehen	Peripherien	Ultramarin		[→ err (1)]	
Tuilerien	Peripetien	ultramarin	- in* (2)	Bassin	
umerziehen	Stenografien		nachziehen	Satin	
unterziehen	Xerografien	Gerichtsmedizin	abziehen	Refrain	
	Demokratien	Ahnengalerien	andien'	Terrain	
Lokaltermin	Theologien	Phraseologien	anziehen	Kretin	
zusammenziehen	Ökonomien	Scharlatanerien	Platin	Chopin	
herunterziehen	Demoskopien	Phantasmagorien	Touchscreen	Cousin	
	Menagerien	Aristokratien	Tauziehen	Mannequin	
Aquamarin	Demagogien	Laubenkolonien	aufziehen	Ragout fin	
Paradoxien	Tetralogien	Genealogien	Laurin	Bulletin	
Zahnmedizin	Penizillin	Legebatterien	ausliehen	Gobelin	
Vasektomien	Ethnografien	Etymologien	ausziehen		
Anomalien	Hämoglobin	Enzyklopädien	herziehen	- ünche/n	
Apoplexien	Technologien	Terminologien	gleichziehen	[→ ümpfe/n]	
Apologien	Ethnologien	Kriegsmaschinerien	heimziehen	[→ indchen → ind	
Akademien	Endoskopien	Ideologien	einziehen	(1)]	
Kavallerien	Pikanterien	Physiognomien	hinziehen	[→ ündchen → und	
Galanterien	Piraterien	Kilokalorien	mitziehen	(1)]	
Gendarmerien	Hypertrophien	Nitroglyzerin	hochdien'	lynche/n	
Analogien	Hypertonien	Ikonografien	hochziehen	München	

Tünche/n	gesinnt	nachsinnt	Befinden	erstünde/n
übertünche/n	geschwind	abbind'	befinde/n	verstünde/n
	gewinnt	abfind'	gelinde	bestünde/n
- ind (1)	Korinth	abschind'	Empfinden	Weidegründe/n
[→ immt (1)]	umwind'	aufbind'	empfinde/n	Feuerschlünde/n
[→ inkt (1)]		ausspinnt	entbinde/n	Hintergründe/n
bind'	nachempfind'	heimfind'	entschwinde/n	Hosenbünde/n
blind	farbenblind	einbind'	entwinde/n	Jugendsünde/n
find'	Patenkind	einfind'	verbinde/n	Untergründe/n
Grind	abgewinnt	einspinnt	erblinde/n	
Kind	Labyrinth	Glückskind	erfinde/n	- inde/n* (2)
Quint	Pflegekind	hinfind'	Gerlinde	abbinde/n
lind	Gegenwind	Christkind	verschwinde/n	abfinde/n
minnt	Enkelkind	vorfind'	verwinde/n	abschinde/n
pinnt	Menschenskind	zubind'	Gesinde	stattfinde/n
Print	Einzelkind	umbind'	Gewinde/n	aufbinde/n
Rind	Waisenkind	durchfind'	Sieglinde	heimfinde/n
rinnt	gleich gesinnt	herausfind'	(zumindest)	einbinde/n
sind	überwind'	herausschind'	umwinde/n	einfinde/n
sinnt	lieb gewinnt	herauswind'		hinfinde/n
schind'	Wirbelwind	zurechtfind'	nachempfinde/n	vorfinde/n
Spind	Rückenwind	dareinfind'	Angebinde	zubinde/n
spinnt	Sonntagskind		farbenblinde/n	umbinde/n
Spint	Sorgenkind	- ünd* (2)	Ackerwinde/n	durchfinde/n
Splint	Blumenkind	anstünd'	Ankerwinde/n	herausfinde/n
Sprint	unterbind'	anzünd'	überwinde/n	herausschinde/n
sprint'	Wunderkind	aufkünd'	Wirbelwinde/n	herauswinde/n
Stint	zurückgewinnt	aufstünd'	Rosalinde	zurechtfinde/n
schwind'	Geburtstagskind	ausstünd'	Wohlbefinden	dareinfinde/n
Wind	feindlich gesinnt	feststünd'	unterbinde/n	
wind'		beistünd'	zusammenfinde/n	- ünde/n* (2)
	- ünd (1)	freistünd'	Allgemeinbefinden	Jagdgründe/n
Absinth	[→ ümmt]	einmünd'	(völkerverbindend)	Abgründe/n
befind'	[→ ünkt]	bevorstünd'		anstünde/n
beginnt	gründ'		- ünde/n (1)	anzünde/n
empfind'	künd'	- inde/n (1)	Bünde/n	aufkünde/n
entbind'	münd'	Binde/n	Gründe/n	aufstünde/n
entrinnt	stünd'	binde/n	gründe/n	ausstünde/n
entsinnt	zünd'	Blinde/n	künde/n	Erbsünde
entschwind'	begründ'	blinde/n	münde/n	feststünde/n
entspinnt	entstünd'	finde/n	Pfründe/n	beistünde/n
entwind'	entzünd'	Grinde/n	Sünde/n	freistünde/n
Reprint	verbünd'	Kinde	Schlünde/n	einmünde/n
verbind'	verdünnt	Linde/n	Schründe/n	Todsünde/n
erblind'	ergründ'	linde/n	stünde/n	bevorstünde/n
erfind'	verkünd'	Minden	zünde/n	
gerinnt	erstünd'	Rinde/n	Graubünden	- indel/n
verrinnt	verstünd'	schinde/n	begründe/n	Findel(-kind)
zerrinnt	bestünd'	schwinde/n	entstünde/n	Schindel/n
ersinnt	Schwäbisch Gmünd	Spinde/n	entzünde/n	Schwindel
verschwind'		Winde/n	Verbünde/n	schwindel/n
verwind'	- ind* (2)	winde/n	verbünde/n	Spindel/n
verzinnt	[→ immt (2)]		ergründe/n	Windel/n
besinnt	[→ inkt (2)]	Gebinde	verkünde/n	windel/n

Gesindel	plünder/n	belieh'ne/n	Medizinen	Cholesterine/n
	Sünder/n	Delfine/n	Heroine/n	ultramarine/n
- ündel/n	Schlünder/n	entlieh'ne/n	Beduine/n	
Bündel/n	Zünder/n	Benzine/n	Grenadine	**- üne/n (1)**
bündel/n	Begründer/n	Pepsine/n	Nektarine/n	[→ üme/n]
Gründel/n	Verkünder/n	Terrine/n	Gelatine	Bühne/n
gründel/n	gesünder	verdiene/n	Blechlawine/n	Düne/n
Mündel/n	Umweltsünder/n	verlieh'ne/n	Zeppeline/n	Fünen
zündel/n		Hermine	Hermeline/n	Grüne/n
Nervenbündel/n	**- inder/n* (2)**	Termine/n	Klementine/n	grüne/n (Verb)
Reisigbündel/n	Pfadfinder/n	vermine/n	Serpentine/n	grüne/n (Adj.)
	Glückskinder/n	erschiene/n	Terpentine/n	Hüne/n
- inder/n (1)	herabminder/n	verschriene/n	Pelerine/n	kühne/n
Inder/n		Terzine/n	Tellermine/n	Sühne/n
Binder/n	**- ünder/n* (2)**	beschiene/n	Melusine/n	sühne/n
Blinder	Anzünder/n	Stearine/n	Schreibmaschine/n	begrüne/n
blinder		Christine	Bleistiftmine/n	erkühne/n
Finder/n	**- ine/n (1)**	Vitrine/n	Vitamine/n	Tribüne/n
hinder/n	[→ ime/n]	Glyzine/n	Violine/n	Fortüne
Kinder/n	ihnen	Rosine/n	Krinoline/n	
linder/n	Biene/n	Doktrinen	Guillotine/n	**- ine/n* (2)**
minder/n	diene/n	Blondine/n	Dioxine/n	andiene/n
Rinder/n	griene/n	Toxine/n	Figurine/n	hochdiene/n
Schinder/n	Mine/n	Ruine/n	kristalline/n	
	Miene/n	Rubine/n	Histamine/n	**- üne/n* (2)**
behinder/n	screene/n	Undine	Brillantine/n	tollkühne/n
(behindert)	Schiene/n	Lupine/n	Wilhelmine	
gelinder	schiene/n	Urine/n	Glyzerine/n	**- iner/n**
Erfinder/n	Trine/n	Turbine/n	Philippinen	[→ ina → a (2)]
verhinder/n		Cousine/n	Disziplinen	[→ imer/n]
geschwinder	Kabine/n	Routine	Pinguine/n	Diener/n
Zylinder/n	Sabine		Limousine/n	diener/n
farbenblinder	Praline/n	Baldachine/n	Vorhangschiene/n	schien er
Patenkinder/n	Saline/n	Paladine/n	Sonatine/n	Wiener/n
Achtzylinder/n	alpine/n	Paraffine/n	Proteine/n	wiener/n
Pflegekinder/n	Kamine/n	transalpine/n	Josefine	
Besenbinder/n	Kanine/n	Mandarine/n	Popeline	Rabbiner/n
Enkelkinder/n	Kantine/n	Margarine/n	Aubergine/n	alpiner
Einzelkinder/n	Pantine/n	Dampfmaschine/n	Offizinen	Schlawiner/n
Waisenkinder/n	Marine/n	Waschmaschine/n	Kolombine/n	belieh'ner
Überwinder/n	Gardine/n	Kavatine/n	Konkubine/n	gelieh'ner
Sorgenkinder/n	Sardine/n	Magazine/n	Ukraine	entlieh'ner
Blumenkinder/n	Jasmine/n	Harlekine/n	Turmaline/n	Schweriner/n
(ungehindert)	Maschine/n	Vaseline	Sultanine/n	Verdiener/n
Wunderkinder/n	Platine/n	Apfelsine/n	submarine/n	Berliner/n
(unvermindert)	Latrine/n	Apenninen	Musseline/n	berliner/n
Geburtstags-	Lawine/n	Trampoline/n	Unschuldsmiene/n	verlieh'ner
kinder/n	Pauline	Mandoline/n		erschien er
	Draisine/n	maskuline/n	Lokaltermine/n	verschriener
- ünder/n (1)	Zechine/n	Tamburine/n	Aquamarine/n	beschien er
Gründer/n	bediene/n	Augustine/n	Amphetamine/n	Tessiner/n
Künder/n	gedieh'ne/n	Nähmaschine/n	Kaffeemaschine/n	Stettiner/n
Münder/n	Regine	Keratine/n	Höllenmaschine/n	Eutiner/n
Pfründer/n	Pektine/n	feminine/n	Penizilline/n	Turiner/n

179

Aberdeener/n	[→ inn (1)]	umring'	Snowboarding	aufzwing'
Karabiner/n	bring'	umschling'	Sonderling	ausbring'
transalpiner	Ding	durchdring'	vorwärtsbring'	ausging
Dalmatiner/n	ding'		Sponsoring	aushing
Kammerdiener/n	dring'	nahebring'	unterbring'	Schädling
Jakobiner/n	fing	naheging	unterging	Höfling
Mallorquiner/n	ging	Nachkömmling		Sträfling
maskuliner/n	hing	schlafen ging	zusammenbring'	Zögling
Kapuziner/n	King	Nasenring	zusammenhing	Reling
Augustiner/n	kling'	Abkömmling	zustande bring'	fehlging
femininer/n	Ring	Marketing	danebenging	Training
Mediziner/n	ring'	ausbeding'	Emporkömmling	Hering
Bernhardiner/n	sing'	flöten ging	verloren ging	Lehrling
Debrecziner/n	String	Ehering	zugrunde ging	Schößling
Liebesdiener/n	Swing	Catering	hinunterschling'	Schwächling
kristalliner	swing'	Egerling	auseinanderbring'	Häftling
Kirchendiener/n	schling'	Ehrgeizling	Spionagering	fremdging
Florentiner/n	spring'	Happening	Desktop-Publishing	Fremdling
Großverdiener/n	schwing'	Persenning		Camping
Gottesdiener/n	Thing	Häckerling	**- üng**	Sperling
Ukrainer/n	wring'	Engerling	[→ ümm]	Dressing
submariner	zwing'	Schmetterling	[→ ünn]	Messing
Alleinverdiener/n		Factoring	düng'	Sprössling
Zahnmediziner/n	beging	Rettungsring	verjüng'	beibring'
Benediktiner/n	behing	Eisenring		beispring'
Doppelverdiener/n	geling'	weiterbring'	**- ing* (2)**	Feigling
ultramariner	empfing	Schreiberling	[→ ink (2)]	Säugling
Gerichtsmedizi-	entging	Sightseeing	[→ imm (2)]	Neuling
ner/n	entring'	Eindringling	[→ inn (2)]	Däumling
	entspring'	überbring'	nachging	Keimling
- üner/n (1)	erbring'	rüberbring'	nachhing	einbring'
[→ ümer/n (1)]	verbring'	überging	Schlagring	eindring'
grüner/n	verding'	überspring'	darbring'	einging
Hühner/n	verfing	wiederbring'	abbring'	einhing
kühner/n	erging	niederging	abfing	reinhing
	verging	Widerling	abging	Beinling
- üner/n* (2)	zerging	niederring'	abhing	einsing'
[→ ümer/n (2)]	verhing	niederzwing'	abring'	einschwing'
tollkühner/n	bering'	Dipl.-Ing.	abspring'	einspring'
	gering	klingeling	Dumping	Häuptling
- ünfte/n (1)	erring'	Mittelding	anbring'	Fäustling
[→ ümpfte/n →	versing'	Schlüsselring	anfing	Liebling
ümpfe/n]	verschling'	Zwischending	anging	schiefging
fünfte/n	zerspring'	Kidnapping	ranging	Prüfling
Zünfte/n	erzwing'	hinterbring'	anhing	Feeling
Unterkünfte/n	besing'	Windsurfing	anspring'	Peeling
	bespring'	sicherging	Darling	Frühling
- ünfte/n* (2)	bezwing'	hinterging	Fasching	Schierling
Auskünfte/n	I Ging	„Burger King"	aufbring'	Riesling
Einkünfte/n	Sing-Sing	Finsterling	aufging	Wüstling
	missling'	Pfifferling	draufging	Meeting
- ing (1)	vollbring'	Silberling	aufhing	Bückling
[→ ink (1)]	umfing	Kümmerling	aufschwing'	Drilling
[→ imm (1)]	umging	Dichtungsring	aufspring'	Schilling

180

Zwilling	Inge	misslinge/n	zusammenbringe/n	ausklinge/n
Findling	Bingen	vollbringe/n	zusammenhinge/n	Schädlinge/n
Jüngling	bringe/n	umfinge/n	zustande bringe/n	Höflinge/n
Günstling	Dinge/n	umginge/n	danebenginge/n	Sträflinge/n
Lüstling	dinge/n	umringe/n	verloren ginge/n	Zöglinge/n
Mischling	dringe/n	umschlinge/n	Emporkömm-	Relinge/n
mitging	(dringend)	durchdringe/n	linge/n	fehlginge/n
Schützling	finge/n		zugrunde ginge/n	Heringe/n
hochbring'	ginge/n	nahebringe/n	hinunterschlinge/n	Lehrlinge/n
hochging	hinge/n	naheginge/n	auseinanderbrin-	Schößlinge/n
Smoking	Klinge/n	Nachkömmlinge/n	ge/n	Schwächlinge/n
Doping	klinge/n	schlafen ginge/n	Spionageringe/n	Häftlinge/n
vorbring'	Ringe/n	Nasenringe/n		fremdginge/n
vordring'	ringe/n	Abkömmlinge/n	- ünge/n (1)	Fremdlinge/n
vorging	singe/n	ausbedinge/n	[→ ümme/n]	Sperlinge/n
Ohrring	swinge/n	Augenringe/n	[→ ünne/n]	Sprösslinge/n
vorsing'	Schlinge/n	flöten ginge/n	dünge/n	beibringe/n
vorspring'	schlinge/n	Eheringe/n	Schwünge/n	beispringe/n
losbring'	springe/n	Egerlinge/n	Sprünge/n	Feiglinge/n
shocking	Schwinge/n	Ehrgeizlinge/n	verjünge/n	Säuglinge/n
zubring'	schwinge/n	Persenninge/n		Neulinge/n
zuging	Thinge/n	(händeringend)	- inge/n* (2)	Däumlinge/n
zuhing	wringe/n	Engerlinge/n	[→ imme/n (2)]	Keimlinge/n
zuspring'	Zwinge/n	Schmetterlinge/n	[→ inne/n → inn	einbringe/n
Pudding	zwinge/n	Berlichingen	(2)]	eindringe/n
umbring'		Rettungsringe/n	nachginge/n	einginge/n
umging	bedingen	Eisenringe/n	nachhinge/n	einhinge/n
umhing	beginge/n	weiterbringe/n	Schlagringe/n	reinhinge/n
rumhing	behinge/n	Schreiberlinge/n	darbringe/n	Beinlinge/n
Dummling	gelinge/n	Eindringlinge/n	abbringe/n	einsinge/n
umspring'	empfinge/n	überbringe/n	abfinge/n	einschwinge/n
Unding	entginge/n	rüberbringe/n	abginge/n	einspringe/n
rundging	entringe/n	überginge/n	abhinge/n	Häuptlinge/n
durchbring'	entspringe/n	überspringe/n	abklinge/n	Fäustlinge/n
durchdring'	erbringe/n	wiederbringe/n	abringe/n	Lieblinge/n
durchging	verbringe/n	niederginge/n	abspringe/n	schiefginge/n
durchhing	verdinge/n	Widerlinge/n	anbringe/n	Prüflinge/n
durchring'	verfinge/n	niederringe/n	anfinge/n	Frühlinge/n
	erginge/n	niederzwinge/n	anginge/n	Schierlinge/n
voranging	verginge/n	Schlüsselringe/n	ranginge/n	Rieslinge/n
herausbring'	zerginge/n	sicherginge/n	anhinge/n	Wüstlinge/n
heraushing	beringe/n	hinterbringe/n	anklinge/n	Bücklinge/n
vorausging	geringe/n	hinterginge/n	anspringe/n	Schillinge/n
einherging	verhinge/n	Pfifferlinge/n	Fasching/n	Findlinge/n
herbeispring'	erklinge/n	Silberlinge/n	aufbringe/n	Jünglinge/n
drauflosging	verklinge/n	Kümmerlinge/n	aufginge/n	Günstlinge/n
hervorbring'	erringe/n	Finsterlinge/n	draufginge/n	Mischlinge/n
kaputtging	versinge/n	Dichtungsringe/n	aufhinge/n	Lüstlinge/n
herumbring'	verschlinge/n	Sonderlinge/n	aufschwinge/n	mitginge/n
	zerspringe/n	vorwärtsbringe/n	aufspringe/n	Schützlinge/n
- inge/n (1)	erzwinge/n	unterbringe/n	aufzwinge/n	hochbringe/n
[→ imme/n (1)]	besinge/n	unterginge/n	ausbringe/n	hochginge/n
[→ inne/n → inn	bespringe/n	Unheil bringe/n	ausginge/n	(wohlklingend)
(1)]	bezwinge/n		aushinge/n	vorbringe/n

181

vordringe/n	zusammenringel/n	- inger/n* (2)	[→ ind (2)]	[→ immte/n →
vorginge/n		[→ immer/n (2)]	absink'	immt (2)]
Ohrringe/n	- üngel/n	Langfinger/n	abschmink'	absinke/n
vorsinge/n	[→ ümmel/n (1)]	Heilsbringer/n	abwink'	abschminke/n
vorspringe/n	Klüngel/n	Zubringer/n	anstink'	abwinke/n
losbringe/n	klüngel/n		antrink'	anstinke/n
zubringe/n	züngel/n	- ings	ausklink'	antrinke/n
zuginge/n		→ inks (1+2)	einklink'	ausklinke/n
zuhinge/n	- inger/n (1)		einsink'	einklinke/n
zuspringe/n	[→ immer/n (1)]	- üngs	einwink'	einsinke/n
Puddinge/n	[→ inner/n]	→ ünks	Schmierfink	einwinke/n
umbringe/n	Binger/n		zutrink'	Schmierfinken
umginge/n	Bringer/n	- ingsel/n*	durchwink'	Kochschinken
umhinge/n	Dinger/n	[→ innsel/n (2)]	Schmutzfink	zutrinke/n
rumhinge/n	Finger/n	Mitbringsel/n	hinterherhink'	durchwinke/n
Dummlinge/n	finger/n			Schmutzfinken
umspringe/n	fing er	- ingt	- inke/n (1)	hinterherhinke/n
Undinge/n	ging er	→ inkt (1+2)	[→ immte/n →	
rundginge/n	hing er		immt (1)]	- inkel/n (1)
durchbringe/n	Ringer/n	- üngt	[→ inte/n (2)]	[→ impel/n (1)]
durchdringe/n	Swinger/n	→ ünkt	blinke/n	Dinkel/n
durchginge/n	schlinger/n		Finken	Hinkel/n
durchhinge/n	Schwinger/n	- ink (1)	flinke/n	Pinkel/n
durchringe/n	Springer/n	[→ ing (1)]	hinke/n	pinkel/n
(nutzbringend)	Zwinger/n	[→ immt (1)]	Klinke/n	Winkel/n
		[→ ind (1)]	Linke/n	Augenwinkel/n
voranginge/n	beging er	blink'	linke/n (Verb)	
herausbringe/n	behing er	Drink	linke/n (Adj.)	- ünkel/n
heraushinge/n	empfing er	Fink	pinke/n	[→ ümpel/n]
herausspringe/n	entging er	flink	sinke/n	Dünkel
vorausginge/n	verfing er	hink'	Schinken	
einherginge/n	erging er	Link	Schminke/n	- inkel/n* (2)
herbeispringe/n	verging er	link' (Verb)	schminke/n	[→ impel/n (2)]
(Gewinn bringend)	zerging er	link (Adj.)	stinke/n	anpinkel/n
drauflosginge/n	verhing er	pink	trinke/n	anwinkel/n
hervorbringe/n	geringer/n	sink'	Winke/n	Schlupfwinkel/n
kaputtginge/n	verringer/n	schmink'	winke/n	
herumbringe/n	Bezwinger/n	stink'	Zinke/n	- inker/n
	umfing er	trink'	zinke/n	[→ imper/n]
- ünge/n* (2)	umging er	Wink	versinke/n	[→ inter/n]
Vorsprünge/n	Fallschirmsprin-	wink'	ertrinke/n	Blinker/n
	ger/n	Zink	vertrinke/n	blinker/n
- ingel/n	Meistersinger/n	zink'	verzinke/n	flinker/n
[→ immel/n (1)]	Überbringer/n	verlink'	betrinke/n	Klinker/n
Klingel/n	überging er	versink'	Pinkepinke	Linker
klingel/n	Stinkefinger/n	ertrink'	zusammensinke/n	linker/n
Kringel/n	hinterging er	vertrink'		pinker/n
kringel/n		verzink'	- ünke/n	Stinker/n
Ringel/n	- ünger/n	betrink'	[→ ümmte/n →	Trinker/n
ringel/n	[→ ümmer/n]	zusammensink'	ümmt]	Winker/n
Single/n	[→ ünner/n]		[→ ünte/n (2)]	Zinker/n
Schlingel/n	Dünger/n	- ink* (2)	dünke/n	zwinker/n
tingel/n	Jünger/n	[→ ing (2)]		
umzingel/n	jünger/n	[→ immt (2)]	- inke/n* (2)	- inks (1)

[→ imms → imm (1)]	vollbring's	- ünks	Schützlings	verklingt
[→ inz (1)]	umfing's	[→ ümms → ümm]	Smokings	beringt
bring's	umging's	[→ ünz]	Dopings	erringt
Dings	umschling's	düng's	Ohrrings	versingt
ding's	durchdring's	(jüngst)	Puddings	versinkt
Drinks		verjüng's	Dummlings	verschlingt
fing's	Nachkömmlings		Undings	zerspringt
Finks	Nasenrings	- inks* (2)	Schmutzfinks	ertrinkt
ging's	Abkömmlings	[→ inz (2)]		vertrinkt
hing's	allerdings	Schlagrings	- inkt (1)	verzinkt
Kings	Marketings	Dumpings	[→ immt (1)]	erzwingt
Links	Eherings	Darlings	[→ ind (1)]	besingt
links	Caterings	Faschings	blinkt	bespringt
link's	Egerlings	Schädlings	bringt	beschwingt
(Pfingsten)	Ehrgeizlings	Höflings	dingt	betrinkt
Rings	Happenings	Sträflings	dringt	bezwingt
rings	Persennings	Zöglings	fingt	Instinkt
sing's	Factorings	jählings	gingt	misslingt
Sphinx	schlechterdings	Trainings	hingt	vollbringt
Strings	Häckerlings	Herings	hinkt	umfingt
Swings	Engerlings	Lehrlings	klingt	umgingt
schling's	Schmetterlings	Schößlings	linkt	umringt
schmink's	Rettungsrings	Schwächlings	ringt	umschlingt
schwing's	Eisenrings	Häftlings	singt	durchdringt
Things	neuerdings	Fremdlings	sinkt	
trink's	Schreiberlings	Campings	swingt	nahebringt
Winks	Sightseeings	Sperlings	schlingt	schlafen gingt
wring's	Eindringlings	Sprösslings	schminkt	ausbedingt
Zinks	überbring's	bäuchlings	springt	weiterbringt
zink's	überging's	Feiglings	stinkt	kriegsbedingt
zwing's	überspring's	Säuglings	schwingt	überbringt
	Widerlings	Neulings	trinkt	rüberbringt
	Dipl.-Ing.'s	Däumlings	winkt	übergingt
beging's	Mitteldings	Keimlings	wringt	überspringt
behing's	Schlüsselrings	Häuptlings	zinkt	wiederbringt
empfing's	Zwischendings	Fäustlings	zwingt	niederringt
entging's	Kidnappings	Lieblings		niederzwingt
entring's	hinterbring's	Prüflings	bedingt	sichergingt
verbring's	hinterging's	Frühlings	begingt	hinterbringt
verfing's	Windsurfings	Schmierlings	behingt	hintergingt
erging's	Pfifferlings	Schierlings	gelingt	vorwärtsbringt
verging's	Silberlings	Rieslings	empfingt	unbedingt
zerging's	Kümmerlings	Wüstlings	entgingt	unterbringt
verhing's	Finsterlings	Meetings	entringt	untergingt
bering's	Dichtungsrings	Bücklings	entspringt	Unheil bringt
erring's	Snowboardings	rücklings	erbringt	zusammenbringt
verschling's	Sonderlings	Schillings	verbringt	zusammensinkt
vertrink's	Sponsorings	blindlings	verdingt	zustande bringt
verzink's		Findlings	verfingt	verloren gingt
erzwing's	Emporkömmlings	Jünglings	ergingt	berufsbedingt
besing's	Spionagerings	Günstlings	vergingt	hinunterschlingt
bespring's	Desktop-Publi-	Mischlings	zergingt	zugrunde gingt
bezwing's	shings	Lüstlings	verhingt	auseinanderbringt
I Gings		rittlings	erklingt	altersbedingt

183

- ünkt	einsinkt	etwas deutet auf	wo hin	hierin
[→ ümmt]	einschwingt	etwas hin	jmd. findet	Sit-in
[→ ünd (1)]	einspringt	etwas gehört	irgendwo hin	mithin
düngt	einwinkt	irgendwo hin	jmd. bringt / fährt	wohin
dünkt	hochbringt	etwas haut /	/ schickt /	worin
verjüngt	hochgingt	kommt hin	trägt etwas hin	(von hinnen)
	vorbringt	(funktioniert)	jmd. legt / hängt	dorthin
- inkt* (2)	vordringt	etwas reicht hin	/ stellt etwas	umhin
[→ immt (2)]	vorsingt	(genug)	hin	
[→ ind (2)]	vorspringt	etwas zieht /	jmd. blättert Geld	daraufhin
nachgingt	losbringt	schleppt sich	hin	geradehin
nachhingt	zubringt	hin	Kinn	Nachbarin
darbringt	zuhingt	die Menge strömt	(Linnen)	Anbeginn
abbringt	zuspringt	zu etwas hin	(Minne)	Apennin
abfingt	zutrinkt	jmd. gibt sich jmd.	minn'	abgewinn'
abgingt	umbringt	hin	PIN	Eselin
abhingt	umhingt	jmd. hält jmd. hin	(Pinne/n)	nebenhin
abklingt	rumhingt	jmd. bringt /	pinn'	Königin
abringt	umspringt	fährt / führt	(Rinne/n)	Enkelin
absinkt	durchbringt	/ schickt jmd.	rinn'	fernerhin
abschminkt	durchdringt	hin	Sinn	Herzogin
abspringt	durchgingt	jmd. tritt vor jmd.	sinn'	Neubeginn
abwinkt	durchhingt	hin	Skin	Teufelin
anbringt	durchringt	jmd. schiebt jmd.	Spin	Eigensinn
anfingt	durchwinkt	etwas hin	Dschinn	weiterhin
angingt		jmd. begibt sich	Gin	Widersinn
rangingt	vorangingt	hin	(Spinne/n)	lieb gewinn'
anhingt	herausbringt	jmd. legt / setzt /	spinn'	zwischendrin
anklingt	herausspringt	fläzt sich hin	Zinn	mittendrin
anspringt	vorausgingt	jmd. stellt sich hin		immerhin
anstinkt	herbeispringt	jmd. wagt sich hin	dahin	fürderhin
antrinkt	drauflosgingt	jmd. macht hin	jmd. siecht dahin	Hintersinn
aufbringt	hervorbringt	(beeilt sich)	jmd. sagt etwas	ohnehin
aufgingt	kaputtgingt	jmd. langt hin	dahin	obenhin
draufgingt	herumbringt	jmd. sieht / hört	darin	sonstwohin
aufhingt	hinterherhinkt	hin	schlechthin	Ordnungssinn
aufschwingt		jmd. fällt / schlägt	Beginn	Zugewinn
aufspringt	- inn (1)	/ sinkt hin	beginn'	Ungarin
aufzwingt	[→ imm (1)]	jmd. gibt sich	Check-in	(Nuckelpinne/n)
ausbringt	[→ ing (1)]	einer Sache	entrinn'	Lustgewinn
ausgingt	in	hin	entsinn'	
aushingt	jmd. / etwas ist in	jmd. nimmt hin	gerinn'	woandershin
ausklingt	(inne/n)	hin		zurückgewinn'
ausklinkt	(jmd. hat etwas	jmd. weist auf	verrinn'	Schönheitskönigin
fehlgingt	inne)	etwas hin	zerrinn'	Herzenskönigin
fremdgingt	(jmd. hält inne)	jmd. bekommt /	ersinn'	Bienenkönigin
beibringt	(etwas wohnt jmd.	biegt etwas hin	verzinn'	Lotteriegewinn
beispringt	/ einer Sache	jmd. arbeitet auf	besinn'	Ballkönigin
einbringt	inne)	etwas hin	letzthin	anderswohin
eindringt	bin	jmd. wirft eine	Gewinn	Schneekönigin
eingingt	(binnen)	Sache hin	gewinn'	Feenkönigin
reinhingt	drin	jmd. geht / fährt	leichthin	überallhin
einklinkt	(Finne/n)	/ fliegt /	weithin	irgendwohin
einsingt	hin	stürzt irgend-	Drive-in	nirgendwohin

Orientierungssinn	Oberin	[→ ing (2)]	Fürstin	zinnern
	Buhlerin	nachsinn'	Altistin	erinner/n
-erin:	Dulderin	Kameradin	Artistin	Gewinner/n
etc.: weiblich: Beruf,	Schuldnerin	Gemahlin	Modistin	Im Innern
Nation, Tier	Kupplerin	Vestalin	Solistin	(zuinnerst)
Partnerin	Pfuscherin	Rivalin	Harfinistin	
Zauberin		Prinzipalin	Feministin	- ünner/n
Trödlerin	Wahrsagerin	Orientalin	Sopranistin	[→ ümmer/n]
Klägerin	Schlafwandlerin	Wahnsinn	Kontoristin	[→ ünger/n]
Schwägerin	Anhalterin	Patin	Telefonistin	dünner/n
Trägerin	Arbeiterin	Kroatin	Stenotypistin	Verdünner/n
Seherin	Anstifterin	Akrobatin		
Wählerin	Nachfolgerin	Sklavin	Demagogin	- inns
Krämerin	Ausländerin	Schwachsinn	Pädagogin	→ inz (1+2)
Lehrerin	Bauchtänzerin	(Ansinnen)	Biologin	
Leserin	Hellseherin	Infantin	Ökologin	- innsel/n (1)
Trösterin	Selbstmörderin	Asylantin	Dermatologin	Insel/n
Städterin	Weltmeisterin	Gratulantin	Autorin	Pinsel/n
Täterin	Märtyrerin	Debütantin	Direktorin	pinsel/n
Rächerin	Teilhaberin	Komödiantin	Professorin	winsel/n
Wöchnerin	Teilnehmerin	Tyrannin	Frohsinn	Gerinnsel/n
Tramperin	Liebhaberin	Scharfsinn	Botin	Gewinsel
Mörderin	Bittstellerin	Gattin	Gotin	Einfaltspinsel/n
Schwärmerin	Kindsmörderin	ausspinn'	Chaotin	überpinsel/n
Herrscherin	Vorsteherin		Despotin	
Wärterin	Wohltäterin	Blödsinn	Exotin	- innsel/n* (2)
Pförtnerin		Lötzinn	Idiotin	[→ ingsel/n]
Retterin	Frauenrechtlerin	Gräfin	Pilotin	anpinsel/n
Bettlerin	Außenseiterin	Kollegin	Patriotin	
Schwätzerin	Autofahrerin	Sekretärin	Zypriotin	- innst
Bäuerin	Nebenbuhlerin	Gefährtin	Genossin	→ inst (3)
Schreiberin	Wissenschaftlerin	Prophetin		
Heuchlerin	Gesellschafterin	Heldin	Stumpfsinn	- ünnst
Schmeichlerin	Herumtreiberin	Patientin	Kundin	→ ünst (3)
Träumerin	Verehrerin	Studentin	Unsinn	
Kaiserin	Verbrecherin	Erbin	Schurkin	- innt
Meisterin	Verkäuferin	Zwergin		→ ind (1+2)
Leiterin	Zigeunerin	Herrin	- inne/n	
Siegerin	Betrügerin	Närrin	→ inn (1+2)	- ünnt
Lügnerin	Berlinerin	Prinzessin		→ ünd (1)
Schülerin	Erfinderin	Göttin	- ünne/n	
Spielerin	Ursulinerin		[→ ümme/n]	- innte/n
Dienerin		Leichtsinn	[→ ünge/n (1)]	→ inte/n (2)
Führerin	- ünn	gemeinhin	Brünne/n	
Priesterin	[→ ümm]	Gemeinsinn	dünne/n	- ünnte/n
Mieterin	[→ üng]	einspinn'	verdünne/n	→ ünte/n
Dichterin	Brünn	Greisin		
Richterin	dünn		- inner/n	- ins
Pilgerin	verdünn'	Trübsinn	[→ immer/n (1)]	→ inz (1)
Sünderin		Gespielin	[→ inger/n (1)]	
Schwindlerin	- inn* (2)	Spürsinn	inner (= in der)	- inse/n
Künstlerin	etc.: weiblich: Beruf,	Riesin	Dinner/n	Binse/n
Bürgerin	Nation, Tier	Novizin	(Minna)	grinse/n
Schirmherrin	[→ imm (2)]	Irrsinn	Spinner/n	Linse/n

185

linse/n	- ünst* (2)	stünd'st	ausgedient		- inter/n
minn' se	tollkühnst	zünd'st			[→ imper/n]
pinn' se		begründ'st	- ünt		[→ inker/n]
Plinse/n	- inst (3)	entzünd'st	[→ ümt → üme/n]		Hintern
plinse/n	bind'st	verbünd'st	grünt		hinter
spinn' se	find'st	verdünnst	sühnt		minnt er
Winsen	grinst	ergründ'st	begrünt		pinnt er
Zinsen	linst	verkünd'st	erkühnt		Printer/n
beginn' se	minnst	erstünd'st			rinnt er
ersinn' se	pinnst	verstünd'st	- int* (2)		sinnt er
verzinn' se	rinnst	bestünd'st	andient		Sinter/n
verzinse/n	sinnst	(Zauberkünste/n)	hochdient		sintern
gewinn' se	schind'st	(Rechenkünste/n)			spinnt er
	spinnst	(Feuerbrünste/n)	- ínt (3)		Sprinter/n
- ünse/n	sprint'st	(Verführungs-	→ ind (1)		Winter/n
verdünn' se	wind'st	künste/n)			dahinter
		(Überredungs-	- ı̄nte/n (1)		beginnt er
- insel/n	befind'st	künste/n)	→ int (1+2)		entrinnt er
→ innsel/n	beginnst				entsinnt er
	empfind'st	- inst* (4)	- ünte/n (1)		gerinnt er
- inst (1)	entbind'st	nachsinnst	→ ünt		verrinnt er
Dienst	entrinnst	ausspinnst			zerrinnt er
dienst	entsinnst	einspinnst	- inte/n (2)		ersinnt er
grienst	entwind'st		[→ immte/n →		verzinnt er
screenst	verbind'st	- ünst* (4)	immt (1)]		besinnt er
schienst	erfind'st	(ausdünste/n)	[→ inke/n (1)]		gewinnt er
bedienst	gerinnst		Finte/n		Korinther/n
Verdienst	verrinnst	- inster/n	Flinte/n		Gleichgesinnter/n
verdienst	zerrinnst	[→ inzer/n]	hinten		gleich gesinnter
verminst	ersinnst	finster/n	Quinte/n		überwinter/n
erschienst	verwind'st	Ginster/n	minnte/n		feindlich gesinnter
beschienst	verzinnst	grinst er	Pinte/n		
Abschleppdienst	verzinst	linst er	pinnte/n		- ünter/n
Außendienst	besinnst	verzinst er	Printe/n		[→ ümper/n]
Pressedienst	Gespinst		Spinte/n		Günter
Bärendienst	gewinnst	- ünster/n	Splinte/n		verdünnter
Wetterdienst	umwind'st	dünster	sprinte/n		verdünnt er
Rettungsdienst	abgewinnst	Münster	Stinte/n		
Freundschaftsdienst	lieb gewinnst	münzt er	Tinte/n		- ints
Gottesdienst	überwind'st		dahinten		→ inz (1)
Kundendienst	Hirngespinst	- int (1)	Absinthe/n		
Erkennungsdienst	unterbind'st	[→ imt → ime/n]	Reprinte/n		- inx
Bereitschaftsdienst	zurückgewinnst	dient	verzinnte/n		→ inks (1)
Nachrichtendienst	Lügengespinst	grient	Korinthe/n		
		screent	Labyrinthe/n		- inz (1)
- ünst (1)	- ünst (3)	schient	Gleichgesinnte/n		[→ ims → imm (1)]
(kühnste/n)	(Brünste/n)	(Bediente/n)	gleich gesinnte/n		[→ inks (1)]
sühnst	(dünnste/n)	bedient	Hyazinthe/n		ins
begrünst	(Dünste/n)	gedient	feindlich gesinnte/n		bind's
erkühnst	(dünste/n)	verdient			bin's
	gründ'st	vermint	- ünte/n (2)		find's
- inst* (2)	künd'st	erschient	[→ ünke/n]		Grinds
andienst	(Künste/n)	beschient	verdünnte/n		grins'
hochdienst	münzt	altgedient			Hinz

Kinds	verzinn's	verdünnt's	verzinnt' se	Prototypen
Kinns	verzinnt's	ergründ's	besinnt' se	stereotype/n
lins'	verzins'	verkünd's	gewinnt' se	
Linz	besinnt's	erstünd's	umwind' se	- ipel/n
minn's	Gewinns	verstünd's	überwind' se	[→ ikel/n]
minnt's	gewinn's	bestünd's	unterbind' se	[→ itel/n]
Pins	gewinnt's			People
pinn's	Drive-ins	- inz* (2)	- ünze/n	Schniepel/n
pinnt's	Sit-ins	[→ inks (2)]	gründ' se	verhohnepipel/n
plins'	Korinths	Wahnsinns	künd' se	
Prinz	Provinz	Schwachsinns	Münze/n	- iper/n
Rinds	umwind's	Scharfsinns	münze/n	[→ iker/n (1)]
rinnt's		Blödsinns	stünd' se	[→ iter/n (1)]
Sinns	Patenkinds	Leichtsinns	zünd' se	blieb er
sinnt's	Anbeginns	Trübsinns	begründ' se	Jieper
Skins	Labyrinths	Spürsinns	entstünd' se	Keeper/n
Spins	Pflegekinds	Glückskinds	entzünd' se	Pieper/n
Chintz	Gegenwinds	Irrsinns	verbünd' se	rieb er
Dschinns	Enkelkinds	Christkinds	verdünnt' se	schrieb er
Gins	Pfefferminz	Frohsinns	ergründ' se	trieb er
schind's	Neubeginns	Stumpfsinns	verkünd' se	Viper/n
Spinds	Einzelkinds	Unsinns	erstünd' se	verblieb er
spinn's	Waisenkinds	Gemeinsinns	verstünd' se	verrieb er
spinnt's	Eigensinns		bestünd' se	zerrieb er
Spints	überwind's	- inze/n		verschrieb er
Splints	Widersinns	bind' se	- inzer/n	vertrieb er
Sprints	Wirbelwinds	find' se	[→ inster/n]	beschrieb er
Stints	Rückenwinds	Hinze	Linzer/n	betrieb er
Winds	Hintersinns	Minze/n	Winzer/n	umschrieb er
wind's	Sorgenkinds	minnt' se		überschrieb er
Zinns	Ordnungssinns	pinnt' se	- ĩp (1)	übertrieb er
Zins	Zugewinns	Prinzen	→ ib (1)	hintertrieb er
	Blumenkinds	rinnt' se		unterblieb er
Absinths	unterbind's	sinnt' se	- ŭp	unterschrieb er
befind's	Wunderkinds	Chintze/n	→ üb (1)	untertrieb er
Beginns	Lustgewinns	schind' se		
beginn's	Geburtstagskinds	spinnt' se	- ĩp (2)	- üper/n
beginnt's	Lotteriegewinns	wind' se	→ ipp (1+2)	[→ üter/n (1)]
Check-ins	Orientierungssinns			hyper-
empfind's		befind' se	- ipe/n	Zypern
entbind's	- ünz	beginnt' se	[→ ike/n]	
entrinnt's	[→ ümms → ümm]	empfind' se	[→ ite/n (1)]	- üpfe/n (1)
entsinnt's	[→ ünks]	entbind' se	fiepe/n	hüpfe/n
entspinnt's	Brünns	entrinnt' se	Kiepe/n	knüpfe/n
entwind's	gründ's	entsinnt' se	Piepe/n	lüpfe/n
Reprints	künd's	entspinnt' se	piepe/n	schlüpfe/n
verbind's	münz'	entwind' se	ziepe/n	entschlüpfe/n
erfind's	stünd's	verbind' se		verknüpfe/n
gerinnt's	zünd's	erfind' se	- üpe/n	unterschlüpfe/n
verrinnt's	begründ's	gerinnt' se	[→ üke/n]	
zerrinnt's	entstünd's	verrinnt' se	[→ üte/n (1)]	- üpfe/n* (2)
ersinn's	entzünd's	zerrinnt' se	Type/n	anknüpfe/n
ersinnt's	verbünd's	ersinnt' se	Polypen	aufknüpfe/n
verwind's	verdünn's	verwind' se	Archetypen	ausschlüpfe/n

187

seilhüpfe/n	Horrortrip	rippel/n	[→ icks (1)]	Gipse/n
losknüpfe/n	Kartoffelchip	schnippel/n	[→ itz (1)]	gipse/n
durchschlüpfe/n		tippel/n	Dips	Gripse/n
hineinschlüpfe/n	- ipp* (2)	trippel/n	dipp's	Ibsen, Henrik
	[→ ick (2)]		Fips	kipp' se
- ipfel/n	[→ itt (2)]	- üppel/n	Flips	knipse/n
Gipfel/n	antipp'	[→ückel/n]	Gips	knips' se
gipfel/n	ausflipp'	[→ üttel/n (1)]	gips'	ripp' se
Kipfel/n	Ohrclip	Knüppel/n	Grips	schipp' se
Wipfel/n	Musikclip	knüppel/n	kipp's	Schlipse/n
Zipfel/n		Krüppel/n	Clips	schnipp' se
	- ippe/n (1)	süppel/n	knips'	schnipse/n
- üpfel/n	[→ icke/n (1)]	(verkrüppelt)	Pips	schnips' se
Tüpfel/n	[→ itte/n (1)]	Steuerknüppel/n	ripp's	stipp' se
i-Tüpfel/n	dippe/n	niederknüppel/n	Slips	schwipp' se
	Grippe/n		Strips	Schwipse/n
- üpfer/n	hippe/n	- ippel/n* (2)	Chips	Tippse/n
Hüpfer/n	Kippe/n	[→ ickel/n (2)]	schipp's	tipp' se
Schlüpfer/n	kippe/n	[→ ittel/n (2)]	Schlipps	wipp' se
	Klippe/n	abnippel/n	Schlips	zipp' se
- ipp (1)	Krippe/n		schnipp's	(bedripst)
[→ ick (1)]	Lippe/n	- ipper/n	schnips'	Eklipse/n
[→ itt (1)]	nippe/n	[→ icker/n (1)]	stipp's	Ellipse/n
Dip	Rippe/n	[→ itter/n (1)]	schwipp's	verknipse/n
dipp'	rippe/n	Flipper/n	Schwips	verknips' se
Flip	Sippe/n	flipper/n	Tipps	(beschwipst)
hip	strippe/n	hipper/n	tipp's	Apokalypse/n
kipp'	Schippe/n	Kipper/n	Trips	
Clip	schippe/n	Clipper/n	VIPs	- ipse/n* (2)
klipp [und klar]	Schlippe/n	Klipper/n	wipp's	[→ ickse/n (2)]
(Nippes)	schnippe/n	Ripper, Jack the	zipp's	[→ itze/n (2)]
nipp'	Schrippe/n	Skipper/n		abknipse/n
(Rippchen)	stippe/n	Slipper/n	verknips'	anknipse/n
ripp'	Strippe/n	Stripper/n	Egotrips	ausknipse/n
Slip	schwippe/n	schipper/n	Mikrochips	eingipse/n
Strip	tippe/n	stipper/n	Comicstrips	
stripp'	Wippe/n	Tipper/n	Horrortrips	- ipsel/n
Chip	wippe/n	Tripper/n	Kartoffelchips	[→ itzel/n]
schipp'	zippe/n	Wipper/n		[→ ixel/n]
Schlipp	Xanthippe/n		- ips* (2)	Schnipsel/n
schnipp'	Gerippe/n	- ippes	[→ icks (2)]	
(Schnippchen)	Quasselstrippe/n	→ ipp (1)	[→ itz (2)]	- ipt (1)
stipp'		! kipp' es	abknips'	→ ibst (1)
schwipp'	- ippe/n* (2)		anknips'	
Tipp	[→ icke/n (2)]	- ipps	ausknips'	- ipt (2)
tipp'	[→ itte/n (2)]	→ ips (1)	eingips'	[→ ickt (1)]
Trip	antippe/n		Ohrclips	dippt
VIP	ausflippe/n	- ippse/n	Musikclips	gibt
wipp'		→ ipse/n (1)		kippt
zipp'	- ippel/n (1)		- ipse/n (1)	nippt
	[→ ickel/n (1)]	- ippt	[→ ickse/n (1)]	rippt
Egotrip	[→ ittel/n (1)]	→ ipt (2+3)	[→ itze/n (1)]	Skript
Mikrochip	kippel/n		dipp' se	strippt
Comicstrip	Nippel/n	- ips (1)	Fipse/n	schippt

188

schnippt	dir	Kasimir	(Hüa!)	- **ür*** (2)	
stippt	fier'	Kavalier	Kür	nachspür'	
schwippt	vier	Backpapier	kür'	nasführ'	
tippt	frier'	Packpapier	rühr'	Satyr	
wippt	Gier	Altpapier	schür'	abführ'	
zippt	hier	Nachtquartier	schnür'	abschnür'	
(Ägypten)	mir	Passagier	spür'	anführ'	
begibt	Pier	Trampeltier	Tür	anrühr'	
ergibt	(Prior)	Arbeitstier		aufführ'	
vergibt	Sire	Kanonier	dafür	aufrühr'	
versippt	schier	Harpunier	nature	aufschnür'	
Postscript	schmier'	Hauptquartier	Gebühr	aufspür'	
umgibt	Stier	ausquartier'	entführ'	ausführ'	
Manuskript	stier'	Grenadier	verführ'	ausspür'	
weitergibt	Tier	Wertpapier	erkür'	einführ'	
übergibt	wir	Herdentier	berühr'	einschnür'	
wiedergibt	Zier	Löschpapier	verrühr'	Willkür	
	zier'	Elixier	verschnür'	hinführ'	
- **ipt*** (3)		Säugetier	verspür'	mitführ'	
[→ ickt → icke/n (2)]	dahier	Briefpapier	Gespür	vorführ'	
	Saphir	Kürassier	Geschwür	fortführ'	
nachgibt	Spalier	DIN A4	wofür	zuführ'	
abgibt	allhier	Füsilier	vollführ'	zuschnür'	
achtgibt	Vampir	Pionier	manikür'	umrühr'	
angibt	Manier	Triumvir	pedikür'	durchführ'	
antippt	Panier	Wissbegier	überführ'	herbeiführ'	
stattgibt	Papier	Gürteltier	Hintertür	zurückführ'	
aufgibt	Rapier	Forstrevier	Côte d'Azur	herumführ'	
ausflippt	Barbier	Offizier	Haute Couture		
ausgibt	Scharnier	Juwelier	uraufführ'	- **irb**	
hergibt	Quartier	Souvenir	unterführ'	[→ irt (2)]	
weggibt	Klavier	Murmeltier	unterrühr'	stirb	
freigibt	Pläsier	Kuscheltier	zusammenführ'	wirb	
eingibt	Wesir	Wundertier	en miniature	zirp'	
einstippt	Begier	Muttertier		verdirb	
preisgibt	erfrier'	Musketier	- **ir*** (2)	erwirb	
hingibt	verschmier'		Habgier	bewirb	
vorgibt	verzier'	Gewohnheitstier	Magier	umwirb	
zugibt	beschmier'	Lebenselixier	Fakir		
umkippt	Geschmier	Polizeirevier	abschmier'	- **ürbe/n** (1)	
kundgibt	Brevier	Hasenpanier	Raffgier	[→ ürde/n (1)]	
durchgibt	Revier	Ausweispapier	anschmier'	[→ ürge/n (1)]	
bekannt gibt	Geysir	Elendsquartier	anstier'	mürbe/n	
herausgibt	Visier	Zeitungspapier	Raubtier	stürbe/n	
zurückgibt	Klistier	Schmirgelpapier	Faultier	würbe/n	
dazugibt	Polier	Silberpapier	Zephir	verdürbe/n	
	Kurier	Filterpapier	Emir	zermürbe/n	
- **ir** (1)	Furnier	Toilettenpapier	Neugier	erwürbe/n	
→ Verben unter: ire/n (1)	Turnier	Zigarettenpapier	einfrier'	bewürbe/n	
[→ ia → a (2)]	Nagetier	- **ür** (1)	einschmier'	umwürbe/n	
[→ i-er/n (1)]	Fabeltier	[→ ü-er/n]	hinschmier'		
ihr	Jagdrevier	führ'	Untier	- **ürbe/n*** (2)	
Bier	Wladimir	für	verunzier'	[→ ürde/n (2)]	
				[→ ürge/n (2)]	

189

abstürbe/n	- ürde/n (1)	Spaliere/n	kaschiere/n	testiere/n
abwürbe/n	[→ ürbe/n (1)]	tailliere/n	datiere/n	beschmiere/n
anwürbe/n	[→ ürge/n (1)]	balbiere/n	mattiere/n	Geschmiere
ausstürbe/n	Bürde/n	halbiere/n	Satire/n	(geschmiert)
	Hürde/n	saldiere/n	schattiere/n	(Geviert)
- irbel/n	Würde/n	skalpiere/n	wattiere/n	vexiere/n
Wirbel/n	würde/n	blamiere/n	(gravierend)	(geziert)
wirbel/n	Hochwürden	flambiere/n	Klaviere/n	Geysire/n
Zirbel/n		kampiere/n	laviere/n	(liiert)
zwirbel/n	- ürde/n* (2)	Vampire/n	taxiere/n	vibriere/n
Rückenwirbel/n	[→ ürbe/n (2)]	amtiere/n	spaziere/n	hydriere/n
Trommelwirbel/n	[→ ürge/n (2)]	flaniere/n	platziere/n	liniere/n
	aufbürde/n	Maniere/n	sauniere/n	düpiere/n
- irbs		Paniere/n	hausiere/n	püriere/n
[→ irbts → irb]	- ürder/n	paniere/n	pausiere/n	frisiere/n
[→ irks → irke/n (1)]	[→ ürger/n (1)]	planiere/n	kreiere/n	Visiere/n
	fürder	saniere/n	ediere/n	visiere/n
[→ irts → irt (2)]	würd' er	kandiere/n	lädiere/n	chiffriere/n
Knirps		tangiere/n	plädiere/n	signiere/n
verdirb's	- ire/n (1)	flankiere/n	legiere/n	(pikiert)
erwirb's	ihre/n	frankiere/n	negiere/n	diktiere/n
bewirb's	Ire/n	rangiere/n	regiere/n	brilliere/n
Gezirps	Biere/n	hantiere/n	geliere/n	filtriere/n
umwirb's	fiere/n	drapiere/n	(meliert)	diniere/n
	Viere, alle	kapiere/n	prämiere/n	sinniere/n
- ürbs	viere/n	Papiere/n	geniere/n	fingiere/n
[→ ürgs → ürge/n (1)]	friere/n	Rapiere/n	trainiere/n	firmiere/n
	giere/n	frappiere/n	krepiere/n	plissiere/n
[→ ürts → ürt (2)]	Lire/n	(kariert)	geriere/n	brüskiere/n
zermürb's	Niere/n	pariere/n	serviere/n	riskiere/n
	Piere/n	Barbiere/n	Pläsiere/n	Klistiere/n
- ürchen	schiere/n (= bloße/n)	barbiere/n	Wesire/n	klistiere/n
Hürchen		markiere/n	Breviere/n	zitiere/n
Schnürchen	Schliere/n	parliere/n	Reviere/n	frittiere/n
Türchen	Schmiere/n	armiere/n	seziere/n	quittiere/n
Ührchen	schmiere/n	garniere/n	(gebiert)	(livriert)
Figürchen	Stiere/n	Scharniere/n	möbliere/n	fixiere/n
Hintertürchen	stiere/n	chargiere/n	gefrieren	skizziere/n
	Tiere/n	marschiere/n	flektiere/n	probiere/n
- ird	Viren	Quartiere/n	sektiere/n	codiere/n
→ irt (2)	(wiehere/n)	basiere/n	spendiere/n	hofiere/n
	ziere/n	(blasiert)	tendiere/n	Poliere/n
- irde/n (1)		phrasiere/n	zensiere/n	poliere/n
ihr denn	radiere/n	glasiere/n	rentieren	moniere/n
Zierde/n	tradiere/n	lasiere/n	zentriere/n	blanchiere/n
Begierde/n	addiere/n	rasiere/n	erfriere/n	tranchiere/n
Wissbegierde	Saphire/n	glaciere/n	verliere/n	changiere/n
	schraffiere/n	grassieren	(versiert)	longiere/n
- irde/n* (2)	agiere/n	kassiere/n	verschmiere/n	lanciere/n
Neugierde	lackiere/n	massiere/n	vertiere/n	bronziere/n
	stagniere/n	passiere/n	verziere/n	kopiere/n
- irde/n (3)	paktiere/n	maskiere/n	blessiere/n	florieren
irden	taktiere/n	gastiere/n	dressiere/n	dosiere/n
	traktiere/n	kastriere/n	pressiere/n	posiere/n

logiere/n	Turniere/n	adressiere/n	Kanoniere/n	präpariere/n
dotiere/n	kursiere/n	karessiere/n	pensioniere/n	repariere/n
notiere/n	moussiere/n	amnestiere/n	sanktioniere/n	separiere/n
quotiere/n	poussiere/n	attestiere/n	transponiere/n	retardiere/n
rotiere/n	gustiere/n	arretiere/n	kartoniere/n	deklassiere/n
votiere/n	justiere/n	malträtiere/n	(passioniert)	detachiere/n
doziere/n	frustriere/n	manövriere/n	rationiere/n	debattiere/n
pochiere/n	kutschiere/n	tapeziere/n	stationiere/n	(deplatziert)
rochiere/n		Arbeitstiere/n	annonciere/n	zelebriere/n
chauffiere/n	Fabeltiere/n	(alliiert)	abmontieren	delegiere/n
blockiere/n	Nagetiere/n	variiere/n	galoppiere/n	relegiere/n
mokiere/n	Jagdreviere/n	transkribiere/n	adoptiere/n	delektiere/n
schockiere/n	adoriere/n	kandidiere/n	marmoriere/n	selektiere/n
rolliere/n	laboriere/n	navigiere/n	absorbiere/n	reflektiere/n
stolziere/n	fabuliere/n	karikiere/n	transformiere/n	dementiere/n
plombiere/n	schnabuliere/n	(antiquiert)	apportiere/n	frequentiere/n
blondiere/n	paradiere/n	animiere/n	transportiere/n	Herdentiere/n
sondiere/n	abstrahiere/n	parfümiere/n	sabotiere/n	enerviere/n
spondiere/n	attackiere/n	maximiere/n	bankrottiere/n	reserviere/n
jongliere/n	massakriere/n	(raffiniert)	graduiere/n	depeschiere/n
kontiere/n	randaliere/n	paginiere/n	statuiere/n	vegetiere/n
montiere/n	drangsaliere/n	laminiere/n	kalkuliere/n	dekretiere/n
optiere/n	Kavaliere/n	mariniere/n	makuliere/n	repetiere/n
formiere/n	asphaltiere/n	(fasziniert)	annulliere/n	(dezidiert)
normiere/n	balsamiere/n	gratiniere/n	stranguliere/n	dehydriere/n
(borniert)	arrangiere/n	akquiriere/n	gratuliere/n	(erigiert)
storniere/n	garantiere/n	(manieriert)	patrouilliere/n	redigiere/n
forciere/n	transplantiere/n	transpiriere/n	Harpuniere/n	deprimiere/n
sortiere/n	adaptiere/n	aspiriere/n	harpuniere/n	resümiere/n
glossiere/n	havariere/n	amüsiere/n	fakturiere/n	ästimiere/n
haussieren	alarmiere/n	anglisiere/n	maturiere/n	dezimiere/n
postiere/n	Nachtquartiere/n	avisiere/n	masturbiere/n	definiere/n
broschiere/n	fantasiere/n	anvisiere/n	amputiere/n	dekliniere/n
frottiere/n	panaschiere/n	assistiere/n	salutiere/n	rezipiere/n
studiere/n	bandagiere/n	affichiere/n	ausradiere/n	requiriere/n
kupiere/n	engagiere/n	agitiere/n	ausstaffiere/n	retiriere/n
soupiere/n	Passagiere/n	aktiviere/n	pauschaliere/n	präzisiere/n
toupiere/n	plakatiere/n	arriviere/n	ausrangieren	reüssiere/n
Kuriere/n	strapaziere/n	archiviere/n	austariere/n	registriere/n
kuriere/n	applaudiere/n	praktiziere/n	Hauptquartiere/n	debütiere/n
goutiere/n	(affektiert)	appliziere/n	ausquartiere/n	editiere/n
mutiere/n	annektiere/n	fabriziere/n	auktioniere/n	kreditiere/n
souffliere/n	appelliere/n	kapriziere/n	aussortieren	meditiere/n
bugsiere/n	paspeliere/n	anprobiere/n	etabliere/n	rezitiere/n
pulsiere/n	Trampeltiere/n	approbiere/n	degradiere/n	remittiere/n
gummiere/n	lamentiere/n	psalmodiere/n	Grenadiere/n	dediziere/n
summiere/n	patentiere/n	parodiere/n	reagiere/n	repliziere/n
(fundiert)	(talentiert)	absolviere/n	emailliere/n	demoliere/n
grundiere/n	akzeptiere/n	abonniere/n	deklamiere/n	tremoliere/n
fungiere/n	alteriere/n	schwadroniere/n	reklamiere/n	deponiere/n
punktiere/n	transferiere/n	ramponiere/n	(derangiert)	betoniere/n
gruppiere/n	alterniere/n	schamponiere/n	therapiere/n	detoniere/n
Furniere/n	kaserniere/n	tamponiere/n	Wertpapiere/n	räsoniere/n
furniere/n	abserviere/n	harmoniere/n	deklariere/n	defloriere/n

dekoriere/n	existiere/n	frikassiere/n	stimuliere/n	torpediere/n
resorbiere/n	Elixiere/n	imprägniere/n	zirkuliere/n	konvenieren
deformiere/n	expliziere/n	integriere/n	diffundiere/n	kompensiere/n
renoviere/n	explodiere/n	ziseliere/n	illustriere/n	kondensiere/n
tätowiere/n	echauffiere/n	nivelliere/n	diskutiere/n	kommentiere/n
eruiere/n	revoltiere/n	Gürteltiere/n	disputiere/n	konzentriere/n
präludiere/n	evolviere/n	inszeniere/n	induziere/n	konferiere/n
reguliere/n	(renommiert)	dispensiere/n	propagiere/n	offeriere/n
emulgiere/n	exponiere/n	lizenziere/n	koaliere/n	operiere/n
sekundiere/n	demonstriere/n	differiere/n	programmiere/n	konvergiere/n
denunziere/n	revanchiere/n	inseriere/n	proklamiere/n	(konsterniert)
rekurriere/n	demontiere/n	divergiere/n	profaniere/n	konversiere/n
retourniere/n	lektoriere/n	interniere/n	onaniere/n	konvertiere/n
retuschiere/n	memoriere/n	investiere/n	pointiere/n	konzertiere/n
degoutiere/n	perforiere/n	filetiere/n	projektiere/n	observiere/n
deputiere/n	reformiere/n	dilettiere/n	modelliere/n	konserviere/n
rekrutiere/n	deportiere/n	inskribiere/n	novelliere/n	molestiere/n
dekuvriere/n	eskortiere/n	dividiere/n	promeniere/n	orchestriere/n
deduziere/n	exportiere/n	liquidiere/n	potenziere/n	komplettiere/n
extrahiere/n	exorziere/n	dirigiere/n	moderiere/n	porträtiere/n
eskalieren	spekuliere/n	intrigiere/n	toleriere/n	Forstreviere/n
(exaltiert)	resultieren	(indigniert)	prozessiere/n	kollidiere/n
expandiere/n	verlustiere/n	infiltriere/n	protestiere/n	oxydiere/n
restauriere/n	reduziere/n	imprimiere/n	protegiere/n	voltigiere/n
expediere/n	(kleinkariert)	minimiere/n	kokettiere/n	korrigiere/n
respektiere/n	einkassiere/n	(distinguiert)	proskribiere/n	kompiliere/n
rebelliere/n	Säugetiere/n	inspiriere/n	profiliere/n	oszilliere/n
rezensiere/n	boykottiere/n	stilisiere/n	dominiere/n	komprimiere/n
präsentiere/n	einstudieren	spintisiere/n	nominiere/n	optimiere/n
segmentiere/n	biwakiere/n	irisiere/n	koitiere/n	kostümiere/n
zementiere/n	nuanciere/n	kritisiere/n	profitiere/n	kombiniere/n
temperiere/n	bilanziere/n	insistiere/n	motiviere/n	konzipiere/n
generiere/n	finanziere/n	ministriere/n	projiziere/n	konspiriere/n
referiere/n	Kürassiere/n	imitiere/n	prononciere/n	konfirmiere/n
präferiere/n	Füsiliere/n	limitiere/n	avanciere/n	konfisziere/n
recherchiere/n	füsiliere/n	irritiere/n	balanciere/n	hospitiere/n
exzerpiere/n	tiriliere/n	visitiere/n	prolongiere/n	Offiziere/n
pervertiere/n	typisiere/n	impliziere/n	volontiere/n	kompliziere/n
desertiere/n	isoliere/n	indiziere/n	honoriere/n	oktroyiere/n
exerziere/n	Pioniere/n	infiziere/n	promoviere/n	korrodiere/n
präsidiere/n	spioniere/n	injiziere/n	provoziere/n	kondoliere/n
residiere/n	ignoriere/n	inspiziere/n	moduliere/n	kontrolliere/n
revidiere/n	triumphiere/n	implodiere/n	okuliere/n	komponiere/n
persifliere/n	tituliere/n	involviere/n	kopuliere/n	opponiere/n
designiere/n	figuriere/n	disponiere/n	produziere/n	portioniere/n
resigniere/n	Triumvire/n	imponiere/n	kollabiere/n	konfrontiere/n
emigriere/n	inhaftiere/n	intoniere/n	kontrahiere/n	koloriere/n
ennuyiere/n	inhaliere/n	missioniere/n	kontaktiere/n	kolportiere/n
defiliere/n	installiere/n	informiere/n	kommandiere/n	kompostiere/n
ventiliere/n	diffamiere/n	importiere/n	bombardiere/n	kongruiere/n
destilliere/n	schikaniere/n	instruiere/n	kontrastiere/n	konstruiere/n
terminiere/n	implantiere/n	(situiert)	formatiere/n	konkludiere/n
respiriere/n	distanziere/n	intubiere/n	konstatiere/n	konjugiere/n
technisiere/n	inkarniere/n	simuliere/n	konzediere/n	onduliere/n

192

formuliere/n	standardisiere/n	realisiere/n	neutralisiere/n	botanisiere/n
postuliere/n	dramatisiere/n	egalisiere/n	dialysiere/n	romantisiere/n
konsultiere/n	pragmatisiere/n	legalisiere/n	rivalisiere/n	polarisiere/n
konsumiere/n	fanatisiere/n	schematisiere/n	dynamisiere/n	polemisiere/n
korrumpiere/n	katapultiere/n	thematisiere/n	islamisiere/n	modernisiere/n
okkupiere/n	vagabundiere/n	evakuiere/n	tyrannisiere/n	domestiziere/n
konturiere/n	abreagiere/n	desavouiere/n	klimatisiere/n	proviantiere/n
konkurriere/n	katechisiere/n	ejakuliere/n	privatisiere/n	orientiere/n
obduziere/n	pasteurisiere/n	denaturiere/n	hybridisiere/n	mobilisiere/n
buchstabiere/n	fraternisiere/n	telegrafiere/n	zivilisiere/n	hochstilisiere/n
(couragiert)	anästhesiere/n	Elendsquartiere/n	mystifiziere/n	politisiere/n
duelliere/n	magnetisiere/n	(degeneriert)	guillotiniere/n	kodifiziere/n
Juweliere/n	akkreditiere/n	regeneriere/n	hypnotisiere/n	modifiziere/n
Souvenire/n	akzentuiere/n	determiniere/n	ionisiere/n	glorifiziere/n
pubertiere/n	antichambriere/n	(prädestiniert)	ironisiere/n	fotografiere/n
kuvertiere/n	manifestiere/n	elektrisiere/n	signalisiere/n	kooperiere/n
jubiliere/n	assimiliere/n	ästhetisiere/n	kristallisiere/n	koordiniere/n
ruiniere/n	faksimiliere/n	telefoniere/n	christianisiere/n	motorisiere/n
uriniere/n	antizipiere/n	legitimiere/n	stigmatisiere/n	prognostiziere/n
(routiniert)	partizipiere/n	sterilisiere/n	sympathisiere/n	fotokopiere/n
publiziere/n	latinisiere/n	verifiziere/n	interveniere/n	chloroformiere/n
judiziere/n	stabilisiere/n	spezifiziere/n	differenziere/n	dokumentiere/n
dupliziere/n	habilitiere/n	stenografiere/n	interferiere/n	kontaminiere/n
musiziere/n	qualifiziere/n	(dekolletiert)	interessiere/n	organisiere/n
kujoniere/n	quantifiziere/n	stenotypiere/n	interpretiere/n	normalisiere/n
fusioniere/n	klassifiziere/n	heroisiere/n	diskreditiere/n	kollaboriere/n
kumuliere/n	ratifiziere/n	dämonisiere/n	intensiviere/n	komplementiere/n
usurpiere/n	(ambitioniert)	demissioniere/n	interpunktiere/n	(konföderiert)
subtrahiere/n	artikuliere/n	examiniere/n	(privilegiert)	konkretisiere/n
Murmeltiere/n	manipuliere/n	zentralisiere/n	initiiere/n	objektiviere/n
Kuscheltiere/n	kapituliere/n	spezialisiere/n	diskriminiere/n	kollektiviere/n
(ungeniert)	abkommandiere/n	mechanisiere/n	diszipliniere/n	konfektioniere/n
suspendiere/n	assoziiere/n	relativiere/n	simplifiziere/n	konzessioniere/n
suggeriere/n	atomisiere/n	desaktiviere/n	(indisponiert)	korrespondiere/n
nummeriere/n	harmonisiere/n	vergaloppiere/n	(introvertiert)	kontingentiere/n
Wundertiere/n	kanonisiere/n	verkalkuliere/n	dissoziiere/n	kommissioniere/n
Muttertiere/n	favorisiere/n	verklausuliere/n	indoktriniere/n	positioniere/n
Musketiere/n	valorisiere/n	repräsentiere/n	symbolisiere/n	konstituiere/n
sublimiere/n	amortisiere/n	reglementiere/n	synchronisiere/n	prostituiere/n
supprimiere/n	narkotisiere/n	emeritiere/n	inthronisiere/n	konsolidiere/n
kulminieren	akkomodiere/n	perfektioniere/n	historisiere/n	protokolliere/n
kultiviere/n	apostrophiere/n	extemporiere/n	improvisiere/n	proportioniere/n
funktioniere/n	argumentiere/n	exekutiere/n	inkommodiere/n	kolonisiere/n
fluktuiere/n	halluziniere/n	etikettiere/n	philosophiere/n	kompromittiere/n
subsumiere/n	tabuisiere/n	eliminiere/n	mikroskopiere/n	phosphoresziere/n
strukturiere/n	akkumuliere/n	verdünnisiere/n	instrumentiere/n	kommuniziere/n
	akupunktiere/n	desinfiziere/n	illuminiere/n	brutalisiere/n
bramarbasiere/n	pauschalisiere/n	gestikuliere/n	immunisiere/n	humanisiere/n
aquarelliere/n	ausmanövrieren	hektografiere/n	nomadisiere/n	lumiesziere/n
paralysiere/n	Ausweispapiere/n	(extrovertiert)	pomadisiere/n	fluoresziere/n
analysiere/n	aufoktroyiere/n	terrorisiere/n	globalisiere/n	mumifiziere/n
banalisiere/n	autorisiere/n	rekognosziere/n	lokalisiere/n	urbanisiere/n
kanalisiere/n	reanimiere/n	rekonstruiere/n	moralisiere/n	vulkanisiere/n
galvanisiere/n	emanzipiere/n	reproduziere/n	sozialisiere/n	vulgarisiere/n

substantiviere/n	idealisiere/n	gebühren	abführe/n	[→ ü-er/n]
unterminiere/n	liberalisiere/n	Lektüre/n	abschnüre/n	Dürer, Albrecht
pulverisiere/n	kriminalisiere/n	entführe/n	anführe/n	Führer/n
subventioniere/n	digitalisiere/n	berühre/n	anrühre/n	(früherer)
umdirigiere/n	visualisiere/n	(gerührt)	aufführe/n	(Lyra)
multipliziere/n	inventarisiere/n	verführe/n	aufrühre/n	Syrer/n
umdisponiere/n	militarisiere/n	erküre/n	aufschnüre/n	Spürer/n
uniformiere/n	systematisiere/n	verrühre/n	aufspüre/n	Entführer/n
substituiere/n	bürokratisiere/n	verschnüre/n	ausführe/n	Verführer/n
umfunktioniere/n	disqualifiziere/n	verspüre/n	ausspüre/n	Fahrzeugführer/n
	diversifiziere/n	Geschwüre/n	einführe/n	Rädelsführer/n
verproviantiere/n	identifiziere/n	Frittüre/n	einschnüre/n	Fremdenführer/n
verbarrikadiere/n	bibliografiere/n	vollführe/n	hinführe/n	Beschwerdeführer/n
	psychologisiere/n	Bordüre/n	mitführe/n	
materialisiere/n	diagnostiziere/n	Broschüre/n	vorführe/n	Tabellenführer/n
radikalisiere/n	homogenisiere/n		fortführe/n	
akklimatisiere/n	choreografiere/n	Aventüre/n	zuführe/n	- ürer/n* (2)
aromatisiere/n	(wohlproportio-	Maniküre/n	zuschnüre/n	Anführer/n
nationalisiere/n	niert)	maniküre/n	umrühre/n	Aufrührer/n
rationalisiere/n	monologisiere/n	(federführend)	durchführe/n	Märtyrer/n
aktualisiere/n	monopolisiere/n	Pediküre/n	herbeiführe/n	
naturalisiere/n	problematisiere/n	pediküre/n	zurückführe/n	- ürfe/n (1)
bagatellisiere/n	kommerzialisiere/n	(weiterführend)	herumführe/n	dürfe/n
karamellisiere/n	solidarisiere/n	überführe/n		schürfe/n
parallelisiere/n	kolonialisiere/n	(irreführend)	- irer/n	schlürfe/n
charakterisiere/n	popularisiere/n	Hintertüre/n	[→ i-er/n (1)]	Würfe/n
alphabetisiere/n	kommunalisiere/n	Ouvertüre/n	[→ ira → a (2)]	würfe/n
abqualifiziere/n		Konfitüre/n	ihrer	bedürfe/n
anonymisiere/n	herauskristallisieren	uraufführe/n	schierer	Entwürfe/n
katalogisiere/n	hinauskomplimen-	Kuvertüre/n	Schmierer/n	entwürfe/n
kategorisiere/n	tiere/n	(unberührt)	stierer	verwürfe/n
(alkoholisiert)	herbeizitiere/n	(ungerührt)	Vierer/n	bewürfe/n
automatisiere/n	Gewohnheitstiere/n	unterführe/n	Radierer/n	überwürfe/n
demokratisiere/n	(leistungsorientiert)	unterrühre/n	Lackierer/n	unterwürfe/n
demoralisiere/n	industrialisiere/n	zusammenführe/n	Rangierer/n	
säkularisiere/n	internationalisiere/n		Rasierer/n	- ürfe/n* (2)
theoretisiere/n	individualisiere/n	- ire/n* (2)	Kassierer/n	abschürfe/n
rehabilitiere/n	institutionalisiere/n	Fakire/n	Taxierer/n	abwürfe/n
rekapituliere/n		abschmiere/n	Hausierer/n	aufschürfe/n
resozialisiere/n	- üre/n (1)	anschmiere/n	Tauschierer/n	aufwürfe/n
Lebenselixiere/n	(frühere/n)	anstiere/n	Sektierer/n	Einwürfe/n
generalisiere/n	führe/n	Raubtiere/n	Verlierer/n	(tiefschürfend)
experimentiere/n	Küren	Faultiere/n	Kopierer/n	Vorwürfe/n
entnazifiziere/n	küre/n	Zephire/n	Sortierer/n	
exmatrikuliere/n	rühre/n	Emire/n	Randalierer/n	- ürge/n (1)
sensibilisiere/n	Schnüre/n	einfriere/n	Tapezierer/n	[→ ürbe/n (1)]
elektrifiziere/n	schnüre/n	einschmiere/n	Debattierer/n	[→ ürde/n (1)]
entkoffeiniere/n	schüre/n	hinschmiere/n	Ziselierer/n	Bürge/n
personifiziere/n	spüre/n	Untiere/n	Programmierer/n	bürge/n
(desorientiert)	Türe/n	verunziere/n	Modellierer/n	Jürgen
desillusioniere/n			Rohrkrepierer/n	würge/n
revolutioniere/n	Allüre/n	- üre/n* (2)	Fotokopierer/n	verbürge/n
exkommuniziere/n	Walküre/n	nachspüre/n		erwürge/n
Polizeireviere/n	Gebühren	nasführe/n	- ürer/n (1)	Siebenbürgen

194

herunterwürge/n
- **ürge/n* (2)**
[→ ürbe/n (2)]
[→ ürde/n (2)]
abwürge/n
- **irgends**
nirgends
- **ürgens**
Jürgens
würgen's
erwürgen's
Siebenbürgens

- **irger/n**
Birger

- **ürger/n (1)**
[→ ürder/n]
Bürger/n
Würger/n

- **ürger/n* (2)**
Spießbürger/n

- **ürgs**
→ ürge/n (1)
[→ irks]

- **irke/n (1)**
[→ irpe/n]
[→ irte/n → irt (2)]
Birke/n
wirke/n
erwirke/n
verwirke/n
bewirke/n
Gewirke/n
Bezirke/n
zusammenwirke/n

- **ürke/n**
[→ ürte/n → ürt (2)]
Türke/n
türke/n

- **irke/n* (2)**
[→ irte/n → irt (3)]
nachwirken
auswirken
einwirke/n

mitwirke/n

- **irks**
→ irke/n (1)
[→ ürgs]

- **irm (1)**
[→ irn]
firm
Schirm
schirm'
beschirm'
Lampenschirm
Regenschirm
Fernsehschirm

- **ürm (1)**
[→ ürn]
stürm'
türm'
erstürm'
bestürm'
Gewürm

- **irm* (2)**
abschirm'

- **ürm* (2)**
anstürm'
auftürm'
hereinstürm'

- **irme/n (1)**
[→ irne/n]
firme/n
Schirme/n
schirme/n
beschirme/n
Lampenschirme/n
Regenschirme/n
Fernsehschirme/n

- **ürme/n (1)**
[→ ürne/n]
Stürme/n
stürme/n
Türme/n
türme/n
erstürme/n
bestürme/n

- **irme/n* (2)**
abschirme/n

- **ürme/n* (2)**
anstürme/n
auftürme/n
einstürme/n
losstürme/n
hereinstürme/n

- **irmer/n**
[→ irma → a (2)]
firmer/n
Schirmer/n
[Schirmherr/n]

- **ürmer/n**
Stürmer/n
Türmer/n
Würmer/n
Gipfelstürmer/n
Mittelstürmer/n
Himmelsstürmer/n
Bilderstürmer/n

- **irmes**
firmes
Kirmes
Schirmes
schirm' es
beschirm' es
Lampenschirmes
Regenschirmes
Fernsehschirmes

- **ürmes**
stürm' es
erstürm' es
bestürm' es
Gewürmes

- **irn**
[→ irm (1)]
[→ irre/n (1)]
Dirn
Firn
Hirn
Stirn
Zwirn
Gehirn
Gestirn

- **ürn**
[→ ürm (1)]
[→ ürre/n]
zürn'

- **irne/n**
[→ irme/n (1)]
Birne/n
Dirne/n
Firne/n
Hirne/n
Stirne/n
Zwirne/n
Gehirne/n
Gestirne/n

- **ürne/n**
[→ ürme/n (1)]
hürnen
zürne/n

- **irpe/n**
[→ irke/n (1)]
[→ irte/n → irt (2)]
zirpe/n

- **irps**
→ irbs

- **irr (1)**
irr' (Verb)
irr (Adj.)
flirr'
girr'
klirr'
sirr'
schirr'
schwirr'
wirr
entwirr'
verirr'
verwirr'
Geschirr
Gewirr
umschwirr'
Nachtgeschirr
Kochgeschirr
Pferdegeschirr
Stimmengewirr

- **ürr**
dürr

- **irr* (2)**
anschirr'
umherirr'
umherschwirr'

- **irre/n (1)**

[→ irn]
Irre/n
irre/n (Verb)
irre/n (Adj.)
flirre/n
girre/n
kirre
klirre/n
sirre/n
schirre/n
schwirre/n
Wirren
wirre/n
beirren
entwirre/n
verirre/n
verwirre/n
Geschirre/n
umschwirre/n

- **ürre/n**
[→ ürn]
Dürre/n
dürre/n

- **irre/n* (2)**
anschirre/n
umherirre/n
umherschwirre/n

- **irrt**
→ irt (2+3)

- **irsch (1)**
Hirsch
knirsch'
Pirsch
pirsch'

- **irsch* (2)**
unwirsch

- **irsche/n (1)**
Hirsche/n
Kirsche/n
knirsche/n
Pirschen
pirsche/n
(zerknirscht)

- **irsche/n* (2)**
unwirsche/n

- **irst (1)**

195

→ ire/n (1+2)	irrt	Kürze	sieh's	besieh's
	flirrt	kürze/n	sie's	Esprits
- ürst (1)	girrt	Schürze/n	schieß'	beschließ'
→ üre/n (1+2)	Hirt	schürze/n	schließ'	Etuis
	klirrt	Stürze/n	schrie's	bewies
- irst (2)	sirrt	stürze/n	Skis	bezieh's
irrst	schirrt	Würze/n	spie's	präzis
birst	schwirrt	würze/n	Spieß	TVs (engl.)
First	wird	verkürze/n	spieß'	Türkis
flirrst	Wirt	(bestürzt)	sprieß'	türkis
girrst	entwirrt	Gewürze/n	stieß	sowie's
(Kirsten)	verirrt	überstürze/n	wies	Sophies
klirrst	verwirrt		wie's	Police
sirrst	bewirt'	- ürze/n* (2)	zieh's	vollzieh's
schirrst	(becirce/n)	abkürze/n		konzis
schwirrst	umschwirrt	abstürze/n	(Radieschen)	Maurice
wirst	unbeirrt	einstürze/n	Maries	Orlys
entwirrst		umstürze/n	Paris	umschließ'
verirrst	- ürt (2)	herbeistürze/n	Aktrice	
verwirrst	[→ ürb → ürbs]		Anis	Alibis
umschwirrst	[→ ürg → ürge/n	- ürzel/n	Caprice	Napolis
	(1)]	Bürzel/n	gedieh's	Paradies
- ürst (2)	Fürth	Kürzel/n	begieß'	Halalis
bürst'	umgürt'	Pürzel/n	beknie's	Amelies
dürst'			belieh's	Valeries
Fürst	- irt* (3)	- is (1)	beließ	Flammeris
	anschirrt	blies	MPs	Après-Skis
- irst* (3)	umherirrt	Bries	Genies	Kaugummis
anschirrst	umherschwirrt	dies	genieß'	Schaumgummis
umherirrst		fies	entlieh's	Beatrice
umherschwirrst	- irz	Viehs	entließ	stehen ließ
	→ irt (2)	flieh's	entschließ'	Federviehs
- irste/n (1)		Fleece	entsprieß'	Selleries
→ irst (2)	- ürz (1)	fließ'	entzieh's	Leckerlis
! wirst'n	Fürths	Vlies	verdrieß'	Helsinkis
	kürz'	Fries	zerfließ'	Direktrice
- ürste/n (1)	schürz'	gieß'	ergieß'	liegen ließ
Bürste/n	stürz'	Grieß	verhieß	überdies
bürste/n	würz'	hieß	erkies'	überfließ'
dürste/n	verkürz'	Kies	erließ	überlies
Fürsten	Gewürz	kies'	verlieh's	überließ
Würste/n	umgürt's	Knies	Verlies	übersieh's
	überstürz'	Kris	verlies	überwies
- ürste/n* (2)		leas'	verließ	überzieh's
Kratzbürste/n	- ürz* (2)	lieh's	vermies'	niederließ
	abkürz'	lies	erschieß'	VIPs
- īrt (1)	abstürz'	(Lieschen)	erschließ'	übrig ließ
→ ire/n (1+2)	umstürz'	ließ	versieh's	sitzenließ
	herbeistürz'	mies	verstieß	hinterließ
- ürt (1)		nies'	erwies	hinterzieh's
→ üre/n (1+2)	- irze/n	Peace	Service	Rififis
	→ irt (2)	Plis	verwies	Riminis
- irt (2)		pries	erzieh's	Miniplis
[→ irb]	- ürze/n (1)	Ries	verzieh's	Hickorys

ohnedies	Rabbis	Billys	(Gischt)	träumerisch
Kolibris	Talmis	Brillis (=Brillanten)	Quiche	reißerisch
Brokkolis	Mamis	Chilis	misch'	gleisnerisch
offenließ	anließ	Lillis	Tisch	grüblerisch
lockerließ	ranließ	Millis	Wisch	kriecherisch
Strombolis	anpries	Tillys	wisch'	kriegerisch
Potpourris	anwies	Willis	zisch'	trügerisch
unterließ	Shantys	Stimmviehs	(zwischen)	lügnerisch
unterwies	Chiantis	hinwies		spielerisch
unterzieh's	Papis	Whiskys	(dazwischen)	dichterisch
	Harrys		Gemisch	bildnerisch
Krambambulis	Wischiwaschis	lobpries	entwisch'	künstlerisch
sich gehen ließ	Taxis	Hallodris	verdrisch	kupplerisch
Annemaries	Gaudis	Parolis	erfrisch'	lutherisch
Kikerikis	Rowdys	Tonys	erlisch	untermisch'
Rosemaries	aufblies	Makkaronis	vermisch'	großstädtisch
Steuerparadies	aufließ	vorließ	erwisch'	abgöttisch
	aufgieß'	vorschieß'	verwisch'	hundsföttisch
- üs (1)	aufschieß'	vorwies	(inzwischen)	heimtückisch
büh'	aufschließ'	hervorschieß'		spitzbübisch
brüh's	aufspieß'	Ponys	Mittagstisch	altmodisch
grüß'	aufwies	fortwies	argwöhnisch	herkulisch
sprüh's	ausließ		staatsmännisch	
süß	ausschließ'	Bubis	fachmännisch	gestalterisch
Debüts	auswies	Azubis	seemännisch	verlegerisch
begrüß'	hinausschieß'	Rudis	weltmännisch	verräterisch
bemüh's		Julis	waidmännisch	verbrecherisch
Menüs	Babys	Kulis	aufständisch	verschwenderisch
verbüß'	Spezis	Mulis	ausländisch	erpresserisch
verbrüh's	zurechtwies	zuließ	Tintenfisch	verleumderisch
versüß'	wegließ	Junis	(Scheibenwi-	betrügerisch
versprüh's	Andys	Susis	scher/n)	erzieherisch
Fondues	Dandys	zuschieß'	malerisch	verführerisch
Parvenus	Handys	guthieß	prahlerisch	genießerisch
Aperçus	Mandys	zuwies	planerisch	gebieterisch
Impromptus	Effendis	Ulis	zauberisch	erfinderisch
	Yankees	Gummis	gegnerisch	
- is* (2)	Henrys	kurzschließ'	regnerisch	schlafwandlerisch
nachließ	Dementis		quälerisch	nachtwandlerisch
nachwies	Käppis	- üs* (2)	wählerisch	angeberisch
Kadis	Derbys	abbüß'	frevlerisch	halsbrecherisch
Radis	Bettys	einbüß'	rechnerisch	kraftmeierisch
Alis			schwelgerisch	marktschreierisch
Balis	Heidis	- is (3)	kämpferisch	draufgängerisch
Kalis	freiließ	→ iss (1+2)	tänzerisch	aufklärerisch
Malis	einblies		schöpferisch	aufschneiderisch
Alkalis	einließ	- isch (1)	mörderisch	ausbeuterisch
Bengalis	einschieß'	[→ ich / ig (2)]	nörglerisch	aufwieglerisch
Somalis	einschließ'	drisch	schwärmerisch	schauspielerisch
Zyankalis	einwies	Fisch	ketzerisch	aufrührerisch
abblies		(Fischer/n)	räuberisch	seelsorgerisch
abließ	Vichys	fisch'	heuchlerisch	rechthaberisch
herabließ	Harakiris	(Frische)	schmeichlerisch	hellseherisch
abwies	zurückwies	frisch	bäuerisch	selbstquälerisch

selbstmörderisch	physikalisch	proletarisch	psychosomatisch	auftisch'
freimaurerisch	provenzalisch	solidarisch	homöopathisch	launisch
großsprecherisch	musikalisch	kommissarisch	sklavisch	auswisch'
großtuerisch	grammatikalisch	konsularisch		herausfisch'
buchhalterisch	matriarchalisch	kulinarisch	á:	
umstürzlerisch	patriarchalisch	parlamentarisch	abzisch'	ē:
	orientalisch	testamentarisch	Backfisch	hebräisch
ehebrecherisch	aerodynamisch	disziplinarisch	Bakschisch	ägäisch
hinterwäldlerisch	mesopotamisch	protokollarisch	faktisch	pharisäisch
wichtigtuerisch	manisch	dokumentarisch	praktisch	europäisch
unternehmerisch	panisch	statisch	taktisch	höfisch
	spanisch	quadratisch	galaktisch	strategisch
- üsch	galvanisch	pragmatisch	didaktisch	elegisch
Gebüsch	spartanisch	dalmatisch	prophylaktisch	plebejisch
	satanisch	dramatisch	neuralgisch	seelisch
- isch* (2)	mechanisch	fanatisch	nostalgisch	chemisch
[→ ich / ig (3)]	germanisch	asthmatisch	gallisch	flämisch
etc.: Nationen	dynamisch	traumatisch	phallisch	hämisch
ā:	islamisch	phlegmatisch	metallisch	anämisch
archaisch	titanisch	schematisch	tyrannisch	blasphemisch
prosaisch	romanisch	thematisch	normannisch	polemisch
algebraisch	organisch	empathisch	alemannisch	moslemisch
badisch	osmanisch	ekstatisch	atlantisch	akademisch
kanadisch	botanisch	pneumatisch	pedantisch	epidemisch
nomadisch	vulkanisch	rheumatisch	semantisch	höhnisch
sporadisch	anglikanisch	klimatisch	gigantisch	szenisch
grafisch	kleptomanisch	sympathisch	romantisch	armenisch
telegrafisch	indianisch	kroatisch	dilettantisch	athenisch
geografisch	nymphomanisch	dogmatisch	protestantisch	hellenisch
stenografisch	ozeanisch	soldatisch	komödiantisch	hygienisch
typografisch	monomanisch	chromatisch	anzisch'	chilenisch
topografisch	muselmanisch	somatisch	anarchisch	slowenisch
pornografisch	puritanisch	hanseatisch	hierarchisch	turkmenisch
orthografisch	gregorianisch	mathematisch	monarchisch	legasthenisch
fotografisch	rätoromanisch	asiatisch	oligarchisch	ökumenisch
magisch	republikanisch	akrobatisch	arktisch	italienisch
tragisch	indogermanisch	aromatisch	Harnisch	episch
alkalisch	viktorianisch	autokratisch	Haschisch	sphärisch
martialisch	mohammedanisch	automatisch	drastisch	algerisch
australisch	elisabethanisch	demokratisch	plastisch	ätherisch
bengalisch	arisch	kinematisch	spastisch	iberisch
thessalisch	barbarisch	systematisch	fantastisch	hysterisch
bestialisch	bulgarisch	symptomatisch	sarkastisch	cholerisch
fiskalisch	summarisch	diplomatisch	elastisch	numerisch
somalisch	tabellarisch	bürokratisch	gymnastisch	lutherisch
moralisch	kalendarisch	programmatisch	dynastisch	atmosphärisch
postalisch	fragmentarisch	problematisch	bombastisch	esoterisch
kannibalisch	planetarisch	paradigmatisch	orgiastisch	militärisch
animalisch	antiquarisch	axiomatisch	enthusiastisch	schlesisch
amoralisch	bajuwarisch	aristokratisch	attisch	maltesisch
theatralisch	exemplarisch	elektrostatisch		chinesisch
lexikalisch	vegetarisch	melodramatisch	au:	tunesisch
mineralisch	literarisch	serbokroatisch	auffrisch'	veronesisch
infernalisch	missionarisch	ideomatisch	aufmisch'	genuesisch

siamesisch	völkisch	akribisch	gesellschaftskritisch	alpinistisch
libanesisch	höllisch	amphibisch		aktivistisch
indonesisch	rebellisch	karibisch	i:	manieristisch
polynesisch	schelmisch	biblisch	tückisch	klassizistisch
kongolesisch	abendländisch	psychisch	apodiktisch	masochistisch
bolognesisch	vaterländisch	jüdisch	idyllisch	parodistisch
sudanesisch	wetterwendisch	pazifisch	filmisch	aktionistisch
senegalesisch	niederländisch	spezifisch	himmlisch	altruistisch
vietnamesisch	mittelständisch	klinisch	olympisch	cartoonistisch
ethisch	zänkisch	zynisch	indisch	realistisch
Fetisch	gespenstisch	berlinisch	kindisch	zentralistisch
kretisch	authentisch	dalmatinisch	hündisch	essayistisch
Nähtisch	identisch	argentinisch	zylindrisch	extremistisch
städtisch	studentisch	abessinisch	linkisch	hellenistisch
Teetisch	exzentrisch	mallorquinisch	schnippisch	defätistisch
magnetisch	konzentrisch	sanguinisch	kryptisch	belletristisch
asketisch	egozentrisch	medizinisch	ägyptisch	pessimistisch
pathetisch	läppisch	byzantinisch	elliptisch	feministisch
athletisch	täppisch	philippinisch	apokalyptisch	leninistisch
helvetisch	septisch	florentinisch	irdisch	egoistisch
frenetisch	skeptisch	alexandrinisch	überirdisch	terroristisch
genetisch	aseptisch	typisch	stürmisch	royalistisch
phrenetisch	antiseptisch	irisch	Irrwisch	feudalistisch
hermetisch	epileptisch	lyrisch	mystisch	euphemistisch
ästhetisch	allergisch	syrisch	sadistisch	voyeuristisch
tibetisch	energisch	tierisch	ballistisch	islamistisch
kinetisch	herrisch	satirisch	zaristisch	pietistisch
synthetisch	närrisch	empirisch	artistisch	nihilistisch
poetisch	störrisch	sibirisch	marxistisch	spiritistisch
prophetisch	lesbisch	physisch	narzisstisch	zionistisch
phonetisch	spöttisch	paradiesisch	rassistisch	hinduistisch
kosmetisch		aphrodisisch	faschistisch	linguistisch
alphabetisch	ei:	metaphysisch	statistisch	moralistisch
majestätisch	parteiisch	dionysisch	autistisch	formalistisch
asyndetisch	Eibisch	portugiesisch	sexistisch	sozialistisch
paritätisch	weibisch	mystisch	stilistisch	monarchistisch
arithmetisch	neidisch	britisch	snobistisch	bolschewistisch
gravitätisch	heidnisch	kritisch	sophistisch	optimistisch
energetisch	teuflisch	rachitisch	logistisch	chauvinistisch
theoretisch	beimisch'	arthritisch	solistisch	folkloristisch
diabetisch	heimisch	semitisch	kubistisch	okkultistisch
hypothetisch	rheinisch	politisch	buddhistisch	kommunistisch
elektromagnetisch	schweinisch	analytisch	juristisch	dualistisch
metrisch	lateinisch	parasitisch	puristisch	pluralistisch
symmetrisch	ukrainisch	aphroditisch	touristisch	journalistisch
geometrisch	einmisch'	jemenitisch	putschistisch	humanistisch
	pharmazeutisch	jesuitisch	dadaistisch	futuristisch
e:	therapeutisch	sodomitisch	fatalistisch	publizistisch
technisch	hermeneutisch	antisemitisch	anarchistisch	humoristisch
wegfisch'	propädeutisch	hermaphroditisch	atavistisch	avantgardistisch
elektrisch		elektrolytisch	atheistisch	charakteristisch
elfisch	i:	meteoritisch	pantheistisch	kabarettistisch
delphisch	viehisch	israelitisch	pazifistisch	anachronistisch
Schellfisch	diebisch	kosmopolitisch	alchimistisch	antagonistisch

materialistisch	technologisch	kanonisch	obligatorisch	[→ iche/n → ich /
karnevalistisch	ethnologisch	sardonisch	provokatorisch	ig (2+3)]
kapitalistisch	seismologisch	harmonisch	kompositorisch	
nationalistisch	biologisch	platonisch	organisatorisch	- üsche/n (2)
absolutistisch	psychologisch	dämonisch	gotisch	[→ üche/n (2)]
naturalistisch	philologisch	bretonisch	chaotisch	Büsche/n
separatistisch	histologisch	teutonisch	narkotisch	
föderalistisch	mythologisch	ionisch	zelotisch	- ischel/n
deterministisch	zoologisch	sinfonisch	erotisch	[→ ichel/n]
perfektionistisch	chronologisch	ironisch	despotisch	Nischel/n
expressionistisch	morphologisch	bourbonisch	exotisch	zischel/n
revisionistisch	kosmologisch	pharaonisch	neurotisch	
philatelistisch	soziologisch	mazedonisch	psychotisch	- üschel/n
idealistisch	urologisch	babylonisch	idiotisch	Büschel/n
surrealistisch	archäologisch	salomonisch	hypnotisch	Püschel/n
liberalistisch	radiologisch	telefonisch	anekdotisch	
impressionistisch	anthropologisch	elektronisch	patriotisch	- ischer/n
kriminalistisch	genealogisch	philharmonisch	zypriotisch	→ isch (1+2)
militaristisch	teleologisch	diatonisch	antibiotisch	
illusionistisch	etymologisch	napoleonisch		- ise/n (1)
propagandistisch	mineralogisch	architektonisch	ó:	Biese/n
kollektivistisch	ideologisch	tropisch	optisch	bliese/n
monopolistisch	gynäkologisch	äthiopisch	koptisch	Briese/n
opportunistisch	physiologisch	zyklopisch	synoptisch	Brise/n
karikaturistisch	kriminologisch	utopisch	gordisch	diese/n
existenzialistisch	toxikologisch	makroskopisch	nordisch	fiese/n
exhibitionistisch	bakteriologisch	demoskopisch	kosmisch	Fliese/n
imperialistisch	meteorologisch	endoskopisch		fliese/n
fundamentalistisch	katholisch	philanthropisch	ū:	flieh' se
nationalsozialistisch	äolisch	misanthropisch	schulisch	Vliese/n
mitmisch'	symbolisch	mikroskopisch		Friese/n
rhythmisch	mongolisch	kaleidoskopisch	ú:	Kiese/n
	bukolisch	stereoskopisch	lukullisch	kiese/n
ō:	parabolisch	chorisch	kultisch	Krise/n
stoisch	anatolisch	dorisch	chirurgisch	lease/n
heroisch	alkoholisch	sensorisch	liturgisch	lieh' se
modisch	apostolisch	rhetorisch	dramaturgisch	Liese
anodisch	melancholisch	euphorisch	brandenburgisch	Miese/n
kathodisch	diabolisch	historisch	metallurgisch	miese/n
melodisch	diastolisch	motorisch	mecklenburgisch	niese/n
methodisch	komisch	notorisch	luxemburgisch	priese/n
periodisch	anatomisch	allegorisch	schurkisch	Prise/n
episodisch	tragikomisch	kategorisch	akustisch	Riese/n
philosophisch	agronomisch	metaphorisch		sieh' se
anthroposophisch	astronomisch	reflektorisch	- ische/n (1)	schrie' se
logisch	gastronomisch	diktatorisch	[→ iche/n (1)]	spie' se
grafologisch	ökonomisch	illusorisch	Nische/n	(Teaser/n)
astrologisch	ergonomisch	oratorisch		Wiese/n
pathologisch	physiognomisch	provisorisch	- üsche/n (1)	wiese/n
pädagogisch	chronisch	agitatorisch	[→ üche/n (1)]	wie se
demagogisch	konisch	reformatorisch	Rüsche/n	zieh' se
geologisch	drakonisch	informatorisch		
theologisch	lakonisch	inquisitorisch	- ische/n (2)	(Waliser/n)
ökologisch	wallonisch	kompensatorisch	→ isch (1+2)	Anise/n

(Pariser/n)	düse/n	(Isar)	genieße/n	aufgieße/n
Markise/n	Drüse/n		entließe/n	aufließe/n
Marquise/n	sprüh' se	- isk	entschließe/n	aufschieße/n
Elise	bemüh' se	[→ ist (3)]	entsprieße/n	aufschließe/n
Devise/n	Gemüse/n	Disk	verdrieße/n	aufspieße/n
präzise/n	verbrüh' se	Basilisk	zerfließe/n	ausließe/n
gedieh' se	versprüh' se	Obelisk	ergieße/n	ausschließe/n
beknie' se	Kombüse/n	(Menisken)	verhieße/n	wegließe/n
belieh' se	Analyse/n	(Hibisken)	erließe/n	freiließe/n
Remise/n	Paralyse/n		verließe/n	einfließen
entlieh' se	Katalyse/n	- üsk	erschieße/n	einließe/n
entzieh' se	Tränendrüse/n	[→ üst (3)]	erschließe/n	einschieße/n
Reprise/n	Dialyse/n	brüsk	verstieße/n	einschließe/n
gepriesen	Hypophyse/n		beschließe/n	vorschieße/n
erkiese/n	Hydrolyse/n	- ismen	Police/n	zufließen
Verliese/n	Elektrolyse/n	→ ismus → uss (2)	umschließe/n	zuließe/n
verlieh' se	Psychoanalyse/n			zuschieße/n
vermiese/n		- ispel/n	stehen ließe/n	guthieße/n
versieh' se	- ise/n* (2)	[→ istel/n (2)]	Scheibenschießen	kurzschließe/n
erwiese/n	nachwiese/n	fispel/n	Direktrice/n	herabließe/n
verwiese/n	abbliese/n	krispel/n	liegen ließe/n	hinausschieße/n
erzieh' se	abwiese/n	lispel/n	überfließe/n	hervorschieße/n
verzieh' se	anwiese/n	Mispel/n	überließe/n	
besieh' se	anpriese/n		niederließe/n	- üße/n* (2)
bewiese/n	aufbliese/n	- isper/n	übrig ließe/n	abbüße/n
bezieh' se	aufwiese/n	[→ ister/n (2)]	sitzenließe/n	einbüße/n
Kirgise/n	auswiese/n	pisper/n	hinterließe/n	
Türkise/n	einbliese/n	wisper/n	Bogenschießen	- ißer/n (1)
türkise/n	einwiese/n		offenließe/n	Gießer/n
vollzieh' se	hinwiese/n	- iß	lockerließe/n	hieß er
konzise/n	lobpriese/n	→ is (1+2)	Blutvergießen	ließ er
Ostfriese/n	vorwiese/n		unterließe/n	Schließer/n
Sottise/n	fortwiese/n	- üß	sich gehen ließe/n	Spießer/n
sowie se	zuwiese/n	→ üs (1+2)	Hornberger Schie-	stieß er
Luise	zurechtwiese/n		ßen	beließ er
	zurückwiese/n	- iße/n (1)		Genießer/n
Paradiese/n		fließe/n	- üße/n (1)	entließ er
Schnatterliese/n	- isel/n	Gießen	büße/n	verhieß er
Trödelliese/n	Diesel/n	gieße/n	Füße/n	erließ er
Expertise/n	dieseln	Grieße/n	Grüße/n	verließ er
übersieh' se	Kiesel/n	hieße/n	grüße/n	verstieß er
überwiese/n	kriseln	ließe/n	Süße/n	Beschließer/n
überzieh' se	Liesel	schieße/n	süße/n	Eisengießer/n
Zimperliese/n	nieseln	Schließe/n	begrüße/n	überließ er
hinterzieh' se	pieseln	schließe/n	verbüße/n	hinterließ er
Portugiese/n	rieseln	Spieße/n	versüße/n	unterließ er
unterwiese/n	Stiesel/n	spieße/n	Krähenfüße/n	
unterzieh' se	Wiesel/n	sprieße/n		- üßer/n
nach Adam Riese	wiesel/n	stieße/n	- iße/n* (2)	Büßer/n
Steuerparadiese/n	berieseln		nachließe/n	Süßer
		Aktrice/n	abließe/n	süßer/n
- üse/n	- iser/n	Caprice/n	anließe/n	(Tausendfüßler/n)
brüh' se	→ ise/n (1)	begieße/n	ranließe/n	Gliederfüßer/n
Düse/n	[→ isa → a (2)]	beließe/n	(anschließend)	Lückenbüßer/n

201

- ißer/n* (2)	Schattenriss	Gelöbnis	Rachitis	riss se
Nutznießer/n	Nemesis	Ergebnis	Arthritis	Schisse/n
	Genesis	Erlebnis	Gastritis	schisse/n
- ißt	Ärgernis	Verlöbnis	Bronchitis	schiss se
→ ist (1+2)	Düsternis	Erfolgserlebnis	Hepatitis	Schmisse/n
	Tripolis	Michaelis	Dermatitis	schmisse/n
- üßt	Mückenschiss	Artemis	Zellulitis	schmiss se
→ üst (1+2)	Kümmernis	Fährnis	Diphteritis	Splisse/n
	Hindernis	Thetis	Enzephalitis	splisse/n
- iss (1)	Finsternis	Gedächtnis	Telefonitis	spliss' se
iss	Bitternis	Vermächtnis	Amaryllis	Wissen
bis	Syphilis	Schrecknis	Bildnis	wisse/n
Biss	Vorkenntnis	Verhältnis	Wildnis	
biss	Vorkommnis	Hemmnis	Imbiss	Narzisse/n
(bisschen)	Kompromiss	Tennis	hinschmiss	Gebisse/n
Dis	Hundebiss	Kenntnis	Kürbis	beflissen
Fis	Unkenntnis	Bekenntnis	Bedürfnis	Melisse/n
friss	ungewiss	Erkenntnis	Zerwürfnis	Prämisse/n
Gis	Gewissensbiss	Verständnis	Geltungsbedürfnis	bepisse/n
hiss'	Akropolis	Geständnis	Ruhebedürfnis	bepiss se
Chris	Metropolis	Sachverständnis	Firnis	verbisse/n
Miss	Nekropolis	Menschenkenntnis	Wirrnis	verbiss se
miss	Erfordernis	Selbstverständnis		vergiss se
Niss	siegesgewiss	Einverständnis	Adonis	vermisse/n
piss'		Missverständnis	Boris	vermiss' se
Riss	- üss	Unverständnis	Doris	verpisse/n
riss	küss'	Zugeständnis	Angina pectoris	gerissen
Schiss	Schnüss	Lippenbekenntnis	Dosis	Verrisse/n
schiss	tschüss!	Bedrängnis	Office	verrisse/n
Schmiss		Gefängnis	Besorgnis	verriss se
schmiss	- iss* (2)	Begängnis		zerrisse/n
Spliss	Wagnis	Empfängnis	Befugnis	zerriss se
spliss'	Semiramis	Verhängnis	Umriss	verschisse/n
Cis	Basis	Sepsis	Grundriss	verschlisse/n
	gratis	Skepsis		Beschisse/n
Narziss	abbiss	Verderbnis	- isse/n (1)	beschisse/n
Gebiss	Abriss	Thespis	is' se	beschiss se
bepiss'	abriss		bis se	Gewissen
verbiss	Verdammnis	Gleichnis	Bissen	gewisse/n
vergiss	anpiss'	Verzeichnis	bisse/n	Hornisse/n
Permiss	Bewandtnis	Besäufnis	biss se	Kulisse/n
vermiss'	Apsis	Zeugnis	disse/n	umrisse/n
verpiss'	Arktis	Ereignis	diss se	umriss se
Verriss	Katharsis	Erzeugnis	friss se	
verriss	Jaspis	Fäulnis	hisse/n	Schattenrisse/n
zerriss	Praxis	Geheimnis	hiss se	abgerissen
verschliss	Galaxis	Versäumnis	Kissen	angeschissen
Beschiss	Thurn und Taxis	einriss	missen	aufgeschmissen
beschiss	Erlaubnis		miss se	Stempelkissen
gewiss	Aufriss	Betrübnis	Nisse/n	Leckerbissen
Kommiss	aufriss	Hybris	Pisse	Ärgernisse/n
umriss	ausriss	Iris	pisse/n	dienstbeflissen
		Osiris	Risse/n	Mückenschisse/n
Cannabis	Begräbnis	Isis	risse/n	hingerissen

Hindernisse/n	Anschlüsse/n	Besserwisser/n	verdrießt	büßt
Finsternisse/n	Handküsse/n	ungewisser/n	zerfließt	blühst
Vorkenntnisse/n	Aufgüsse/n	siegesgewisser	ergießt	brühst
Vorkommnisse/n	Ausgüsse/n		verhießt	düst
Kompromisse/n	Fehlschüsse/n	- üsser/n	erkiest	glühst
Ruhekissen	Fehlschlüsse/n	Küsser/n	verliehst	grüßt
Hundebisse/n	Schreckschüsse/n		verliest	Uist
Ungewisse	Streifschüsse/n	- isser/n* (2)	erließt	mühst
ungewisse/n	Einflüsse/n	Mitwisser/n	verließt	sprühst
Geräuschkulisse/n	Einschüsse/n		vermiest	süßt
Gewissensbisse/n	Einschlüsse/n	- isst	versiehst	wüst
Erfordernisse/n	Vorschüsse/n	→ ist (3+4)	erschießt	begrüßt
Diakonisse/n	Trugschlüsse/n		erschließt	bemühst
siegesgewisse/n	Zuschüsse/n	- üsst	verstießt	verbüßt
	Durchschüsse/n	→ üst (3)	erwiest	erblühst
- üsse/n (1)	Kurzschlüsse/n		verwiest	verblühst
Flüsse/n		- ist (1)	erziehst	verbrühst
Güsse/n	- issel/n	Biest	verziehst	erglühst
Küsse/n	bissel	bliest	besiehst	verglühst
küsse/n		fliehst	beschließt	versüßt
müsse/n	- üssel/n (1)	fliest	bewiest	versprühst
Nüsse/n	Brüssel	fließt	beziehst	verwüst'
Schüsse/n	Düssel(-dorf)	gießt	vollziehst	herbemühst
Schlüsse/n	Rüssel/n	hießt	umschließt	
Schnüsse/n	Schüssel/n	kiest		- ist* (2)
„Thyssen"	Schlüssel/n	kniest	nachvollziehst	nachließt
Genüsse/n	entschlüssel/n	least	stehen ließt	nachwiest
Entschlüsse/n	verschlüssel/n	liehst	einbeziehst	nachziehst
Ergüsse/n	Schraubenschlüs-	liest	weiterziehst	abbliest
Verschlüsse/n	sel/n	ließt	liegen ließt	abließt
Beschlüsse/n	Autoschlüssel/n	niest	überfließt	abwiest
Regengüsse/n	Notenschlüssel/n	priest	überliest	abziehst
Negerküsse/n	Suppenschüssel/n	siehst	überließt	anließt
Reißverschlüsse/n	Satellitenschüssel/n	schießt	übersiehst	ranließt
Überschüsse/n		schließt	überwiest	anpriest
Schulabschlüsse/n	- üssel/n* (2)	schriest	überziehst	anwiest
Judasküsse/n	aufschlüssel/n	spiest	niederkniest	anziehst
Blutergüsse/n		spießt	niederließt	aufbliest
Kunstgenüsse/n	- isser/n (1)	sprießt	übrig ließt	aufgießt
Zungenküsse/n	is' er	stießt	sitzenließt	aufließt
Zusammenschlüs-	bis er	wiest	hinterließt	aufschießt
se/n	biss er	ziehst	hinterziehst	aufschließt
Alkoholgenüsse/n	Pisser/n		offenließt	aufspießt
Samenergüsse/n	riss er	gediehst	lockerließt	aufwiest
	Schisser/n	begießt	umerziehst	aufziehst
- isse/n* (2)	schiss er	bekniest	unterließt	ausliehst
→ iss (2)	schmiss er	beliehst	unterwiest	ausließt
	verbiss er	beließt	unterziehst	ausschließt
- üsse/n* (2)	verriss er	genießt		auswiest
Ratschlüsse/n	zerriss er	entliehst	zusammenziehst	ausziehst
Abflüsse/n	verschliss er	entließt	euch gehen ließt	herziehst
Abgüsse/n	beschiss er	entschließt	herunterziehst	wegließt
Schnappschüsse/n	gewisser/n	entsprießt		gleichziehst
Abschlüsse/n	umriss er	entziehst	- üst (1)	freiließt

heimziehst	einbüßt	Verist	Kantonist	Lobbyist
einbliest		verbisst	Altruist	Optimist
einfließt	- ist (3)	vergisst	Cartoonist	Morphinist
einließt	[→ isk]	ermisst	Realist	Polizist
einschießt	isst	vermisst	Spezialist	Kolonist
einschließt	ist	verpisst	Defätist	Komponist
einwiest	bisst	verrisst	Feminist	Folklorist
einziehst	bist	zerrisst	Leninist	Kontorist
hinwiest	disst	beschisst	Fetischist	Okkultist
hinziehst	Frist	verschlisst	Egoist	Kolumnist
mitziehst	frist'	Sexist	Methodist	Kommunist
lobpriest	frisst	Stylist	Cembalist	Dualist
hochziehst	hisst	Stilist	Germanist	Humanist
vorließt	Christ	Obrist	Essayist	Publizist
vorschießt	List	Modist	Extremist	Utopist
vorwiest	misst	Sophist	Hellenist	Humorist
vorziehst	Mist	Drogist	Reservist	Futurist
losziehst	mist'	Solist	Pessimist	Journalist
großziehst	nist'	Chronist	Terrorist	
fortwiest	pisst	Kopist	Reformist	Avantgardist
fortziehst	risst	Chorist	Exorzist	Kavallerist
zufließt	Rist	Florist	Neutralist	Kabarettist
zuließt	schisst	Bovist	Finalist	Antagonist
zuschießt	schmisst	Hornist	Bigamist	Karnevalist
zuwiest	splisst	Grossist	Islamist	Anästhesist
zuziehst	trist	Kubist	Pianist	Radikalist
guthießt	Twist	Nudist	Gitarrist	Kapitalist
umziehst	twist'	Jurist	Visagist	Klarinettist
durchziehst	Whist	Purist	überlist'	Artillerist
kurzschließt	wisst	Tourist	Pietist	Nationalist
	Zwist	Buddhist	Librettist	Rationalist
herabließt		umrisst	Nihilist	Saxophonist
herabziehst	Slawist	durchmisst	Zionist	Naturalist
heranziehst	Sadist	Putschist	Williams Christ	Evangelist
heraufziehst	Altist		Hinterlist	Föderalist
hinausschießt	Anglist	Dadaist	Internist	Determinist
hinausziehst	Trappist	Fatalist	Zivilist	Telefonist
umherziehst	Baptist	Anarchist	Spiritist	Feuilletonist
zurechtwiest	Gardist	Pantheist	Hinduist	Seminarist
vorbeiziehst	Artist	Atheist	Linguist	Äquilibrist
zurückwiest	Marxist	Alchemist	Royalist	Revisionist
zurückziehst	Narzisst	Harfenist	Vokalist	Stenotypist
dahinziehst	Bassist	Galerist	Moralist	Separatist
hervorschießt	Rassist	Karrierist	Sozialist	Merkantilist
hervorziehst	Faschist	Pazifist	Romanist	Perfektionist
hinzuziehst	Batist	Antichrist	Monarchist	Expressionist
	Statist	Alpinist	Posaunist	Idealist
- üst* (2)	Autist	Kalvinist	Chauvinist	Liberalist
nachglühst	Flötist	Maschinist	Oboist	Philatelist
abbrühst	befrist'	Manierist	Prokurist	Violinist
abbüßt	Cellist	Aktivist	Formalist	Infanterist
abmühst	bemisst	Masochist	Organist	Surrealist
aufblühst	Dentist	Parodist	Bolschewist	Impressionist
aufbrühst	bepisst	Aktionist	Hobbyist	Kriminalist

Militarist	abrüst'	entschließte (= ent-	überlieste (= über-	du)
Illusionist	ausrüst'	schließt du)	liest du)	erblühste (= er-
Protagonist	einrüst'	entsprießte (= ent-	überließte (= über-	blühst du)
Protektionist	umrüst'	sprießt du)	ließt du)	verblühste (= ver-
Monotheist		entziehste (= ent-	übersiehste (= über-	blühst du)
Propagandist	- iste/n (1)	ziehst du)	siehst du)	verbrühste (= ver-
Kollektivist	fliehste (= fliehst	verdrießte (= ver-	überwieste (= über-	brühst du)
Kolonialist	du)	drießt du)	wiest du)	erglühste (= er-
Opportunist	flieste/n	ergießte (= ergießt	überziehste (=	glühst du)
Konstruktivist	flieste (= fließt du)	du)	überziehst du)	verglühste (= ver-
	gießte (= gießt du)	verhießte (= ver-	hinterließte (= hin-	glühst du)
Materialist	hießte (= hießt du)	hießt du)	terließt du	versüßte/n
Amerikanist	kieste (= kiest du)	erkieste (= erkiest	hinterziehste (=	versüßte (= versüßt
Karikaturist	knieste (= kniest	du)	hinterziehst	du)
Existenzialist	du)	verliehste (= ver-	du)	versprühste (= ver-
Exhibitionist	leaste/n	liehst du)	unterließte (=	sprühst du)
Imperialist	leaste (= least du)	verlieste (= verliest	unterließt du)	verwüste/n
Instrumentalist	liehste (= liehst du)	du)	unterwieste (=	
Orientalist	lieste (= liest du)	erließte (= erließt	unterwiest du)	- iste/n (2)
Fundamentalist	ließte (= ließt du)	du)	unterziehste (=	isste (= isst du)
Utilitarist	nieste/n	verließte (= verließt	unterziehst	biste (= bist du)
	nieste (= niest du)	du)	du)	disste/n
Nationalsozialist	prieste (= priest du)	vermieste/n		Fristen
Individualist	siehste (= siehst du)	vermieste (= ver-	- üste/n (1)	friste/n
	schießte (= schießt	miest du)	Büste/n	frisste (= frisst du)
- üst (3)	du)	versiehste (= ver-	büßte/n	hisste/n
[→ üsk]	schließte (= schließt	siehst du)	büßte (= büßt du)	hisste (= hisst du)
brüst'	du)	erschießte (= er-	blühste (= blühst	Kiste/n
küsst	spieste (= spiest du)	schießt du)	du)	Christen
müsst	spießte/n	erschließte (= er-	brühste (= brühst	Liste/n
rüst'	spießte (= spießt	schließt du)	du)	misste (= misst du)
wüsst'	du)	verstießte (= ver-	düste/n	miste/n
Gelüst	sprießte (= sprießt	stießt du)	düste (= düst du)	niste/n
gelüst'	du)	erwieste (= erwiest	frühste/n	Piste/n
entrüst'	schrieste (= schriest	du)	glühste (= glühst	pisste/n
Gerüst	du)	verwieste (= ver-	du)	pisste (= pisst du)
Amethyst	stießte (= stießt du)	wiest du)	grüßte/n	Riste/n
Klettergerüst	wieste (= wiest du)	erziehste (= erziehst	grüßte (= grüßt du)	triste/n
Knochengerüst	ziehste (= ziehst du)	du)	mühste (= mühst	Twiste/n
		verziehste (= ver-	du)	twiste/n
- ist* (4)	gediehste (= ge-	ziehst du)	süßte/n	Ziste/n
abbisst	diehst du)	besiehste (= be-	süßte (= süßt du)	Zwiste/n
abrisst	begießte (= begießt	siehst du)	sprühste (= sprühst	
anpisst	du)	beschließte (= be-	du)	Sadisten
Arglist	beknieste (= be-	schließt du)	Wüste/n	Altisten
auflist'	kniest du)	bewieste (= bewiest	wüste/n	Anglisten
aufrisst	beliehste (= beliehst	du)		Trappisten
ausmist'	du)	beziehste (= be-	begrüßte/n	Baptisten
ausrisst	genießte (= genießt	ziehst du)	begrüßte (= be-	Gardisten
einnist'	du)	vollziehste (= voll-	grüßt du)	Artisten
einrisst	entliehste (= ent-	ziehst du)	bemühste (= be-	Marxisten
hinschmisst	liehst du)	umschließte (= um-	mühst du)	Narzissten
	entließte (= entließt	schließt du)	verbüßte/n	Bassisten
- üst* (4)	du)		verbüßte (= verbüßt	Rassisten

Faschisten	Pantheisten	Flimmerkiste/n	Deterministen	entrüste/n
Batisten	Atheisten	Hinterliste/n	Telefonisten	Gelüste/n
Statisten	Alchemisten	Internisten	Feuilletonisten	gelüste/n
Slawisten	Harfenisten	Hinduisten	Seminaristen	Gerüste/n
Autisten	Galeristen	Linguisten	Äquilibristen	Amethysten
Flötisten	Karrieristen	Vokalisten	Revisionisten	Klettergerüste/n
befriste/n	Klapperkiste/n	Moralisten	Stenotypisten	Knochengerüste/n
Cellisten	Pazifisten	Sozialisten	Separatisten	
bemisste (= bemisst du)	Alpinisten	Romanisten	Merkantilisten	- iste/n* (3)
	Kalvinisten	Monarchisten	Perfektionisten	anpisste/n
Dentisten	Maschinisten	Posaunisten	Expressionisten	aufliste/n
bepisste/n	Manieristen	Chauvinisten	Idealisten	ausmiste/n
bepisste (= bepisst du)	Aktivisten	Oboisten	Liberalisten	einniste/n
	Masochisten	Prokuristen	Philatelisten	
Veristen	Parodisten	Formalisten	Violinisten	- üste/n* (3)
vergisste (= vergisst du)	Aktionisten	Organisten	Infanteristen	abrüste/n
	Kantonisten	Bolschewisten	Surrealisten	ausrüste/n
ermisste (= ermisst du)	Altruisten	Hobbyisten	Impressionisten	einrüste/n
	Cartoonisten	Lobbyisten	Kriminalisten	umrüste/n
vermisste/n	Abschussliste/n	Optimisten	Militaristen	
vermisste (= vermisst du)	Realisten	Morphinisten	Illusionisten	- istel/n (1)
	Spezialisten	Polizisten	Propagandisten	Distel/n
verpisste/n	Reservisten	Kolonisten	Protagonisten	
verpisste (= verpisst du)	Defätisten	Komponisten	Protektionisten	- üstel/n (1)
	Feministen	Folkloristen	Monotheisten	hüstel/n
Sexisten	Leninisten	Kontoristen	Kollektivisten	
Stylisten	Fetischisten	Okkultisten	Kolonialisten	- istel/n (2)
Stilisten	Egoisten	Kolumnisten	Opportunisten	[→ ispel/n]
Obristen	Methodisten	Kommunisten	Konstruktivisten	Distel/n
Modisten	Reformisten	Dualisten		Fistel/n
Sophisten	Cembalisten	Humanisten	Karikaturisten	fistel/n
Drogisten	Germanisten	Utopisten	Amerikanisten	Christel
Solisten	Essayisten	Humoristen	Existenzialisten	Mistel/n
Chronisten	Extremisten	Futuristen	Exhibitionisten	Epistel/n
Kopisten	Hellenisten	Journalisten	Imperialisten	
Choristen	Pessimisten	Publizisten	Instrumentalisten	- ister/n (1)
Floristen	Terroristen		Orientalisten	Biester/n
Bovisten	Exorzisten	Avantgardisten	Utilitaristen	fliest er
Hornisten	Royalisten	Kavalleristen	Fundamentalisten	fließt er
Grossisten	Neutralisten	Kabarettisten	Beziehungskiste/n	gießt er
Kubisten	Seifenkiste/n	Antagonisten	Nationalsozialisten	kiest er
Nudisten	Finalisten	Materialisten	Individualisten	least er
Juristen	Bigamisten	Karnevalisten		liest er
Puristen	Islamisten	Anästhesisten	- üste/n (2)	niest er
Touristen	Pianisten	Radikalisten	Büste/n	Priester/n
Buddhisten	Gitarristen	Kapitalisten	Brüste/n	schießt er
durchmisste (= durchmisst du)	Visagisten	Artilleristen	brüste/n	schließt er
	Pietisten	Klarinettisten	Küste/n	spießt er
	überliste/n	Nationalisten	küsste/n	sprießt er
Putschisten	Librettisten	Rationalisten	Lüste/n	gefliester
	Nihilisten	Saxophonisten	müsste/n	begießt er
Dadaisten	Zivilisten	Naturalisten	rüste/n	genießt er
Fatalisten	Spiritisten	Evangelisten	wüsste/n	entschließt er
Anarchisten	Zionisten	Föderalisten	Zyste/n	entsprießt er

zerfließt er	Tornister/n	Granit	Stalagmit	unterschied
ergießt er	durchmisst er	Bandit	Stalaktit	unterzieht
erkiest er	Strafregister/n	Transit	Transrapid	Fungizid
verliest er	Handelsregister/n	rapid	Aquavit	
vermiest er	Sündenregister/n	Karbid	Anthrazit	zusammenzieht
erschießt er	Personenregister/n	Zenit	anthrazit	herunterzieht
erschließt er		Gebiet	Fachgebiet	paranoid
beschließt er	- üster/n (2)	gebiet'	Randgebiet	Asteroid
umschließt er	flüster/n	gedieht	Bakelit	Antisemit
überliest er	Küster/n	Kredit	Satellit	Ballungsgebiet
	küsst er	befried'	Transvestit	Meteorit
- üster/n (1)	Lüster/n	bekniet	Appetit	Metropolit
büßt er	lüstern	beliebt	Android	Hermaphrodit
düster/n	müsst' er	Semit	Favorit	Zeitunterschied
düst er	Nüster/n	splendid	Eremit	Israelit
früh'ster	Rüster/n	Tensid	Jemenit	Krisengebiet
grüßt er	wüsst' er	entbiet'	Störenfried	Tiefdruckgebiet
süßt er		entlieht	Plebiszit	Polyamid
wüster/n	- üster/n* (3)	entschied	Defizit	Notstandsgebiet
begrüßt er	Ausrüster/n	entzieht	negroid	mongoloid
verbüßt er	einflüster/n	erbiet'	Jesuit	Kosmopolit
verdüster/n	zuflüster/n	verbiet'	Grenzgebiet	Bundesgebiet
versüßt er		perfid	Ränkeschmied	Naturschutzgebiet
Verwüster/n	- it (1)	verlieht	Requisit	Kohlendioxid
gesüßter	[→ ib (1)]	vermied	exquisit	aneinandergeriet
	[→ ig (1)]	vermiet'	explizit	Standesunterschied
- ister/n (2)	biet'	beriet	Herbizid	
[→ isper/n]	briet	geriet	Pestizid	- üt (1)
isst er	flieht	verriet	weiterzieht	[→ üb (1)]
ist er	Glied	versieht	einbezieht	[→ üg (1)]
disst er	kniet	verschied	Reih und Glied	blüht
frisst er	Lied	erzieht	Dynamit	brüht
hisst er	Lid	verzieht	Islamit	brüt'
knister/n	lieht	beschied	überbiet'	glüht
misst er	mied	geschieht	überzieht	hüt'
Mister	miet'	bezieht	niederkniet	lüd
pisst er	Niet	Hybrid	Lipoid	müd'
trister/n	niet'	frigid	Minorit	müht
Twister/n	Ried	rigid	invalid	Süd
	Riet	liquid	Misskredit	sprüht
Magister/n	riet	Biskuit	Bindeglied	wüt'
Kanister/n	sied'	en suite	hinterzieht	
Register/n	sieht	Profit	implizit	Geblüt
bemisst er	Suite	solid'	schizoid	behüt'
bepisst er	schied	vollzieht	Wohngebiet	bemüht
vergisst er	Schiet	morbid	Sodomit	Gemüt
ermisst er	Schmied	Oxid	Kolloid	entlüd
Vermisster	schmied'	umfried'	Rhomboid	erblüht
vermisst er	Speed	stupid	Kolorit	verblüht
verpisst er	Spriet	durchzieht	Ruhrgebiet	verbrüht
(verschwistert)	Tweed		Suizid	verfrüht
Geschwister/n	zieht	Parasit	umerzieht	vergüt'
Philister/n		Klagelied	unterbiet'	erglüht
Minister/n	Hamit	nachvollzieht	Unterschied	verglüht

207

verhüt'	hinzuzieht	Visite/n	- üte/n (1)	aufblühte/n
verlüd		Biskuite/n	[→ üke/n]	aufbrühte/n
ermüd'	- üt* (2)	Profite/n	[→ üpe/n]	ausbrüte/n
versprüht	[→ üb (2)]		blühte/n	eintüte/n
Gestüt	[→ üg (2)]	Stalagmiten	Blüte/n	
Leukozyt	nachglüht	Stalaktiten	brühte/n	- itel/n
abgebrüht	abmüht	Parasiten	brüte/n	[→ ikel/n]
herbemüht	aufblüht	Aquavite/n	glühte/n	[→ ipel/n]
lebensmüd'	aufbrüht	Anthrazite/n	Güte	Beatle
Elektrolyt	ausbrüt'	anthrazite/n	Hüte/n	Titel/n
	eintüt'	Fachgebiete/n	hüte/n	titel/n
- it* (2)		Randgebiete/n	mühte/n	Kapitel/n
[→ ib (2)]	- it (3)	Satelliten	Mythe/n	Domkapitel/n
[→ ig (2)]	→ itt (1+2)	Margerite/n	Skythe/n	Doktortitel/n
nachzieht		Anerbieten	sprühte/n	Untertitel/n
darbiet'	- ite/n (1)	Transvestiten	Tüte/n	untertitel/n
Abschied	[→ ike/n]	Appetite/n	wüte/n	
abzieht	[→ ipe/n]	Aphrodite		- iter/n (1)
anbiet'	biete/n	Favoriten	Kajüte/n	[→ ita → a (2)]
anniet'	briete/n	Eremiten	behüte/n	[→ itor → or (2)]
anzieht	Brite/n	Jemeniten	bemühte/n	[→ iker/n (1)]
aufbiet'	kniete/n	Plebiszite/n	erblühte/n	[→ iper/n]
aufzieht	Miete/n	Defizite/n	verblühte/n	Bieter/n
auslieht	miete/n	Jesuiten	verbrühte/n	briet er
auszieht	Niete/n	Grenzgebiete/n	verfrühte/n	Dieter
herzieht	niete/n	Requisite/n	vergüte/n	flieht er
Bergfried	Riete/n	exquisite/n	erglühte/n	kniet er
gleichzieht	riete/n	explizite/n	verglühte/n	Liter/n
feilbiet'	Riten	Islamiten	verhüte/n	Mieter/n
heimzieht	Suite/n	überbiete/n	versprühte/n	mied er
einfried'	Schiete	niederkniete/n	Gestüte/n	riet er
einzieht	Spriete/n	Minoriten	abgebrühte/n	sieht er
Siegfried		implizite/n	herbemühte/n	schied er
hinzieht	Hamite/n	Stippvisite/n	Leukozyten	zieht er
Mitglied	Granite/n	Wohngebiete/n	Flüstertüte/n	
mitzieht	graniten	Sodomiten	Funken sprühte/n	Gebieter/n
hochzieht	Banditen	Dolomiten	Zuckertüte/n	bekniet er
vorzieht	Transite/n	Kolorite/n	Wundertüte/n	entschied er
loszieht	Elite/n	unterbiete/n	Elektrolyte/n	entzieht er
großzieht	Semiten	Untermiete/n		beriet er
fortzieht	Meriten		- ite/n* (2)	geriet er
Bugspriet	Leviten	Antisemiten	darbiete/n	verriet er
zuzieht	Gebiete/n	Ballungsgebiete/n	anbiete/n	Vermieter/n
umniet'	gebiete/n	Meteoriten	anmiete/n	vermied er
umzieht	Kredite/n	Metropoliten	anniete/n	versieht er
	bekniete/n	Hermaphroditen	aufbiete/n	verschied er
verabschied'	Rendite/n	Israeliten	feilbiete/n	erzieht er
herabzieht	entbiete/n	Krisengebiete/n	(meistbietend)	verzieht er
heranzieht	verbiete/n	Tiefdruckgebiete/n	Bugspriete/n	beschied er
heraufzieht	vermiete/n	Notstandsgebiete/n	umniete/n	geschieht er
umherzieht	beriete/n	Kosmopoliten		bezieht er
vorbeizieht	geriete/n	Naturschutzgebie-	- üte/n* (2)	vollzieht er
zurückzieht	verriete/n	te/n	nachglühte/n	durchzieht er
hervorzieht	Termite/n	aneinandergeriete/n	abmühte/n	Samariter/n

208

Karmeliter/n	knietsche/n	schleift /	Schnitt	verhütt'	
exquisiter/n	quietsche/n	schleppt jmd.	schnitt	verschütt'	
expliziter	mit		Schritt	überschütt'	
überzieht er	- itsche/n (2)	jmd. gibt jmd.	schritt		
impliziter	glitsche/n	etwas mit	Split	- itt* (2)	
hinterzieht er	kitsche/n	jmd. freut sich mit	Splitt	[→ ick (2)]	
Johanniter/n	Klitsche/n	jmd. fühlt / leidet	splitt'	[→ ipp (2)]	
Moskowiter/n	klitsche/n	mit	Sprit	damit	
Untermieter/n	knitsche/n	jmd. hält mit	stritt	Habit	
unterschied er	pitche/n	jmd. arbeitet /	Tritt	abbitt'	
unterzieht er	Pritsche/n	hilft / verdient	tritt	Abschnitt	
	pritsche/n	mit		abschnitt	
- üter/n (1)	(ritsch!)	jmd. kämpft mit	Grafit	abschritt	
[→ üper/n]	titsche/n	jmd. denkt /	damit	Abtritt	
blüht er	verkitsche/n	rechnet / zählt	Granit	abtritt	
brüht er		mit	Transit	anschnitt	
Brüter/n	- itsche/n* (3)	jmd. bestimmt /	Sanskrit	Antritt	
Güter/n	einkitsche/n	redet mit	Kredit	antritt	
glüht er	eintitsche/n	jmd. schneidet /	entglitt	Aufschnitt	
Hüter/n	durchwitsche/n	liest / pro-	verbitt'	aufschnitt	
müht er		tokolliert /	Verschnitt	Laufschritt	
sprüht er	- itt (1)	schreibt /	verschnitt	Auftritt	
Wüter/n	[→ ick (1)]	spricht mit	vertritt	auftritt	
Behüter/n	[→ ipp (1)]	jmd. hört mit	Beschnitt	ausglitt	
bemüht er	Bit	jmd. macht /	beschnitt	Ausritt	
Gemüter/n	bitt'	spielt / mischt	bestritt	ausritt	
erblüht er	Brit	/ wirkt mit	igitt!	Ausschnitt	
verblüht er	dritt	jmd. singt /	Profit	ausschnitt	
verbrüht er	fit	schunkelt mit	somit	ausschritt	
verfrühter	glitt	jmd. raucht mit	womit	Austritt	
erglüht er	Grit	jmd. geht / fährt	Pommes frites	austritt	
verglüht er	Hit	/ kommt /		Fehltritt	
Verhüter/n	Kitt	zieht mit	Hahnentritt	Querschnitt	
versprüht er	kitt'	jmd. bekommt /	Anthrazit	Gambit	
Ladenhüter/n	quitt	erlebt etwas	anthrazit	Beitritt	
abgebrühter/n	litt	mit	Walzerschritt	beitritt	
Schneller Brüter	mit	jmd. trägt etwas	Sauseschritt	reinritt	
Gesetzeshüter/n	das Auge isst mit	mit	Scherenschnitt	Einschnitt	
	etwas reißt jmd.	jmd. verschuldet	babysitt'	einschritt	
- iter/n* (2)	mit	etwas mit	Defizit	Eintritt	
Anbieter/n	etwas klingt /	jmd. benutzt	Kaiserschnitt	eintritt	
Jupiter	schwingt mit	etwas mit	Dynamit	hiermit	
personaliter	etwas darf / kann	jmd. bringt /	überschritt	Rückschritt	
	/ muss / soll	nimmt /	Übertritt	Rücktritt	
- üter/n* (2)	mit	schleift /	Kolorit	Limit	
Kaltblüter/n	jmd. reißt jmd.	schleppt / hat	unterschritt	somit	
	mit	/ führt etwas	Paradeschritt	womit	
- īts (1)	jmd. teilt jmd.	mit	zusammentritt	Vortritt	
→ iz (1+2)	etwas mit	jmd. liefert etwas		vortritt	
	jmd. darf / kann	mit	- ütt (1)	prosit!	
- īts (2)	/ muss / soll	Ritt	[→ ück (1)]	Fortschritt	
→ itz (1+2)	/ will mit	ritt	Bütt	Zuschnitt	
	jmd. bringt /	Shit	lütt	zuschnitt	
- itsche/n (1)	nimmt /	Schmidt	schütt'	Zutritt	

Unschlitt
Durchschnitt
hereinbitt'

- ütt* (2)
[→ ück (2)]
aufschütt'
ausschütt'
wegschütt'
zuschütt'

- ittchen
Flittchen
Kittchen
Schnittchen
Schlafittchen
Schneewittchen
Dunnerlittchen!

- itte/n (1)
[→ icke/n (1)]
[→ ippe/n (1)]
Bitte/n
bitte/n
dritte/n
fitte/n
Fritte/n
Gitte
glitte/n
Kitte/n
kitte/n
Quitte/n
litte/n
Mitte/n
mitten
Ritte/n
ritte/n
Sitte/n
Schlitten
Schnitte/n
schnitte/n
Schritte/n
schritte/n
Splitte/n
splitte/n
stritte/n
Titte/n
Tritte/n

na bitte!
Kredite/n
entglitte/n
beritten
verbitte/n

Verschnitte/n
verschnitte/n
zerstritte/n
Beschnitte/n
beschnitte/n
geschnitten
(gesittet)
bestritte/n
„Brigitte"
inmitten
Profite/n
umstritten

Anthrazite/n
anthrazite/n
Walzerschritte/n
Scherenschnitte/n
babysitte/n
Defizite/n
Kaiserschnitte/n
überschritte/n
Übertritte/n
wohlgelitten
vorgeschritten
Kolorite/n
fortgeschritten
unterschritte/n
unbestritten
Paradeschritte/n

- ütte/n (1)
[→ ücke/n (1)]
Bütten
Hütte/n
Lütte/n
lütte/n
Schütte/n
schütte/n
verhütte/n
(zerrüttet)
verschütte/n
überschütte/n

- itte/n* (2)
[→ icke/n (2)]
[→ ippe/n (2)]
Abbitte
abbitte/n
Abschnitte/n
abschnitte/n
abschritte/n
Abtritte/n
anschnitte/n
aufschnitte/n

Auftritte/n
ausglitte/n
Ausritte/n
ausritte/n
Ausschnitte/n
ausschnitte/n
ausschritte/n
Fehltritte/n
Querschnitte/n
reinritte/n
Einschnitte/n
einschritte/n
Fürbitte/n
Rücktritte/n
Fortschritte/n
zuschnitte/n
Unschlitte/n
hereinbitte/n

- ütte/n* (2)
[→ ücke/n (2)]
aufschütte/n
ausschütte/n
wegschütte/n
zuschütte/n

- ittel/n (1)
[→ ickel/n (1)]
[→ ippel/n (1)]
Drittel/n
drittel/n
Kittel/n
Mittel/n
(mittels)
Spittel/n
Kapitel/n
bekrittel/n
ermittel/n
vermittel/n
Haarwuchsmittel/n
Abführmittel/n
Aufputschmittel/n
Gegenmittel/n
Lebensmittel/n
Schönheitsmittel/n
übermittel/n
Bindemittel/n
Wundermittel/n
(unvermittelt)
Betäubungsmittel/n
Beruhigungs-
  mittel/n
Beförderungs-

mittel/n
(minderbemittelt)

- üttel/n (1)
[→ ückel/n]
[→ üppel/n]
Büttel/n
-büttel (Wolfenbüt-
  tel etc.)
Knüttel/n
rüttel/n
schüttel/n
Tüttel/n
betüttel/n

- ittel/n* (2)
[→ ickel/n (2)]
[→ ippel/n (2)]
Brechmittel/n
Heilmittel/n
Hilfsmittel/n
Druckmittel/n
Arzneimittel/n

- üttel/n* (2)
abschüttel/n
wachrüttel/n
aufrüttel/n
aufschüttel/n
ausschüttel/n
Kopfschütteln

- itter/n (1)
[→ icker/n (1)]
[→ ipper/n]
bitter/n
Dritter
dritter
fitter/n
Flitter/n
flitter/n
Gitter/n
glitt er
klitter/n
knitter/n
litt er
mitter (= mit der)
Ritter/n
ritt er
schlitter/n
Schnitter/n
schnitt er
schritt er
Splitter

splitter/n
stritt er
tritt er
witter/n
Zither/n
zitter/n
Zwitter/n

damit er
Transmitter/n
entglitt er
(erbittert)
verbitter/n
vergitter/n
zerknitter/n
verschnitt er
zersplitter/n
vertritt er
verwittern
erzitter/n
beschritt er
bestritt er
Gewitter/n
gewittern
womit er
Magenbitter/n
anthraziter
Babysitter/n
überschritt er
unterschritt er
Ungewitter/n
(geheimnisumwit-
  tert)

- ütter/n (1)
[→ ücker/n]
fütter/n
lütter
Mütter/n
schütter/n
erschütter/n
Rabenmütter/n
überfütter/n
Schwiegermütter/n

- itter/n* (2)
[→ icker/n (2)]
Strauchritter/n
aufsplitter/n
eingitter/n
Tilsiter/n
Jupiter
hineinschlitter/n

- ütter/n* (2)	spitz' (Verb)	Kleckerfritz	Antlitz	[→ ipse/n (1)]
anfütter/n	spitz (Adj.)	Meckerfritz	Antritts	bitt' se
Stiefmütter/n	Splits	Schleudersitz	Aufschnitts	Blitze/n
Großmütter/n	Splitts	Schneidersitz	Laufschritts	blitze/n
durchfütter/n	splitt's	Kaiserschnitts	aufsitz'	Fitze/n
	Sprits	Geistesblitz	Auftritts	fitze/n
- ittler/n	spritz'	Dynamits	Ausritts	Flitze/n
Hitler, Adolf	Schritts	überhitz'	Ausschnitts	flitze/n
Krittler/n	schritt's	überschritt's	ausschwitz'	Fritze
Mittler/n	stritt's	überspitz'	aussitz'	glitt se
Ermittler/n	schwitz'	Übertritts	Austritts	Hitze/n
Vermittler/n	Tritts	Liegesitz	Auschwitz	kitt' se
	tritt's	(Kinkerlitzchen)	Fehltritts	Kitze/n
- itts	Witz	Bischofssitz	Querschnitts	litt se
→ itz (1+2)		Slibowitz	Gambits	Litze/n
	Grafits	Hosenschlitz	festsitz'	ritt se
- ütts	Lakritz	Lotossitz	beisitz'	Ritze/n
→ ütz (1)	damit's	Vollbesitz	Beitritts	ritze/n
	Granits	Kolorits	Einschnitts	Sitze/n
- itz (1)	Transits	Kugelblitz	einspritz'	sitze/n
[→ icks (1)]	Sanskrits	unterschritt's	Eintritts	Skizze/n
[→ ips (1)]	Kredits	Mutterwitz	Kiebitz	Schlitze/n
Bits	entglitt's		kiebitz'	schlitze/n
bitt's	erbitt's	Paradeschritts	Stieglitz	schnitt se
Blitz	verbitt's	Regierungssitz	Rückschritts	schnitze/n
blitz'	verfitz'	Feriensitz	Rücktritts	Spitze/n
Brits	erhitz'		stillsitz'	spitze/n (Verb)
Fitz	Verschnitts	- ütz (1)	Limits	spitze/n (Adj.)
fitz'	verschnitt's	[→ ücks (1)]	Hochsitz	splitt' se
Flitz	verschwitz'	bütz'	Wohnsitz	Spritze/n
flitz'	vertritt's	nütz'	Moritz	spritze/n
Fritz	Besitz	schütt's	Vorsitz	schritt se
glitt's	besitz'	schütz'	Vortritts	stritt se
Grits	Beschnitts	stütz'	Fortschritts	schwitze/n
Hits	beschnitt's	benütz'	Zuschnitts	tritt se
Kids	bestritt's	verhütt's	zuspitz'	Witze/n
Kitts	stibitz'	verschütt's	Zutritts	Zitze/n
kitt's	Profits	beschütz'	Mumpitz	
Kitz	womit's	Geschütz	Unschlitts	Lakritze/n
litt's	Pommes frites	überschütt's	Durchschnitts	damit' se
Ritts	potz Blitz!	Liegestütz	durchsitz'	Haubitze/n
ritt's		unterstütz'		entglitt se
Ritz	Tafelspitz		- ütz* (2)	erbitt' se
ritz'	Hahnentritts	- itz* (2)	[→ ücks (2)]	verbitt' se
Sitz	Fahrersitz	[→ icks (2)]	abnütz'	verfitze/n
sitz'	Aberwitz	[→ ips (2)]	abstütz'	erhitze/n
Shits	gerade sitz'	nachsitz'	aufstütz'	(verschmitzt)
Schlitz	Anthrazits	Wahnwitz	ausnütz'	verschnitt se
schlitz'	Alterssitz	Habits	Freischütz	verschwitze/n
Schmidts	Walzerschritts	abblitz'	vorschütz'	vertritt se
Schnitts	Sankt Moritz	Abschnitts	unnütz	besitze/n
schnitt's	Trödelfritz	absitz'		beschnitt se
schnitz'	Scherenschnitts	Abtritts	- itze/n (1)	bestritt se
Spitz	Defizits	anspitz'	[→ ickse/n (1)]	(gewitzt)

211

stibitze/n	- itze/n* (2)	bespitzel/n	Motive/n	induktive/n
womit' se	[→ ickse/n (2)]	Gaumenkitzel	Olive/n	instruktive/n
	[→ ipse/n (2)]	Nervenkitzel	olive/n	impulsive/n
Tafelspitze/n	nachsitze/n		sportive/n	inklusive/n
Nasenspitze/n	abblitze/n	- ützel/n	kursive/n	progressive/n
Fahrersitze/n	absitze/n	Scharmützel/n		Positive/n
gerade sitze/n	anspitze/n		attraktive/n	positive/n
Strandhaubitze/n	Antlitze/n	- itzer/n (1)	Ablative/n	produktive/n
Alterssitze/n	aufblitzen	[→ ickser/n]	plakative/n	Vokative/n
Trödelfritze/n	aufsitze/n	[→ izza → a (2)]	Malediven	normative/n
Zehenspitzen	ausschwitze/n	Blitzer/n	Adjektive/n	Objektive/n
Berberitze/n	aussitze/n	Flitzer/n	affektive/n	objektive/n
Kleckerfritze/n	Mehlschwitze/n	Glitzer	aggressive/n	Kollektive/n
Meckerfritze/n	festsitze/n	glitzer/n	additive/n	kollektive/n
Messerspitze/n	beisitze/n	Ritzer/n	transitive/n	Korrektive/n
Schleudersitze/n	einspritze/n	Schlitzer/n	reaktive/n	Offensive/n
Geistesblitze/n	Kiebitze/n	Schnitzer/n	kreative/n	offensive/n
überhitze/n	kiebitze/n	Spitzer/n	Sedative/n	korrosive/n
überschritt se	Stieglitze/n	spitzer/n	Negative/n	konstruktive/n
überspitze/n	stillsitze/n	Spritzer/n	negative/n	Konjunktive/n
Liegesitze/n	Hochsitze/n	Besitzer/n	relative/n	Substantive/n
Fingerspitze/n	Wohnsitze/n	Durchlaufer-	selektive/n	lukrative/n
Bischofssitze/n	Vorsitze/n	hitzer/n	Detektive/n	subjektive/n
Slibowitze/n	(Vorsitzende/r)		Defensive	subversive/n
Hosenschlitze/n	Zugspitze	- ützer/n (1)	defensive/n	sukzessive/n
Kugelblitze/n	zuspitze/n	Schützer/n	präventive/n	suggestive/n
Zungenspitze/n	durchblitzen	Benützer/n	regressive/n	
unterschritt se	durchsitze/n	Beschützer/n	depressive/n	atmungsaktive/n
Regierungssitze/n		Ärmelschützer/n	repressive/n	Appellative/n
auseinanderspritzen	- ütze/n* (2)	Ohrenschützer/n	rezessive/n	Alternative/n
Feriensitze/n	[→ückse/n (2)]	Umweltschützer/n	reflexive/n	alternative/n
	abnütze/n	Unterstützer/n	Genitive/n	qualitative/n
- ütze/n (1)	abstütze/n		deduktive/n	quantitative/n
[→ückse/n (1)]	aufstütze/n	- itzer/n* (2)	Gerundive/n	karitative/n
bütze/n	ausnütze/n	Anspitzer/n	eruptive/n	fakultative/n
Grütze/n	vorschütze/n	Beisitzer/n	expansive/n	Akkusative/n
Mütze/n	unnütze/n	Zweisitzer/n	effektive/n	föderative/n
nütze/n	ABC-Schütze/n		Perspektive/n	Präservative/n
Pütze/n		- ützer/n* (2)	respektive/n	vegetative/n
Pfütze/n	- itzel/n	unnützer/n	extensive/n	Legislative/n
schütt' se	[→ ipsel/n]		expressive/n	legislative/n
Schütze/n	[→ ixel/n]	- iv	exzessive/n	Rezitative/n
schütze/n	britzel/n	→ if (1+2)	restriktive/n	Prärogative/n
Stütze/n	Fitzel/n		deskriptive/n	evokative/n
stütze/n	Kitzel/n	- ive/n (1)	sensitive/n	Retrospektive/n
benütze/n	kitzel/n	Diven	explosive/n	retrospektive/n
verhütt' se	kritzel/n	Naive/n	destruktive/n	Regulative/n
verschütt' se	Ritzel/n	naive/n	exklusive/n	Exekutive/n
beschütze/n	Schnitzel/n	aktive/n	Leitmotive/n	definitive/n
Geschütze/n	schnitzel/n	Archive/n	Direktive/n	demonstrative/n
Heckenschütze/n	Spitzel/n	massive/n	Fixative/n	dekorative/n
überschütt' se	spitzel/n	laszive/n	intensive/n	spekulative/n
Liegestütze/n	witzel/n	Stative/n	instinktive/n	Diminutive/n
unterstütze/n	Gekritzel	fiktive/n	primitive/n	intransitive/n

interaktive/n	[→ iwan → an (2)]	triez'	Kolloids	briet se
Imperative/n		zieht's	Rhomboids	Vize
Indikative/n	- ix		Kolorits	flieht se
Initiative/n	→ icks (1+2)	Granits	Suizids	Kieze/n
initiative/n		Transits	unterbiet's	kniet se
Infinitive/n	- üx	Karbids	Unterschieds	mied se
distributive/n	→ ücks (1+2)	Zenits	unterschied's	miet' se
informative/n		Gebiets	Fungizids	Mieze/n
innovative/n	- ixe/n	Kredits		niet' se
dispositive/n	→ ickse/n (1+2)	befried's	Ballungsgebiets	riet se
illustrative/n		bekniet's	Meteorits	sied' se
intuitive/n	- üxe/n	Tensids	Zeitunterschieds	sieht se
provokative/n	→ückse/n (1+2)	entbiet's	Krisengebiets	sieze/n
Komparative/n		entschied's	Tiefdruckgebiets	schied se
korrelative/n	- ixel/n	verbiet's	Notstandsgebiets	schmied' se
kontemplative/n	[→ ipsel/n]	vermied's	Polyamids	strieze/n
ostentative/n	[→ itzel/n]	vermiet's	Naturschutzgebiets	trieze/n
operative/n	Pixel/n	beriet's	Standesunterschieds	
Konservative/n	pixel/n	geriet's	Kohlendioxids	befried' se
konservative/n		verriet's		bekniet se
Froschperspekti-ve/n	- ixer/n	verschied's	- üz	entbiet' se
	→ ickser/n	beschied's	[→ übs → üb (1)]	entschied se
Nominative/n		geschieht's	[→ ügs → üg (1)]	verbiet' se
konspirative/n	- ixt	Miliz	blüht's	vermied se
konstitutive/n	→ ickse/n (1+2)	Indiz	brüht's	vermiet' se
korporative/n		Biskuits	brüt's	beriet se
Lokomotive/n	- üxt	Profits	glüht's	geriet se
Superlative/n	→ ückse/n (1+2)	Hospiz	hüt's	verriet se
Judikative/n		Notiz	müht's	verschied se
ultimative/n	- iz (1)	Oxids	spröht's	beschied se
kumulative/n	[→ ibs → ib (1)]	umfried's	behüt's	geschieht se
	[→ igs → ig (1)]	Justiz	bemüht's	Mestize/n
radioaktive/n	biet's		erblüht's	Milizen
assoziative/n	briet's	Aquavits	verblüht's	Komplize/n
approximative/n	flieht's	Anthrazits	verbrüht's	Hospize/n
argumentative/n	Glieds	Fachgebiets	vergüt's	Notizen
repräsentative/n	Kiez	Randgebiets	erglüht's	Novize/n
Diapositive/n	kniet's	Appetits	verglüht's	umfried' se
Kooperative/n	Lieds	Plebiszits	verhüt's	Präjudize/n
kooperative/n	mied's	Defizits	ermüd's	Benefize/n
kontraproduktive/n	miet's	Präjudiz	versprüht's	überbiet' se
Vogelperspektive/n	Miez	Grenzgebiets	Gestüts	Ringelpieze/n
kostenintensive/n	niet's	Benefiz		Frontispieze/n
kommunikative/n	Rieds	Ränkeschmieds	- iz* (2)	unterbiet' se
Zukunftsperspekti-ve/n	riet's	Requisits	[→ ibs → ib (2)]	unterschied se
	sied's	Herbizids	[→ igs → ig (2)]	
Gebirgsmassive/n	sieht's	Pestizids	Abschieds	- üze/n
	siez'	Dynamits	Bugspriets	[→ übse/n → üb (1)]
- ive/n* (2)	schied's	überbiet's	verabschied's	
passive/n	Schmieds	Ringelpiez		[→ ügse/n → üg (1)]
	schmied's	Lipoids	- ize/n (1)	
- iver/n	Spriets	Lynchjustiz	[→ ibse/n → ib (1)]	blüht se
→ ive/n (1+2)	striez'	Wohngebiets	[→ igse/n → ig (1)]	brüht se
[→ iva → a (2)]	Schwyz	Frontispiz	biet' se	brüt' se

213

glüht se
hüt' se
müht se
sprüht se
behüt' se
bemüht se
erblüht se
verblüht se
verbrüht se
vergüt' se
erglüht se
verglüht se
verhüt' se
ermüd' se
versprüht se

- ize/n* (2)
verabschied' se

O-Reime

- o (1)	geradeso	Folio	Oregano	Auto
oh!	Cabrio	Polio	mens sana in corpo-	
Beau	Radio	Domino	re sano	ē:
droh'	Ratio	sowieso	APO	Deo
Floh	„Haribo"	soundso	da capo	Leo
floh	Salomo	holdrio!	Karo	Theo
froh	„Marlboro"	mordio!	dato	Rodeo
Go	A und O	horrido!	NATO	Borneo
Gros	Status quo	Rokoko	Stakkato	Montevideo
ho!	Zampano	Studio	legato	Placebo
Klo	Art déco	Bungalow	Erato	Credo
Po	Angelo	Ultimo	Vibrato	Toledo
pro	farbenfroh	Fundbüro	pizzicato	Torpedo
roh	Paletot	subito	moderato	Ego
so	anderswo		futschikato	Interregio
Show	apropos	Adagio	bravo!	Velo
Stroh	WHO	Disagio	„Bravo"	Demo
wo	Stereo	Diabolo		Memo
Zoo	PLO	Capriccio	á:	Steno
zwo	ebenso	bravissimo!	Tacho	dero
	Hetero	fortissimo	Karacho	Nero
k.o.	Jericho	Pinocchio	Sappho	Zero
Jabot	Taekwondo	inkognito	Sakko	Bolero
Tableau	„Texaco"	Impressario	Tschakko	Sombrero
hallo!	Cembalo	pianissimo	de facto	Torero
Shampoo	Bergamo	Zeter und Mordio	Saldo	Caballero
Chapeau	Embryo	Ultima ratio	Salto	Guerillero
Tarot	Vertiko	in dulci jubilo	Kommando	Trocadero
Château	Mexiko	Reisebüro	Einsatzkommando	Veto
Plateau	Eskimo		Brando, Marlon	
bedroh'	Wettbüro	- o (2)	androh'	é:
entfloh	Tremolo	ā:	Fango	Echo
Depot	feurio!	Mao	Mango	Gecko
verroh'	Pipapo	Tao	Tango	Prosecco
Büro	Figaro	Curaçao	Fandango	Tempo
Pierrot	Video	Mikado	Banjo	Kendo
wieso	Libero	Tornado	blanko	Crescendo
Niveau	Cheerio	Avocado	Franco, Francisco	„Nintendo"
Trikot	Libido	Eldorado	Manko	Beppo
Plumeau	Risiko	Desperado	Pankow	ergo
Bistro	irgendwo	Sago	Cargo	Inferno
oho!	nirgendwo	Chicago	Largo	Fresko
Soho	lichterloh	Santiago	Embargo	UNESCO
en gros	nitschewo	Mario	Hasso	desto
Bonmot	Indio	Szenario	Lasso	presto
Bordeaux	Indigo	Ontario	Inkasso	Maestro
soso	Gigolo	Impresario	Kasko	Ghetto
Rouleau	Pikkolo	Dynamo	Fiasko	netto
	Kimono	Piano	Bajazzo	Libretto
Pharao	Tobago	piano	Palazzo	in petto
HNO	Romeo	Milano		Amaretto
schadenfroh	Bohnenstroh	Guano	au:	allegretto
Waterloo	Tokio	Capitano	Gaucho	jetzo

Intermezzo	Toto	wob	- obbe/n	auseinanderstoben
	Pars pro Toto		[→ ogge/n (1)]	
i:		Äsop	mobbe/n	- obe/n* (2)
Trio	o:	behob	Robbe/n	[→ ode/n (2)]
Dido	Marokko	gelob'	robbe/n	[→ oge/n (2)]
Fido	Schirokko	enthob	jobbe/n	nachschoben
Guido	pro domo	entlob'		abhoben
Lido	Poncho	erhob	- obe/n (1)	abschoben
Libido	Konto	verhob	[→ ode/n (1)]	Kraftprobe/n
Cupido	prónto	verlob'	[→ oge/n (1)]	Anprobe/n
Hokkaido	Skonto	erprob'	oben	anschoben
Kilo	Toronto	verschob	droben	aufhoben
Lilo	sonst wo	verwob	-phobe/n (anglo-	aufschoben
Milo	Porno	Zyklop	phobe/n etc.)	aushoben
Silo	Storno	gottlob!	Globen	auslobe/n
Thilo	Livorno		grobe/n	einschoben
Dino	Korso	Teleskop	hoben	Niobe
Kino	Torso	Episkop	Koben	vorschoben
Tino	Porto	Periskop	Kloben	zuschoben
Albino	Lotto	Demoskop	Lobe/n	hinausschoben
Bambino	Motto	Stethoskop	lobe/n	hervorhoben
Kasino	Otto	Endoskop	Probe/n	
Latino	Risotto	Philanthrop	probe/n	- obel/n
Merino		Misanthrop	Robe/n	[→ ode/ln (1)]
San Marino	u:	Mikroskop	schoben	[→ ogel/n (1)]
Maraschino	Judo	Biotop	schnoben	Hobel/n
Valentino	Udo	Isotop	stoben	hobel/n
Cappuccino	Bruno	Stroboskop	tobe/n	knobel/n
Filipino	Juno	Horoskop	woben	nobel/n
Monte Cassino	Kuno	unterschob		Zobel/n
dito	UNO	Stereoskop	behoben	(ungehobelt)
Quito	Schupo	Helioskop	gehoben	
Moskito	Pluto	Heliotrop	gelobe/n	- ober/n (1)
Hirohito		Kaleidoskop	enthoben	[→ oder/n]
	u:		entlobe/n	[→ oger/n]
i:	Buffo	- ob* (2)	erhoben	Ober/n
Bingo	Gusto	[→ og (2)]	verhoben	(oberer)
Dingo	brutto	[→ ot (2)]	verlobe/n	-phober (anglo-
Gringo		nachschob	erprobe/n	phober etc.)
Ingo	- ob (1)	abhob	verschoben	grober
Flamingo	[→ og (1)]	abschob	verschroben	Kober/n
Kalypso	[→ ot (1)]	anschob	zerstoben	Schober/n
Bistro	dop'	aufhob	verwoben	schnober/n
	grob	aufschob	kieloben	(Eroberer)
ö:	hob	aushob	Mikrobe/n	erober/n
Yo-Yo	Lob	auslob'	umwoben	Zinnober
Kroko	lob'	einschob		Oktober/n
Schoko	-phob (anglophob	vorschob	Nagelprobe/n	
Polo	etc.)	zuschob	Garderobe/n	- ober/n* (2)
Solo	prob'	hinausschob	Feuerprobe/n	Heuschober/n
Marco Polo	schnob'	hervorhob	unterschoben	
Mono	schob		Bewährungspro-	- obs (1)
unisono	stob	- ob (3)	be/n	[→ ogs → og (1)]
Foto	tob'	→ opp (1+2)	sagenumwoben	[→ ots → ot (1)]

(Obst)	einem hoch	etwas hoch	krochen	unausgesprochen
hob's	etwas schaukelt	jmd. bringt /	loche/n	unwidersprochen
Lobs	sich hoch	lädt / legt /	poche/n	ununterbrochen
lob's	etwas schraubt	stellt / wirft /	Rochen	zusammengebro-
(Probst)	/ windet /	wuchtet etwas	rochen	chen
prob's	wölbt sich	hoch	Woche/n	herumgesprochen
schob's	hoch	jmd. bindet etwas		
schnob's	etwas wächst hoch	hoch	Epoche/n	- oche/n* (2)
stob's	etwas wirbelt	jmd. kurbelt /	gebrochen	[→ offe/n (2)]
(tobst)	hoch	schiebt etwas	entsprochen	abkochen
wob's	eine Bombe geht	hoch	erbrochen	ankrochen
	/ fliegt hoch	jmd. fährt /	verbrochen	aufkochen
Äsops	jmd. nimmt jmd.	dosiert / dreht	zerbrochen	auskochen
behob's	hoch (necken)	etwas hoch	verkrochen	auskrochen
gelob's	jmd. päppelt jmd.		versprochen	weich kochen
enthob's	hoch	- och (2)	erstochen	einkochen
(entlobst)	er lebe hoch!	[→ off (1)]	zerstochen	einlochen
erhob's	jmd. hebt / reißt	och!	besprochen	
verhob's	/ zieht jmd.	doch	gesprochen	- ocher/n (1)
(verlobst)	hoch	Gogh, Vincent van	bestochen	[→ offer/n]
erprob's	jmd. arbeitet /	Joch	gestochen	Kocher/n
verschob's	dient sich	Koch	Moloche/n	kroch er
verwob's	hoch	koch'	umbrochen	Locher/n
Zyklops	jmd. verschuldet	kroch	durchstochen	roch er
	sich hoch	Loch		stocher/n
Teleskops	jmd. rappelt sich	loch'	nachgesprochen	verkroch er
Episkops	hoch	noch	abgebrochen	Eierkocher/n
Periskops	jmd. stapelt hoch	poch'	abgesprochen	Unterjocher/n
Demoskops	jmd. schnellt /	roch	abgestochen	
Stethoskops	schreckt hoch	jedoch	angebrochen	- ocher/n* (2)
Endoskops	jmd. steigt /	verkroch	angesprochen	Zahnstocher/n
Philanthrops	klettert /	Moloch	angestochen	
Misanthrops	springt hoch	Schlüsselloch	aufgebrochen	- ochse/n
Mikroskops	jmd. hält etwas	Sommerloch	ausgebrochen	→ ockse/n (1)
Biotops	hoch (in	unterjoch'	ausgesprochen	
Isotops	Ehren)	unterkroch	ausgestochen	- ochst
Stroboskops	jmd. spielt / jubelt		freigesprochen	→ ockst → ocks (1)
Horoskops	/ stilisiert	- och* (3)	eingebrochen	
Stereoskops	etwas hoch	[→ off (2)]	Diadoche/n	- ocht (1)
Helioskops	jmd. steckt ein	abkoch'	überkoche/n	[→ oft]
Heliotrops	Ziel hoch	ankroch	widersprochen	Docht
Kaleidoskops	jmd. krempelt die	aufkoch'	Flitterwochen	focht
	Ärmel hoch	auskoch'	hochgesprochen	flocht
- óbs (2)	jmd. rechnet	dennoch	vorgesprochen	kocht
→ ops (2)	etwas hoch	weich koch'	losgebrochen	krocht
	(extrapoliert)	einkoch'	zugesprochen	locht
- öbst	jmd. rüstet etwas	einloch'	zugestochen	mocht'
→ obs (1)	hoch	Mittwoch	ungebrochen	pocht
	jmd. bekommt		unterbrochen	rocht
- och (1)	einen hoch	- oche/n (1)	unterjoche/n	gemocht
[→ of (1)]	jmd. jagt /	[→ offe/n (1)]	unterkrochen	entflocht
hoch	scheucht ein	Joche/n	durchgebrochen	verfocht
etwas kocht hoch	Tier hoch	koche/n	durchgesprochen	verflocht
etwas kommt	jmd. hebt / zieht	Knochen		verkrocht

217

vermocht	pocht er	Kasatschok	Nocke/n	[→ otter/n (1)]
ausgekocht	Tochter	Maniok	Pocke/n	ocker
überkocht	gemochter	Languedoc	pflocke/n	Blocker/n
unterjocht	entflocht er	Waffenrock	rocke/n	Fokker/n
unterkrocht	verfocht er	Häuserblock	Socke/n	Hocker/n
	verflocht er	Eierstock	schocke/n	locker/n
- ocht* (2)	ausgekochter	Bienenstock	stocke/n	(Mokka)
abkocht	Enkeltochter	Sündenbock	trocken	Rocker/n
anfocht	Schwiegertochter	Blindenstock	zocke/n	Schocker/n
ankrocht	unterjocht er	„Birkenstock"		Zocker/n
aufkocht		Motorblock	barocke/n	barocker
ausfocht	- ock (1)	Doppelbock	entlocke/n	Betablocker/n
auskocht	[→ opp (1)]	Morgenrock	verbocke/n	Knickerbocker/n
weich kocht	[→ ott (1)]	Opferstock	verlocke/n	Stubenhocker/n
einkocht	Bock	Blumenstock	erschrocken	
einlocht	bock'	Underdog	(verstockt)	- ocker/n* (2)
durchfocht	Block	Progressive Rock	(vertrockne/n)	[→ opper/n (2)]
	block'		frohlocke/n	[→ otter/n (2)]
- ochte/n (1)	Blog	- ock* (2)	Artischocke/n	Abzocker/n
[→ ofte/n → oft]	blogg'	[→ opp (2)]	Taucherglocke/n	Aufhocker/n
Dochte/n	Doc	[→ ott (2)]	Käseglocke/n	
fochten	Dock	abzock'	Kirchenglocke/n	- ocks (1)
flochten	dock'	andock'	Schillerlocke/n	[→ ops (2)]
kochte/n	Fock	anpflock'	Osterglocke/n	[→ otz (1)]
lochte/n	flock'	Hardrock	unerschrocken	Ochs'
mochte/n	Grog	aufbock'		ochs'
pochte/n	hock'	aufhock'	- ocke/n* (2)	Bocks
entflochten	Clog	aufstock'	[→ oppe/n (2)]	(bockst)
verflochten	lock'	ausflock'	[→ otte/n (2)]	Box
verfochten	Log	ausknock'	(abtrockne/n)	box'
vermochte/n	Lok	Rebstock	abzocke/n	Blocks
ausgekochte/n	Pflock	Prellbock	andocke/n	block's
überkochte/n	pflock'	Felsblock	anpflocke/n	Blogs
unterjochte/n	Rock	einbrock'	aufbocke/n	blogg's
unangefochten	rock'	einpflock'	aufhocke/n	Docks
	Smog	Weinstock	aufstocke/n	dock's
- ochte/n* (2)	Schock	Hot Dog	ausflocke/n	flock's
abkochte/n	schock'	Kutschbock	ausknocke/n	Phlox
anfochte/n	Schmock		(austrockne/n)	Grogs
aufkochte/n	Stock	- ocke/n (1)	einbrocke/n	hock's
ausfochte/n	stock'	[→ oppe/n (1)]	einpflocke/n	Clogs
auskochte/n	Wok	[→ otte/n (1)]	(eintrockne/n)	lock's
weich kochte/n	zock'	bocke/n	Spinnrocken	Logs
einkochte/n		blocke/n		Pflocks
einlochte/n	ad hoc	Brocken	- ockel/n	pflock's
durchfochte/n	Barock	docke/n	[→ oppel/n (1)]	Rocks
	barock	Focken	[→ ottel/n]	rock's
- ochter/n	Tarock	Flocke/n	Gockel/n	Smogs
[→ ofter/n → oft]	entlock'	flocke/n	Sockel/n	Schocks
focht er	verbock'	Glocke/n	zockel/n	schock's
flocht er	verlock'	Hocke/n	Monokel/n	Schmocks
kocht er	frohlock'	hocke/n		Stocks
locht er	en bloc	Locke/n	- ocker/n (1)	(stockst)
mocht' er		locke/n	[→ opper/n (1)]	Woks

zock's	Kutschbocks	Diode/n	drohe/n	Apostrophe/n
		Synode/n	flohen	Theosophen
Barocks	- ockse/n (1)	wieso denn	frohe/n	Philosophen
Tarocks	[→ opse/n]	Kommode/n	hohe/n	Anthroposophen
entlock's	[→ otze/n (1)]	kommode/n	Lohe/n	
verbock's	Ochse/n	Kustode/n	lohe/n	- off (1)
(verbockst)	ochse/n	Antipode/n	rohe/n	[→ och (2)]
(verlockst)	Boxen	Reneklode/n	bedrohe/n	Off
Gesocks	boxe/n	Elektrode/n	entflohen	hoff'
(frohlockst)	block' se	Periode/n	verrohe/n	soff
Fort Knox	blogg' se	Episode/n	schadenfrohe/n	schroff
	dock' se	Quetschkom-	farbenfrohe/n	Stoff
paradox	Phloxe/n	mode/n		troff
Kasatschoks	lock' se	Hosenboden	- o-e/n* (2)	Zoff
Manioks	pflock' se	Tortenboden	androhe/n	zoff'
Waffenrocks	rock' se	Kälteperiode/n		erhoff'
Underdogs	schock' se	Dürreperiode/n	- o-er/n	ersoff
Häuserblocks	zock' se		[→ oa → a (2)]	versoff
Eierstocks	entlock' se	- ode/n* (2)	[→ or (1)]	Sauerstoff
Bienenstocks	verbock' se	[→ obe/n (2)]	[→ orer/n]	Lesestoff
Sündenbocks	Gesockse	[→ oge/n (2)]	froher/n	Kleiderstoff
Blindenstocks	paradoxe/n	Kleinode/n	hoher	Kalaschnikow
„Birkenstocks"	Orthodoxe/n	Schnürboden	roher/n	
Motorblocks	orthodoxe/n			- off* (2)
Doppelbocks	Musicboxe/n	- odel/n (1)	- of (1)	[→ och (3)]
Morgenrocks	unorthodoxe/n	[→ obel/n]	[→ och (1)]	absoff
on the rocks		[→ ogel/n (1)]	doof	Farbstoff
Opferstocks	- ockse/n* (2)	brodel/n	Hof	aussoff
orthodox	[→ otze/n (2)]	jodel/n	Schwof	Sprengstoff
Blumenstocks	Slowfoxe/n	rodel/n	schwof'	Treibstoff
Musicbox	durchboxe/n		Apostroph	Kunststoff
unorthodox		- odel/n* (2)	Bauernhof	Gesprächsstoff
	- ockst	[→ ogel/n (2)]	Theosoph	
- ocks* (2)	→ ocks (1+2)	ummodel/n	Philosoph	- offe/n (1)
[→ ops (3)]			Anthroposoph	[→ oche/n (1)]
[→ otz (2)]	- od	- oder/n		offen
(abzockst)	→ ot (1+2)	[→ oda → a (2)]	- of* (2)	hoffe/n
(andockst)		[→ ober/n (1)]	Bahnhof	soffen
(anpflockst)	- ode/n (1)	[→ oger/n]	Schlachthof	schroffe/n
(aufbockst)	[→ obe/n (1)]	Oder	Gasthof	Stoffe/n
(aufhockst)	[→ oge/n (1)]	oder	Friedhof	troffen
(aufstockst)	Ode/n	loder/n	Lichthof	zoffe/n
(ausflockst)	Boden	Moder	Bischof	erhoffe/n
(ausknockst)	Hoden	moder/n	Vorhof	ersoffen
Rebstocks	Lode/n	maroder/n	Gutshof	versoffen
Black Box	Mode/n	Decoder/n	Gerichtshof	besoffen
Prellbocks	rode/n	vermoder/n		betroffen
Felsblocks	Sode/n	kommoder/n	- ofe/n	getroffen
(einbrockst)	Tode/n		Ofen	angetroffen
(einpflockst)	Pagode/n	- odler/n	Strophe/n	eingetroffen
Weinstocks	marode/n	Jodler/n	Schwofe/n	übertroffen
Slowfox	Anode/n	Rodler/n	schwofe/n	
Hot Dogs	Kathode/n		Zofe/n	- offe/n* (2)
durchbox'	Methode/n	- o-e/n (1)	Katastrophe/n	[→ oche/n (2)]

219

absoffen	entzog	heimzog	verbogen	ichbezogen
Farbstoffe/n	verbog	einbog	verflogen	Histologe/n
aussoffen	verflog	einflog	erlogen	Zoologe/n
Kunststoffe/n	erwog	einsog	verlogen	Monologe/n
	erzog	einwog	erwogen	Soziologe/n
- offel/n	verzog	einzog	erzogen	Onkologe/n
Stoffel/n	betrog	hinbog	verzogen	Urologe/n
Toffel/n	bewog	hinzog	betrogen	umerzogen
Pantoffel/n	bezog	mitzog	getrogen	unterzogen
Kartoffel/n	Prolog	hochzog	bewogen	ungezogen
	en vogue	vorzog	gewogen	
- offer/n	vollzog	loszog	bezogen	Radiologe/n
[→ ocher/n (1)]		großzog	gezogen	Archäologe/n
Koffer/n	analog	fortzog	Piroge/n	Allergologe/n
soff er	Katalog	zuflog	Prologe/n	Anthropologe/n
schroffer/n	geradebog	zuzog	vollzogen	Etymologe/n
ersoff er	nachvollzog	umzog		Gerontologe/n
versoff er	Epilog	durchzog	Fragebogen	Dermatologe/n
besoff er	reziprok		geradebogen	Entomologe/n
	Nekrolog	heranzog	Grafologe/n	Ideologe/n
- offt	weiterzog	hinauszog	nachvollzogen	Gynäkologe/n
→ oft	einbezog	umherzog	analoge/n	Mineraloge/n
	Dialog	zurechtbog	Kataloge/n	Kriminologe/n
- oft	überflog	vorbeizog	fachbezogen	Physiologe/n
[→ ocht (1)]	überzog	zurückzog	sachbezogen	Immunologe/n
oft	hinterzog	dahinzog	Androloge/n	Politologe/n
hofft	Monolog	hervorzog	Astrologe/n	Ornithologe/n
Loft	unterzog	hinzuzog	Pathologe/n	Toxikologe/n
sofft	zusammenzog		ausgewogen	Paläontologe/n
soft	herunterzog	- óg (3)	Pädagoge/n	Bakteriologe/n
trofft		→ ock (1+2)	Demagoge/n	Meteorologe/n
zofft	- og* (2)		Regenbogen	zusammenzogen
erhofft	[→ ob (2)]	- oge/n (1)	Epiloge/n	herunterzogen
sooft	[→ ot (2)]	[→ obe/n (1)]	Geologe/n	
„Microsoft"	nachzog	[→ ode/n (1)]	Theologe/n	- ogen* (2)
unverhofft	abbog	Bogen	Ökologe/n	[→ obe/n (2)]
	abflog	bogen	Nekrologe/n	[→ ode/n (2)]
- og (1)	absog	Droge/n	Ellenbogen	nachzogen
[→ ob (1)]	abwog	flogen	Ethnologe/n	abbogen
[→ ot (1)]	abzog	logen	Geigenbogen	abflogen
bog	anflog	pflogen	weiterzogen	absogen
(Vogt)	anlog	Rogen	einbezogen	abwogen
flog	ansog	Soge/n	Neurologe/n	abzogen
(Koks)	anzog	sogen	Seismologe/n	anflogen
Koog	aufflog	trogen	Dialoge/n	anlogen
log	aufwog	Woge/n	überflogen	ansogen
Sog	aufzog	wogen	überzogen	anzogen
sog	ausflog	zogen	Biologe/n	aufflogen
Trog	aussog		Psychologe/n	aufwogen
trog	auszog	gebogen	Philologe/n	aufzogen
wog	Herzog	belogen	Synagoge/n	ausflogen
zog	herzog	entflogen	Flitzebogen	aussogen
	beibog	entzogen	Bilderbogen	auszogen
belog	gleichzog	gepflogen	hinterzogen	herzogen

220

Herzoge/n	Oger/n	[→ oper/n]	verkohl'	**- olch (1)**	
beibogen	analoger	[→ oter/n → ot	versohl'	Dolch	
gleichzogen		(1)]	besohl'	Molch	
heimzogen	**- ogge/n (1)**	Oker	gleichwohl	solch	
einbogen	[→ obbe/n]	bog er	Idol	Strolch	
einflogen	Dogge/n	Broker/n	Pirol	erdolch'	
einsogen	Kogge/n	flog er	Tirol		
einwogen	Roggen	log er	frivol	**- olch* (2)**	
einzogen	soggen	Poker	wiewohl	umherstrolch'	
hinbogen	jogge/n	poker/n	Glykol		
hinzogen	Pirogge/n	sog er	Symbol	**- olche/n (1)**	
mitzogen		Joker/n	sowohl	Dolche/n	
hochzogen	**- ogge/n* (2)**	trog er	obwohl	Molche/n	
vorzogen	einlogge/n	wog er		solche/n	
loszogen		zog er	Atem hol'	Strolche/n	
großzogen	**- ogt**	belog er	Parasol	erdolche/n	
fortzogen	→ og (1+2)	entflog er	Anatol		
zuflogen		entzog er	Karneol	**- olche/n* (2)**	
zuzogen	**- oi**	verbog er	Stanniol	umherstrolche/n	
umzogen	→ eu (1+2)	verflog er	Karfiol		
durchzogen		erwog er	Kamisol	**- old**	
	- oid	erzog er	Kapitol	→ olt (2+3)	
heranzogen	→ eut (1)	verzog er	Alkohol		
hinauszogen		betrog er	Methanol	**- olde/n (1)**	
umherzogen	**- oiler/n**	bewog er	Gegenpol	[→ olbe/n]	
zurechtbogen	→ euler/n	bezog er	Lebewohl	[→ olge/n]	
vorbeizogen		vollzog er	überhol'	Olden(-burg)	
zurückzogen	**- oir**	reziproker	wiederhol'	Dolde/n	
dahinzogen	→ ar (1)	überflog er	Interpol	Golde	
hervorzogen		überzog er	Vitriol	golden	
hinzuzogen	**- oje/n**	hinterzog er	Minuspol	Holde/n	
	Boje/n	unterzog er	Monopol	holde/n	
- oge/n (3)	Koje/n		Ruhepol	Nolde, Emil	
Doge/n	Levkoje/n	**- oks**	runterhol'	Solde/n	
Loge/n		→ og (1)	Geratewohl	vergolde/n	
	- ōk (1)		Costa del Sol	besolde/n	
- ogel/n (1)	→ og (1)	**- ol (1)**		Isolde	
[→ obel/n]		bowl'	**- ol* (2)**	Lügenbolde/n	
[→ odel/n (1)]	**- ók (2)**	hohl	nachhol'	Trunkenbolde/n	
Kogel/n	→ ock (1)	hol'	abhol'		
mogel/n		johl'	aufhol'	**- olde/n* (2)**	
Vogel	**- oke/n**	Kohl	aushol'	Raufbolde/n	
Galgenvogel	[→ ope/n (1)]	kohl'	heimhol'	Herolde/n	
Wandervogel	[→ ote/n (1)]	Mol	einhol'	Witzbolde/n	
	Mischpoke	Pol	kielhol'	Kobolde/n	
- ogel/n* (2)	Karaoke	pol'	umpol'	Unholde/n	
[→ odel/n (2)]	reziproke/n	Wohl	unwohl		
Spaßvogel		wohl	hervorhol'	**- older/n**	
Pechvogel	**- okel/n**			[→ olger/n]	
	[→ opel/n]	Karbol	**- olbe/n**	Holder	
- oger/n	kokel/n	jawohl	[→ olde/n (1)]	holder/n	
[→ oga → a (2)]		Menthol	[→ olge/n]	Polder/n	
[→ ober/n (1)]	**- oker/n**	Benzol	Kolbe/n	Wacholder/n	
[→ oder/n]	[→ oka → a (2)]	erhol'		Vergolder/n	

221

- ole/n (1)
Bohle/n
Bohlen, Dieter
Bowle/n
bowle/n
Dohle/n
Fohlen
fohle/n
hohle/n
hole/n
johle/n
Kohle/n
kohle/n
Mole/n
Pole/n
pole/n
Sohle/n
Sole/n
Wohle

Parole/n
Kreole/n
befohlen
Gejohle
empfohlen
Benzole/n
erhole/n
verkohle/n
versohle/n
verstohlen
besohle/n
bestohlen
gestohlen
Phiole/n
Triole/n
Viole/n
Idole/n
Pirole/n
frivole/n
Glykole/n
Symbole/n
Pistole/n
Systole/n
Mongole/n
Konsole/n

Parasole/n
Atem hole/n
Kamisole/n
Barkarole/n
Karneole/n
Banderole/n
Gladiole/n
Stanniole/n

Kapriole/n
Karriole/n
Alkohole/n
Aureole/n
Gegenpole/n
Metropole/n
Diastole/n
überhole/n
wiederhole/n
Minuspole/n
Vitriole/n
Gloriole/n
Monopole/n
Gott befohlen
Ruhepole/n
schutzbefohlen
runterhole/n
unverhohlen
Räuberpistole/n

- ole/n* (2)
nachhole/n
Talsohle/n
abhole/n
aufhole/n
aushole/n
heimhole/n
einhole/n
kielhole/n
umpole/n
hervorhole/n

- oler/n (1)
[→ ola → a (2)]
hohler/n
wohler
Tiroler/n
frivoler/n
Kofferholer/n

- oler/n* (2)
Abholer/n

- olf (1)
Golf
golf'
Rolf
Wolf
Minigolf

- olf* (2)
Werwolf

- olfe/n

golfe/n
geholfen
verholfen
ausgeholfen
unbeholfen

- olg
→ olk (1)

- olge/n
[→ olbe/n]
[→ olde/n (1)]
folge/n

- olger/n
[→ olga → a (2)]
[→ older/n]
folger/n
Holger
Verfolger/n

- olk (1)
[→ olt (2)]
folg'
Kolk
molk
Volk
Erfolg
Herrenvolk
Bienenvolk
Künstlervolk

- olk* (2)
[→ olt (3)]
Fußvolk

- olke/n (1)
[→ olte/n (1)]
Molke/n
molken
Wolke/n

- olke/n* (2)
[→ olte/n (2)]
Staubwolke/n

- olker/n
[→ olper/n]
[→ olter/n]
molk er
(Polka)
Volker

- oll (1)

oll (= alt)
voll
etwas läuft voll
jmd. spritzt jmd.
  voll
jmd. frisst / säuft
  sich voll
jmd. schlägt sich
  den Bauch voll
jmd. stopft sich
  mit etwas voll
jmd. tankt voll
jmd. kotzt /
  scheißt etwas
  voll
jmd. macht / füllt
  / lädt / packt
  / pumpt /
  stopft etwas
  voll
jmd. kritzelt /
  schreibt /
  schmiert etwas
  voll
Groll
groll'
quoll
Moll
roll'
Soll
soll
Scholl, Geschwister
schmoll'
toll
Troll
troll'
Zoll
zoll'
Apoll
Atoll
jawoll
entroll'
erscholl
verzoll'
gnadenvoll
ahnungsvoll
andachtsvoll
jammervoll
absichtsvoll
anspruchsvoll
achtungsvoll
salbungsvoll

grauenvoll
ausdrucksvoll
seelenvoll
tränenvoll
ehrenvoll
Babydoll
sehnsuchtsvoll
ehrfurchtsvoll
wehmutsvoll
wechselvoll
ränkevoll
teilnahmsvoll
freudenvoll
reuevoll
weihevoll
eindrucksvoll
überquoll
überroll'
übervoll
liebestoll
liebevoll
mühevoll
würdevoll
mitleidsvoll
rücksichtsvoll
stimmungsvoll
wirkungsvoll
hoheitsvoll
Protokoll
vorwurfsvoll
Rock 'n' Roll
proppenvoll
sorgenvoll
dornenvoll
wonnevoll
hoffnungsvoll
kummervoll
wundervoll
unheilvoll
unschuldsvoll

entsagungsvoll
verachtungsvoll
zusammenroll'
gedankenvoll
erwartungsvoll
vertrauensvoll
verehrungsvoll
verständnisvoll
verhängnisvoll
geheimnisvoll
verheißungsvoll
bedeutungsvoll
widerspruchsvoll

hingebungsvoll	Molle/n	Oller	stolper/n	ausrollt	
hochachtungsvoll	Polle/n	oller		Rauschgold	
verantwortungsvoll	Rolle/n	boller/n	**- olster/n (1)**	Herold	
aufopferungsvoll	rolle/n	(Dollar)	→ -voll-Wörter	einrollt	
	solle/n	doller	unter: oll (1)	Witzbold	
- oll* (2)	Scholle/n	voller/n	bolzt er	Kobold	
schmachvoll	schmolle/n	(holla!)	Holster/n	wohlwollt	
qualvoll	Stolle/n	Koller/n	holzt er	Unhold	
maßvoll	schwollen	koller/n	Polster/n		
abroll'	Tolle/n	quoll er	tollster	**- olte/n (1)**	
machtvoll	tolle/n (Verb)	Poller/n		[→ olke/n (1)]	
prachtvoll	tolle/n (Adj.)	Roller/n	**- olster/n* (2)**	Olten	
kraftvoll	Trolle/n	roller/n	→ -voll-Wörter	grollte/n	
taktvoll	trolle/n	soll er	unter: oll (2)	rollte/n	
anroll'	Wolle/n	toller	Geldpolster/n	sollte/n	
klangvoll	wolle/n	erscholl er		schmollte/n	
angstvoll	zolle/n	Deoroller/n	**- ölt (1)**	tollte/n	
mannstoll		liebestoller	→ ole/n (1+2)	trollte/n	
glanzvoll	Atolle/n	Hohenzoller/n		wollte/n	
aufroll'	entrolle/n	Motorroller/n	**- olt (2)**	zollte/n	
ausroll'	verquollen		[→ olk (1)]	gegolten	
wertvoll	erschollen	**- oller/n* (2)**	Gold	entrollte/n	
leidvoll	verschollen	→ -voll-Wörter	grollt	verzollte/n	
einroll'	verzolle/n	unter: oll (2)	hold	gescholten	
geistvoll	geschwollen	mannstoller	Colt	gewollte/n	
reizvoll	Kontrolle/n		rollt	Revolte/n	
friedvoll		**- olls**	Sold	abgegolten	
sinnvoll	Nackenrolle/n	→ olz (1)	sollt	übelwollte/n	
huldvoll	Kasserolle/n		schmollt	überrollte/n	
schwungvoll	Nebenrolle/n	**- ollster/n**	tollt	unbescholten	
prunkvoll	übelwolle/n	→ olster/n (1+2)	trollt	zusammenrollte/n	
kunstvoll	überquollen		Volt		
	überrolle/n	**- ollt**	wollt	**- olte/n (2)**	
gefahrvoll	liebestolle/n	→ olt (2+3)	zollt	[→ olke/n (2)]	
geschmackvoll	Protokolle/n		abhold	abrollte/n	
gehaltvoll	Donnergrollen	**- ollter/n**	entrollt	anrollte/n	
geräuschvoll	Mutterrolle/n	→ olter/n	vergold'	aufrollte/n	
gefühlvoll	zusammenrolle/n		verzollt	ausrollte/n	
verdienstvoll		**- olm**	besold'	einrollte/n	
humorvoll	**- olle/n* (2)**	[→ olle/n (1)]	gewollt	wohlwollte/n	
	→ -voll-Wörter	Olm	Leopold		
- olle/n (1)	unter: oll (2)	Holm	übelwollt	**- olter/n**	
→ -voll-Wörter	abrolle/n	Stockholm	Lügenbold	[→ olker/n]	
unter: oll (1)	anrolle/n	Bornholm	überrollt	[→ olper/n]	
[→ olm]	mannstolle/n		Trunkenbold	Folter/n	
Olle/n	aufrolle/n	**- olme/n**	zusammenrollt	folter/n	
olle/n	ausrolle/n	Olme/n		grollt er	
Bolle/n	einrolle/n	Dolmen	**- olt (3)**	polter/n	
volle/n	Wohlwollen	Holme/n	[→ olk (2)]	rollt er	
grolle/n	wohlwolle/n		abrollt	sollt' er	
Holle, Frau		**- olper/n**	anrollt	schmollt er	
Jolle/n	**- oller/n (1)**	[→ olker/n]	Arnold	tollt er	
Knolle/n	→ -voll-Wörter	[→ olter/n]	Raufbold	trollt er	
quollen	unter: oll (1)	holper/n	aufrollt	wollt' er	

223

zollt er	Leopolds	Gnom	Plombe/n	[→ oner/n (2)]
entrollt er	Lügenbolds	Chrom	Rhomben	herumstromer/n
Gepolter	überroll's	Rom	verplombe/n	
verzollt er	überrollt's	Strom	Katakombe/n	- omm (1)
gewollter	Rock 'n' Rolls			[→ ong]
überrollt er	Protokolls	Phantom	- ome/n	[→ onn (1)]
holterdiepolter!	Nudelholz	Sarkom	[→ one/n (1)]	vom
	Trunkenbolds	Atom	Omen	fromm
- olz (1)	Unterholz	Glaukom	Dome/n	glomm
bolz'		verchrom'	Gnome/n	komm'
Golds	- olz* (2)	Myom	Strome	.com
Grolls	abholz'	Fibrom		ROM
grollt's	Arnolds	Binom	Abdomen	Tom
Holz	Raufbolds	Symptom	Phantome/n	
holz'	Rauschgolds	Syndrom	Sarkome/n	Schalom
Colts	Herolds	Diplom	Atome/n	bekomm'
quoll's	Kerbholz	Pogrom	Glaukome/n	entkomm'
Molls	Süßholz	go home	verchrome/n	erklomm
Rolls	Witzbolds	Kondom	Myome/n	verkomm'
roll's	Kobolds		Fibrome/n	
rollt's	Unholds	Anatom	Binome/n	nahekomm'
Solds		Angiom	Symptome/n	abbekomm'
Solls	- olze/n (1)	Axiom	Syndrome/n	aufbekomm'
soll's	Bolzen	Karzinom	Diplome/n	„Telekom"
sollt's	bolze/n	Palindrom	Pogrome/n	näherkomm'
schmollt's	grollt' se	Agronom	Kondome/n	freibekomm'
schmolz	Holze	Astronom		kleinbekomm'
Stolz	holze/n	Gastronom	Melanome/n	weiterkomm'
stolz	rollt se	Autodrom	Hämatome/n	niederkomm'
tollt's	sollt se	autonom	Anatomen	wiederkomm'
Trolls	schmollt se	Melanom	Angiome/n	hinbekomm'
trollt's	schmolzen	Hämatom	Axiome/n	mitbekomm'
Volts	stolze/n	Velodrom	Karzinome/n	spitzbekomm'
wollt's	tollt se	Ökonom	Palindrome/n	hochbekomm'
Zolls	trollt se	Metronom	Agronomen	losbekomm'
zollt's	wollt se	Idiom	Astronomen	vorwärtskomm'
	zollt se	Hippodrom	Gastronomen	zubekomm'
Apolls	entrollt se	Chromosom	Autodrome/n	unterkomm'
Atolls	vergold' se		Autonome/n	zusammenkomm'
entroll's	verschmolzen	- óm (2)	autonome/n	abhandenkomm'
entrollt's	verzollt se	→ omm (1+2)	Velodrome/n	herausbekomm'
vergold's	besold' se		Ökonomen	entgegenkomm'
erscholl's	Hagestolze/n	- omb	Metronome/n	dazwischenkomm'
verschmolz	überrollt se	[→ ommt → om-	Idiome/n	dahinterkomm'
verzoll's		me/n (1)]	Hippodrome/n	herumbekomm'
verzollt's	- olze/n* (2)	[→ ond (2)]	Chromosomen	wiederbekomm'
besold's	Schlagbolzen	bomb'		über die Runden
Kobolz	abholze/n	Pomp	- omer/n (1)	komm'
gut Holz!		verplomb'	[→ oma → a (2)]	
	- om (1)		[→ oner/n (1)]	- omm* (2)
Nadelholz	[→ on (1)]	- ombe/n	(Omar)	[→ onn (2)]
Hagestolz	Ohm	[→ onde/n]	stromer/n	nachkomm'
Ebenholz	Brom	Bombe/n		Slalom
Babydolls	Dom	bombe/n	- omer/n* (2)	klarkomm'

ankomm'	näherkomme/n	ankomme/n	- on (1)	verroh'n	
drankomm'	weggenommen	drankomme/n	[→ om (1)]	Person	
draufkomm'	streng genommen	Aufkommen	droh'n	verschon'	
auskomm'	freibekomme/n	aufkommen	Phon	Version	
herkomm'	freigeschwommen	draufkomme/n	floh'n	verton'	
wegkomm'	kleinbekomme/n	Auskommen	froh'n	Pression	
gleichkomm'	eingenommen	auskomme/n	Fron	beton'	
beikomm'	weiterkomme/n	herkomme/n	fron'	bewohn'	
freikomm'	überkommen	wegkomme/n	Hohn	Flexion	
mitkomm'	übernommen	beikomme/n	hoh'n	Ion	
hochkomm'	niederkomme/n	freikomme/n	Klon	Spion	
Sodom	wiederkomme/n	gleichkomme/n	klon'	Zyklon	
vorkomm'	hinbekomme/n	Einkommen	Loh'n	Diktion	
loskomm'	hingenommen	mitkomme/n	loh'n	Fiktion	
umkomm'	mitbekomme/n	hochkomme/n	Lohn	synchron	
durchkomm'	mitgenommen	Vorkommen	lohn'	Billion	
vorankomm'	spitzbekomme/n	vorkomme/n	Mohn	Million	
daherkomm'	hochbekomme/n	loskomme/n	roh'n	Trillion	
zurechtkomm'	vorgenommen	Fortkommen	Sohn	Vision	
vorbeikomm'	losbekomme/n	umkomme/n	so'n	Mission	
zurückkomm'	vorwärtskomme/n	durchkomme/n	schon' (Verb)	obschon	
davonkomm'	zubekomme/n		schon (Adverb)	Option	
herumkomm'	zugenommen	vorankomme/n	Ton	Hormon	
übereinkomm'	unbenommen	daherkomme/n	Thron	Portion	
	durchgenommen	zurechtkomme/n	thron'	Proton	
- omme/n (1)	unterkomme/n	vorbeikomme/n	wohn'	Lotion	
[→ onne/n]		zurückkomme/n		Ozon	
fromme/n	zustandekommen	(zuvorkommend)	Schwadron	Union	
glommen	zusammenkom-	davonkomme/n	Galion	Fusion	
komme/n	me/n	herumkomme/n	Pension	Funktion	
	abhandenkomme/n	übereinkomme/n	Passion	Punktion	
bekomme/n	genau genommen		Bastion		
gekommen	herausbekomme/n	- ommel/n (1)	Aktion	Abstraktion	
beklommen	Entgegenkommen	Bommel/n	Fraktion	Transaktion	
benommen	entgegenkomme/n	Rommel, Erwin	Sanktion	Attraktion	
genommen	zurückgenommen	Trommel/n	Balkon	Bataillon	
entkomme/n	dazwischenkom-	trommel/n	Kanton	Adaption	
entnommen	me/n	Werbetrommel/n	Baron	„Amazon"	
verkomme/n	dahinterkomme/n	zusammentrom-	Karbon	schadenfroh'n	
erklommen	emporgekommen	mel/n	Karton	farbenfroh'n	
vernommen	herumbekomme/n		Patron	Kammerton	
verschwommen	heruntergekommen	- ommel/n* (2)	Auktion	Aversion	
geschwommen	wiederbekomme/n	Rohrdommel/n	Kaution	Aggression	
Willkommen	voreingenommen	heraustrommeln	Äon	Aceton	
willkommen	zusammengenom-		Peon	Annexion	
vollkommen	men	- ommer/n	bedroh'n	Transkription	
	über die Runden	[→ onner/n (1)]	Legion	Garnison	
nahekomme/n	komme/n	frommer/n	Region	Addition	
abbekomme/n		glomm er	Lektion	Ambition	
abgenommen	- omme/n* (2)	(Komma)	Sektion	Tradition	
angenommen	Nachkomme/n	Pommer/n	belohn'	Grammofon	
aufbekomme/n	nachkomme/n	Sommer/n	entfloh'n	Saxofon	
aufgenommen	klarkomme/n	erklomm er	entlohn'	Salomon	
ausgenommen	Abkommen		entthron'	Adoption	

225

Absorption	Invasion	Promotion	Indiskretion	Alteration
Abortion	Direktion	Produktion	Inquisition	Variation
Transfusion	Infektion	Obduktion	Distribution	Navigation
Megafon	Injektion	Obstruktion	Institution	Fabrikation
Reaktion	Inspektion	Konstruktion	Disposition	Applikation
Redaktion	Dimension	Konvulsion	Intuition	Animation
Extraktion	Intention	Kommunion	Kontradiktion	Faszination
Expansion	überkron'	Konjunktion	Koalition	Aspiration
Telefon	lichterloh'n	Korruption	Prohibition	Transpiration
Elektron	Finderlohn	Konfusion	Kontribution	Agitation
Ejektion	Schwiegersohn	Konklusion	Konstitution	Gravitation
Erektion	Dispersion	Pollution	Prostitution	Approbation
Perfektion	Inversion	Umgangston	Proposition	Adoration
Selektion	Impression	Subtraktion	Komposition	Transformation
Rebellion	Diskretion	Judaslohn	Opposition	Annotation
Rezension	Silikon	Stundenlohn	Koproduktion	Kalkulation
Prätention	Division	Hurensohn	Jurisdiktion	Strangulation
Prävention	Mikrofon	Suspension	Substitution	Gratulation
Rezeption	Xylofon	Subvention		Masturbation
Perversion	Implosion	Hungerlohn	Kettenreaktion	Amputation
Desertion	Induktion	Unterton	Überreaktion	Automation
Degression	Instruktion	Suggestion	Kristallisation	Eskalation
Regression	Diffusion	Subskription	Marimbafon	Deklamation
Depression	Illusion	Munition	Leibesvisitation	Reklamation
Repression	Infusion			Deklaration
Rezession	Diskussion	Handelsmission	ation:	Präparation
Sezession	Kontraktion	Satisfaktion	Nation	Reparation
Reflexion	Okkasion	Absolution	Ration	Separation
Religion	Projektion	Akquisition	Station	Demarkation
Restriktion	Protektion	Kernreaktion		Restauration
Deskription	Kollektion	Television	Stagnation	Delegation
Revision	Konfektion	Expedition	Kastration	Relegation
Präzision	Konvention	Repetition	Tauchstation	Präsentation
Demission	Konzeption	stereofon	Kreation	Föderation
Emission	Konversion	Exekution	Deflation	Generation
Permission	Kohäsion	Desinfektion	Negation	Reservation
Remission	Profession	Exhibition	Relation	Vegetation
Edition	Progression	Definition	Sensation	Dehydration
Petition	Kompression	Requisition	Vibration	Designation
Spedition	Konfession	Deposition	Migration	Resignation
Resorption	Konzession	Präposition	Inflation	Emigration
Erosion	Prozession	Exposition	Filtration	Medikation
Explosion	Skorpion	Reproduktion	Kontraktion	Explikation
Devotion	polyfon	Rekonstruktion	Formation	Ventilation
Emotion	Postillon	Evolution	Dotation	Depilation
Deduktion	Kortison	Resolution	Notation	Epilation
Reduktion	Provision	Revolution	Rotation	Destillation
Emulsion	Kollision	Eurovision	Ovation	Deklination
Eruption	Kommission	Interjektion	Frustration	Meditation
Exkursion	Position	Intervention	Mutation	Rezitation
Perkussion	Kondition	Investition		Evokation
Vibrafon	Proportion	Überfunktion	Akklamation	Detonation
Diktafon	Korrosion	Interpunktion	Transplantation	Demonstration
Diakon	monoton	Vivisektion	Appellation	Defloration

Dekoration	Kompilation	Ejakulation	Mumifikation	Horizont
Perforation	Oszillation	Repräsentation	Multiplikation	Gewitterfront
Deformation	Kombination	Degeneration		
Reformation	Ordination	Regeneration	Exmatrikulation	- onde/n
Deportation	Konspiration	Determination	Rekapitulation	[→ ombe/n]
Denotation	Konfirmation	Prädestination	Elektrifikation	Blonde/n
Menstruation	Konfiskation	Reinkarnation	Resozialisation	blonde/n
Regulation	Motivation	Verifikation	Personifikation	Sonde/n
Spekulation	Provokation	Zertifikation	Exkommunikation	
Emulation	Prolongation	Spezifikation	Disqualifikation	- onder/n (1)
Degustation	Konfrontation	Defibrillation	Immatrikulation	[→ onda → a (2)]
Deputation	Korporation	Legitimation	Identifikation	blonder/n
Reputation	Konjugation	Elimination	Diversifikation	sonder/n (Verb)
Inhalation	Modulation	Sterilisation	Insubordination	sondern (Konj.)
Installation	Kopulation	Desinformation	Materialisation	besonder'n
Implantation	Population	Gestikulation	Rehabilitation	Hypochonder/n
Inkarnation	Ovulation	Denunziation		Autoresponder/n
Integration	Konsultation	Neutralisation	- on* (2)	
Dissertation	Okkupation	Imagination	abwohn'	- onder/n* (2)
Liquidation	Publikation	Kristallisation	androh'n	absonder/n
Indikation	Sublimation	Inauguration	Anton	aussonder/n
Infiltration	Kulmination	Interpellation	Argwohn	
Inspiration	Fluktuation	Interpretation	Dämon	- one/n (1)
Imitation	Kumulation	Mystifikation	echo'n	→ Substantive
Irritation	Usurpation	Zivilisation	Sermon	unter: on (1)
Visitation		Indoktrination	beiwohn'	[→ ome/n]
Initiation		Ionisation	einwohn'	ohne
Isolation	Kanalisation	Synchronisation	Brustton	Bohne/n
Intonation	Galvanisation	Inthronisation		Drohne/n
Information	Alliteration	Improvisation	- ón (3)	frone/n
Innovation	Manifestation	Dissoziation	→ onn (1+2)	Hohne
Situation	Qualifikation	Illumination		Klone/n
Inkubation	Amplifikation	Lokalisation	- on (4)	klone/n
Simulation	Klassifikation	Sozialisation	→ ong	Krone/n
Stimulation	Gratifikation	Kontamination		Lohne
Zirkulation	Ratifikation	Organisation	- ōnd (1)	lohne/n
Figuration	Assimilation	Polarisation	→ ont (1)	Sohne
Illustration	Antizipation	Kollaboration		so 'ne
Disputation	Partizipation	Konföderation	- ond (2)	schone/n
Proklamation	Stabilisation	Modernisation	[→ omb]	Tone
Komparation	Administration	Koedukation	[→ ommt → om-	Throne/n
Kongregation	Habilitation	Kodifikation	me/n (1)]	throne/n
Korrelation	Artikulation	Modifikation	Bond, James	wohne/n
Konstellation	Manipulation	Glorifikation	blond	Zone/n
Kontemplation	Kapitulation	Mobilisation	Font	
Kompensation	Assoziation	Konfiguration	Front	Schablone/n
Kondensation	Amortisation	Kooperation	konnt'	Makrone/n
Konzentration	Argumentation	Konsolidation	sonnt	Gallone/n
Moderation	Akkumulation	Koordination	(sonst)	Wallone/n
Operation	Halluzination	Kolonisation	gekonnt	Calzone/n
Konversation	Autorisation	Dokumentation	Diskont	Kanone/n
Observation	Reanimation	Kommunikation	(umsonst)	Kanzone/n
Oxydation	Emanzipation	Vulkanisation	Hellespont	Marone/n
Komplikation	Realisation	Urbanisation	Häuserfront	Matrone/n
	Zentralisation			

Patrone/n	bohner/n	Lorgnon	Oberon	donner/n
belohne/n	(Doughnut)	Coupon	Orion	vonner (= von der)
Melone/n	so' ner	Blouson	Rubikon	verdonner/n
entfloh'ne/n	Schoner/n	Croûton		Dreißigtonner/n
entlohne/n	Toner/n	Futon	Anakreon	Lissaboner/n
entthrone/n	Dragoner/n	Bouillon	Pygmalion	Kanonendonner
verschone/n	entfloh'ner		Hyperion	
vertone/n	Bewohner/n	(Pantalons)	Orchestrion	- onner/n* (2)
verwohne/n	synchroner	Lampion	Amphitryon	aufdonner/n
betone/n	monotoner/n	Papillon	Napoleon	
Bretone/n	Ureinwohner/n	Pavillon	Akkordeon	- onnt
bewohne/n	stereofoner	Champignon	Bandonion	→ ond (2)
Teutone/n		Medaillon	Laokoon	
Ikone/n	- oner/n* (2)	Feuilleton		- onntse
Pylone/n	[→ omer/n (2)]	Liaison	- onn* (2)	→ onze/n
Limone/n	Anwohner/n	Kompagnon	[→ omm (2)]	
Simone	Einwohner/n	Kotillion	Aaron	- ōnst (1)
Zitrone/n			Platon	→ one/n (1+2)
synchrone/n	- ong	- onn (1)	davon	
Mormone/n	[→ omm (1)]	[→ omm (1)]	Mammon	- ónst (2)
Dublone/n	[→ onn (1)]	[→ ong]	Samson	→ ond (2)
	bon	Bonn	Egon	
Pharaonen	Fond	Don	Zion	- ont (1)
Pantalone	Gong	von	Simon	[→ omt → ome/n]
Mascarpone	Song	sonn'	hiervon	front
Amazone/n			Python	klont
Galleone/n	Plafond	Balkon		lohnt
Anemone/n	Affront	davon	- onne/n	Mond
blaue Bohnen	Waggon	Yvonne	[→ omme/n (1)]	schont
Epigone/n	Flakon	Sorbonne	Nonne/n	thront
zweifelsohne	Salon	wovon	Sonne/n	wohnt
überkrone/n	Talon		sonne/n	belohnt
Minestrone/n	Ballon	Marathon	Tonne/n	entlohnt
innewohnen	Balkon	Pantheon	Wonne/n	entthront
Sportskanone/n	Tampon	Parthenon	Madonnen	verschont
Dornenkrone/n	Pardon	Acheron	begonnen	vertont
monotone/n	Jargon	Stadion	geronnen	verwohnt
(Muttersöhnchen)	Garçon	Babylon	zerronnen	betont
stereofone/n	Karton	Albion	ersonnen	bewohnt
Sierra Leone	Fasson	Parkinson	versonnen	gewohnt
Stimmungskano-	Räson	Bariton	versponnen	kampfgewohnt
ne/n	Saison	Mastodon	besonnen	überkront
Kommilitone/n	Beton	Pentagon	gesponnen	innewohnt
	Jeton	Estragon	gewonnen	ungewohnt
- one/n* (2)	Chiffon	Chamäleon	Kolonne/n	lustbetont
abwohne/n	Siphon	Helikon	Baritone/n	
Dämonen	Diphtong	Lexikon	Höhensonne/n	- ont* (2)
Sermone/n	Mignon	Libanon	wohl gesonnen	abwohnt
beiwohne/n	Pingpong	Biathlon		einwohnt
einwohne/n	Kokon	Triathlon	- onner/n (1)	beiwohnt
	Bonbon	Lissabon	[→ ommer/n]	
- oner/n (1)	Chanson	Triptychon	[→ onna → a (2)]	- ónt (3)
[→ ona → a (2)]	Ponton	Distichon	Bonner/n	→ ond (2)
[→ omer/n (1)]	Kordon	Ypsilon	Donner/n	

- ōnte/n (1)	Misanthropen	Sauertopf	Infusionstropfe/n	top	
→ ont (1+2)	Mikroskope/n	Pfeifenkopf		Topp	
	Biotope/n	Eierkopf	- opfe/n* (2)	topp'	
- onte/n (2)	Isotope/n	Feuerkopf	abklopfe/n		
Ponte	Stroboskope/n	Wiedehopf	abtropfe/n	Galopp	
konnte/n	Horoskope/n	Klingelknopf	anklopfe/n	salopp	
sonnte/n	Stereoskope/n	Brückenkopf	aufpfropfe/n	als ob	
	Helioskope/n	Mohrenkopf	ausklopfe/n	darob	
- onze/n	Heliotrope/n	Totenkopf	ausstopfe/n	verklopp'	
Bonze/n	Kaleidoskope/n	Doppelkopf	Herzklopfen	tipptopp	
Bronze/n		Bubikopf	festklopfe/n	nonstop	
bronzen	- ope/n* (2)	Strubbelkopf	eintopfe/n	allez hopp!	
sonnt se	[→ ote/n (2)]	Charakterkopf	vollpfropfe/n	Autostop	
	Kalliope		vollstopfe/n	drag and drop	
- oof		- opf* (2)	zustopfe/n	ex-und-hopp	
→ of (1)	- opel/n	abklopf'	umtopfe/n	Schweinsgalopp	
	[→ okel/n]	abtropf'		Lieferstopp	
- oofer/n	„Opel"	anklopf'	- opfer/n	Intershop	
→ over/n (1)	Popel/n	Starrkopf	Opfer/n	Hula-Hopp	
	popel/n	aufpfropf'	Klopfer/n		
- oogle	Konstantinopel	ausklopf'	Stopfer/n	- opp* (2)	
→ ugel/n		ausstopf'	Sprücheklopfer/n	[→ ock (2)]	
	- oper/n	Querkopf		[→ ott (2)]	
- ool	[→ opa → a (2)]	festklopf'	- oph	Nabob	
→ ul (1)	[→ oker/n]	Eintopf	→ of (1)	Jakob	
	[→ oter/n → ot	eintopf'		Laptop	
- oon	(1)]	Dickkopf	- ophe/n	Hiob	
→ un (1)	Oper/n	Kindskopf	→ ofe/n	Hip-Hop	
	hob er	Wirrkopf			
- oos	schob er	vollpfropf'	- opp (1)	- oppe/n (1)	
→ os (1)	schnob er	vollstopf'	[→ ock (1)]	[→ ocke/n (1)]	
	wob er	Trotzkopf	[→ ott (1)]	[→ otte/n (1)]	
- ōp (1)	enthob er	zustopf'	ob	Oppen(-heimer),	
→ ob (1)	erhob er	Dummkopf	Bob	Robert	
	verhob er	umtopf'	Flop	foppe/n	
- óp (2)			fopp'	floppen	
→ opp (1+2)	- opf (1)	- opfe/n (1)	grob	Joppe/n	
	Kopf	Hopfen	hopp!	Koppe/n	
- ope/n (1)	klopf'	Kopfe	Cop	Kloppe	
[→ oke/n]	Knopf	klopfe/n	Kopp	kloppe/n	
[→ ote/n (1)]	Kropf	Knopfe	klopp'	moppe/n	
dope/n	Pfropf	Kropfe	Mob	Noppe/n	
Pope/n	pfropf'	Pfropfe/n	Mopp	poppe/n	
Tropen	Schopf	pfropfe/n	mopp'	Schoppen	
Zyklopen	stopf'	Schopfe	Pop	shoppe/n	
Synkope/n	Topf	Stopfen	popp'	stoppe/n	
Antilope/n	Tropf	stopfe/n	Snob	Toppe/n	
Teleskope/n	tropf'	Topfe	Job	toppe/n	
Episkope/n	Zopf	Tropfe/n	Shop	saloppe/n	
Periskope/n	verstopf'	tropfe/n	shopp'	(bekloppt)	
Demoskopen	pro Kopf	Zopfe	Stopp	verkloppe/n	
Stethoskope/n	Wasserkopf	verstopfe/n	stopp'	Wonneproppen	
Endoskope/n	Dampfkochtopf	Wermutstropfen	Top		
Philanthropen	Brausekopf	Wiedehopfe/n	TOP	- oppe/n* (2)	

229

[→ ocke/n (2)]	Flops	Synopse/n	vor	tritt vor
[→ otte/n (2)]	Hops		jmd. lädt jmd. vor	jmd. fährt vor
Frühschoppen	hops'	- opser/n	jmd. nimmt /	jmd. zählt vor
	Cops	[→ oxer/n]	knöpft sich	jmd. kostet vor
- oppel/n (1)	Klops	[→ otzer/n]	jmd. vor	jmd. blättert vor
[→ ockel/n]	mobb's	Hopser/n	jmd. sitzt / steht	jmd. spult vor
[→ ottel/n]	Mobs		jmd. vor	jmd. lebt etwas
Doppel/n	Mopps	- or (1)	jmd. stellt jmd.	vor
doppel/n	mopp's	[→ oa → a (2)]	vor	jmd. hat etwas vor
hoppel/n	Mops	[→ o-er/n]	jmd. streckt /	jmd. schützt /
Koppel/n	mops'	Ohr	schießt jmd.	schiebt etwas
koppel/n	Pops	bohr'	etwas vor	vor
Moppel/n	popp's	Bor	jmd. lässt jmd. vor	jmd. täuscht /
Stoppel/n	Snobs	Fort	jmd. dringt /	spiegelt etwas
stoppel/n	Jobs	vor	stößt zu jmd.	vor
verdoppel/n	Shops	etwas geht vor	vor	jmd. findet etwas
zusammenstop-	Stopps	(geschieht /	jmd. schickt /	vor
pel/n	stopp's	kommt als	schiebt jmd.	jmd. sagt / gibt
	Tops	erstes)	vor	etwas vor
- oppel/n* (2)	TOPs	etwas hält vor	jmd. setzt jmd.	jmd. schlägt etwas
abkoppel/n	Topps	(reicht aus)	etwas vor	vor
ankoppel/n	topp's	etwas kommt vor	jmd. führt / liest	jmd. weist etwas
auskoppel/n		etwas liegt (gegen	/ singt /	vor
	Galopps	jmd.) vor	spricht / spielt	jmd. bringt /
- opper/n (1)	als ob's	etwas sieht etwas	/ tanzt / trägt	rechnet etwas
[→ ocker/n (1)]	verklopp's	vor	jmd. etwas vor	vor
[→ otter/n (1)]	Autostops	etwas schwebt	jmd. bereitet sich	jmd. stellt etwas
ob er	Schweinsgalopps	jmd. vor	vor	vor
Klopper/n (=	Lieferstopps	etwas guckt /	jmd. behält sich	jmd. legt / zeigt
Klopfer/n)	Intershops	wölbt sich /	etwas vor	etwas vor
Popper/n	Hula-Hopps	steht vor	jmd. lügt / gaukelt	jmd. verlegt einen
propper/n		jmd. schwärmt	/ macht sich	Termin vor
Chopper/n	- ops* (3)	jmd. von	etwas vor	jmd. datiert etwas
Stopper/n	[→ ocks (2)]	etwas vor	jmd. sieht sich vor	vor
Whopper/n	[→ otz (2)]	jmd. warnt jmd.	jmd. tastet / wagt	jmd. bereitet
salopper/n	Nabobs	vor	sich vor	etwas vor
als ob er	Jakobs	jmd. betet / kaut	jmd. arbeitet /	jmd. formuliert
„Meister Propper"	Hiobs	/ exerziert	kämpft sich	etwas vor
		jmd. etwas vor	vor	jmd. finanziert
- opper/n* (2)	- opse/n	jmd. enthält jmd.	jmd. nimmt sich	etwas vor
[→ ocker/n (2)]	[→ ockse/n (1)]	etwas vor	etwas vor	jmd. zeichnet
[→ otter/n (2)]	[→ otze/n (1)]	jmd. schreibt jmd.	jmd. beugt / lehnt	etwas vor
Hip-Hoper/n	ob' se	etwas vor	/ neigt sich	jmd. bestellt etwas
	fopp' se	jmd. wirft jmd.	vor	vor
- ŏps (1)	hopse/n	etwas vor	jmd. drängelt sich	jmd. behandelt /
→ obs (1)	Klopse/n	jmd. lügt / gaukelt	vor	streicht etwas
	mobb' se	/ macht jmd.	jmd. baut / arbei-	vor
- ops (2)	mopp' se	etwas vor	tet / beugt /	jmd. kocht /
[→ ocks (1)]	mopse/n	jmd. heult /	denkt / plant	wärmt etwas
[→ otz (1)]	popp' se	jammert jmd.	/ sorgt vor	vor
ob's	stopp' se	etwas vor	jmd. fühlt vor	jmd. zaubert
Bobs	topp' se	jmd. zieht jmd.	jmd. greift vor	etwas vor
Drops	als ob se	vor	jmd. prescht /	jmd. schaltet
fopp's	verklopp' se	jmd. merkt jmd.	läuft / rückt /	etwas vor

Flor	Trauerflor	Akkumulator	Direktor	gestorben
fror	auserkor	Auktionator	Inspektor	beworben
gor	Eselsohr	Präparator	Projektor	geworben
Korps	Meteor	Restaurator	Konrektor	umworben
Chlor	Theodor	Generator	Korrektor	abgestorben
chlor'	Ecuador	Ventilator	Protektor	abgeworben
Chor	Melchior	Rezitator	Zensor	angeworben
Mohr	Eigentor	Reformator	Mentor	ausgestorben
Moor	Leitungsrohr	Regulator	Fernrohr	
(Mores)	Isidor	Emulgator	Agressor/n	**- orch (1)**
Rohr	Styropor	Examinator	Assessor/n	[→ orsch (1)]
Store	Monitor	Sterilisator	Professor/n	horch'
schor	Korridor	Inhalator	Kompressor/n	Storch
schmor'	(Kokolores)	Imperator	Prozessor/n	gehorch'
schwor	Louisdor	Indikator		
Tor	Zuckerrohr	Imitator	einfror	**- orch* (2)**
(Zores)	El Salvador	Initiator		[→ orsch (2)]
	inferior	Isolator	Prior	abhorch'
Labor	superior	Triumphator	Igor	aufhorch'
Major	Kanonenrohr	Simulator	Revisor	aushorch'
Pastor	Galgenhumor	Illustrator	Auditor	
davor	„Christian Dior"	Improvisator	Editor	**- orche/n (1)**
gefror	Konquistador	Kondensator	Kreditor	[→ orsche/n (1)]
Dekor	Luftkorridor	Kommentator	Konditor	horche/n
empor	Lokalmatador	Moderator	Expeditor	Storchen(-schnabel)
Señor		Konservator	Repetitor	gehorche/n
Tenor	**- or* (2)**	Oszillator	Inquisitor	
erfror	[Äquator → ater/n	Totalisator	Korrepetitor	**- orche/n* (2)**
erkor	(1), Agressor	Organisator	Viktor	[→ orsche/n (2)]
verlor	→ esser/n (1)	Koordinator		abhorche/n
verschmor'	etc.]	Usurpator	Motor	aufhorche/n
verschwor	nachbohr'	Multiplikator	Rotor	aushorche/n
hervor	Sprachrohr	abschwor	Roquefort	
Tresor	KFOR	Faktor	Doktor	**- orchel/n**
Ressort	kahl schor	Traktor	Horror	Morchel/n
beschwor	Amor	Kalfaktor		Schnorchel/n
bevor	Marmor	Reaktor	Tumor	schnorchel/n
Signor	Äquator	anbohr'	Junior	
sonor	Senator	Kantor	Furor	**- orcher/n**
Motor	Vibrator	Castor		[→ orscher/n]
wovor	Diktator	Pastor	**- orb**	Horcher/n
Roquefort	Kurator	aufbohr'	[→ org (1)]	
Color	Gladiator	Autor	[→ ort (2)]	**- ord**
(Dolores)	Radiator		Korb	→ ort (2+3)
Komfort	Plagiator	Gregor	Warp	
Kontor	Alligator	Tremor	Bad Orb	**- orde/n (1)**
Humor	Navigator	Senior		[→ orbe/n]
rumor'	Agitator	Hektor	**- orbe/n**	[→ orge/n (1)]
zuvor	Transformator	Lektor	[→ orde/n (1)]	Orden
umflor'	Tabulator	Rektor	[→ orge/n (1)]	Borde/n
durchbohr'	Kalkulator	Vektor	Sorbe/n	Fjorde/n
	Katalysator	Sektor	verdorben	Gordon
Labrador	Stabilisator	Reflektor	verstorben	Horde/n
Matador	Administrator	Detektor	erworben	Morde/n

231

morde/n	froren	Kontore/n	Monitore/n	Lago Maggiore
Norden	Hore/n	Motoren	Konditoren	Katalysatoren
Akkorde/n	chlore/n	Rotoren	Kommodore/n	Stabilisatoren
Rekorde/n	Lore/n	Humore/n	Kuratoren	Administratoren
ermorde/n	Mohren	rumore/n	unverfroren	Akkumulatoren
geworden	Moore/n	Tumore/n	ungeschoren	Examinatoren
Bettelorden	Pore/n	Junioren	Louisdore/n	Sterilisatoren
(überbordend)	Rohre/n	Furore		Improvisatoren
Bücherborde/n	Sore/n	umflore/n	Gladiatoren	Totalisatoren
Ritterorden	schoren	durchbohre/n	Radiatoren	Organisatoren
	schmore/n		Plagiatoren	Koordinatoren
- orde/n* (2)	Spore/n	Labradore/n	Alligatoren	Multiplikatoren
[→ orge/n (2)]	schworen	Matadore/n	Navigatoren	Korrepetitoren
Selbstmorde/n	Tore/n	Kalfaktoren	Agitatoren	Kanonenrohre/n
		angeboren	Transformatoren	
- order/n (1)	Labore/n	Hannelore	Tabulatoren	- ore/n* (2)
[→ orger/n (1)]	Majore/n	Agressoren	Kalkulatoren	nachbohre/n
Order/n	Faktoren	Assessoren	Auktionatoren	Sprachrohre/n
order/n	Traktoren	ausgegoren	Präparatoren	kahl schoren
Border(-line)	Amore	Trauerflore/n	Restauratoren	Marmore/n
forder/n	Amphore/n	auserkoren	Generatoren	abschworen
vorder'n	Kantoren	Auditoren	Ventilatoren	anbohre/n
(Jordan)	Pastoren	Reaktoren	Rezitatoren	aufbohre/n
Altvorder'n	Azoren	Senatoren	Reformatoren	Fernrohre/n
beorder/n	Autoren	Meteore/n	Regulatoren	einfroren
Rekorder/n	geboren	erstgeboren	Emulgatoren	Bleirohre/n
erfordern	gefroren	Reflektoren	Expeditoren	
Außenborder/n	gegoren	Detektoren	Repetitoren	- orer/n
überforder/n	Dekore/n	Eselsohren	Inhalatoren	[→ o-er/n]
unterforder/n	Lektoren	Revisoren	Imperatoren	[→ ora → a (2)]
	Rektoren	Editoren	Indikatoren	Bohrer/n
- order/n* (2)	Sektoren	Kreditoren	Imitatoren	Dorer/n
[→ orger/n (2)]	Vektoren	Leonore	Initiatoren	fror er
abforder/n	Empore/n	neugeboren	Isolatoren	schor er
anforder/n	Senioren	eingeboren	Triumphatoren	schwor er
aufforder/n	Sensoren	eingeschworen	Simulatoren	gefror er
einforder/n	Zensoren	Eigentore/n	Illustratoren	erfror er
herausforder/n	Mentoren	Leitungsrohre/n	wiedergeboren	erkor er
zurückforder/n	(verbohrt)	Vibratoren	inferiore/n	verlor er
	erfroren	Diktatoren	Inquisitoren	verschwor er
- ordne/n (1)	vergoren	tiefgefroren	Kondensatoren	beschwor er
ordne/n	erkoren	Direktoren	Kommentatoren	bevor er
verordne/n	verloren	Inspektoren	Moderatoren	sonorer/n
geword'ne/n	verschmore/n	Trikolore/n	Konservatoren	wovor er
unterordne/n	verschwore/n	Wohlgeboren	Konquistadoren	inferior/n
	Tresore/n	Projektoren	Oszillatoren	superiorer/n
- ordne/n* (2)	beschworen	Konrektoren	Honoratioren	
anordne/n	geschworen	Korrektoren	Hochwohlgeboren	- ores
	Prioren	Protektoren	Usurpatoren	→ ore/n (1+2)
- ore/n (1)	Signore	Professoren	superiore/n	! verlor es
Ohren	Doktoren	Kompressoren	Luftkorridore/n	
bohre/n	Folklore	Prozessoren		- orf
Flore/n	Komoren	Korridore/n	Lokalmatadore/n	Orff, Carl
froh're/n	sonore/n	Monsignore	gedankenverloren	Dorf

232

Schorf	Selbstversorger/n	konforme/n	→ ore/n (1+2)	Schorsch
Torf		Körperformen		erforsch'
amorph	- orger/n* (2)	Umgangsformen	- orne/n (2)	
Düsseldorf	[→ order/n (2)]	Uniformen	[→ orme/n (1)]	- orsch* (2)
polymorph	Seelsorger/n		Borne/n	[→ orch (2)]
		- orme/n* (2)	Dorne/n	nachforsch'
- org (1)	- ork	[→ orne/n (3)]	vorne	
[→ orb]	→ org (1)	Backformen	Horne/n	- orsche/n (1)
[→ ort (2)]		Plattformen	Korne/n	[→ orche/n (1)]
.org	- orke/n		Norne/n	Dorsche/n
borg'	[→ orte/n (2)]	- ormer/n	Sporne/n	forsche/n (Verb)
Kork	Borke/n	[→ orma → a (2)]	Zorne	forsche/n (Adj.)
sorg'	Forke/n	Former/n	verhorne/n	morsche/n
entkork'	Korken	abnormer	verworr'ne/n	Porsche
entsorg'	knorke	Reformer/n		erforsche/n
verborg'	entkorke/n	enormer	- orne/n* (3)	(unerforscht)
verkork'	verkorke/n	konformer/n	[→ orme/n (2)]	
versorg'			ansporne/n	- orsche/n* (2)
besorg'	- orkel/n	- orn (1)		[→ orche/n (2)]
New York	[→ orpel/n]	[→ orm (1)]	- orpel/n	nachforsche/n
umsorg'	torkel/n	Born	[→ orkel/n]	
Göteborg		dorr'n	Knorpel/n	- orscher/n
Ingeborg	- orm (1)	Dorn		[→ orcher/n]
	[→ orn (1)]	vorn	- orph	(Dvořák, Antonin)
- org* (2)	Form	Horn	→ orf	Forscher/n
[→ ort (3)]	form'	Korn		forscher/n
vorsorg'	Norm	Sean	- orre/n	morscher/n
	norm'	schnorr'n	dorre/n	Höhlenforscher/n
- orge/n (1)	abnorm	Sporn	Knorren	Meinungsfor-
[→ orbe/n]	Reform	Zorn	schnorre/n	scher/n
[→ orde/n (1)]	enorm	verdorr'n	verdorre/n	
borge/n	verform'	verworr'n	verworren	- orse/n
Morgen	konform	Hagelkorn		Korse/n
morgen	Körperform	Samenkorn	- orrer/n	morse/n
Sorge/n	Chloroform	Apfelkorn	(Horror)	
sorge/n	Umgangsform	Matterhorn	Schnorrer/n	- örst (1)
geborgen	Uniform	Martinshorn	(Andorra)	→ ore/n (1+2)
entsorge/n		Nebelhorn		
verborge/n	- orm* (2)	Gerstenkorn	- orrst	- orst (2)
versorge/n	[→ orn (2)]	Rittersporn	→ orst (2)	dorrst
besorge/n	Backform			Forst
umsorge/n	Plattform	- orn* (2)	- orrt	Horst
(ausgesorgt)		[→ orm (2)]	→ ort (2)	horst
übermorgen	- orme/n (1)	Ahorn		morst
	[→ orne/n (2)]	Ansporn	- orrte/n	schnorrst
- orge/n* (2)	Formen	ansporn'	→ orte/n (2)	verdorrst
[→ orde/n (2]	forme/n	Staubkorn		durchforst'
Seelsorge	Corman, Roger	Jähzorn	- orsch (1)	Adlerhorst
Fürsorge	Normen	Heißsporn	[→ orch (1)]	Fliegerhorst
Vorsorge	norme/n	Quickborn	(Borschtsch)	
vorsorge/n	abnorme/n	Füllhorn	Dorsch	- orst* (3)
	Reformen	Bockshorn	forsch' (Verb)	abforst'
- orger/n (1)	enorme/n		forsch (Adj.)	aufforst'
[→ order/n (1)]	verforme/n	- örne/n (1)	morsch	

233

- orste/n (1)	jmd. zieht fort	Kinderhort	Konsorte/n	groß
Borste/n	jmd. geht / fliegt	Modewort	allerorten	kos'
Forste/n	/ läuft fort	Losungswort	mancherorten	Klos
Horste/n	jmd. setzt / führt	Zufluchtsort	Manneswortе/n	Kloß
horste/n	etwas fort	Nibelungenhort	Zauberworte/n	Los
morste/n	jmd. schreibt		Ehrenworte/n	los'
Torsten	etwas fort	- ort* (3)	mezzoforte	los
geborsten	jmd. fährt mit	[→ org (2)]	Schlüsselworte/n	schieß los!
durchforste/n	einer Sache	Schlagwort	Kinderhorte/n	es geht los
	fort	Tatort	Modeworte/n	etwas bricht los
- orste/n* (2)	jmd. bringt /	(verkatert)	Losungsworte/n	jmd. kauft jmd.
abforste/n	schafft / trägt	Abort	Zufluchtsorte/n	los
aufforste/n	/ wirft etwas	Machtwort	Pianoforte	jmd. spricht jmd.
	fort	Standort		los
- õrt (1)	Fjord	Antwort	- orte/n* (3)	jmd. ist / wird
→ ore/n (1+2)	Hort	antwort'	Schlagworte/n	jmd. / etwas
	hort'	Selbstmord	Aborte/n	los
- ort (2)	Cord	Sprichwort	Machtworte/n	jmd. macht /
[→ orb]	Lord	Schimpfwort	Standorte/n	bindet / eist /
[→ org (1)]	Mord	Vorort	Antworten	schraubt jmd.
Ort	Nord	Vorwort	antworte/n	/ etwas los
ort'	Port	verantwort'	Sprichworte/n	jmd. schickt jmd.
Bord	(Shorts)	befürwort'	Schimpfworte/n	/ etwas los
dorrt	schnorrt	überantwort'	Vororte/n	jmd. reißt sich los
dort	Sport		Vorworte/n	jmd. sagt sich los
„Ford"	Wort	- õrte/n (1)	verantworte/n	jmd. legt los
fort		→ ore/n (1+2)	befürworte/n	jmd. schlägt los
scher dich fort!	Akkord		überantworte/n	jmd. kommt los
etwas besteht /	Transport	- orte/n (2)		jmd. lässt los
dauert fort	Apport	[→ orke/n]	- orter/n (1)	jmd. heult los
etwas fällt fort	Rapport	Orte/n	dorrt er	jmd. lacht /
etwas kann fort	Rekord	orte/n	Quarter/n	prustet los
etwas reißt jmd.	Report	Borte/n	schnorrt er	jmd. hat etwas los
fort	verdorrt	dorrte/n	(Aorta)	jmd. tritt etwas los
etwas setzt sich	Export	forte	Transporter/n	jmd. steuert auf
fort	Mylord	Horte/n	Reporter/n	etwas los
jmd. jagt / lässt /	Import	horte/n	verdorrt er	jmd. geht / braust
schickt jmd.	hinfort	Porte/n		/ fährt / läuft
fort	sofort	Pforte/n	- orter/n* (2)	/ marschiert /
jmd. lobt jmd.	„Concorde"	Sorte/n	Befürworter/n	stürzt / zieht
fort		schnorrte/n		los
jmd. bildet sich	(allerorts)	Torte/n	- õrts (1)	jmd. bekommt
fort	(mancherorts)	Worte/n	→ ore/n (1)	etwas los
jmd. pflanzt sich	(andernorts)			Moos
fort	Manneswort	Transporte/n	- órts (2)	(moser/n)
jmd. macht /	Zauberwort	Apporte/n	→ ort (2+3)	(Poser/n)
bewegt /	Ehrenwort	Rapporte/n		Pos
stiehlt sich	Sterbenswort	Reporte/n	- os (1)	Ros'
fort	Steuerbord	verdorrte/n	Beaus	so's
jmd. lebt fort	(vielerorts)	Eskorte/n	bloß	Schoß
jmd. kommt fort	Bücherbord	Retorte/n	droh's	Stoß
jmd. bleibt fort	Schlüsselwort	Exporte/n	Flohs	stoß'
jmd. muss / will	(innerorts)	Importe/n	floh's	Strohs
fort	immerfort	Kohorte/n	Floß	tos'

wo's	Angelos	Videos	Adagios	Legatos
Zoos	waffenlos	mühelos	Disagios	Vibratos
	faltenlos	zügellos	Zusammenstoß	Moderatos
Jabots	schrankenlos	Liberos	gedankenlos	Pizzikatos
Tableaus	wasserlos	führerlos	charakterlos	abstoß'
famos	Paletots	niederstoß'	erbarmungslos	Sapphos
Shampoos	arbeitslos	Risikos	vermögenslos	kraftlos
Chapeaus	grandios	Kimonos	ergebnislos	Sakkos
Tarots	antriebslos	rigoros	bewegungslos	Tschakos
pastos	absichtslos	rückhaltlos	bedenkenlos	geschmacklos
Châteaus	anspruchslos	inhaltlos	verständnislos	Saldos
Plateaus	spannungslos	würdelos	interessenlos	Saltos
Davos	fassungslos	mittellos	ereignislos	haltlos
drauflos	ausnahmslos	lückenlos	bedeutungslos	kampflos
bedroh's	ausweglos	willenlos	Capriccios	Kommandos
entfloh's	pausenlos	sittenlos	gewissenlos	Einsatzkommandos
Depots	Trauerkloß	kinderlos	bedürfnislos	Brandos, Marlon
erbos'	aussichtslos	mitleidslos	besinnungslos	Tangos
verlos'	ausdruckslos	rücksichtslos	gesinnungslos	zwanglos
Verstoß	Stereos	Indios	empfindungslos	belanglos
verstoß'	ehelos	Indigos	bedingungslos	Banjos
zerstoß'	regellos	Gigolos	Fortissimos	Francos, Francisco
liebkos'	seelenlos	Pikkolos	Pinocchios	Mankos
Büros	tränenlos	virtuos		Anstoß
Pierrots	grätenlos	richtungslos	Impressarios	anstoß'
wieso's	Heteros	wirkungslos	Pianissimos	farblos
Niveaus	fehlerlos	Romeos	vaterlandslos	arglos
Trikots	Jerichos	bodenlos	leidenschaftslos	Hassos
Plumeaus	regungslos	Todesstoß	Reisebüros	Lassos
Bistros	Cembalos	Tokios	übergangslos	Inkassos
Sohos	Bergamos	Folios	widerstandslos	Bajazzos
Bonmots	Gernegroß	glorios	risikolos	Palazzos
Bordeaux'	ärmellos	Dominos	widerspruchslos	aufstoß'
Rouleaus	fleckenlos	schonungslos	vorbehaltlos	ausstoß'
umtos'	grenzenlos	obdachlos	vorurteilslos	Autos
durchstoß'	herrenlos	folgenlos	unterschiedslos	lautlos
	körperlos	wolkenlos	zusammenhanglos	Gauchos
Pharaos	fensterlos	sorgenlos	verantwortungslos	
tadellos	Embryos	kostenlos	orientierungslos	Leos
makellos	Vertikos	Rokokos		Borneos
bargeldlos	Mexikos	hoffnungslos	- os* (2)	leblos
atemlos	Eskimos	ruhelos	sprachlos	Credos
gnadenlos	Wettbüros	skrupellos	nachstoß'	Torpedos
namenlos	Tremolos	uferlos	fraglos	Egos
staatenlos	hemmungslos	dubios	wahllos	Interregios
tatenlos	rettungslos	furios	zahllos	Velos
Gnadenstoß	einfallslos	kurios	Dynamos	Stenos
Waterloos	teilnahmslos	Studios	schamlos	ehrlos
Cabrios	heimatlos	Ultimos	Pianos	wehrlos
Radios	zweifellos	Bungalows	Karos	Vetos
Salomos	beispiellos	wurzellos	verwahrlos'	Echos
ahnungslos	reibungslos	mutterlos	maßlos	rechtlos
Zampanos	einflusslos	Fundbüros	Stakkatos	Tempos
anstandslos	Figaros	burschikos	Eratos	endlos

235

Infernos	fruchtlos	Franzose/n	**- oser/n**	ergoss
Freskos	Buffos	Narkose/n	[→ osa → a (2)]	vergoss
Maestros	schuldlos	Arthrose/n	→ os (1+2)	erschoss
Gettos	umstoß'	Matrose/n		verschoss
Intermezzos	grundlos	bedroh' se	**- oß**	erschloss
	gesundstoß'	entfloh se	→ os (1+2)	verschloss
parteilos	furchtlos	erbose/n		beschoss
geistlos	Gustos	verlose/n	**- oße/n (1)**	Geschoss
geräuschlos	bewusstlos	Dextrose	bloße/n	beschloss
reizlos	nutzlos	Preziose/n	große/n	Koloss
	schutzlos	Neurose/n	Kloße	umfloss
Trios		liebkose/n	Soße/n	umschloss
lieblos	**- os (3)**	Mimose/n	Schoße	
Kilos	→ oss (1+2)	Phimose/n	Stoße	Calvados
ziellos		wieso se	stoße/n	Albatros
gefühllos	**- osch**	Psychose/n	verstoße/n	Helios
Quitos	„Bosch"	Hypnose/n	zerstoße/n	MS-DOS
Moskitos	drosch	Zirrhose/n	durchstoße/n	Erdgeschoss
Hirohitos	Frosch	Viskose	Gernegroße/n	Feuerross
friedlos	Squash	Prognose/n	niederstoße/n	Riesenross
zurückstoß'	verdrosch	Kolchose/n	Kugelstoßen	überfloss
hilflos	erlosch	Thrombose/n		Motocross
sinnlos		Osmose	**- oße/n* (2)**	Obolos
Kalypsos	**- osche/n**	Glukose	nachstoße/n	Wurfgeschoss
Bistros	Brosche/n	Fruktose	abstoße/n	zusammenschloss
	droschen	umtose/n	anstoße/n	Rhinozeros
Jo-Jos	Frosche		aufstoße/n	
Krokos	Gosche/n	Wasserhose/n	ausstoße/n	**- oss* (2)**
Schokos	Groschen	Arbeitslose/n	vorstoße/n	Chaos
Vorstoß	Galosche/n	Aprikose/n	zustoße/n	Laos
vorstoß'	verdroschen	Herbstzeitlose/n	umstoße/n	Stahlross
hervorstoß'	erloschen	Zellulose/n	zurückstoße/n	Walross
trostlos	abgedroschen	Heiderose/n	hervorstoße/n	Pathos
Fotos		Diagnose/n	gesundstoße/n	abfloss
brotlos	**- ose/n (1)**	Gürtelrose/n		abschloss
Marokkos	→ Adjektive unter:	Symbiose/n	**- oss (1)**	Schlachtross
Schirokkos	os (1)	Virtuose/n	Boss	Amboss
erfolglos	! bedroh' se	Obdachlose/n	floss	anschoss
Ponchos	Dose/n	Unterhose/n	goss	aufgoss
Kontos	floh se	Apotheose/n	kross	aufschoss
kopflos	glosen	Parodontose/n	Ross	aufschloss
formlos	Hose/n	Metamorphose/n	schoss	ausschloss
Torsos	kose/n	Spirituose/n	Schloss	Epos
Portos	Lose/n	Tuberkulose/n	schloss	Eros
wortlos	lose/n	Osteoporose/n	Spross	Heros
gottlos	Moose/n	Arteriosklerose	spross	Ethos
	Pose/n		Tross	einfloss
geruchlos	Rose/n	**- ose/n* (2)**		einschoss
Judos	Chose/n	→ Adjektive unter:	begoss	einschloss
Udos	tose/n	os (2)	genoss	Mythos
Junos		Windhose/n	entschloss	Kokos
Schupos	Laktose	Windrose/n	entspross	vorschoss
zustoß'	Almosen	verwahrlose/n	verdross	Lotos
Plutos	Maltose		zerfloss	Logos

Kolchos	angegossen	schoss er	anstoßt	Schüttelfrost	
Kronos	Artgenosse/n	Schlosser/n	aufstoßt	Ofenrost	
Kosmos	Narrenposse/n	schloss er	ausstoßt	zusammenschlosst	
zufloss	aufgeschlossen	spross er	vorstoßt		
zuschoss	ausgeschlossen	(Kanossa)	zuprost'	**- ost* (4)**	
Luftschloss	Erdgeschosse/n	begoss er	zustoßt	abflosst	
kurzschloss	Zeitgenosse/n	genoss er	umstoßt	abschlosst	
	Feuerrosse/n	entschloss er	verwahrlost	anschosst	
Barbados	Riesenrosse/n	entspross er	zurückstoßt	aufgosst	
hinausschoss	überflossen	verdross er	hervorstoßt	aufschosst	
hervorschoss	hingegossen	zerfloss er	gesundstoßt	aufschlosst	
	hochgeschlossen	ergoss er		auskost'	
- osse/n (1)	Motocrosse/n	vergoss er	**- ost (3)**	ausschlosst	
Bosse/n	Obolosse/n	erschoss er	Ost	Feinkost	
Flosse/n	Sommersprosse/n	verschoss er	flosst	einrost'	
flossen	Wurfgeschosse/n	erschloss er	Frost	einschosst	
Gosse/n	zusammenschlossen	verschloss er	frost'	einschlosst	
gossen	Rhinozerosse/n	beschoss er	gosst	vorkost'	
Glosse/n	Bundesgenosse/n	beschloss er	Kost	vorschosst	
krosse/n		umfloss er	kost'	Vollkost	
Posse/n	**- osse/n* (2)**	umschloss er	Most	zuschosst	
Rosse/n	Stahlrosse/n		most'	durchrost'	
schossen	Walrosse/n	**- ost (1)**	Post	kurzschlosst	
Schlosse	abflossen	drohst	Rost	hinausschosst	
schlossen	abschlossen	flohst	rost'	hervorschosst	
Sprosse/n	Schlachtrosse/n	glost	schosst		
sprossen	Ambosse/n	Jost	schlosst	**- oste/n (1)**	
Trosse/n	anschossen	kost	sprosst	gloste/n	
	aufgossen	lost	Tjost	koste/n	
Karosse/n	aufschossen	post		loste/n	
begossen	aufschlossen	prost!	Nahost	poste/n	
gegossen	ausschlossen	Soest	begosst	proste/n	
Genosse/n	einflossen	stoßt	genosst	Toaste/n	
genossen	einschossen	Toast	entrost'	toaste/n	
entschlossen	einschlossen	toast'	entschlosst	toste/n	
entsprossen	vorschossen	tost	entsprosst	Troste	
verdrossen	zuflossen	Trost	zerflosst	behoste/n	
verflossen	zuschossen	bedrohst	ergosst	bemooste/n	
zerflossen	Luftschlosse	behost	vergosst	erboste/n	
ergossen	kurzschlossen	bemoost	verkost'	verloste/n	
vergossen	hinausschossen	entflohst	erschosst	liebkoste/n	
erschossen	hervorschossen	erbost	verschosst	umtoste/n	
verschossen		verlost	erschlosst		
erschlossen	**- ossel/n**	verstoßt	verschlosst	**- oste/n* (2)**	
verschlossen	bossel/n	zerstoßt	beschosst	zuproste/n	
beschossen	Drossel/n	getrost	beschlosst	verwahrloste/n	
Geschosse/n	drossel/n	liebkost	Kompost		
beschlossen	erdrossel/n	umtost	umflosst	**- oste/n (3)**	
geschlossen		durchstoßt	umschlosst	Osten	
Kolosse/n	**- osser/n**	niederstoßt	Flaschenpost	Boston	
umflossen	floss er		Lattenrost	froste/n	
umschlossen	goss er	**- ost* (2)**	Hausmannskost	Kosten	
	krosser/n	nachstoßt	Schneckenpost	koste/n	
Albatrosse/n	(Mossad)	abstoßt	überflosst	Moste/n	

moste/n	[→ og (1)]	Patriot	Lote/n	Unglücksbote/n
Posten	Boot	Aufgebot	lote/n	Halteverbote/n
Pfosten	bot	Rauchverbot	Note/n	diplomatische
Roste/n	Brot	Zebaoth	Pfote/n	Note/n
roste/n	droht	Heldentod	rote/n	Polizeiaufgebote/n
Tjosten	floht	Echolot	Schote/n	Stellenangebote/n
tjoste/n	Jod	Feuersnot	Schlote/n	Sonderangebote/n
entroste/n	Coat	infrarot	Schrote/n	Hochzeitsauf-
verkoste/n	Code	überbot	schrote/n	gebote/n
Komposte/n	Kot	Idiot	Tote/n	
Lattenroste/n	knot'	Zypriot	tote/n	- ote/n* (2)
Ofenroste/n	loht	rosarot	Zote/n	[→ ope/n (2)]
	Lot	unterbot	zwote/n	anboten
- oste/n* (4)	lot'	Zuckerbrot		androhte/n
auskoste/n	Not	Hungersnot	schamrote/n	Banknote/n
einroste/n	rod'	Halteverbot	Chaoten	aufboten
vorkoste/n	rot	Schockschwerenot!	Heloten	aufknote/n
Vorposten	Schlot	Polizeiaufgebot	Zeloten	ausboote/n
Unkosten	Schrot	Stellenangebot	devote/n	auslote/n
durchroste/n	schrot'	Sonderangebot	Gebote/n	scheintote/n
	Tod	Hochzeitsaufgebot	geboten	Vorbote/n
- oster/n (1)	tot		bedrohte/n	
Ostern		- ot* (2)	benote/n	- oter/n
glost er	schamrot	[→ ob (2)]	entboten	→ ot (1+2)
kost er	Chaot	[→ og (2)]	erboten	! bedroht er
Kloster/n	marod	anbot	Verbote/n	[→ otor → or (2)]
lost er	Helot	androht	verboten	(Jota)
Poster/n	Zelot	aufbot	verknote/n	(Lothar)
post er	devot	aufknot'	verrohte/n	(Wotan)
Soester/n	Gebot	Download	Despoten	
Toaster/n	gebot	download'	Exoten	- ott (1)
tost er	bedroht	ausboot'	Zygote/n	[→ ock (1)]
behoster	benot'	auslot'	Piloten	[→ opp (1)]
bemooster/n	entbot	Seenot	Lofoten	flott
erboster/n	entfloht	Trenchcoat	Kojote/n	Gott
verlost er	erbot	Kleinod	Muschkote/n	hot
liebkost er	Verbot	scheintot		Pott
umtost er	verbot		Hasenpfote/n	Plot
	verknot'	- ot (3)	Angebote/n	rott'
- oster/n* (2)	verroht	→ ott (1+2)	Anekdote/n	Spot
verwahrloster/n	Despot		Parkverbote/n	Schott
	Exot	- ote/n (1)	Patrioten	Spott
- oster/n (3)	Pilot	[→ oke/n]	Asymptote/n	spott'
Froster/n	kommod	[→ ope/n (1)]	Aufgebote/n	Schrott
Entroster/n	zu zwot	Boote/n	Rauchverbote/n	Trott
Verkoster/n		Bote/n	Seemannsknoten	trott'
Paternoster/n	à la mode	boten	Echolote/n	
(Cosa Nostra)	Atemnot	Brote/n	Zeugnisnote/n	Schafott
	Gnadenbrot	drohte/n	infrarote/n	Fagott
- oster/n* (4)	Abendbrot	Gote/n	überboten	Schamott
Vorkoster/n	Abendrot	Knoten	Idioten	Bankrott
	Angebot	knote/n	Zyprioten	bankrott
- ot (1)	Parkverbot	Quote/n	rosarote/n	verrott'
[→ ob (1)]	sapperlot!	lohte/n	unterboten	Herrgott!

238

verschrott'	Garotte/n	schlotter/n	Kohlenpotts	- otzer/n	
verspott'	Karotte/n	stotter/n	Don Quichotes	[→ opser/n]	
Boykott	Marotte/n	bankrotter	Muskelprotz	[→ oxer/n]	
bigott	Charlotte	verlotter/n	nichtsdestotrotz	Schmarotzer/n	
hü-hott!	(Maskottchen)	bigotter/n			
Kompott	Gavotte/n	Roboter/n	- otz* (2)	- ou	
Komplott	Pelotte/n	(Terrakotta)	[→ ocks (2)]	→ u (1)	
	verrotte/n	Globetrotter/n	[→ ops (3)]		
sapperlott	verschrotte/n	polyglotter	Abgotts	- ouille	
Sansculotte	verspotte/n		abtrotz'	Patrouille	
FDJ	gesotten	- otter/n* (2)	anglotz'	Bredouille	
Ozelot	Boykotte/n	[→ ocker/n (2)]	ankotz'		
Kohlenpott	bigotte/n	[→ opper/n (2)]	ranklotz'	- our	
polyglott	Kokotte/n	abstotter/n	Margots	→ ur (1)	
Don Quichote	Komplotte/n		aufmotz'		
zusammenrott'		- otz (1)	auskotz'	- ours	
	hart gesotten	[→ ocks (1)]	Herrgotts	→ ur (1)	
- ott* (2)	Sansculotte/n	[→ ops (2)]	Foxtrotts		
[→ ock (2)]	Bergamotte/n	fotz'	Hundsfotts	- ous	
[→ opp (2)]	Ozelote/n	Gotts		→ u (1)	
Abgott	polyglotte/n	glotz'	- otze/n (1)		
abschott'	Hottentotte/n	kotz'	[→ ockse/n (1)]	- out	
Margot	Hugenotte/n	Klotz	[→ opse/n]	→ u (1)	
ausrott'	zusammenrotte/n	klotz'	Fotze/n		
Herrgott		motz'	fotze/n	- ove/n	
einmott'	- otte/n* (2)	Potts	Glotze/n	doofe/n	
Robot	[→ ocke/n (2)]	potz!	glotze/n	Alkoven	
Foxtrott	[→ oppe/n (2)]	Plots	Kotze/n	Ganove/n	
Hundsfott	abschotte/n	Protz	kotze/n	Mangrove/n	
	ausrotte/n	protz'	klotze/n		
- otte/n (1)	einmotte/n	Rotz	motze/n	- over/n (1)	
[→ ocke/n (1)]	Foxtrotte/n	rotz'	Protze/n	[→ ova → a (2)]	
[→ oppe/n (1)]	Hundsfotte/n	Spots	protze/n	over	
Flotte/n		Schotts	Rotze	Dover	
flotte/n	- ottel/n	Spotts	rotze/n	doofer/n	
Grotte/n	[→ ockel/n]	Schrotts	strotze/n	Rover	
Lotte	[→ oppel/n (1)]	strotz'	trotze/n	Pullover/n	
Motte/n	Trottel/n	Trotts	schmarotze/n	ausbaldower/n	
Rotte/n	trottel/n	Trotz	verschrott' se		
rotte/n	Zottel/n	trotz' (Verb)	verspott' se	- over (2)	
Schotte/n	zottel/n	trotz (Präp.)	ertrotze/n	Cover	
spotte/n	(vertrottelt)		Muskelprotze/n	Lover	
Sprotte/n		Schafotts		undercover	
Schrotte/n	- otter/n (1)	Fagotts	- otze/n* (2)		
Trotte/n	[→ ocker/n (1)]	Schamotts	[→ ockse/n (2)]	- ower/n (1)	
trotte/n	[→ opper/n (1)]	Bankrotts	abtrotze/n	→ auer/n (1+2)	
	Otter/n	schmarotz'	anglotze/n		
Schafotte/n	Dotter/n	verschrott's	ankotze/n	- ower/n (2)	
Fagotte/n	flotter/n	verspott's	ranklotze/n	→ over/n (1)	
Schalotte/n	Potter, Harry	ertrotz'	aufmotze/n		
Klamotte/n	Plotter/n	Boykotts	auskotze/n	- owle/n	
Schamotte	Rotter(-dam)	Kompotts		→ ole/n (1)	
Bankrotte/n	Schotter	Komplotts	- otzel/n		
bankrotte/n	schotter/n	Ozelots	frotzel/n	- ox	

→ ocks (1+2)

- **oxe/n**
→ ockse/n (1+2)

- **oxer/n**
[→ opser/n]
[→ otzer/n]
Boxer/n
paradoxer/n
orthodoxer/n
unorthodoxer/n

- **oxt**
→ ockst → ocks
    (1+2)

- **oy**
→ eu (1+2)

- **oyer**
→ e (1)

U-Reime

- u (1)

buh!
du
Gnu
hu!
Kuh
Coup
Clou
muh!
Nu
nu'
puh!
Ruh'
ruh'
Sioux
Sou
Schuh
Schmu
tu'
zu
etwas trifft zu
etwas nimmt zu
etwas steht /
   kommt jmd.
   zu
etwas stößt jmd.
   zu
etwas kommt auf
   jmd. zu
etwas spitzt sich
   zu
eine Falle
   schnappt zu
etwas heilt zu
etwas wächst zu
etwas bleibt zu
etwas fällt /
   klappt zu
etwas fliegt / fällt
   / fließt jmd.
   zu
etwas friert /
   schneit zu
ein Tier läuft jmd.
   zu
ein Laden hat zu
jmd. gesteht jmd.
   etwas zu
jmd. sichert jmd.
   etwas zu
jmd. trägt jmd.
   etwas zu
jmd. traut jmd.

etwas zu
jmd. schreibt jmd.
   etwas zu
jmd. mutet jmd.
   etwas zu
jmd. fügt jmd.
   etwas zu
jmd. richtet jmd.
   zu
jmd. setzt jmd. zu
jmd. redet jmd. zu
jmd. flüstert /
   raunt jmd.
   etwas zu
jmd. geht auf
jmd. zu
jmd. gesellt sich
jmd. zu
jmd. jubelt jmd.
   zu
jmd. wendet sich
   jmd. zu
jmd. kehrt jmd.
   den Rücken zu
jmd. lächelt /
   blinzelt / nickt
   / winkt /
   zwinkert jmd.
   zu
jmd. ruft jmd.
   etwas zu
jmd. führt jmd. zu
jmd. teilt / weist
   jmd. jmd. zu
jmd. arbeitet jmd.
   zu
jmd. steckt /
   schanzt /
   schiebt /
   schustert /
   spielt etwas zu
jmd. reicht / wirft
   jmd. etwas zu
jmd. schickt /
   sendet jmd.
   etwas zu
jmd. schaltet jmd.
   zu
jmd. trinkt /
   prostet jmd.
   zu
jmd. deckt jmd. zu
jmd. dröhnt sich

zu
jmd. schaltet sich
   zu
jmd. deckt sich zu
jmd. stimmt zu
jmd. sagt zu
jmd. packt / fasst
   / greift zu
jmd. sieht / guckt
   / hört /
   schaut zu
jmd. schlägt /
   haut / sticht /
   stößt / tritt zu
jmd. drückt zu
jmd. beißt zu
jmd. langt zu (isst)
jmd. nimmt zu
   (wird dick)
jmd. steigt zu
jmd. zahlt /
   buttert zu
mach / fahr zu!
jmd. gibt etwas zu
jmd. neigt einer
   Sache zu
jmd. ordnet etwas
   zu
jmd. bringt Zeit
   mit etwas zu
jmd. lässt etwas zu
jmd. bereitet
   etwas zu
jmd. schießt etwas
   zu (beteiligen)
jmd. steuert auf
   etwas zu
jmd. strebt einem
   Ort zu
jmd. schüttet
   etwas zu
jmd. hält / be-
   kommt /
   macht etwas
   zu
jmd. baut / beto-
   niert / mauert
   / pflastert
   etwas zu
jmd. bindet /
   knüpft / kno-
   tet / schnürt /
   knöpft etwas

zu
jmd. deckt /
   hängt etwas zu
jmd. dreht /
   schiebt etwas
   zu
jmd. klebt etwas
   zu
jmd. knallt /
   klappt /
   schlägt etwas
   zu
jmd. korkt etwas
   zu
jmd. nagelt /
   schraubt etwas
   zu
jmd. näht /
   schneidet /
   stopft etwas
   zu
jmd. schließt /
   sperrt etwas
   zu
jmd. müllt etwas
   zu
jmd. parkt / stellt
   etwas zu
jmd. schaltet /
   leitet etwas zu
jmd. kauft etwas
   zu
jmd. kneift ein
   Auge zu
jmd. legt einen
   Zahn zu
jmd. reitet ein
   Pferd zu
Tabu
tabu
Ragout
nanu?
partout
dazu
etwas gehört dazu
etwas kommt
   dazu
jmd. lernt dazu
jmd. verdient dazu
jmd. kommt /
   gesellt sich
   dazu

jmd. gibt / legt /
   tut etwas dazu
jmd. rechnet
   etwas dazu
EU
TU
Peru
herzu
Degout
geruh'
vertu'
Dessous
beschuh'
Getu'
IQ
Filou
Glückzu!
hinzu
etwas kommt
   hinzu
jmd. zieht jmd.
   hinzu
jmd. kommt hinzu
jmd. dichtet etwas
   hinzu
jmd. fügt / setzt
   etwas hinzu
jmd. rechnet
   etwas hinzu
Hautgout
wozu
juchhu!
und nu'?
Kung-Fu
Marabu
Grabesruh'
nahezu
geradezu
Kakadu
Passepartout
Waffenruh'
Manitou
ab und zu
CDU
Seelenruh'
CSU
Känguru
heimlichtu'
Mittagsruh'
Blindekuh
Winnetou
Interview

interview'	[→ ut (2)]	[→ uge/n (2)]	Tagebuch	Beinbruch
immerzu	Nachschub	Schankstube/n	Taschentuch	Steinbruch
vornehm tu'	Aufschub	Lausbube/n	Segeltuch	Einspruch
Rendezvous	Lausbub	eingruben	Tierversuch	Freispruch
Boxhandschuh	Cherub	Spitzbube/n	Bilderbuch	Schiedsspruch
zusammentu'	eingrub	Goldgrube/n	Hungertuch	Schiffbruch
Tiramisu	Vorschub	Fundgrube/n	untersuch'	Trinkspruch
ruckedigu!			zusammensuch'	Wortbruch
	- ub (3)	**- ubel/n (1)**	Selbstmordversuch	Zuspruch
- u* (2)	→ upp (1)	[→ udel/n (1)]	Täuschungsversuch	Umbruch
Kanu		[→ ugel/n]		Durchbruch
dartu'	**- ubb**	Double	**- uch* (2)**	beanspruch'
abtu'	→ upp (1)	doubel/n	[→ uf (2)]	
Akku		Jubel	nachsuch'	**- uche/n (1)**
allzu	**- ubbe/n**	jubel/n	abbuch'	[→ ufe/n (1)]
Handschuh	schrubbe/n	Rubel/n	aufsuch'	Buche/n
antu'		Trubel	aussuch'	buche/n
ausbuh'	**- ubbel/n**	verjubel/n	heimsuch'	Fluche
ausruh'	[→ uddel/n]	unterjubel/n	umbuch'	fluche/n
auftu'	[→ uggel/n]		heraussuch'	Kuchen
wehtu'	Hubbel/n	**- ubel/n* (2)**	Gesetzbuch	Suche/n
schöntu'	Knubbel/n	[→ udel/n (2)]		suche/n
Hemmschuh	knubbel/n	zujubel/n	**- uch (3)**	Tuche
gleichtu'	rubbel/n		[→ uff (1)]	
Iglu	verstrubbel/n	**- uber/n**	Bruch	verbuche/n
hierzu		[→ uba → a (2)]	huch!	verfluche/n
großtu'	**- ubber/n**	[→ uder/n (1)]	Spruch	Ersuchen
Uhu	[→ ugger/n]	[→ uger/n]	Bankeinbruch	ersuche/n
Zulu	(Buddha)	Huber/n	Zauberspruch	Versuche/n
gut tu'	blubber/n	Schuber/n	Ehebruch	versuche/n
umtu'	Schrubber/n	Zuber/n	Schweißausbruch	Geruche
Unruh			Bibelspruch	(verrucht)
kundtu'	**- ube/n (1)**	**- ubs**	Widerspruch	Besuche/n
hervortu'	[→ ude/n]	→ ups (1-3)	Oderbruch	besuche/n
	[→ uge/n (1)]		Knochenbruch	Gesuche/n
- ub (1)	Bube/n	**- uch (1)**	Wolkenbruch	(gesuchte/n)
[→ ug (1)]	Grube/n	[→ uf (1)]	Frosteinbruch	(betucht)
[→ ut (1)]	gruben	Buch	Wutausbruch	Eunuche/n
Bub	huben	buch'	Mundgeruch	durchsuche/n
grub	Kuben	Fluch	Urteilsspruch	
Hub	Reuben	fluch'	Vulkanausbruch	Reibekuchen
hub	Stube/n	such'	Zusammenbruch	Streuselkuchen
hup'	Tube/n	Tuch	Vertrauensbruch	Tierversuche/n
Loop	begruben	Geruch		Pustekuchen!
Pup	vergruben	verbuch'	**- uch* (4)**	Hundekuchen
pup'	Herzbube/n	verfluch'	[→ uff (2)]	Mutterkuchen
Schub	Magengrube/n	ersuch'	Wahlspruch	untersuche/n
begrub	Jauchegrube/n	Versuch	Abbruch	Hungertuche
vergrub	Löwengrube/n	versuch'	Anbruch	zusammensuche/n
Beelzebub	Mördergrube/n	Besuch	Anspruch	Selbstmordver-
untergrub	Kohlengrube/n	besuch'	Aufbruch	suche/n
	untergruben	Gesuch	Ausbruch	Täuschungsver-
- ub* (2)		Eunuch	Ausspruch	suche/n
[→ ug (2)]	**- ube/n* (2)**	durchsuch'	Einbruch	

242

- uche/n* (2)	Leibesfrucht	- uck (1)	Kautschuk	Heidschnucke/n
[→ ufe/n (2)]	Hülsenfrucht	[→ upp (1)]	wegguck'	zugucke/n
nachsuche/n	Drogensucht	[→ utt]	Eindruck	umgucke/n
abbuche/n		duck'	E-Book	beeindrucke/n
Ansuchen	- ucht* (3)	Druck	Hochdruck	zurückzucke/n
aufsuche/n	Habsucht	druck'	zuguck'	
aussuche/n	Rachsucht	guck'	Luftdruck	- uckel/n (1)
heimsuche/n	Aufzucht	gluck'	Kuckuck	[→ uppel/n (1)]
umbuche/n	Ausflucht	huck'	umguck'	[→ uttel/n]
heraussuche/n	Sehnsucht	juck'	beeindruck'	Buckel/n
	Selbstsucht	Muck	zurückzuck'	buckel/n
- uche/n* (3)	Herrschsucht	muck'		Huckel/n
beanspruche/n	einbucht'	Puck	- ucke/n (1)	muckel/n
	Viehzucht	Ruck	[→ uppe/n]	Nuckel/n
- ucher/n	Schwindsucht	ruck'	[→ utte/n]	nuckel/n
[→ ufer/n (1)]	Tobsucht	Schluck		ruckel/n
Flucher/n	Notzucht	schluck'	Drucke/n	schuckel/n
Sucher/n	Zuflucht	Schmuck	drucke/n	Schnuckel/n
Wucher	Trunksucht	schmuck	gucke/n	zuckel/n
wucher/n	Unzucht	spuck'	Glucke/n	(eingemuckelt)
Versucher/n	beansprucht	Stuck	glucke/n	Posemuckel
Besucher/n		zuck'	Hucke/n	
überwucher/n	- üchte/n (1)		hucke/n	- uckel/n* (2)
	→ uche/n (1+2)	hau-ruck!	jucke/n	[→ uppel/n (2)]
- uchs (1)		verguck'	Mucke/n	katzbuckel/n
→ uch (1-4)	- uchte/n (2)	verschluck'	mucke/n	aufbuckel/n
	[→ ufte/n (3)]	gluck-gluck!	rucke/n	
- üchs (2)	Buchten	ruck-zuck	Schlucke/n	- ucker/n (1)
→ ugs → ug (1)	Fluchten	Fachausdruck	schlucke/n	[→ upper/n]
	fruchten	Kraftausdruck	Schmucke	[→ utter/n (1)]
- úchs (3)	Juchten	Mameluck	schmucke/n	Ucker(-mark)
→ ucks (1+2)	Suchten	Wasserdruck	Spucke	Drucker/n
	Schluchten	Nepomuk	spucke/n	glucker/n
- ücht (1)	wuchte/n	Händedruck	zucke/n	(Yucca)
→ uche/n (1+2)	Zuchten	Leistungsdruck	verguck e/n	Mucker/n
	befruchte/n	Überdruck	verschlucke/n	Schlucker/n
- ucht (2)		Muckefuck	durchzucken	schmucker/n
[→ uft (3)]	- uchte/n* (3)	Unterdruck	Mamelucken	tuckern
Bucht	ausbuchte/n	zusammenzuck'	Achselzucken	Zucker
Flucht	einbuchte/n	Gesichtsausdruck	zusammenzucke/n	zucker/n
Frucht	beanspruchte/n			
Sucht		- uck* (2)	- ucke/n* (2)	- ucker/n* (2)
Schlucht	- uchtel/n (1)	[→ upp (2)]	Nachdrucke/n	[→ utter/n (2)]
Wucht	Fuchtel/n	Nachdruck	nachdrucke/n	Sterngucker/n
wucht'	fuchtel/n	nachdruck'	Abdrucke/n	einzucker/n
Zucht	Schwuchtel/n	Abdruck	abdrucke/n	Hingucker/n
befrucht'		abdruck'	abgucke/n	Topfgucker/n
Fahnenflucht	- uchtel/n* (2)	abguck'	anspucke/n	
Fahrerflucht	herumfuchtel/n	Alpdruck	aufmucke/n	- ucks (1)
Magersucht		anspuck'	Ausdrucke/n	[→ ups (3)]
Manneszucht	- uchze/n	aufmuck'	Ausgucke/n	[→ utz (1)]
Geltungssucht	juchze/n	Ausdruck	ausgucke/n	Buchs(-baum)
Schweinebucht	schluchze/n	Ausguck	Kautschuke/n	Bux'
Eifersucht		ausguck'	weggucke/n	duck's

Drucks	beeindruck's	durchzuckt	Buxtehude	zurückruder/n
druck's	herumdrucks'	Aquädukt		
drucks'		kleingedruckt	**- udel/n (1)**	**- u-e/n (1)**
Fuchs	**- uckse/n (1)**	Viadukt	[→ ubel/n (1)]	buhe/n
flugs	[→ upse/n (2)]	zusammenzuckt	[→ ugel/n]	muhe/n
guck's	[→ utze/n (1)]	Naturprodukt	dudel/n	Ruhe
glucks'	Buchse/n	Abfallprodukt	Drudel/n	ruhe/n
juck's	Buxe/n		drudel/n	Schuhe/n
Jux	duck' se	**- uckt* (2)**	hudel/n	tue/n
jux'	druck' se	nachdruckt	Nudel/n	Truhe/n
Crux	druckse/n	abdruckt	nudel/n	geruhe/n
Luchs	fuchsen	abguckt	Pudel/n	vertue/n
luchs'	guck' se	anspuckt	pudel/n	beschuhe/n
Lux	gluckse/n	aufmuckt	prudel/n	Getue
Mucks	juck' se	ausguckt	Rudel/n	Grabesruhe
mucks'	Juxe/n	wegguckt	Sudel/n	Waffenruhe
Pucks	juxe/n	zuguckt	sudel/n	Seelenruhe
Rucks	Luchse/n	umguckt	Sprudel/n	Wäschetruhe/n
ruck's	luchse/n	beeindruckt	sprudel/n	heimlichtue/n
Schlucks	Muckse/n	zurückzuckt	Strudel/n	Tiefkühltruhe/n
schluck's	muckse/n		strudel/n	Mittagsruhe
Schmucks	ruck' se	**- ud**	trudel/n	vornehm tue/n
spuck's	schluck' se	→ ut (1+2)	besudel/n	Boxhandschuhe/n
Stucks	spuck' se		Apfelstrudel/n	zusammentue/n
	verjuxe/n	**- uddel/n**	Wasserstrudel/n	
verjux'	verschluck' se	[→ ubbel/n]	übersprudel/n	**- u-e/n* (2)**
verschluck's	(ausgefuchst)	[→ uggel/n]		dartue/n
Fachausdrucks		Buddel/n	**- udel/n* (2)**	abtue/n
Kraftausdrucks	**- uckse/n* (2)**	buddel/n	[→ ubel/n (2)]	antue/n
Wasserdrucks	[→ utze/n (2)]	Kuddel	eintrudel/n	Handschuhe/n
Benelux	abluchse/n	knuddel/n	lobhudel/n	auftue/n
Nepomuks	einfuchse/n	Schmuddel	hervorsprudel/n	ausbuhe/n
Händedrucks	beeindruck' se	schmuddel/n		ausruhe/n
Leistungsdrucks	herumdruckse/n	Kuddelmuddel	**- uder/n (1)**	schöntue/n
Überdrucks			[→ uber/n]	wehtue/n
Muckefucks	**- uckt (1)**	**- ude/n**	[→ uger/n]	Hemmschuhe/n
Unterdrucks	[→ uppt → up-	[→ ube/n (1)]	Bruder	gleichtue/n
Gesichtsausdrucks	pe/n]	[→ uge/n (1)]	(du da)	großtue/n
	duckt	Bude/n	Fuder/n	gut tue/n
- ucks* (2)	druckt	Duden	Luder/n	umtue/n
[→ ups (4)]	guckt	du denn	Puder/n	Unruhe/n
[→ utz (2)]	gluckt	Drude/n	puder/n	kundtue/n
Nachdrucks	huckt	Jude/n	pluder/n	hervortue/n
Abdrucks	juckt	krude/n	Ruder/n	
abluchs'	muckt	Lude/n	ruder/n	**- uf (1)**
Alpdrucks	ruckt	luden	schluder/n	[→ uch (1)]
Ausdrucks	schluckt	Sude/n	verluder/n	Huf
Ausgucks	spuckt	Trude	verschluder/n	Luv
Kautschuks	zuckt	beluden	Steuerruder/n	Ruf
Eindrucks	verguckt	entluden	Tippelbruder	ruf'
einfuchs'	verschluckt	verluden		schuf
Hochdrucks	Produkt	Gertrude	**- uder/n* (2)**	stuf'
Luftdrucks	Kondukt	wozu denn	Zechbruder	Vesuv
Kuckucks	Konstrukt	Amplitude/n	Schindluder	Behuf

Beruf	Taxirufe/n	druff	abstuft	- ug (1)
beruf'	Treppenstufe/n	Knuff	wachruft	[→ ub (1)]
Verruf	einberufe/n	knuff'	anruft	[→ ut (1)]
erschuf	Widerrufe/n	Muff	aufruft	Bug
abberuf'	widerrufe/n	Puff	ausruft	buk
Taxiruf	Hilferufe/n	puff	einstuft	Fug
einberuf'	Zwischenrufe/n	Suff	zuruft	fug'
Widerruf	Oberstufe/n	Tuff	hereinruft	Flug
widerruf'	Unkenrufe/n	Kabuff	zurückruft	frug
Hilferuf	unberufen	Wäschepuff	zurückstuft	klug
Zwischenruf	ungerufen		hervorruft	Krug
Unkenruf	zusammenrufe/n	- uff* (2)		Lug
zusammenruf'		[→ uch (4)]	- uft (3)	lug'
	- ufe/n* (2)	Auspuff	[→ ucht (2)]	Luke
- uf* (2)	[→ uche/n (2)]		Duft	Pflug
[→ uch (2)]	Nachrufe/n	- uffe/n	Gruft	schlug
Nachruf	nachrufe/n	knuffe/n	Kluft	Spuk
nachruf'	Abrufe/n	Muffe/n	knufft	spuk'
Abruf	abrufe/n	muffen	Luft	Trug
abruf'	abstufe/n	Puffe/n	mufft	trug
abstuf'	wachrufe/n	puffe/n	pufft	(Wuchs)
wachruf'	Anrufe/n	Suffe	Schuft	(wuchs)
Anruf	anrufe/n	Tuffe/n	schuft'	Zug
anruf'	Aufrufe/n	Kabuffe/n	verduft'	
Aufruf	aufrufe/n	verpuffen	verpufft	(Nachwuchs)
aufruf'	Ausrufe/n		ausgebufft	(aufwuchs)
Ausruf	ausrufe/n	- uffel/n	Hans Guckindieluft	(Auswuchs)
ausruf'	einstufe/n	Muffel/n		genug
einstuf'	Vorstufe/n	muffel/n	- ufte/n (1)	Entzug
Notruf	Notrufe/n		[→ uchte/n →	verfug'
Zuruf	Zurufe/n	- uffer/n	uche/n (1)]	erschlug
zuruf'	zurufe/n	Puffer/n	groovte/n	verschlug
hereinruf'	hereinrufe/n		stufte/n	zerschlug
zurückruf'	zurückrufe/n	- ufft		ertrug
zurückstuf'	zurückstufe/n	→ uft (3)	- ufte/n* (2)	vertrug
hervorruf'	hervorrufe/n		[→ uchte/n →	(erwuchs)
		- uft (1)	uche/n (2)]	Verzug
- ufe/n (1)	- ufer/n (1)	[→ ucht → uche/n	abstufte/n	beschlug
[→ uche/n (1)]	[→ ucher/n]	(1)]	einstufte/n	Betrug
Hufe/n	Ufer/n	groovt	zurückstufte/n	betrug
Kufe/n	Rufer/n	ruft		(Bewuchs)
Rufe/n	schuf er	schuft	- ufte/n (3)	Bezug
rufe/n	erschuf er	stuft	[→ uchte/n (2)]	Vollzug
schufen	Zwischenrufer/n	beruft	dufte/n (Verb)	
Stufe/n		abberuft	dufte/n (Adj.)	Schlafanzug
stufe/n	- ufer/n* (2)	einberuft	Kluften	Atemzug
Behufe/n	Anrufer/n	widerruft	knuffte/n	Namenszug
Berufe/n	Ausrufer/n	zusammenruft	mufftte/n	Straßenzug
berufe/n	ausufer/n		pufftte/n	Strafvollzug
gerufen	Subwoofer/n	- uft* (2)	Schufte/n	Flaschenzug
verrufen		[→ ucht → uche/n	schufte/n	Faschingszug
erschufen	- uff (1)	(2)]	verdufte/n	Trauerzug
abberufe/n	[→ uch (3)]	nachruft	verpuffte/n	Segelflug
Altersstufe/n	uff!	abruft	ausgebuffte/n	Höhenflug

245

Gegenzug	eintrug	übertrugen	- **uggel/n**	Pfuhl	
Höhenzug	Einzug	niederschlugen	[→ ubbel/n]	suhl'	
Wesenszug	beitrug	unterschlugen	[→ uddel/n]	Joule	
Selbstbetrug	breitschlug	zusammenschlugen	schmuggel/n	spul'	
neunmalklug	Kreuzzug	zusammentrugen		Stuhl	
Beutezug	Rückzug		- **ugger/n**	schwul	
Linienflug	hochschlug	- **uge/n* (2)**	[→ ubber/n]	Tool	
Überflug	vorschlug	[→ ube/n (2)]	(Buddha)	Seoul	
überschlug	vortrug	nachschlugen	Fugger	bestuhl'	
übertrug	Vorzug	Rad schlugen	(Sugar)	Modul	
Überzug	losschlug	abschlugen		Mogul	
niederschlug	vollschlug	anschlugen	- **ūk (1)**	Schaukelstuhl	
Güterzug	zuschlug	antrugen	→ ug (1)	Feuerstuhl	
Siegeszug	zutrug	aufschlugen		Liegestuhl	
Klingelzug	Luftzug	auftrugen	- **úk (2)**	Istanbul	
Winkelzug	Humbug	ausschlugen	→ uck (1+2)	Sündenpfuhl	
Vogelflug	umschlug	austrugen		Liverpool	
Sonderzug	Umzug	fehlschlugen	- **uke/n**	somnambul	
Bummelzug	Unfug	einschlugen	[→ upe/n]	Glockenstuhl	
Lungenzug	durchschlug	eintrugen	[→ ute/n (1)]		
Funkenflug	Durchzug	beitrugen	buken	- **ul* (2)**	
unterschlug		breitschlugen	Luke/n	abspul'	
Gummizug	hervorlug'	hochschlugen	Spuke/n	aufspul'	
	bevorzug'	vorschlugen	spuke/n	Webstuhl	
zusammenschlug	davontrug	vortrugen	Feluke/n	Beichtstuhl	
zusammentrug	Triumphzug	losschlugen		einschul'	
Gedankenflug		vollschlugen	- **uker/n**	vorspul'	
Charakterzug	- **uge/n (1)**	zuschlugen	[→ uper/n]	Konsul	
Freiheitsentzug	[→ ube/n (1)]	zutrugen	[→ uter/n]	umschul'	
Kissenbezug	[→ ude/n]	umschlugen	buk er		
Drogenentzug	Buge/n	durchschlugen	frug er	- **uld**	
	Fuge/n	hervorlugen	schlug er	→ ult (2+3)	
- **ug* (2)**	fuge/n	bevorzuge/n	trug er		
[→ ub (2)]	frugen	davontrugen	erschlug er	- **ulde/n (1)**	
[→ ut (2)]	(Jugend)		zerschlug er	dulde/n	
nachschlug	Kluge/n	- **ugel/n**	ertrug er	Gulden	
Rad schlug	kluge/n	[→ ubel/n (1)]	vertrug er	Mulde/n	
abschlug	Luge/n	[→ udel/n (1)]	beschlug er	Schulden	
Abzug	luge/n	Google	betrug er	schulde/n	
Schachzug	schlugen	google/n	durchschlug er	gedulde/n	
anschlug	trugen	Gugel/n	überschlug er	entschulde/n	
antrug	(Tugend)	Kugel/n	übertrug er	erdulde/n	
Anzug	(befugt)	kugel/n	unterschlug er	verschulde/n	
Raubzug	verfuge/n				
aufschlug	erschlugen	- **ugend**	- **uks**	- **ulde/n* (2)**	
auftrug	zerschlugen	→ uge/n (1)	→ ug (1)	umschulde/n	
Aufzug	ertrugen		! buk's		
Ausflug	vertrugen	- **uger/n**		- **ule/n (1)**	
ausschlug	beschlugen	[→ uber/n]	- **ul (1)**	Buhle/n	
austrug	betrugen	[→ uder/n (1)]	buhl'	buhle/n	
Auszug	Zentrifuge/n	kluger	Ghoul	Ghoule/n	
fehlschlug	Neunmalkluge/n	Luger (Pistole)	cool	coole/n	
Streifzug	neunmalkluge/n	(Nugat)	Pool	Kuhle/n	
einschlug	überschlugen	neunmalkluger	pul'	pule/n	

Pfuhle/n	Null	nullt's	Katapult	Schmarotzertum	
suhle/n	null	Puls		Draufgängertum	
Schule/n	Sitting Bull	Pults	**- ult* (3)**	Märtyrertum	
schule/n		Schulz	einlullt	Drogenkonsum	
Spule/n	**- ulle/n (1)**	skull's	umschuld'	Analphabetentum	
spule/n	Bulle/n	skullt's	Unschuld		
Stuhle	Lulle/n	schuld's		**- um* (2)**	
Schwule/n	lulle/n	schnullt's	**- ulter/n**	[→ un (2)]	
schwule/n	Mulle/n	Gedulds	[→ ultra → a (2)]	Wachstum	
Bambule/n	nulle/n	entschuld's	lullt er	Brauchtum	
bestuhle/n	Pulle/n	erduld's	nullt er	Reichtum	
Module/n	pulle/n	verschuld's	pullt er	Siechtum	
Mogule/n	skulle/n	Impuls	(Sultan)	Schrifttum	
Sündenpfuhle/n	schnulle/n	Tumults	skullt er	Irrtum	
somnambule/n	Schrulle/n	Katapults	Schulter/n	Bistum	
	Stulle/n	Sitting Bulls	schnullt er	Volkstum	
- ule/n* (2)	strulle/n		strullt er	Besitztum	
abspule/n	Ampulle/n	**- ulst (1)**	okkulter/n		
aufspule/n	Schatulle/n	lullst	eingelullter/n	**- um (3)**	
einschule/n		nullst		→ umm (1+2)	
vorspule/n	**- ulle/n* (2)**	pulst	**- ulze/n**		
umschule/n	einlulle/n	strullst	Sulze/n	**- umb**	
		Schwulst	Schulze/n	→ ump (1)	
- uler/n	**- uller/n**	Wulst	Schnulze/n		
Buhler/n	[→ ulla → a (2)]	Geschwulst		**- umbe/n**	
cooler/n	buller/n	durchpulst	**- um (1)**	[→ unde/n (1)]	
Spuler/n	kuller/n		[→ un (1)]	tumbe/n	
Schwuler	puller/n	**- ulst* (2)**	Boom		
schwuler	Skuller/n	einlullst	Ruhm	**- umber/n**	
Seouler/n	Schnuller/n		Room	[→ umba → a (2)]	
Nebenbuhler/n	struller/n	**- ūlt (1)**	Zoom	[→ under/n (1)]	
Istanbuler/n		→ ulen (1+2)	zoom'	(Ungar)	
Liverpooler/n	**- ulls**		Konsum	tumber/n	
somnambuler	→ uls	**- ult (2)**	posthum		
		[→ ulk]	Sklaventum	**- ume/n**	
- ulk	**- ullst**	duld'	Altertum	[→ une/n]	
[→ ult (2)]	→ ulst (1+2)	Huld	Bauerntum	boomen	
Ulk		Kult	Heldentum	Blume/n	
ulk'	**- ullt**	lullt	Herzogtum	Human	
Pulk	→ ult (2+3)	nullt	Heidentum	Krume/n	
verulk'		pullt	Eigentum	Muhme/n	
	- ulpe/n	Pult	Kaisertum	Ruhme	
- ulke/n	[→ ulke/n]	skullt	Heiligtum	zoome/n	
[→ ulpe/n]	[→ ullte/n → ult (2)]	Schuld	Fürstentum	Truman, Harry	
[→ ullte/n → ult (2)]	Nulpe/n	schuld'	Christentum	Bitumen	
Ulke/n	Stulpe/n	schnullt	Witwentum	Volumen	
ulke/n	Tulpe/n	strullt	Künstlertum	posthume/n	
Pulke/n		Geduld	Bürgertum		
Pachulke/n	**- uls**	geduld'	Rittertum	**- umer/n**	
verulke/n	duld's	entschuld'	Judentum	[→ uma → a (2)]	
	Kults	erduld'	Wuchertum	[→ uner/n]	
- ull	Mulls	verschuld'	Germanentum	(Tumor)	
Mull	null's	okkult	Beamtentum	posthumer/n	
		Tumult	Verbrechertum		

247

- umm (1)

um
 etwas geht um
 etwas treibt jmd.
  um
 etwas stimmt jmd.
  um
 etwas wirft / haut
  jmd. um
 etwas weht / bläst
  jmd. um
 etwas fällt / kippt
  / knickt /
  sinkt / stürzt
  um
 eine Anzeige
  springt um
 jmd. stimmt jmd.
  um
 jmd. springt mit
  jmd. um
 jmd. dreht /
  erzieht /
  krempelt /
  modelt jmd.
  um
 jmd. schult jmd.
  um
 jmd. bringt / legt
  / nietet jmd.
  um
 jmd. besetzt jmd.
  um
 jmd. siedelt /
  quartiert jmd.
  um
 jmd. setzt jmd.
  um
 jmd. bettet jmd.
  um
 jmd. läuft / reißt
  / reitet /
  rennt / stößt
  jmd. um
 jmd. entscheidet /
  orientiert sich
  um
 jmd. sieht / hört
  sich um
 jmd. gewöhnt sich
  um
 jmd. dreht /
  wendet sich
  um

jmd. meldet sich
 um
jmd. setzt sich um
jmd. zieht /
 kleidet sich
 um
jmd. disponiert
 um
jmd. rüstet /
 sattelt um
jmd. schwenkt um
jmd. kehrt um
jmd. steigt um
jmd. zieht um
jmd. schaltet um
jmd. kommt um
jmd. fällt / kippt
 / knickt /
 sinkt / stürzt
 um
jmd. blättert um
jmd. geht mit
 etwas um
jmd. setzt etwas
 um (verwirk-
 lichen)
jmd. benennt /
 formuliert /
 schreibt etwas
 um
jmd. interpretiert
 / deutet /
 wertet etwas
 um
jmd. lenkt /
 dirigiert etwas
 um
jmd. tauscht etwas
 um
jmd. rechnet
 etwas um
jmd. arbeitet
 etwas um
jmd. schuldet
 etwas um
jmd. bucht etwas
 um
jmd. datiert etwas
 um
jmd. baut etwas
 um
jmd. bildet etwas
 um
jmd. gestaltet /

formt etwas
 um
jmd. gruppiert /
 strukturiert /
 verteilt etwas
 um
jmd. krempelt
 / modelt /
 wandelt /
 wechselt /
 wälzt etwas
 um
jmd. funktioniert
 etwas um
jmd. program-
 miert etwas
 um
jmd. steckt etwas
 um
jmd. leitet / polt
 etwas um
jmd. räumt /
 packt / lagert
 / schichtet /
 lädt etwas um
jmd. dreht /
 wendet etwas
 um
jmd. färbt / la-
 ckiert etwas
 um
jmd. füllt / gießt
 etwas um
jmd. näht etwas
 um
jmd. pflanzt /
 topft etwas
 um
jmd. gräbt etwas
 um
jmd. pflügt ein
 Feld um
jmd. rührt etwas
 um
jmd. kopiert etwas
 um
jmd. bricht eine
 Zeile um
jmd. hat / behält
 etwas um
jmd. bindet /
 gürtet / hängt
 / schnallt sich
 etwas um

jmd. läuft / reißt
 / reitet /
 rennt / stößt
 etwas um
jmd. biegt etwas
 um
jmd. sägt etwas
 um
bum!
brumm'
dumm
drum
krumm
Mumm
Rum
'rum → herum
summ'
stumm
Trumm
zum
warum
verdumm'
vermumm'
verstumm'
(he)rum
etwas spricht sich
 herum
etwas steht / liegt
 herum
jmd. führt jmd.
 an der Nase
 herum
jmd. kriegt jmd.
 herum
jmd. scharwenzelt
 um jmd.
 herum
jmd. schlägt sich
 mit jmd. he-
 rum
jmd. ärgert sich
 herum
jmd. schlägt sich
 mit etwas he-
 rum
jmd. drückt sich
 um etwas
 herum
jmd. dreht / wirft
 sich herum
jmd. druckst
 herum
jmd. experimen-

tiert herum
jmd. doktert /
 fuhrwerkt
 herum
jmd. albert / balgt
 / tollt herum
jmd. schnüffelt
 / stöbert
 / stochert
 herum
jmd. geht / fährt
 / läuft / gurkt
 herum
jmd. steht / lun-
 gert / hängt
 / treibt sich
 / sitzt / steht
 herum
jmd. geistert
 herum
jmd. kommt
 herum
jmd. redet um
 etwas herum
jmd. reißt etwas
 herum
jmd. kriegt Zeit
 herum
jmd. kaut auf
 etwas herum
reihum
Dumdum
Punktum!
kurzum
Radium
Stadium
Kalium
Atrium
Natrium
Vakuum
andersrum
Kadmium
Kalzium
Praktikum
Baltikum
Maximum
Gaudium
ebendrum
Medium
Helium
Gremium
premium
Säkulum

Technikum	Kontinuum	Laboratorium	Mumme/n	schlummer/n
Pentium	Petroleum	Repetitorium	Summe/n	Stummer
Spermium	Linoleum	Observatorium	summe/n	stummer/n
wiederum	Atomium	Konservatorium	Stumme/n	wummer/n
Klinikum	Harmonium	Suppositorium	stumme/n	entschlummer/n
Physikum	Triforium		Trumme/n	
hintenrum	Brimborium	obenherum	Wumme/n	- ummer/n* (2)
linksherum	Narkotikum	cogito ergo sum	verdumme/n	[→ unger/n (2)]
ringsherum	Symposium		vermumme/n	Taubstummer
Minimum	Kolloquium	- umm* (2)	verstumme/n	taubstummer
Odium	Konsortium	darum	Zwischensumme/n	
Podium	Panoptikum	Datum		- ummler/n
Opium	Präludium	abbrumm'	- umme/n* (2)	Bummler/n
Tonikum	Refugium	Faktum	abbrumme/n	Fummler/n
Morphium		taubstumm	Taubstumme/n	Schummler/n
Optimum	tschingderassabum!	aufbrumm'	taubstumme/n	Tummler/n
Studium	Kalendarium	Begum	aufbrumme/n	Schlachtenbumm-
Fluidum	Planetarium	Plenum	Begumen	ler/n
Publikum	Insektarium	Serum	Unsumme/n	Weltenbummler/n
Unikum	Delfinarium	Spektrum		
Drumherum	Ordinarium	Pensum	- ummel/n (1)	- ummst
rundherum	Evangelium	Zentrum	[→ unnel/n]	→ umst (1+2)
	Klimakterium	Neutrum	Bummel/n	
Palladium	Presbyterium	Visum	bummel/n	- ummt
Geranium	Ministerium	Fixum	brummel/n	→ umt (1+2)
Aquarium	Polytechnikum	worum	Fummel/n	
Szenarium	Antiseptikum	Forum	fummel/n	- ump (1)
Herbarium	Aluminium	Skrotum	grummel/n	[→ und (1)]
Terrarium	Exerzitium	Votum	Hummel/n	[→ ung (1)]
Solarium	Individuum	Novum	mummel/n	Klump
Gymnasium	Sanatorium		Pummel/n	klump'
Spektakulum	Auditorium	Abstraktum	Rummel/n	Lump
Kollegium	Krematorium	Tedeum	rummel/n	Pump
Bakterium	Territorium	Lyzeum	schummel/n	pump'
Imperium	Responsorium	Odeum	Stummel/n	plump
Mysterium	Direktorium	Museum	tummel/n	tumb
Kriterium	Oratorium	Faktotum	verbummel/n	verklump'
Magnesium	Moratorium	Ultimatum		Haderlump
Dezennium	Provisorium	Memorandum	- ummel/n* (2)	
Millennium	Konsistorium	Athenäum	abbummel/n	- ump* (2)
Stipendium	Dormitorium	Mausoleum	einmummel/n	[→ und (2)]
Silentium	Kuratorium	Kolosseum		[→ ung (2)]
Kompendium	Suspensorium	Jubiläum	- ummer/n (1)	abpump'
Amphibium	Periodikum	Interregnum	[→ unger/n (1)]	anpump'
Präsidium	Anabolikum	Universum	bummer/n	aufpump'
Konsilium	Äquinoktium	Kuriosum	Brummer/n	
Dominium	Interludium	ad absurdum	Dummer	- umpe/n (1)
Delirium	Sammelsurium	ad infinitum	dummer/n	[→ unke/n (1)]
Martyrium			Hummer/n	[→ unte/n]
Elysium	Vokabularium	- umme/n (1)	Kummer	Gumpe/n
Silizium	Instrumentarium	[→ unne/n]	krummer/n	Humpen
Spezifikum	Gummiarabikum	brumme/n	Nummer/n	Klumpen
Basilikum	Aphrodisiakum	dumme/n	Summer/n	klumpe/n
Politikum	Charakteristikum	krumme/n	Schlummer	Lumpen

249

lumpen	versumpfe/n	[→ unz (2)]	aufbrummt	Neptun
Pumpe/n	(bestrumpft)		aufpumpt	gleichtun
pumpe/n	übertrumpfe/n	**- umse/n**		großtun
plumpe/n		[→ unze/n]	**- un (1)**	nottun
Stumpen	**- umpfe/n* (2)**	um se	[→ um (1)]	Zutun
Gelumpe	abstumpfe/n	Bumse/n	dun	gut tun
verklumpe/n	auftrumpfe/n	bumse/n	buh'n	umtun
	herumsumpfe/n	bums' se	Huhn	Unruh'n
- umpe/n* (2)	gesundschrumpfe/n	Plumpse/n	muh'n	kundtun
[→ unke/n (2)]		plumpse/n	nun	hervortun
abpumpe/n	**- umpfer/n**	rumse/n	ruh'n	
anpumpe/n	dumpfer/n	summ' se	Schuh'n	**- und (1)**
aufpumpe/n	stumpfer/n	Gebumse	Thun	[→ ump (1)]
		behumpse/n	Tun	[→ umt (1)]
- umpel/n	**- umpft**	behumps' se	tun	[→ ung (1)]
[→ unkel/n (1)]	→ umpfe/n (1+2)	verdumm' se	tun' (sprich: tjūn)	und
humpel/n	[→ unft (1+2)]		Truh'n	Bund
Kumpel/n		**- umst (1)**		bunt
krumpel/n	**- umps**	[→ unzt (1)]	Gabun	Fund
rumpel/n	→ ums	bumst	Saloon	Grund
schrumpel/n		brummst	Rangun	Hund
verkrumpel/n	**- umpse/n**	pumpst	Kaprun	kund
verschrumpel/n	→ umse/n	plumpst	Cartoon	Mund
überrumpel/n		rumst	Kattun	Pfund
	- ums (1)	summst	beruh'n	Rund
- umpf (1)	→ Hauptwörter	behumpst	geruh'n	rund
[→ unft (1)]	unter: umm	verdummst	vertun	Sund
dumpf	(1)	vermummst	beschuh'n	Schund
Rumpf	[→ unz (1)]	verstummst	Taifun	Schlund
Sumpf	ums		Tribun	Schrund
sumpf'	um's	**- umst (2)**	immun	Spund
Schlumpf	Bums	[→ unzt (2)]	kommun	Stund'
schlumpf'	bums'	abbrummst	Monsun	stund'
schrumpf'	brumm's	abpumpst	Kamerun	Schwund
Stumpf	Lumps	anpumpst	Wäschetruh'n	wund
stumpf	Mumms	aufbrummst	heimlichtun	
Strumpf	Mumps	aufpumpst	Tiefkühltruh'n	Stralsund
Trumpf	pump's		interview'n	aufgrund
versumpf'	Plumps	**- umt (1)**	vornehmtun	Befund
Triumph	plumps'	[→ und (1)]	Boxhandschuh'n	bekund'
übertrumpf'	Rums	brummt	opportun	Verbund
	rums'	klumpt	zusammentun	erkund'
- umpf* (2)	Sums	pumpt		verspund'
[→ unft (2)]	summ's	summt	**- un* (2)**	verwund'
abstumpf'	Trumms	verdummt	[→ um (2)]	gesund
auftrumpf'	Gebrumms	verklumpt	dartun	profund
herumsumpf'	behumps'	vermummt	abtun	Korund
gesundschrumpf'	verdumm's	verstummt	antun	umrund'
	Gesumms		Handschuh'n	Burgund
- umpfe/n (1)	Gesums	**- umt* (2)**	auftun	
dumpfe/n		[→ und (2)]	ausbuh'n	Vagabund
schlumpfe/n	**- ums* (2)**	abbrummt	ausruh'n	Ehebund
schrumpfe/n	→ Hauptwörter	abpumpt	schöntun	Städtebund
stumpfe/n	unter: umm(2)	anpumpt	wehtun	Erdenrund

Öresund	Wunde/n	heimgefunden	(Tundra)	**- unft (1)**
Meeresgrund	wunde/n	Schweinehunde/n	Wunder/n	[→ umpft → ump-
Herzensgrund		Feierstunde/n	wunder/n	fe/n (1)]
Völkerbund	gebunden	Geisterstunde/n	Zunder/n	Brunft
Weidegrund	Befunde/n	preisgebunden	(Jahrhundert)	Zunft
Schweinehund	gefunden	zeitgebunden	verwunder/n	Vernunft
Feuerschlund	bekunde/n	Bibelstunde/n	gesunder/n	Niederkunft
überrund'	Sekunde/n	überrunde/n	bewunder/n	Unterkunft
Sigismund	empfunden	Überstunde/n	profunder/n	Unvernunft
Schlüsselbund	entbunden	überwunden	Holunder/n	Zusammenkunft
Hintergrund	entschwunden	hingefunden	Pullunder/n	
Kindermund	entwunden	Rosamunde	Burgunder/n	**- unft* (2)**
Hosenbund	verbunden	vorgefunden	Wirtschaftswun-	[→ umpft → ump-
Knochenschwund	erfunden	Todesstunde/n	der/n	fe/n (2)]
Kummerbund	erkunde/n	Morgenstunde/n		Abkunft
kunterbunt	zerschunden	zugebunden	**- under/n* (2)**	Ankunft
Untergrund	verschwunden	Mußestunde/n	waidwunder	Auskunft
Gedächtnisschwund	verspunde/n	Kunigunde		Herkunft
Hinderungsgrund	verwunden	umgebunden	**- undert**	Zukunft
Kündigungsgrund	gesunde/n	ungebunden	→ under/n (1)	Übereinkunft
	geschunden	durchgefunden		
- und* (2)	geschwunden	unterbunden	**- unds**	**- ung (1)**
[→ ump (2)]	gewunden	unumwunden	→ unz (1+2)	[→ ump (1)]
[→ umt (2)]	im Grunde			[→ und (1)]
[→ ung (2)]	profunde/n	herausgefunden	**- undst**	unk'
Abgrund	Korunde/n	herausgewunden	→ unzt (1+2)	Dung
abrund'	Rotunde/n	herausgeschunden		Funk
aufrund'	zugrunde	zurechtgefunden	**- une/n**	funk'
Ausbund	umrunde/n	dareingefunden	[→ ume/n]	jung
waidwund		naturverbunden	Dune/n	Prunk
Leumund	Vagabunden	für gut befunden	Huhne	prunk'
Raimund	Adelgunde	personengebunden	Rune/n	Skunk
Windhund	Tafelrunde/n		tune/n (sprich:	Schwung
Vormund	nachempfunden	**- unde/n* (2)**	tjūne/n)	Sprung
Volksmund	abgebunden	abrunde/n	Lagune/n	Stunk
bevormund'	abgefunden	Tanzstunde/n	Harpune/n	Strunk
beurkund'	abgeschunden	aufrunde/n	Kattune/n	tunk'
	angebunden	Sprechstunde/n	Taifune/n	Trunk
- unde/n (1)	stattgefunden	waidwunde/n	Tribune/n	
[→ umbe/n]	Abschiedsstunde/n	Heilkunde	immune/n	**ā:**
Bunde/n	aufgebunden	Windhunde/n	Kommune/n	Gabelung
Funde/n	aufgefunden	Ortskunde	kommune/n	Verkabelung
Hunde/n	Plauderstunde/n	Urkunde/n	Monsune/n	Takelung
Kunde/n	erdgebunden	(beleumundet)	opportune/n	Stapelung
Munde	Ehrenrunde/n	bevormunde/n		Lagerung
munden	Märchenstunde/n	beurkunde/n	**- uner/n**	Belagerung
Pfunde/n	Schäferstunde/n		[→ una → a (2)]	Verlagerung
Runde/n	König Kunde	**- under/n (1)**	[→ umer/n]	Kaperung
runde/n	Trainingsstunde/n	[→ umber/n]	Tuner/n	Maserung
Sunde/n	zweckgebunden	(Ungar)	zu 'ner	Zerfaserung
Schrunde/n	Schrecksekunde/n	Flunder/n	immuner	Verstaatlichung
Spunde/n	Heimatkunde	(hundert)	kommuner	
Stunde/n	eingebunden	Plunder	opportuner	Handhabung
stunde/n	eingefunden	runder/n		Ausgrabung

Ausschabung	Überalterung	Notlandung	Schwefelung	Wahrnehmung
Verausgabung	Klammerung	Bruchlandung	Täfelung	Zeitströmung
Ausladung	Umklammerung	Beanstandung	Regelung	Ablehnung
Einladung	Wanderung	Abhandlung	Weltumsegelung	Abtönung
Vorladung	Unterwanderung	Abwandlung	Geburtenregelung	Anlehnung
Abtragung	Seelenwanderung	Amtshandlung	Übergangsregelung	Auflehnung
Danksagung	Völkerwanderung	Anwandlung	Vergröberung	Ausdehnung
Austragung	Verankerung	Buchhandlung	Äderung	Aussöhnung
Eintragung	Panzerung	Umwandlung	Federung	Abklärung
Weissagung	Pflasterung	Abdankung	Zögerung	Abwehrung
Lossagung	Rasterung	Anspannung	Verschwägerung	Anhörung
Veranlagung	Bepflasterung	Anpflanzung	Verzögerung	Aufklärung
Veranschlagung	Versachlichung	Fortpflanzung	Schmälerung	Auszehrung
Beantragung	Untermauerung	Aufwartung	Verschönerung	Wegzehrung
Beauftragung	Mauserung	Ausartung	Vergrößerung	Vorkehrung
Abstrahlung	Entzauberung	Abfassung	Verstädterung	Umkehrung
Abzahlung	Verzauberung	Anpassung	Ermöglichung	Abwertung
Nachzahlung		Auffassung	Schädigung	Aufwertung
Anzahlung	Abmachung	Auflassung	Mäßigung	Auswertung
Ausstrahlung	Aufmachung	Auslassung	Nötigung	Umwertung
Auszahlung	Bekanntmachung	Freilassung		Ablesung
Einzahlung	Verzehnfachung	Einfassung	Eindrehung	Ablösung
Rückzahlung	Vereinfachung	Einlassung	Vorsehung	Auflösung
Zuzahlung	Mobilmachung	Zulassung	Abhebung	Endlösung
Nachahmung	Wiedergutmachung	Kurzfassung	Anhebung	Einlösung
Beschlagnahmung	Abschlachtung	Herablassung	Aufhebung	Vorlesung
Vereinsamung	Ausschachtung	Veranlassung	Aushebung	Notlösung
Anbahnung	Ausschlachtung	Zurücklassung	Eingebung	Abtötung
Aufbahrung	Hochachtung	Abtastung	Hingebung	Abtretung
Aufsparung	Notschlachtung	Anlastung	Sinngebung	Anbetung
Aussparung	Beobachtung	Auslastung	Kundgebung	
Einsparung	Begutachtung	Abplattung	Bekanntgebung	Auffädelung
Verlautbarung	Abschaffung	Ausstattung	Gesetzgebung	Maßregelung
Vereinbarung	Anschaffung	Brandschatzung	Hervorhebung	Verkehrsregelung
Anmaßung	Bewirtschaftung	Anschauung	Einebnung	Einschläferung
Mutmaßung	Aufwallung	Beurlaubung	Verabredung	Annäherung
Verheiratung	Abschaltung	Absaugung	Abschrägung	
	Aufspaltung		Abwägung	é:
Abnabelung	Ausschaltung	Aufstachelung	Anregung	Gängelung
Ablagerung	Kernspaltung	Abkanzelung	Darlegung	Bemängelung
Abmagerung	Gleichschaltung	Abkapselung	Aufregung	Übertölpelung
Anlagerung	Einhaltung	Ausklammerung	Auslegung	Fesselung
Auslagerung	Frischhaltung	Einklammerung	Ausprägung	Entfesselung
Einlagerung	Vorhaltung	Abwanderung	Festlegung	Verästelung
Endlagerung	Buchhaltung	Gratwanderung	Beilegung	Verhätschelung
	Instandhaltung	Auswanderung	Freilegung	Verzettelung
á:	Veranstaltung	Einwanderung	Einprägung	Verschlechterung
Kachelung	Geheimhaltung	Zuwanderung	Stilllegung	Bevölkerung
Staffelung	Zurückhaltung	Anprangerung	Bloßlegung	Entvölkerung
Ermangelung	Verunstaltung		Einsegnung	Unterkellerung
Katzensprung	Abstammung	ë:	Abschälung	Dämmerung
Veralberung	Ansammlung	Knebelung	Aufzählung	Götterdämmerung
Alterung	Bauchlandung	Vernebelung	Aushöhlung	Morgendämmerung
Halterung	Mondlandung	Veredelung	Auszählung	Änderung

Veränderung	Herstellung	Brautwerbung	Kräuselung	Kreuzigung
Schwängerung	Feststellung	Einkerbung	Geißelung	
Verlängerung	Gleichstellung	Aufwerfung	Seitensprung	Aufreihung
Förderung	Einstellung	Beherbergung	Feuerung	Einreihung
Beförderung	Freistellung	Anmerkung	Neuerung	Einweihung
Verärgerung	Rückstellung	Vormerkung	Steuerung	Verabscheuung
Verkörperung	Vorstellung	Absperrung	Teuerung	Veruntreuung
Erörterung	Bloßstellung	Aussperrung	Verschleierung	Abreibung
Besserung	Umstellung	Abhärtung	Erneuerung	Abschreibung
Verbesserung	Zustellung	Anschwärzung	Besteuerung	Abtreibung
Bewässerung	Bereitstellung	Ausmerzung	Versteuerung	Krankschreibung
Entwässerung	Zurückstellung	Abmessung	Beteuerung	Ausschreibung
Verwässerung	Wiederherstellung	Ausmessung	Verteuerung	Austreibung
Gehaltsaufbes-	Auswölbung	Beimessung	Übersäuerung	Rechtschreibung
serung	Abmeldung	Zeitmessung	Übersteuerung	Einreibung
Lästerung	Anmeldung	Auslöschung	Säuberung	Einschreibung
Verschwesterung	Krankmeldung	Ankettung	Speicherung	Eintreibung
Entblätterung	Rückmeldung	Einbettung	Räucherung	Abgleichung
Vergötterung	Abgeltung	Absetzung	Bereicherung	Abweichung
Verweltlichung	Einschmelzung	Aufhetzung	Erleichterung	Nachreichung
Vermenschlichung	Umwälzung	Aussetzung	Verschleuderung	Handreichung
Verherrlichung	Eindämmung	Wertschätzung	Ereiferung	Angleichung
Kräftigung	Abblendung	Festsetzung	Steigerung	Darreichung
Bändigung	Abwendung	Gleichsetzung	Weigerung	Aufweichung
Fertigung	Nachsendung	Einsetzung	Ersteigerung	Ausgleichung
Festigung	Anwendung	Einschätzung	Versteigerung	Eindeichung
Sättigung	Aufwendung	Beisetzung	Verweigerung	Einreichung
	Ausblendung	Freisetzung	Verfeinerung	Durchstreichung
Abschwächung	Aussendung	Zielsetzung	Verkleinerung	Verabreichung
Rechtsprechung	Kehrtwendung	Fortsetzung	Zerkleinerung	Aufzeichnung
Abrechnung	Einblendung	Durchsetzung	Versteinerung	Auszeichnung
Anrechnung	Einsendung	Herabsetzung	Verallgemeinerung	Kennzeichnung
Aufrechnung	Einwendung	Hintansetzung	Äußerung	Ausleuchtung
Zeitrechnung	Hinwendung	Instandsetzung	Veräußerung	Auskleidung
Hochrechnung	Zusendung	Voraussetzung	Sinnesänderung	Ausscheidung
Umrechnung	Zuwendung	Zurücksetzung	Meinungsäußerung	Einkleidung
Zurechnung	Verelendung	Geringschätzung	Willensäußerung	Umkleidung
Anfechtung	Anstrengung		Meisterung	Bemitleidung
Einflechtung	Aufhängung	Auffächerung	Begeisterung	Abschweifung
Abdeckung	Einengung	Einkellerung	Verkleisterung	Anhäufung
Abschreckung	Beimengung	Ölförderung	Eiterung	Ausreifung
Ansteckung	Überanstrengung	Einkerkerung	Läuterung	Ausschweifung
Aufdeckung	Ablenkung	Einäscherung	Vereiterung	Abneigung
Abwechslung	Absenkung	Aufbesserung	Verbreiterung	Abzweigung
Auswechslung	Einschränkung	Ausbesserung	Erheiterung	Vorbeugung
Einwechslung	Abtrennung	Nachbesserung	Erweiterung	Zuneigung
Abstellung	Auftrennung	Abfertigung	Erläuterung	Aneignung
Nachstellung	Abgrenzung	Anfertigung	Verweichlichung	Zueignung
Anstellung	Angrenzung	Aushändigung	Verheimlichung	Anpeilung
Darstellung	Ausgrenzung	Ausfertigung	Verdeutlichung	Aufteilung
Klarstellung	Eingrenzung	Rechtfertigung	Heiligung	Ausbeulung
Aufhellung	Abschöpfung	Veröffentlichung	Einigung	Zellteilung
Aufstellung	Ausschöpfung		Reinigung	Einteilung
Ausstellung	Abwerbung	ei:	Steinigung	Mitteilung

Zuteilung	Verriegelung	Beherzigung	Beunruhigung	Verkrüppelung
Beurteilung	Besiegelung	Ermäßigung	Wahlbeteiligung	Entschlüsselung
Verurteilung	Versiegelung	Befestigung	Sachbeschädigung	Verschlüsselung
Aufräumung	Bespiegelung	Belästigung	Gleichberechtigung	dazwischenfunk'
Aufzäumung	Magenspiegelung	Verköstigung	Volksbelustigung	Sicherung
Ausräumung	Wasserspiegelung	Bestätigung	Vergewaltigung	Versicherung
Einräumung	Widerspiegelung	Betätigung	Überwältigung	Rückversicherung
Lehrmeinung	Gliederung	Verewigung	Übersättigung	Ernüchterung
Einzäunung	Niederung	Vereidigung	Steuerermäßigung	Verschüchterung
Anfeindung	Befiederung	Beleidigung	Abkühlung	Bezifferung
Abspeisung	Erwiderung	Verteidigung	Anspielung	Entzifferung
Abweisung	Verbrüderung	Beteiligung	Auskühlung	Versickerung
Anpreisung	Untergliederung	Vereinigung	Ausspielung	Milderung
Anweisung	Lieferung	Bereinigung	Ausspülung	Schilderung
Ausweisung	Überlieferung	Bescheinigung	Einfühlung	Versilberung
Einkreisung	Verniedlichung	Beschleunigung	Einspielung	Bebilderung
Einspeisung		Vergeistigung	Abführung	Verwilderung
Einweisung	Anziehung	Beseitigung	Anführung	Filterung
Lobpreisung	Einziehung	Berichtigung	Aufführung	Verschlimmerung
Zuweisung	Hinzuziehung	Beschwichtigung	Aufspürung	Verkümmerung
Zurechtweisung	Abschiebung	Besichtigung	Ausführung	Zertrümmerung
Zurückweisung	Aufschiebung	Bezichtigung	Einführung	Erinnerung
Dienstleistung	Ausübung	Ertüchtigung	Einschnürung	Hinderung
Vortäuschung	Einfriedung	Befriedigung	Rückführung	Linderung
Ableitung	Verabschiedung	Erniedrigung	Vorführung	Minderung
Andeutung	Aussiedlung	Missbilligung	Fortführung	Plünderung
Anleitung	Umsiedlung	Bewilligung	Buchführung	Behinderung
Ausbeutung	Nachprüfung	Verkündigung	Zuführung	Verhinderung
Ausbreitung	Abbiegung	Entmündigung	Durchführung	Verringerung
Ausschreitung	Beifügung	Versündigung	Verunzierung	Verfinsterung
Ausweitung	Einbiegung	Begünstigung	Ausschließung	Überwinterung
Einleitung	Einfügung	Vergünstigung	Nutznießung	Klitterung
Umleitung	Zufügung	Entwürdigung	Darbietung	Knitterung
Bearbeitung	Begnadigung	Verflüssigung	Aufbietung	Splitterung
Verarbeitung	Begradigung	Belobigung		Witterung
Bewahrheitung	Beglaubigung	Hinzufügung	Abriegelung	Fütterung
Überarbeitung	Verdächtigung	Beruhigung	Abwiegelung	Erbitterung
Auspeitschung	Bemächtigung	Beschuldigung	Aufwiegelung	Verbitterung
Eindeutschung	Ermächtigung	Entschuldigung	Einigelung	Vergitterung
Aufheizung	Berechtigung	Erkundigung	Vorspiegelung	Zerknitterung
Aufreizung	Erledigung	Belustigung	Luftspiegelung	Zersplitterung
	Beschädigung	Ermutigung	Anbiederung	Verwitterung
Anfeuerung	Entschädigung	Herabwürdigung	Angliederung	Erschütterung
Aussteuerung	Bekräftigung	Vernachlässigung	Aufgliederung	Verwirklichung
Anreicherung	Beschäftigung	Benachrichtigung	Ausgliederung	Züchtigung
Ausräucherung	Befähigung	Benachteiligung	Eingliederung	Billigung
Beweihräucherung	Behelligung	Beaufsichtigung	Auslieferung	Kündigung
Aufheiterung	Bewältigung	Verselbstständigung	Einlieferung	Würdigung
	Genehmigung	Beeinträchtigung	Demütigung	
ï.	Beschönigung	Berücksichtigung		Abdichtung
Besiedelung	Beendigung	Vervielfältigung	ï.	Ablichtung
Übersiedelung	Verständigung	Bevollmächtigung	Zerstückelung	Abrichtung
Siegelung	Besänftigung	Vervollständigung	Verstümmelung	Nachdichtung
Spiegelung	Beerdigung	Verunreinigung	Entrümpelung	Aufrichtung

254

Aufschichtung	Ausrüstung	Vervollkommnung	ú:		Verschalung
Ausrichtung	Umrüstung	Ausstopfung	Überrumpelung		Bestrahlung
Einrichtung	Aufschüttung	Aushorchung	Verdunkelung		Bezahlung
Hinrichtung	Ausschüttung	Abordnung	Entwurzelung		Untermalung
Volksdichtung	Zuspitzung	Hackordnung	Verwurzelung		Rahmung
Vorrichtung	Einspritzung	Anordnung	Bewunderung		Besamung
Umschichtung		Hausordnung	Verwunderung		Umrahmung
Ausschiffung	Aufschlüsselung	Einordnung	Entjungferung		Ahnung
Einschiffung	Absicherung	Zuordnung	Ermunterung		Mahnung
Anstiftung	Zusicherung	Unordnung	Musterung		Planung
Ausschmückung	Verunsicherung	Ausformung	Bemusterung		Verzahnung
Einrückung	Ausnüchterung	Verballhornung	Bemutterung		Nahrung
Abwicklung	Einschüchterung	Aufforstung	Huldigung		Paarung
Abbildung	Strafmilderung	Nachforschung			Wahrung
Satzbildung	Ausschilderung	Ausforschung	Ausbuchtung		Behaarung
Ausbildung	Wertminderung	Beantwortung	Auswuchtung		Erfahrung
Einbildung	Ausbürgerung	Verantwortung	Einbuchtung		Verwahrung
Rückbildung	Einbürgerung	Befürwortung	Abstumpfung		Bewahrung
Missbildung	Einflüsterung	Überantwortung	Abrundung		Umfahrung
Fortbildung	Absplitterung	Abschottung	Bevormundung		Aufbewahrung
Umbildung	Aufsplitterung	Ausrottung	Beurkundung		Offenbarung
Heranbildung	Ankündigung		Beeinflussung		Vergasung
Ausstülpung	Aufkündigung	Abkoppelung	Abnutzung		Verglasung
Abstimmung	Einwilligung	Auskoppelung	Ausnutzung		Beratung
Einstimmung	Verinnerlichung	Rückkoppelung			Atmung
Missstimmung		Auflockerung	Ankurbelung		Versklavung
Umstimmung	ö:	Schlussfolgerung	Aushungerung		
Zustimmung	Eroberung	Auspolsterung	Aufmunterung		á:
Übereinstimmung		Absonderung	Ausmusterung		Absprung
Verunglimpfung	Androhung	Aussonderung	Anschuldigung		Entfachung
Einbindung	Auslobung	Aufopferung			Verflachung
Abfindung	Stabhochsprung	Anforderung	**- ung* (2)**		Bewachung
Auffindung	Abholung	Nachforderung	[→ ump (2)]		Überdachung
Einmündung	Verwahrlosung	Aufforderung	[→ und (2)]		Überwachung
Darbringung	Abstoßung	Herausforderung	ä:		Nutzbarmachung
Ausdünnung			Bejahung		Achtung
Ausdünstung	ó:	ü:	Grabung		Schlachtung
Beglückwünschung	Doppelung	Besudelung	Labung		Beachtung
Anknüpfung	Koppelung	Wucherung	Begabung		Entmachtung
Abschürfung	Verdoppelung		Ladung		Verachtung
Aufschürfung	Drosselung	Genugtuung	Entladung		Verpachtung
Nachwirkung	Lockerung	Abbuchung	Überladung		Betrachtung
Auswirkung	Folgerung	Heimsuchung	Tagung		Missachtung
Einwirkung	Polsterung	Umbuchung	Befragung		Umnachtung
Rückwirkung	Folterung	Abstufung	Entsagung		Übernachtung
Mitwirkung	Opferung	Anrufung	Vertagung		Raffung
Abschirmung	Forderung	Ausrufung	Zerschlagung		Schaffung
Abkürzung	Überforderung	Einstufung	Übertragung		Straffung
Auffrischung	Unterforderung	Zurückstufung	Niederschlagung		Bewaffnung
Beimischung		Bevorzugung	Untersagung		Haftung
Einmischung	Aufstockung	Einschulung	Unterschlagung		Verhaftung
Abrüstung	Austrocknung	Anmutung	Strahlung		Auskundschaftung
Auflistung	Abholzung	Zumutung	Zahlung		Bodenhaftung
Aufrüstung	Ausbombung		Bemalung		Beflaggung

Packung	Entmannung	Atzung	Prägung	Tönung
Entschlackung	Entspannung	Satzung	Regung	Entlehnung
Verpackung	Verbannung	Besatzung	Schrägung	Entlöhnung
Mogelpackung	Verspannung		Wägung	Entwöhnung
Salbung	Bespannung	au:	Belegung	Verhöhnung
Ballung	Pflanzung	Stauung	Verlegung	Versöhnung
Stallung	Bepflanzung	Trauung	Zerlegung	Erwähnung
Wallung	Verpflanzung	Bebauung	Verpflegung	Verwöhnung
Beschallung	Verschanzung	Erbauung	Erregung	Gewöhnung
Bestallung	Kappung	Verdauung	Erwägung	Abgewöhnung
Zusammenballung	Verkappung	Weltanschauung	Bewegung	Eingewöhnung
Haltung	Verklappung	Belaubung	Umhegung	Ehrung
Schaltung	Verknappung	Beraubung	Überlegung	Gärung
Spaltung	Überlappung	Verschraubung	Niederlegung	Gehrung
Entfaltung	Markung	Ertaubung	Widerlegung	Klärung
Enthaltung	Gemarkung	Freiheitsberaubung	Hinterlegung	Leerung
Erhaltung	Erstarkung	Stauchung	Trockenlegung	Nährung
Erkaltung	Vermarktung	Verstauchung	Offenlegung	Nehrung
Verwaltung	Verarmung	Aufschwung	Grundsteinlegung	Teerung
Gestaltung	Umarmung	Anberaumung	Zusammenlegung	Währung
Lagerhaltung	Tarnung	Behauptung	Reflexbewegung	Zehrung
Raumgestaltung	Warnung	Enthauptung	Gemütsbewegung	Störung
Lebenshaltung	Entwarnung	Behausung	Widerstandsbewe-	Bekehrung
Selbsterhaltung	Verwarnung	Entlausung	gung	Belehrung
Beibehaltung	Umgarnung	Vertauschung	Studentenbewegung	Empörung
Reinerhaltung	Beharrung		Segnung	Entehrung
Preisgestaltung	Verscharrung	ē:	Begegnung	Entbehrung
Unterhaltung	Erstarrung	Blähung	Entgegnung	Entleerung
Umgestaltung	Wartung	Drehung	Pfählung	Entstörung
Verdammung	Entartung	Schmähung	Schälung	Verehrung
Verschlammung	Erwartung	Begehung	Stählung	Vergärung
Sammlung	Entlarvung	Entstehung	Zählung	Verheerung
Entkrampfung	Fassung	Verdrehung	Ölung	Erhörung
Verdampfung	Entlassung	Verwehung	Höhlung	Verjährung
Verkrampfung	Erfassung	Erhöhung	Empfehlung	Verkehrung
Brandung	Verfassung	Umdrehung	Verfehlung	Erklärung
Landung	Umfassung	Umgehung	Vermählung	Verklärung
Wandung	Überlassung	Auferstehung	Erwählung	Vermehrung
Versandung	Niederlassung	Überhöhung	Erzählung	Ernährung
Umrandung	Hinterlassung	Hintergehung	Beseelung	Erschwerung
Zwischenlandung	Unterlassung	Hebung	Unterhöhlung	Verschwörung
Handlung	Zusammenfassung	Behebung	Lähmung	Zerstörung
Wandlung	Belastung	Belebung	Zähmung	Verwehrung
Behandlung	Entlastung	Enthebung	Strömung	Verzehrung
Verhandlung	Überlastung	Erhebung	Verbrämung	Bescherung
Verschandlung	Waschung	Vergebung	Verfemung	Beschwörung
Verwandlung	Überraschung	Bestrebung	Vernehmung	Betörung
Misshandlung	Gattung	Verstrebung	Beschämung	Bewährung
Zuwiderhandlung	Begattung	Umgebung	Bezähmung	Bewehrung
Schwankung	Ermattung	Wiederbelebung	Unternehmung	Gewährung
Erkrankung	Erstattung	Verödung	Dehnung	Durchquerung
Umrankung	Beschattung	Verblödung	Dröhnung	Kriegserklärung
Spannung	Bestattung	Überredung	Krönung	Überquerung
Bemannung	Berichterstattung	Unterredung	Löhnung	Ruhestörung

Verdauungsstörung	Entkräftung	Bekämpfung	zung	Schätzung
Schlangenbeschwö-	Deckung	Bremsung	Köpfung	Benetzung
rung	Streckung	Blendung	Schöpfung	Zerfetzung
Presseerklärung	Bedeckung	Endung	Erschöpfung	Verhetzung
Steuererklärung	Befleckung	Pfändung	Modeschöpfung	Verletzung
Liebeserklärung	Entdeckung	Schändung	Verschleppung	Vernetzung
Erdung	Erweckung	Sendung	Färbung	Versetzung
Gefährdung	Vollstreckung	Wendung	Werbung	Zersetzung
Wertung	Auferweckung	Entsendung	Enterbung	Besetzung
Entwertung	Rückendeckung	Entwendung	Vererbung	Strafversetzung
Verwertung	Kostendeckung	Verblendung	Verfärbung	Starbesetzung
Bewertung	Verwechslung	Verpfändung	Erwerbung	Amtseinsetzung
Überbewertung	Prellung	Verschwendung	Bewerbung	Hausbesetzung
Lesung	Quellung	Verwendung	Schärfung	Rechtsverletzung
Lösung	Schwellung	Vollendung	Entschärfung	Fehlbesetzung
Genesung	Stellung	Überblendung	Verschärfung	Fehleinschätzung
Verlesung	Entstellung	Sprengung	Verwerfung	Zeichensetzung
Erlösung	Erhellung	Bedrängung	Unterwerfung	Pflichtverletzung
Verwesung	Erstellung	Beengung	Bergung	Übersetzung
Zwischenlösung	Verstellung	Verdrängung	Stärkung	Überschätzung
Entblößung	Bestellung	Verengung	Bemerkung	Volksverhetzung
Tröstung	Selbstdarstellung	Verhängung	Verstärkung	Umbesetzung
Vertröstung	Abwehrstellung	Vermengung	Bestärkung	Schussverletzung
Lötung	Fragestellung	Kränkung	Rückenstärkung	Auseinandersetzung
Rötung	Wahnvorstellung	Lenkung	Erwärmung	Zusammensetzung
Tötung	Fertigstellung	Schenkung	Entfernung	Körperverletzung
Errötung	Weichenstellung	Senkung	Entkernung	
Verspätung	Überstellung	Schwenkung	Erlernung	ei:
Vertretung	Sicherstellung	Verrenkung	Sperrung	Reihung
Rechtsvertretung	Hilfestellung	Versenkung	Zerrung	Streuung
Übertretung	Richtigstellung	Verschränkung	Entzerrung	Weihung
Volksvertretung	Sonderstellung	Beschränkung	Versperrung	Kasteiung
Gesetzesüber-	Ruhestellung	Steuersenkung	Verzerrung	Befreiung
tretung	Unterstellung	Kennung	Beherrschung	Beleihung
	Ruhigstellung	Nennung	Verhärtung	Entleihung
é:	Zusammenstellung	Trennung	Schwärzung	Entweihung
Brechung	Vertrauensstellung	Benennung	Messung	Entzweiung
Schwächung	Aufgabenstellung	Verbrennung	Pressung	Verleihung
Entsprechung	Gegenüberstellung	Erkennung	Bemessung	Zerstreuung
Versprechung	Wölbung	Verkennung	Vermessung	Verzeihung
Besprechung	Meldung	Ernennung	Erpressung	Betreuung
Bestechung	Bewölkung	Namensnennung	Festung	Prophezeiung
Heiligsprechung	Fälschung	Aberkennung	Mästung	Aneinanderreihung
Unterbrechung	Geltung	Anerkennung	Verpestung	Laibung
Rechnung	Vergeltung	Silbentrennung	Böschung	Reibung
Berechnung	Erkältung	Früherkennung	Löschung	Schreibung
Verrechnung	Verschmelzung	Gütertrennung	Quetschung	Entleibung
Ächtung	Entfremdung	Umbenennung	Glättung	Verschreibung
Knechtung	Dämmung	Zuerkennung	Rettung	Vertreibung
Entflechtung	Hemmung	Begrenzung	Verfettung	Beschreibung
Entrechtung	Beklemmung	Ergänzung	Verkettung	Bestäubung
Verflechtung	Ladehemmung	Bekränzung	Ehrenrettung	Betäubung
Öffnung	Überschwemmung	Umgrenzung	Herzverfettung	Umschreibung
Eröffnung	Dämpfung	Schadensbegren-	Ätzung	Einverleibung

Überschreibung	Gunstbezeigung	Verschleißung	Verschiebung	Markierung
Übertreibung	Überzeugung	Verschweißung	Verübung	Armierung
Untertreibung	Ehrenbezeigung	Leistung	Übermüdung	Lasierung
Eichung	Beileidsbezeigung	Leitung	Siedlung	Phrasierung
Bleichung	Liebesbezeigung	Weitung	Prüfung	Maskierung
Gleichung	Eignung	Zeitung	Vertiefung	Kastrierung
Streichung	Leugnung	Deutung	Überprüfung	Kaschierung
Begleichung	Enteignung	Häutung	Biegung	Datierung
Vergleichung	Heilung	Bedeutung	Fügung	Schattierung
Erreichung	Peilung	Begleitung	Verbiegung	Wattierung
Verseuchung	Teilung	Bereitung	Verfügung	Platzierung
Erschleichung	Abteilung	Erbeutung	Vergnügung	Lavierung
Erweichung	Beeilung	Verbreitung	Fühlung	Möblierung
Überreichung	Verheilung	Missdeutung	Kühlung	Legierung
Unterstreichung	Erteilung	Nachbereitung	Spülung	Negierung
Gehirnerweichung	Verteilung	Aufarbeitung	Magenspülung	Regierung
Zeichnung	Zerteilung	Aufbereitung	Wasserspülung	Prämierung
Bezeichnung	Arbeitsteilung	Ausarbeitung	Unterkühlung	Entführung
Unterzeichnung	Aburteilung	Fernsprechleitung	Unterspülung	Zentrierung
Befeuchtung	Umverteilung	Einarbeitung	Dünung	Berührung
Beleuchtung	Unterteilung	Weiterleitung	Schienung	Verführung
Erleuchtung	Rollenverteilung	Überleitung	Bedienung	Erfrierung
Durchleuchtung	Räumung	Überschreitung	Begrünung	Verschmierung
Kleidung	Meinung	Vorbereitung	Verminung	Verzierung
Scheidung	Bräunung	Oberleitung	Selbstbedienung	Beschmierung
Bekleidung	Verneinung	Umarbeitung	Fernbedienung	Chiffrierung
Entscheidung	Erscheinung	Zubereitung	Schließung	Signierung
Vergeudung	Neuerscheinung	Unterbreitung	Begießung	Linierung
Verkleidung	Mangelerscheinung	Unterschreitung	Entschließung	Brüskierung
Vermeidung	Alterserscheinung	Klavierbegleitung	Ergießung	Quittierung
Beschneidung	Begleiterscheinung	Beizung	Erschießung	Fixierung
Überschneidung	Ausnahmeerschei-	Heizung	Erschließung	Skizzierung
Unterscheidung	nung	Reizung	Umschließung	Codierung
Vorentscheidung	Ermüdungserschei-	Spreizung	Eheschließung	Blockierung
Häufung	nung	Kreuzung	Verwüstung	Blondierung
Reifung	Eingemeindung	Durchkreuzung	Verhütung	Sondierung
Bereifung	eintunk'		Vergütung	Formierung
Ergreifung	Speisung	i:	Vermietung	Normierung
Versteifung	Weisung	Ziehung	Ehrerbietung	Stornierung
Machtergreifung	Enteisung	Bemühung	Überbietung	Forcierung
Überhäufung	Entgleisung	Entziehung	Unterbietung	Dosierung
Verzweiflung	Vereisung	Erziehung		Dotierung
Neigung	Vergreisung	Beziehung	irung:	Notierung
Steigung	Umkreisung	Vollziehung	Führung	Quotierung
Beugung	Überweisung	Erdanziehung	Rührung	Gummierung
Zeugung	Unterweisung	Einbeziehung	Radierung	Grundierung
Verbeugung	Gebrauchsanwei-	Überziehung	Tradierung	Gruppierung
Verneigung	sung	Hinterziehung	Lackierung	Justierung
Ersteigung	Täuschung	Lottoziehung	Halbierung	Asphaltierung
Erzeugung	Enttäuschung	Umerziehung	Planierung	Balsamierung
Verzweigung	Zerfleischung	Kunsterziehung	Sanierung	Plakatierung
Besteigung	Schweißung	Übung	Flankierung	Strapazierung
Bezeigung	Verheißung	Trübung	Lancierung	Patentierung
Bezeugung	Zerreißung	Schiebung	Hantierung	Transferierung

Kasernierung	Feindberührung	Unterführung	Disziplinierung	Demoralisierung
Adressierung	Einstudierung	Sublimierung	Zivilisierung	Resozialisierung
Arretierung	Inhaftierung	Kultivierung	Simplifizierung	Demokratisierung
Parfümierung	Diffamierung	Strukturierung	Mystifizierung	Rehabilitierung
Paginierung	Programmierung	Banalisierung	Indoktrinierung	Entnazifizierung
Laminierung	Finanzierung	Kanalisierung	Ionisierung	Sensibilisierung
Anglisierung	Distanzierung	Standardisierung	Inthronisierung	Elektrifizierung
Aktivierung	Irreführung	Dramatisierung	Ironisierung	Personifizierung
Archivierung	Imprägnierung	Pasteurisierung	Guillotinierung	Desillusionierung
Absolvierung	Nivellierung	Magnetisierung	Immunisierung	Idealisierung
Pensionierung	Inszenierung	Akzentuierung	Globalisierung	Liberalisierung
Transponierung	Linienführung	Stabilisierung	Lokalisierung	Systematisierung
Kartonierung	Lizensierung	Qualifizierung	Normalisierung	Kriminalisierung
Rationierung	Überführung	Quantifizierung	Sozialisierung	Digitalisierung
Stationierung	Internierung	Klassifizierung	Polarisierung	Militarisierung
Annoncierung	Liquidierung	Ratifizierung	Modernisierung	Bürokratisierung
Makulierung	Minimierung	Abkommandierung	Konkretisierung	Visualisierung
Annullierung	Stilisierung	Kanonisierung	Kollektivierung	Disqualifizierung
Ausquartierung	Typisierung	Harmonisierung	Domestizierung	Identifizierung
Aussortierung	Kritisierung	Atomisierung	Konfektionierung	Psychologisierung
Etablierung	Limitierung	Tabuisierung	Proviantierung	Kommerzialisierung
Degradierung	Indizierung	Autorisierung	Orientierung	Problematisierung
Deklarierung	Isolierung	Legalisierung	Mobilisierung	Solidarisierung
Demaskierung	Involvierung	Zentralisierung	Politisierung	Kolonialisierung
Restaurierung	Missionierung	Spezialisierung	Kodifizierung	Popularisierung
Delegierung	Titulierung	Mechanisierung	Modifizierung	Homogenisierung
Lebensführung	Simulierung	Thematisierung	Glorifizierung	Monologisierung
Segmentierung	Stimulierung	Relativierung	Positionierung	Monopolisierung
Dementierung	Proklamierung	Evakuierung	Konsolidierung	Amerikanisierung
Zementierung	Bombardierung	Reglementierung	Koordinierung	Industrialisierung
Frequentierung	Formatierung	Degenerierung	Motorisierung	Internationalisie-
Temperierung	Torpedierung	Ästhetisierung	Urbanisierung	rung
Generierung	Potenzierung	Perfektionierung	Brutalisierung	Individualisierung
Federführung	Tolerierung	Elektrisierung	Substantivierung	Institutionalisierung
Pervertierung	Konvertierung	Emeritierung	Unterminierung	
Reservierung	Konservierung	Etikettierung	Pulverisierung	ï
Dezimierung	Orchestrierung	Eliminierung	Subventionierung	Dichtung
Technisierung	Komplettierung	Feminisierung	Mumifizierung	Lichtung
Präzisierung	Profilierung	Verifizierung	Uniformierung	Richtung
Registrierung	Komprimierung	Spezifizierung	Umfunktionierung	Sichtung
Demolierung	Optimierung	Desinfizierung	Radikalisierung	Schichtung
Deponierung	Kostümierung	Demissionierung	Akklimatisierung	Schlichtung
Betonierung	Nominierung	Heroisierung	Rationalisierung	Züchtung
Deflorierung	Konzipierung	Dämonisierung	Aromatisierung	Belichtung
Lektorierung	Konfiszierung	Terrorisierung	Aktualisierung	Entrichtung
Renovierung	Portionierung	Islamisierung	Bagatellisierung	Verdichtung
Tätowierung	Konfrontierung	Christianisierung	Charakterisierung	Vernichtung
Regulierung	Kolorierung	Stigmatisierung	Alphabetisierung	Verpflichtung
Exhumierung	Honorierung	Klimatisierung	Abqualifizierung	Errichtung
Denunzierung	Konstruierung	Privatisierung	Anonymisierung	Verrichtung
Retuschierung	Formulierung	Intervenierung	Katalogisierung	Beschichtung
Rekrutierung	Uraufführung	Differenzierung	Kategorisierung	Gewichtung
Reduzierung	Suspendierung	Intensivierung	Automatisierung	Unterrichtung
Einquartierung	Nummerierung	Diskriminierung	Generalisierung	Überbelichtung

259

Studienrichtung	Beschimpfung	Verknüpfung	Überholung	Abberufung
Widmung	Bindung	Zermürbung	Wiederholung	Einberufung
Verblüffung	Findung	Befürchtung	Klonung	Widerrufung
Verschiffung	Windung	Wirkung	Schonung	Schulung
Stiftung	Gründung	Firmung	Wohnung	Bestuhlung
Lüftung	Mündung	Beschirmung	Belohnung	Blutung
Belüftung	Zündung	Irrung	Entlohnung	Flutung
Vergiftung	Begründung	Wirrung	Entthronung	Vermutung
Zerklüftung	Empfindung	Verirrung	Verschonung	Durchblutung
Beschriftung	Entbindung	Verwirrung	Vertonung	Überflutung
Knickung	Entzündung	Zerknirschung	Betonung	
Bedrückung	Verbindung	Kürzung	Überkronung	ú:
Beglückung	Erblindung	Verkürzung	Vorsprung	Befruchtung
Entrückung	Erfindung	Bestürzung	Losung	Zuckung
Entzückung	Verkündung	Überstürzung	Verlosung	Duldung
Berückung	Bankverbindung	Mischung	Liebkosung	Entschuldung
Verdickung	Wahrheitsfindung	Erfrischung	Verstoßung	Erduldung
Erquickung	Querverbindung	Vermischung	Benotung	Verschuldung
Verquickung	Überwindung	Verwischung	Verknotung	Verdummung
Verschickung	Flugverbindung	Promenaden-		Vermummung
Erstickung	Urteilsfindung	mischung	ó:	Schrumpfung
Verstrickung	Geschäftsver-	Brüstung	Lochung	Versumpfung
Verzückung	bindung	Rüstung	Unterjochung	Umschwung
Beschickung	Verkehrsverbindung	Entrüstung	Lockung	Rundung
Bestückung	Gedankenver-	Quittung	Stockung	Stundung
Bestrickung	bindung	Splittung	Verlockung	Bekundung
Überbrückung	Studentenver-	Verhüttung	Trocknung	Erkundung
Unterdrückung	bindung	Zerrüttung	Vergoldung	Verwundung
Wicklung	Telefonverbindung	Gesittung	Besoldung	Gesundung
Entwicklung	Düngung	Ermittlung	Befolgung	Umrundung
Verwicklung	Schwingung	Vermittlung	Verfolgung	Verdunstung
Bildung	Bedingung	Übermittlung	Ordnung	Entpuppung
Füllung	Beringung	Ritzung	Verordnung	Kupplung
Enthüllung	Verdingung	Sitzung	Unterordnung	Ursprung
Erfüllung	Verjüngung	Stützung	Versorgung	Nutzung
Verhüllung	Erringung	Erhitzung	Besorgung	Benutzung
Umhüllung	Verschlingung	Besitzung	Normung	Verschmutzung
Überfüllung	Bezwingung	Überhitzung	Verformung	
Pflichterfüllung	Durchdringung	Überspitzung	Verhornung	- unge/n (1)
Kimmung	Überbringung	Unterstützung	Forschung	→ Hauptwörter
Stimmung	Hinterbringung		Ortung	unter: ung (1)
Trimmung	Unterbringung	ö:	Verschrottung	Junge/n
Krümmung	Lebensbedingung	Drohung	Verspottung	junge/n
Verkrümmung	Lieferbedingung	Bedrohung	Zusammenrottung	Lunge/n
Verstimmung	Existenzbedingung	Verrohung		Schwunge
Bestimmung	Innung	Strafandrohung	ü:	Sprunge
Abendstimmung	Gerinnung	Entlobung	Buchung	Zunge/n
Aufbruchstimmung	Verdünnung	Verlobung	Verbuchung	
Selbstbestimmung	Besinnung	Erprobung	Verfluchung	gedungen
Mitbestimmung	Gesinnung	Rodung	Ersuchung	gedrungen
Bombenstimmung	Gewinnung	Polung	Versuchung	geklungen
Vorbestimmung	Rückbesinnung	Erholung	Durchsuchung	gelungen
Magenverstimmung	Rückgewinnung	Verkohlung	Untersuchung	entsprungen
Impfung	Verwünschung	Besohlung	Berufung	gerungen

erklungen	herausgesprungen	liebestrunken	Höhepunkt	- **unt**
verklungen	herbeigesprungen	siegestrunken	Wendepunkt	→ und (1)
errungen	zurückgesprungen	zugetrunken	Siedepunkt	
versungen	hinuntergeschlungen	durchgewunken	grüner Punkt	- **unte/n**
verschlungen		dazwischenfunke/n	Minuspunkt	[→ umpe/n (1)]
zersprungen	- **unge/n*** (2)	zusammengesunken	Mittelpunkt	[→ unke/n (1)]
erzwungen	→ ung (2)	gedankenversungen	Kontrapunkt	unten
besungen			Doppelpunkt	bunte/n
gesungen	- **unger/n** (1)	- **unke/n*** (2)	Kostenpunkt	drunten
geschlungen	[→ ummer/n (1)]	[→ umpe/n (2)]	dazwischenfunkt	Lunte/n
besprungen	Hunger	schlaftrunken	Anklagepunkt	Tunte/n
gesprungen	hunger/n	eintunke/n	Dreh- und Angel-	kunterbunte/n
geschwungen	junger		punkt	
gewrungen	verhunger/n	- **unkel/n** (1)		- **unter/n** (1)
bezwungen		[→ umpel/n]	- **unkt*** (2)	[→ unker/n (1)]
gezwungen	- **unger/n*** (2)	Dunkel	[→ umpt → um-	und er
misslungen	[→ ummer/n (2)]	dunkel	pe/n (2)]	unter/n
umschlungen	aushunger/n	funkel/n	Standpunkt	etwas geht unter
durchdrungen	herumlunger/n	munkel/n	Schwerpunkt	jmd. buttert jmd.
		Runkel/n	Treffpunkt	unter
Straßenjunge/n	- **unk**	schunkel/n	eintunkt	jmd. hakt / fasst
abgeklungen	→ ung (1+2)	Karfunkel/n	Zeitpunkt	jmd. unter
abgerungen		verdunkel/n	Schnittpunkt	jmd. schiebt /
abgesprungen	- **unke/n** (1)	Furunkel/n	Gesichtspunkt	jubelt jmd.
angeklungen	[→ umpe/n (1)]			etwas unter
angesprungen	[→ unte/n]	- **unkel/n*** (2)	- **unne/n**	jmd. ordnet sich
Raucherlunge/n	Unke/n	abdunkel/n	[→ umme/n (1)]	unter
aufgeschwungen	unke/n	anfunkel/n	Brunne/n	jmd. stellt sich
aufgesprungen	Dschunke/n		Hunne/n	unter
aufgezwungen	Funke/n	- **unker/n** (1)		jmd. geht unter
ausbedingen	funke/n	[→ unter/n (1)]	- **unnel/n**	jmd. taucht unter
Lausejunge/n	prunke/n	Bunker/n	[→ ummel/n (1)]	jmd. vermietet
ausgeklungen	Tunke/n	bunker/n	Tunnel/n	unter
Engelszungen	tunke/n	flunker/n		jmd. kommt /
Lästerzunge/n	trunken	Funker/n	- **uns**	schlüpft /
beigesprungen		Junker/n	→ unz (1)	kriecht irgend-
eingedrungen	Halunke/n	Klunker/n		wo unter
eingesungen	Spelunke/n		- **unsch**	jmd. mengt /
eingesprungen	versunken	- **unker/n*** (2)	Flunsch	hebt / mischt
eingeschwungen	erstunken	[→ unter/n (2)]	Punsch	/ rührt etwas
Nibelunge/n	ertrunken	einbunker/n	Wunsch	unter
Niederungen	vertrunken			jmd. pflügt etwas
niederrungen	gesunken	- **unkt** (1)	- **unst**	unter
niederzwungen	gestunken	[→ umpt → um-	→ unzt (1+2)	jmd. zieht / hat
übersprungen	betrunken	pe/n (1)]		etwas unter
vorgedrungen	getrunken	unkt	- **unste/n**	bunter/n
vorgesungen	gewunken	funkt	bunt'ste/n	(Junta)
vorgesprungen	abgesunken	Punkt	brunzte/n	drunter
notgedrungen	abgewunken	prunkt	funzte/n	Gunter
zugesprungen	angestunken	tunkt	grunzte/n	munter/n
durchgedrungen	angetrunken	Adjunkt	rund'ste/n	runter
durchgerungen	freudetrunken	Anhaltspunkt	verdunste/n	etwas fällt /
umgesprungen	eingesunken	Ausgangspunkt	verhunzte/n	rutscht /
ungezwungen	eingewunken	Aussichtspunkt	zugunsten	kommt runter

261

etwas zieht jmd. runter	Schlunds	- unze/n	Inbrunst	Schnupfen
jmd. macht / putzt jmd. runter	Schrunds	[→ umse/n]	Missgunst	schnupfe/n
	Spunds	Unze/n	bevormund'st	stupfe/n
	stund's	brunze/n	beurkund'st	Tupfen
	Schwunds	funzen		tupfe/n
jmd. zieht jmd. runter		grunze/n	- ūp (1)	zupfe/n
	Stralsunds	Punze/n	→ ub (1)	zerrupfe/n (verschnupft)
jmd. haut jmd. eine runter	Befunds	Plunze/n		
	bekund's	Schlunze/n	- úp (2)	Unterschlupfe/n
jmd. holt sich einen runter	Verbunds	stund' se	→ upp (2)	
	verhunz'	Rapunze/n		- upfe/n* (2)
jmd. kommt runter	erkund's	bekund' se	- upe/n	ausrupfe/n
	verwund's	Penunze/n	[→ uke/n]	
jmd. fällt / rutscht runter	Korunds	verhunze/n	[→ ute/n (1)]	- upfer/n (1)
	umrund's	verwund' se	Hupe/n	Hupfer/n
jmd. holt / lässt / wirft etwas runter	Burgunds	umrund' se	hupe/n	Kupfer
		überrund' se	Lupe/n	kupfern
	Vagabunds		pupe/n	Tupfer/n
jmd. schluckt / spült etwas runter	Ehebunds	- unzel/n		
	Städtebunds	Funzel/n	- uper/n	- upfer/n* (2)
	Erdenrunds	Runzel/n	[→ uker/n]	abkupfer/n
jmd. fährt ein Gerät runter	Öresunds	runzel/n	[→ uter/n]	
	Meeresgrunds	schmunzel/n	grub er	- upp (1)
rutsch mir den Buckel runter!	Herzensgrunds	Rapunzel/n	hub er	[→ uck (1)]
	Völkerbunds		Cooper, Gary	[→ utt]
	Weidegrunds	- unzt (1)	super	blubb!
darunter	Schweinehunds	[→ umst (1)]	begrub er	Jupp
herunter	Feuerschlunds	Brunst	vergrub er	Club
ermunter/n	überrund's	brunzt	untergrub er	Krupp
hinunter	Sigismunds	Dunst		rupp'
mitunter	Schlüsselbunds	funzt	- upf (1)	schupp'
worunter	Hintergrunds	grunzt	hupf'	schrubb'
kopfunter	Kindermunds	Gunst	lupf'	schrupp'
kunterbunter/n	Hinz und Kunz	Kunst	rupf'	schwupp!
	Hosenbunds	rund'st	schupf'	Trupp
- unter/n* (2)	Knochenschwunds	stund'st	schlupf'	entpupp'
[→ unker/n (2)]	Kummerbunds	bekund'st	schnupf'	verpupp'
aufmunter/n	Untergrunds	verhunzt	stupf'	schwuppdiwupp!
	Gedächtnis- schwunds	erkund'st	tupf'	
- unz (1)		verspund'st	zupf'	- upp* (2)
[→ ums (1)]	Hinderungsgrunds	verwund'st	zerrupf'	[→ uck (2)]
und's	Kündigungsgrunds	gesund'st	Gugelhupf	Sirup
uns		umrund'st	Unterschlupf	
Bunds	- unz* (2)	Zauberkunst		- uppe/n
brunz'	[→ ums (2)]	Rechenkunst	- upf* (2)	[→ ucke/n (1)]
Funds	Abgrunds	Feuersbrunst	ausrupf'	[→ utte/n]
Grunds	Ausbunds	überrund'st		Gruppe/n
grunz'	Leumunds	Verführungskunst	- upfe/n (1)	Kuppe/n
Hunds	Raimunds	Überredungskunst	hupfe/n	Kruppe/n
Munds	Windhunds		lupfe/n	Luppe/n
Pfunds	Vormunds	- unzt* (2)	Rupfen	Puppe/n
Runds	Volksmunds	[→ umst (2)]	rupfe/n	ruppe/n
Sunds	bevormund's	abrund'st	schupfe/n	Suppe/n
Schunds	beurkund's	aufrund'st	schlupfe/n	Schuppe/n

schuppe/n	untergrub's	schrupp' se	Zäsur	Frohnatur
schnuppe		stupse/n	Velours	Prozedur
schruppe/n	**- ups* (2)**	stups' se	Lemur	Dozentur
Truppe/n	[→ ugs → ug (2)]	betupp' se	Mensur	Professur
(abrupt)	[→ uz (2)]		Zensur	Positur
Kaluppe/n	Nachschubs	**- upt (1)**	entfuhr	Pompadour
Schaluppe/n	Aufschubs	[→ ugt → ug (1)]	erfuhr	Korrektur
entpuppe/n	Lausbubs	hupt	verfuhr	Ochsentour
verpuppe/n	Cherubs	pupt	Merkur	Jom Kippur
(geschuppt)	Vorschubs		Blessur	Politur
betuppe/n		**- úpt (2)**	Dressur	Konjunktur
(korrupt)	**- ups (3)**	→ uppe/n	retour	Troubadour
Felsenkuppe/n	[→ ucks (1)]		Figur	Hungerkur
Splittergruppe/n	[→ utz (1)]	**- ur (1)**	Frisur	
Fingerkuppe/n	ups!	Uhr	Tinktur	Apparatur
	„UPS"	Ur	Mixtur	Klaviatur
- uppel/n (1)	Jupps	Dur	obskur	Kandidatur
[→ uckel/n (1)]	Clubs	fuhr	Komtur	Karikatur
[→ uttel/n]	Krupps	Flur	Tonsur	Architektur
Kuppel/n	rupp's	hur'	Kontur	Agrikultur
kuppel/n	Schubs	Chur	Montur	Manufaktur
zuppel/n	schubs'	Cour	Tortur	Makulatur
verkuppel/n	schupp's	Kur	Broschur	Akupressur
	schrubb's	nur	Struktur	Akupunktur
- uppel/n* (2)	schrupp's	pur	Skulptur	Schädelfraktur
[→ uckel/n (2)]	Stups	Ruhr	Kultur	Pferdenatur
auskuppel/n	stups'	Jour	Futur	Legislatur
	schwupps!	Schur		Registratur
- upper/n	Trupps	Schnur	Nabelschnur	Reparatur
[→ ucker/n (1)]	betupp's	Spur	Quadratur	Temperatur
[→ utter/n (1)]		spur'	Frankatur	Hydrokultur
Knupper(-kirschen)	**- ups* (4)**	stur	Armatur	Infrastruktur
knupper/n	[→ ucks (2)]	Schwur	Tastatur	Intendantur
schnupper/n	[→ utz (2)]	schwur	Agentur	Literatur
„Tupper"(-ware)	Sirups	Tour	Appretur	Investitur
Wupper		tour'	Wachsfigur	Miniatur
beschnupper/n	**- upse/n (1)**	zur	Abitur	Nomenklatur
	[→ ugse → ug (1)]		Garnitur	Kommandantur
- upps	[→ uze/n]	Schraffur	Partitur	Topinambur
→ ups (3)	grub se	Faktur	Hauptfigur	Koloratur
	Pupse/n	Fraktur	Kreatur	Duplikatur
- ups (1)	pupse/n	l'amour	Extratour	Muskulatur
[→ ugs → ug (1)]	begrub se	Tambour	Präfektur	Verjüngungskur
[→ uz (1)]	vergrub se	Parcours	Rezeptur	Symbolfigur
Bubs	untergrub se	Glasur	Reinkultur	
grub's		Lasur	Ligatur	**- ur* (2)**
Hubs	**- upse/n (2)**	Rasur	Müllabfuhr	Abfuhr
Loops	[→ uckse/n (1)]	Natur	Singapur	Baldur
Pups	[→ utze/n (1)]	Statur	Signatur	Sanduhr
pups'	rupp' se	Bravour	Diktatur	Standuhr
Schubs	schubse/n	Gravur	Inventur	Wanduhr
begrub's	schubs' se	azur	Winterthur	Arthur
vergrub's	schupp' se	Augur	Witzfigur	Aufruhr
Beelzebubs	schrubb' se	Klausur	Romadur	Richtschnur

263

Zündschnur
Zufuhr
Purpur

- **urch**
[→ ursch →
    ursche/n]
durch
    es regnet durch
    eine Information
        sickert durch
    etwas dringt zu
        jmd. durch
    etwas muss / darf
        durch
    etwas passt / geht
        durch
    ein Pferd geht
        durch
    etwas rutscht
        durch
    etwas dringt /
        klingt durch
    etwas brennt
        / glüht /
        schmort durch
    etwas rostet durch
    etwas scheuert
        durch
    etwas biegt /
        drückt sich
        durch
    etwas sackt /
        bricht durch
    etwas nässt /
        feuchtet /
        weicht durch
    etwas fault durch
    etwas läuft / fließt
        / rieselt durch
    etwas wächst
        durch etwas
        durch
    etwas sticht durch
        etwas durch
    etwas blitzt /
        scheint /
        schimmert
        durch
    etwas rüttelt /
        schüttelt jmd.
        durch

jmd. dringt zu

jmd. durch
jmd. schleppt /
    füttert jmd.
    durch
jmd. kitzelt jmd.
    durch
jmd. lässt / winkt
    / lotst /
    schmuggelt /
    schleust jmd.
    durch
jmd. filzt jmd.
    durch
jmd. prügelt /
    haut / walkt
    jmd. durch
jmd. stellt jmd.
    durch
jmd. hechelt jmd.
    durch
jmd. setzt /
    schlägt /
    beißt / boxt
    / kämpft sich
    durch
jmd. ringt sich zu
    etwas durch
jmd. wagt sich
    durch etwas
    durch
jmd. zwängt
    / drängt /
    quetscht sich
    durch etwas
    durch
jmd. findet sich
    durch
jmd. fragt / klickt
    sich durch
jmd. laviert / lügt
    / mogelt /
    schummelt /
    schwindelt /
    windet sich
    durch
jmd. bettelt sich
    durch
jmd. isst / frisst
    sich durch
jmd. liest sich
    durch etwas

jmd. muss / darf

/ will durch
jmd. hält durch
jmd. greift durch
jmd. blickt durch
jmd. startet durch
jmd. dreht /
    brennt / knallt
    durch
jmd. fällt / rasselt
    durch
jmd. hängt durch
jmd. atmet durch
jmd. schläft /
    wacht durch
jmd. blutet durch
jmd. kommt
    / bricht /
    schlüpft durch
jmd. rauscht / rast
    durch
jmd. reist / fährt
    / fliegt / mar-
    schiert durch
jmd. arbeitet /
    ackert durch
jmd. feiert / tanzt
    durch
jmd. fegt durch
jmd. lüftet durch
jmd. heizt durch
jmd. klingelt
    durch
jmd. lädt durch
jmd. zählt durch
jmd. macht /
    steht etwas
    durch
jmd. bekommt /
    bringt / boxt
    / fechtet /
    peitscht /
    setzt etwas
    durch
jmd. führt / zieht
    / exerziert
    etwas durch
jmd. lässt / winkt
    etwas durch
jmd. schmuggelt /
    schleust etwas
    durch
jmd. spricht / dis-
    kutiert / kaut

etwas durch
jmd. hechelt etwas
    durch
jmd. steigt durch
    etwas durch
jmd. checkt /
    probiert etwas
    durch
jmd. sucht /
    stöbert /
    wühlt etwas
    durch
jmd. rechnet /
    kalkuliert /
    spielt etwas
    durch
jmd. nimmt /
    paukt etwas
    durch
jmd. sieht /
    blättert etwas
    durch
jmd. streicht etwas
    durch
jmd. dekliniert
    etwas durch
jmd. nummeriert
    etwas durch
jmd. paust /
    zeichnet etwas
    durch
jmd. gibt / faxt /
    reicht / sagt
    etwas durch
jmd. steckt etwas
    durch
jmd. schaut durch
    etwas durch
jmd. klettert /
    kriecht /
    springt durch
    etwas durch
jmd. fährt / segelt
    / fliegt durch
    etwas durch
jmd. sticht / stößt
    durch etwas
    durch
jmd. nagt etwas
    durch
jmd. schneidet /
    reißt / feilt /
    sägt / trennt
    etwas durch

jmd. sitzt / liegt
    etwas durch
jmd. tritt das Gas-
    pedal durch
jmd. mischt /
    knetet / siebt
    etwas durch
jmd. gart / brät
    etwas durch
jmd. stylt etwas
    durch
jmd. schwitzt ein
    Hemd durch
Lurch

dadurch
zerfurch'
hindurch
wodurch
zwischendurch
untendurch

- **urche/n**
[→ ursche/n]
Furche/n
Lurche/n
zerfurche/n

- **urd**
→ urt (2)

- **urde/n**
[→ urge/n (1)]
Kurde/n
wurde/n
absurde/n

- **ure/n**
Uhren
Bure/n
Fuhre/n
fuhren
Flure/n
Hure/n
hure/n
Kuren
pure/n
Sure/n
Spuren
spure/n
sture/n
schwuren
Touren
toure/n

Schraffuren	Rezepturen	(Furor)	Dramaturg	Elfenbeinturm	
Fakturen	Ligaturen	purer	Magdeburg		
Frakturen	Sinekure/n	sturer	Wagenburg	- urm* (2)	
Amouren	Dioskuren	azurer	Brandenburg	[→ urn (2)]	
Tamboure/n	Signaturen	entfuhr er	Mecklenburg	Kirchturm	
Glasuren	Diktaturen	erfuhr er	Ritterburg	Leuchtturm	
Lasuren	Inventuren	verfuhr er	Oldenburg	Lindwurm	
Masuren	Witzfiguren	obskurer/n	Luxemburg		
Rasuren	Frohnaturen		St. Petersburg	- urme/n	
Naturen	Prozeduren	- urf (1)		[→ urne/n]	
Staturen	Dozenturen	schlurfˈ	- urg* (2)	wurme/n	
Gravuren	Professuren	Turf	[→ urt (3)]		
azuren	Posituren	Wurf	Hamburg	- urmel/n	
Auguren	Korrekturen	Entwurf	Hochburg	Urmel	
Klausuren	Ochsentouren	Faltenwurf		Murmel/n	
Zäsuren	Polituren	Überwurf	- urge/n (1)	murmel/n	
de jure	Konjunkturen	Diskuswurf	[→ urde/n]		
Lemuren	Troubadoure/n		Burgen	- urn (1)	
Mensuren	Hungerkuren	- urf* (2)	Chirurgen	[→ urm (1)]	
Zensuren		Abwurf	Dramaturgen	gurrˈn	
entfuhren	Apparaturen	Maulwurf	Wagenburgen	knurrˈn	
erfuhren	Klaviaturen	Auswurf	Ritterburgen	murrˈn	
verfuhren	Kandidaturen	Einwurf		surrˈn	
Blessuren	Karikaturen	Steinwurf	- urge/n* (2)	schurrˈn	
Dressuren	Architekturen	Vorwurf	Hochburgen	schlurrˈn	
Figuren	Agrikulturen			Schnurrˈn	
Frisuren	Manufakturen	- urfe/n (1)	- urke/n	schnurrˈn	
Tinkturen	Makulaturen	schlurfe/n	[→ urte/n (2)]	turnˈ	
Mixturen	Akupressuren		Gurke/n	zurrˈn	
obskure/n	Akupunkturen	- urfe/n (2)	Schurke/n	Saturn	
Komture/n	Schädelfrakturen	→ örfe/n		Magenknurrˈn	
Tonsuren	Pferdenaturen		- urkse/n (1)		
Konturen	Legislaturen	- urft (1)	[→ urze/n]	- urn* (2)	
Monturen	Registraturen	kurvt	murkse/n	[→ urm (2)]	
Torturen	Reparaturen	schlurft		festzurrˈn	
Broschuren	Temperaturen	bedurft	- urkse/n* (2)		
Strukturen	Hydrokulturen		abmurkse/n	- urne/n	
Skulpturen	Infrastrukturen	- urft* (2)		[→ urme/n]	
Kulturen	Intendanturen	Notdurft	- urm (1)	Urne/n	
	Literaturen	herumkurvt	[→ urn (1)]	turne/n	
Quadraturen	Investituren		Sturm		
Frankaturen	Miniaturen	- urfte/n (1)	Turm	- urr	
Armaturen	Nomenklaturen	durfte/n	Wurm	→ urre/n (1+2)	
Tastaturen	Kommandanturen	kurvte/n	wurmˈ		
Agenturen	Topinambure/n	schlurfte/n	Regenwurm	- urre/n (1)	
Appreturen	Koloraturen	bedurfte/n	Erdenwurm	gurre/n	
Wachsfiguren	Duplikaturen		Beifallssturm	knurre/n	
Abiture/n	Muskulaturen	- urfte/n* (2)	Eiffelturm	murre/n	
Garnituren	Verjüngungskuren	herumkurvte/n	Hi-Fi-Turm	surre/n	
Partituren	Symbolfiguren		Bücherwurm	schurre/n	
Hauptfiguren		- urg (1)	Wirbelsturm	schlurre/n	
Kreaturen	- urer/n	[→ urt (2)]	Hungerturm	Schnurre/n	
Extratouren	[→ ura → a (2)]	Burg	Unglückswurm	schnurre/n	
Präfekturen	fuhr er	Chirurg	Gewittersturm	zurre/n	

Magenknurren	- urste/n (2)	Geburt	Straßenkurve/n	- urzel/n (1)
	durste/n	Klagenfurt	Leistungskurve/n	purzel/n
- urre/n* (2)	gurrste (= gurrst	Ausgeburt	Fieberkurve/n	Wurzel/n
festzurre/n	du)	Fehlgeburt		wurzel/n
	knurrste (= knurrst	Missgeburt	- urve/n* (2)	entwurzeln
- ūrs (1)	du)	Kopfgeburt	herumkurve/n	verwurzeln
→ ure/n	murrste (= murrst	Wiedergeburt		Nasenwurzel/n
	du)		- urz (1)	
- urs (2)	surrste (= surrst du)	- urt* (3)	[→ urks → urkse/n	- urzel/n* (2)
Urs	schurrste (=	[→ urg (2)]	(1)]	anwurzeln
Kurs	schurrst du)	angurt'	Furz	
knurr's (an)	schlurrste (=	festzurrt	gurrt's	- us (1)
zurr's	schlurrst du)		Gurts	Blues
Exkurs	schnurrste (=	- urte/n (1)	Kurts	du's
Diskurs	schnurrst du)	hurte/n	kurz	Fuß
Konkurs	wurste/n	spurte/n	knurrt's	Gnus
Börsenkurs	zurrste (= zurrst	tourte/n	murrt's	Gruß
Schleuderkurs	du)	Geburten	surrt's	Grus
	verdurste/n	verhurte/n	schurrt's	Coups
- ursche/n	verwurste/n	Ausgeburten	Schurz	Clous
[→ urche/n]		Fehlgeburten	schlurrt's	Mus
Bursche/n	- urt (1)	Missgeburten	schnurrt's	Ruß
	fuhrt	Kopfgeburten	schnurz	Sous
- ūrst (1)	hurt	Wiedergeburten	Spurts	Schuhs
→ ure/n	spurt		Sturz	Schmus
	schwurt	- urte/n (2)	wurd's	schmus'
- urst (2)	tourt	[→ urke/n]	Wurz	tu's
urst	Geburt	Furten	zurrt's	
Durst	erfuhrt	gurrte/n	Klagenfurts	Tabus
durst'	verfuhrt	Gurte/n	Kassensturz	abstrus
gurrst	verhurt	Jurte/n	Börsensturz	Ragouts
knurrst	Ausgeburt	knurrte/n	Fenstersturz	Perus
murrst	Fehlgeburt	murrte/n	Wettersturz	Degouts
surrst	Missgeburt	surrte/n		geruh's
schurrst	Kopfgeburt	schurrte/n	- urz* (2)	verknus'
schlurrst	Wiedergeburt	schlurrte/n	Absturz	Dessous
schnurrst		schnurrte/n	Einsturz	beschuh's
Wurst	- urt (2)	Spurte/n	Umsturz	Getus
wurst'	[→ urg (1)]	spurte/n		IQs
zurrst	Furt	zurrte/n	- urze/n	Filous
Hanswurst	gurrt	Geburten	[→ urkse/n (1)]	diffus
verdurst'	Gurt	Ausgeburten	furze/n	Hautgouts
verwurst'	Kurt	Fehlgeburten	gurrt' se	wozu's
Tatendurst	knurrt	Missgeburten	kurze/n	konfus
Rachedurst	murrt	Kopfgeburten	knurrt' se	Kung-Fus
Extrawurst	surrt	Wiedergeburten	murrt' se	
Wissensdurst	schurrt		surrt' se	Marabus
	schlurrt	- urte/n* (3)	schurrt' se	Hahnenfuß
- urst* (3)	schnurrt	angurte/n	Schurze/n	Hasenfuß
festzurrst	Spurt	festzurrte/n	schlurrt' se	Kakadus
	spurt'		schnurrt' se	Passepartouts
- ūrste/n (1)	wurd'	- urve/n (1)	Sturze/n	Manitous
→ ure/n	zurrt	Kurve/n	wurd' se	Pferdefuß
	absurd	kurve/n	zurrt' se	Kängurus

Interviews	pusche/n	Dusel	Muss	Impetus
interview's	pfusche/n	dusel/n	muss	Sisyphus
Winnetous	Tusche/n	Fusel	Nuss	Pfiffikus
Boxhandschuhs	tusche/n	fusel/n	Plus	Syndikus
Rendezvous	Babusche/n	Grusel	plus	Intimus
Tiramisus	Kartusche/n	grusel/n	Schuss	Stimulus
	verpfusche/n	Musel(-mann)	Schluss	Sozius
- us* (2)	vertusche/n	wusel/n	Stuss	Kosinus
Kanus	Retusche/n	(beduselt)		Koitus
barfuß	Wimperntusche/n		Genuss	Obolus
Akkus		- usel/n* (2)	Entschluss	Omnibus
Handschuhs	- uschel/n	eindusel/n	Verdruss	Bosporus
Plattfuß	huschel/n		Erguss	Schulabschluss
Kratzfuß	kuschel/n	- user/n	Verschluss	Uranus
Hemmschuhs	Muschel/n	User/n	Beschuss	Judaskuss
Leichtfuß	nuschel/n	Loser/n	Beschluss	Uterus
Iglus	Puschel/n	Schmuser/n		Bluterguss
Kriegsfuß	Ruschel/n	(zusah)	Abakus	Julius
Uhus	ruschel/n	(Medusa)	Lazarus	Musikus
Zulus	tuschel/n	konfuser/n	Ladenschluss	Kunstgenuss
Klumpfuß	wuschel/n		Radius	Zungenkuss
		- uskel/n	Darius	Zuckerguss
- us (3)	- uscher/n	[→ ustel/n]	Habitus	Schulterschluss
→ uss (1+2)	Pfuscher/n	Muskel/n	Famulus	Nuntius
		Minuskel/n	Spartakus	Luftikus
- usch	- use/n (1)	Korpuskel/n	Tantalus	Kumulus
Busch	Busen		Tartarus	
husch'	Bluse/n	- usper/n	Daktylus	Pankratius
kusch'	du se (z.B. nimm	[→ uster/n (3)]	Kaukasus	Zusammenfluss
pusch'	du se)	knusper/n	Claudius	Zusammenschluss
Pfusch	Druse/n		Tetanus	Arminius
pfusch'	Fluse/n	- uß	Pegasus	Mauritius
Tusch	Gruse/n	→ us (1+2)	Redefluss	Antonius
tusch'	Muse/n		Tränenfluss	Ambrosius
verpfusch'	Suse	- uße/n (1)	Regenguss	Hieronymus
vertusch'	schmuse/n	Buße/n	Negerkuss	Homunkulus
Hindukusch	tu' se	Fuße	Genius	Ordinarius
	Zuse, Konrad	fuße/n	Medikus	Spekulatius
- usche/n (1)	abstruse/n	Gruße	Ödipus	Bonifazius
dusche/n	Rapuse	Muße	Hexenschuss	Simplizissimus
Pusche/n	Meduse/n	ruße/n	Zerberus	Alkoholgenuss
wuschen	verknusen		Celsius	Samenerguss
Babusche/n	beschuh' se	- uße/n* (2)	Terminus	Einsenderschluss
	diffuse/n	Einbuße/n	Exitus	Generalissimus
- usche/n (2)	wozu se		Exodus	
Busche	konfuse/n	- ußt	Reißverschluss	- uss* (2)
Dusche/n	Pampelmuse/n	→ ust (1)	Ikarus	Janus
dusche/n	interview' se		Überdruss	Kasus
Gusche/n	Hypothenuse/n	- uss (1)	Überfluss	Status
Husche/n		Bus	Überschuss	Ratschluss
husche/n	- use/n* (2)	Fluss	Filius	Abfluss
kusche/n	abloose/n	GUS	Fidibus	Abguss
Lusche/n		Guss	Rizinus	Abschluss
Pusche/n	- usel/n (1)	Kuss	Spiritus	Schnappschuss

Abschluss	Modus	Slawismus	Terrorismus	Separatismus
Bacchus	Fokus	Nazismus	Exorzismus	Perfektionismus
Phallus	Jokus	Sadismus	Despotismus	Expressionismus
Bambus	Krokus	Marxismus	Feudalismus	Revisionismus
Campus	Lokus	Narzissmus	Neutralismus	Idealismus
Schampus	Bonus	Rassismus	Rheumatismus	Liberalismus
Anschluss	Tonus	Faschismus	Islamismus	Infantilismus
Kantus	Opus	Autismus	Pietismus	Surrealismus
Handkuss	Vorschuss	Theismus	Nihilismus	Dilettantismus
Lapsus	Torschluss	Verismus	Spiritismus	Impressionismus
Argus	Orkus	Sexismus	Mystizismus	Militarismus
Artus	Korpus	Zynismus	Zionismus	Provinzialismus
Asmus	Moschus	Sophismus	Symbolismus	Solidarismus
Spasmus	Tubus	Logismus	Hinduismus	Monotheismus
Passus	Trugschluss	Monismus	Moralismus	Protestantismus
Avus	Humus	Snobismus	Sozialismus	Konservatismus
Aufguss	Usus	Kubismus	Monarchismus	Kollektivismus
Aufschluss	Zuschuss	Nudismus	Voyeurismus	Protektionismus
Paulus	Brutus	Tourismus	Chauvinismus	Kolonialismus
Saulus	Fundus	Buddhismus	Formalismus	Opportunismus
Ausfluss	Durchschuss		Organismus	Konstruktivismus
Ausguss	Burnus	Dadaismus	Dogmatismus	
Ausschluss	Turnus	Vandalismus	Bolschewismus	Kontrollmecha-
Rebus	Kursus	Fatalismus	Lobbyismus	nismus
Fehlschuss	Kurzschluss	Pragmatismus	Optimismus	Parlamentarismus
Fehlschluss	Luxus	Fanatismus	Kommunismus	Antisemitismus
Venus		Atavismus	Okkultismus	Existentialismus
Klerus	Adlatus	Pantheismus	Dualismus	Exhibitionismus
Jesus	Pilatus	Atheismus	Pluralismus	Imperialismus
Krösus	Sarkasmus	Katechismus	Humanismus	Utilitarismus
Fötus	Erasmus	Magnetismus	Journalismus	Fundamentalismus
Petrus	Orgasmus	Pazifismus	Futurismus	Lokalpatriotismus
Schreckschuss	Hubertus	Alpinismus		Nationalsozialismus
Genus	beeinfluss'	Manierismus	Avantgardismus	Individualismus
Servus	Papyrus	Aktivismus	Anachronismus	
Sexus	Bazillus	Anglizismus	Antagonismus	- usse/n (1)
Streifschuss	Franziskus	Klassizismus	Materialismus	Busse/n
Einfluss	Meniskus	Masochismus	Kannibalismus	Russe/n
Einschuss	Hibiskus	Aktionismus	Radikalismus	Tusse/n
Einschluss	bezuschuss'	Aphorismus	Animalismus	Verdrusse/n
Typhus	Augustus	Altruismus	Kapitalismus	Borusse/n
Primus	Gaudeamus	Realismus	Patriotismus	Abakusse/n
minus	Pleonasmus	Schematismus	Nationalismus	Lazarusse/n
Sinus	Amadeus	Defätismus	Rationalismus	Famulusse/n
Virus	Hokuspokus	Feminismus	Katholizismus	Medikusse/n
Mythus	Studiosus	Leninismus	Alkoholismus	Zerberusse/n
Ritus	Enthusiasmus	Fetischismus	Absolutismus	Filiusse/n
Nimbus	Numerus clausus	Egoismus	Naturalismus	Fidibusse/n
intus		Heroismus	Automatismus	Rizinusse/n
Zirkus	-ismus:	Zentralismus	Metabolismus	Spiritusse/n
Diskus	Ismus	Mechanismus	Determinismus	Pfiffikusse/n
Fiskus	(Prismen)	Extremismus	Klerikalismus	Syndikusse/n
Rhythmus	(Schismen)	Hellenismus	Merkantilismus	Soziusse/n
Globus		Pessimismus	Föderalismus	Kosinusse/n

Koitusse/n
Obolusse/n
Omnibusse/n
Musikusse/n
Luftikusse/n
- usse/n* (2)
Phallusse/n
Bambusse/n
Kantusse/n
Argusse/n
Rebusse/n
Krösusse/n
Fötusse/n
Primusse/n
Sinusse/n
Nimbusse/n
Zirkusse/n
Diskusse/n
Fiskusse/n
Globusse/n
Fokusse/n
Jokusse/n
Krokusse/n
Lokusse/n
Bonusse/n
Korpusse/n
Tubusse/n
Burnusse/n
Turnusse/n
beeinflusse/n
bezuschusse/n

- ussel/n
bussel/n
Dussel/n
Fussel/n
fussel/n
pussel/n
puzzel/n
Schussel/n
schussel/n
verbussel/n
verschussel/n

- usst
→ ust (3+4)

- ust (1)
buhst
fußt
hust'
Knust
muhst

pust'
Proust, Marcel
prust'
ruhst
rußt
schmust
tust
Wust
berußt
geruhst
verrußt
vertust
beschuhst
heimlichtust
interviewst
vornehm tust
zusammentust

- ust* (2)
dartust
abtust
antust
auftust
ausbuhst
ausruhst
schöntust
wehtust
gleichtust
großtust
gut tust
umtust
kundtust
hervortust

- ust (3)
Brust
Dust
Frust
just
Lust
musst
August
gemusst
verkrust'
Verlust
bewusst
gewusst
robust
Gänsebrust
Lebenslust
Herzenslust
Wertverlust
selbstbewusst

Zeitverlust
preisbewusst
Hühnerbrust
pflichtbewusst
Blutverlust
Mutterbrust
schuldbewusst
unbewusst
klassenbewusst
standesbewusst
Wärmeverlust
siegesbewusst
modebewusst
unterbewusst
Abenteuerlust
Unternehmungslust
energiebewusst
verantwortungs-
    bewusst

- ust* (4)
Armbrust
Wollust
Spottlust
beeinflusst
bezuschusst

- uste/n (1)
buhste (= buhst du)
fußte/n
Husten
huste/n
Houston
Knuste/n
muhste (= muhst
    du)
Puste
puste/n
pruste/n
ruhste (= ruhst du)
rußte/n
schmuste/n
tuste (= tust du)
berußte/n
geruhste (= geruhst
    du)
verrußte/n
vertuste (= vertust
    du)
beschuhste (= be-
    schuhst du)
interviewste (=
    interviewst
    du)

vornehm tuste (=
    vornehm tust
    du)

- uste/n (2)
Kruste/n
musste/n
wusste/n
Languste/n
Auguste
verkruste/n
Verluste/n
bewusste/n
robuste/n
Wertverluste/n
selbstbewusste/n
Zeitverluste/n
preisbewusste/n
pflichtbewusste/n
Blutverluste/n
schuldbewusste/n
unbewusste/n
klassenbewusste/n
standesbewusste/n
Wärmeverluste/n
siegesbewusste/n
modebewusste/n
unterbewusste/n
energiebewusste/n
verantwortungs-
    bewusste/n

- uste/n* (3)
beeinflusste/n
bezuschusste/n

- ustel/n
[→ uskel/n]
Gustel
Pustel/n

- uster/n (1)
duster/n
fußt er
Puster/n
pluster/n
rußt er
Schuster/n
schuster/n
schmust er
berußt er
verrußter/n
verrußt er
zusammenschus-

ter/n

- uster/n* (2)
aufpluster/n
zuschuster/n

- uster/n (3)
[→ usper/n]
Muster/n
muster/n
(Puszta)
wusst' er
bemuster/n
bewusster/n
Liguster/n
illuster'n
robuster/n
selbstbewusster/n
preisbewusster/n
pflichtbewusster/n
schuldbewusster/n
unbewusster
klassenbewusster/n
standesbewusster/n
siegesbewusster/n
modebewusster/n
unterbewusster
energiebewusster/n
verantwortungs-
    bewusster/n

- uster/n* (4)
ausmuster/n
beeinflusst er
bezuschusst er

- ut (1)
[→ ub (1)]
[→ ug (1)]
buht
Blut
blut'
Brut
Flut
flut'
Gut
gut
es geht jmd. gut
etwas tut jmd. gut
etwas geht / wird
    / ist gut
etwas steht jmd.
    gut
jmd. tut jmd. gut

jmd. steht sich gut	resolut	Helmut	akute/n	Fluter/n
jmd. sitzt gut	Teufelsbrut	Herzblut	Salute/n	Guter
jmd. verdient gut	Eisenhut	Gleichmut	Kanute/n	guter
jmd. hat etwas gut	heimlichtut	gleichtut	Statuten	lud er
jmd. heißt etwas gut	überflut'	Freimut	Rekruten	muht er
	Übermut	Steingut	geruhte/n	Puter/n
jmd. macht etwas gut	Liebesglut	Kleinmut	verblute/n	Router/n
	Diebesgut	Weißglut	vermute/n	ruht er
jmd. meint es gut	Rittergut	Sintflut	beschuhte/n	tut er
jmd. schreibt etwas gut	Fingerhut	Missmut	Tribute/n	akuter/n
	Institut	Hochmut	Minute/n	(Valuta)
Glut	frohgemut	Strohhut	Dispute/n	belud er
Hut	wohlgemut	Großmut	Volute/n	entlud er
Knut	vornehm tut	großtut	zugute	verlud er
lud	Konvolut	Obhut	umflute/n	geruht er
muht	Doktorhut	Vollblut	durchbluten	vertut er
Mut	Blutarmut	Tollwut	durchflute/n	beschuht er
Nut	Tunichtgut	zumut'		Computer/n
nut'	Zuckerhut	gut tut	Nasenbluten	absoluter
ruht	Substitut	umtut	Azimute/n	resoluter/n
Sud	Kontaktarmut	Unmut	Angelrute/n	frohgemuter
sput'	Gedankengut	kundtut	Attribute/n	wohlgemuter
tut	zusammentut	hervortut	absolute/n	vornehm tut er
tut'	Salzkammergut		resolute/n	ebenso guter
Wut	ebenso gut	- ute/n (1)	überflute/n	
		[→ uke/n]	Wünschelrute/n	- utler/n
akut	- ut* (2)	[→ upe/n]	Institute/n	→ attler/n (1)
Salut	[→ ub (2)]	Ute	(lichtdurchflutet)	
Statut	[→ ug (2)]	boote/n	frohgemute/n	- utsch (1)
Rekrut	Nachhut	buhte/n	wohlgemute/n	knutsch'
belud	Talmud	Blute	Konvolute/n	zutsch'
entlud	dartut	blute/n	Tunichtgute/n	
geruht	abtut	Fluten	(unvermutet)	- utsch (2)
verblut'	Halbblut	flute/n	Zuckerschnute/n	futsch
verlud	Mammut	Gute/n	Substitute/n	hutsch'
vermut'	Landgut	gute/n	Gedenkminute/n	lutsch'
vertut	Strandgut	Hute	ebenso gute/n	Putsch
beschuht	Sanftmut	Jute		putsch'
Tribut	Langmut	Knute/n	- ute/n* (2)	Rutsch
Disput	Anmut	muhte/n	Nachhuten	rutsch'
Skorbut	antut	Mute	Mammute/n	wutsch'
umflut'	Armut	Nute/n	anmuten	
durchflut'	Hartmut	nute/n	ausbuhte/n	- utsch* (3)
	auftut	Pute/n	ausblute/n	ablutsch'
Wagemut	ausbuht	Route/n	ausruhte/n	abrutsch'
Azimut	ausblut'	route/n	Spießrute/n	aufputsch'
Sammelwut	ausruht	ruhte/n	zumute/n	auslutsch'
Wankelmut	Demut	Rute/n		ausrutsch'
Arbeitswut	Wehmut	Schnute/n	- uter/n	Erdrutsch
Attribut	schöntut	spute/n	[→ uker/n]	durchrutsch'
absolut	Grapefruit	Stute/n	[→ uper/n]	hineinrutsch'
Edelmut	Schwermut	Tute/n	buht er	herumrutsch'
Lebensmut	Wermut	tute/n	(Bhutan)	
Lesewut	wehtut		Bluter/n	- utsche/n (1)

knutsche/n	Hutte/n	[→ ucks (1)]	aufputz'	→ utze/n (1+2)	
sutsche/n	Kutte/n	[→ ups (3)]	ausnutz'		
zutsche/n	Nutte/n	Utz	wegputz'	**- utzer/n**	
	Putte/n	Butts	Tierschutz	Nutzer/n	
- utsche/n (2)	putte/n	Dutts	Nichtsnutz	Putzer/n	
(Dutschke, Rudi)	kaputte/n	Lutz	herausputz'	Stutzer/n	
flutschen	Hagebutte/n	Mutz	zurechtstutz'	Benutzer/n	
Hutsche/n	cosi fan tutte	Nutz		Rachenputzer/n	
hutsche/n		nutz'	**- utze/n (1)**	Fensterputzer/n	
Kutsche/n	**- uttel/n**	putt's	[→ uckse/n (1)]	Nestbeschmutzer/n	
lutsche/n	[→ uckel/n (1)]	Putz	[→ upse/n (2)]	Revoluzzer/n	
Putsche/n	[→ uppel/n (1)]	putz'	Butze/n	Stiefelputzer/n	
putsche/n	Buttel/n	Schutts	(Dutzend)	Klinkenputzer/n	
Rutsche/n	Kuttel/n	Schutz	Mutze/n		
rutsche/n	Aschenputtel	Schmutz	Nutzen	**- uv**	
wutsche/n		schmutz'	nutze/n	→ uf (1)	
verrutsche/n	**- utter/n (1)**	Stutz	putt' se		
herunterrutsche/n	[→ ucker/n (1)]	stutz'	Putze/n	**- ux**	
	[→ upper/n]	Trutz	putze/n	→ ucks (1)	
- utsche/n* (3)	Butter/n	trutz'	Schutze/n		
ablutsche/n	butter/n	Wutz	schmutze/n	**- uxe/n**	
abrutsche/n	Futter/n		Stutze/n	→ uckse/n (1)	
aufputsche/n	futter/n	benutz'	stutze/n		
auslutsche/n	Kutter/n	Perlmutts	trutze/n	**- uz (1)**	
ausrutsche/n	Luther, Martin	Verputz	Wutzen	[→ ugs → ug (1)]	
Erdrutsche/n	Mutter/n	verputz'	Abbruzzen	[→ ups (1)]	
durchrutsche/n	(Kalkutta)	verschmutz'	benutze/n	Uz	
herausrutschen	kaputter/n	beschmutz'	(verdutzt)	uz'	
hineinrutsche/n	bemutter/n	zunutz'	verputze/n	buht's	
herumrutsche/n	Perlmutter	Datenschutz	verschmutze/n	Bluts	
	perlmuttern	Markenschutz	beschmutze/n	duz'	
- utscher/n (1)	Rabenmutter	Arbeitsschutz	zunutze	flut's	
Kutscher/n	Jackenfutter/n	Außenputz	Schniedelwutze/n	Guts	
Lutscher/n	Landesmutter	Denkmalschutz	herunterputze/n	Huts	
	Schraubenmutter	Kälteschutz		Knuts	
- utscher/n* (2)	Schweinefutter	Eigennutz	**- utze/n* (2)**	lud's	
Ausrutscher/n	Schwiegermutter	Frühjahrsputz	[→ uckse/n (2)]	muht's	
	unterbutter/n	Klimaschutz	abnutze/n	Muts	
- utt	Studentenfutter	Schniedelwutz	abputze/n	nut's	
[→ uck (1)]	Kanonenfutter	Mieterschutz	abtrutze/n	ruht's	
[→ upp (1)]		Kinderschutz	aufputze/n	Suds	
Butt	**- utter/n* (2)**	Sonnenschutz	ausnutze/n	tut's	
Dutt	[→ ucker/n (2)]	Unfallschutz	wegputze/n		
putt'	anfutter/n	Umweltschutz	Nichtsnutze/n	Vaduz	
Schutt	reinbutter/n	Mutterschutz	herausputze/n	Saluts	
kaputt	Stiefmutter	Schnuckiputz	zurechtstutze/n	Statuts	
Perlmutt	Großmutter	herunterputz'		belud's	
watt mutt, dat mutt	zubutter/n		**- utzel/n**	entlud's	
	durchfutter/n	**- utz* (2)**	brutzel/n	geruht's	
- utte/n		[→ ucks (2)]	hutzel/n	verlud's	
[→ ucke/n (1)]	**- uttle**	[→ ups (4)]	verbrutzeln	vermut's	
[→ uppe/n]	→ attel/n (1)	abnutz'	(verhutzelt)	vertut's	
Butte/n		abputz'		beschuht's	
Dutte/n	**- utz (1)**	abtrutz'	**- utzend**	Kibbuz	

Tributs
Disputs
Skorbuts
umflut's
durchflut's

Wagemuts
Azimuts
Wankelmuts
Attributs
Edelmuts
Lebensmuts
Eisenhuts
überflut's
Übermuts
Diebesguts
Ritterguts
Fingerhuts
Instituts
vornehm tut's
Konvoluts
Doktorhuts
Tunichtguts
Zuckerhuts
Substituts
Kukuruz
Gedankenguts
Salzkammerguts

nut' se
ruht se
tut se
Kapuze/n
belud se
entlud se
geruht se
verlud se
vermut' se
vertut se
beschuht se
Kibbuze/n
umflut' se
durchflut' se
überflut' se
vornehm tut se

- uz* (2)
[→ ugs → ug (2)]
[→ ups (2)]
Talmuds
Halbbluts
Mammuts
Landguts
Strandguts
Hartmuts
Wermuts
Helmuts
Herzbluts
Steinguts
Strohhuts
Vollbluts

- uze/n
[→ upse/n (1)]
Uze/n
uze/n
buht se
duze/n
flut' se
lud se
muht se

CPSIA information can be obtained
at www.ICGtesting.com
Printed in the USA
BVHW031714270919
559638BV00001B/43/P